紫微斗數大師不傳的論命技巧

一百個解盤秘法大公開

了然山人——著

自序

常言道：紫微斗數，易學難精。我想，這也是許多對此術有興趣的同好，心理永遠的痛。很多人學了幾十年，經常是星曜特性及四化的公式背的滾瓜爛熟，但一攤開星盤，就不知所措，因爲斗數看的是三方四正所有的星曜，星曜的組合那麼多，到底該怎樣研判推論才能夠得到正確的答案？提供命主最適切的建議呢？

其實，看過山人文章及教學視頻的同好，大概都知道，山人一直強調，學習紫微斗數，基礎理論還有星性、格局，記得大概就好，重點是在『豐富的實戰經驗』。因爲紫微斗數是活的，他論盤的重點在三方四正的星曜組合，絕對不是單看宮內的神煞或星曜能判斷推理出來。所以，最好的方法，就是以戰養戰，多多研究他人的論盤技巧，吸收各前輩大師的實務經驗，才是快速提升斗數論命技巧的捷徑。

但可惜，市面上斗數書籍那麼多，多是介紹理論及推演技法，有關論命實例分析書籍，少之又少。縱然給您找到，不是太過簡略的分析，就是騷不到癢處或是內容完全看不懂的狀況。而為何實例分析書籍少見且經常會有這種通病呢？其實大部分的老師是故意這樣寫的，答案很簡單，正所謂『江湖一點訣，說破不值錢』，尤其是命理五術更是如此，因專業技巧是由經驗一點一滴的累積而成。試想一本書賣你幾百元，收一個學生，少說三萬起跳，您真的認為，您花幾百元，就能買到老師的『江湖訣』嗎？這就是問題的根源所在呀！

有鑑於此，所以山人從 2012 年起出版紫微斗數實例分析書籍，就是希望能以淺白的說明，毫不保留的論命技巧及經驗分享，讓更多人，能夠藉由此書得到更多實務論斷的技巧及方法，快速提升自己的經驗值。因山人最主要的目的是『傳承』，如何將此門流傳千餘年的中國古星象學 - 紫微斗數推廣及發揚光大，培養新一代的命理人才，讓這學問能夠永續流傳，這才是山人真正關心的事。

也很感謝所有同好，長期以來的支持鼓勵，而山人這套匯集近20年實務論命經驗及精心挑選的真實案例分析書籍，自上市以來，一直有很好的評價與銷售成績。有許多同好，因此而突破了自己多年的盲點，快速提升了自身的論命技巧，甚至實際開業爲人設硯解惑的同好，也所在多有。

每次收到類似的感謝函件，山人都感到相當溫馨。畢竟一個人的一生，不是自己有多少成就，而是你成就了多少人。這就是爲師者，最大的成就，所以山人期許所有同學都能夠青出於藍而更勝於藍。俗諺：長江後浪推前浪，前浪倒在沙灘上，但浪能越來越高，越來越精彩，那前浪也算是倒得其所，不是嗎？

本系列匯集一百例論命實例分析，都是山人精選出的真實案例，搭配生動活潑，深入淺出的解釋，將山人二十餘年的技巧，毫不保留的與大家分享。也希望更多的同好及後學者，能因此而受益。也期待能與所有紫微愛好者，一起推廣傳承，此門流傳千年的中國古星象學。

註：

本書命例係以〈民國〉計年，如要換算成西曆日期，必須加上1911。

例如生年為民國60年，換算成西曆則為：1911+60= 西元1971年。

了然山人

2018.3.10

目錄

【1】想問感情與事業

【提問時間】 2011－09－17 02：03：36

【提問內容】

最近感情不順
總覺得自己卡住了
不知道自己做的決定對還是不對
我想直接分手 他卻想分開一陣子
加上最近想要考取「芳療師」資格
有點蠟燭兩頭燒
想請專業人士來幫我解答

1. 斬斷這段感情會更海闊天空嗎？

2. 芳療師這個行業適合我嗎？＜如果不適合可以往哪個方向？＞

女生＜71．12．10　寅時＞農曆

回答得越詳細越好

謝絕廣告文

2011－09－17　12：43：32　補充

了然山人您好：

小女子想再請教您幾個問題

1. 我在學習芳療過程適合在目前的居住地高雄，還是要去外地如是要往何方？

2. 我何時會再有新戀情？感情方面真的想重新開始，畢竟週遭的親友沒有一個人支持

3. 我生命中的貴人是家人還是朋友？亦或是自己的另一半？

我覺得很多命理師都算不準我的命運，真不知道要開心還是難過

最後再次感謝您的回答！

【回覆內容】

看來你的異性緣應該還蠻好的吧，應該是屬於氣質型的女孩。本命宮會雙祿，除了是個小氣財神外，更是會捨得對自己好一點的新時代女性。

整體而言你的命宮結構很漂亮，整體運程上應該不會有太大的挫折出現，唯一會出現的大概就在男女關係上。

就本命盤夫妻宮而言，無主星且會空劫星，以至於感情上易開花，但不容易有結果。因此只是會走的比較辛苦，比較累。你的命盤最漂亮在官祿宮，所以考取芳療師發展事業對你是比較有利的，加上你本命雙祿馬交馳，又落於四生地，因此芳療師此類的技術人員對你還頗爲適合的。尤其你是太陰坐命，心思細膩有標準女性特質，從事美容類工作，確實很適合。客服或企劃類工作你也可以考慮嘗試看看。

至於感情問題，山人幫你用流年看看。這個流年夫妻宮逢空劫加會孤寡，且逢巨門是非星坐，想來妳們應該是口角爭執糾紛蠻嚴重的。嚴格說來，今年夫妻宮並不是很好，建議你專心往工作方面發展，至於感情就盡量順其自然。因今年流年夫妻宮不佳，分開一陣子，讓彼此可以冷靜思考，也不見得是件壞事。正好你可以利用這段時間準備考取專業人員資格。

建議你可以跟他溝通，先分開一陣子，讓你專心準備考試，等到你考試合格後再試著相處，重新開始。或許可以避開今年的尷尬也說不定。

2011-09-17 17:45:33 補充

一個人適合哪類型的工作，不能全賴五行決定。應該要考慮命主個人特質，不同的人有不同個性。如機月同梁格局人去做業務工作，或是殺破狼加煞格局去做內勤行政工作。斷然是不合宜。故命主適合工作應以其人格特質，個性，思考模式及個人強項來做思考。

【發問者意見】

感謝您的回答！

【命盤解析及內容說明】

本命盤

命主本命宮坐太陰，凡見本命宮坐太陰的人，不管男女生，都幾乎是俊男美女型，且太陰為女性表徵，故通常具有心思細膩，浪漫，愛幻想的特性。加上三方四正會紅鸞天喜，基本上表示此人的異性緣極佳，因紅鸞天喜這兩顆屬桃花星，入命不會煞表示異性緣佳（落福德宮亦同）。加上貪狼星居子，古曰：泛水桃花，兩相加乘下，命主桃花定然相當旺

天機△ 天鉞 紅鸞 鈴星△ 亡神 龍德 飛廉 64-73 遷移 長生 乙巳 12 24 36 48 60 72	紫微◎權 天福 解神 文曲× 天使 將星 白虎 奏書 54-63 疾厄 養 丙午 11 23 35 47 59 71	寡宿 攀鞍 天德 將軍 44-53 財帛 胎 丁未 10 22 34 46 58 70	破軍△ 天哭 天刑 文昌△ 台輔 歲驛 吊客 小耗 34-43 子女 絕 戊申 9 21 33 45 57 69
七殺◎ 天虛 歲破 陰煞 恩光 封誥 天傷 月煞 大耗 喜神 74-83 僕役 沐浴 甲辰 1 13 25 37 49 61	【星僑】 星 僑 易 學 【星僑】 姓名：123 陽女屬狗 生年：壬戌（大海水） 農71年12月10日寅時 國72年1月23日4點 命局：金四局（釵釧金） 命主：巨門 身主：文昌 子年斗君：卯 ○天梁：化祿 ○紫微：化權 ○左輔：化科 ○武曲：化忌 排年：壬戌 盤月：癸丑 四日：辛亥 柱時：庚寅		天廚 天才 地空 息神 病符 青龍 24-33 夫妻 墓 己酉 8 20 32 44 56 68
太陽◎ 天梁◎祿 天魁 截空 月德 左輔△科 火星 咸池 小耗 病伏 84-93 官祿.身宮 冠帶 癸卯 2 14 26 38 50 62	星僑電腦軟體 版權所有・翻拷必究 作者：陳恩國 程式設計：陳明遠・陳慶鴻 地址：桃園縣龜山鄉復興二路6號(林口長庚附近) 電話：(03)328-8833 傳真：(03)328-6557 網址：http://www.ncc.com.tw		廉貞△ 天府◎ 陀羅◎ 天官 華蓋 歲建 力士 14-23 兄弟 死 庚戌 7 19 31 43 55 67
武曲△忌 天相◎ 龍池 天月 八座 天貴 指背 官符 大耗 94-103 田宅 臨官 壬寅 3 15 27 39 51 63	天同× 巨門× 破碎 天壽 地劫 旬空 天煞 貫索 伏兵 104-113 福德 帝旺 癸丑 4 16 28 40 52 64	貪狼○ 擎羊× 鳳閣 蜚廉 年解 天姚 三台 災煞 喪門 官伏 114-123 父母 衰 壬子 5 17 29 41 53 65	太陰◎ 祿存◎ 天馬 天空 天喜 孤辰 右弼 天巫 劫煞 晦氣 博士 4-13 命宮 病 辛亥 6 18 30 42 54 66

電話：
地址：

編號： 0000000011

盛。

但命宮同時會照孤辰，寡宿星，因此命主爲情所困，並不讓人意外。此點可由夫妻宮星宿組合狀況得到反證。

本命宮坐祿存，三方會化祿，形成雙祿交流，在一般狀況下，基本上此型屬於小氣財神型，但福德宮見天同福星，天同爲福星，因此推論命主對自己很好，很捨得花錢在自己身上，但對朋友或親人就不一樣了。

命宮三方四正不見煞，又日月均在廟旺處，且構成明珠出海局，且身宮正曜多，爲命強身強之局，故命主就結構上而言，相當漂亮，命強者，大限行進縱使有風浪，多能安然度過，只是稍微辛苦點。因此古人說，落土命七分，此言不虛阿。

本命宮坐天馬，又落於四生地，故命主喜動不喜靜，三方四正形成祿馬交流格局，故命主適宜外地經商求財。加上命主身居官祿，且祿馬在官祿宮相會，因此對於事業成就的追求上，會較爲注重，就此而言，建議命主朝事業發展方向，應該是最符合他的需求。

由於命主問的是男女關係，以論命而言，記得山人在三才理論裏談到的，論命要從遠觀到近觀，這樣才能夠盡覽全貌，避免發生見樹不見林，見林不見樹的兩種極端狀況，此點在論命時需謹記在心。

另外從是芳療工作是否適合，這點要從本命宮來看，本命宮不會昌曲，所以適合以技藝爲生，加上太陰坐命心思細膩，故從事美容芳療相當適宜。

無論命主提什麼問題，都要從本命宮，福德宮來判定大方向，然後再針對命主的問題，逐漸 zoom in。基於此論命原則，本命宮，福德宮看完了，現在我們看他的夫妻宮，上節提到，本命宮見孤辰寡宿，常出現感情困擾，此困擾是喜歡的人不見得會喜歡你，但不喜歡的卻死纏爛打，甩都甩不開。命主夫妻宮三方會地空及地劫，對宮會寡宿，因此提出感情困擾問題，並不意外。因此局人經常會「爲情所困」。

至於這段感情是否應該斬斷？首先看大限盤，確認此姻緣爲正緣或桃花，再來研究流年盤，這就是運用三才理論的方法。

命主大限盤如下：

24～33大限盤

從大限盤來看，大限命宮會紅鑾，福德宮見鑾喜對拱，逢本命祿引動，大限夫妻宮會天喜，故本大限應有正緣出現，倘流年結構佳者，應爲命主成婚之時。現在我們在來看看流年命宮：

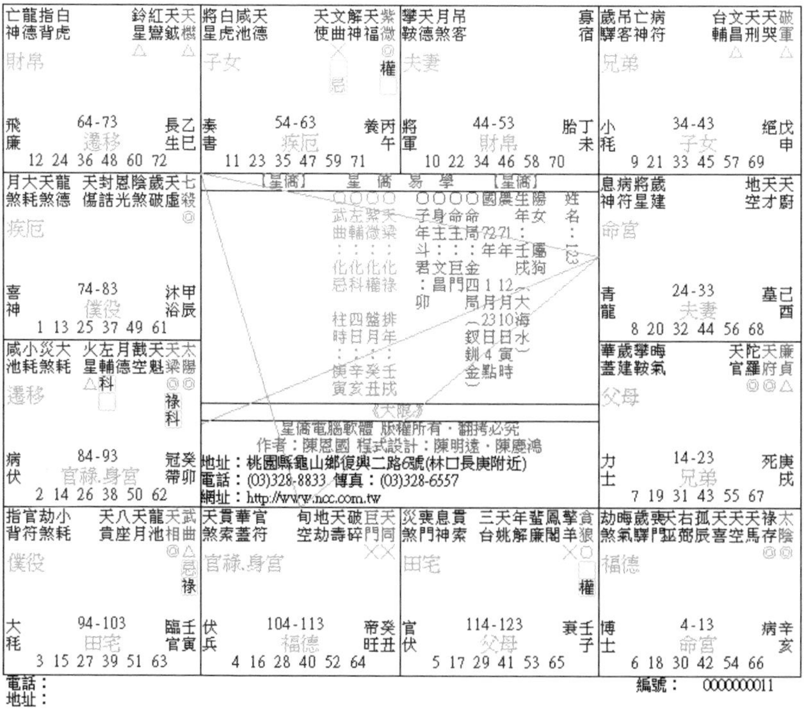

100年流年命宮

流年夫妻宮逢空劫對拱加會寡宿，孤辰會照流年命宮，且逢巨門是非星坐，因此應該雙方常有口角紛爭，又夫妻宮見空劫對拱，故有分隔兩地或是聚少離多的情況，所幸流年化祿穩定住格局，因此並不會對雙方之間造成太大的困擾，因此命主只對於感情上認爲有點卡卡的，並沒有太過於嚴重的不悅感。

加上流年命宮頗爲漂亮，故建議命主專心準備考試，感

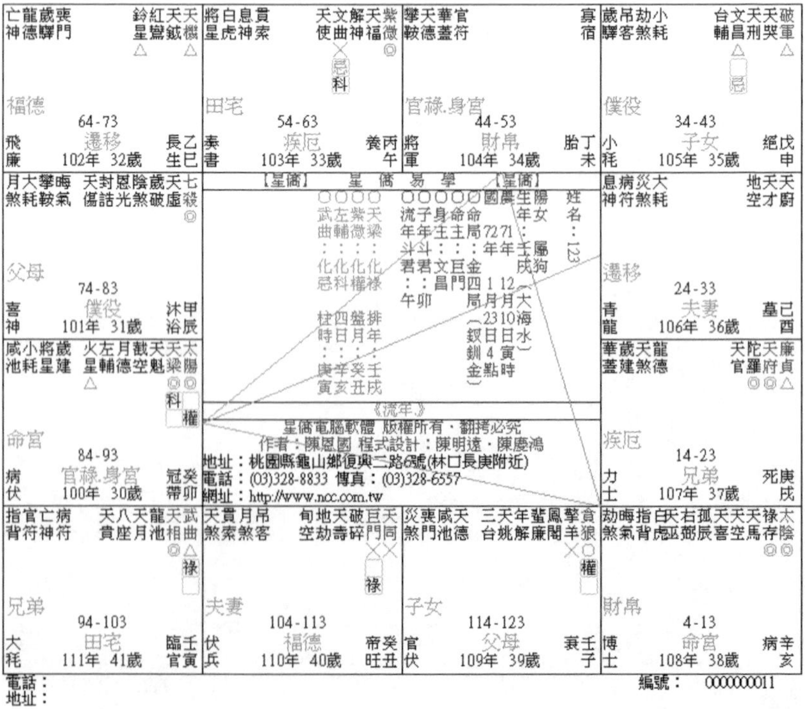

情部份困擾難免，但不致於有太大狀況，因此順其自然即可，不需要刻意斬斷。

另補充的部份，山人認為一個人適宜的行業，不應該光看五行而定，應該就命主的命宮三合組成的特性來討論，才能夠找到最佳的方向。

【2】關於紫微斗數，我想問事業（創業）

【提問時間】 2011－05－11 13：58：20

【提問內容】

我是國曆69年4月2日晚子出生，我想問事業（創業）的問題，請老師們為我解答，感恩。我是女生。

【回覆內容】

是否適宜創業這問題確實是要好好評估，山人幫你看看好了，單從命盤看來，你應該是屬於氣質型的女生，應該外型很秀氣，但是一路走來確實是蠻辛苦的，感覺整個環境好像都不是很有助力，而且你思考應該也帶有點反傳統，固執，堅持己見也帶點迷糊散仙才是。一直感到是屬於勞碌命。還有你應該是對朋友很講義氣的，如果真要做合夥生意，最好提防生肖屬猴的朋友。

從本命盤看來，缺少適宜經商的格局，輔以財帛宮狀況來看，聚財不易，怎來怎去，不過財庫還算穩定，保守點會較適合你。

今年流年本命天馬會祿落福德宮，財宮又祿權交流，有點閒錢，難怪會有創業念頭，但同時會空劫，所以應該是表面看起來一片大好，但實際不如預期，甚至有被騙的可能。因此只怕到頭來是白忙一場，不宜爲之。本命盤沒有創業格局，流年亦不佳，真心建議你不要輕易嘗試。

【發問者意見】

謝謝你。

【命盤解析及內容說明】

本命盤

太陰坐命，循前例，為氣質型的漂亮女生，三方會空劫，空劫入命者，古曰：浪裡行舟，糟糕的是此浪，並非天意所致，大都是自己個性上的缺陷造成的。

而此局外在表現為迷糊散仙，且勇於反潮流反社會，常常因此招致失敗，但此局人的想像力豐富，創作能力強，故空劫入命者，適合往研發，創作或企劃等方向，善用此優點，讓自己有更廣闊的空間。

劫煞 天德　　八座 天月 左輔 右馬 巨門◎	災煞 吊客　　台輔 天福 廉貞◎ 天相△	天煞 病符　天寡 紅鸞 截空 天鉞 陀羅 天梁◎◎	指背 歲建　　天傷 天巫 解神 祿存 七殺◎◎
小耗　105-114　福德　臨官辛巳　6 18 30 42 54 66	青龍　95-104　田宅　冠帶壬午　5 17 29 41 53 65	力士　85-94　官祿　沐浴癸未　4 16 28 40 52 64	博士　75-84　僕役　長生甲申　3 15 27 39 51 63
華蓋 白虎　　文曲△ 蜚廉 貪狼◎	【星僑】星僑易學　　天太武太同陰曲陽 化忌 化科 化權 化祿　子身命命斗年主主君：天文土梁曲昌五　柱四盤排時日月年：戊乙己庚子卯卯申　國農生陽曆曆年女 69 69 年年庚庚 2 4 申申 月月 17 17 日日 23 23 點時　姓名：321　石城頭木	（續中央）	咸池 晦氣　　三台 右弼 破碎 天擎 空羊 天同△◎忌
將軍　115-124　父母　帝旺庚辰　7 19 31 43 55 67			官伏　65-74　遷移　養乙酉　2 14 26 38 50 62
息神 龍德　　太陰×科			月煞 喪門　　天鈴 文昌 天哭 武曲◎權
奏書　5-14　命宮·身宮　衰丁卯　8 20 32 44 56 68	星僑電腦軟體 版權所有·翻拷必究　作者：陳恩國 程式設計：陳明遠·陳慶鴻　地址：桃園縣龜山鄉復興二路65號(林口長庚附近)　電話：(03)328-8833 傳真：(03)328-6557　網址：http://www.ncc.com.tw		伏兵　55-64　疾厄　胎丙戌　1 13 25 37 49 61
歲大封火天年歲鳳天天天紫驛輔誥星姚解破閣虛廚府微◎◎	擊小鞍耗　　旬恩月天天空光德喜魁×	將官星符　　陰龍破煞池軍	亡神 貫索　地地天孤天太空劫壽才辰官陽×祿
飛廉　15-24　兄弟　病戊寅　9 21 33 45 57 69	喜神　25-34　夫妻　死己丑　10 22 34 46 58 70	病伏　35-44　子女　墓戊子　11 23 35 47 59 71	大耗　45-54　財帛　絕丁亥　12 24 36 48 60 72

電話：
地址：

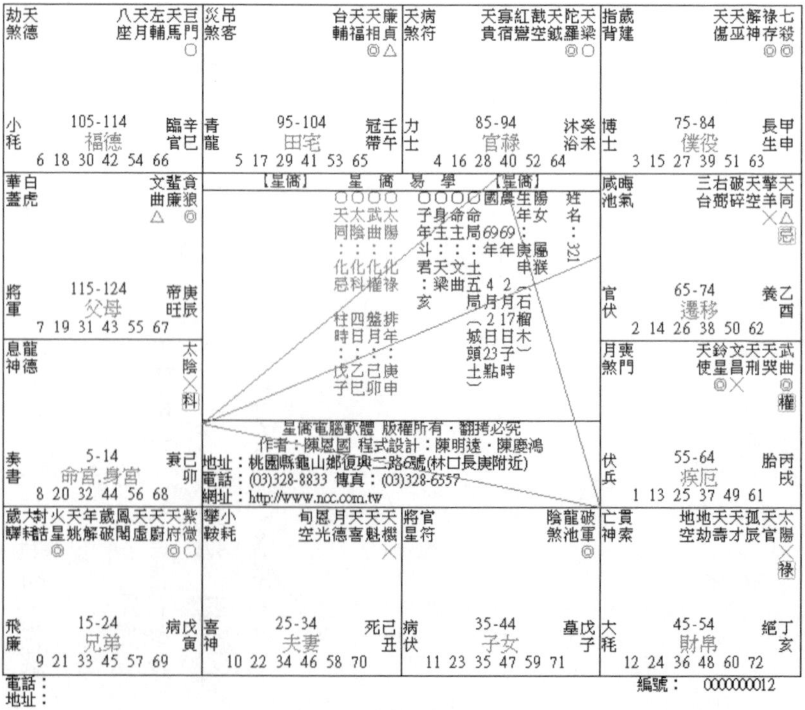

命身同宮，基本上表示命主個性較爲固執，堅持己見，有點頑固。加上空劫入命，可以斷定命主是一個相當鐵齒的人，有時候想法不一定正確，或是與大家認知有相當差異，但堅持己見，常會讓人感到是爲反對而反對，故此格局者經常會招致非議且充滿是非，此是非並非口舌，而是爲人處世態度造成的問題。

故單就此點來看，命主確實不適合創業，因此個性常常會導致嚴重的挫敗。且命宮匯集四煞，所幸命身皆強，足以抵禦，但三方爲外在環境的展現，命雖夠強但外在危機四伏，不利於己，縱使英雄也只能徒呼負負。所以雖然這麼簡單直接就可以斷定命主不適宜創業，但爲了慎重起見，還是必須針對財帛宮及田宅宮來做分析。

創業首看是否帶有祿馬交馳格局，或是雙祿在命宮交流，命主天馬星居巳，對宮直接空劫來衝，此局爲又稱爲半空馬，不但追不到財，還累的半死。再來看看他的祿星坐宮，祿存坐僕役宮，古曰：祿落僕役，縱有官也奔馳，故命主定然是那種重義不惜財，相當願意資助朋友的人，所以縱使賺錢，也會因朋友義氣而轉手成空，剛好呼應他的半空馬格局。（山人註：交朋友，選這種就對了，吃香喝辣好不愉快），財帛宮逢化祿本是美事一樁，但偏逢空劫同度，到手亦成空，另外也叫做倒祿的格局，祿星在斗數裏表徵爲財貨之意，偏偏空劫是土匪之星曜，財遇土匪，定然難留，再多都不夠，故稱之爲倒祿。

田宅宮是難得好一點的組合，三方雖不會祿，無大富可言。但田宅宮三方會天府，紫微及武曲，且不見煞忌，故尙稱穩定，所以建議命主，只要好好守成，不圖非分之想，仍然不會窮到哪裡去的。

（註：有同學會問，武曲不是財星嗎？會照應該也是表示有財之意，此點容山人說明如下：武曲是財星沒有錯，但武曲之財，需要靠自己努力而得，與祿星爲天賜之財，在基本星性上，有相當的差異，故此處絕對不能搞錯。好的論命者與一般論命者，差異就在對於基本星性的掌握程度，此點同學須牢記，確實掌握星性，絕對是學好斗數的不二法門，因爲斗數就是星群組合，連星曜的基本特性都掌握不住，又何來學好的一天？）

好了，基本盤看完了，我想大家都應該知道跟怎樣跟命主作建議了吧。但我們還是要秉持研究精神，因爲雖然本命不適合，但若流年運勢正旺時，倒是可以建議命主來炒個短線，不過千萬要見好就收，否則難逃本命盤的詛咒阿。所以來看看他問命當年 100 年的流年盤。

100年流年命盤

先看流年命宮，三合會空劫及擎羊陀羅四煞齊臨，此時出征鐵定是沒有好結果。但命主為何有此衝動呢？先看看福德宮，天馬會流年化祿及化權，福德宮是人思緒的判識處，流年福德宮這麼漂亮，難怪會有這種想法，加上流年官祿宮大限化科，流年化權會照，相當不錯。流年財帛宮祿權交流，手上應該有些閒錢才是。所以在工作上相當不錯，手頭上又有點餘裕，會想在事業上有所進取，並不讓人意外。

劫天歲喪 煞德驛門	八天左天日 座月輔貞門	災吊息貫 煞客神索	台天天嗣 輔福相貞 ◎◎	天病嗣官 煞符蓋符	天寡紅截天陀 貴宿鸞空鉞羅 科	指歲劫小 背建煞耗	天天解祿七 傷巫神存殺
祿	福德 105-114 小 福德 耗 102年 34歲 臨辛 官巳	田宅 95-104 青 田宅 龍 103年 35歲 冠壬 帶午	官祿 85-94 力 官祿 士 104年 36歲 沐癸 浴未	僕役 75-84 博 僕役 士 105年 37歲 長甲 生申

（流年命盤圖表）

星僑電腦軟體 版權所有・翻拷必究
作者：陳恩國 程式設計：陳明達・陳慶鴻
地址：桃園縣龜山鄉復興二路（林口長庚附近）
電話：(03)328-8833 傳真：(03)328-6557
網址：http://www.ncc.com.tw

姓名：321

電話：
地址：

編號： 0000000012

27

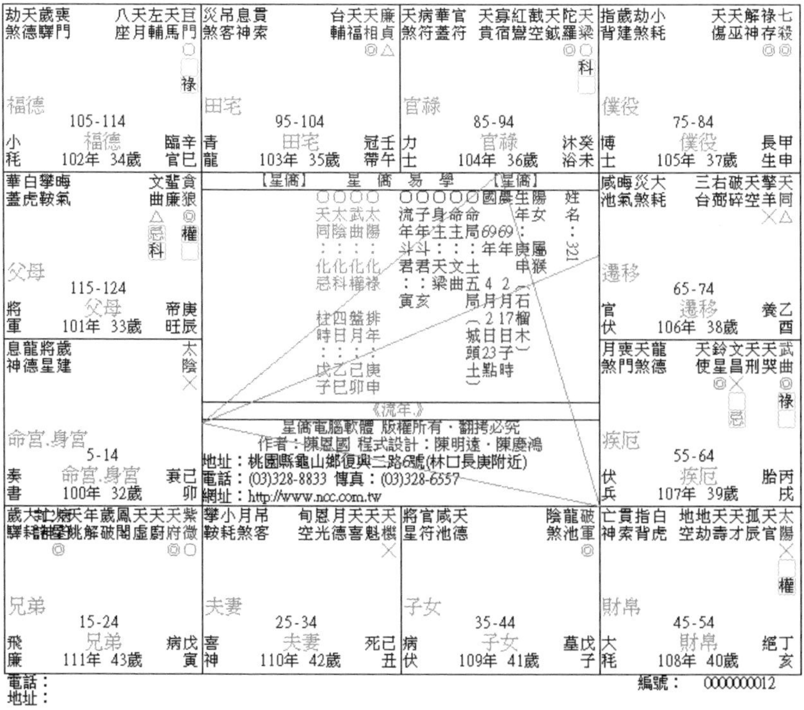

但吉處藏兇阿，看到空劫星落在此三合之處，故推論目前的機會只是表面感覺不錯，私底下卻暗潮洶湧，只怕貿然投入後，白忙一場，賺到的也是經驗而已。

再觀其僕役宮亦是權科交會，加上本命祿落僕役，故推論必定是朋友部屬邀集合股或投資。

綜上所述，命造除本命不宜創業外，流年也不佳，所以炒短線看來也不必了，還是回歸田宅宮的狀況，不要想東想西，把錢存下來。因命局不佳，加上所有情況均不利於己，縱是掌握好機會，也難逃到手成空，風雲際會的宿命。因此建議命主好好在職場上發展，把錢守好，自能安享晚年生活。

【3】是否命中無姻緣呢？

【提問時間】 2011－03－13 16：45：56

【提問內容】

我的生日資料

西元1984年6月7日 晚子時 出生。

性別男性。

1. 請問本身是否命中無姻緣或者只有同居的命呢？

2. 如果命盤中是有姻緣的話，大概是幾歲左右較有成家可能

3. 是否可指點未來另一伴大概是什麼類性或從事哪方面職業？

【回覆內容】

1. 應該不太可能會沒有姻緣，以這個盤來看，本命宮無主星，借對宮太陰天同論，通常太陰坐命的都是屬於氣質型的帥哥或美女，況且你夫妻宮尚稱穩定，也不會煞忌，怎樣看都不像是沒因緣的，不用想太多，你還年輕。

2. 沒錯的話這個盤勢因緣成的比較晚，照判斷應該成於35～44這個大限，因命遷線逢鑾喜對照且化祿引動，不過如果這段時間遇到好對象，要提前結婚也未嘗不可。

3. 以夫妻宮星宿來論，夫妻宮坐天機天梁，基本上年紀應該會比你稍長或是比你成熟的多，可得賢妻，唯個性頗為剛烈，又會照太陰，因此會是屬於氣質型的女生，總論還不差就是。

【發問者意見】

謝謝山人的細心回覆

【命盤解析及內容說明】

本命宮無主星，借對宮太陰天同來論，循前例，通常太陰坐命的都是氣質型的本命盤夫妻宮的分析：

帥哥美女，外表條件不會太差。至於一生的姻緣，當然看本命盤的夫妻宮。

本命盤夫妻宮呈現機月同梁加昌曲對拱的星群組合，機月同梁格局的穩定性很高，古曰：機月同梁當吏人，此格局出現在夫妻宮，基本上表示命主喜歡的女孩類型屬於穩定，乖巧簡單的女生。加上會見龍池，鳳閣等星宿，故有才藝才華的女生也是能夠吸引他的重要因素。又命主夫妻宮坐天梁，因此婚配對象有可能年紀比他

劫煞 小耗 天巫 天姚 月德 破碎 天廚 七殺 紫微 ○△ 小耗 115-124 兄弟 絕 己巳 8 20 32 44 56 68	災煞 大耗 台輔 陰煞 右弼 天壽 天才 天虛 天哭 歲破 將軍 5-14 命宮.身宮 胎 庚午 9 21 33 45 57 69	天煞 龍德 天月 天官 天鉞 奏書 15-24 父母 養 辛未 10 22 34 46 58 70	指背 白虎 左輔 天馬 截空 飛廉 25-34 福德 長生 壬申 11 23 35 47 59 71
華蓋 官符 文曲 恩光 龍池 天梁 天機 △◎ 青龍 105-114 夫妻 墓 戊辰 7 19 31 43 55 67	【星僑】 易學　　姓名： 陽男　國曆　屬鼠 命主：　身主： 子年斗君：申 五行局：火六局 太陽 武曲 破軍 廉貞 化忌 化科 化權 化祿	柱四盤排 時　日　月　年 壬　庚　甲 子　申　午　子 （海中金　23點）	咸池 天德 天福 天喜 破軍 廉貞 權祿 喜神 35-44 田宅 沐浴 癸酉 12 24 36 48 60 72
息神 貫索 三台 紅鸞 擎羊 天相 ×× 力士 95-104 子女 死 丁卯 6 18 30 42 54 66	星僑電腦軟體 版權所有·翻拷必究 作者：陳恩國 程式設計：陳明達·陳慶鴻 地址：桃園縣龜山鄉復興二路6號(林口長庚附近) 電話：(03)328-8833 傳真：(03)328-6557 網址：http://www.ncc.com.tw		月煞 吊客 鈴星 文昌 天貴 寡宿 鳳閣 ◎× 病符 45-54 官祿 冠帶 甲戌 1 13 25 37 49 61
歲驛 喪門 封誥 火星 孤辰 祿存 巨門 太陽 忌 博士 85-94 財帛 病 丙寅 5 17 29 41 53 65	攀鞍 晦氣 天使 天刑 天空 陀羅 天魁 貪狼 武曲 科 官府 75-84 疾厄 衰 丁丑 4 16 28 40 52 64	將星 歲建 解神 太陰 天同 ◎○ 伏兵 65-74 遷移 帝旺 丙子 3 15 27 39 51 63	亡神 病符 天傷 旬空 地劫 八座 天府 △ 大耗 55-64 僕役 臨官 乙亥 2 14 26 38 50 62

電話：
地址：
編號：0000000013

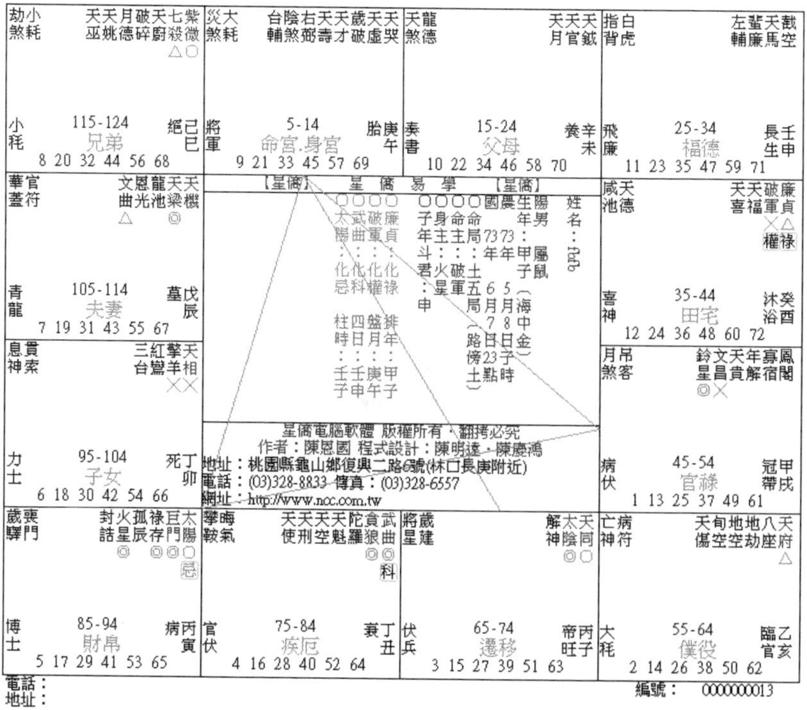

長，而夫妻宮坐天機應屬賢內助型的女生，加上三合不會煞忌，整體而言尚稱穩定。

至於因緣成於幾時，此時就必須看鑾喜的分布宮位，從本命盤看來，鑾喜會照於35～44這個大限宮位，故推論命主最遲應在這個大限內成婚，以現代的概念，這應該是適宜晚婚的命局，至於哪一年，就必須要一年一年的逐步搜尋。

（註：不一定要等到鑾喜對拱的大限才能成婚，只要流年行進時夫妻宮組合穩定且逢祿沖起，亦為結婚的時機。且鑾喜屬正緣，天姚，咸池等雜曜屬野桃花，大限流年遭沖起時亦有婚配的可能。所以各位同學千萬別斷章取義，認為只有鑾喜入大限命宮才適合結婚，如此誤了自己或他人的好姻緣，這也是造口業呢。）

所以山人在回覆時只是告訴命主最有可能的成婚時機，讓他能夠安心，不會因爲一時的失落而誤解自己。因此最後在附註說，如有遇到好姻緣，亦可成婚，以免命主誤會，認爲非得在這個時間才能成婚，白白耽誤自己的好姻緣。

所以好的論命者要有正確的觀念，畢竟會來尋求命理協助的人，大都在十字路口徘徊，身爲命理老師應該給他正確的方向與專業的建議，協助她們盡速走出陰霾，重拾信心迎接人生的下一個挑戰，這不也是功德一件嗎。

【4】請問武貪適合的工作

【提問時間】 2011－10－25

【提問內容】

您好，想請問一下紫微命盤

本人是1974年農曆9月20日卯時生

最近換了工作，想找工作但是都沒下文，不然就是沒聯絡

快要慌死了。

有找作業員、包裝員、超市等但都沒消息耶，是不是有年紀了都不用了，不知道從命盤中到底適合甚麼工作？請給意見好嗎？感激不盡

補充：家庭代工適合做嗎？

【回覆內容】

古曰：武貪不發少年人，基本上武貪屬晚發格局，而且你的武貪會陀羅，陀羅主慢，遲滯，不過有四吉星會照，表示你蠻有才華，貴人與機遇都不差，其實你比較適合武職文作。

忌遇貪狼又稱之爲風流杖綵，男女之間我想對你是很困擾的問題吧。先就流年幫你看看，流年文昌忌坐官祿宮會雙煞，可謂煞忌交馳。

而且流年命宮重疊財帛宮，又逢刑囚夾印的格局，文昌忌又坐官祿衝本命宮，今年慎防因工作上因財務問題或誤當人頭而惹上財務上的官非，自己真要多加小心。

祿落僕役又逢空劫，對朋友介紹工作或機會自己特別當心。至於幾月比較找的到工作，沒錯的話應該在農曆4月～5月間，只是這工作帶有些問題存在，自己多加注意。苗頭不對就快閃吧。

做家庭代工是可以，但不要牽涉到上游的營運問題，做好自己應該還可以。因爲看來會有這方面的糾紛產生，文昌忌多屬文書問題。如支票被跳票或被倒貨款等總之自己多注意，尤其你對朋友要特別注意。

【命盤解析及內容說明】

本命盤

命主命無主星，借對宮武曲貪狼來論，本命宮坐昌曲對照魁鉞，爲文星拱命及坐貴向貴格局，古曰：天魁天鉞，蓋世文章，且魁鉞爲貴人的表徵，故推論命主除了有才華之外，也有不錯的貴人運才是。

且命主身宮坐紅鸞，外型頗佳，且魁鉞入命的男生，通常是

亡貫神索 封天天孤七紫 詰巫刑辰殺微 △○	將官星符 鈴龍星池 ◎	小耗 擎鈴 文文八三月天天 曲昌座台德喜官鉞 ○△	歲大驛耗 地年歲鳳天天截 空解破閣虛馬空
小耗　105-114 　　　夫妻　絕己巳 2 14 26 38 50 62	將軍　115-124 　　　兄弟　胎庚午 3 15 27 39 51 63	奏書　5-14 　　　命宮　養辛未 4 16 28 40 52 64	飛廉　15-24 　　父母　長壬 　　　　　　生申 5 17 29 41 53 65
月喪煞門 火解天天天 星神哭樑機 × ◎	【星僑】　星僑　易　學　【星僑】 ○○○○　子身命國　國農生陽　姓名：□□ 太武破廉　年主主曆　曆曆年男 陽曲軍貞　：：：：年　63 63： 化化化化　君天武11　：：年年屬　男 忌科權祿　：樑曲月　年年甲虎 柱四盤排　未　　9　　11 9寅 時日月年　　　日　　月月（大 ：：：：　　　20　3 20溪 乙戊甲甲　　　　　　路日水 卯戍申寅　　　　　　6卯） 　　　　　　　　　點時		息龍神德 台天天破廉破廉 輔姚才碎福軍貞 ×△ 　　　　　　　　權祿
青龍　95-104 　　　子女　墓戊辰 1 13 25 37 49 61			喜神　25-34 　　福德　沐癸 　　　　　浴酉 6 18 30 42 54 66
咸晦池氣 天擎天 壽羊相 ××	星僑電腦軟體　版權所有‧翻拷必究 作者：陳恩國　程式設計：陳明遠‧陳慶鴻 地址：桃園縣龜山鄉復興二路6號（林口長庚附近） 電話：(03)328-8833　傳真：(03)328-6557 網址：http://www.ncc.com.tw		華白蓋虎 陰輩煞廉
力士　85-94 　　　財帛　死丁卯 12 24 36 48 60 72			病伏　35-44 　　田宅　冠甲 　　　　　帶戍 7 19 31 43 55 67
指藏背建 天地天右祿巨太 使劫月鉞存門陽 ◎◎◎ 　　　　　　　　忌	天病煞符 旬天寡紅天陀貪武 空貴宿鸞哭羅狼曲 科	災吊煞客 天左太天 傷輔陰同 ◎◎	天德 天府 △ 劫天煞德
博士　75-84 　　　疾厄　病丙寅 11 23 35 47 59 71	官伏　65-74 　　　遷移身宮　衰丁丑 10 22 34 46 58 70	伏兵　55-64 　　　僕役　帝丙 　　　　　　旺子 9 21 33 45 57 69	大耗　45-54 　　官祿　臨乙 　　　　　官亥 8 20 32 44 56 68

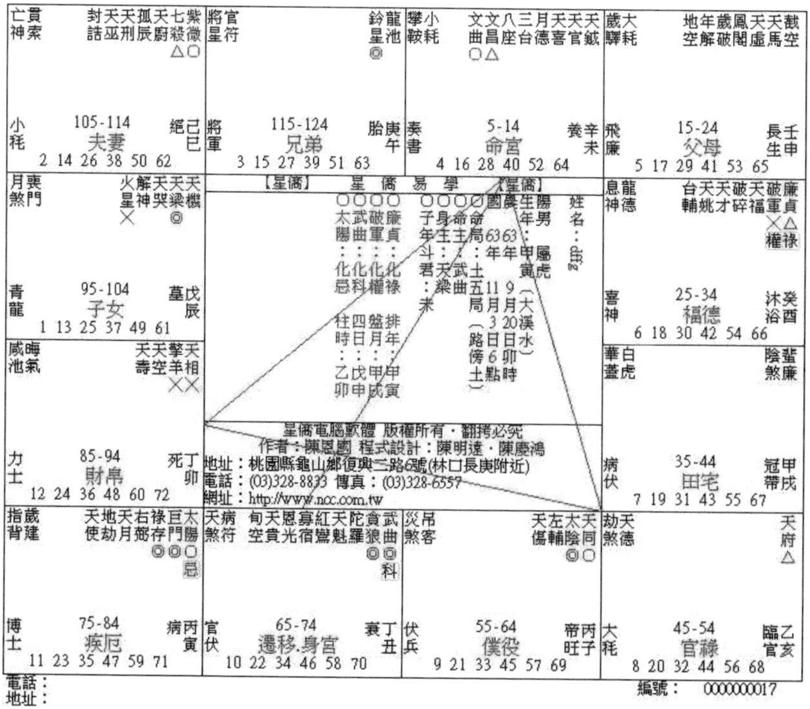

體格魁武，相貌端正，氣度恢宏，所以推斷命主應屬於帥哥型的型男才是，廟旺日月及左輔右弼夾身宮且逢本命科祿權拱。府祿相三合又會財宮，整體而言，倘不會煞，此局人應有相當的作爲。

但可惜命宮三方會擎羊，陀羅雙煞，同時也衝福德宮，而擎羊大煞正坐財宮，所有好格局都被破壞光了，因此命主應有懷才不遇及諸事不順的感覺，此盤因煞星落宮不當，導致人生起伏不定，容易有暴起暴落的情況，確實相當可惜。

命無主星的人，通常較沒主見，因外在三方較本命強勢，家裡沒大人的情況下，故易隨波逐流。

而命星坐武貪屬晚發格局，古曰：武貪不發少年人，所以運勢晚發，身坐貪狼遇陀羅煞星，謂之風流杖彩，多因男女之間的桃花起糾紛。

命局如此，命主應於福澤有損，故建議命主宜多行善事，勤加佈施，期能改變命運。至於此局人適宜哪類型工作，山人建議武職文做，畢竟命主本身還是才華洋溢的，只是時不予我罷了。所以命主提及家庭代工事業，是相當適宜的，只要不要牽涉到上游的財務問題，專心做好自己分內工作，最多就是上游付不出貨款，最後賠上工錢而已，故應可保平安無虞。

既然談到找工作，那就應該用流年來看，命主提問當年爲民國100年，其大限／流年命盤如下：

大限／流年命盤

命主流年命宮重疊本命財帛宮，對宮會廉貞，廉貞化氣爲囚，擎羊化氣爲刑，天相爲印信，故構成易導致官非的「刑囚夾印」格局，加上流年文昌化忌坐官祿宮且衝命宮，頗有即將引動的感覺，而文昌化忌

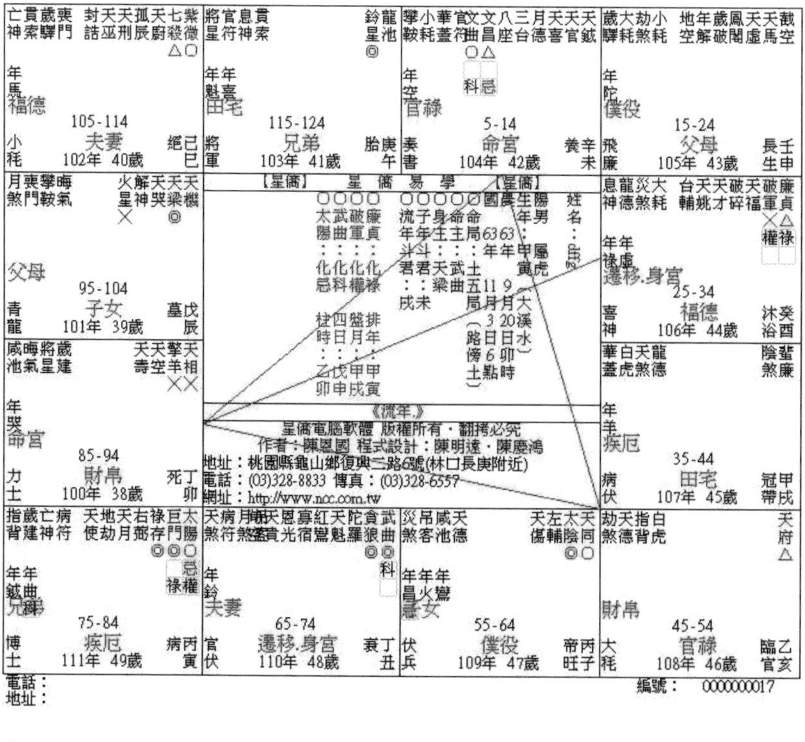

忌表文書失識，如支票開錯金額，或是文件亂簽，誤當保人等狀況，且文昌忌落於官祿宮，因此在職場上需相當的小心，看來極有可能發生因此惹上官非的狀況。故提醒命主要多加注意。

而此流年化祿及本命祿落流年兄僕一線，且逢地空地劫來拱，本有勞碌無成的味道，加上雙祿皆落僕役宮，故除在職場上要特別注意外，更須提防因太過於相信朋友或太重義氣而招來是非困擾。

綜上所述，整體推論感覺上很有可能今年工作上相當不順利，另有朋友介紹工作或事業，看起來很樂觀，但暗地裡危機四伏，結果很有可能因力挺朋友到頭來白忙一場甚至因此吃上官司是非。所以山人建議命主特別提高警覺，一見苗頭不對，應即刻離開，方爲最佳的明哲保身之道。畢竟流年凶險，確實不要去冒任何的風險爲宜。

【5】2011年運勢

【提問時間】2011-03-01 19:07:49

【提問內容】

女性，72年農曆2月29日卯時，屬豬，請教2011年運勢

謝謝

【回覆內容】

命造民國農曆72年2月29日卯時瑞生

今年流年看起來會很有發揮，多貴人與助力，整體流年命宮看來尚稱平順，但文昌化忌直衝流年命宮，故今年不可爲人作保或是背書。如從事文字工作或創作者，需注意因文字惹上麻煩或官司，從事會計財經類工作，對於商業文書類的要特別注意，如收到空頭支票等．誤塡標單等文書上的失誤。如您尚在念書，則學業部份恐

有挫折與不順利。尤其你的文昌忌又坐官祿宮，在職場上可得特別注意與小心。

在工作上因化忌干擾且會雙煞，因此會感到有志難伸或是挫折感很重，僕役宮看來危機四伏，吉處藏兇，慎防因友破財，對朋友要特別提防。尤其你今年文昌忌直衝命宮，所以不要輕易與朋友有太多的金錢往來才是。

不過就遷移宮來看，輔弼魁鉞四大吉星匯聚，因此今年多助力與貴人相助，但自己還是要特別小心文昌忌引來的麻煩事。

至於錢財部份部會有太多的進展，得中有失，尤其文昌化忌也衝財宮，對於山人提醒你的財務部份，要特別注意。

【發問者意見】

謝謝大師解惑

【命盤解析及內容說明】

大限／流年命盤

命主問命當年為民國100年，以流年命宮觀之，太陽會照太陰，為日月並明之局，流年命宮大限化祿，流年化權，三方文曲流年化科，文昌化忌入命，且本命宮逢天魁正坐，故整體而言尚稱穩定，在工作上雖不一定有好的發展，但至少努力會被看見才是。此點從官祿宮逢廟旺日月齊照可證。而遷移宮逢輔弼魁鉞四吉星會照，故命主當年的貴人運頗強，機遇也多且可得到朋友部屬的助力。

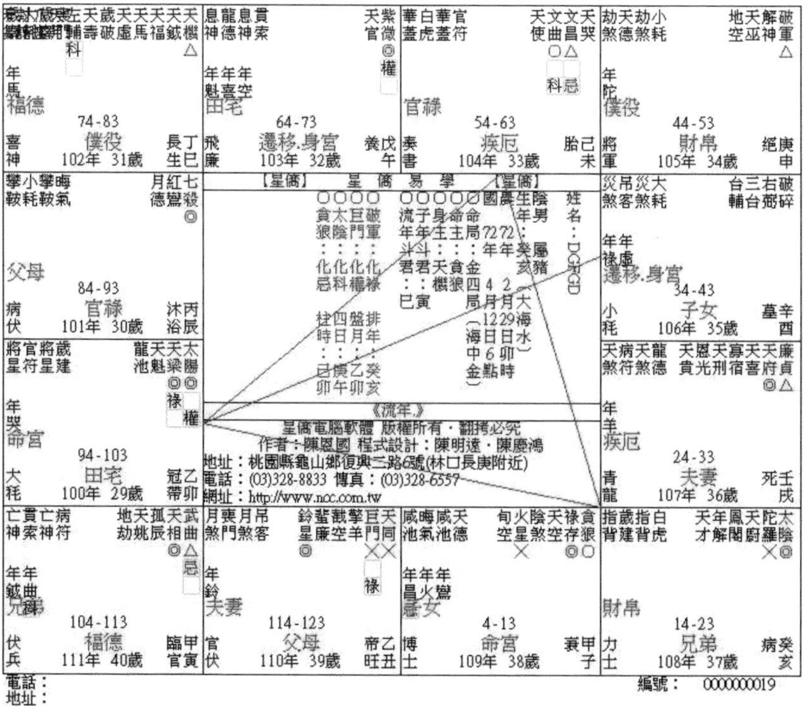

此盤流年缺陷爲文昌化忌衝命且坐官祿宮，文昌化忌表文書失識，如在學階段則有中輟的可能，如在職場上則容易有誤塡報表資料，誤塡標單或因爲文字（例如常用的部落格，FACEBOOK 等），而惹上麻煩，尤其是文字工作者逢文昌化忌時須特別注意。

流年僕役宮逢大限武曲化忌又會空劫，故爲吉處藏兇之局，故提醒命主對於朋友要更加注意，尤其是生肖屬老鼠及屬狗的朋友，看來有因友而奔波之累。

至於財運部分，流年文昌化忌衝財宮，且陀羅正坐，故須特別注意金錢的運用，不宜跟會或進行相關的理財投資，尤其是朋友間的借貸類型。

【6】問適合開店嗎？適合店面方位？適合當老闆嗎？

【提問時間】2011－02－26 15：08：09

【提問內容】

我想問大師們．有人會算我的紫微斗數或者用其他方式算我適合創業開店嗎？

我1982年生．71．10．24生，出生時間下午1點－3點

感謝大師們可以回答我的所有問題和算出我的紫微斗數！！！感謝大師^^

補充1

我農曆9月初八，男性

補充2

我想在今年的夏天開早餐店，最好早餐之外，下午開始可以賣別的，譬如藥燉

排骨等，但點對我來說很重要，資金也有了，所謂天時地利人和，缺一不可。所以請教各位大師可以給我點意見！！感激不盡。

補充3

忘了補充我有一位合夥夥伴（他男性），順便給他的生辰八字，麻煩各位大師幫我算看看跟他的組合！他民國71年1982年生，國曆11月5日生，農曆9月20日，出生時間早上6－9點。PS（我和他都是修行者，打坐參禪已經數年，雖然清楚明白，個性會改變一生遇到的人事物，平常也有再做善事，定期捐血，定期買米去捐給孤兒院，我本身在早餐店經驗已經有5年左右，基本上是熟手……我是知道人一生當中有固定不能改變的命格，和能改變的，我想就是運吧）……想清楚知道自己命格和合夥人的搭配……所以請各位大師能幫我算看看！！好讓我參考……感謝大師^^

補充4

至於財務方面和企劃部分，我都是交給我女友去規劃

我女友67年生，農曆8月11日，國曆9月13日

出生時間接近中午。（煩請幫我算算我們3人的組合）可以的話順便幫我算我女友跟他家人的緣分，還有他的財運，工作適不適合轉換跑道（換工作）。目前他在LED產業擔任工程師。

【回覆內容】

命造民國農曆71年9月8日未時建生

恩，難怪你會想當老闆，紫微坐命的人大都比較有自己做主的企圖心，而且這顆紫微還化權，你本身很有才華，只是桃花會很重，紫微貪狼的組合為桃花犯主，加上會天姚，命宮三方四正桃花星齊聚，福德又見鑾喜對照，但本命化忌衝入，就整體而言，當心因桃花破財。

紫微坐命是很好，但不見輔弼來拱，不構成大格局，充其量也是孤軍，缺乏助力，創業時會比較辛苦。

而且你的本命盤財帛宮見武曲，武曲為財星，本應該是好事，但偏偏武曲化忌，財星化忌表示周轉不靈之意，又落財帛宮，表示你平常在財務調度上容易出現問題。

加上本身並沒有出現利於經商祿馬交馳格局，反到形成半空馬，其意爲空忙一場之意。且缺乏得力的助手，往往是一個人孤軍奮戰。

你的財帛宮坐祿存，祿存基本定義是財貨，乍看之下非常好，財落財位，但可惜祿存必遭羊陀夾制，因此你的財帛多屬於穩定之財，而且財庫煞星匯集，難以聚財，從哪個角度看來，創業對你都不很適宜。

又以這個大限（24－33）來看，本命武曲化忌衝大限命宮，本來就容易發生週轉問題，大限命宮又逢空劫夾制，本來就有奔波無獲之意。且子田線又是煞忌交馳，在本命及大限均不利的情況下，良心建議你不要輕易嘗試，去找工作會比較實際，也不至於讓自己白忙一場。況且現在早餐店一堆，景氣也不是很好，食材成本一直上飆，大環境也不是很好，天時就不佳，且你本命不宜創業，加上的大限運勢不利創業，真的不建議你貿然嘗試。大概這樣吧，希望對你有幫助，朝職場發展，對你會比較好。而且你本命宮帶公門格局，可以朝這方向發展。

補充回覆：

你命盤本缺得力助手，紫微落命不逢輔弼，就像是包公審案不遇王朝馬漢來幫忙查案，縱有在大的理想也不容易實現。

而且你這朋友比你更不適宜，首先它的命盤和你一樣，都出現半空馬的格局，而且妳們兩個都喜歡掌權管事，如果兩個一起創業，那要聽誰的呢？妳們都很有才華，整體命宮星宿組合也有許多的相似之處，所以很合得來，但合夥做生意是兩回事。建議妳們兩個好朋友還是在職場上發展，會比較適合。

【發問者意見】

無

【命盤解析及內容說明】

本命盤

命主本命宮坐紫貪，對宮加會天姚，命宮三方四正星曜桃花齊聚，故此狀況更加嚴重，爲標準的桃花犯主格局，加上本命武曲化忌會照，故必須特別小心因桃花而破財。但因組合尚稱穩定，故應不至於構成「桃花劫」的狀況。因此命主敘述由女友掌財務大權並不意外，想來對女友應該也是言聽計從才是。

另本命宮紫微化權，基本上代表權力慾望相當重，所以應該是不太習慣上班受制於人的生活，故想自己創業不讓人感到奇怪。但紫微坐命最重要必須會合左輔右弼，形成君臣慶會的大局，但本命宮三方四正不見輔弼，爲孤君一名，單打獨鬥，因缺少助力故難成大

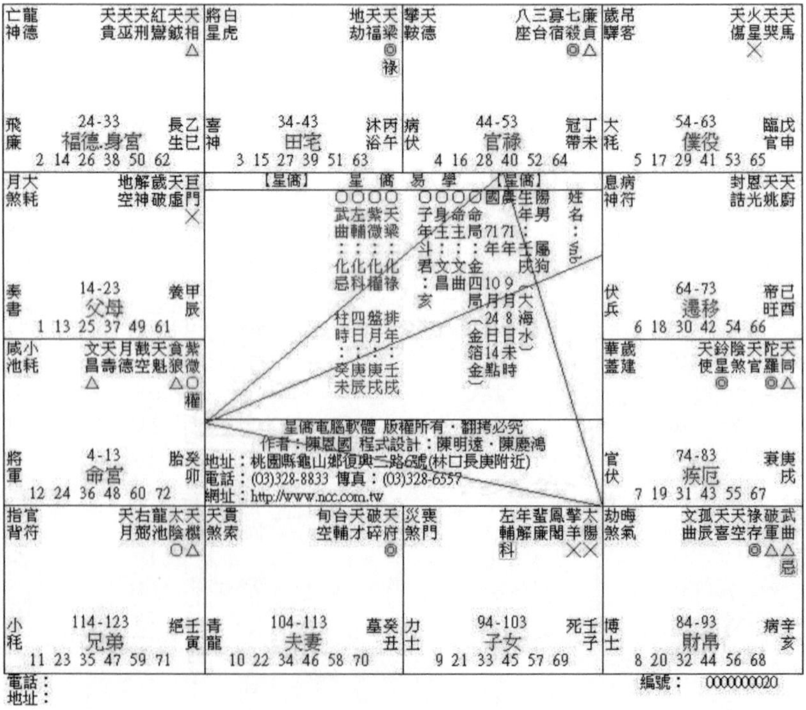

業。綜合來說，此局人大都敗在過於高傲自負及女性朋友身上，故山人提醒他必須特別注意桃花且不宜貿然創業。

而創業首重祿馬交馳，命主天馬星居申宮，三方四正不會祿，且會地空星，為標準的半空馬格局，奔波勞累，難有所獲。再來看看財宮，武曲及祿存正坐，財星得位，本應主財多，但可惜就是因祿存星作怪，此話怎說？祿存不是代表財貨，坐財宮不也是好事一樁？此言差矣，山人常說，祿存是表示細水長流之財，例如上班族領的死薪水，因凡見祿存，必遭擎羊，陀羅夾制，加上武曲雖是財星，但於財宮化忌，反倒轉化成為財務週轉不靈的問題，且於財宮形成羊陀夾忌的格局，古曰：羊陀夾忌為乞，此局出現在財宮雖不如命宮嚴重，但可確認的是，命主確實只適合穩定之財，且因本命武曲化忌坐財宮，易有週轉問題產生，對於創業求財的人來說，否則確實相當不適宜。此點剛好反證命主的半空馬格局，東奔西走，賺到的祇有經驗罷了。

左看右看，都不適合創業，倒是命宮會昌曲，為文星拱命之局，亦可稱為公門格局，加上天魁坐命宮，天鉞坐福德，橫看豎看此局人都宜往公門發展，或許能有不錯的機會呢。

不過山人曾說過，倘本命不適宜創業，但流年大限相當漂亮，不妨抄個短線，但切記見好就收，切莫戀棧，否則運勢一過，一切都會歸回原點，此點需謹記。現在我們就來看看問命當年的本命大限盤吧。

本命／大限命盤

這個大限（24～33）天相坐命，本命武曲化忌直衝，本來在財務上就容易生發週轉問題，加上大限命宮逢空劫夾制，大限田宅亦逢忌衝，田宅為人

亡龍指歲 神德背建 天天天天天 貴巫刑鸞鉞相 ◎ 祿 金 鈴 飛廉　24-33　長生 福德身宮　乙巳 2 14 26 38 50 62	將天咸晦 星虎池氣 地天天 劫福梁 ◎ 祿權 喜神　34-43　沐浴 田宅　丙午 3 15 27 39 51 63	攀月喪 鞍德門 八三台七廉 座台宿殺貞 ◎△ 福德身宮 病伏　44-53　冠帶 官祿　丁未 4 16 28 40 52 64	歲吊亡貫 驛客神索 天火天天 傷星哭馬 × 田宅 鉞曲 大耗　54-63　臨官 僕役　戊申 5 17 29 41 53 65
月天病 煞耗煞 地解歲天巨 空神破虛門 × 兄弟 羊喜 奏書　14-23　養 父母　甲辰 1 13 25 37 49 61	《星僑》　星僑易學 武左紫天 曲輔微梁 化化化化 忌祿權祿 柱四盤排 時日月年 癸庚庚壬 未辰戌戌		息病將病 神符星符 封恩天天 詰光姚廚 官祿 伏兵　64-73　帝旺 遷移　己酉 6 18 30 42 54 66
咸小災喪客 池耗煞 文天天截貪紫 昌壽德空狼微 △ 權科 夫妻 祿空 將軍　4-13　胎 命宮　癸卯 12 24 36 48 60 72	《大限》 星僑電腦軟體　版權所有·翻考必究 作者：陳憲圖　程式設計：陳明遠·陳慶鴻 地址：桃園縣龜山鄉復興二路6號(林口長庚附近) 電話：(03)328-8833　傳真：(03)328-6557 網址：http://www.ncc.com.tw		華歲攀大 蓋建鞍耗 天鈴陰天陀 使煞官羅 ◎　◎△ 僕役 火鸞 官伏　74-83　衰 疾厄　庚戌 7 19 31 43 55 67
指官劫煞 背符煞德 天右龍太太 月弼池陰極 ◎△ 子女 天陀 忌祿 小耗　114-123　絕 兄弟　壬寅 11 23 35 47 59 71	天華白 貴蓋虎 天空破天 空輔才碎府 財帛 哭 青龍　104-113　墓 夫妻　癸丑 10 22 34 46 58 70	災息龍 煞神德 左年鳳擎太 輔解閣羊陽 ×× 疾厄 魁 力士　94-103　死 子女　壬子 9 21 33 45 57 69	劫歲 煞建 文孤天天祿破武 曲辰喜空存軍曲 △△　◎ 遷移 馬虛 博士　84-93　病 財帛　辛亥 8 20 32 44 56 68

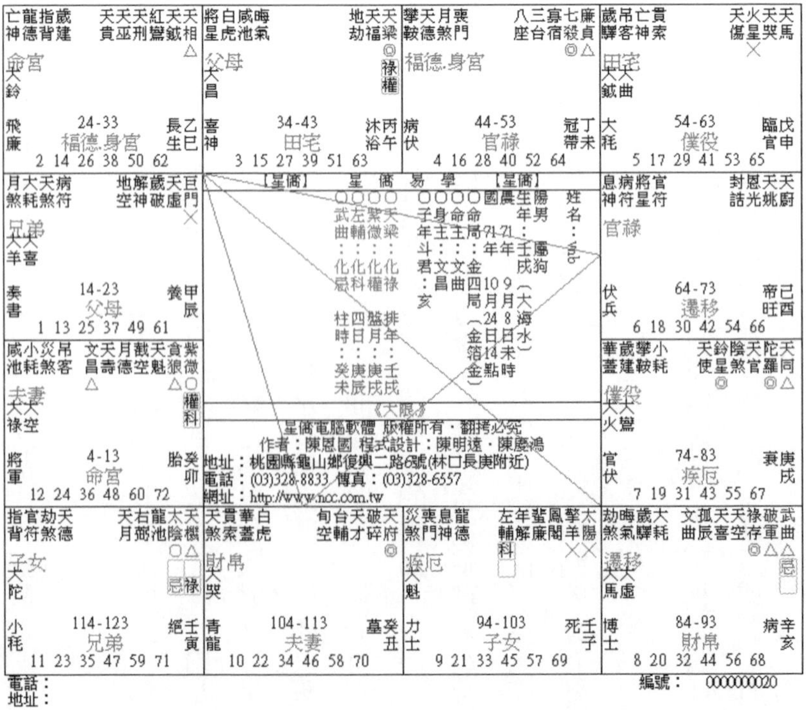

財庫的象徵，逢忌衝表示不甚穩定。加上大限僕役宮狀況相當兇險。加上大限不見祿馬交馳，倒是形成拆馬忌的狀況，此時出師征戰，只怕凶多吉少。

既然大限不宜，那咱們再來看看流年好了

大限／流年命盤

以此局來看，流年文昌忌坐命宮，化忌入命表波折起伏大，而文昌忌表文書失識，在觀其兄僕一線亦為祿忌交馳，顯示朋友或合夥人對命主並無太大助益，倒有可能對合夥事

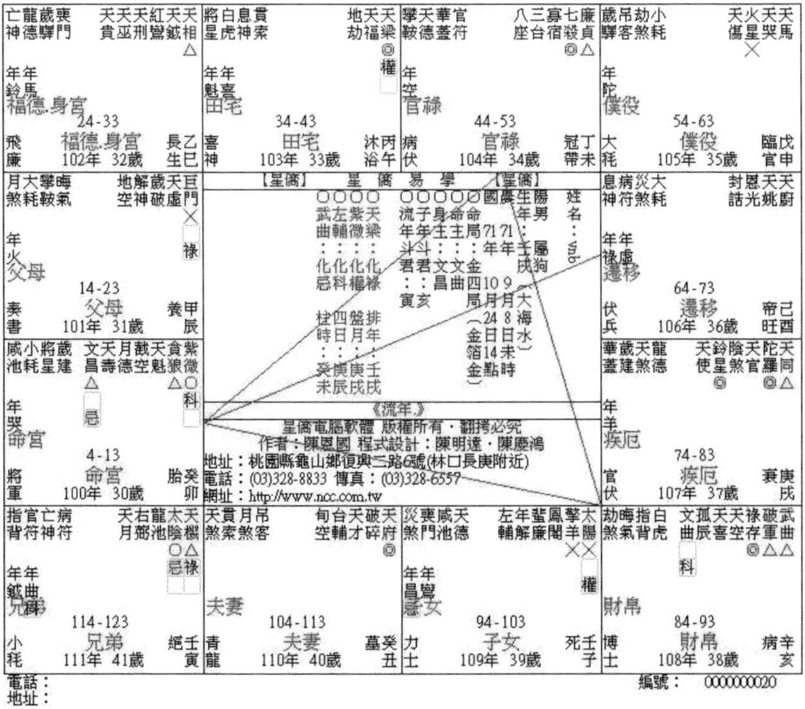

業有所妨礙。流年田宅宮三煞齊聚再會化忌，庫位已破，又如何能奢望創業成功呢？

至於命主提供合夥人生辰八字，經山人排盤後兩人的星盤組合頗爲相似，通常星盤組成相似的人與人之間，有種特殊的吸引力，因此兩人相處確實會相當契合，但其命星都是屬於喜歡掌權的人，一山不容二虎，此兩人合夥的結果如何，我想不需要再多說了吧。而此現實狀況，不也反證了這個大限流年命盤表示出來僕役宮的狀況嗎？

【7】無法存錢，又常遇到小人

【提問時間】 2011-02-26 14：18：44

【提問內容】

大師

我想請問我總是無法存錢，常常無法控制自己的購物慾，還有我很喜歡到處交朋友，但是常常交到都是對我別有心機，甚至會暗中調查我陷害我的小人。

而我桃花運很好，但是常常遇到追求我追不到就很歇斯底里的男人。

我生日 1987.02.12 子時生 屬兔 女性

我想請問，我是不是命中註定沒有帶財，只會把錢花光光？因為我每次想存錢，但過沒幾天錢就花光了

還有我是不是該斬小人？因為我覺得大家認識就是緣分，也分不清楚誰好誰壞，但常常因為交友不慎惹一堆麻煩給自己，

我命中是否帶爛桃花？因為追求不到就歇斯底里的男人我遇到好多次，真的搞到出門都很害怕！也怕自己的手機被監聽，是否有解決的方式？

麻煩大師們幫我解答，我真的很苦惱……

補充1

你說的這個方法我有用過，但每次叫爸媽幫我存錢，過沒多久家裡就需要幫忙錢又拿出來花光了。

補充2

唉……我是未婚媽媽喔，我本身感情走的並不是很順遂，除了家人總是對對方身家不滿意之外；不然就是到最後往往不斷起爭執，還有出軌，常常被追求但幾乎都是會造成恐懼的爛桃花。我寧可過穩定的生活，但不要有爛桃花，甚至連好桃花都不要也無所謂，就連在網路上發表文章，我都害怕是不是有人在監視我，請大師開示了。

【回覆內容】

殺破狼格局的人通常人生路途比較會有大起大落，這點可能也要請你多擔待。

至於桃花，你本身桃花頗旺是事實，貪狼坐命會廉貞，大小桃花匯聚，又會天喜，福德宮也會紅鑾。加上你命立四馬地加會天馬，本身你就是有點過動的傾向，也可說是活潑過頭，加上異性緣強，桃花旺，難免遇到的男生很多，當然其中有一些怪咖，難以避免，所幸命宮三方四正星宿組合上稱穩定，否則引發桃花劫就很麻煩。

至於你的錢存不下來，這也難怪，財庫逢煞星正坐，加會空劫這兩顆土匪星，本來就聚不了財。財帛宮雖逢輔弼來拱，又會祿存，可惜破軍正坐，破軍星基本涵義就是先破後立，控制力往往不佳，容易有隨性所致亂花的情形。輔以你財庫的狀況，錢財部份，真的會蠻辛苦的。還是要做好理財規劃，慎用金錢，否則財庫不佳又不善理財，真擔心你。

你的夫妻宮逢左輔單入，本來就容易有另一半出軌不忠現象，加上鑾喜對拱，所幸整體星宿組合上稱穩定，好好協調，應該不至於走到多難堪的地步。

至於小人部份，本命宮見陰煞，確實有犯小人的現象，至於去斬小人，我想不必了，平常多行點小善事，我想會比你花錢去斬小人來的有用的多，以你財庫的狀況，建議你要多補財庫，並不是拿錢請人幫你補，而是多行善事，多積福報，利用善事的方式來補你的財庫，才是最有用的。

【發問者意見】

大師～謝謝您，您說的非常詳細！

【命盤解析及內容說明】

本命盤

命坐貪狼會廉貞，大小桃花均到齊，且加會桃宿，夫妻宮又見鑾喜對拱，追求者難免，而暗合位又見本命化祿及天姚，暗戀仰慕者也多，可謂之桃花盛開，明的暗的都來了，但相對麻煩事也一堆，比起沒有桃花運的女生而言，這到底是該喜還是該悲呢？只能說，過與不及均為災，凡事持中道而行為宜。

所幸本命宮星宿組合不見煞忌，整體而言尚稱穩定，也因此不會產生桃花劫的狀況，因此對於怪咖的追求者應不需多慮，僅是遇到怪叔叔類型的追求者，徒增自己的困擾罷了，只能說，桃花太旺，也是一個錯吧。

而命立四生地，對宮又見天馬，可想而知是個喜動不喜靜的人，而本命盤化祿入兄弟宮，古曰：祿入兄僕，縱有官也奔馳，因此命主相當重視朋友，也對朋友相當講義氣，會

<table>
<tr>
<td>天梁✕ 陀羅✕ 天廚 孤辰 蜚廉 破碎 天才 天壽 天巫 天貴 喪門 歲驛
官伏 34-43 長生 乙巳
田宅
9 21 33 45 57 69</td>
<td>七殺〇 祿存◎ 天喜 三台 台輔 貫索 息神
博士 44-53 沐浴 丙午
官祿
8 20 32 44 56 68</td>
<td>擎羊◎ 龍池 鳳閣 年解 天傷 官符 華蓋
力士 54-63 冠帶 丁未
僕役
7 19 31 43 55 67</td>
<td>廉貞◎ 天馬 月德 解神 八座 小耗 劫煞
青龍 64-73 臨官 戊申
遷移
6 18 30 42 54 66</td>
</tr>
<tr>
<td>紫微△ 天相△ 天空 左輔△ 文曲 晦氣 攀鞍
伏兵 24-33 養 甲辰
福德
10 22 34 46 58 70</td>
<td colspan="2" rowspan="2">【星僑】 星僑易學 【星僑】
姓名：HJFGJ
陰女 屬兔
生年：丁卯（鑪中火）
農76年1月15日子時
國76年2月12日0點
○命局：金四局（金箔金）
○命主：祿存
○身主：天同
○子年斗君：子
○太陰：化祿
○天同：化權
○天機：化科
○巨門：化忌
排盤四柱
年：丁卯 月：壬寅 日：壬辰 時：庚子
星僑電腦軟體 版權所有．翻拷必究
作者：陳恩國 程式設計：陳明遠．陳慶鴻
地址：桃園縣龜山鄉復興二路6號(林口長庚附近)
電話：(03)328-8833 傳真：(03)328-6557
網址：http://www.ncc.com.tw</td>
<td>天鉞 天虛 歲破 天刑 火星△ 天使 大耗 災煞
小耗 74-83 帝旺 己酉
疾厄
5 17 29 41 53 65</td>
</tr>
<tr>
<td>天機〇科 巨門◎忌 天哭 歲建 將星
大耗 14-23 胎 癸卯
父母
11 23 35 47 59 71</td>
<td>破軍〇 右弼 天月 文昌✕ 鈴星◎ 旬空 龍德 天煞
將軍 84-93 衰 庚戌
財帛
4 16 28 40 52 64</td>
</tr>
<tr>
<td>貪狼△ 天官 截空 陰煞 封誥 病符 亡神
病伏 4-13 絕 壬寅
命宮.身宮
12 24 36 48 60 72</td>
<td>太陽✕ 太陰◎祿 寡宿 天姚 吊客 月煞
喜神 114-123 墓 癸丑
兄弟
1 13 25 37 49 61</td>
<td>武曲〇 天府◎ 紅鸞 天德 咸池
飛廉 104-113 死 壬子
夫妻
2 14 26 38 50 62</td>
<td>天同◎權 天魁 天福 恩光 地劫 地空 白虎 指背
奏書 94-103 病 辛亥
子女
3 15 27 39 51 63</td>
</tr>
</table>

電話：
地址：
編號： 0000000021

有重義不惜財的狀況，而太陽太陰坐兄弟宮，故命主應有頗有成就的兄弟姐妹才是。

我們都知道，本宮表示自己的狀態，而外在三方對應的是外在環境的影響，例如以兄弟宮爲命宮時，則對宮就是兄弟宮的遷移宮，表示命主在外的交往對象，再觀其三方，擎羊陀羅雙煞均到齊，故朋友難有知心，且須慎防＜真心換絕情＞的狀況，甚至有可能誤交損友而導致自己人生的挫折與拖累，從命主自述的狀況，反證了命盤顯現的狀況。故建議命主對於交友部份，須特別謹慎才是。

再來看命主的財務問題，田宅宮爲財庫的象徵，陀羅正坐，加會地空地劫這兩顆土匪星，財難免破耗難留，其財宮會祿存及昌曲及輔弼對拱，四吉星會照，雖坐破軍，但影響不大，因此錢不會缺，但財庫已破，導致存不下錢。至於花到哪去？除自己因貪狼坐命，福德宮坐紫微，所以對於物慾的需求較大之外，另外因祿落僕役，故遭友拖累而破財的狀況，在命主身上應該經常發生才是。（註：所以交朋友，就要交祿落僕役的人，因爲好康多多），因此建議將錢存在父母兄弟或是可信任的人身上，應可解決此問題。

至於夫妻關係，由於暗合位見祿，除表示命主暗地裡的追求者多之外，同時也暗示了男女關係之間容易有偷吃的癖好，以命主夫妻宮星曜穩定不會煞忌的狀況看來，研判應該是男朋友出軌情況居多。

至於小人問題，因本命宮帶陰煞，所以難以避免，此點只能靠命主多加提防了。至於補財庫的問題，山人建議凡事皆由因果而起，須知今生一切不順遂的果報均是由前世或累世種下的惡因所致，因此多行善事，累積資糧與福報，自然可以改善財庫狀況，甚至是長期以來困擾命主的問題。如了凡四訓中的袁了凡居士，就是因爲持續行善持咒，結果完全改變了既定的命運。所以只要勤加行善，廣結善緣，自然命運就會改變。

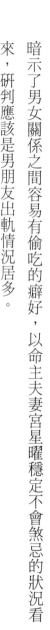

【8】何時才有姻緣

【提問時間】2010-10-03 23：35：40

【提問內容】

本身已經34歲，身邊的朋友一個個都成家了，想請問自己何時才有姻緣？性別男，陽曆66年2月7日，晚上7點生，謝謝。

補充1

1. 愛的人不愛你，不愛的卻死纏著你這句真是一針見血阿，從以前就常出現這狀況。

2. 28～29歲那段時間真的情路不太順．真的在幫人家養老婆，不過到這年紀了．難免會擔心自己的婚姻，該不會一生都沒因緣吧，還請了然大師指點迷津。謝謝

補充2

1. 想請問大師，我的夫妻宮中有主星天相星，夫妻宮中有天相星的是不是比較好，還是也要對應其他星才有用，煩請解答，謝謝。

補充 3

夫妻宮坐天相星算是很好的一顆星，卻因組合不佳而影響到夫妻宮，了然山人解釋得很詳細，小弟萬分感謝。以後定多做善事，佈施的，綜合見解，小弟並不是沒有姻緣，應該會晚婚對吧！

可以看出大約幾歲會結束單身漢嗎？問題繁多，還請見諒，無限感激。

【回覆內容】

這問題確實蠻苦惱的。山人幫你看看出了什麼問題。

命造國曆66年2月7日戌時建生

以本命盤夫妻宮的狀況，要有好姻緣，只怕是有點困難。其一除了命主的眼光頗高外，空劫臨夫妻宮，不易有好姻緣，得亦復失，更何況總是愛錯人。

祿存會照，加上空劫，形成倒祿格局，成型於夫妻宮。到最後大概都是別人的，幫人家養老婆吧，辛苦了。

鑾喜會於福德宮，身宮又坐紅鑾，照理來說異性緣不差。而且你應該長的還蠻帥的吧。

可惜，我想愛錯對象，愛的人不愛你，不愛的卻死纏著你。我想你的困擾大概如此。

建議你，其實被愛是比較幸福的。與其去追求那不確定的可能，倒不如珍惜身邊的對象。嘗試接受，我想是比較好的途徑。

26～27歲那年應該有不錯的緣分出現，只是這個緣份看來走的很辛苦。28～29時大概是情路最不順的時候吧，又以整體大限走勢來看，實在是完全忠實反映了夫妻宮顯現的狀況。

以你的狀況，對象應該不缺，只是自己不喜歡。看來這狀況會一直延續。該怎麼做？只能勸你珍惜身邊的人，牢記被愛比愛人幸福。

補充回答1

夫妻宮表現的是配偶之相貌、體型、個性、所從事的行業，即結交異性朋友的方式是屬於浪漫主義或速戰速決型的。處理感情的態度與方法；賞識的異性類型等。所以以夫妻宮的星當然可以推論出另一半的個性與外貌，如果不考慮三方四正的影響，您的夫妻宮坐天相星，以您是男性而言，配偶漂亮、乖巧、賢慧有氣質。天相在夫妻，對象比較可能傾向與周邊較熟悉的對象成婚，但可惜你的夫妻宮組合不佳，大限與流年行進四化牽引均不利於夫妻關係。

補充回答 2

以整體組合而言，如果你持續保持現在的原則，那未來的狀況可能就會和命盤顯現的狀況差異不大。不容易有因緣。

山人的建議已經告訴你了，既然天相星坐夫妻宮，至少表示你的對象與你喜歡的類型，且應該是你已經認識或是身邊的人。

被愛比愛人更幸福，嘗試改變，多去看看愛你的人他的優點，也許你會有不同的體會。

要改變命運，首先要改變自己，運由性生，自己都改變不了自己，那運又如何能改？其二要多做善事，多積福報。

【發問者意見】

感謝大師您的詳細解答，謝謝。

【命盤解析及內容說明】

本命盤

命主本命坐武曲，三方紫微與輔弼會照入命，形成君臣慶會大局，想來命主在事業上應該頗有成就才是。身宮坐紅鸞星，故命主應屬於帥哥型的男生，外型應該不錯。（通常女命身宮坐紅

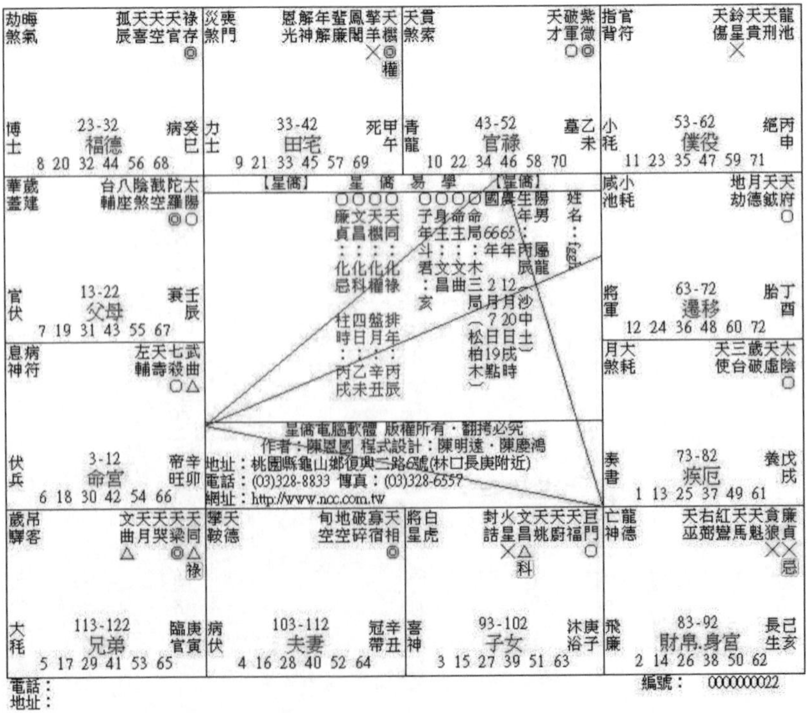

祿存 天官 天空 天喜 孤辰 晦氣 劫煞 博士 23-32 福德 病 癸巳 8 20 32 44 56 68
天機 擎羊 鳳閣 蜚廉 年解 解神 恩光 喪門 災煞 權 力士 33-42 田宅 死 甲午 9 21 33 45 57 69
紫微 破軍 天才 貫索 天煞 青龍 43-52 官祿 墓 乙未 10 22 34 46 58 70
龍池 天刑 天貴 鈴星 天傷 官符 指背 小耗 53-62 僕役 絕 丙申 11 23 35 47 59 71
太陽 陀羅 截空 陰煞 八座 台輔 歲建 華蓋 官伏 13-22 父母 衰 壬辰 7 19 31 43 55 67
天府 天鉞 月德 地劫 小耗 咸池 將軍 63-72 遷移 胎 丁酉 12 24 36 48 60 72
武曲 七殺 天壽 左輔 病符 息神 伏兵 3-12 命宮 帝旺 辛卯 6 18 30 42 54 66
太陰 天虛 歲破 三台 天使 大耗 月煞 奏書 73-82 疾厄 養 戊戌 1 13 25 37 49 61
天同 天梁 天哭 天月 文曲 祿 弔客 歲驛 大耗 113-122 兄弟 臨官 庚寅 5 17 29 41 53 65
天相 寡宿 破碎 地空 旬空 天德 攀鞍 病伏 103-112 夫妻 冠帶 辛丑 4 16 28 40 52 64
巨門 天福 天廚 天姚 文昌 火星 封誥 白虎 將星 科 喜神 93-102 子女 沐浴 庚子 3 15 27 39 51 63
廉貞 貪狼 天魁 天馬 紅鸞 右弼 天巫 龍德 亡神 忌 飛廉 83-92 財帛.身宮 長生 己亥 2 14 26 38 50 62
【星僑】 星 僑 易 學 【星僑】
姓名：
陽男 生年：丙辰 屬龍
命局：木三局
命主：文曲
身主：文昌
子斗：亥
陰曆 6665年12月20日 沙中土
太陽 2月7日 松柏木
天同：化祿 天機：化權 文昌：化科 廉貞：化忌
排盤 年：丙辰 月：辛丑 日：乙未 時：丙戌
星僑電腦軟體 版權所有．翻拷必究
作者：陳恩國 程式設計：陳明遠．陳慶鴻
地址：桃園縣龜山鄉復興二路6號(林口長庚附近)
電話：(03)328-8833 傳真：(03)328-6557
網址：http://www.ncc.com.tw
電話：
地址：
編號： 000000022

鑾，外表大都屬艷麗型的女生，而身宮坐天喜，表示命主爲俏麗型的女生，各位同學不妨自行比對，相當準確）。

身坐財宮，對金錢非常看重，官祿宮又形成君臣慶會大局，因此命主應該在工作上是相當肯打拚衝刺的人，但事業與感情難兩全，人一天只有24小時，很難在其間求取平衡點，所以命主應該是對事業的重視程度更勝於感情。

此點可從其夫妻宮地空，地劫會照可見一班，空劫會夫妻，基本上表示多與喜歡的異性有緣無份，或是感情難以開花結果，而祿存與空劫相會，形成「倒祿」格局，通常此局出現夫妻宮，容易產生遇人不淑或是感情上遭欺騙的狀況。所以命主在男女關係上頗爲坎坷，確實是有跡可循。加上夫妻宮會照紫微，通常夫妻宮遇到紫微星，表示命主眼光頗高，經常是難有因緣的主因。

綜上所述，命主身坐紅鑾且逢廉貞，貪狼兩大桃宿，所以應該不是缺少異性緣的人，只是因爲眼光較高，會比較去追求自己喜歡的對象，但通常條件好的女孩，追求者眾，所以也因此常有失落的感覺吧。所以建議命主把眼光放低一點，娶老婆，賢慧就好，其實命主身邊應該也有一些女性的仰慕者，只是他不願意去接受而已。

被愛比愛人還輕鬆，與其苦苦去追求那搆不著的湖上倒影，倒不如珍惜身邊的景物，試著去接受身邊的事物，這樣會實際多了。倘命主能依此而行，感情路也就不會再那麼崎嶇了。

每個人命盤的吉星與煞星的數量都一樣，差別只在排列組合不同，當吉星都到了事業宮位，那煞星自然就會落入六親宮位。也因此，命無兩全，通常事業方面優秀的人，與家庭關係通常不佳，而家庭關係好的呢？事業通常不是很優秀。因爲當你注重事業時，自然就忽視家庭；重視家庭的人，便無暇兼顧事業，因爲人的一天總共也只有24小時，當你大部分時間給了工作，那家庭的時間就少了，所以命無兩全，人亦無兩全阿。

古曰：數內包藏多少理，學者需當仔細詳。其意便在此，命理是描繪一個人的一生起落，倘習命者對人生沒有一定的體認，又怎能成爲一個好的論命者呢？

另命主補充內容提到夫妻宮坐天相星，由於天相星化氣爲善，所以單以此曜來看，應該是心地善良且乖巧的賢內助才是。也暗示了命主喜歡的女性類型。一般此曜出現在夫妻宮時，表示另一半是身邊已熟識的朋友或是鄰居同學等。常常會是從朋友變成情人的狀況呢。

至於山人為何斷定命主在26～27歲那年應該有不錯的緣分出現，而28～29時大概是情路最不順的時候呢，這就要從命主的本命／大限盤來看了，命盤如下：

23～32歲本命／大限盤

23～32這個大限，大限命宮鑾喜對照，大限夫妻宮會紅鑾及大限破軍化祿，故引動姻緣格局，此時命主應該有成婚的打算，但廉貪化雙忌入，形成祿忌交馳的局面，姻緣需要

巳宮	午宮	未宮	申宮
劫晦指歲 煞氣背建	災喪晦氣 煞門池	天貫月喪 煞索煞門	指官亡貫 背符神索 ×
孤天天祿 辰喜空官存 ◎	恩解年輦鳳擎天 光神解廉閣羊機 ×◎ 權	天破紫微 才軍貪 ◎◎ 祿	天鈴天天龍 傷星貴刑池
命宮 天鉞	父母	福德 空	田宅 天鈴
博士 23-32 福德 病癸巳	力士 33-42 田宅 死甲午	青龍 43-52 官祿 墓乙未	小耗 53-62 僕役 絕丙申
8 20 32 44 56 68	9 21 33 45 57 69	10 22 34 46 58 70	11 23 35 47 59 71

辰宮	星僑 易學	酉宮
華歲天病 蓋建煞符	【星僑】 【星僑】 姓名：	咸小將天 池耗星符
台八陰截陀太 輔座煞空羅陽 ◎◎	廉文天天 國農生陽 貞昌機同 子身命男	地月天天 劫德鉞府
兄弟 天喜	化化化化 忌科權祿	官祿
官伏 13-22 父母 衰壬辰	柱四盤排 時日月年 丙乙辛丙 戌未丑辰	將軍 63-72 邊移 胎丁酉
7 19 31 43 55 67	《大限》	12 24 36 48 60 72

星僑電腦軟體 版權所有・翻印必究
作者：陳恩國 程式設計：陳明達・陳慶鴻
地址：桃園縣龜山鄉復興二路6號(林口長庚附近)
電話：(03)328-8833 傳真：(03)328-6557
網址：http://www.ncc.com.tw

卯宮	戌宮
息病災吊 神符煞客	月大攀小 煞耗鞍耗
左天七武 輔壽殺曲 ◎△	天三歲天太 使台破虛陰 ◎△ 科
夫妻 魁昌	僕役
伏兵 3-12 命宮 帝辛卯旺	奏書 73-82 疾厄 養戊戌
6 18 30 42 54 66	1 13 25 37 49 61

寅宮	丑宮	子宮	亥宮
歲吊劫天 驛客煞德	攀天華白 鞍德蓋虎	將白息龍 星虎神德	亡龍歲天 神德驛耗
文天天天 曲月哭同 △	旬地破寡天 空空碎宿相 ◎	封文天天巨 詰昌姚廚門 科	天右紅天天貪 巫弼鸞馬魁狼 ××忌
財帛身宮	疾厄	邊移	遷移 陀曲馬虛 忌
大耗 113-122 兄弟 臨庚官寅	病伏 103-112 夫妻 冠辛帶丑	喜神 93-102 子女 沐庚浴子	飛廉 83-92 財帛身宮 長己生亥
5 17 29 41 53 65	4 16 28 40 52 64	3 15 27 39 51 63	2 14 26 38 50 62

電話：
地址：

編號：0000000022

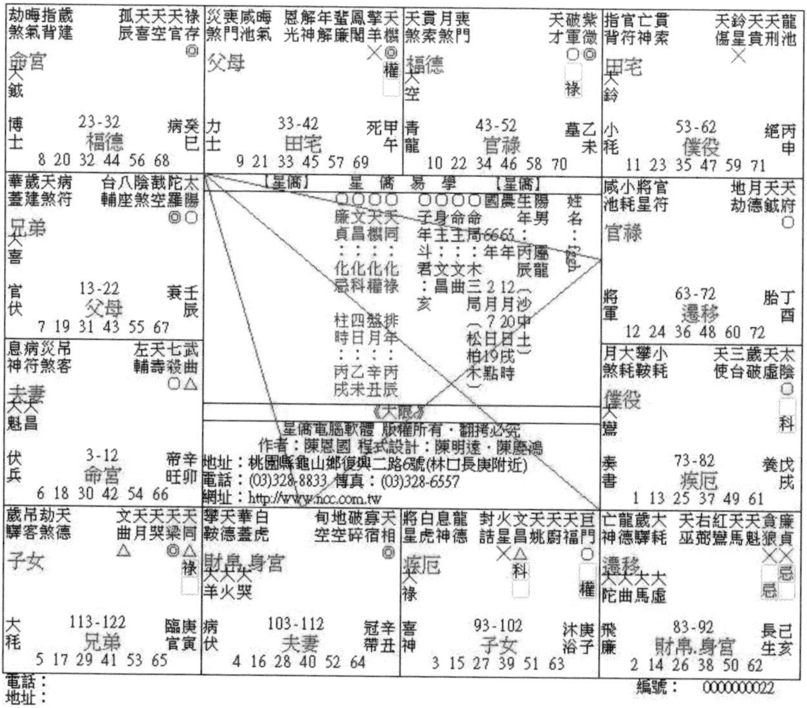

桃花，而命盤大小桃花廉貞與貪狼雙化忌會照入命，由祿忌交會而引動的姻緣，多半是夾雜著許多不利因素，怎會有好結果呢？所以命主在那段時間應該是真心換絕情，正好反證了命主本命盤夫妻宮顯現出的狀況，加上官祿宮空劫對照，雖三方尚稱穩定，但可預見到的是命主爲了事業而奔波勞碌，加上感情如此艱辛，真是辛苦了。咱在看看命主26歲的流年盤：

26歲大限流年盤

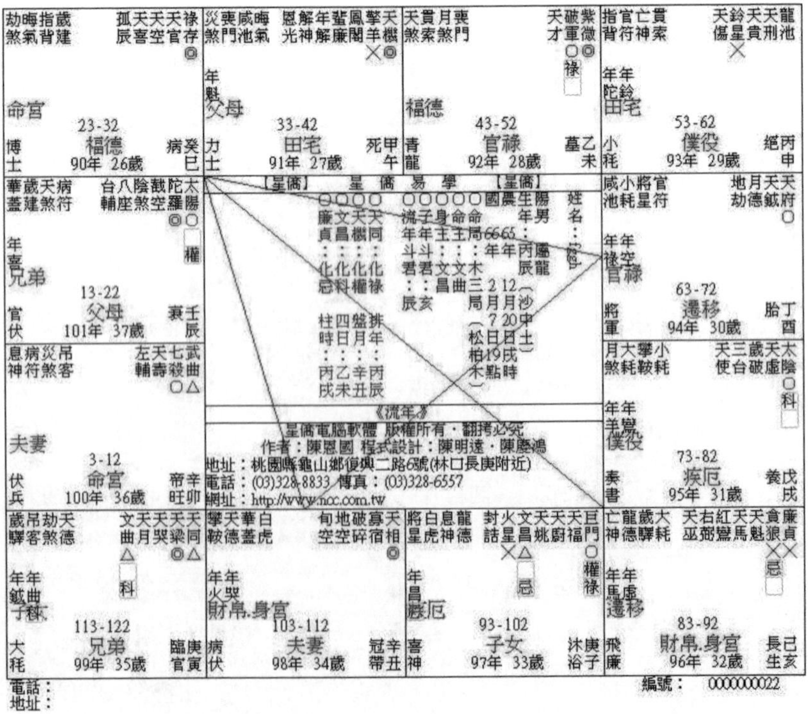

咱來看看命主26歲流年盤，夫妻宮會紅鸞，命宮鑾喜對照，看來此時應有正緣出現，但大限貪狼化忌及破軍化祿同時入夫妻宮，形成祿忌交馳的狀況，對宮又逢地劫來衝，所以這個因緣問問題應該是相當的多，以整體組合加上子女宮的狀況來看，若不是碰到離過婚有小孩的女生，就是個性非常公主病的小女生，總之是個相當不穩定的對象。所以山人推論孽緣由此時而造阿，那結束在幾時呢，山人推測應該在28歲那年，命盤如下：

28歲大限流年盤

28歲流年夫妻宮，鑾喜雙拱又逢貪狼化雙忌引動，加會地空地劫，空劫雙煞本有得而復失的味道，而鑾喜逢化忌引動，轉化方向不良，因此有可能是分手的一年，原因應該就是對方另結新歡或遇到其他的對象而分手，所以推測命主28歲那年會是在感情路上走的最辛苦且最感到挫折的時候。

註：推論單一事件時，由於命盤顯現狀況會有些許時間上誤差，因此倘由命盤推定應該狀況出現在28歲，以山人多年論命經驗而言，應以27~29歲的期間來敘述（前後各加1歲），會比較客觀及正確。畢竟命理屬於統計學的範疇，要加上一些誤

差值才是。千萬不可過於武斷，切記。

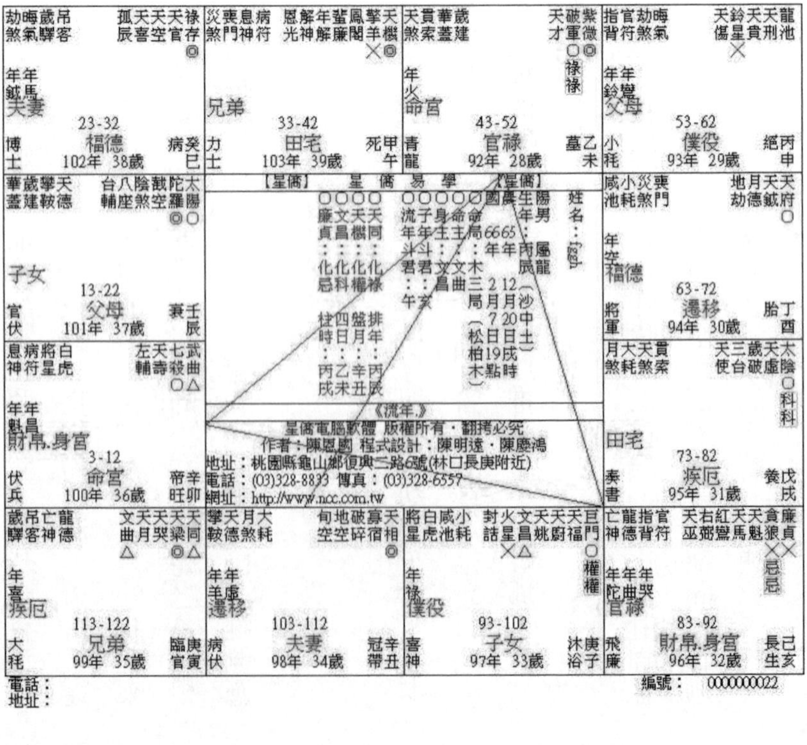

【9】大師們我想算算2010年的運勢能幫幫忙嗎

【提問時間】2010－01－06 19：52：53

【提問內容】

我國曆1978年4月20日凌晨4點55分生，想問2010年運勢及感情有著落嗎？

【回覆內容】

沒說性別，山人幫你用男性來看看明年的流年

命造國曆67年4月20日寅時建生

如果以流年夫妻宮來看，朋友會介紹對象。但看起來不容易有結果，因流年夫妻宮逢雙煞，雖會輔弼及昌曲。但會走的蠻辛苦的要很努力。

沒錯的話這個10年大限（32～41）結束前會有紅鸞星動，所以不要太著急，緣

分會來的。沒錯的話應該是在35歲前後，這段時間就多看看，多走走，多參加朋友間的聯誼活動，不要整天呆在家裡當宅男，縱使有緣份也是碰不到呢。

在工作上應該會有異動升遷的機會，也會有表現自我的機會，但因競爭者眾，所以會蠻辛苦的就是。

以整體看來，明年應該在職場上會有所發揮。雖然會比較奔波勞碌，但會有好的結果出現。畢竟妳應該是個天生的領導者，所以不用太擔心。

【發問者意見】

謝謝！

【命盤解析及內容說明】

100 年大限／流年盤

由於命主僅提問 100 年的運勢及感情發展，故以流年命宮來推論。流年命宮三方不見煞忌且逢大限祿權科會照與流年化祿對照，因此今年對命主來講，是相當順心如意的一年，而大限命宮見天姚星，天姚星為野桃花的象徵，加上流年化祿導引，故今年應該也會有很強的桃花運才是。

既然問運勢，大概也是工作方面的問題，命主流年官祿宮逢大限化科及化權會照，以及流年化祿，除在工作上有所進展外，還有可能被加薪呢，另逢魁鉞對拱，輔弼夾宮；故當年在工作上想來除了貴人與機遇多之外，談起業務來，應該也是相當稱心如意，但流年

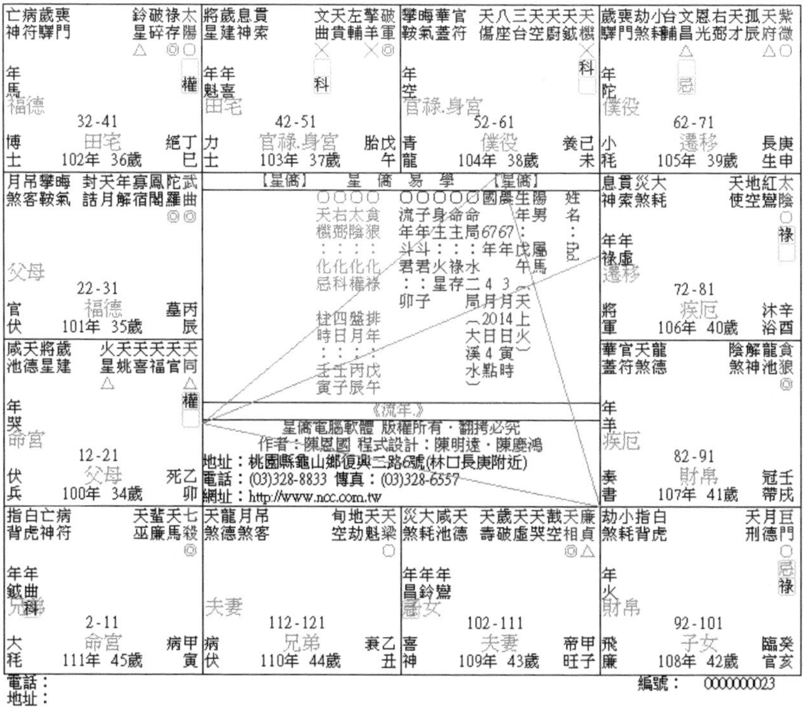

文昌化忌坐僕役宮，因此特別需要注意朋友或部屬拖累自己的工作或是財務狀況。又命主提到感情的發展情況，按照三才理論，此時應該要對照大限盤後，方可正確的進行推論，其大限盤如下：

本命／大限命盤

目前命主走的是32～41這個10年大限，大限命宮坐太陽會照太陰，為日月並明之局，且逢大限祿會照，故在整體運勢上，是相當強旺的10年，在工作上表現能被看到，也是開創新契機的一

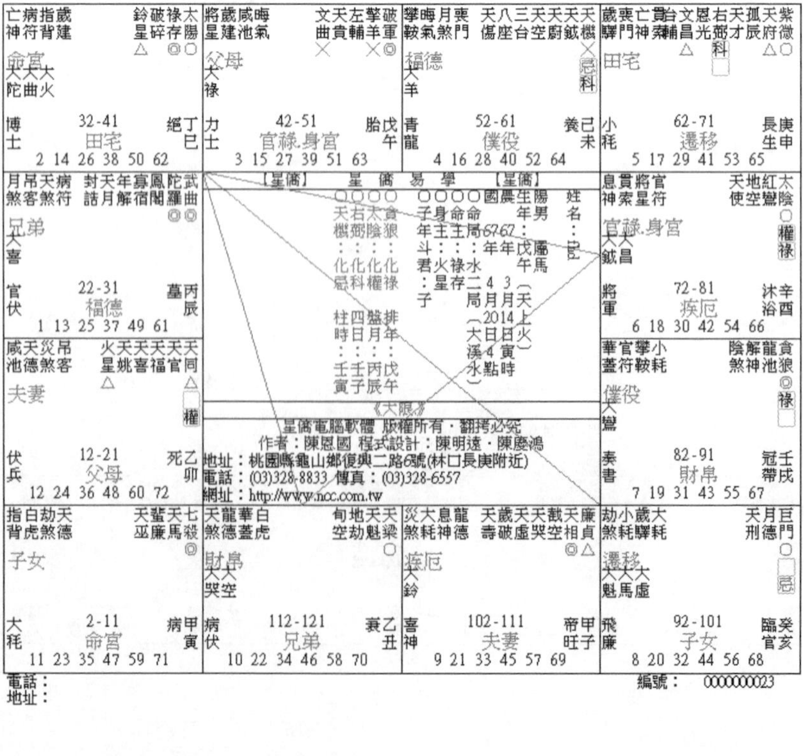

段好時間。唯對宮巨門化忌來衝，故須特別注意謹言慎行，以免造成自己困擾。

而夫妻宮結構相當漂亮，逢鑾喜對拱，大限四化在三方四正匯聚，引動此局，加上夫妻宮正曜星性穩定，故婚姻必成於此大限，且同事會照天姚星，故命主應正緣及桃花皆有，感情運勢應該相當順利，令人羨慕呢。既然問的是流年感情運勢，大限看完了，讓我們在微觀至流年盤吧。

民國 100 年大限流年盤

民國 100 年流年夫妻宮雖見

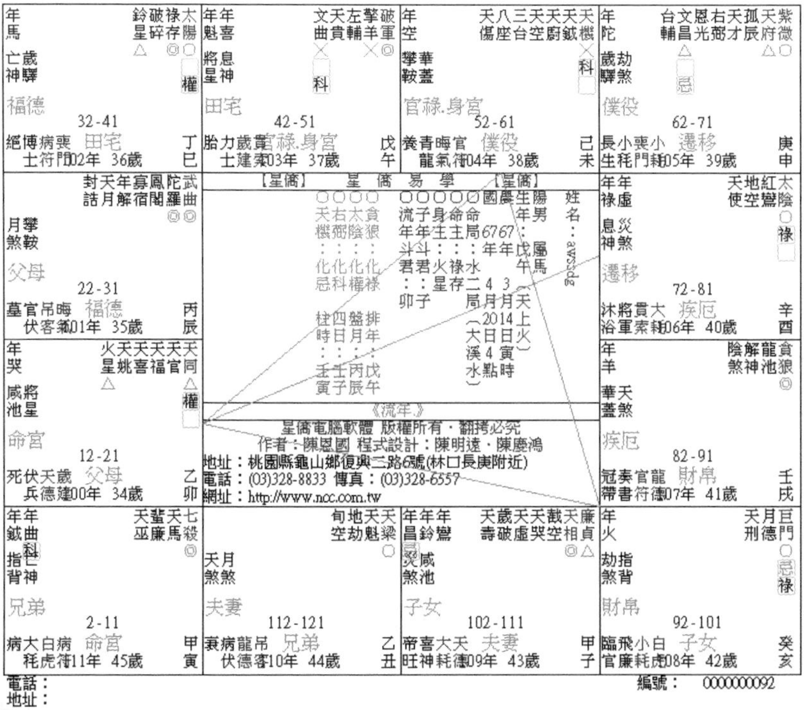

日月齊照，且逢魁鉞對拱，又會紅鸞，但同時遇到地空，地劫，故當年的感情運應該是看的到但吃不到，而且天梁正坐，該對象極有可能較命主年長許多，而且應該頗有成就的女強人才是。由於流年感情運不是很好，故山人對於流年感情運勢的主題僅輕輕帶過，改以大限來鼓勵命主，畢竟流年僅主當年運勢，而大限是10年的總和，故不需要太過於介意，因大限看來是相當順利且美好的呢，而且以流年走勢來推估，命主極有可能在35歲前後成婚，所以一年的不順利，不算什麼的，不是嗎？

【10】請問各位大師幫幫忙，我是七殺和擎羊坐命的女生

【提問時間】2011－08－08 22：03：38

【提問內容】

今年我遇到最大的困難點，因為本來工作待遇還不錯，因聽信友人的建議選擇跳槽，但是非常不理想，待遇上也是，目前背負許多經濟上壓力，請各位大師能幫忙指點。

女，65年農曆8月15日卯時生，想知道未來這幾年的工作運和財運，在此由衷感謝大師。

【回覆內容】

從你的敘述來看，你的命格頗爲強勢。基本上個性是愛恨分明的女生，三方四正形成殺破狼格局，因此你會有跳槽的想法是很正常的。

因爲殺破狼格局的人本來就充滿冒險犯難精神，不喜歡太悶的工作環境，勇於接受挑戰。

七殺在斗數裡算是帥星，勞心勝於勞力。加上財福一線被空劫拱掉了，雙祿又落兄僕，注定會爲友破大財，且錢財守不住。加上七殺坐命會擎羊，因此頗爲勞碌辛苦，聚財也不易。

既然你問的是這段時間的工作運，先幫你用大限看看吧：

34～43這個大限，大限官祿宮適逢日月昌曲等吉星拱照，大限化祿引動，看來有機會在工作上得到升遷或加薪機會。也可望能獲得適當的發揮舞台。

但可惜大限忌亦落於此宮，祿忌交馳，因此受到影響。化爲現實狀況就是看起來很好，但可惜暗潮洶湧，不如所想。因此發生你現在的狀況並不意外。

在以今年流年來看，大限流年同宮干。形成雙忌雙祿落官祿宮，我想今年應該會感到更大的不順遂及壓力吧，雖說有日月拱照，但勞碌難免。

明年的話官祿宮又逢空劫，財宮化忌會照，應該是要到102年時會稍微轉好，這兩年就當作磨練吧。

【發問者意見】

感謝您的解析！

【命盤解析及內容說明】

本命盤

本案例中，命宮坐七殺，七殺坐命，個性剛毅果斷，愛恨分

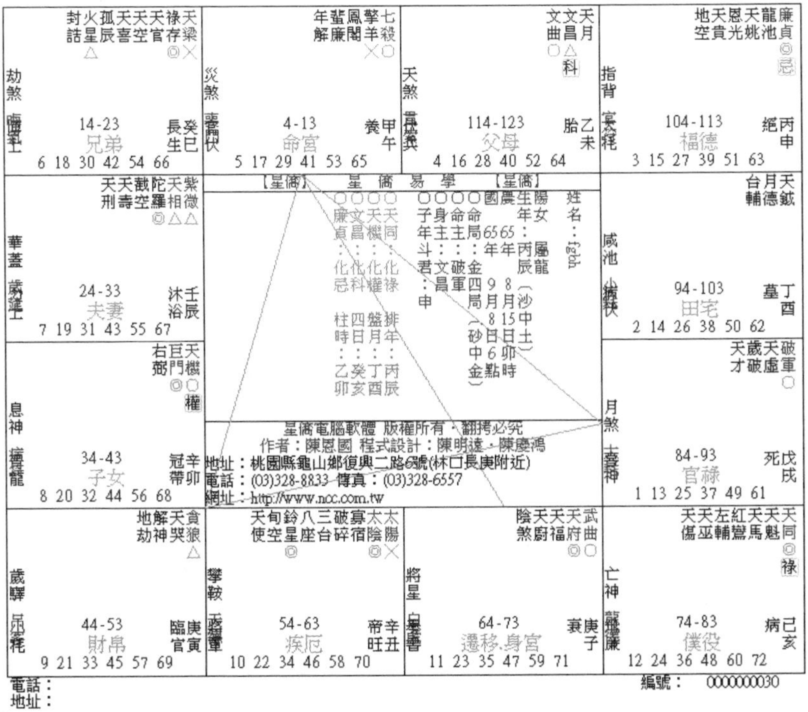

明，三方型成殺破狼格局，又會擎羊煞星，古曰：七殺破軍，專倚羊鈴之虐，倘命主三方四正加會鈴星，倒形成鈴羊奇格，加上殺破狼的衝勁，我想其爆發力不可小覷，在任何行業中應可很輕易的成爲佼佼者，但可惜沒有會照。

殺破狼格局的人，本來就是因爲自身個性過於積極及決絕，常常會衝過頭而導致自己的失敗，因七殺，破軍兩曜本性均帶強烈的孤剋性，加上貪狼這顆象徵慾望的星曜會同，故會對於自己的欲望，例如事業，錢財等，表現的更加積極進取與發揮冒險犯難的精神。這就是殺破狼命格大起大落的原因，衝勁十足是件好事，但手段過於激烈或思慮不週時，太過躁進經常會引起反效果。

此局雙祿均於兄僕宮交流，古曰：祿落僕役，縱有官也奔馳，故命主對朋友相當的好，願意爲朋友付出與犧牲，且重義不惜財，故此局人經常因友而破財，所幸僕役宮三方四正尚稱穩定且會四吉星，故命主亦可獲得朋友助力而成事。

觀其財帛宮與福德宮一線，恰逢地空地劫對拱，而福德宮除表示命主的福報之外，更可反映出命主的思考模式及邏輯，空劫臨福德，表示命主想法較爲新潮，想像力豐富，勇於創新等，但此優點同時也是缺點，因過於前衛，較易有反潮流，反社會的傾向，故古曰：空劫入命者，疏狂，其意便在此。

財福一線遭空劫拱掉，而財帛宮爲人一生財富多寡的表徵，地空、劫套句山人的形容詞是：土匪星曜，所以經常是賺不夠花的情況（以此例而言，看來是花在朋友身上才是），所以必須更加努力去賺錢，所以較爲辛勞但無所獲，故經常被視爲勞碌命。再從其財庫（田宅宮）看來，雖會祿存，但三方會火鈴，更是反證了命主財務狀況容易有大起大落的情況。正好對映目前面臨的狀況，真的是相當符合。

觀其夫妻宮，紫微正坐，表示命主對於另一半的要求頗高，加上陀羅，故命主以晚婚爲宜，古曰：武曲加煞爲寡宿，又以夫妻宮三方的組合狀況看來，要有好的姻緣，看來是相當困難。

基本盤大概分析完了，看來是不甚理想。但山人常說，本命盤主的是人一生的總和，雖然總和不好，但當大限或流年狀況甚好時，尚有一拼的機會，只是必須見好就收，否則難逃敗亡的命運。又因命主問的是未來幾年的事業與財運，所以現在我們就把它拉近，到大限盤來看：

本命／大限盤

命主提問時，運勢走的是34～43這個大限，大限官祿宮逢日月齊照，四吉加臨，三方不見煞星侵擾，而六吉星全於三方四正拱照，故本大限應是命主最應該有機會在職場上發光發熱的最佳時間點才是。

三方天馬天巫同會官祿宮且逢祿引動，是故應有相當的異動升遷甚至加薪的機會，但可惜大限文昌化忌正坐，所以在職場上發展受到此忌星干擾，故此10年間，在職場或事業發展上，都是乍看之下一切

封誥 火星 孤辰 天喜 天官 祿存 天梁 △ ×○	年解 輩廉 鳳閣 擎羊 七殺 ×○	文曲 文昌 天月 科	地空 天貴 恩光 天姚 龍池 廉貞 ◎忌
福德 劫煞 歲驛 喪門 14-23 兄弟 長生 癸巳 6 18 30 42 54 66	田宅 災煞 華蓋 貫索 伏伏 4-13 命宮 養 甲午 5 17 29 41 53 65	官符 華蓋 天煞 114-123 父母 胎 乙未 4 16 28 40 52 64	僕役 指背 小耗 104-113 福德 絕 丙申 3 15 27 39 51 63
天刑 天壽 截空 紫微 天相 △ △○	【星僑】 星僑易學	姓名：	台月 天輔 天德 天鉞
父母 華蓋 鞍蓋 歲建 晦氣 24-33 夫妻 沐浴 壬辰 7 19 31 43 55 67	廉文天天 子身命命 貞昌機同 年主主局 ：：：：年： 化化化化 君：屬 忌科權祿 破金 柱四盤排 時日月年 ：：：： 乙癸丁丙 卯亥酉辰	五女生 斗：年 君破辰 ：軍屬 申 龍	遷移 身宮 咸池 龍德 小耗 小耗 94-103 田宅 墓 丁酉 2 14 26 38 50 62
右弼 巨門 天機 ◎ ◎○	9 8 月月 15 日 （砂中 金點 時	天廚 天才 天破 破軍 天虛	
命宮 息神 將星 攀體 歲建 34-43 子女 冠帶 辛卯 8 20 32 44 56 68	《大限》 星僑電腦軟體 版權所有．翻拷必究 作者：陳恩國 程式設計：陳明遠．陳應鴻 地址：桃園縣龜山鄉頂興二路6號(林口長庚附近) 電話：(03)328-8833 傳真：(03)328-6557 網址：http://www.ncc.com.tw		疾厄 月煞 將軍 喜神 龍德 84-93 官祿 死 戊戌 1 13 25 37 49 61
地解 天貪 劫神 哭狼 △ ◎	天旬 鈴 八 三 破 寡太太 使空 星 座 台 碎 宿陰陽 ×◎×	陰 天天天武 煞 廚福府曲 ◎◎	天天 左紅 天天 天同 傷馬 輔鸞 馬魁 ◎ 祿
兄弟 歲神 攀鞍 吊客 病符 44-53 財帛 臨官 庚寅 9 21 33 45 57 69	華蓋 攀鞍 吊客 54-63 疾厄 帝旺 辛丑 10 22 34 46 58 70	子女 將星 咸池 權 天德 64-73 遷移．身宮 衰 庚子 11 23 35 47 59 71	財帛 指背 官符 龍德 白虎 74-83 僕役 病 己亥 12 24 36 48 60 72

電話：
地址：

編號： 0000000030

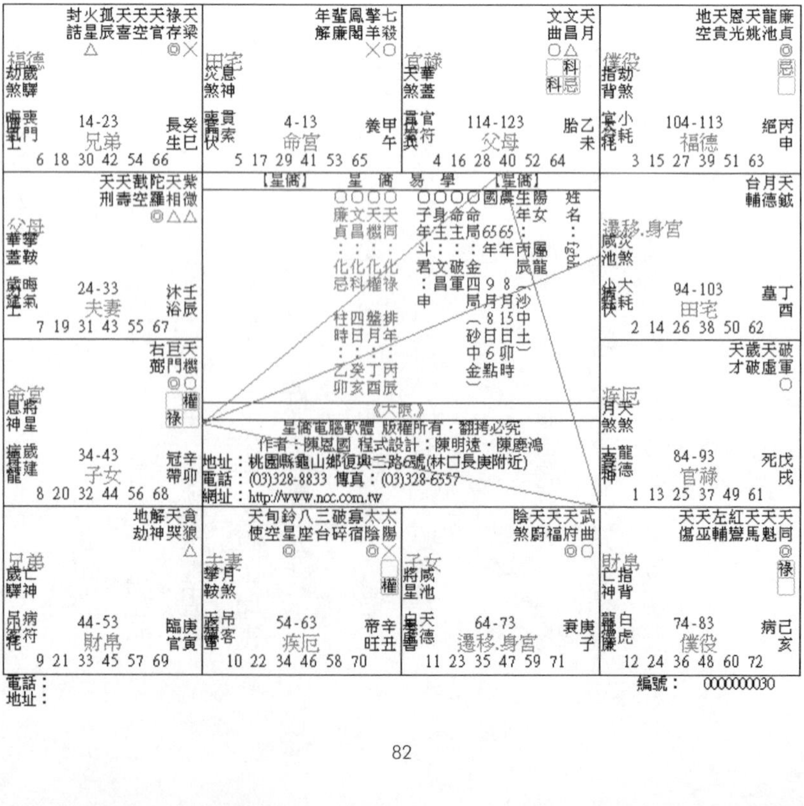

都很好，包含待遇及升遷等，但其間暗潮洶湧，好看但不是很好吞的下去，這就是祿忌交馳的威力阿。

因此命主目前遇到的困境與挫折的情況，以大限來分析其實並不讓人意外。至於未來幾年的運勢，就必須看流年盤的走勢，先從問命當年來看：

100 年大限／流年盤

以 100 年流年盤來看，大限與流年同宮干，因此造成了雙祿雙忌的狀況，好的會更好，但不順遂之處，其威力也是加乘，故流年官祿宮文昌化雙忌，看來當年在工作

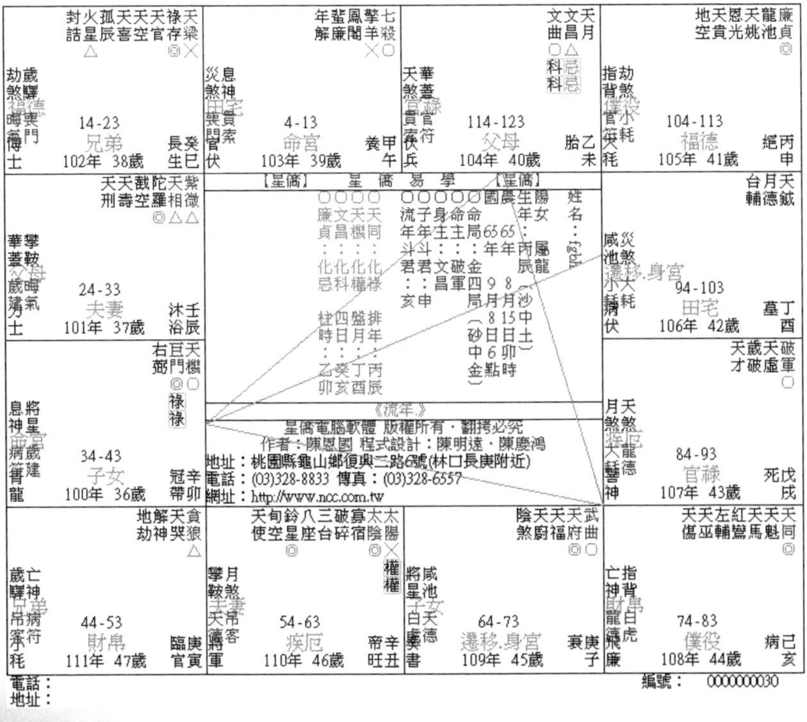

上，真的會是非常的有無力感。至於幾時狀況能轉好呢？這就要從流年盤逐年檢視，命主101年及102年大限／流年盤如下：

101年大限／流年盤

先從101年命盤看起，流年財帛宮武曲化忌正坐且會照流年命宮，武曲化忌表財務周轉易出現問題，看來命主的財務狀況再101年會更加惡化，可以說是挖東牆補西牆的狀況，官祿宮逢地空，地劫對拱，所以工作上依然勞碌且不容易有所收穫。所以流年運勢看來也是不佳。

封誥 火星 孤辰 天喜 天空 祿存 天梁 ✕ 祿 劫煞 晦氣 博士 14-23 兄弟 102年 38歲 長生 癸巳	年解 鳳閣 擎羊 七殺 廉貞 ✕✕ 災煞 喪門 伏兵 4-13 命宮 103年 39歲 養 甲午	文曲 文昌 天鉞 天月 科 忌 天煞 貫索 官府 114-123 父母 104年 40歲 胎 乙未	地空 天貴 恩光 天姚 龍池 廉貞 ◎ 指背 官符 奏書 104-113 福德 105年 41歲 絕 丙申
天刑 天壽 截空 天相 紫微 △△ 權 華蓋 歲建 青龍 24-33 夫妻 101年 37歲 沐浴 壬辰	【星儈・星儈易學】 廉文天天 流于身命命 國農生姓 貞昌機同 年年主主主 曆曆年女 化化化化 君君文破 丙龍 忌忌權祿 子申 四局 柱四盤排 時日月年 乙癸丁丙 卯亥酉辰		台輔 月德 天鉞 咸池 小耗 將軍 94-103 田宅 106年 42歲 墓 丁酉
右弼 巨門 ◎ 祿 息神 病符 34-43 子女 112年 48歲 冠帶 辛卯	《流年》 星儈電腦軟體 版權所有・翻拷必究 作者：陳恩國 程式設計：陳明遠・陳慶鴻 地址：桃園縣龜山鄉復興二路6號(林口長庚附近) 電話：(03)328-8833 傳真：(03)328-6557 網址：http://www.ncc.com.tw		天廚 破軍 月煞 大耗 84-93 官祿 107年 43歲 死 戊戌
地解 天哭 貪狼 劫煞 攀鞍 天德 44-53 財帛 111年 47歲 臨官 庚寅	天使 鈴星 八座 破碎 寡宿 陰陽 ✕ 權 擎鞍 54-63 疾厄 110年 46歲 帝旺 辛丑	陰煞 天廚 天福 武曲 天府 太陽 將星 白虎 奏書 64-73 遷移 身宮 109年 45歲 衰 庚子	天傷 左輔 紅鸞 天馬 天魁 天同 科 亡神 龍德 病符 74-83 僕役 108年 44歲 病 己亥

編號： 0000000030

84

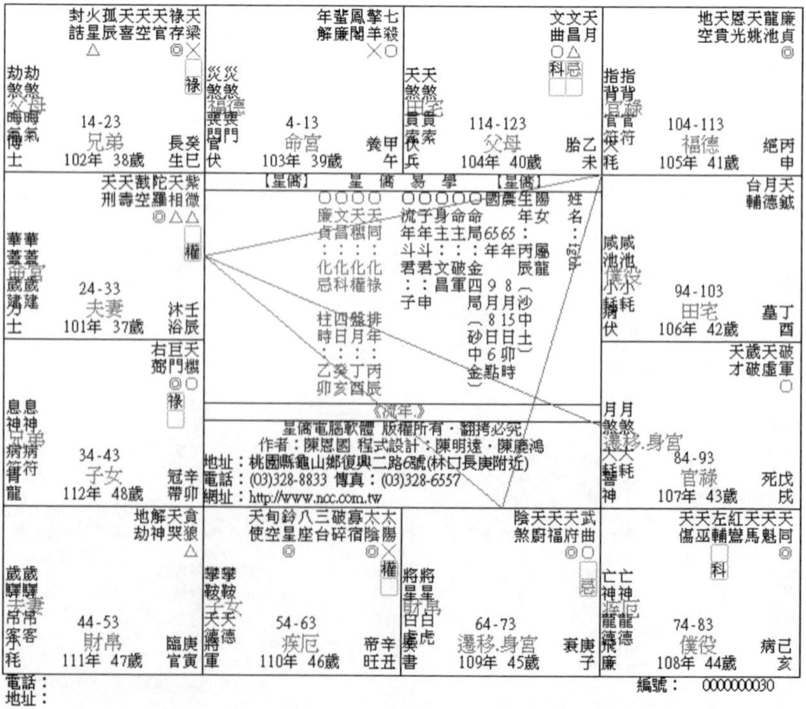

102 年大限／流年盤

至於 102 年流年命盤，日月齊照，且逢魁鉞來拱，三方架構上稱穩定，在工作及財務上均有好轉的跡象。但財務方面仍是相當辛苦，因流年財宮逢對宮文昌化忌影響，還是要特別當心因商業文書（例如支票，採購合約等）造成財產的損失。另官祿宮部份，大限流年均化權，形成疊權，又逢日月齊照及天鉞正坐，（通常天鉞星表女性貴人，天魁星表男性貴人），故在職場上會有不錯的發展與表現，也應該能得到長輩的賞識提攜才是。

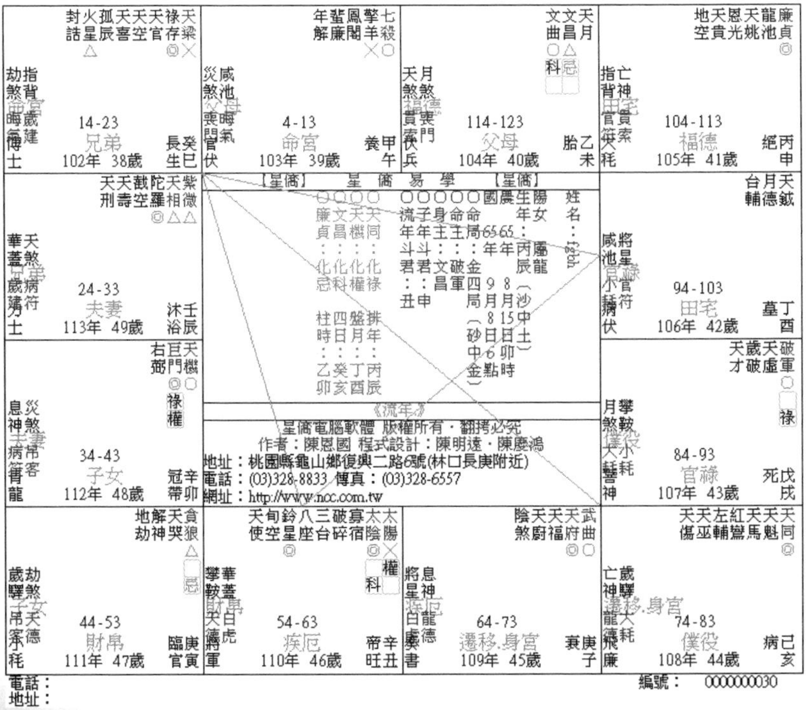

【11】我的命格適合從軍嗎?可以幫我看一下嗎?

【提問時間】2009-10-01 21:01:09

【提問內容】

1985年02月05日(凌晨05:00~06:00,媽媽說的)出生的人(女)

今年猶豫是否要離職(傷腦筋),我預計明年要報考軍官班考試(想趁年輕時衝衝看),所以想了解自己的命裡適不適合當兵。請問:

1. 整體命格如何?事業如何??

2. 適不適合當職業軍人 有沒有官運??

3. 順便問個小問題,真命天子何時出現?幾歲結婚比較好?(有點開始擔心自己嫁不嫁的出去~呵呵,目前沒有出現喜歡的人的說,該不會獨身一輩子吧~),題外話啦!!

【回覆內容】

山人幫你用西元（國曆）生日看看

以官祿宮看來，武曲坐命，允文允武，尤其頗適合擔任武職，或是從事財經之類的工作，擔任職業軍人是不錯的選擇。因爲官祿宮逢空劫來拱，所以在一般行業中發展，只怕是多起伏波折。職業軍人頗爲穩定，可以克服這問題，以本命盤官祿宮來看，只怕加薪的機會比升遷的機會還高。

本命坐天府會紫微，雙主星坐命，再會雙祿，府祿相三合入命，但可惜會劫煞，所以財總是得中有失。

命會七殺，紫殺化權，以命格來看，你是一個很容易就會接近權力核心的人，而且你的領導欲應該也蠻強的，但可惜不會輔弼，所以常常都是孤軍奮戰。但如果從軍就不同了，因爲小兵一定要接受長官領導。

而且你的本性有點反傳統，反潮流的思維，所以如果要當職業軍人，服從是天職。自己要有心理準備。

至於嫁不嫁的出去，我想這問題要問你自己了，如果老是當宅女，縱使天給你絕佳的緣分也是錯過，對不對，所以命理只能提供作參考。

以本命夫妻宮來看，只怕情場這條路會走的很辛苦，我想你應該會有遇人不淑的問題發生，以整體星宿組合來看，以晚婚爲宜。如果單以大限來看，這個大限（26～35）情路會走的辛苦，雖然不乏有對象出現，且大限命宮三方會桃宿。所以結婚的機會是有的。

至於獨身一輩子，看來不會拉，這個大限縱沒有結成婚或錯過，下個大限也會有機會，所以不要想太多。倒是對象要是慎選，不然很容易出現雙方爭執口角，吵鬧分手的結果。

不過如果要當職業軍人，我想你的選擇會很多的。只要特別注意對方的品行及素行，還有重視雙方的溝通協調，我想應該還有轉危爲安的機會。畢竟命由性生，一個人的命運好壞，由個性來決定。所以希望夫妻關係好，自然就要彼此尊重多溝通，這樣因緣才會長久。

【發問者意見】

非常感謝，了然山人的回答！！！！謝謝您的解惑！！！！！小女子會銘記在心的！！！感激不盡！！！

【命盤解析及內容說明】

本命盤

由於命主首問是事業發展，正所謂本命盤觀全象，所以我們從他的官祿宮看起，這個官祿宮，雖逢雙祿交流，且天府，天相，祿存加上化祿三合會官祿，倘不考慮煞星影響，此局也應該是事

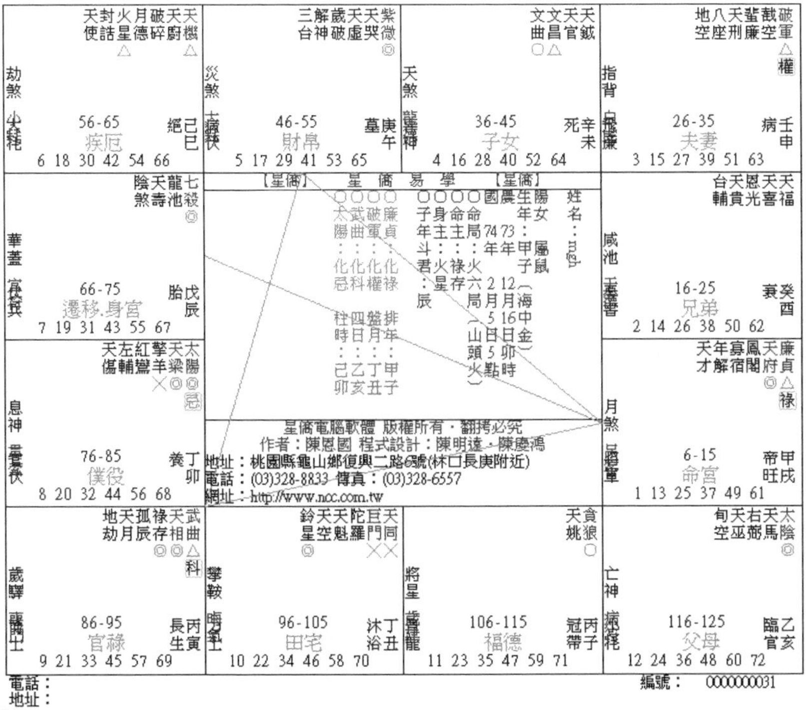

業有成之人，但可惜被空劫拱掉，加上擎羊陀羅夾宮，煞星匯聚，故命主倘在職場上發展，恐怕是勞而無獲，無論是在工作或事業上，都相當的辛苦，故從事軍職，謀個鐵飯碗，給國家養，應該是最佳的選擇。

畢竟，以命主官祿宮星曜的組合狀況，想要在社會上混口安穩飯吃，看來是相當的艱難。

再來看命主的本命宮結構，命坐廉貞，三方七殺紫微會命，紫殺化權，故命主相當容易就能夠接近權力核心，加上廉貞星的外顯，應爲女強人的命造，可惜地空地劫落宮不當，否則命主應是相當有成就的女強人才是。

循例，紫微入命，首先要看是否有會合左輔，右弼這兩顆星曜，形成君臣慶會大局，古曰：君臣慶會，才善經邦。在斗數中，紫微爲帝星，倘架構良好者，通常會以貴格論之。但可惜紫微單入會命，表示爲孤君一人，缺少助力的狀況下，必須單打獨鬥，也格外的辛苦，此點不也反證了官祿宮顯現出的狀況嗎。

且紫微星由於爲帝星，所以領導欲相當的強，因此從事擔任軍士官，完全符合命主的個性，加上三方會合星曜陽剛性過重，故建議從事軍職，將是命主最佳的選擇。至於官運問題，我想各位看倌看過山人上述的分析後，也知道結果了吧，應該不需要再贅述才是。

回到另一個感情問題，命主夫妻宮為破軍坐命，對宮又有武曲會照，加上地空，地劫來拱，孤辰寡宿亦同會照，以此種結構看來，我想因緣不給他來個兩三回，很難有個好結果，因此建議以晚婚為宜，因此目前沒有對象，其實反而是件好事呢。

雖然結構不佳，但會不會沒有姻緣呢，看來是不大會，因命坐廉貞，廉貞是斗數理的第二桃花星，加上大限逆行，在16～25歲時就見鑾喜於命宮對拱，此組合主因緣。只是須參照四化牽引軌跡而定，目前只是初判命主不太可能會沒有姻緣，只是較容易會遇人不淑或感情路坎坷罷了。現在我們從最有可能產生因緣的第二大限來看：

16～25大限／本命盤

山人常說，鑾喜主因緣，故見鑾喜之大限，有成婚或正緣的機會，但仍須視三合及四化牽引而定，此大限命宮雖見鑾喜對拱，惜係由本命忌衝起，故此緣分會走的相當辛苦，加上大限夫妻宮煞忌交馳，由整體星群結構看來，對象應該是鑾有才華的男生，會走的如此辛苦，推想應該是由命主自己及外在環境（例如雙方父母反對等，以山人的經驗推測，應該是父親的問題機率最高）所

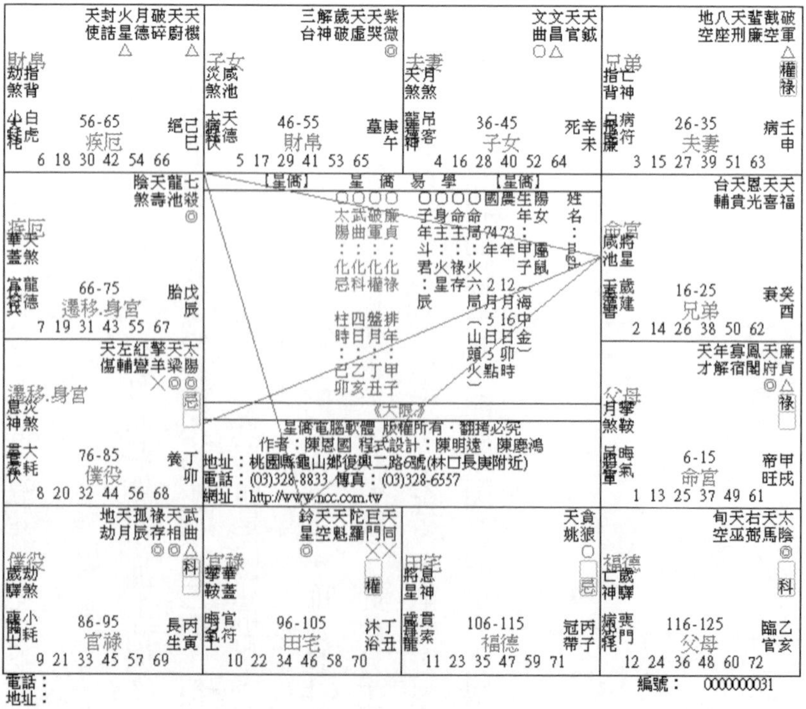

造成的。故此大限縱然成婚，也難逃分手的命運，這不也反證了本命盤夫妻宮所顯現出來的狀況嗎？不過往事已矣，畢竟已經過去了，再痛再苦的經歷，我想就留給回憶吧。人總是要往前走的，所以現在我們就來分析目前這個大限吧。

26～35大限／本命盤

這個大限命宮及夫妻宮三方會貪狼及天姚，正野桃花星匯聚，故在此大限，姻緣不會是問題，只是結果應該仍然不盡人意而已。大限夫妻宮逢本

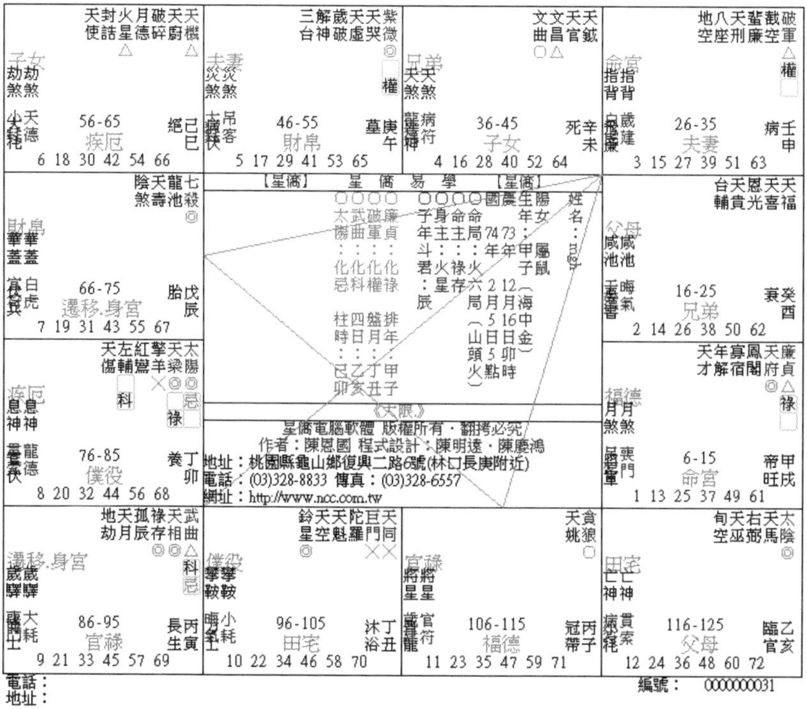

命祿衝起，但同時也會大限武曲化忌，仍然是祿忌交馳的狀況，加上天姚爲野桃花星，所幸三合尙稱穩定，否則桃花劫狀況難免。又其本命夫妻宮坐破軍，以此大限星群結構推論，對象極可能是有婦之夫，事業上頗有成就且應該相當富裕，所以此大限命主極可能成爲所謂的小三，被金屋所藏的「嬌」阿。以命主的本命夫妻宮結構而言，未嘗不是一條較爲好走的路，只是，必須要取得原配的同意才行呦。

否則最好還是不要這種姻緣。因這種戀情，相當辛苦與無奈。而且女人是有賞味期限的，等青春年華飛逝，容顏逐漸老去時，又怎能在討得花心男的歡心呢？最後大都是孤單終老，且破壞他人家庭，自造惡業，爲了短暫的歡愉，換來終生的無奈與嘆息，這是又是何苦呢？

山人有個好友，也是同時擁有原配與小三，最不簡單的是，這兩個女人彼此知道對方的存在，且達成共識與協議，1周7天，哪幾天屬於小三，哪幾天屬於原配都分配好了，乍看之下，原配相當的有氣度，應該是相當好的情況。但可惜山人的朋友壽元不長，因大腸癌於52歲病逝。記得出殯的那天，元配名正言順的拒絕小三進入靈堂及協辦後事，只見那位小三在靈堂外痛哭失聲卻礙於自己的身分，無法見到摯愛最後一面，送他最後一程，我想，這也許就是「大老婆最後的復仇」吧。看到這理，各位青春正茂的女孩們，妳們真的還願意當小三嗎？

好了，也該回到正題，因上述的分析，所以山人相當贊成命主投身軍旅，除可獲得安穩的工作外，更有機會得到不錯的因緣，改變自己的命運。此話怎說？因爲部隊裡男女比例懸殊，所以女生的選擇機會相當的多，加上軍人生活通常較爲規律，只要不去找有婦之夫，真的給他當了小三，其實，是有逆轉勝的機會呢。

這也是命理之所以迷人的地方阿。只是，縱然你知道可能的狀況，就不會發生嗎？以山人十餘年的論命經驗來說，答案是否定的，往往提前預告命主，卻怎樣都避不掉，這就是因果業力的牽引，絕非命理這種世間法能改變的。故老夫再度奉勸各位看倌，眾善奉行，諸惡莫作，多行善業，必得善報。

【12】七殺獨坐、女性、請教創業跟財運？

【提問時間】2009－10－26 17：41：33

【提問內容】

生日：國曆1971，3，11下午17：46出生

想請問：

1. 目前工作運勢？
2. 何時有機會創業？大約是什麼性質的事業比較有利？
3. 創業獲利好嗎？可持續多少年？
4. 我育有二個兒子，跟兒子未來關係如何？兒子未來是否會有成就？
5. 我是否可留下不動產？為數多嗎？

以上，請賜教，非常感謝。

【回覆內容】

看起來你應該算是職場上的女強人吧，個性頗爲強勢。而且偏財運應該也不差，聰明有才華，多貴人及機遇，只是能者多勞，所以會比較辛苦與奔波。這也是難免的。

好了，接下來就針對你的問題來回答：

1. 以今年流年來看，會有不小的財富收入，但慎防因爲言語招惹麻煩，甚至是莫名奇妙收到空頭支票等，不過今年看起來蠻順利的。雖說很奔波，但多少會有收穫，所以還算平穩。明年的話慎防因失誤而破大財。

2. 創業的話，本命盤見祿馬交馳，確實頗適合於外埠經商求財。從你的財宮來看，錢財不容易守住。不過只要當心點，不要被騙財就可以了。整體而言財庫尚稱穩健，加上財帛宮會雙祿，所以如果保守點，能留下的不動產應該還不少。

3. 以創業時機來說，這個大限（34～43）頗爲合適。只是要比較注意朋友或合夥人甚至是屬下的操守，因看來會在這裡傷的蠻嚴重的。建議你以獨資爲宜，不過這段時間景氣不是很好，所以雖說命格頗爲合適，但還是保守行事比較好。畢竟天時是最重要的，天時不佳。在強勢的命都得低頭的，這點你要切記。另第4.5問題回答同上。

【發問者意見】

謝謝您的指點。

【命盤解析及內容說明】

本命盤

命主七殺坐命，逢天魁，天

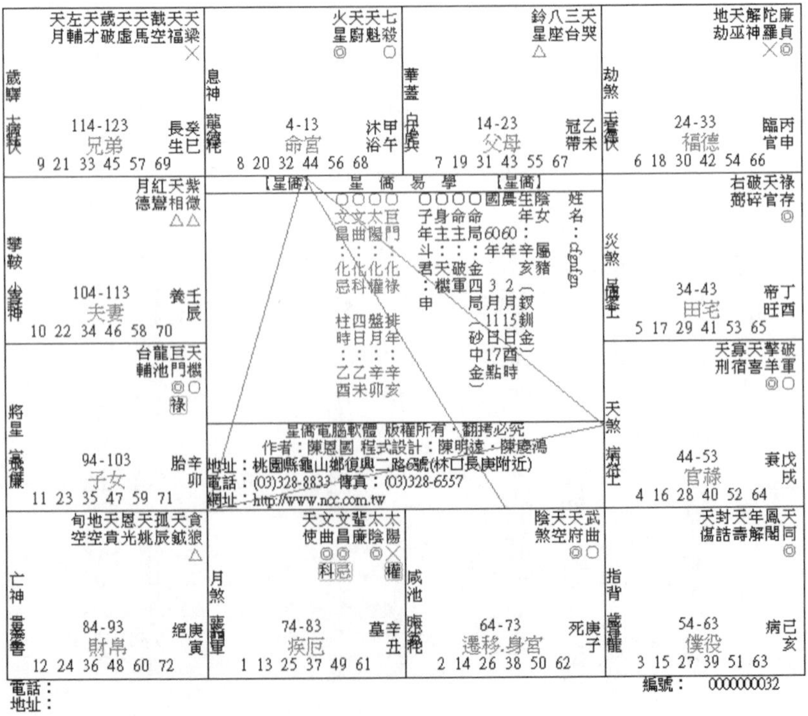

鉞拱命，故一生多機遇貴人且非常的聰明有智慧，古曰：天魁天鉞，蓋世文章，其意便在此。三方型成殺破狼格局，表示命主個性積極，開創性十足，事業的衝勁更是沒話說。且三方構成兩個斗數奇格『鈴貪』、『鈴羊』格局，古曰：威權出眾，表示命主能在職場上出類拔萃。同時鈴貪局又被視爲偏財的象徵，故命主的偏財運應該相當的不錯才是。此命局爲標準的殺破狼加煞局，且煞星均成格，故命局的衝擊性極強，適宜在職場或事業上發光發熱，整體而言是一個聰明能幹的女強人的命局。可惜紫微不逢輔弼，架構稍弱，爲孤君奮戰格局。

本命化祿落子女宮，基本上相當重視子女關係，也願意犧牲奉獻，會是一個相當稱職的好母親。只是事業心如此強的女生，還要兼顧家庭關係，我想真的會是很辛苦。

田宅宮見雙祿交流，又逢輔弼拱，且日月齊照，形成『日月照壁』之局，格局相當大，整體結構相當漂亮，故命主應喜以購置不動產做爲理財的方式。可惜財帛宮見地空地劫對拱，加會擎羊陀羅雙煞，因此財務起伏相當的大，此類型煞曜帶來的影響，就是錢怎麼來就怎麼去。但財庫看起來相當穩健，到底錢會到哪去了呢？

以此局研判，應是替人作保或背書等所造成的財務損失，或因投資不動產造成的。因本命文昌忌會田宅，而文昌忌表文書失識之意，且多由他人所造成，觀其兄僕一線，本命祿會兄弟，化祿會僕役，故命主應當也是相當照顧兄弟朋友，有可能因此產生財務上的損失；又田宅宮會太陽太陰，故命主購置不動產投資時，大都喜歡豪華氣派類型的房子（也就是俗稱的豪宅），但此類不動產交易金額頗高，一個閃失可能就賠上一生的積蓄，加上本命忌星干擾判斷，亦極有可能係因購置不動產造成的損失。

故命主基本上能夠留下財產給孩子，但前提是不能與兄弟朋友有太深入的金錢往來，且不宜貿然投資豪宅類型不動產，否則以本命盤來研判，可能留下債務會大於資產呀，不可不慎。

本命盤見祿馬交馳，相當適宜創業，以財帛宮及田宅宮的狀況來研判，通常山人都建議創業以小本生意，流動性佳的買賣業或小吃業爲主，而且只宜獨資，不可合夥。總之以其田宅宮穩健的狀況來看，不管創業或投資理財，只要保守謹慎，我想雖無大富之有，但小富可也。

通常七殺武曲坐命的女生，感情路向來不是很順利，古曰：武曲加煞爲寡宿，因此類型星曜過於孤剋及決絕，尤其命主三方構成的大格局，更表示是一個相當強勢的女生。此點可從其夫妻宮察覺出來。紫微坐夫妻宮，基本上表示命主擇偶條件相當高，三方會煞過多，故此生要有一段穩定的婚姻，我想是非常辛苦的。以整體命盤推論，命主極可能是已離婚獨力扶養小孩的職業婦女才是。而空劫會福德宮，基本上可以勞碌命論之，蠟燭兩頭燒，真的要好好保重身體阿。

至於小孩未來的成就，從本命盤看來，子女宮坐天機巨門，三方星曜結構尚稱穩定，故小孩聰明，好動，活潑，口才不錯，但好的時候嘴巴甜，壞的時候愛頂嘴。且命主與小孩較容易產生代溝，看起來與小孩的相處時間不多，至於小孩未來的成就，我想還是要針對孩子的命盤來看會比較準確。不過單以此命盤看來，應該不會太差才是。

至於目前運勢及創業問題，我們就從命主目前的大限狀況看起：

本命／大限盤

在這個大限（34～43），大限命宮逢輔弼來拱，又見本命祿與大限化祿交流，且財宮見雙祿馬交馳，三方穩定不會煞忌，基本上表示此大限財多，故此大限確實是創業的好時機。但大限田宅宮逢空且會地劫，庫位已破，形成有財無庫的狀況，賺再多，也只是空歡喜而已。

至於最大的漏財處在哪裡呢，從本命盤來看只有2個原因，其1是兄弟朋友造成，其

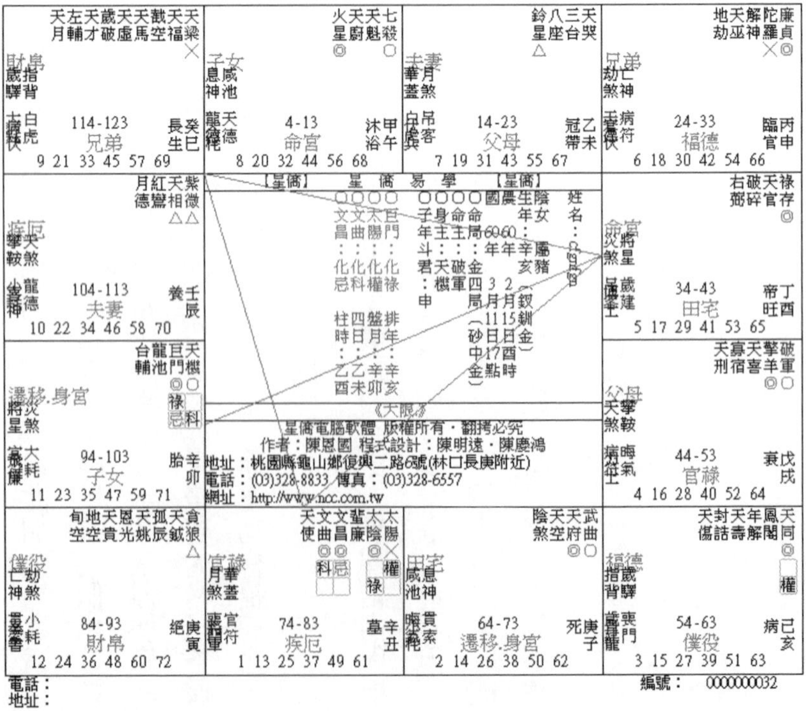

2是自己投資誤判，以此盤來看，兄僕一線遭空劫拱，且僕役宮亦同會擎羊，陀羅兩大煞星，故可推斷此處必爲命主的破財處。

所以此大限投資創業相當適合，故山人建議創業的話只宜獨資，不宜合夥，賺到錢可以購置不動產或是從事穩健的投資上，同時注意朋友兄弟甚至是部屬的財務狀況，不要輕易相信他人，謹慎行事，以守成爲主要目標，倘能如此，將此大限的財給守住，應能留給下一代相當的財富才是。

【13】急問紫微命盤達人，事業發展狀況

【提問時間】2009-10-12 18:06:36

【提問內容】

農曆67年6月13日辰時男性命盤解析，拜託大大一下 事業一直不順！

【回覆內容】

看來你的偏財運還不差，但可惜總是橫發橫破，怎來怎去。其實事業會感到不順，多少與你自己也有點關係。如以此局來看，你是個觀念很新潮，前衛，反傳統，很有自己品味及個性的人。

加上武曲坐命會貪狼化祿，基本上你對於財務很有概念，也對賺錢很有興趣，但可惜空劫臨命，又拱財宮，此局若貿然投資或投機，絕對是敗局居多。而且極有可能因爲爛桃花而破大財，自己要特別注意。其實你的命格來看，如果能從事研發、

創作方面的工作，是很適合你的。記得，以你的命局來看，雖然偏財運不差，但只適合腳踏實地，千萬不要太過於投機，否則很容易晚節不保。

如果以你整體盤勢來看，做生意也不錯呢。但是切忌不要太過度操作財務槓桿，因當武曲化忌那年，你鐵定出現大問題。以你福德宮情形來看，穩紮穩打的來做，應該是前景還不錯。

再以大限來看（32～41），命宮天機化雙忌，表示這段時間你的計畫常常會出錯，而且應該這段時間有失眠或腦神經衰弱這方面的問題；再加會煞星，所這這段時間盡量以謹慎保守爲宜。大限不佳，就不要硬衝，否則只會越陷越深。財宮雖見暗祿，但仍難抵擋僕役宮的損耗，如屬下．朋友．股東或合夥人等的拖累與糾紛，這段時間朋友對妳是弊大於利。我想你會出問題與狐群狗黨脫不了太大關係，以你的盤勢來看。其實得財還蠻容易的呢。因府祿相三合會福德，財宮亦會雙祿，祿馬亦見交馳。只要注意好自己行爲避免因思慮不週或閃神造成的失誤，倘能穩扎穩打，切莫投機，事業會有不錯的發展。尤其這個大限整體星宿組合不佳，故整體而言不是很順利，所以更要保守應對。

我！不求發財 只求溫飽 衷心
的感謝您的解答！今後我將會多
努力，多注意，多小心，多關心。

【命盤解析及內容說明】

本命盤

此盤相當可惜，倘地空，地
劫落宮得宜，此人應為事業有成
的企業家之局才是，但可惜落於
命身三合這個重要區域，命、身、
財、官都被拱掉了，真不是普通
的衰。難得雙祿於財福一線交流，

火星 恩光 八座 右弼 破碎 天壽 天馬 祿存 科 ◎ 亡神 博士 22-31 福德 絕 丁巳 2 14 26 38 50 62	封誥 文昌 天姚 擎羊 天機 忌 將星 32-41 田宅 胎 戊午 3 15 27 39 51 63	地空 鈴星 天貴 天空 天廚 破軍 紫微 ◎◎ 攀鞍 42-51 官祿 養 己未 4 16 28 40 52 64	天文 天哭 孤辰 天傷 天巫 △ 歲驛 52-61 僕役 長生 庚申 5 17 29 41 53 65
陰煞 年解 寡宿 鳳閣 陀羅 太陽 ◎ ◎ 月煞 12-21 父母 墓 丙辰 1 13 25 37 49 61	【星僑】　星僑　易學　【星僑】 天右太貪　子身命命　姓名： 機弼陰狼　年主主局　（C.名） ：：：：　斗：：： 化化化化　君火文水　男 忌科權祿　：星星二　年戊 　　　　　亥　　局　屬午 柱四盤排　7 6　　天　馬 時日月年　1 7 1 3 上火 ：：：：　7 日日日8（大溪 庚庚己戊　時　辰　點時 水） 辰辰未午		三台 左輔 龍池 紅鸞 天才 天府 息神 62-71 遷移 沐浴 辛酉 6 18 30 42 54 66
地劫 天月 天喜 天福 天官 七殺 武曲 △ 咸池 2-11 命宮 死 乙卯 12 24 36 48 60 72	星僑電腦軟體 版權所有．翻拷必究 作者：陳恩國 程式設計：陳明遠．陳應鴻 地址：桃園縣龜山鄉復興二路6號(林口長庚附近) 電話：(03)328-8833 傳真：(03)328-6557 網址：http://www.ncc.com.tw		天使 龍德 太陰 天同 權 華蓋 72-81 疾厄 冠帶 壬戌 7 19 31 43 55 67
天蜚 天刑 天梁 天同 ◎ △ 指背 112-121 兄弟 病 甲寅 11 23 35 47 59 71	旬空 天魁 天相 ◎ 102-111 夫妻 衰 乙丑 10 22 34 46 58 70	解神 歲破 天虛 截空 巨門 喜神 92-101 子女 帝旺 甲子 9 21 33 45 57 69	月德 貪狼 廉貞 ××祿 劫煞 82-91 財帛.身宮 臨官 癸亥 8 20 32 44 56 68

電話：
地址：　　　　　　　　　　　　　　　編號：　0000000033

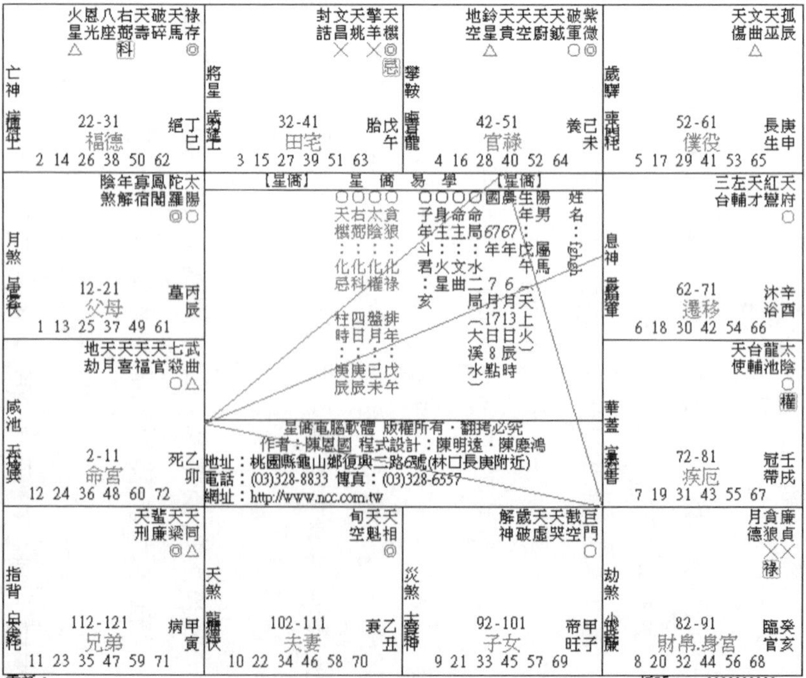

又雙祿馬交馳，且府祿相三合於福德宮（最慘的還是雙祿呢），被弄成所謂的倒祿，看的到，吃不到。又官祿宮逢魁鉞拱且有文昌文曲來夾，但因此兩曜影響，在事業上難有好的發展，整體而言所有好格局都破光了。加上財庫星宿組合不佳，本命盤天機化忌正坐，再會擎羊與天梁，注定與富貴無緣，所幸命主不積極追求財富，否則求之不得，徒增人生困擾罷了。

本命宮坐武曲會祿，加上三合鈴貪成局，古曰：威震邊疆，又此組合人，財常橫發，故又被稱爲偏財局，但都被空劫給搞成所謂的『兩重華蓋』，『浪裡行舟』，真是令人相當的惋惜。

其實空劫星對命主造成的影響，多是在自己身上，地劫入命，爲人疏狂，想法較爲激進，不被人所接受，加會地空，地空入命者，想多做少，個性糊塗散仙，故命逢此兩曜干擾，又怎能期待功成名就之時呢？故空劫入命者通常被稱爲勞碌命，因平常人努力後尚有收穫，但此兩曜卻是再怎樣努力都成空，財遇盜匪，又怎能有餘呢？故以勞碌論之。

此兩曜雖不佳，但其缺點同時也是優點，想法激進前衛，因不守舊，勇於推翻，故利於研發創新，想多做少，故想像力豐富。因此空劫入命者反倒非常適合從事研究，發明，企劃，創作等，將其缺點轉化爲優點，這才是論命者應該給命主的建議與方向。並非看到什麼組合就不好，組合不佳已是事實，該怎樣幫助他人重新發現自己的長處，重新設定人生方向，且給與信心與鼓勵，這才是命理老師應有的做爲。

這也是山人論命十餘年，一直抱持的心態，許多同學因此而重新出發，找到新的方向，開創新的局面，擁抱另一個新的人生，這，不也是累積善業的一種方式嗎？

好了，回到正題吧，既然事業不順，聚財不易已是事實，故建議命主修身養性，可以去打坐，參禪，磨練自己的心，不再輕浮疏狂，把空劫帶來的影響減到最低，並善用此兩曜的想像力與創新力，重新選擇自己人生的定位，或許還能有逆轉的機會呢。

本命盤分析完了，依據三才理論，現在我們就轉進大限盤來看看：

本命／大限盤

這個大限命宮勢逢天機化雙忌，天機化忌表計畫失誤和策略不當，又表現在身體健康上，表示此大限命主易有失眠或腦神經衰弱問題，命宮組合爲天機擎羊會天梁，又逢化忌帶動，是相當險惡的星宿組合，故此大限會是相當辛苦的一段時間。

而財宮會暗祿，表示多業外之財，但前提是必須是合法之財，正所謂君子愛財，取之有道。否則天梁與天刑同坐財宮，且三合天機化忌虎視眈眈，走險路的話可得小心吃牢飯。

而其大限僕役宮凶險異常，故建議命主此段期間特別小心朋友兄弟，避免讓自己的運程更加崎嶇。

火星 恩光 八座 右弼 天壽 破碎 天馬 祿存 ◎ 科科	封誥 文昌 天擎羊 × 忌	地空 鈴星 天貴 天空 天廚 破軍 紫微	天文 天曲 孤巫 傷辰 △
兄弟 巳 亡神 權 病符 22-31 福德 絕 丁巳 2 14 26 38 50 62	將星 歲建 32-41 田宅 胎 戊午 3 15 27 39 51 63	父母 攀鞍 晦氣 42-51 官祿 養 己未 4 16 28 40 52 64	福德 歲驛 喪門 52-61 僕役 長生 庚申 5 17 29 41 53 65
陰年 寡宿 陀羅 太陽 煞解 ◎◎	**《星僑 星僑易學》**		三左紅天 台輔才鸞 ◎
夫妻 月煞 吊客 伏 12-21 父母 墓 丙辰 1 13 25 37 49 61	姓名： 命局：水二局 命主：巨門 身主：火星		田宅 息神 貫索 62-71 遷移 沐浴 辛酉 6 18 30 42 54 66
地劫 天月 天喜 天福 七殺 武曲 ◎			天使 天哭 龍池 太陰 權權
子女 咸池 天德 2-11 命宮 死 乙卯 12 24 36 48 60 72	**《大限》** 星僑電腦軟體 版權所有·翻拷必究 作者：陳恩國 程式設計：陳明達·陳慶鴻 地址：桃園縣龜山鄉復興二路6號(林口長庚附近) 電話：(03)328-8833 傳真：(03)328-6557 網址：http://www.ncc.com.tw		宮祿 華蓋 官符 72-81 疾厄 冠帶 壬戌 7 19 31 43 55 67
天鉞 天刑 廉貞 天梁 天同 △	旬天天 空魁相	解歲天天截巨 神破虛哭空門 ◎	月貪廉 德狼貞 ×× 祿祿
財帛·身宮 指背 白虎 112-121 兄弟 病 甲寅 11 23 35 47 59 71	疾厄 天煞 龍德 102-111 夫妻 衰 乙丑 10 22 34 46 58 70	遷移 災煞 大耗 92-101 子女 帝旺 子 9 21 33 45 57 69	僕役 劫煞 小耗 82-91 財帛·身宮 臨官 癸亥 8 20 32 44 56 68

電話：
地址：

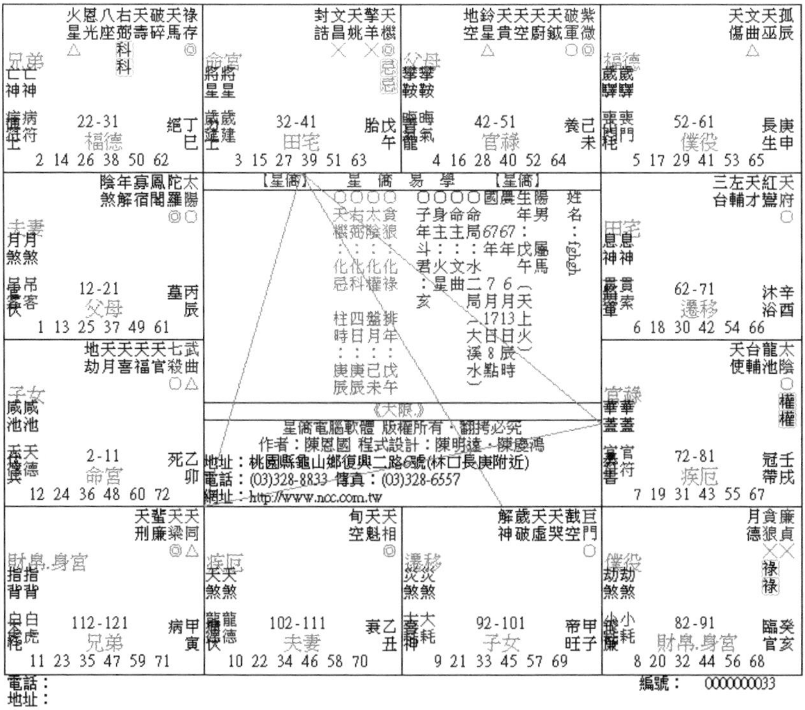

【14】情路受挫。命格註定情關難過嗎？

【提問時間】2009－09－30 18：55：18

【提問內容】

女，生辰：民72 農曆3月23日 子時出生，今年初與一名大我八歲的男性交往，（民64 農曆6月6日，時不詳）

因少女時期算命紫微斗數老師曾提及我姻緣會在26歲左右出現，我相信此位是我良人，無奈造化弄人，年中兩人因爭吵分手。

分手一個多月後聽說對方已有心儀對象（追求階段），（確定不是因為第三者而分手，是分之後才認識）我該挽回此位男性嗎？我是真心喜愛，也懊惱自己交往期間性格的頑劣。這位注定與我無緣嗎！？結果何時會出現呢？我的心現在非常痛苦……若不是他，那我命中的緣分何時會出現？

另外，小時候曾經被一名略懂命相長輩看過後，對我家人說我會有墮入風塵命。後來看過我命盤的老師也說我不宜在北方，會有”泛水桃花眾人妻“的疑慮，（我住台北）。

我目前工作遇到瓶頸，但身邊有人一直建議我可以去做個人精油推拿工作室，我擔心這當中是否有何陷阱！不知道自己能不能全身而退！

也請大師幫忙解惑，感激不盡。感激感激……

【最佳解答】

精油推拿，算是專門技術。但是如果是還要做，特殊的服務，建議你還是不要。如果是單純技術服務的話，也還不錯。至少一技在身，比較不用擔心失業，如果能在專門技術類做的好，甚至獲利會更多呢。

唉，何謂墮入風塵呢？如果照這樣說，那每個在賺的女生，不就都是同年同月同日生的嗎？因為命理是用出生年月日來看，相同時辰出生的那樣多，以共盤的觀念來看，就會覺得這真的是胡言亂語。人要從事什麼行業，決定在於自己，凡自由意志能選擇的事情，就不能用命理來論，因過於武斷甚至害人入歧途，造業不淺。

所以不要想太多，好嗎？墮入風塵的原因有很多，絕對不是單靠命盤就可以判斷的出來的。

在斗數中，之前老師幫你說的泛水桃花格局，看來並沒有，我想可能是因爲貪狼化忌加上你命坐武曲，加上三合會昌曲。所以才會有容易墜入風塵的推論，但是那是古代的說法。

憑什麼女生命會昌曲就是淫蕩，男生就是文星拱命，可當高官？這完全是中國古代男尊女卑的大男人想法，不提也罷。

因爲文昌文曲代表的是才華及聰明智慧，所以有才華又有聰明智慧的人參加科舉考試。多會有上榜的希望。你想想，古代女生講究三從四德，足不出戶，沒有考試受教育的權利。如果很有才華又聰明的話，自然就會讓很多男人仰慕，而男生叫做『風流』，何以女生叫做『淫婦』呢？這就是中國的大男人沙文主義作祟，不是嗎？

到了現代，女生也有受教參加考試的權利。與古代的環境大異其趣，女生有才華，可以當作家，可以考公務員，甚至在職場上女生都比男生還強。所以這古代的觀念，到了現代可以淘汰，所以不需要想太多

倒是你異性緣不錯，人應該也長的不差，又具備有聰明才智。所以自己要把持好，雖說古代的觀念可以淘汰，但是自己還是要多注意才是

以你本命夫妻宮來看，可能在感情路上比較波折，因爲呈現祿忌交馳的情形，加上七殺坐夫妻宮，三方型成殺破狼，而且你本命坐武曲，基本上武曲不宜坐女命，古曰：妻奪夫權。因武曲本性決絕，如果落田宅之類的宮位還不錯，但落命或六親宮位，自然就過於孤剋，所以你的個性應該也是如此。所以以你夫妻宮的情況來看，晚婚並不是一件壞事，錯過就錯過吧，早婚對你而言反而不好呢。

記得，命由性生，一個人的命是由他的本性所造成，所以只要改變自己的個性，自然命運也會改變。要夫妻關係好，首先就要放下主導權，多讓讓男生，而且女生本來就應該要溫柔一點，這樣對於你感情發展會比較好，畢竟沒有男生喜歡『恰貝貝』的女生。

至於對象是不是你的，良人。我想這問題取決於你自己手上，命理頂多提供你對象的參考。如果你自己不肯改變，縱遇到了良人，也難逃不好的結果，對不對？

以大限（25～34）來看，這個大限結束前，就會有婚姻了，因大限命宮會照次桃花，大限夫妻宮又走桃花且逢大限化祿引動，沒有因緣都難呢。

專心發展自己的事業，至於感情的事，正好可以趁此時間好好的修自己，等到下個緣份到了，你自己也改變了，不就更能夠珍惜得來不易的緣分了嗎。祝福妳。

【發問者評價】

謝謝！

【命盤解析及內容說明】

本命盤

命主身宮坐紅鸞，一般而言，身宮表後天，紅鸞入身宮，通常是屬於艷麗類型的女生，天喜入身宮，通常屬於俏麗類型的女生，加上此兩星曜在命遷一線對拱，故其異性緣必定非常好，且命見三台八座，通常此兩曜入命，命主外型會給人有貴氣的感覺，但此兩曜入命對女生而言並非好事，因過於貴氣，給人冰山美人的印象，配合命主的自述看來，應該是外型相當搶眼的女孩，但仰慕者多於追求者，加上命主命坐武曲，個性應該比較激烈，也比較自我，因此要求一份好的歸宿，真的要好好調養自己的個性。

山人經常引用古書說：武曲加煞為寡宿，但此局三合並

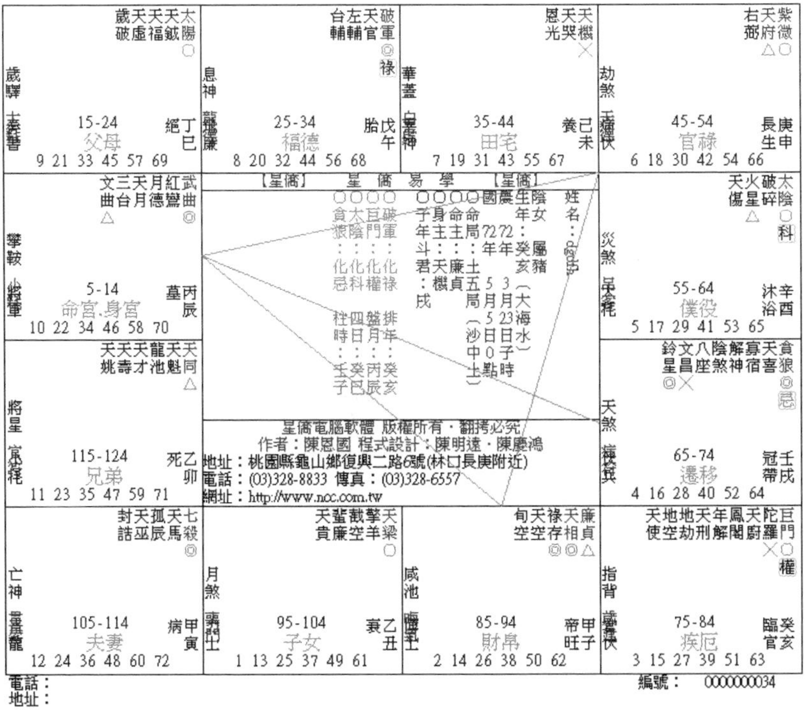

太陽 天鉞 天福 天虛 歲破
15-24 父母 絕 丁巳
9 21 33 45 57 69
破軍 天官 左輔 台輔 祿
息神
25-34 福德 胎 戊午
8 20 32 44 56 68
天機 天哭 恩光
華蓋
35-44 田宅 養 己未
7 19 31 43 55 67
紫微 天府 右弼
劫煞
45-54 官祿 長生 庚申
6 18 30 42 54 66
武曲 紅鸞 月德 天月 三台 文曲
攀鞍
5-14 命宮.身宮 墓 丙辰
10 22 34 46 58 70
【星僑】 星 僑 易 學 【星僑】
姓名：
生年：72 癸亥 屬豬 陰女
國曆：72年5月23日0點
農曆：72年3月23日子時
命局：土五局（沙中土）
命主：廉貞
身主：天機
子年斗君：戌
破軍：化祿 巨門：化權 太陰：化科 貪狼：化忌
排盤四柱 年：癸亥 月：丙辰 日：癸巳 時：壬子
太陰 破碎 火星 天傷 科
災煞
55-64 僕役 沐浴 辛酉
5 17 29 41 53 65
天同 天魁 龍池 天才 天壽 天姚
將星
115-124 兄弟 死 乙卯
11 23 35 47 59 71
貪狼 天喜 寡宿 解神 陰煞 八座 文昌 鈴星 忌
天煞
65-74 遷移 冠帶 壬戌
4 16 28 40 52 64
星僑電腦軟體 版權所有．翻拷必究
作者：陳恩國 程式設計：陳明達．陳慶鴻
地址：桃園縣龜山鄉復興二路6號(林口長庚附近)
電話：(03)328-8833 傳真：(03)328-6557
網址：http://www.ncc.com.tw
七殺 天馬 孤辰 天巫 封誥
亡神
105-114 夫妻 病 甲寅
12 24 36 48 60 72
天梁 擎羊 截空 蜚廉 天貴
月煞
95-104 子女 衰 乙丑
1 13 25 37 49 61
廉貞 天相 祿存 天空 旬空
咸池
85-94 財帛 帝旺 甲子
2 14 26 38 50 62
巨門 陀羅 天廚 鳳閣 年解 天刑 地劫 地空 天使 權
指背
75-84 疾厄 臨官 癸亥
3 15 27 39 51 63
電話：
地址：
編號： 0000000034

不會煞，故只表示命主脾氣較剛烈，仍有改進空間，因此山人才會苦口婆心的勸告命主要改自己的脾氣。

以此命盤看來，三合不會煞，又有吉星拱，財福線雙祿交流，又祿坐財帛，基本上表財多，田宅宮逢輔弼來夾，父母宮逢廟旺日月對照，主父母親在社會上有一定的地位，家境應該頗為良好，加上人又漂亮，應該是很好命的才是，會這樣想，我想應該是本命盤貪狼化忌在作怪。因貪狼化忌主較易有情緒問題，表徵其外就是心神不寧及胡思亂想的情況。所以當命主聽到其他的算命老師說的話，也就疑神疑鬼的，倘命主真的如她們所說的墮落風塵，我想這些老師真的造了極大的口業及惡業，此點係專業論命者須特別謹慎的地方，命理是為人解惑，經常要扮演心理輔導師的角色，正確的論命，是依據命主的特性，替他選擇最好的路，趨吉避凶，走出困境，迎向新的人生，這才是命理老師最應該做的，但可惜像山人一樣心態的老師很少，因為許多老師以賺錢為目的，不說的聳動點，嚇死你，怎讓你心甘情願掏出大把鈔票給他呢？所以山人習命及為人解命服務以來，一直相當清貧，其因便在此。不過錢財乃身外之物，為了賺那黑心錢導致自己背上了惡業，打入地獄道，絕對是划不來的。

基本上，人要選擇何種行業，是自己的自由意志，並非由命決定的，倘真有淪落風塵這種格局的話，那只要看到同樣生辰的人，管他三七二十一，全部都直接去當『海底雞』了嗎?所以坊間的這些老師，看著古書，囫圇吞棗，語不驚人死不休，真是害人不淺，因此山人針對這些老師所說的情況，逐一破解，主要是要讓命主安心，他的命格並沒有那麼差，也請他安心。

至於命主適宜做哪個行業，以命局來看，昌曲文星拱命，帶公門格局，適宜從事文職工作，對宮鈴貪成局，爲威權出眾之意，亦宜武職顯貴，另武曲爲財星，是故命主亦宜從事金融行業，此命文武雙全，實爲難得一見之奇局也。因此命主無論從事何種行業，都能夠出類拔萃。

至於命主最關心的感情問題，從夫妻宮來看，七殺正坐，三合鈴貪成局會照，對宮逢紫微來拱，表命主眼光頗高，整體而言，尙稱穩定，惟因七殺孤剋性太強，加上孤辰，寡宿同會，加上本命貪狼化忌會照，因此感情方面易因情緒及個性問題而造成自己的挫敗，故山人建議以晚婚爲宜，故與現任男友分手，其實也不算壞事，早婚對命主並不好呢。既然談到姻緣成於何時，我們就從大限盤來看：

本命／大限盤

此大限命會天喜，且夫妻宮逢鸞喜對拱，又逢大限貪狼化祿引動，是故在此大限結束前，必定能聞到喜訊無疑，所以命主真的不需要去想太多呢。至於命主提到26歲的正緣，咱就看看當年的命盤，看看其他的老師怎樣論解的。

兄弟 亡神 歲驛 病符	太陽廟 天鉞 天福 天虛 歲破 15-24 父母 丁巳 9 21 33 45 57 69	命宮 身宮 將星 歲建 龍德	台輔 左輔 天輔 破軍廟祿 25-34 福德 戊午 8 20 32 44 56 68	父母 蓋華 晦氣 義符	恩光 天哭× 天機忌 35-44 田宅 己未 7 19 31 43 55 67	福德 劫煞 災煞 東門	右弼 天鉞 紫微科 天府 45-54 官祿 長生 庚申 6 18 30 42 54 66
妻 攀鞍 吊客	文曲 三台 天月 紅鸞 武曲 5-14 命宮.身宮 墓 丙辰 10 22 34 46 58 70	【星僑】 星僑易學 【星僑】 貪太巨破 狼陰門軍 化化化化 忌科權祿 子命命　國農生陰　姓名：death 年主主：年年癸 女命 屬豬 斗君：5 3 月月亥 ：戌 局日月23（大海水） 《大限》 星僑電腦軟體 版權所有 翻拷必究 作者：陳恩國 程式設計：陳明遠、陳德鴻 地址：桃園縣龜山鄉復興二路65號(林口長庚附近) 電話：(03)328-8833 傳真：(03)328-6557 網址：http://www.ncc.com.tw				田宅 息神 貫索	天傷 火星 太陰科權 55-64 僕役 沐浴 辛酉 5 17 29 41 53 65
子女 將星	天姚 天壽 天才 龍池 天魁 115-124 兄弟 死 乙卯 11 23 35 47 59 71					官祿 華蓋 官符	鈴星 文昌 八座 解神 寡宿 天喜 貪狼忌祿 65-74 遷移 冠帶 壬戌 4 16 28 40 52 64
財帛 指背 白虎	封誥 天詰 孤辰 巫 天馬 七殺廟 105-114 夫妻 病 甲寅 12 24 36 48 60 72	遷移 咸池 月煞 龍德	天貴 蜚廉 截空 擎羊 天梁旺 95-104 子女 衰 乙丑 1 13 25 37 49 61	遷移 咸池 災煞	旬空 天空 祿存 天相 廉貞 85-94 財帛 帝旺 甲子 2 14 26 38 50 62	僕役 指背 劫煞	天使 地空 地劫 天刑 鳳閣 天陀羅 巨門權 75-84 疾厄 臨官 癸亥 3 15 27 39 51 63

電話：
地址：

編號： 0000000034

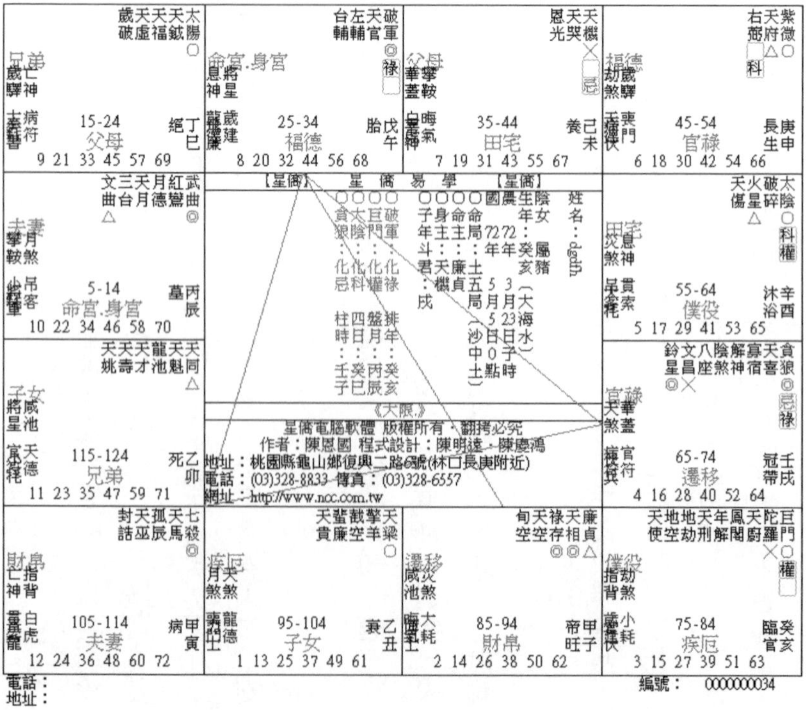

26歲大限流年盤

看到這個命盤後，各位看官應該知道爲何其他老師會說正緣成在26歲了吧。流年命宮坐廉貞次桃花星，會照紅鸞，又夫妻宮見鑾喜對拱且逢大限及流年化祿引動，命宮三合穩定不見煞，故此年應有婚配情況。但爲何發生命主目前的情況呢？其實是因爲這個老師所言有誤，錯誤的相當離譜，這又是命理害人的例子。因此狀況是落在【夫妻宮】，主婚配，爲開花結果的時刻，解釋成正

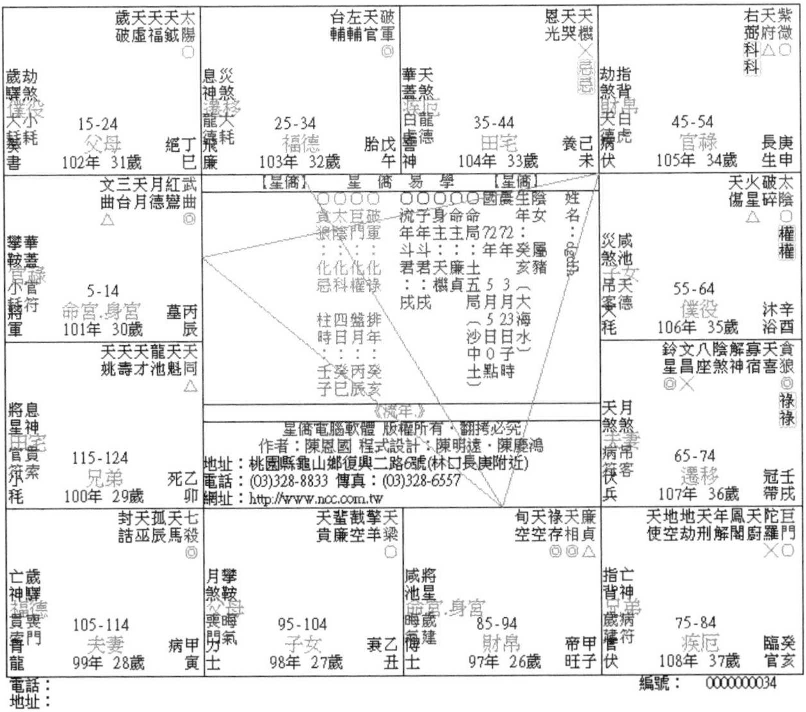

緣出現時機，確實相當勉強，因爲除非閃婚，否則怎可能當年認識就馬上結婚呢？況且命主夫妻宮不見火鈴對照，完全沒有閃婚的跡象，因所遇非人，所以兩人分手並不讓人意外，其實以山人的論點來看，正緣應該是出現在24歲，倘當初命理老師沒有這樣跟命主說，也許26歲那年已經成婚了，而非目前面臨的困境阿。山人舉此例，就是要讓大家知道，胡亂推論的結果，是會影響其他人的一生。命主就是遵照那位老師說的26歲正緣來交往與發展，結果對象錯誤，弄得好好的因緣被破壞，這真是造了極大的口業阿。

至於山人爲何認爲正緣應該出現在24歲呢？我們就從命主24歲的大限流年盤來看。

24歲大限流年盤

夫妻宮表男女關係，逢祿引動的情況就是婚配，並非緣份。所謂緣份天注定，所以應該要看的是命宮，此流年命宮，鑾喜會照入命，三合穩定，主有正緣可期待。但可惜因命理老師的話，我想錯過了這個緣份，也註定錯過了26歲成婚的機會，導致目前情場失意的狀況，這都是自己做的選擇所造成的結果，怎能令人不長嘆呢？

所以習命者切莫學藝未精，心態未正確，就貿然與人論命，也不宜太過於武斷，因這都會造成因果錯亂的結果，因果關係無疑的存在這個世界上，如今因果亂序，因人爲因素遭到破壞，除苦了命主之外，最後會是誰遭殃呢？這問題就留給大家自己去思考吧。

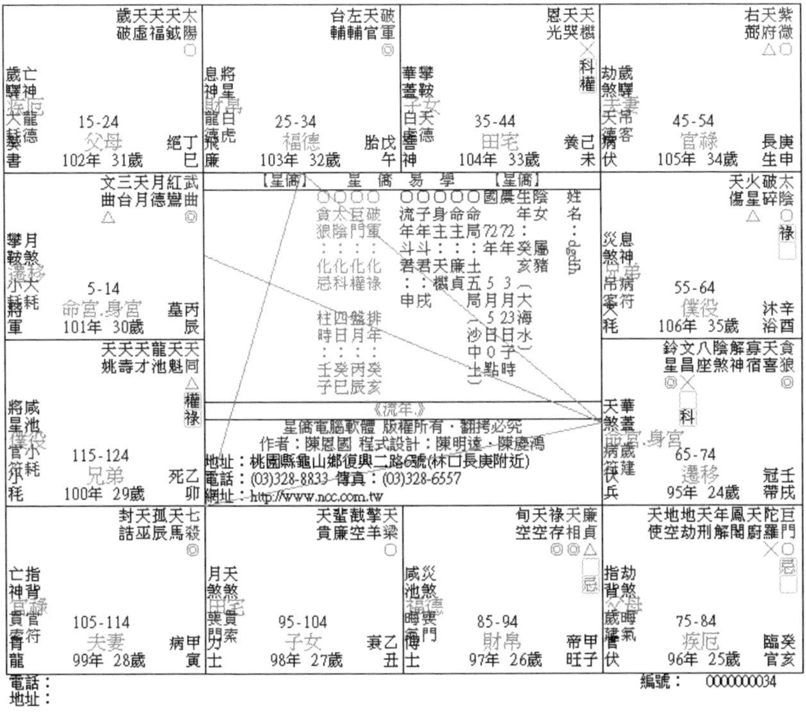

【15】請問老師：我很想創業，但不知我是否適合？

【提問時間】2009-10-26 18：58：45

【提問內容】

多時來我一直打算創業，希望經營屬於自己的事業，但更不想因為一時的衝動！而作出莽撞的決定，三年前也已經有過一次和朋友合作創立工作室的的失敗經驗，所以關於創業的想法更是謹慎。

在家道中落前我的生活上堪稱優渥，但在職場上則是跌跌撞撞。學生時開進口雙門跑車上下學代步，自我傲慢、為所欲為、光鮮亮麗、不可一世，父執一門堪稱望族（凡45歲以上長輩必聞，說這並不想補充甚麼）。家道中落後同儕朋友的冷眼，早期親戚看我大不中用完全表露無疑，切身應驗俗話說的：『一塊錢，逼死一條壯漢』的道理（至此是期望有朝重振的動力）。所幸自己屬於敢說敢作，所以不管對手公司大小，更不知這樣是成或者是不成，只求贏得客戶，所以即便再微薄的利潤，我依然竭盡所能的去拼鬥。前輩總是說我：初生之犢不畏虎……。

固然想完成自己的夢想也讓我的辛苦能轉化成家人更優渥的生活品質，更希望僅剩的母親能安養晚年（63歲），不必再到旅館辛苦打零工。

所以我真的很想要知道何時適合創業，和合適的創業模式，工作性質？還有我的財運如何？

現在的方向朝網際網路發展，創造一個交易、娛樂、傳媒的虛擬平台。現職綜合廣告公司：舉凡預算規劃、電視、平面創意的工作內容。

出生年月日：農曆民國65年正月28日早上五點整出生　性別：男

【回覆內容】

創業並不是每個人都適合的，先前已經一次失敗了，以命盤看來，山人建議你不要嘗試。

雖說你的府祿相三合入命宮，表示你是依個對事業充滿衝勁且很善於存錢的人。但可惜天馬星雖會化祿，但也同時會陀羅及空劫，加上你的財庫不甚穩定，看來你應該是賺多，但花出去的也多，且本命無正曜的人，本來就比較沒有主見，不過你的工作能力與衝勁倒是蠻強的。

整體看起來，爲命弱身強的格局，縱使成功也因根基薄弱，爲風雲際會，難以持久。要賺錢，不一定要創業，創業有可能會成功，但也可能會失敗。尤其現在台灣景氣不是很好，加上你的本命盤及大限顯示出的情況均不適合創業。建議你還是放棄，否則錢沒賺到，只怕會更糟。以你的整體格局來看，保守點，以福德宮的組合看來，應該還有機會可以安享晚年。

以大限來看，這個大限（33～42），空劫同入命宮，財宮會雙煞，財庫化忌，加上你的本命不宜創業，此時冒險，只怕是肉包子打狗，有去無回。爲了家人著想，建議你還是留在職場上發展。

【發問者意見】

感謝山人您的熱心，主要對於未來的無法預測，所以希望透過行善的方式盡量的作到趨吉避凶，山人的提醒我會好好注意。

【命盤解析及內容説明】

本命盤

命無正曜，借對宮廉貞貪狼論之，貪貞巳亥化忌加煞，富貴不長久，以其命身宮星曜組成看來，為命弱身強之造，縱使創業有成，仍因根基不甚

封誥 火星 孤辰 天巫 天喜 祿存 廉貞 貪狼⊗ 劫煞 病博士 晦氣 63-72 遷移‧身宮 8 20 32 44 56 68　癸巳	天使 蜚廉 鳳閣 擎羊 巨門 災煞 死力士 73-82 疾厄 9 21 33 45 57 69　甲午	文曲 文昌 八座 台輔 天相 天煞 科 墓青龍 貫索 83-92 財帛 10 22 34 46 58 70　乙未	地空 解神 龍池 天馬 天梁 天同 指背 祿 絕小耗 官符 93-102 子女 11 23 35 47 59 71　丙申
天傷 左輔 截空 陀羅 太陰◎✕ 華蓋 衰官府 歲建 53-62 僕役 7 19 31 43 55 67　壬辰			台 天恩 天 天月 七殺 武曲 輔 貴 光刑 壽德 鉞 殺 曲 咸池 胎將軍 小耗 103-112 夫妻 12 24 36 48 60 72　丁酉
天才 天府△ 息神 帝旺伏兵 病符 43-52 官祿 6 18 30 42 54 66　辛卯			天右 歲破 天哭 太陽✕ 月煞 養奏書 大耗 113-122 兄弟 1 13 25 37 49 61　戊戌
地劫 陰煞 天哭 攀鞍 臨官大耗 吊客 33-42 田宅 5 17 29 41 53 65　庚寅	旬空 鈴星 天姚 破碎 寡宿 紫微 破軍 將星 冠帶病符 天德 23-32 福德 4 16 28 40 52 64　辛丑	天廚 天福 天機◎ 亡神 權 沐浴喜神 白虎 13-22 父母 3 15 27 39 51 63　庚子	紅鸞 天魁 將星 長生飛廉 龍德 3-12 命宮 2 14 26 38 50 62　己亥

中央：

【星僑　星僑　易學】

廉文天天　君命命
貞昌機同　身主主
斗：文巨
化化化化　　昌門
忌科權祿

姓名：vmbvwb　性別：男
出生：（農）國曆 年 月 日 時　生肖：屬龍
命主身主…

柱四盤排
時日月年
丁己庚丙
卯酉寅辰

星僑電腦軟體 版權所有‧翻拷必究
作者：陳恩國 程式設計：陳明遠‧陳慶鴻
地址：桃園縣龜山鄉復興二路6號(林口長庚附近)
電話：(03)328-8833 傳真：(03)328-6557
網址：http://www.ncc.com.tw

電話：
地址：　　　　　　　　　　　　　　　　　　編號：　0000000086

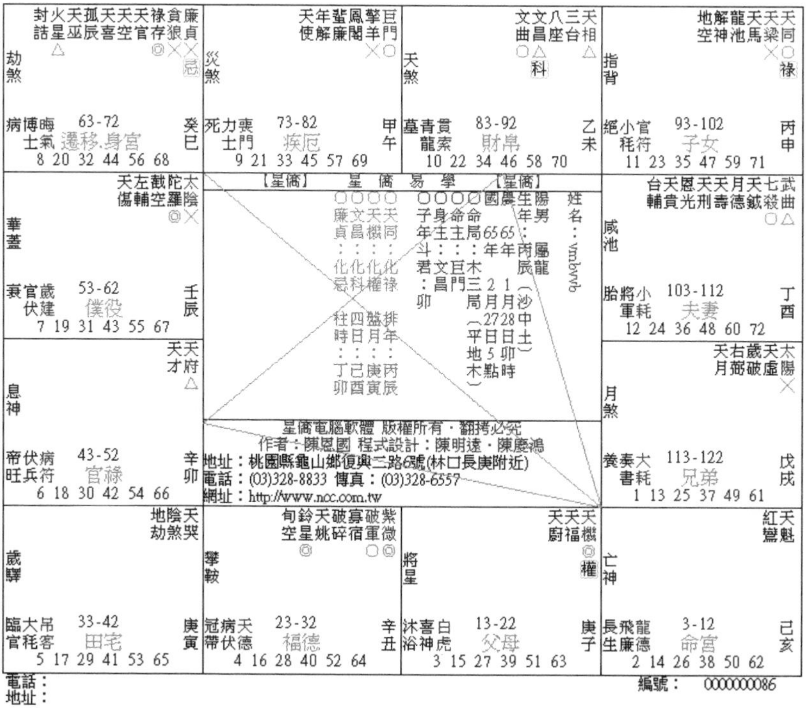

穩固，而風雲際會一場，以此例看來確實如此。

府祿相三合會命，又逢昌曲拱照，魁星正坐，父母宮祿權交流，是故命主少時家境定然不差，且其三方逢羊陀雙煞且同梁及天馬會照父母宮，是故與父母相處定然多有爭執不睦的情況，且與父母親緣份較淺，以此結構看來極有可能爲庶出或非婚生子女，不易得到父執輩太多的庇蔭。縱使家道未中落，祖產得亦不多。至於家道中落部分，仍須以父母親命盤論斷。（話雖如此，以此盤大限走勢而言，家道中落時間應落在23～32這個大限，以流年看來應在24歲前後才是。）

再觀其命盤架構，紫微不逢輔弼，格局不高，田宅宮雖會化祿，但逢空劫對拱，形成『祿倒』，財逢盜匪，得亦復失。可惜了這個府祿相三合局呀。不過至少表示命主善於理財且運用得當，只是財庫破耗難留，賺再多也不夠呀。否則以其財帛宮逢昌曲拱照，得財容易來看，還真可以富命斷之呀。

至於創業，山人常說首重『祿馬交馳』，而貪貞坐命，適宜以公關或服務類性質進行創業，故命主欲從事網際網路服務虛擬平台，是相當不錯的方向呢。但可惜天馬與空劫同度加會陀羅，爲標準的『半空馬』格局，加上田宅狀況不佳，倘貿然創業，由於財宮尚稱漂亮，倘大限或流年星曜組合佳時，應能有不錯的收穫，但因財庫已破，最後大概都以割地賠款坐收。是故此局人定然不宜創業，此點可從命主自述內容可見一班。

而其官祿宮天府正坐又逢魁鉞昌曲四吉星會照，且不會煞忌，故倘能全心在職場上發展，定然有一番作爲才是。

創業成功固然是日進斗金，揚眉吐氣。但倘若不幸失敗，又過度擴張，只怕是悽慘落魄。其實吃人頭路也是個不錯的選擇，至少沒有跑三點半的壓力，且以其官祿宮漂亮的程度看來，如專心在職場上發展，應該也能有不錯的收入及成就才是。且其母親高齡63歲，經濟並不寬裕且須由命主奉養的情況下，實在無法承受創業失敗的結果，況且其本命相當不宜開創事業，故建議命主在職場上好好發展。

至於命主適合行業，由於命會昌曲，又逢魁星，是故適宜從事文職類工作，故目前從事廣告宣傳企劃工作，是相當適才適性的。

【16】 請問大師，我適合往演藝圈發展嗎？

【提問時間】2009-07-28 11：07：04

【提問內容】

1985／9／2子時／女（國曆），我適合往演藝圈發展嗎？

請問一下我要匯幾元？總是麻煩大師很不好意思，總要意思給一點，當請喝茶。

【回覆內容】

你的命盤看來與已故巨星倪先生的命盤很像，都是廉貪對拱，當然是適合做藝人。而且你的屬於「紅艷煞」，你的異性緣一定不錯。但是要特別注意發生感情糾紛，而且會引發嚴重的後果，在選擇對象時一定要謹慎。

貪狼本屬桃花星，廉貞屬於次桃花，加上家花紅鸞、天喜都入命，滿地桃花開，不受異性歡迎都很難。這表示你很容易就能吸引到異性，但你的脾氣有時候卻會嚇到人，有時也讓人感到難以接近。

不過藝人就是要很受人注意，異性緣也要很好。所以你蠻適合當藝人。加上你的貴人運應該也不差，會有發展。只是波折會蠻多的，尤其在感情方面，還有脾氣要稍微收斂點。祝你美夢成真。至於喝茶錢不用了，只要做3件善事就可以了。

【發問者意見】

感謝大師的解答。

【命盤解析及內容說明】

本命盤

龍天天 池哭同 ◎	台月截天天武 輔德空廚府曲 ○○	天蜚太太 姚破虛陰陽 ×○ 忌	天天天天貪 貫喜福鉞狼 ◎
青指官 92-101 絕辛 龍背符 子女 巳 3 15 27 39 51 63	小威小 102-111 胎壬 耗池耗 夫妻 午 2 14 26 38 50 62	將月大 112-121 養癸 軍煞耗 兄弟 未 1 13 25 37 49 61	秦亡龍 2-11 長甲 書神德 命宮.身宮 生 申 12 24 36 48 60 72
文右天擎破 曲弼官羊軍 ◎○ △			天天年蜚鳳巨天 壽才解廉閣門機 ◎◎ 祿
力天貫 82-91 墓庚 士煞索 財帛 辰 4 16 28 40 52 64			飛將白 12-21 沐乙 廉星虎 父母 浴 酉 11 23 35 47 59 71
天火三天祿 使星台刑存 △ ◎			旬鈴文左寡天紫 空星昌輔宿相微 ◎× △△ 科
博災喪 72-81 死己 士煞門 疾厄 卯 5 17 29 41 53 65			喜攀天 22-31 冠丙 神鞍德 福德 帶 戌 10 22 34 46 58 70
封恩陰孤解紅天天陀廉 誥光煞巫神辰鸞空馬羅貞 ×○	天破 傷碎	天七 魁殺 ○	地地八天天天 空劫座月梁 × 權
官劫晦 62-71 病戊 伏煞氣 遷移 寅 6 18 30 42 54 66	伏華歲 52-61 衰己 兵蓋建 僕役 丑 7 19 31 43 55 67	大息病 42-51 帝戊 耗神符 官祿 旺 子 8 20 32 44 56 68	病歲吊 32-41 臨丁 伏驛客 田宅 官 亥 9 21 33 45 57 69

星僑　易學　星僑

國農生陰 姓名：
身命命 女
年主主局 74 74
斗君 乙屬牛
真 丑（海中金）
化化化化
忌科權祿
柱四盤排
時日月年
丙甲申乙
子辰申丑

星僑電腦軟體 版權所有‧翻拷必究
作者：陳恩國 程式設計：陳明遠‧陳慶鴻
地址：桃園縣龜山鄉復興二路6號(林口長庚附近)
電話：(03)328-8833 傳真：(03)328-6557
網址：http://www.ncc.com.tw

電話：
地址：

編號： 0000000115

129

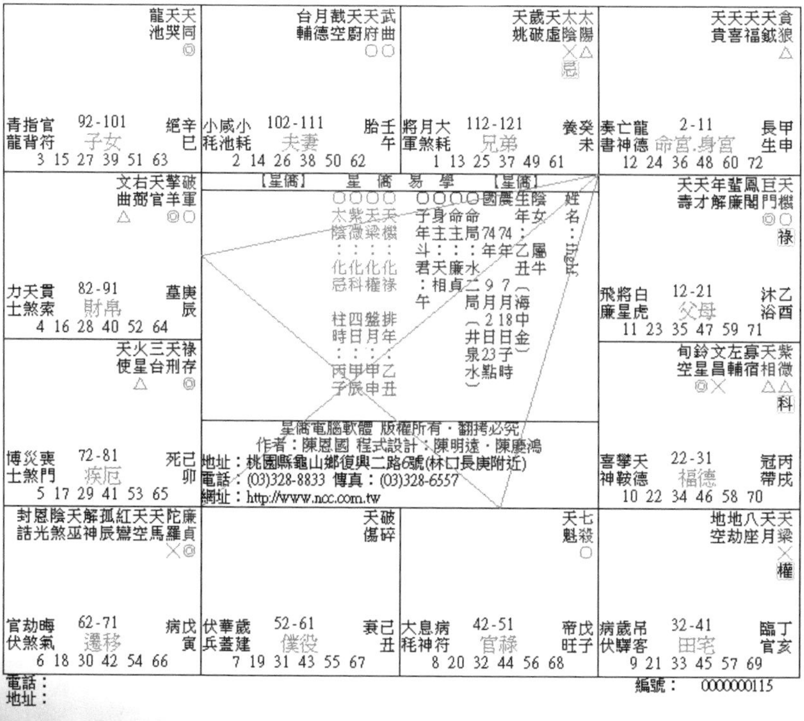

從事演藝工作，有幾個重點，首先是需要的是粉絲的擁戴，其次是有相當的才華，才能吸引觀眾買單。依照三強理論而言，首先要看命宮異性緣何如，異性緣好，表示本身即具備相當的吸引力。走起演藝圈，自然比起一般人來的容易成功。

命主本命宮立於申宮四馬地，加會天馬，是故本性喜動不喜靜，個性較爲外向活潑，而廉貪會命，廉貞與貪狼都是斗數理的桃花星，入命表示相當適合在交際應酬中成就，同時廉貞也適合流動之財。另會紅鸞天喜兩顆正桃花星，鸞喜會命者，通常都有超強的異性緣，又天喜落身宮，大都屬俏麗型的漂亮女生。（紅鸞入身宮屬艷麗型的女生），故命主除外在條件亮眼外，命宮四大桃宿匯聚，感覺上很像已逝巨星倪先生的盤。而三方又會合天魁天鉞，古曰：蓋世文章，定然相當有才華，加上昌曲會福德，除暗示命主天資聰穎之外，也表示命主氣質出眾，正所謂：文昌文曲，不讀詩書也可人。而天魁天鉞又可表示貴人與機遇。所以命主除外型搶眼，氣質出眾且才華洋溢，完全符合藝人的特性之外，加上天魁天鉞的加持下，相信在這一路上能得到貴人提攜而成事的，所以山人非常支持命主往演藝圈發展。

但可惜三方同會擎羊與陀羅，表示在這一路上，外在環境給的考驗也頗多。不過藝人就是如此，台上一分鐘，台下十年功，大家只看到她們光鮮亮麗，卻忽略了一路上辛苦奮鬥的歷程。每一位英雄豪傑，都經歷過無名小卒的階段，有朝一日功成名就，沒人會記得那段卑微困頓的過去，只會為你的成就喝采。就像享譽國際的大導演李安，堅持追求夢想的路上，相當困苦落魄，我想應該曾經受過許多人的冷言冷語，但天公疼憨人，只要堅持努力，走過那無名小卒的階段，成功就會在眼前，堅持，就對了。山人常說：人除非自己看不起自己，否則沒有人能看不起你，不是嗎?山人也衷心的希望命主能夠堅持，定會有所成就。

【17】今年跟明年哪個桃花運好？

【提問時間】2009－09－24 21：06：55

【提問內容】

想問今年適合談戀愛還是明年？

對象如何？民國72年5月25日申時（女），國曆

【回覆內容】

只要你喜歡，什麼時候都可以談戀愛。命理是可以幫助你了解感情運勢，但主導權仍然在你自己手上。觀念正確，山人就來幫你看看了：

沒錯的話你應該是屬於氣質型的女生，而且個性開朗外向，可說是同時具備女性的特質及外在，人際關係也不差，整體而言是個蠻不錯的女生。只是脾氣偶而發起來，可是會讓人受不了呢。

而且你命見魁鉞貴人星來扶持，所以你身邊的貴人及機遇應該也不差。此局亦爲標準的公門格局，如果沒錯的話，你應該是公務員。如果不是的話，可以去嘗試考考看。以你的天分，只要努力點，機會很大呢。

以流年夫妻宮來看的話，今年戀愛應該不是很好，而且兩人相處之間口角多，內心頗多辛酸，要談戀愛的話，明年倒是不錯。流年夫妻宮見大限化權化祿，且逢本命祿。沒錯的話明年你的對象應該還頗有身分地位的呢，而且正野桃花都有，看來是桃花朵朵開。

但自己可要謹慎選擇，因明年遇到二手貨（離過婚的男生）或是想偷吃的男人的機率也不小，反正明年對象可以的話盡量慎選就是了。

談戀愛的話，只要有心經營，隨時都可以，明年的感情運勢會不錯，但自己對象還是要慎選，畢竟這是自由意志的選擇。

沒錯的話你的因緣動的很早，大概在22歲前後就有因緣的跡象。從星盤上推論，應該是家裡兄弟及父母反對而作罷，不過錯過也不是件壞事，因爲你的本命盤夫妻宮顯示以晚婚爲宜。

【發問者意見】

寫得詳細，一目了然。

【命盤解析及內容説明】

本命盤

命主太陰坐命，太陽拱照，本命呈現日月並明的狀況，且同會天魁，天鉞，古曰：天魁天鉞，蓋世文章，因此命主頗具才華且此局又稱爲公門局，適宜參加典試任官職。又此兩曜爲貴人及機遇的象徵，故命

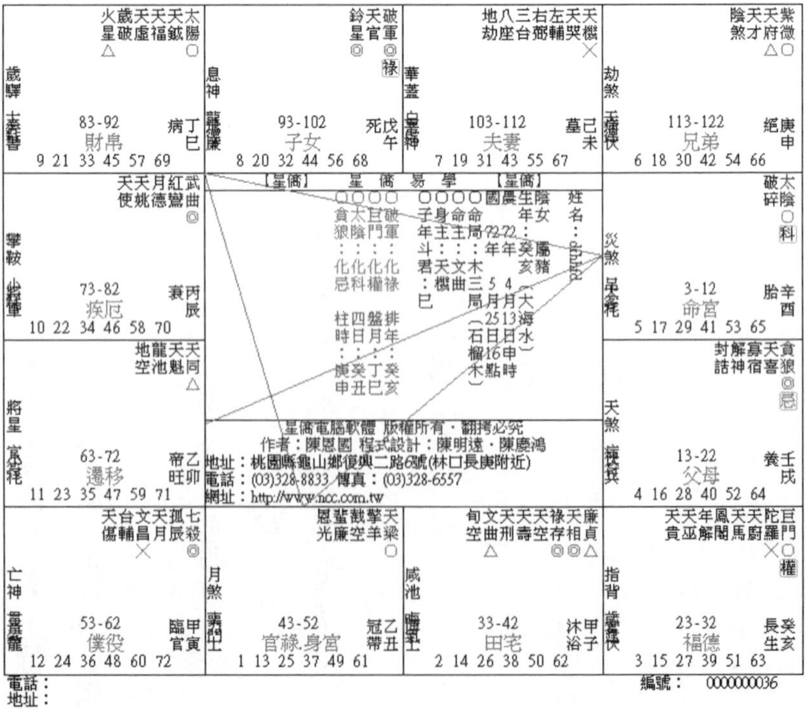

太陽 天鉞 天福 天虛 歲破 火星
83-92 病 丁巳 財帛
9 21 33 45 57 69
破軍 祿 天官 鈴星
93-102 死 戊午 子女
8 20 32 44 56 68
天機 天哭 左輔 右弼 三台 八座 地劫
103-112 墓 己未 夫妻
7 19 31 43 55 67
紫微 天府 天才 陰煞
113-122 絕 庚申 兄弟
6 18 30 42 54 66
武曲 紅鸞 月德 天姚 天使
73-82 衰 丙辰 疾厄
10 22 34 46 58 70
太陰 科 破碎
3-12 胎 辛酉 命宮
5 17 29 41 53 65
天同 天魁 龍池 地空
63-72 帝旺 乙卯 遷移
11 23 35 47 59 71
貪狼 忌 天喜 寡宿 解神 封誥
13-22 養 壬戌 父母
4 16 28 40 52 64
七殺 孤辰 天月 文昌 台輔 天傷
53-62 臨官 甲寅 僕役
12 24 36 48 60 72
天梁 擎羊 截空 蜚廉 恩光
43-52 冠帶 乙丑 官祿.身宮
1 13 25 37 49 61
廉貞 天相 祿存 天空 天壽 天刑 文曲 旬空
33-42 沐浴 甲子 田宅
2 14 26 38 50 62
巨門 權 陀羅 天廚 天馬 天閣 鳳閣 年解 天巫 天貴
23-32 長生 癸亥 福德
3 15 27 39 51 63
【星僑】 星僑易學 【星僑】
星僑電腦軟體 版權所有．翻拷必究
作者：陳恩國 程式設計：陳明遠．陳應鴻
地址：桃園縣龜山鄉復興二路6號(林口長庚附近)
電話：(03)328-8833 傳真：(03)328-6557
網址：http://www.ncc.com.tw
電話：
地址：
編號： 0000000036

主頗具才華且態度端莊凝重。而三方火星，擎羊會照入命成局，古曰：威震邊疆，因此命主乃爲文武皆宜的新時代女性，整體而言命局結構相當漂亮。

而太陰爲女性象徵，此曜坐女命最佳，且通常太陰坐命的人大都是氣質型的帥哥美女。加上日月拱身，昌曲來夾，故除外型不錯外，也是個很開朗外向的女生，故其異性緣必定相當的不錯。

紫微架構不佳，雖命逢日月，但仍無以言大貴，唯太陰主富，而命主子田線雙祿交流，且府祿相三合會田宅，表示命主善於守財，可得祖蔭，雖財宮會雙煞，但以其財庫穩定的狀態，大富雖難求，理財方面只要保守謹慎應對，小富可也。

至於命主提到男女關係，我們就從夫妻宮來看，夫妻宮坐天機及輔弼，輔弼是助力之意，本是吉曜，但入六親宮位，反而是壞事。因男女關係是私事，助力太多，反成爲障礙，試想，兩個人交往相處時，身邊有太多的三姑六婆參與意見，你一言，我一語的，故這段因緣想要平順圓滿，恐怕難了。此點可從對宮天梁、擎羊會天機，加上空劫齊臨的凶險狀況可見一班，故命主此生要有好的姻緣，只怕相當困難，故建議以晚婚爲宜，早婚易有生離死別的狀況發生。至於問命當年的婚姻狀況，依據

本命大限盤

大限夫妻宮不見桃宿，故應無成婚的機會。三合會天梁，再會天魁天鉞此種老人星，只怕這段時間吸引的男生年紀通常都比較大，且應以已婚的男生居多。加上本命夫妻宮的結構不佳，有帶刑剋的味道，這段時間倘不稍微注意，只怕難逃淪為『小三』的命運。故山人在回覆時一直希望命主這

火星破虛福鉞太陽 遷移 歲歲驛驛 奏書 大耗 83-92 財帛 丁巳 病 龍德 9 21 33 45 57 69	鈴星天官破軍 祿祿華蓋 疾息神 攀廉 93-102 子女 戊午 死 8 20 32 44 56 68	地八三右左天天 劫座台弼輔梁機 × 白虎 103-112 夫妻 己未 墓 7 19 31 43 55 67	陰天紫煞才府微 △◎ 子女 劫劫煞煞 天德伏 113-122 兄弟 庚申 絕 6 18 30 42 54 66
天天月紅武使姚德鸞曲 ◎ 僕役 攀鞍 小耗 73-82 疾厄 丙辰 衰 10 22 34 46 58 70			破碎天陰 ◎科科 夫妻 炎煞 吊客 3-12 命宮 辛酉 胎 5 17 29 41 53 65
地龍天天 空池魁同 官祿 將星 富官祿 63-72 遷移 乙卯 帝旺 身宮 11 23 35 47 59 71			封解天貪 誥神宿喜狼 ◎忌忌 兄弟 天煞 病符 13-22 父母 壬戌 養 4 16 28 40 52 64
天台文孤七 傷輔昌辰殺 福德 月煞 貫索龍 53-62 僕役 甲寅 臨官 12 24 36 48 60 72	恩輩截擎天廉 光廉空羊梁 喪門 喪氣 43-52 官祿 身宮 乙丑 冠帶 1 13 25 37 49 61	旬文天天祿天 空曲刑壽存貞 ◎◎◎ 父母 咸池 晦氣 33-42 田宅 甲子 沐浴 2 14 26 38 50 62	天天年鳳天陀巨 貴巫解閣馬廚羅門 ×◎ 命宮 指背背 權權 歲建 23-32 福德 癸亥 長生 3 15 27 39 51 63

中央：
【星僑】 星僑易學 【星僑】
貪太巨破 子命命 國農生陰女 姓名：d.b.d.
狼陰門軍 斗主主 曆曆年 屬
　　　斗天文 ：：壬豬
化化化化 君曲梅 72 72 年
忌科權祿 曲 25 13 （大海水）
　　　三 5 4 月月
柱四盤排 局月月 日日 16 申
時日月年 （石榴 點 時
：：：： 木）
庚癸丁癸
申丑巳亥
【大限】

星僑電腦軟體 版權所有·翻拷必究
作者：陳屬圓 程式設計：陳明遠·陳鷹鴻
地址：桃園縣龜山鄉復興二路5號(林口長庚附近)
電話：(03)328-8833 傳真：(03)328-6557
網址：http://www.ncc.com.tw

電話：
地址：

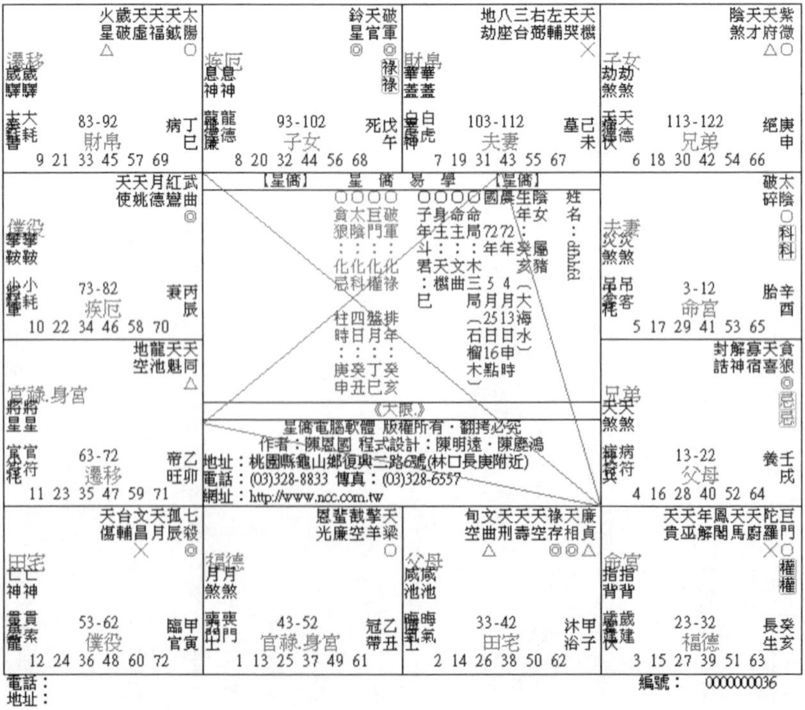

段時間對象的選擇上能更加謹慎，避免發生憾事，其意便在此。至於這兩年的戀愛運如何，由於命主提問是在民國98年，我們就從98年及99年的流年看起：

98年大限流年盤

本命宮三方四正不見桃宿，且流年夫妻宮會照地空，地劫，本有緣淺之意，且陀羅正坐，陀羅主慢，遲滯，是故98年時倘要發展戀情，是相當的辛苦，且以整體盤勢觀之，倘真有戀情發展，極有可能是

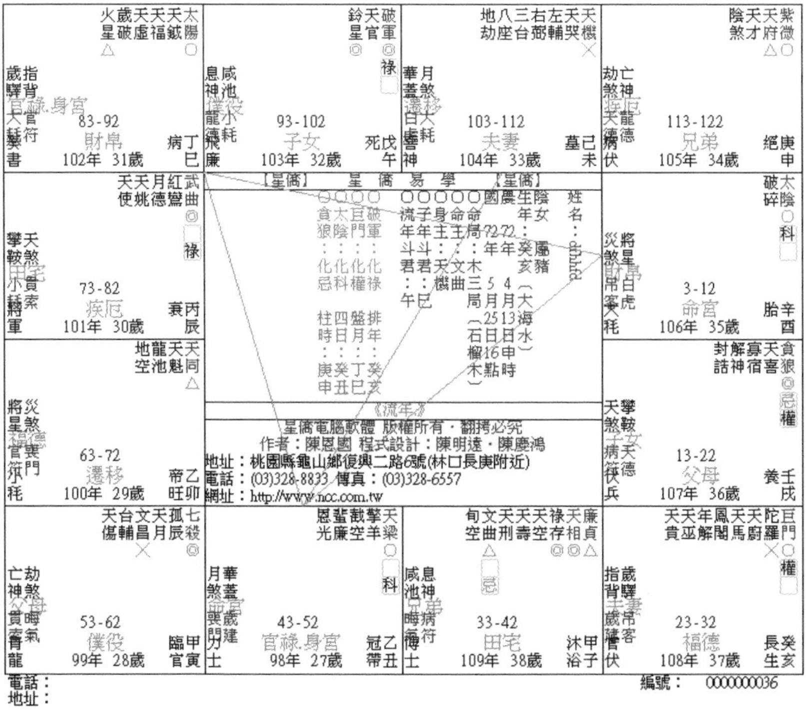

婚外情，且會相當的辛苦，例如與有婦之夫外遇，意外懷孕的狀況，因流年子田線看來有『基隆』（台語）的感覺，實須慎之。

99年大限流年盤

99年流年命宮會照貪狼，流年財福線見鑾喜對拱加天姚，流年夫妻宮見廉貞會紅鸞，又逢大限祿及本命祿，故正野桃花全到齊，可謂百花齊放，故99年的戀情應相當精采。倘以夫妻宮為命宮，其對宮便是遷移宮，故流年官祿宮坐破軍，

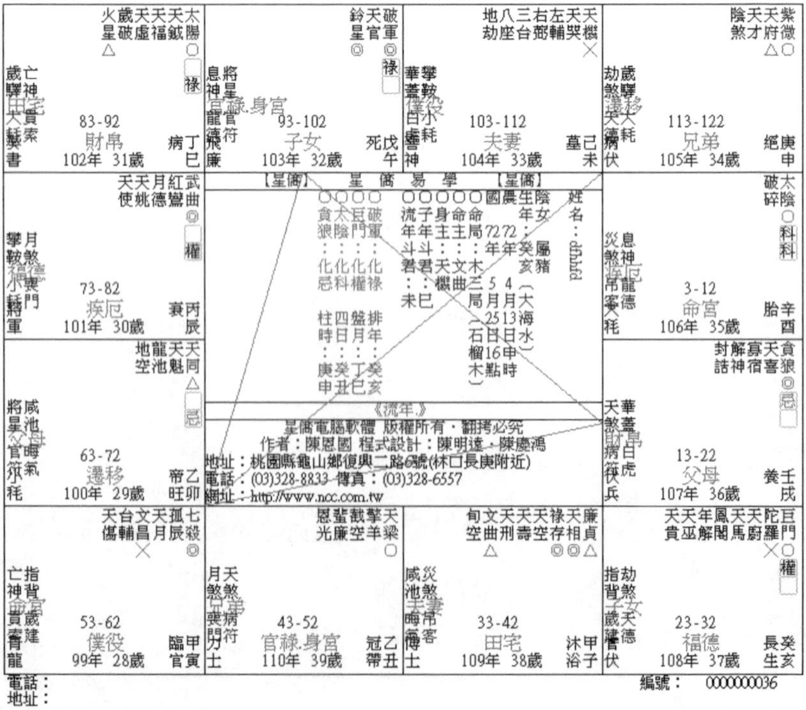

命主的對象極有可能是『二手貨』，以整體結構看來，這個二手貨無論在經濟上還是外型上條件應該還蠻不錯的呢。至於何時比較有機會能有正常的緣分出現呢，以大限看來應該落在33～42這個大限，但仍是煞忌交馳，故此時雖有婚配的跡象，但也有相當的問題產生。因本命盤夫妻宮結構如此，要有穩定的感情，只怕是相當辛苦。

【18】有高人可以算一下我的命嗎

【提問時間】2009-09-21 14:34:35

【提問內容】

西元1982年12月1號屬狗，早上6~7點生。好像是這個時間因為問過父母她們也沒說很正確我只能說大概，還有我是雙胞胎。(PS弟弟出生不到兩年就死了)，總覺得人生好慘慘到不行了，做啥麼事好像都不對，真的有點想死的念頭，恨…恨…恨…恨阿

【回覆內容】

唉，人生不如意十之八九，放寬心，天無絕人之路，何必言輕生呢。你知道不管在任何的宗教，自殺都是很大的罪業，尤其是佛教，人如果自殺的話，由於陽壽未盡，所以必須要重複自殘的方法直到陽壽盡爲止。假如你今年23歲，而你注定要

活到80歲，你選擇跳樓輕生，那恭喜妳，你要每天跳，跳到80歲。而且不是這樣就結束，這一世輕生的人，投胎轉世後也會再度輕生，一直因果循環，無止無盡。

重點是，輕生的人，無法超薦至西方極樂世界，只能一直重覆一直重複，想到這樣恐怖，還是算了吧，想開點，好嗎？

七殺朝斗入命宮是大格局沒錯，可是仰了個空斗，代表你工作上能力雖強，但總是會錯過機會，表現的很好，升遷卻總是別人。能者多勞，辛苦的是都你做，但享受的都是別人。而本命坐七殺，三方型成殺破狼格局，此局人，注定大起大落。

而殺破狼格局的爲何總是大起大落，究其主因就是中國人常說的，命由性生。一個人的命運，完全取決於自己的個性，七殺坐命的人，脾氣暴躁，雖說不如破軍衝動，但喜愛冒險、刺激卻是本性。

雖說有勇有謀，但衝過頭了，總是不好。也因此惹來人生許多無謂的困境，而且你的殺破狼還加煞，再會空劫，且命身各一。

所以常常會因爲自己錯誤的判斷，衝動的性格，造成自己的挫折。因此許多的挫折，倘你能靜下心想，大部分是由自己造成的。

本命格局帶祿馬交馳，頗適合經商創業。但是你的個性確實需要修正，否則大起大落真是難免。

加上你本身應該偶而會有點秀斗，就是糊塗的意思。有時給人感到有點散仙。不過你的財庫看來頗爲穩健，只要不投機，謹慎行事，做事穩扎穩打。看前顧後，我想晚景應該可期。建議你可以朝項專業技術發展，或者文學創作等工作類型發展。

好啦，不要想太多。建議你可以去學習打坐或禪修，把自己衝動的個性給修練一下，因爲你的個性如能夠做大幅度修正，我想應該還不算差的呢。

【發問者意見】

謝謝你，你給的答案很好。也很仔細，我會聽進去的。還有我發現我越來越懶散了變的不太想工作，唉。

【命盤解析及內容說明】

本命盤

山人常說，爲人論命經常要扮演心靈輔導者的角色，因登門求問者，大都是在人生的十字路口徘徊，迷惘。這個時候，要怎樣依據個性的缺陷及人生未來的方向給命主最適當的建議，並不吝給予鼓勵與信心，期待能重新開創人生，我想，這是命理存在的最重要目的，同學必須有此心態，千萬不能趁虛而入，誑稱改運改命，行詐騙之實，要知道，善惡到頭終有報，這果報可是相當嚴

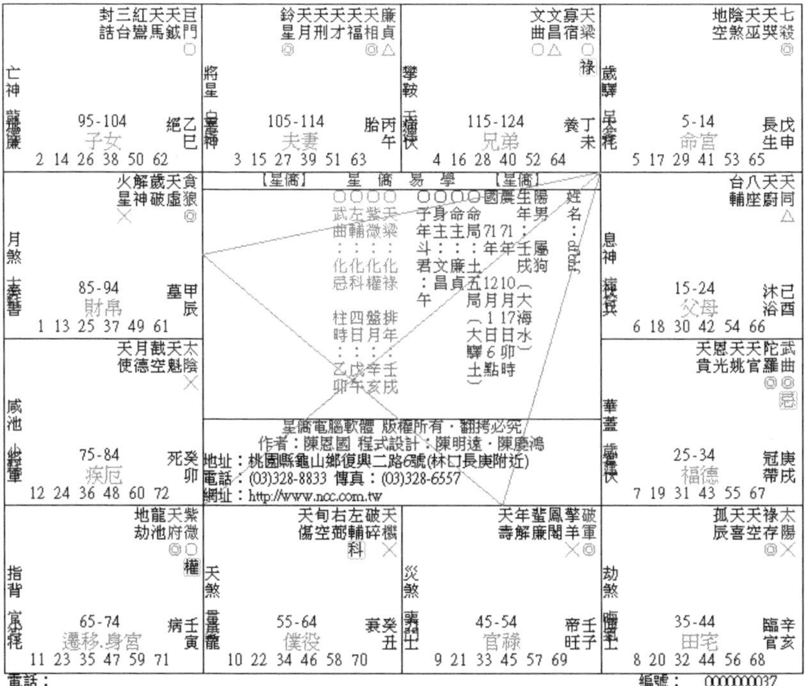

電話：
地址：
編號： 000000037

重的呢。

以本例中，命身空劫各一，古曰：空劫命身，浪裡行舟，爲標準的勞碌命，難得七殺朝斗格局，卻也朝了個大空斗，加上三方型成標準殺破狼格局，基本上表示人生起伏波折較大，此種命格的人，經常會有挫折感的產生。而地空星坐命，爲人較爲糊塗，散仙，且容易胡思亂想。因此命主會有這種想法並不讓人意外。但三方火羊成局，古曰：威權出眾，因此命主亦適合以武職顯貴，例如軍，警及專業技術人員。

地空及地劫雙曜雖然性質不佳，但其豐富的想像力及勇於推翻及創新的能力卻是無庸置疑，所以亦相當適合從事研發，創作，企劃等行業。

難得雙祿交流於田宅，又逢昌曲來拱，但可惜逢雙空同會，庫位已破，此點可從其財帛宮火貪橫財格雖成局，但同時亦會照羊陀雙煞，主財來財去一場空的情況可見一斑，紫微架構不佳，無以言貴，整體命盤架構，完全符合本命宮浪裡行舟的情況。

既然本命盤不佳，那我們就來看看這個大限是否有較好的發展機會，畢竟本命盤仍見祿馬交馳格局，適宜創業求財，倘遇到較好的大限，仍有翻轉的機會，畢竟乞丐也有三天的好運，雖是風雲際會，但倘能見好就收，仍有小富的指望。其大限盤如下：

本命大限盤

此大限（25～34）本命宮見陀羅煞星正坐，火鈴衝命，夫官一線被空劫拱掉，因此無論是在事業發展及感情上，都相當的不順利，加上地空坐命的人常會胡思亂想，難怪目前會有這種想法。但大限畢竟是

封誥 三台 紅鸞 天馬 天鉞 巨門⊕ 疾厄 神 龍德 95-104 子女 絕乙巳 2 14 26 38 50 62	鈴星 天月 天刑 天才 天福 天相 廉貞△ 財帛 將軍 將星 白虎 105-114 夫妻 胎丙午 3 15 27 39 51 63	文曲 文昌 寡宿 天梁 祿 子女 攀鞍 天德 115-124 兄弟 養丁未 4 16 28 40 52 64	地空 陰煞 天巫 天哭 七殺⊕ 夫妻 歲驛 吊客 5-14 命宮 長生戊申 5 17 29 41 53 65
火星 解神 歲破 貪狼⊕ 遷移,身宮 月煞 奏書 大耗 85-94 財帛 墓甲辰 1 13 25 37 49 61	**星僑電腦軟體 版權所有・翻拷必究** 【星僑】 星僑易學 【星僑】 武左紫天 子身命命 曲輔微梁 主主主局 化化化化 斗君廉貪 忌科權祿 昌貞狼 柱四盤排 時日月年 ：：：：乙戊辛壬卯午亥戌 姓名：dfdf 西元陽男 國農生年 年年壬 屬土戍 狗 1210 月月（大）17海 卯卯 6日日點 土點 《大限》 作者：陳恩國 程式設計：陳明遠・陳慶鴻 地址：桃園縣龜山鄉復興二路60號(林口長庚附近) 電話：(03)328-8833 傳真：(03)328-6557 網址：http://www.ncc.com.tw		台輔 八座 天廚 天同△ 忌 兄弟 息神 病符 15-24 父母 沐浴己酉 6 18 30 42 54 66
天月 截空 天魁× 太陰 科 僕役 咸池 小耗 75-84 疾厄 死癸卯 12 24 36 48 60 72			天恩 天貴 天姚 陀羅 武官 科忌權 命宮 華蓋 歲建 25-34 福德 冠帶庚戌 7 19 31 43 55 67
地劫 天池 天府⊕微 權 宮祿 指背 官符 65-74 遷移,身宮 病壬寅 11 23 35 47 59 71	天傷 右弼 破碎 鄭輔 天機△ 科 甲宅 天煞 貫索 55-64 僕役 衰癸丑 10 22 34 46 58 70	天壽 天解 蜚廉 鳳閣 擎羊 破軍⊕ 喪門 45-54 官祿 帝旺壬子 9 21 33 45 57 69	孤辰 天喜 地空 祿存 太陽⊕ 父母 劫煞 晦氣 35-44 田宅 臨官辛亥 8 20 32 44 56 68

電話：
地址：

編號：0000000037

145

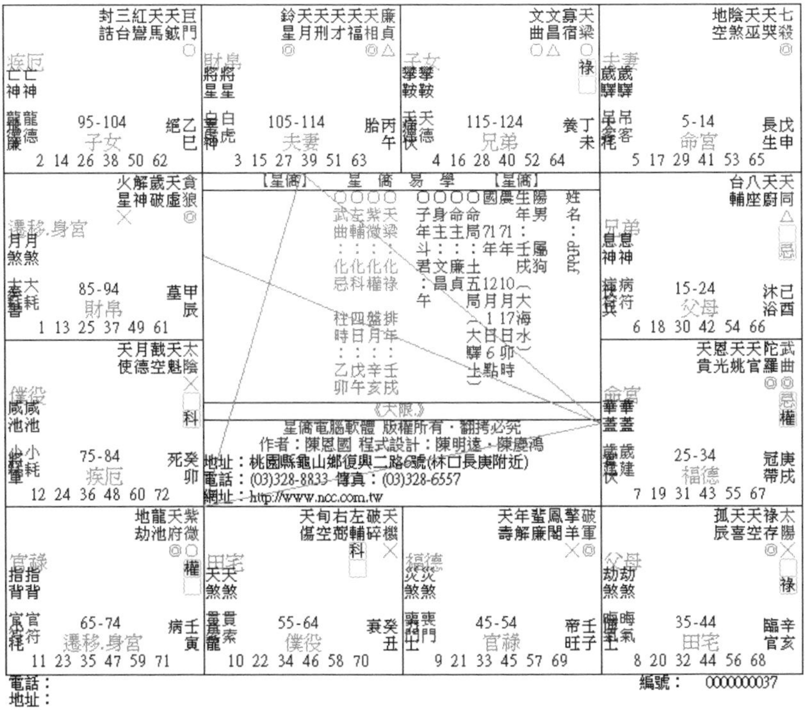

10年的總和，總會有那麼幾年是好運順利的狀況，到底命主何時會稍微轉好呢？以流年看來，可能要到102年，咱就檢視這幾年（98~101年）流年狀況吧：

98年大限流年盤

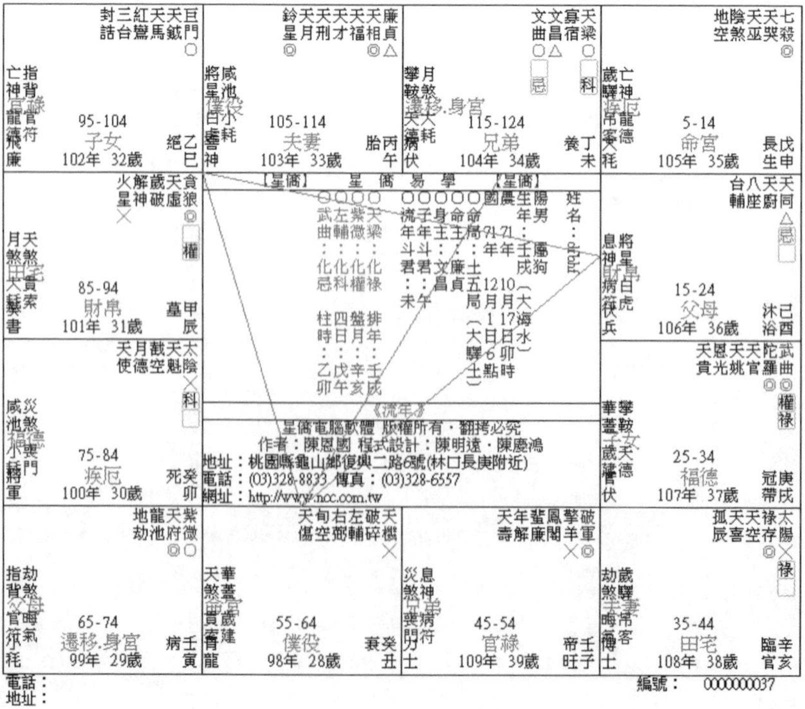

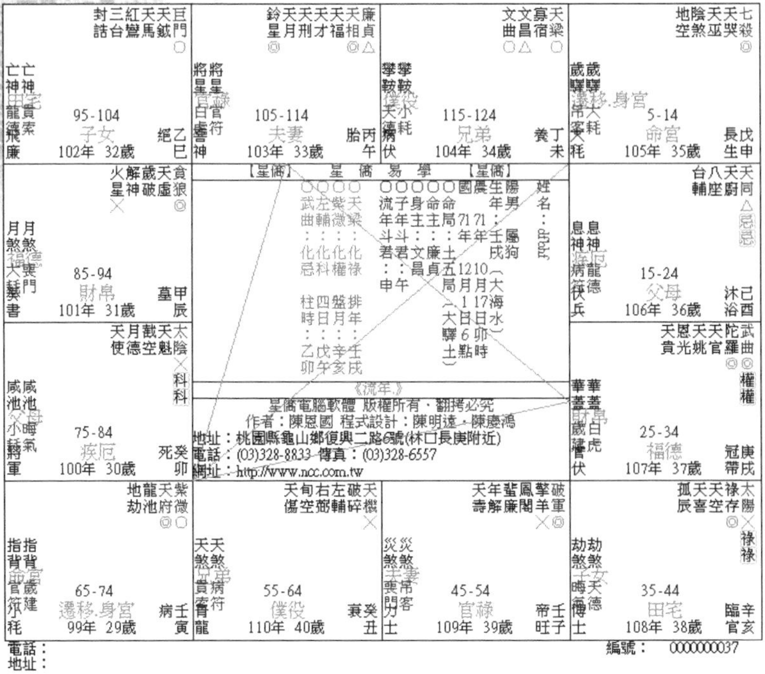
【星僑】 星 僑 易 學 【星僑】
《流年》
星僑電腦軟體 版權所有．翻拷必究
作者：陳恩國 程式設計：陳明遠．陳慶鴻
地址：桃園縣龜山鄉復興二路6號(林口長庚附近)
電話：(03)328-8833 傳真：(03)328-6557
網址：http://www.ncc.com.tw
電話：
地址：
編號： 0000000037

99年大限流年盤

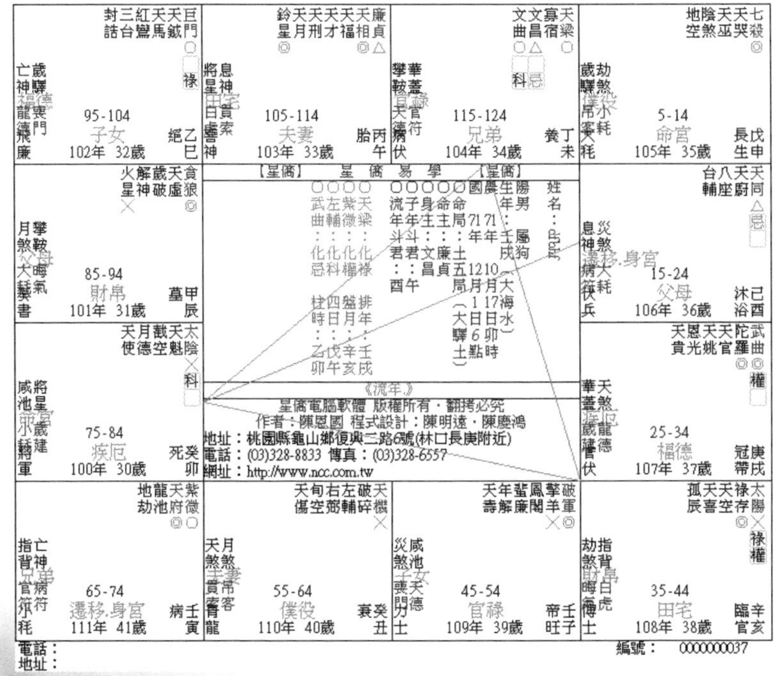
【星僑】 星 僑 易 學 【星僑】
《流年》
星僑電腦軟體 版權所有．翻拷必究
作者：陳恩國 程式設計：陳明遠．陳慶鴻
地址：桃園縣龜山鄉復興二路6號(林口長庚附近)
電話：(03)328-8833 傳真：(03)328-6557
網址：http://www.ncc.com.tw
電話：
地址：
編號： 0000000037

100年大限流年盤

101年大限流年盤

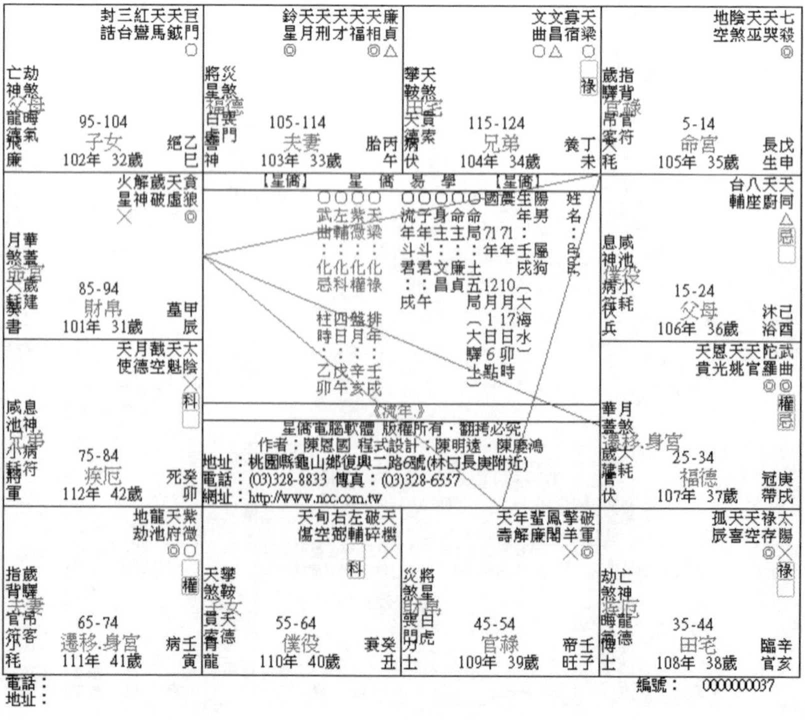

95-104 子女 102年 32歲 絕 乙巳
105-114 夫妻 103年 33歲 胎 丙午
115-124 兄弟 104年 34歲 養 丁未
5-14 命宮 105年 35歲 長生 戊申
85-94 財帛 101年 31歲 墓 甲辰
15-24 父母 106年 36歲 沐浴 己酉
75-84 疾厄 112年 42歲 死 癸卯
25-34 福德 107年 37歲 冠帶 庚戌
65-74 遷移.身宮 111年 41歲 病 壬寅
55-64 僕役 110年 40歲 衰 癸丑
45-54 官祿 109年 39歲 帝旺 壬子
35-44 田宅 108年 38歲 臨官 辛亥
【星僑】 星 僑 易 學 【星僑】
《流年》
星僑電腦軟體 版權所有．翻拷必究
作者：陳恩國 程式設計：陳明遠．陳慶鴻
地址：桃園縣龜山鄉復興二路6號(林口長庚附近)
電話：(03)328-8833 傳真：(03)328-6557
網址：http://www.ncc.com.tw
電話：
地址：
編號： 000000037

102年大限流年盤

從這幾年大限命宮狀況看來，98年雙忌臨命，諸事不順；99年空劫拱命，100年仍是雙忌會命，101年，羊陀加地空會命，仍是相當的辛苦。

102年雙祿會命，又逢輔弼拱，財帛宮亦是相當漂亮，此段時間看來財務方面會有頗大進展，但田宅財庫位又逢空劫拱破，有財無庫，應特別小心，這種吉處藏兇的狀況，表現出來就是外在一片大好，但卻暗潮洶湧。但只要能守住財，不亂投資或輕言投機，我想尚有可爲。

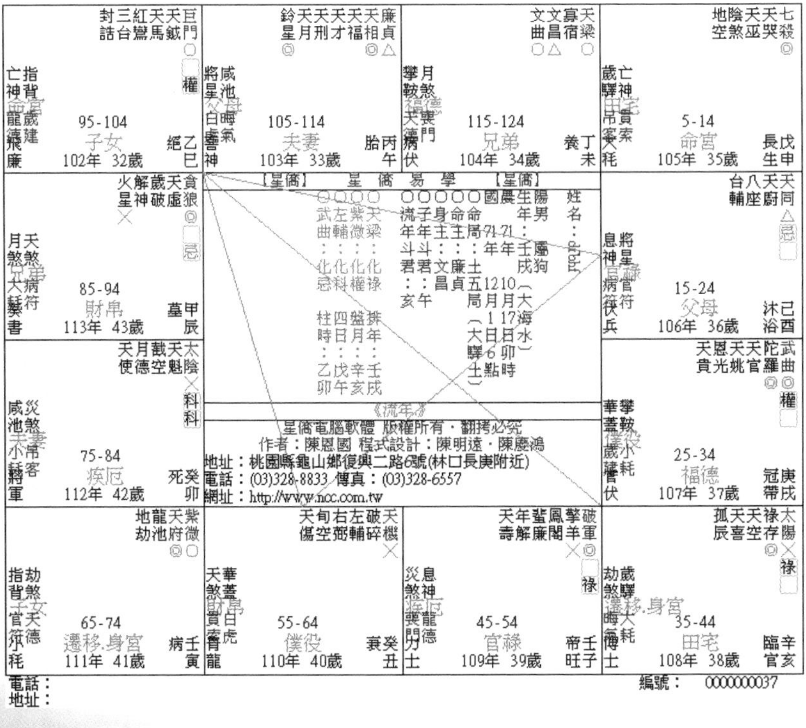

【19】請幫我看看我的命盤，該注意的地方

【提問時間】2009－09－16 16：18：42

【提問內容】

我是女生

西元1980年1月8日晚上8：24分生

請特別告訴我在事業、財帛、婚姻、子女宮中，有無什麼特別需要注意的地方。

感謝！

【回覆內容】

以這個生辰的本命盤來看，本命宮非常強勢，有領導者的格局加上祿馬交馳不會煞，頗利於遠地經商賺錢，而且性格頗獨立，屬於自主的新女性。沒錯的話你的個性頗爲寬厚，在團體裡總是很容易成爲領導者，而且工作能力強，異性緣也不差，

桃花還蠻旺的就是。

喜動不喜靜，也能夠在交際應酬中成就。整體而言命局還不錯，在事業上會很有成就。

不過個性頗爲好強，偶爾會讓人覺得蠻不講理，但其實心裡頗軟的就是，而且幫夫運頗強，但可惜有時候會言過其實，甚至因爲失言而惹上麻煩。

紫微會輔弼，府相又逢祿，再再都顯示出這是個女強人的好格局，而且品味很不錯，整體而言格局頗高。

但可惜財宮祿忌交馳，財庫亦逢煞，表示你雖然很節省，很會存錢，但錢總是留不下來，起起伏伏的，來來去去。

至於婚姻，你對家庭或另一半很捨得花錢，也很用心經營，且祿落夫妻，表示你很適合與另一半共創事業，加上你本身強勢，幫夫運強，所以你也很適合外場征戰呢。

但對方脾氣應該不是很好，也頗爲善變。婚姻部分，初期應該頗爲順利，但晚期恐不甚如意，所以雙方要做好溝通。相處模式有點忽冷忽熱的感覺。

子女孝順也聰明，反應也不錯，和你一樣都是個喜歡領導的人，如以星宿組合來說，至少也有2人。

總之此盤在事業上發展不錯，只是要注意財務調度問題，不可亂投資或投機，因庫破嚴重，錢怎樣來就怎樣去，所以看緊荷包，可能會是你主要的任務。

【發問者意見】

很感謝您的意見，我會多注意您的提醒的！謝謝！

【命盤解析及內容說明】

本命盤

此盤結構完整，相當漂亮，首先紫微輔弼坐命又會左輔，形成輔弼拱主大局，命主格局頗高，而府相會雙祿且落本命宮，武曲化祿坐財宮，財星得位不會煞忌，遇者富奢，為富貴雙全，財官全美之局。本命宮又形成七殺朝斗，且三合不會煞忌，格局相當大，古曰：朝斗仰斗，爵祿昌榮。因此紫微七殺化權，加上天府為南斗主星，因此在事業工作上衝勁相當強，加上紫微架構完整，能得朋友屬下助力成事，倘得天時機遇，亦能掌社稷權柄也，故此局為女強人甚或是女政治家之命造。

一般而言，雙祿命宮交流，主出身望族，此點可從父母宮逢日月，福德宮祿權交流，可見一班。而鑾喜於命宮交流，主異性緣佳，最難得是雙祿馬交馳會命，主得意發財在遠鄉，

天陀巨 壽羅門 ×○ 歲驛 臨官吊 官伏客 36-45 田宅 9 21 33 45 57 69　己巳	陰解祿天廉 煞神存相貞 ◎◎△ 息神 帝博病 旺士符 46-55 官祿 8 20 32 44 56 68　庚午	天火恩天擎天 傷星光刑羊梁 ◎ 科 華蓋 衰力歲 士建 56-65 僕役 7 19 31 43 55 67　辛未	鈴孤紅天天七 星辰鸞空廚鉞殺 × 劫煞 病青晦 龍氣 66-75 遷移 6 18 30 42 54 66　壬申
台八寡貪 輔座宿狼 ◎ 權 擎鞍 冠伏兵 帶火德 26-35 福德 10 22 34 46 58 70　戊辰	【星僑】 星僑易學 ○○○○國農生陰 姓名：mghm 文天貪武 子身命命 年女 曲梁狼曲 年主主斗 6968 ：：：： 斗君：：：年已屬 化化化化 ：：相水火未羊 忌科權祿 六 1 11 （ 柱四盤排 局月月日 時日月年 8 21 上火 ：：：： 鑰日上戌20點時 丙庚丙己 中火 戌辰子未		天地天天天天同 使劫貴才空官 △ 災煞 死小喪 耗門 76-85 疾厄 5 17 29 41 53 65　癸酉
年輩鳳太 解廉閣陰 × 將星 沐大白 浴耗虎 16-25 父母 11 23 35 47 59 71　丁卯	星僑電腦軟體 版權所有‧翻拷必究 作者：陳恩國 程式設計：陳明遠‧陳慶鴻 地址：桃園縣龜山鄉復興二路5號(林口長庚附近) 電話：(03)328-8833 傳真：(03)328-6557 網址：http://www.ncc.com.tw		三天武 台月曲 ◎ 祿 天煞 墓將貫 軍索 財帛.身宮 86-95 4 16 28 40 52 64　甲戌
文天左天天紫 曲巫輔喜府微 ◎◎ 忌 亡神 長病龍 生伏德 6-15 命宮 12 24 36 48 60 72　丙寅	地截破天天機 空破碎虛 月煞 養喜喜 神耗 116-125 兄弟 1 13 25 37 49 61　丁丑	旬封文右天破 空詰昌弼魁軍 ◎◎ 咸池 胎飛小 廉耗 106-115 夫妻 2 14 26 38 50 62　丙子	天龍天太 姚池哭陽 × 指背 絕奏官 書符 96-105 子女 3 15 27 39 51 63　乙亥

電話：
地址：　　　　　　　　　　　　　　　　　　　編號： 0000000043

153

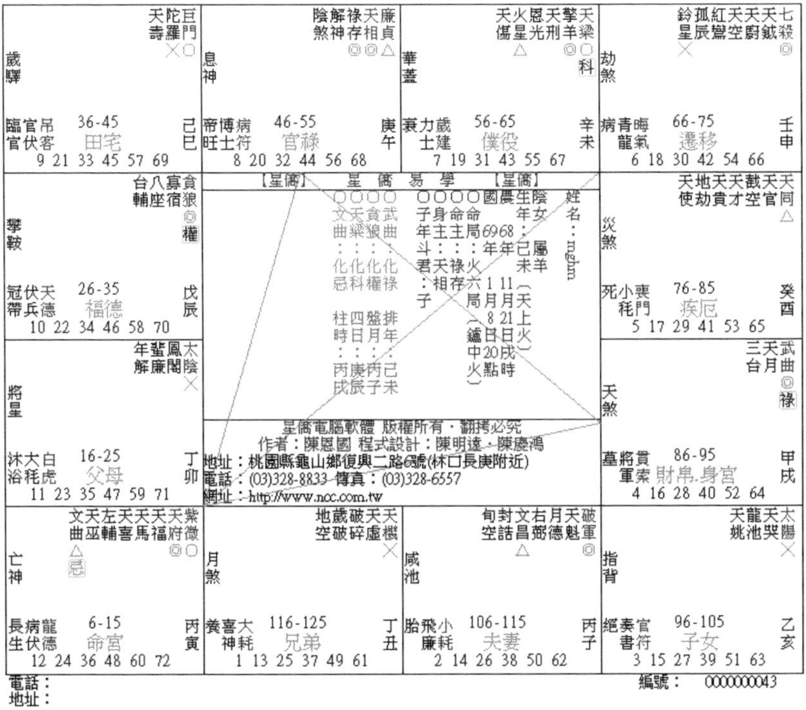

相當適合創業。

唯其陀羅坐財宮，三方會空劫，主財來財去一場空，祖業破耗難留，對照其財帛宮狀況，可斷爲財多無庫之局。

山人常說，命理無兩全，因每個人的星盤，吉煞星數量均相同，差別只在分佈位置，以山人十餘年論命經驗觀之，當吉星全數照命時，煞星自然就進入六親宮位，故有高處不勝寒之感。許多老師看到此盤都會認爲此例中的命主是相當好命的天之驕子，因格局相當的大，但以山人的觀點只會說相當的強勢，因命強事業強但六親弱，這應該不能算是好命，此例便是如此，且看山人就六親關係逐項分析也：

1. 夫妻宮：破軍正坐加會廉貞，三方雖不會煞，但星曜性質不佳，故命主定多感情困擾，加上右弼星坐，故其感情應以第三者介入，狀況最多，故整體研判以晚婚爲宜。

2. 子女宮：太陽正坐，古曰男三女二，現代社會生育率低，且其子女宮加會擎羊陀羅雙煞，故推論應至少有二人，但因結構組合不佳，故與子女關係不佳，常有爭執與意見不合狀況發生。

3. 父母宮：雖逢日月並明，但三方會擎羊，地劫，故與父母亦相當疏遠或早有生離死別之事。

4. 兄弟宮：坐天機會巨門，兄弟間難以齊心，三方四煞匯集，除主命主與兄弟緣淺，更主內鬥難以合諧。整體而言相當險惡，兄弟無義。

綜上所述，命主格局大，整體命盤極爲強勢，但卻與六親緣淺且帶剋，當你擁有一切時，卻沒有人能與你分享的那種孤單失落，此點可由郭台民先生之例可見一斑，所以吉星會命真是好格局嗎？此點就見仁見智了。

本命盤強勢，不代表終身福厚，諸事順遂，尙須看大限星曜結構而定，畢竟運佳也要限佳，相輔相成，富貴方可綿延昌榮，雖命主未提及此問題，但本著研究的心情，那咱們就來看看這個大限如何：

本命大限盤

此大限命宮見雙祿交流，財宮亦同；官祿宮相當漂亮，又逢大限化祿引動，雖會本命忌，但因格局夠強，故影響不大，古曰：紫微逢吉集，無有不貴，且可降七殺，制火鈴，故命主此段時間在事業上定然大有收穫，且祿馬交馳，輔以命宮及財帛宮狀況，可斷言命主在此大限應可取得相當的成就與財富才是。

台語俗諺有云：有一好沒兩好，觀其大限田宅宮擎羊會

大祿喜 天陀巨 壽羅門 ×△ 父蔵驛 臨官吊晦 36-45 官伏客氣 田宅 9 21 33 45 57 69	大羊 陰解祿天廉 煞神存相貞 ◎◎△◎ 福德 官煞 息神 帝博病衰 46-55 旺士符門 官祿 8 20 32 44 56 68	大鉞 天火恩天擎天 傷星光刑羊梁 △ △◎◎ 田宅 華蓋 衰青蔵晦 56-65 士建索 僕役 7 19 31 43 55 67	大大 昌鈴 鈴孤紅天天天七 星辰鸞空蔚鉞殺 × × 官 指劫背 煞 病青晦官 66-75 龍氣符 遷移 6 18 30 42 54 66 壬申
大陀 台八寡貪狼 輔座宿◎ 權祿 命華蓋 鞍 冠伏天歲 26-35 帶兵德建 福德 10 22 34 46 58 70 戊辰			天地天天截官同 使劫貴才空官 △ 僕蔵 炎煞 死小喪小 76-85 耗門耗 疾厄 5 17 29 41 53 65 癸酉
年蜚鳳太 解廉閣陰 × 兄鸞 將神 星 沐大白病 16-25 浴耗虎符 父母 11 23 35 47 59 71 丁卯			大虛空 武曲 三天月 台 △ 遷彤 天煞 墓將貫大 86-95 軍索貴帛.身宮 4 16 28 40 52 64 甲戌
大大 馬哭 文天左天天天紫 曲巫輔喜梁府微 ◎◎ 忌 夫蔵亡 神 長病龍吊 6-15 生伏德客 命宮 12 24 36 48 60 72 丙寅	大魁 地蔵破天天 空碎虛機 忌 子蔵 月鞍 煞 養喜大大 116-125 神耗德 兄弟 1 13 25 37 49 61 丁丑	大火 旬封文右月天破 空詰昌陰德魁軍 ◎ ◎ △ 將.身宮 星咸 池 胎飛小106-115 廉耗虎 夫妻 2 14 26 38 50 62 丙子	大鸞 天龍天太 姚池哭陽 × 疾厄 指背 絕官官100-105 書符德 子女 3 15 27 39 51 63 乙亥

【星僑】星僑易學

星僑電腦軟體 版權所有·翻拷必究
作者：陳聰園 程式設計：陳明遠·陳鷹鴻
地址：桃園縣龜山鄉復興二路6號(林口長庚附近)
電話：(03)328-8833 傳真：(03)328-6557
網址：http://www.ncc.com.tw

電話：
地址：

編號： 0000000043

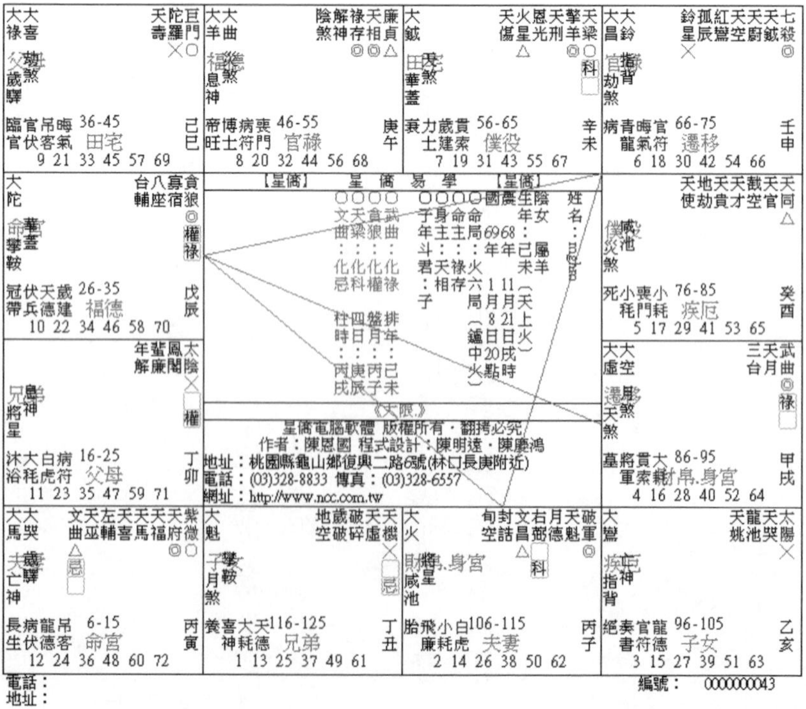

太陰，縱有財也難留，夫妻宮暗合位見天姚野桃花，又鑾喜對拱，對未婚的人而言，正野桃花全開，情場得意，但對已婚的人來說，感情上易有第三者困擾產生，倘流年不佳又逢流年化忌引動，極有可能引發天馬解神這組離婚組合，故夫妻相處之間不可不慎。子女宮四煞匯集，加會天傷天使，古曰：劫空傷使禍重重，且子女宮三方主星曜構成天機天梁擎羊會的惡局，又逢大限天機化忌引動，是故命主須特別注意子女身體健康狀況，以免發生憾事。至於家庭關係最艱困凶險之時，就須看流年吉凶狀況而定，礙於因果所限，無法爲大家分析，也請有興趣的同好自行推演。但以結果而言，應是驚險過關才是，只是可能在此破耗不少錢財。

【20】台藝入學考試請問明年考運

【提問時間】2009－09－13 09：44：24

【提問內容】

您好，想請教明年2010年7月考運，1971.11.30（上午8：55）女，感謝您。

【回覆內容】

以流年來看，明年如果要考試，正逢魁鉞科星來拱，再加上昌曲文星來輔助，雖說流年大限不逢化科，且本命盤昌曲落陷，但是整體看起來考試運不錯，只要努力點，應該會有機會的。

還有就明年官祿宮看起來，競爭會很激烈，雖然考運不錯，但還是要努力。畢竟考試這碼事，99％靠的是實力，但考運也有加持的作用，如果不讀書，不努力，那縱使給你再好的命，都還是惘然。如果肯努力，命在爛，都可以考上，對不對。

加油，明年流年本命宮星宿組合不差，考運不錯，難得有機會，要好好加油呢。如果以山人推斷，如果你肯努力的話，至少備取沒問題，四大吉星來拱照，雖說昌曲強度不足，但努力，必有所成，好好把握這天賜的好運勢，錯過就要更努力了。

【發問者意見】

感恩了然山人，也不曉得在堅持什麼，連續補了幾年術科（術科有進步），學科聽了山人的話也在每天複習中，還有行善積德也給我當頭棒喝，明年若有此福氣定當好好感謝山人指點。

【命盤解析及內容說明】

99年大限流年盤

命主問命當年是民國98年，西元2009年，由於考運係屬流年偶遇，且此考試爲入學考試，並非國家考試，與本命格局較無關聯。因此我們直接切到2010年（民國99年）來看。

民國99年流年命宮在寅宮，三方逢文昌、文曲、天魁、天鉞等四大吉星拱照，加上雙主星坐命，流年武曲化權會照，化權表權柄之意，亦可視爲工作的表徵。故命主99年考運相當好，倘能多加努力，應有錄取的希望。

考試，是相當公平的競爭方式，命理之說充其量可以告訴命主哪些時候的考運比較好，但自己不努力讀書，縱使給你再多吉星也沒用，但肯努力準備，縱使流年再差，誰說

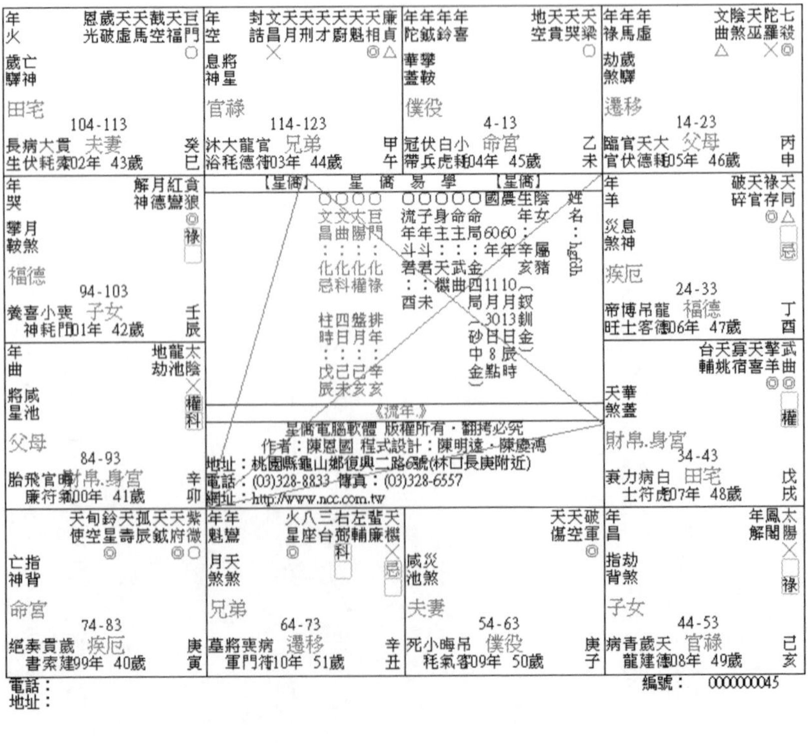

會考不上？

後來命主果真於99年順利進入理想中的學校進修（沒記錯是備取入選，確實相當好運），於當年底再度拜訪山人，詢問未來發展方向及適性所在，因此我們就從本命盤看起：

本命盤

本命宮坐天梁，命主較有原則性，年少老成，具同情心，且三方不會祿，格局不錯（因天梁不宜會祿）。但同時地空坐命，三方會地劫，表命主較為

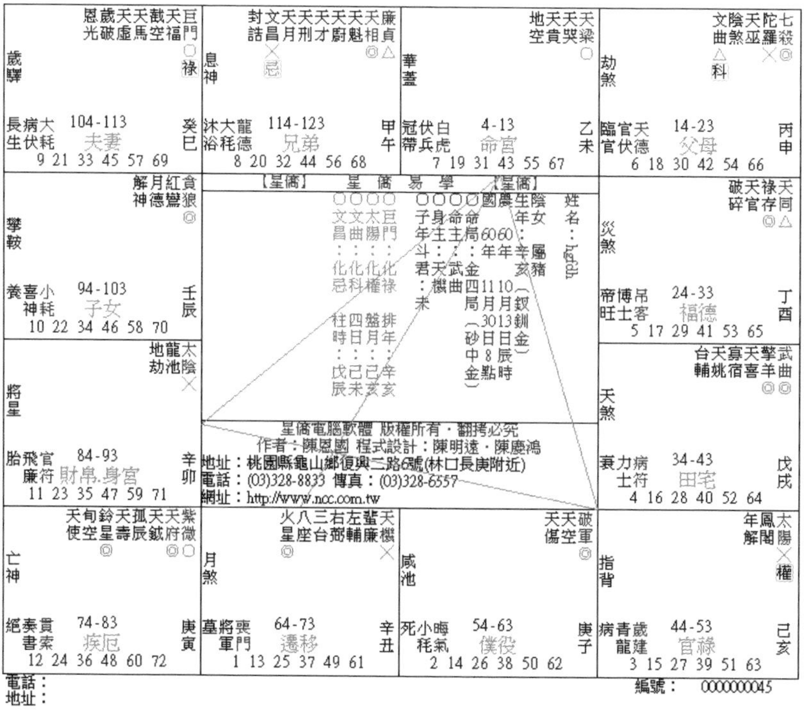

糊塗，散仙，幻想有些不切實際，且想法新潮，不易爲人所理解，整體而言爲傻大姐類型的女孩。

日月照命，昌曲夾命，兩種格局均主貴，而日月昌曲，出世榮華，故命主出身環境相當不錯，另輔弼拱命，表命主多助力而成事，同時也稍稍緩解空劫入命的遺憾。

山人說過，空劫入命者，想像力及創作能力相當強，故進入藝術大學進修，是相當的適性且未來發展相當好。因藝術創作相當需要此類型星曜加持。空劫雙曜雖不佳，但倘能將其優點發揮，把惡曜轉化成爲助力，反倒是件好事。許多老師看到空劫入命者，直接鐵口直斷說這是貧窮之命，浪裡行舟，兩重華蓋等。古書亦曰：此命宜僧道。但本命盤於落土時已定，無法改變，如何讓命主趨吉避凶，找回信心及重新設定人生方向，擁抱新生，這才是命理老師的道德與責任。

【21】關於紫微斗數，機陰坐命的人

【提問時間】2009-09-05 18：43：49

【提問內容】

我是西元1983年生 性別：男 生日國曆6．14出生 早上8：15分出生

如何從紫微斗數中看出我至今為何仍無法自立自強呢？？人家說男怕入錯行女怕嫁錯郎，從紫微斗數中看的到我的潛能嗎？？？我現考社會行政，是幫助弱勢族群的，是對的嗎？？？

<為了讓專家得以解釋清楚，下面稍為解釋我的各階段人生>

階段1<1992年~1998年>

國小3年級迷上棒球，過程中也有參加自組棒球隊、田徑隊，也有接受訓練。

到了國三感覺得不到家人的支持，就選擇去念工科。

階段2<1999年~2006年>

高一開始念電機科，當上第一堂實習課我就發現不喜歡這門科目，但不知道怎麼跟家人講，在無助下，一拖就拖了7－8年，過程也有想過放棄，結果考上二技後，決定不要在工科裡混了便休學了。

階段3<2006年~至今>

當兵1年完後，工作都浮浮沉沉，好不容易在一家公司做了8個月又被裁員，因為學生生涯學無所長，現在也是處在沒自信的部份，每每往未來一望，都有種絕望感，所以現在就用剩下的積蓄，拼公職。

【回覆內容】

看你寫了好多，不過你的問題是機陰坐命的人，所以山人先就機陰坐命的特性及缺點分析給你聽。

命造國曆72年6月14日辰時建生

通常機陰坐女命，交際手段會比較高，但男命坐機陰，情況就大不同了，因爲太陰爲女性的象徵，所以仍以入女命爲宜。

以男命而言就難免會有多愁善感，凡事想太多，而且經常會往壞的地方去想，個性上容易會有魄力不足的問題。

凡事想太多，得不到苦，所以容易失眠，而且天機代表智慧，而太陰又有過於陰沉的感覺。表示你事情很容易往壞的地方想，建議你放開心胸，想開點，不要太過於鑽牛角尖，這樣對人生路上會走的比較順利呢。

有句俗諺是這樣說的：能解決的事情，就不用想太多；不能解決的事情，想再多也沒有用。山人遇到機陰坐命的人，大概都會這樣跟他建議。凡事順其自然，不要想太多，人生會快樂的多。

至於你從事社會工作，其實蠻合適的，因太陰是女性的表徵，所以爲人比較善解人意，溫柔堅韌。很適合去幫助人，因爲有愛心，感情豐富。

至於考試的話，本命宮見昌曲，爲文星拱命之局，且化科坐本命，蓋化科有功名的意味。文星拱命，古曰：賈誼登科。所以從事公職也不錯，但可惜盤中昌曲皆落陷，縱有如此利於考試的格局，只怕要多考幾次。不過只要努力，加上自己本命加持，會考上的，不要想太多。

以流年來看，明年本命宮逢太陰化科，又三方昌曲來拱，考上的機率蠻高的。要加油歐，努力點，會有機會的。

而且你的年紀還輕，對男生而言，29歲才算開始。連中年都還沒到，事業不順，這是正常的狀況。通常太年輕有成就的人，晚景都不是很好，正所謂，年少得志大不幸。況且你很適合公門發展，也許這樣的逆境對你是一個重生的機會呢？

【發問者意見】

謝謝了然山人的教導，有茅塞頓開的感覺，感恩！！！

【命盤解析及內容說明】

本命盤

本命宮坐天機太陰，三方型成標準的機月同梁格局，古曰：機月同梁當吏人，此局人適合穩定且一成不變的工作，倘公司要聘用行政人員，用此種格局的人，保證穩定性相當足夠，此點可從命主自述內容可見一斑。輔弼同會命宮，輔弼拱命成局，又本命宮逢文昌文曲來會，爲文星暗拱，爲公門格局的一種，且官祿宮不會煞忌，又形成陽梁昌祿的奇局，爲公門高員首選，結構如此漂亮，倘任公職，應可順利領到退休俸才是，故此盤勢左看右看，都適合在公門發展。且四吉星會命，三合不會煞，照理命主應是相當好命的才

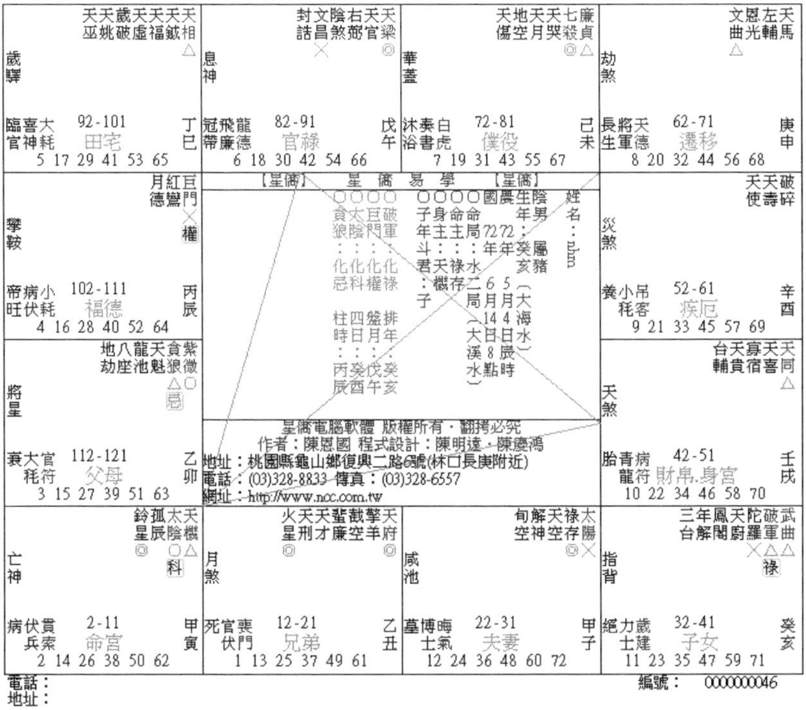

是。

命主自述曾就讀工科，但因其適性在文科，且理工科爲專業技術人員，在古代爲武職，由於命主三方不會煞，雖說相當漂亮的命局，但卻不利於從事武職，故讀電機科會感到不適應，是正常的。休學也未嘗不是件好事，畢竟工作還是要適性適所，才能走的長久。

由於命主主要問題在機陰坐命，因此山人花了相當的篇幅介紹此組合的優缺點，此組合最大的問題就是鑽牛角尖，自尋煩惱。明明本命格局架構頗大又財官雙美，倘行入佳限時，應有相當成就。故首要問題，就是希望命主能夠不要在胡思亂想，以免自誤如此漂亮的命盤啊。

命主自述目前準備公職考試，以其命盤而言，是相當正確的選擇，但可惜盤中文昌，文曲均落於陷地，古曰：昌曲居陷地，林泉冷淡。故可能要多考幾次了。

由於命主帶公門格局，故何時能金榜題名，已非單純流年可論，應由大限與流年牽引軌跡來做推論爲宜，其大限盤如下：

22～31本命大限盤

在此大限中，三方昌曲會命，更難得的是大限命宮形成難得一見的陽梁昌祿格局會文曲，古曰：陽梁昌祿，金殿傳臚，此局人通常爲文人高官之命局。又逢大限廉貞化祿引動，此大限準備考試，必能有所成。有人會覺得，機月同梁當吏人，應該是基層公務員之類的，怎會是高官首選呢？倘單純機月同梁，此論點應該是正確的，但因命主同時帶有文星拱命及輔弼拱命的大格局，加上官祿

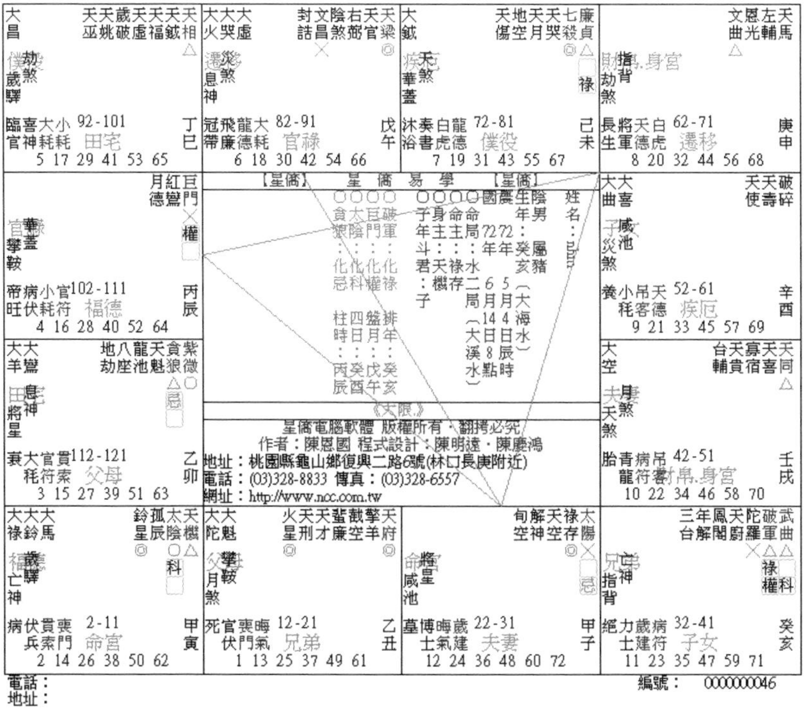

宮結構穩定且格局相當的大，故倘任公職且逢機遇加臨時，確有可能擔任高官大員呢。至於哪一年的考運較佳，依推論應在民國99年（亦即隔年），其命盤如下：

100年大限流年盤

民國99年流年命宮，逢文昌文曲拱照，且太陰化科，主科名，三合穩定不見煞，官祿宮三方型成陽梁昌祿格局，又逢流年太陽化祿引動，是故考運奇佳，是故只要稍加努力，考運絕對比起一般人強太多

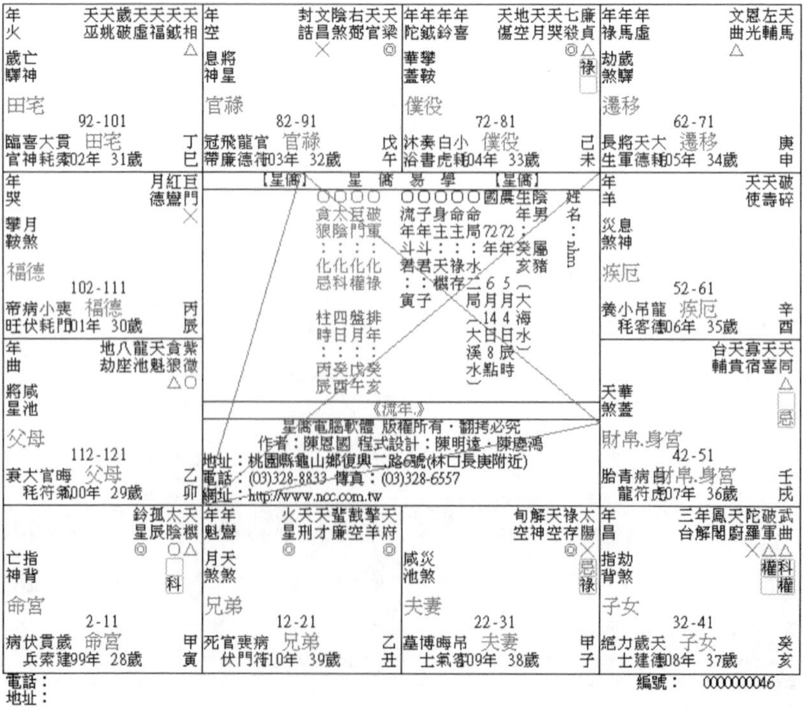

的。因此命主倘於98年聽進山人勸告，努力讀書準備，99年應該是金榜題名，功成名就之時。

註：至於命主後來是否有金榜題名，礙於個人隱私，無法明說，只能說目前任職於某公家單位。

【22】懇請老師能撥空看看我的命盤，稍微談論一下我的事業，給我一些寶貴的建議。

【提問時間】2011-05-13 13：14：50

【提問內容】

老師您好：

我是農曆70年11月23日 寅時出生，女性。懇請老師能撥空看看我的命盤，稍微談論一下我的”事業“，給我一些寶貴的建議，謝謝您！

由於留言太冗長，因此將我的困惑精簡如下：

1. 明年和下個大限是否有機會考取正式的國小教師或公務員呢？若有，哪幾年的考運較佳呢？

2. 我的命盤適合從事復健（語言治療）工作嗎？

另外補充兩個事件，也麻煩您撥空幫我看看：

（一）由於陷入苦惱的情緒漩渦中，上個月我曾經跑去算命，算命師說我「"機梁破"、"蔭星破"、"同梁破"、"文昌化忌"，所以不可能從事教職和語言治療，因為表達能力不好，無法擔任"傳授"的工作，學生和病人會聽不懂我在說什麼……」。

（二）前陣子我的論文指導教授看我陷於實習困境中，曾找我約談……她問我：「有沒有興趣做研究工作？」、「這一行不走臨床實務，也可以走學術研究」、「畢業後也可以先找個研究助理的工作……」。

想請您為我解惑的問題是：

3. 我的命盤是否有"不宜從事傳授工作"的象徵呢？若有，能彌補嗎？或是真的會嚴重到使我無法勝任教職或治療工作呢？（我不想因為自己的不適任而損害學生或病人的權益）

4. 我的命盤是否顯示將來有可能從事"學術研究工作"呢？或是您對我的事業發展有其他看法，也懇請您給予建議，謝謝老師！

【回覆內容】

很難理解，何謂同梁破，機梁破等拉哩拉雜的怪格局，只能告訴你，正統斗數裡面沒有你說的那個算命老師提到的這些格局，所以不用想太多。如果方便，可否告知那位算命老師姓名，山人非常很有興趣跟他討教，此些格局從何而來？？或許是山人學藝未精，以至於沒聽過，亦或是台灣能有超越已位列仙班的陳希夷道長等級之大師出現，真該好好的跟他請益才是。

你提到的這些，只有文昌化忌，有成立，但那是生年忌，因爲你辛酉年出生，辛年文昌化忌，就是說和你同年生的人，本命盤通通是文昌化忌，倘其所言爲真，那每個辛年生人，都不能當老師或從事研究工作了嗎？真是可笑之極，如此胡言亂語，又說出一堆不知所云的格局，這老師算命能準，真是見鬼了。

連斗數基本知識都不足，況且本命忌到大限就不一定有影響，更何況是流年呢。那個老師只能說他是江湖術士，胡謅一通，所以不要太介意，也不要想太多，就當做救濟貧困，他說的就當沒聽到吧，好嗎。

你的格局正確來看是貪狼坐命，三方型成殺破狼加煞格局，基本上此局人穩定性不足，但衝勁十足，性格剛烈，故適合以武職顯貴。換成現代話來說就是適宜走研究發明等專技人員路線，能發揮長才，尤其適合軍警，技術職類人員等，所以你從事研究工作，很是適合。尤其你宜離家背景發展，研究工作很適合你。但如要從事教育工作，要好好修練你的衝動與脾氣，尤其國小老師，對你確實不宜。

你的算命老師說對一半，不太適宜從事教職，是因爲你個性的問題絕對不是因爲你表達的問題，如真要執教，建議你還是朝向專業技術傳授方面來走，因學生年紀較大，且專技方面的老師，因爲學生都有一定的年紀，所以稍微有點個性還可以。且專技人員本來有點脾氣是正常的。但若你要教小學也未嘗不可，只是建議你要學學禪修或心靈課程讓自己不要情緒起伏過大，畢竟小朋友很難承受的。至於公務員，看來也不是很適合，因太過穩定沒有挑戰性的工作與你殺破狼的個性相悖，當然你堅持也沒話講，只是可能會做不久。

總之老話一句，你要從事教職或公務員，不是不行，可要先修心，如果要從事公務員，可以朝向技術類型如軍警、技術類，不要偏向行政類的話，也未嘗不可，你的格局本來就是武職爲佳。

拉拉雜雜說一堆，簡單說，斗數裡沒有所謂不宜從事傳授工作的格局，縱使是殺破狼局，也可以走向技術傳授方面來發展，況且命由性生，倘您願意改變您的個性去適應這個工作，又有何工作是不能做的呢?故您所敘述的事情?真是讓人費思量阿。

建議你從事學術研究工作，是最好的選項，因挑戰性及變異性頗大，很適合你殺破狼局的人呢。

至於那個老師說的話，就忘了吧，連斗數基本理論也搞不清楚的人，說出來的東西，能信才怪，只是誤己誤人罷了。所以別想太多。

【發問者意見】

謝謝老師指導!

【命盤解析及內容說明】

本命盤

命坐貪狼，三方型成殺破狼格局，又本命宮坐擎羊，爲標準殺破狼加煞格局，身宮又坐七殺，雖對宮紫微天府，形成七殺仰斗格局，但可惜會陀羅及化忌星破局。故命主脾氣應該不是很好，且殺破狼格局者，個性積極主動，不適宜從事文職或缺少變化的工作，因此擔任倘國小教師，如性情未改，只怕是不太適合，畢竟與小朋友相處，需要相當的耐心。但若擔任專技老師，因學生較爲年長，故尚可爲之。

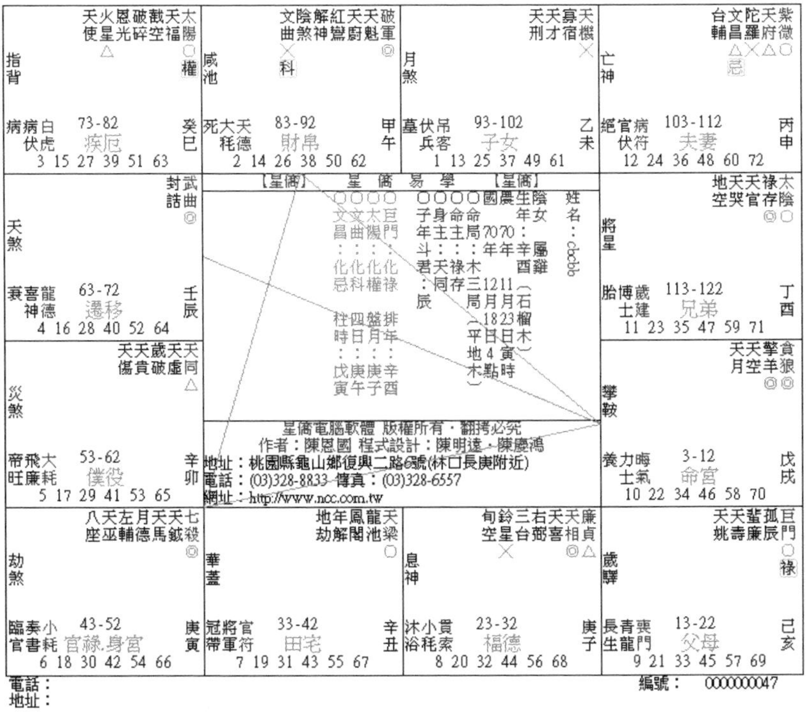

紫微不逢輔弼，無以言貴，府相不會祿爲空庫一座，難以言大富。

田宅雖逢輔弼拱，但會空劫，財庫已破；財宮雖逢四吉星來拱，但不會祿，故仍無法以財多論。天馬會陀羅加會忌星，爲折足馬格局，亦不適合創業。

以命宮星曜組成及整體盤勢來看，適宜從事武職，例如：軍人，警察，專業技術人員或業務員等。至於命主倘準備考試擔任公務員，仍以專業技術爲宜。以此局組合而言，從事研究工作亦是相當不錯，例如命主目前從事醫療復健工作，倘能繼續走下去，我想應該會是相當不錯的呢。

至於命主提到其他的算命老師給他的建議，山人認爲那是無稽之談，因翻遍斗數全書，絕對找不到那個老師所說的那些格局，倘依命宮星宿組合，應爲殺破狼加煞會武曲才是，山人猜想可能是星曜太多，那位老師眼花了吧。至於斗數裡是否有不適合從事教職或言語表達工作的格局，很肯定的跟大家說，只有適合從事此類工作的格局，如巨日格，天闕格等，絕對不會有不適合的格局，這點也請各位同學寬心。

另外讓山人更感訝異的，就是那位老師居然說，文昌化忌，不宜教職，但此爲本命盤化忌，本命盤四化跟隨天干變化，亦即與命主同年出生的同學朋友，全都是文昌化忌，所以大家都不能從事教育工作了嗎？根本是胡扯。文昌化忌，主文書失識倘於求學過程遇到，也有中輟學業的問題產生，與以口為業的教職，有何關聯？倘那位老師說巨門化忌，這倒有可能，但是應該是在大限流年行進間發生才有影響，本命巨門化忌，充其量也只是命主容易因言語惹上是非而已，連最基本星性都搞不清楚，還開業論人命，坊間到底有多少這種江湖術士呢？論不準就算了，如果因此害人誤入歧途甚至影響後續因果發展，可真是造了極大的口業。

好了，既然命主提到大限流年考運問題，我們就轉進大限盤分析吧。

33~42本命大限盤

看考運，尤其是公職考試，當然看文昌文曲及化科等類型星曜，以33~42這個大限來看，三合不會昌曲，官祿宮亦會空劫，且本命盤文昌文曲均為落陷狀態，故此大限倘要準備國家考試，只怕要多加努力。但大限不佳，畢竟是10年的總和，此段時間倘流年漂亮，仍有可為。依推測命主應在99年的考運最好，但顯然是錯過了，之後幾年看來是沒有比較好的流年，因此命主倘要準備國家考

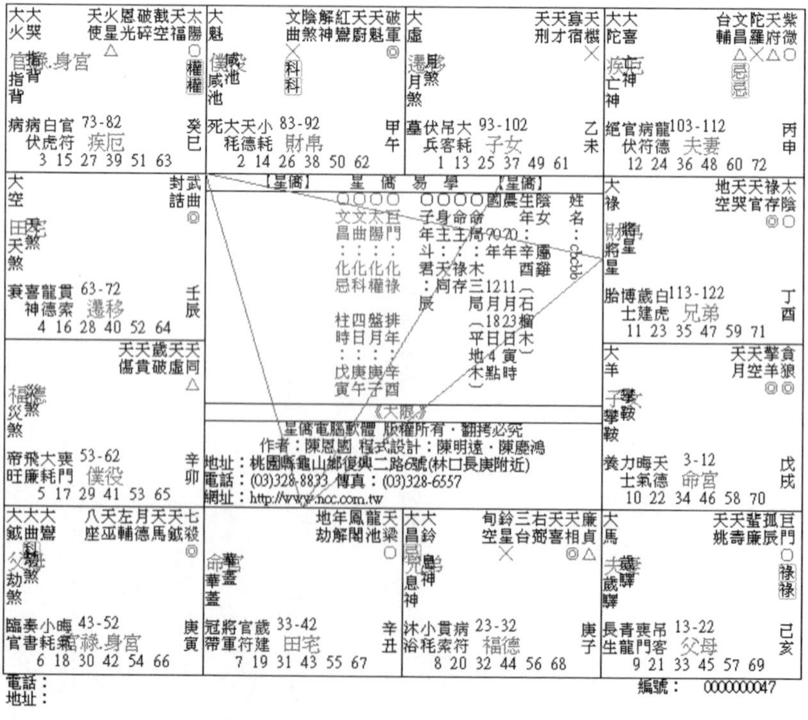

試，可能要多加努力了，而考試本來就是靠實力，命理最多只是告訴你哪年考運比較好，但考運好，不肯努力，也是沒用；而考運差，但肯發憤圖強，頭懸樑，錐刺股，又有誰敢說他考不上呢，對不對。

【23】小兒流年煞星匯聚，拜託老師救救恐懼害怕的媽媽

【提問時間】2012-02-05 19：37：56

【提問內容】

偉大無私的老師好：

點閱老師影音教學，看了非常感動，老師真的很偉大，無私奉獻傳承偉大學問，非常佩服。敝人喜歡斗數很久始終有學沒有通，無法理解無通也不精，在此拜託老師幫忙解禍。

男農曆81／04／03辰時生。今年逢生年忌在本命子女宮與大限財帛忌重逢＋流年還移忌，三忌重疊，三方有陀羅、鈴星、火星等煞星會集，此等可怕的交會，會產生何種可怕的生死關頭嗎？拜託老師救救恐懼害怕的媽

媽，如何解套。

【回覆內容】

今年是壬辰年，目前大限走壬宮，本命出生於壬申年，壬年武曲化忌，因此造成三疊忌的狀況。看起來確實很兇惡。山人看過你孩子的本命盤，命強，身強，福德不空，這個大限也是一樣。所以應該不用擔心發生什麼太大的意外，加上本命宮會天魁天鉞，帶公門格局，加上左輔右弼會照入命，形成輔弼拱命的大格局，本命宮相當強勢，相信未來的發展應該不錯，而且命宮，福德宮，身宮均有強勢主星，所以意外這點您大可放心。

山人論命談的是三才理論，因此四化只看牽引軌跡，你的問題應該由流年來看，所以只看大限與流年四化牽引軌跡，首先要跟您談武曲化忌的本質，武曲是財星，化忌代表財務週轉不靈，雙化忌入流年命宮，做生意的人要特別小心，其實武曲化忌，不太帶有生命危害的情況。況且這個流年命宮，身宮，福德宮皆有主星且不逢空，加上本命格局強勢，以山人十餘年的經驗，真的要告訴你，您多慮了。

通常會發生災禍的情況，如以三才理論來談，本命盤牽引大限盤，大限盤牽引流年盤。所以只有本命弱，大限命弱加上流年命弱，且福德逢空，再會廉貞化忌此類的星曜才有可能會有重大意外，而且武曲化忌，本身就不代表血光。所以真的不要想太多，您孩子未來應該會蠻有成就的，六吉星就會照四吉星了，吉星高照，逢凶化吉，沒問題的。

惡局是要由化忌引動，但您兒子的流年命宮並未形成不良的星宿組合，如：巨火羊，羊陀疊併，鈴昌陀武，殺拱廉貞等。

以山人看來，您孩子沒在做生意，所以沒有武曲化忌本質帶的財務週轉的問題，加上本命宮吉星會照，命強身強，最多就是今年在學校與同學間會有點狀況，不合或出門在外諸事不順而已，別想太多歐。

就山人以上的分析來看，您孩子不會有大亂子，這點你大可放心。別自己嚇自己了。好嗎？

大概這樣吧~~這孩子好好栽培，日後會有不錯的成就，加油歐

【發問者意見】

老師您功力真的太神奇了，何時出書好期待。

【命盤解析及內容說明】

大限流年盤

正所謂天下父母心，我們就先從大限流年盤來看看，到底是什麼狀況吧。這個流年，大限流年武曲均化忌，形成疊忌居遷移宮，沖流年命宮。

由於命主為壬申年出生，此大限（13～22）走的是壬寅宮，而問命當年是民國101年，

命盤（紫微斗數 大限流年盤）

乙巳	丙午	丁未	戊申
年鈛 年喜／劫煞 劫煞／父母 43-52／病 飛廉 天德 晦神／官祿／02年 22歲	八座 天壽 巨門◎×／福德 53-62／死 喜神 吊客 喪門／僕役／03年 23歲	天傷 封誥 火星 文昌 天福 天相 廉貞◎×◎／田宅 63-72／墓 病符 歲建 貫索／遷移／04年 24歲	天使 文曲 陰煞 七殺△／指背 指背／官祿 73-82／絕 大耗 歲建 官符／疾厄／05年 25歲

甲辰	中央		己酉
天輦 貪狼 姚廉狼◎／華蓋 華蓋／命宮 33-42／衰 奏書 白虎 歲建／田宅／書虎建 01年 21歲	**星僑 星僑 易學**　流子身命宮／8181／斗君君本／梁門／化化化／忌科權祿　國震生陽／年男／命己丑／姓名：760hh　流年主主局 壬申 屬猴／3 5 4（劍鋒金）／5 月月日／5 3 辰／桑柘木 8點時　武左紫天 曲輔微梁　柱四盤排／時日月年／：：：：／壬辛乙壬／辰巳巳申		天三天破天同 貴台才碎空廚／咸池 咸池／僕役 83-92／胎 伏兵 晦氣 喪門／身宮／06年 26歲

癸卯	中央		庚戌
地劫 天魁 截空 太陰×／息神 息神／兄弟 23-32／帝旺 將軍 龍德 病符／福德／12年 32歲	《流年》　星僑電腦軟體 版權所有．翻拷必究　作者：陳恩國 程式設計：陳明達．陳慶鴻　地址：桃園縣龜山鄉復興二路6號(林口長庚附近)　電話：(03)328-8833　傳真：(03)328-6557　網址：http://www.ncc.com.tw		台解 天天陀 武曲 輔神 哭官羅／月煞 月煞／遷移 93-102／養 官府 大耗 子女／07年 27歲

壬寅	癸丑	壬子	辛亥
年昌 年鈴 年馬 天哭 歲月 天府 紫微◎／歲驛 歲驛／夫妻 13-22／臨官 小耗 大耗 吊客／父母／官耗耗弔 11年 31歲	月德 天喜 天機／攀鞍 攀鞍／子女 3-12／冠帶 青龍 小耗 天德／命宮／帶龍耗德 10年 30歲	月 天 羊 曲／刑池羊軍／財帛,身宮 113-122／沐浴 官符 白虎／兄弟／沐官白 浴士符虎 09年 29歲	旬 天 祿 太／空巫辰馬存陽×／亡神 亡神／疾厄 103-112／長生 博士 貫索 龍德／夫妻／長博貫龍 生士索德 08年 28歲

電話：　地址：　　　　　　　　　　　　編號：0000000048

185

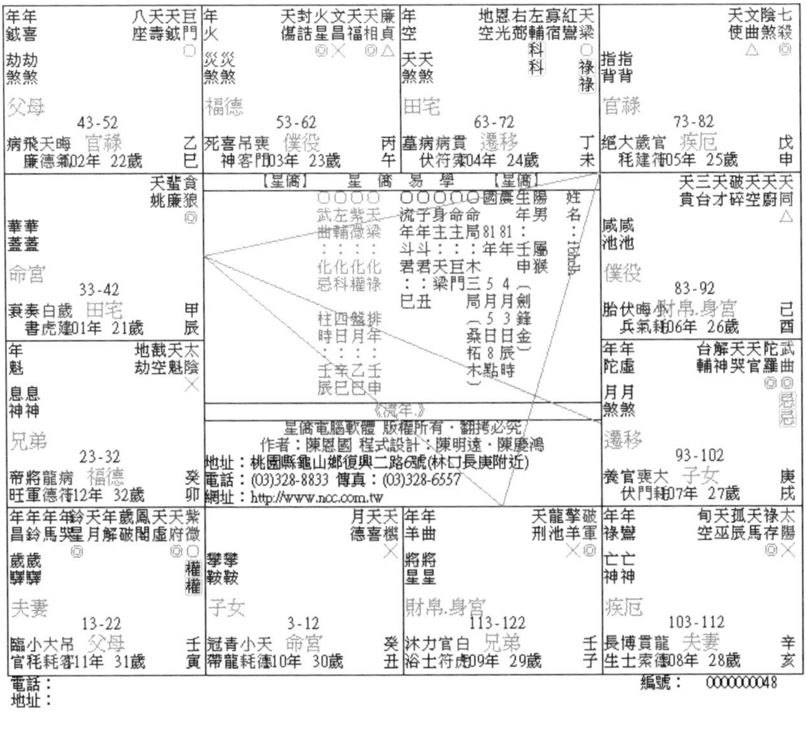

爲壬辰年。而壬年天干亦是武曲化忌，是故於當年形成三疊忌且落遷移直衝命宮，我想那位母親擔憂的就在這兒吧。三疊忌，險惡無疑。但當論及意外事件時，首先要看其本命盤命身強弱，然後大限，流年盤來檢視，以這個流年而言，命宮貪狼，身宮破軍，福德宮廉貞、天相，均有主星坐守，且不會空。故流年命身皆強，雖然沒看本命盤狀況，但以流年來看應該不至於有太大狀況才是。

其次要看是否有出現惡局被引動，例如：巨火羊，殺拱廉貞等，以流年命宮星宿組合狀況看來，並無特殊惡局，有人會說，流年命宮三方會羊陀雙煞，又逢流年羊陀且逢三疊忌，形成羊陀疊併的惡局，爲何山人說無妨呢？羊陀疊併是惡格沒錯，但其對命盤的影響與化忌相同，爲引爆的雷管，大多數人命盤中都有惡局，但因沒有引動，故沒有危險產生，惡局有何懼，只要不被引動，充其量也是啞彈而已。

況且此盤流年命宮三方並無惡局產生，是故沒格局可衝起，何來兇危之有，且武曲化忌本質上並不包含血光，化忌星的性質，是隨星曜性質而定，武曲是財星，故化忌就是財務問題，又能有什麼太大影響呢？

且討論此意外事件時，並非單看此點，尚須參酌命宮，身宮及福德宮強弱，加上上述四星曜而定，盤中空劫拱兄僕，傷使夾田宅，均不落於流年及小限命遷線，加上命身皆強，福德未倒，且武曲化忌本身就不是意外事件的表徵，又何來擔憂之有？故山人提醒該位母親，真的是多慮了。

話雖如此，依據三才理論，仍然需要檢視本命盤即大限命宮後方可定論，其本命盤如下：

本命盤

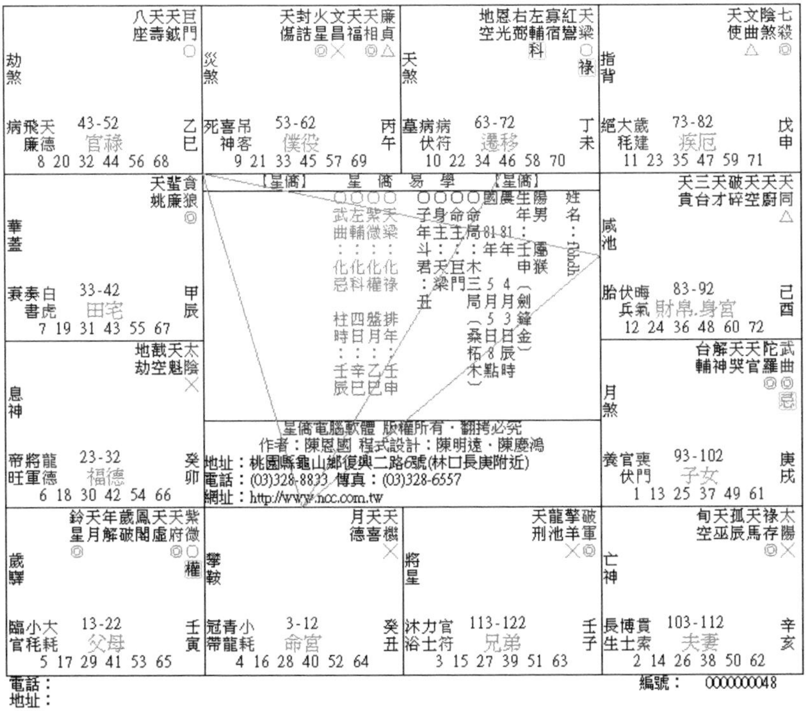

巨門 天鉞 天壽 八座 劫煞 病 飛廉 天德 43-52 官祿 乙巳 8 20 32 44 56 68
廉貞 天相 天福 文昌 火星 封誥 天傷 災煞 死 喜神 弔客 53-62 僕役 丙午 9 21 33 45 57 69
天梁 紅鸞 寡宿 左輔 右弼 恩光 地空 科 祿 天煞 墓 病符 病 63-72 遷移 丁未 10 22 34 46 58 70
七殺 陰煞 文曲 天使 指背 絕 歲建 大耗 73-82 疾厄 戊申 11 23 35 47 59 71
貪狼 天廉 蜚廉 天姚 華蓋 衰 奏書 白虎 33-42 田宅 甲辰 7 19 31 43 55 67
天同 天廚 天空 天碎 天才 三台 天貴 咸池 胎 伏兵 晦氣 83-92 財帛.身宮 己酉 12 24 36 48 60 72
太陰 天魁 截空 地劫 息神 帝旺 將軍 龍德 23-32 福德 癸卯 6 18 30 42 54 66
武曲 陀羅 天官 天哭 解神 台輔 忌 月煞 養 官府 喪門 93-102 子女 庚戌 1 13 25 37 49 61
紫微 天府 天虛 鳳閣 歲破 年解 天月 鈴星 權 歲驛 臨官 小耗 大耗 13-22 父母 壬寅 5 17 29 41 53 65
天機 天喜 月德 攀鞍 冠帶 青龍 小耗 3-12 命宮 癸丑 4 16 28 40 52 64
破軍 擎羊 龍池 天刑 將星 沐浴 力士 官符 113-122 兄弟 壬子 3 15 27 39 51 63
太陽 祿存 天馬 孤辰 天巫 旬空 亡神 長生 博士 貫索 103-112 夫妻 辛亥 2 14 26 38 50 62
【星僑】 星 僑 易 學 【星僑】
姓名：
陽男 生肖：屬猴
年：壬申
命局：木三局
命主：巨門
身主：天梁
子年斗君：丑
天梁：化祿 紫微：化權 左輔：化科 武曲：化忌
排年：壬申 盤月：乙巳 四日：辛巳 柱時：壬辰
星僑電腦軟體 版權所有．翻拷必究
作者：陳恩國 程式設計：陳明遠．陳慶鴻
地址：桃園縣龜山鄉復興二路6號(林口長庚附近)
電話：(03)328-8833 傳真：(03)328-6557
網址：http://www.ncc.com.tw
電話：
地址：
編號： 000000048

以本命盤看來，祿科會命，
表命主家境良好，且三方格局
爲機月同梁，加上輔弼拱命，
三方尚稱穩定；命身宮皆有主
星且不會空曜，其命身皆強，
故倘真有凶危，也應該是在（礙
於因果，請讀者自行推演）的
大限。且若不逢流年化忌衝起，
亦不會有太大狀況產生。本命
盤看完了，我們就轉進大限盤
看看：

本命大限盤

以大限而言，命宮，身宮
及財福線均有主星坐守，且不

命盤（星僑易學）

官祿宮（乙巳） 43-52／8 20 32 44 56 68
大鉞 大火 大空；八座 天壽 天鉞；巨門
神煞：田宅 劫煞；病 飛廉 天貫 廉德索

僕役宮（丙午） 53-62／9 21 33 45 57 69
天封 火星 文昌 天傷 天詰 廉貞 天相（廉貞◎ 天相◎）
大喜；官符 災煞；死 喜神 吊客 官符 神客符

遷移宮（丁未） 63-72／10 22 34 46 58 70
地空 恩光 右弼 左輔 寡宿 紅鸞 天梁（右弼◎ 左輔◎ 天梁科科）
鈴星；墓 病符 病 小耗 伏符耗

疾厄宮（戊申） 73-82／11 23 35 47 59 71
天使 文曲 陰煞 七殺（△）；大馬
驛馬 指背；絕 大歲 貫索 耗建索

田宅宮（甲辰） 33-42／7 19 31 43 55 67
大哭；天輩 貪狼 天姚 廉（◎）
福德 華蓋；衰 奏書 白虎 喪門

財帛宮（己酉）身宮 83-92／12 24 36 48 60 72
天貴 三台 天才 破碎 天空 天廚 天同（△）
疾厄 咸池；胎 伏兵 晦氣 龍德

福德宮（癸卯） 23-32／6 18 30 42 54 66
大魁；地劫 截空 天魁 太陰（×）
父母 咸池 息神；帝旺 將軍 龍德

子女宮（庚戌） 93-102／1 13 25 37 49 61
大陀；台輔 解神 天哭 天官 陀羅 武曲（◎ 忌忌）
財帛 華蓋 月煞；養 官符 喪門 白虎 伏門虎

父母宮（壬寅） 13-22／5 17 29 41 53 65
大昌；鈴星 天月 年解 歲破 鳳閣 天虛 天府 紫微（◎◎ 權權）
命宮 指背 驛；臨官 小耗 大耗 歲建 官耗耗建

命宮（癸丑） 3-12／4 16 28 40 52 64
大鸞；月德 天喜 天機（×）
兄？ 攀鞍；冠帶 青龍 小耗 病符

兄弟宮（壬子） 113-122／3 15 27 39 51 63
大羊；天龍 擎羊 破碎 刑池 破軍（×）
夫妻 攀鞍 將星；沐浴 力士 官符 吊客

夫妻宮（辛亥） 103-112／2 14 26 38 50 62
大祿；旬空 天巫 孤辰 天馬 祿存 太陽（×）
劫煞 亡神；長生 博士 貫索 吊客 生士索德

中央資料欄

星僑易學

星僑電腦軟體　版權所有．翻拷必究
作者：陳恩國　程式設計：陳明遠．陳慶鴻
地址：桃園縣龜山鄉復興二路6號(林口長庚附近)
電話：(03)328-8833　傳真：(03)328-6557
網址：http://www.ncc.com.tw

姓名：
性別：男　生年：壬　屬猴
國曆　農曆
命主：巨門　身主：天梁
子年斗君：丑
五行局：金四局(劍鋒金)
四柱：年月日時　壬乙壬壬　申巳巳辰
生　5月4日 8點

《大限》

電話：
地址：
編號：　0000000048

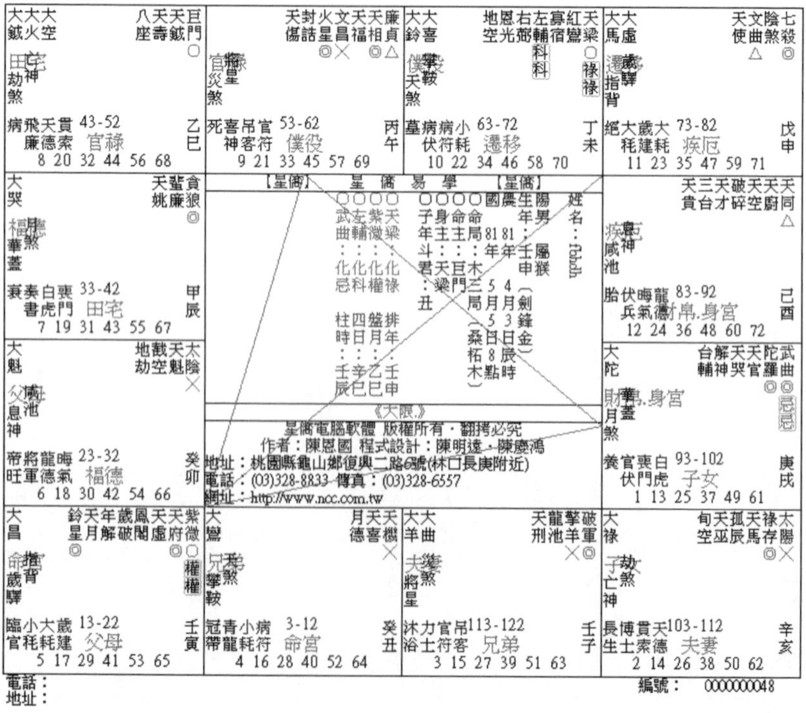

會空曜，且紫微正坐，古曰：得消災解厄，是故根基仍強，此大限應不至於有太大的意外狀況才是。

好了，現在本命，大限，流年三才都看完了，我想同學應該可以很肯定的回答這位母親的問題了吧。其實術業有專攻，有擔憂還是找專業的人來幫忙，否則只是自己嚇自己而已呢。不過父母親就是如此，培養孩子成長，有太多需要擔憂的事情，期待著他順利平安長大，每個父母都會希望永遠保護子女，這就是親情啊，所以為人子女者，更要孝順父母，報答養育之恩才是。

【24】請大師幫我算一下因緣與事業

【提問時間】2009-09-18 14:16:38

【提問內容】

我想詢問紫微斗數解說

1982.08.13 時間 凌晨 00:05分（國曆）女 請大師幫忙 謝謝^^

希望可以了解事業和感情婚姻部份！！

【回覆內容】

看來你的幫夫運頗強，古曰：府相之星女命纏～定當子貴與孫賢，而且心地頗爲善良，有同情心，也應該有虔誠的宗教信仰，思考與個性比較獨立，不喜歡被人管。而且領導欲頗強，想法與觀念比較固執，堅持。性情頗爲寬厚仁慈，感覺上是個性還不錯的人呢。

山人用本命夫妻宮幫你分析，基本上你在感情路上走的頗爲波折，常會有遇人不淑的感覺，對方看起來劈腿及第三者的情形頗爲嚴重。而且不容易出現好的對象，偏偏你對男朋友或老公又特別好，很捨得花錢與付出感情，所以常常會陷的過深。

沒錯的話你在這個大限（22～31）就會有結婚的機會，但山人建議你以晚婚爲宜，最好是在31歲後才結婚，但交男朋友倒是無所謂，結婚總要有對象吧。

至於事業部分，以本命官祿宮來看，只怕你找工作會找的很辛苦，縱使給你找到工作，也是很辛苦勞碌，跑來跑去的，總覺得沒有太大的成就感。在職場上貴人與機遇頗多，只可惜機遇常常會莫名奇妙的錯失，以致於常感到工作不順，這點可能你叫要多多調適自己了。

就你的財宮及財庫來看，錢總是留不住，且往往一破就是大錢，所以山人建議你最好不要輕易投資或跟會，如果情況許可。建議你可以找信任的人（如父母親）幫你管理錢財，因爲你錢雖然存的很辛苦，但守不住，這點是很重要的問題。

【發問者意見】

謝謝你喔~~

【命盤解析及內容說明】

本命盤

命主由於命身同宮，通常此局人個性較為固執，堅持，主觀意識強烈等，天相星化氣為善，故命主個性善良，性情寬厚且與宗教頗有緣分。

府祿相三合會命，應該是小富婆一人，但可惜空劫同時會照命宮與財宮，格局已破。難以言富，紫微會輔弼，結構尚佳，倘行限星曜結構佳者，

<table>
<tr>
<td>廉貞× 貪狼× 天鉞 天馬 紅鸞 天才 天壽 右弼
亡神
絕 飛廉 龍德　102-111　乙巳
夫妻
2 14 26 38 50 62</td>
<td>巨門○ 天福 天姚 八座 台輔
將星
胎 喜神 白虎　112-121　丙午
兄弟
3 15 27 39 51 63</td>
<td>天相△ 寡宿
攀鞍
養 病伏 天德　2-11　丁未
命宮.身宮
4 16 28 40 52 64</td>
<td>天同○祿 天梁× 天哭 天巫 三台 恩光
歲驛
長生 大耗 吊客　12-21　戊申
父母
5 17 29 41 53 65</td>
</tr>
<tr>
<td>太陰× 天虛 歲破 陰煞 文曲△
月煞
墓 奏書 大耗　92-101　甲辰
子女
1 13 25 37 49 61</td>
<td colspan="2" rowspan="2">【星僑】　星　僑　易　學　【星僑】
姓名：hdjhnn
陽男
生年：壬戌屬狗（大海水）
農曆71年6月24日子時
國曆71年8月13日0點
命局：水二局（天河水）
命主：武曲
身主：文昌
子年斗君：未
○天梁：化祿
○紫微：化權
○左輔：化科
○武曲：化忌
排年：壬戌
盤月：丁未
四日：戊辰
柱時：壬子
星僑電腦軟體 版權所有・翻拷必究
作者：陳恩國 程式設計：陳明遠・陳慶鴻
地址：桃園縣龜山鄉復興三路6號(林口長庚附近)
電話：(03)328-8833 傳真：(03)328-6557
網址：http://www.ncc.com.tw</td>
<td>武曲△忌 七殺○ 天廚 左輔科
息神
沐浴 伏兵 病符　22-31　己酉
福德
6 18 30 42 54 66</td>
</tr>
<tr>
<td>天府△ 天魁 截空 月德 天月 鈴星△
咸池
死 將軍 小耗　82-91　癸卯
財帛
12 24 36 48 60 72</td>
<td>太陽× 陀羅◎ 天官 文昌×
華蓋
冠帶 官伏 歲建　32-41　庚戌
田宅
7 19 31 43 55 67</td>
</tr>
<tr>
<td>龍池 天刑 天貴 封誥 天使
指背
病 小耗 官符　72-81　壬寅
疾厄
11 23 35 47 59 71</td>
<td>紫微◎權 破軍○ 破碎 火星◎ 旬空
天煞
衰 青龍 貫索　62-71　癸丑
遷移
10 22 34 46 58 70</td>
<td>天機◎ 擎羊× 鳳閣 蜚廉 年解 解神 天傷
災煞
帝旺 力士 喪門　52-61　壬子
僕役
9 21 33 45 57 69</td>
<td>祿存◎ 天空 天喜 孤辰 地劫 地空
劫煞
臨官 博士 晦氣　42-51　辛亥
官祿
8 20 32 44 56 68</td>
</tr>
</table>

電話：
地址：　　　　編號：　000000049

應有風雲際會的機運才是。

空劫臨命身，福德化忌且會空，命身皆弱，倘行限不佳時，易發生意外，此點須特別注意。此盤相當可惜的是在空劫落宮不當，不然可是富貴雙全，財官雙美之局呢。

既然命主問的是感情問題，我們就從夫妻宮看起，大小桃花匯聚，且鑾喜來會，又逢本命祿，可謂是桃花盛開。但可惜被空劫拱掉，故此生要有一段穩定的感情，只怕會相當辛苦，基本上此局以晚婚爲宜。而祿會空劫，謂之倒祿，此局出現在夫妻宮，通常比較會有遇人不淑、遭劈腿或第三者介入的狀況，一般而言感情路會相當波折。而天馬居巳宮，亦同會空劫，祿倒馬倒，加上命身皆弱，所幸接著幾個大限福德及命宮尙可撐持，只是身體健康會稍微差一點而已。

而事業發展上，由於空劫正坐，在工作上常常因迷糊散仙而誤事，或是經常會做出錯誤的決定與選擇，因此常會有懷才不遇的感覺。

整體看起來本命盤結構確實不甚良好，但畢竟是一生的總和，倘大限不錯時，尙有翻轉的機會，尤其命主帶有輔弼拱主的大格局，仍有可爲，且應該鑾會守財的，因田宅宮上稱穩定，故趁大限佳時稍作衝刺，保守應對，應仍能安享晚年生活才是。現在我們就來看看22～31這個大限盤吧：

本命大限盤

這個大限命宮相當漂亮，祿權交會，又逢輔弼來拱，看來這十年應相當順利才是，而官祿宮逢本命紫微化權，大限祿權相會，輔弼來拱，形成輔弼拱主的大局，又三合穩定不見煞，故在工作上應有表現的機會，且能得到部屬同事或朋

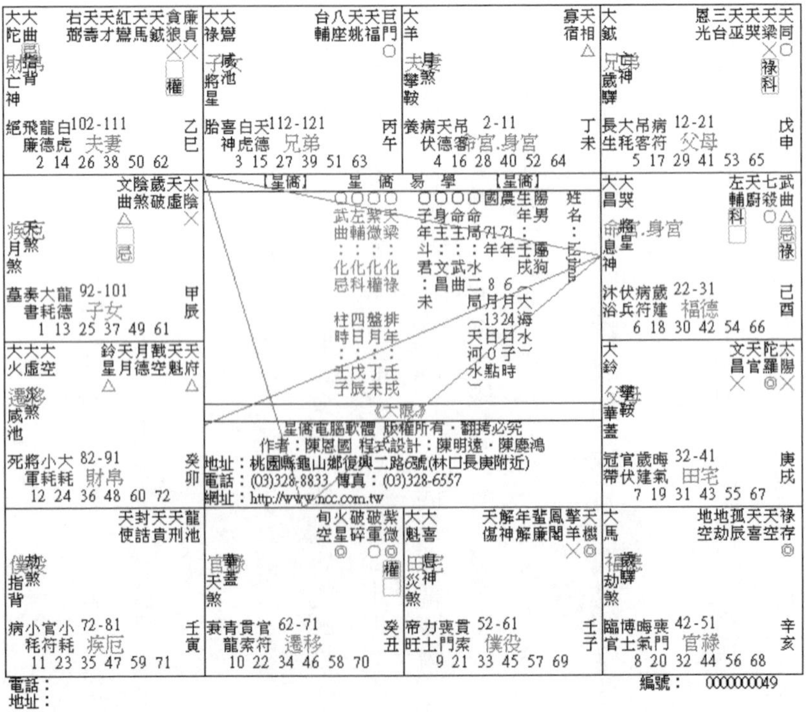

友的助力而成事，且有可能有相當多跳槽或異動升遷的機會，是一個相當棒的大限，應好好把握。

但空劫亦臨大限財福線，只怕到頭來也是白忙一場，剛好符合本命顯現出『風雲際會』的情勢，故命主於此大限應全力衝刺，但須見好就收，以防晚節不保呀。

至於感情部份，大限夫妻宮會空劫及祿存，雖有紫微化權會照可稍解其困，但仍會走的相當辛苦。由於事業相當漂亮，所以建議命主專心朝事業發展，感情部份就隨緣發展，謹慎選擇對象爲上。反正以晚婚爲宜，故仍有相當的選擇交往機會。

【25】請幫我分析一下命盤，今年過得超慘。

【提問時間】2009－10－13 15：16：01

【提問內容】

1974年10月14日 辰時生

工作：目前在父親經營的招牌店工作，每個工作案件都超級不順利，不是客戶挑毛病不然就是裝好後一堆後續問題，當現在店裡負債累累，連個人生活費都常有一餐沒一餐的。

愛情：交往9年女友提出分手　我整個人快崩潰了，想知道一下，我的命盤以及未來該如何面對。

【回覆內容】

你的本命宮天同坐命，基本上天同爲福星，福星坐命，難免積極度不足，而且三方會天梁、天機，爲半套的機月同梁格。

基本上機月同梁格的人，並不適合自營生意，因爲缺乏衝勁，喜歡穩定的環境，且天同坐命的人通常都有點員外性格。

再加上你的本命盤呈現出「折足馬」的格局，基本上此局人不宜經商。只適宜在職場上發展，這也就是古人說：機月同梁作吏人的原因。

而且財宮見煞忌交馳，基本上金錢的流動性比較大，所以如果繼承祖業的話，建議你單純的做幕僚及管理工作，對你會比較適合。

因爲就你田宅宮的星宿組合，看起來蠻穩健的，如果能夠保守一點，我想晚景可期。

至於業務發展工作，最好交給父親或可信賴的人打理，會比較好。而且你的格局本不宜經商，但既然繼承父親的事業，就聽山人的建議去做，盡量以保守不擴張爲最上策，否則財庫再佳，也難彌補財宮的流失。未來的話，如果可以，真的建議你把事業交回給父親，甚至如果家族同意的話，換人經營或稍作休息。畢竟現在大環境不好，命強的人，都得低頭。更何況是不宜作生意的人呢。最好的方法是回到職場上工作，對你會比較好呢。

【發問者意見】

非常感激了然山人指點，現實生活中 也的確發現不適合自營業 目前也著手往職場努力。

【命盤解析及內容說明】

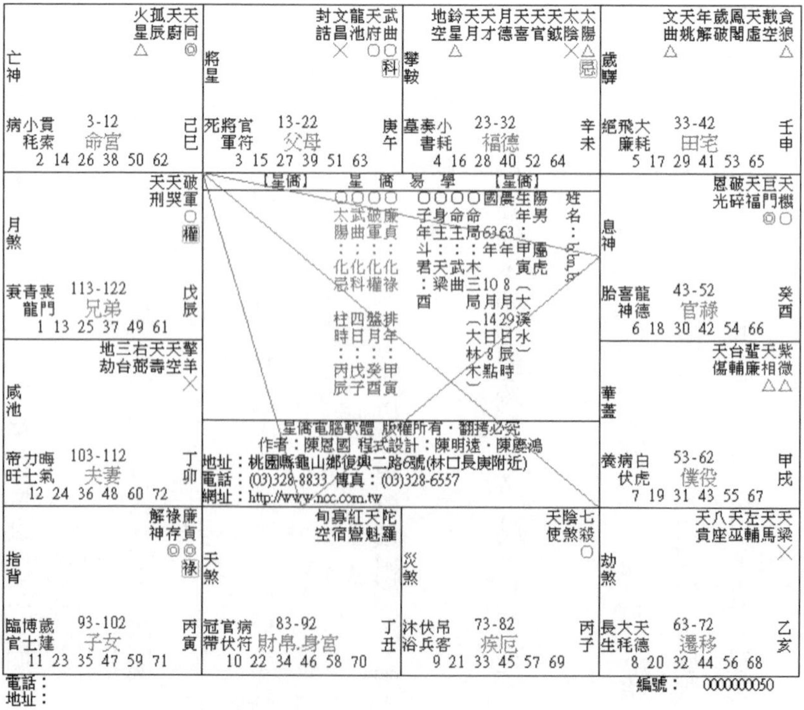
火孤天天
星辰廚同
亡神
病小貫 3-12 己
耗索 命宮 巳
2 14 26 38 50 62
封文龍天武
誥昌池府曲
科
將星
死將官 13-22 庚
軍符 父母 午
3 15 27 39 51 63
地鈴天天月天天天太太
空星月才德喜官鉞陰陽
忌
攀鞍
墓奏小 23-32 辛
書耗 福德 未
4 16 28 40 52 64
文天年歲鳳天截貪
曲姚解破閣虛空狼
歲驛
絕飛大 33-42 壬
廉耗 田宅 申
5 17 29 41 53 65
天天破
刑哭軍
權
月煞
衰青喪 113-122 戊
龍門 兄弟 辰
1 13 25 37 49 61
【星僑】 星 僑 易 學 【星僑】
○○○○ ○○○○國農生陽 姓
太武破廉 子身命命 年男 名
陽曲軍貞 年主主局6363： ：
：：：： 斗：：：年年甲屬
化化化化 君天武木 寅虎
忌科權祿 ：梁曲三10 8（
酉 局月月大
柱四盤排 （1429溪
時日月年 大日日水
：：：： 林8辰）
丙戊癸甲 木點時
辰子酉寅 ）
星僑電腦軟體 版權所有・翻拷必究
作者：陳恩國 程式設計：陳明遠・陳慶鴻
地址：桃園縣龜山鄉復興二路6號(林口長庚附近)
電話：(03)328-8833 傳真：(03)328-6557
網址：http://www.ncc.com.tw
恩破天巨天
光碎福門機
息神
胎喜龍 43-52 癸
神德 官祿 酉
6 18 30 42 54 66
地三右天天擎
劫台弼壽空羊
咸池
帝力晦 103-112 丁
旺士氣 夫妻 卯
12 24 36 48 60 72
天台蜚天紫
傷輔廉相微
華蓋
養病白 53-62 甲
伏虎 僕役 戌
7 19 31 43 55 67
解祿廉
神存貞
祿
指背
臨博歲 93-102 丙
官士建 子女 寅
11 23 35 47 59 71
旬寡紅天陀
空宿鸞魁羅
天煞
冠官病 83-92 丁
帶伏符 財帛.身宮 丑
10 22 34 46 58 70
天陰七
使煞殺
災煞
沐伏吊 73-82 丙
浴兵客 疾厄 子
9 21 33 45 57 69
天八天左天天
貴座巫輔馬梁
劫煞
長大天 63-72 乙
生耗德 遷移 亥
8 20 32 44 56 68
電話：
地址：
編號： 000000050

本命宮坐天同，三方會天機，天梁，巨門，爲半套的機月同梁格局，雖說少了太陰，但其基本性質還是一樣的。天同坐命，首先要看是否會煞，倘不會煞忌，則命主個性將過於軟弱，因天同爲福星，少了煞星的激發，反倒是不好的結構。此例中三方會陀羅，因此尙稱良好。但其愛享受的基本性質還在，所以會有點員外的個性，故相當不適宜創業，蓋開創事業者，必須有果斷與絕情的特質，就像武曲星一樣，加上機月同梁格局的人，只適合穩定工作。此點可從本命盤天馬不會祿，反而會煞的情況，折足馬的格局，可見一班。

此盤父母宮雙祿，田宅會祿，福德宮日月正坐，昌曲來夾，正所謂日月昌曲，出世榮華，是故家境應該不差才是。福德宮雖有魁鉞來拱，昌曲來夾，但地空正坐，三方再會地劫，擎羊，陀羅，故命主較爲勞碌且想法因空劫影響，所以比較特立獨行，而福德宮三方會羊陀雙煞，表命主雖然性喜穩定，但外在環境壓迫到不得不去做，所以常會感到內心痛苦，所以我想命主對於接下家族事業，應該是在半強迫的情況下吧。

但，接就已經接了，改怎麼解決這個狀況，才是命理老師應該提供的建議。一般而言，山人會建議命主改擔任行政內勤類型的工作，只是要找個能夠信任且能力足夠的 CEO 來幫忙執行及確立經營方向，且不過度擴張，以守成爲最高原則，我想未來仍然是相當不錯的。以命主田宅宮的結構而言，依然能夠守住祖業的。

由於其官祿宮三方會三煞，表示外在環境仍然給命主相當的壓力，所幸逢魁鉞扶拱及日月齊照，因此倘進入職場當個朝九晚五的上班族，也是一個不錯的選擇。

另外山人漏掉回復感情問題，再此一併分析。其夫妻宮擎羊獨坐，右弼單入，三方會空劫，故感情路上應頗爲波折，易有生離死別或第三者介入的情況，加會天梁，婚配宜長，且以晚婚爲宜。

【26】麻煩精通紫微斗數的老師幫我看個命盤

【提問時間】2009－09－30 18：56：34

【提問內容】

麻煩精通紫微斗數的大大協助解命盤，西元1973年11月15日 16：00

性別：男，想問事業運，上班族或自行創業較佳？以及財運，謝謝囉！！

【回覆內容】

如果以這個命盤來看，建議你還是當上班族比較好。發揮你的創意及想像力，因你的命盤看來帶著折足馬的格局，馬以折足，再奔波也是惘然。

加上本命會空劫雙煞，且太陽坐命，太陽坐命表貴氣，也表名聲，建議你在職場上發展，將名逐利，是你最好的求財模式，至於創業，最好不要輕易嘗試。

因爲以田宅宮做爲財庫來看，雖逢本命忌侵擾，但整體看來尙算穩健，所以只要不要投機或亂投資，我想晚景可期。但如果輕言創業的話，以此格局，結果恐怕不是很妙，望君愼思。

至於事業運，以大限來看（32～41），官祿宮逢七殺正坐，本來起伏波折就會大一點，加上大限雖逢祿權來會，但也會照本命忌，形成祿忌交馳，也因此更增加了職場上的辛勞與波折，錢是會賺的到，只是辛苦點，而且必須愼防因錯誤投資或投機而破大財。如果眞的逼不得已的話，可以嘗試小本創業，如賣小吃、攤販或現金流動性大資本小的微型創業爲主，但前提是以養活自己及家人爲原則，切莫貪大。

【發問者意見】

感謝山人的提醒，我主要的目的也只是過生活而已，不敢奢望有大錢入帳，日子過的去就很滿足了。

【命盤解析及內容說明】

本命盤

命主命坐天魁，外表應該頗爲莊重有威儀，三方火貪會命成局，古曰：威權出眾，適宜以武職顯貴，且紫殺化權入命，因此命主在職場上應該能輕易掌握權力才是。惜紫微不逢輔弼，故仍爲孤軍奮戰之局。而地空坐命，更是一大致命傷，地空坐命，人必有迷糊、散仙與思慮不週的狀況發生，且三方同會地劫，更是讓人難以理解的想法與做法，也因此經常招致失敗，所以被稱此兩曜入

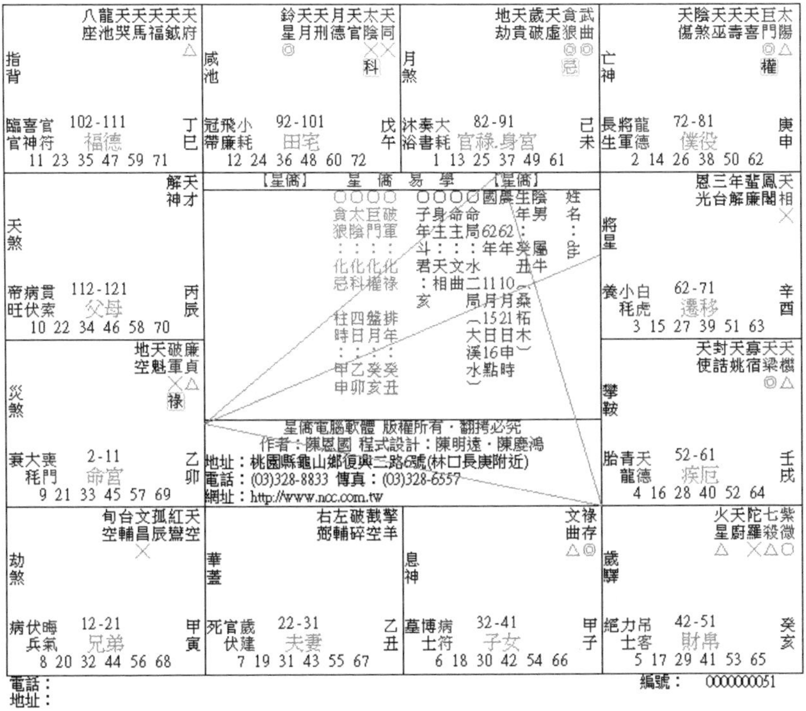

命，通常被稱爲勞碌命，確實是有他的原因在。最糟糕的是本命破軍化祿入命，破軍得祿，好事一樁，卻剛好被空劫雙煞搞成『倒祿』，實在可惜。

但此兩曜入命，命主的想像力及創新能力卻是無庸置疑，是故命主適宜從事研發，行銷規劃，創作等，應有不錯的發展才是。

既然看創業，首先看是否有『祿馬交馳』格局，古曰：發財得意於遠鄉，此例中，天馬居巳宮，對宮陀羅正衝，爲標準折足馬格局，因陀羅主慢，遲滯，拖延，而天馬主動，此兩曜相遇，怎會有好結果呢？加上空劫入命同會財帛，而財宮陀羅正坐，因此命主並不宜輕言創業。

命主身居官祿且逢日月來拱，所以命主在職場發展上經常是讓人注目，加上能力強，氣度翩翩，是個很不錯的人才，但可惜亦被空劫拱掉，且三方四正又會羊陀，四煞齊聚還有本命化忌正坐，是故在職場上會經常有失落不得志之感，或經常因跟錯對象或判斷錯誤以至於被打入冷宮，所以在職場上發展成就也是有限，我猜因爲這樣所以才想要創業吧，但可惜創業此路也不通。

難道一生就這樣了嗎？這也不盡然，否則命理老師存在的意義爲何呢？本命盤畢竟是一生的總和，倘能遇到較好的大限，全力衝刺，見好就收，切莫戀棧，縱使是風雲際會，但因守成得宜，其實仍有反轉的機會。以命主田宅宮三合穩定的狀況看來，守成應該不是難事才是，所以我們就來看這個大限的發展吧。

32～41本命大限盤

以此大限盤來看，田宅宮難得逢大限祿權，卻也被空劫給拱掉，財庫已破，而財宮大限太陽化忌正坐又會照官祿宮，主聲名地位有損或容易陷

大昌 僕劫指背 八龍天天天天座池哭馬福鉞府 △ 臨喜官小 102-111 官神符耗 福德 11 23 35 47 59 71 丁巳	大鈴天虛 遷咸池 鈴天月天太星刑德官同 科 疾 月煞 冠飛小小 92-101 帶廉耗耗 田宅 12 24 36 48 60 72 戊午	大鉞 財亡神背 地天歲天貪武劫貫破虛狼曲 忌科 沐奏天龍 82-91 裕書耗祿 身宮 1 13 25 37 49 61 己未	天陰天天巨太傷煞巫壽喜門陽 權忌 財背神 長將龍白 72-81 生軍德虎 僕役 2 14 26 38 50 62 庚申
解天神才 官菁.身宮 天蓋煞 帝病貫官 112-121 旺伏索符 父母 10 22 34 46 58 70 丙辰			恩三天蜚鳳天光化解廉閣相 × 大曲喜咸池將星 養小白天 62-71 耗虎德 遷移 3 15 27 39 51 63 辛酉
大羊田息災 祿權祿 地天破廉空魁軍貞 衰大喪貫 2-11 耗門索 命宮 9 21 33 45 57 69 乙卯			大火空 夫煞攀鞍 天封天天天使詰姚宿梁機 ◎◎× 胎青天吊 52-61 龍德客 疾厄 4 16 28 40 52 64 壬戌
大祿馬 福劫煞驛 旬台文孤紅天空輔昌辰鸞空 × 病伏晦官 12-21 兵氣門 兄弟 8 20 32 44 56 68 甲寅	大陀魁 官菁歲晦華蓋 右左破截擎弼輔碎空羊 死官歲晦 22-31 伏建氣 夫妻 7 19 31 43 55 67 乙丑	命息將星神 文祿曲存 △◎ 墓博病歲 32-41 士符建 子女 6 18 30 42 54 66 甲子	兄亡歲神驛 火天陀七紫星廚羅殺微 △◎ ××◎△ 絕力官病 42-51 士客符 財帛 5 17 29 41 53 65 癸亥

（中央）
星僑 星僑易學

貪太巨破 ○○○○
狼陰門軍
：：：：
化化化化
忌科權祿

柱四盤排
時日月年
：：：：
甲乙癸癸
申卯亥丑

《天限》

國農生陰 姓名：
予身主命
年主主局
斗文文62:62
君曲文水 曲二11:10
亥 局月月桑 15:21柘
（大日日木）16點時

星僑電腦軟體 版權所有．翻拷必究
作者：陳恩國 程式設計：陳明達．陳慶鴻
地址：桃園縣龜山鄉復興二路6號(林口長庚附近)
電話：(03)328-8833 傳真：(03)328-6557
網址：http://www.ncc.com.tw

電話：
地址：

編號：0000000051

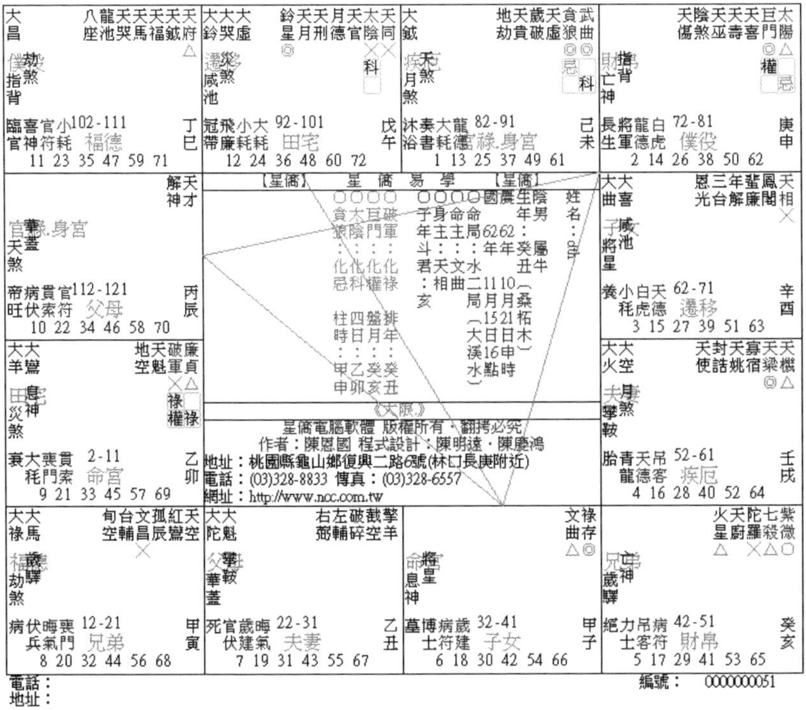

入人事鬥爭中，故命主極有可能因爭執或工作上出錯而被打入冷宮甚至頻臨失業邊緣，而大限財帛及田宅結構不佳，這段時間看來是相當辛苦。因此山人才會建議倘真萬不得已的情況下，可以微型創業，從事現金流動性高的事業爲主，如小吃，攤販或加盟事業，以養活自己和家人爲目標，不可做大，因大限遷移宮會本命祿，逢文昌文曲吉星拱照，且三方架構尙稱穩定，故做小生意或業務開發等，或許尙有利基，但因本命大限均不佳，故謹愼爲上。

【27】想轉行，可以幫我看看

【提問時間】2009－09－08 14：15：40

【提問內容】

我是女生，國曆72年10月22日卯時……目前工作是製造產業的網路企劃，想到同性質到更大的公司，請問今年適合嗎？倘不適合是否要繼續原本的工作嗎？

我這工作目前已經做了1年又3個月了，還在考慮要不要撐到2年，累積經驗，所以很苦惱，而我目前雖是企劃，但由於公司是傳統產業有很多的束縛跟不自在，所以我才考慮換工作的。

【回覆內容】

這問題確實是蠻苦惱的，基本上站在長遠的發展上看來，當然是到越大的公司去越好，因爲大公司穩定，但小公司有發展，這點確實要好好思量一番。

建議你除了命理角度，更重要是要去分析自己個性，像是抗壓性，執行力，還有人際關係及與環境的融合程度。

企劃類的工作蠻適合你的，算是選對行業，如果是做行政之類的沉悶工作，以你整體格局而言，不要輕易嘗試，因爲太無聊，對你喜歡變化且活潑的人，並不是很適合。

以大限來看，大限官祿宮逢擎羊煞星正坐，看來不是很穩定，多有競爭及波折，而且逢科忌交馳，表示你的表現越好，越會遭受忌妒或小人陷害。以大限官祿宮看來，不建議你輕易換工作（前提是你目前這個工作做有幾年了，也蠻習慣這個環境，頗爲穩定。但如果是剛到職沒多久，如果有更好的機會，不妨嘗試。）

流年官祿宮逢化祿引動，沒錯的話這工作待遇或福利比較好，對你也很有誘惑性，但是逢雙煞同時會照，所以看來去的話可能會有一段苦日子要挨，雖然有機會異動，但基本上山人是不建議你換工作，如果這工作做的蠻久的話，還是停在原地爲宜，這幾年流年都不是很好，尤其是明年。

流年命宮逢空劫與化忌侵擾，財官兩宮均同時受擾，基本上明年可能會很不順心，如果此時離開熟悉的環境，只怕明年會很辛苦，如果以職場上的經歷而言，可能要到民國 102 年之後，才會有種否極泰來的感覺。山人建議你因這幾年的官祿宮看來不是很穩定，加上流年命宮都不是很好，貿然換工作，只怕不適應還有競爭過於強烈。

好的開始是成功的一半，第一步你的工作已經選對了，接下來就是磨練經驗，雖說傳統產業比較家庭式經營，但是經驗賺到是自己的，而且企劃人員，每個行業都需要，資歷越深，經驗越豐富，被其他行業挖角的機率才會更高，所以一動不如一靜，因為你的工作主要是創意與規劃等，除了要聰明的腦袋外，更需要豐富的歷練，加油吧。

【發問者意見】

非常仔細中肯的回答唷！

謝謝你！

【命盤解析及內容說明】

本命盤

命主昌曲坐命，此局除爲公門格局外，由於是文星，入命表示命主天資聰穎，反應靈敏，充滿智慧，因此擔任需要文采及創意的行銷工作確實是相當合適。

雙主星會命，可惜不逢輔弼來拱，因此格局不大，而府相不會祿，爲空庫一座，財宮化忌，田宅會地劫，天馬與地空同度，爲半空馬格局，也不適宜創業，是故命主較適宜於職場上發展。

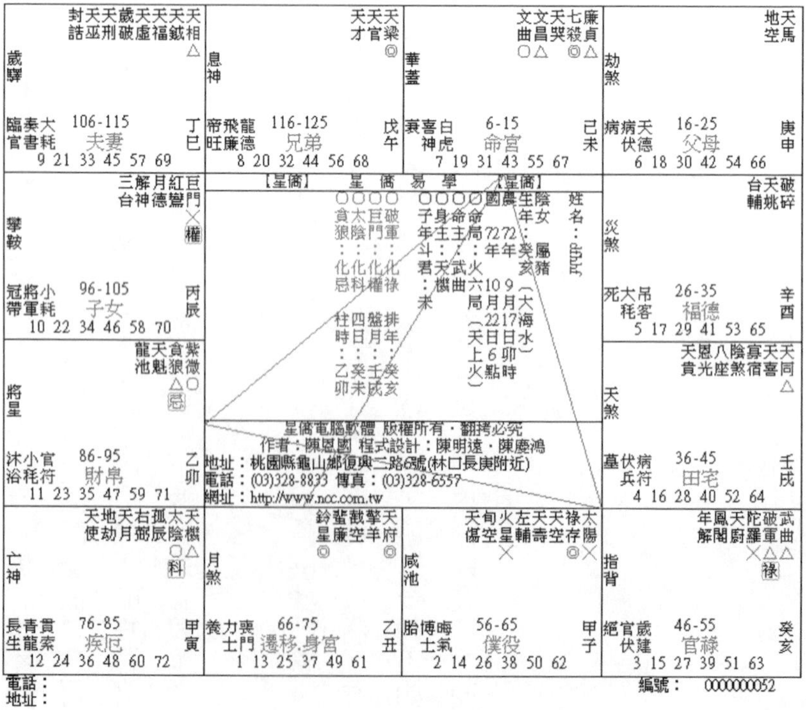

而福德宮會本命忌，故多精神上煩惱憂慮，難有清閒之時，但卻反倒適合長期需要腦力激盪的企劃類工作，因此山人才會認為命主選擇目前的工作類型是絕對正確的，正所謂男怕入錯行，女怕嫁錯郎，選到適性適所的工作，是相當幸運的呢。

跳槽換工作，由於屬流年偶遇，因此須由流年盤來看，但依據三才理論，仍須先從大限盤看起，其大限盤如下：

26～35本命大限盤

封詰 天巫 天刑 歲破 天虛 天福 天鉞 天相	大魁 大火 大鸞	天才 天官 天梁◎ 文曲 文昌 天哭 七殺 廉貞	地空 天馬 大陀
財/蓋背 歲驛	子/咸池 息神	夫/華蓋 科 忌	兄亡/劫神 煞
臨官 奏書 大耗 106-115 夫妻	帝旺 龍德 116-125 兄弟	病 喜神 白虎 吊客 6-15 命宮	病 伏德 符 16-25 父母
9 21 33 45 57 69 丁巳	8 20 32 44 56 68 戊午	7 19 31 43 55 67 己未	6 18 30 42 54 66 庚申

三台 解神 月德 紅鸞 巨門 ×權祿	【星儒 星儒易學】		大祿 天哭 台輔 天姚 破碎
疾/攀鞍	○○○○ 國慶生肖 姓名：dhfd		命/災煞 將星
冠帶 將軍 小耗 96-105 子女	貪太巨破 子身命命 女		死 大耗 吊客 歲建 26-35 福德
10 22 34 46 58 70 丙辰	狼陰門軍 主主局 年：癸亥		5 17 29 41 53 65 辛酉
大虛 龍池 天魁 貪狼 紫微	化化化化 斗天武火 西元72年		大羊 天恩 八座 陰煞 寡宿 天喜 天同
遷/災煞…身宮 將星	忌科權祿 君曲曲六 72歲		父/攀鞍 天煞
沐浴 小耗 官符 86-95 財帛	柱四盤排 時日月年		墓 伏兵 病符 晦氣 36-45 田宅
11 23 35 47 59 71 乙卯	乙癸壬癸 卯未戌亥		4 16 28 40 52 64 壬戌

星儒電腦軟體 版權所有 翻拷必究
作者：陳恩國 程式設計：陳明遠・陳慶鴻
地址：桃園縣龜山鄉復興二路6號(林口長庚附近)
電話：(03)328-8833 傳真：(03)328-6557
網址：http://www.noc.com.tw

天使 地劫 天月 右弼 孤辰 太陽 大鉞 大曲 科	鈴星 截空 擎羊 廉貞 天府 大鈴	天傷 地空 火星 左輔 天壽 天空 祿存 太陽 ××× 大昌 喜 空	年解 鳳閣 天哭 陀羅 破軍 武曲 ××△△ 大馬
僕/亡神	官/華蓋 月煞	父/息神 咸池	大祿/歲驛 指背
長生 青龍 貫索 小耗 76-85 疾厄	養 力士 喪門 66-75 遷移 身宮	胎 伏兵 晦氣 56-65 僕役	絕 官伏 歲建 喪門 46-55 官祿
12 24 36 48 60 72 甲寅	1 13 25 37 49 61 乙丑	2 14 26 38 50 62 甲子	3 15 27 39 51 63 癸亥

電話：
地址：

編號：0000000052

211

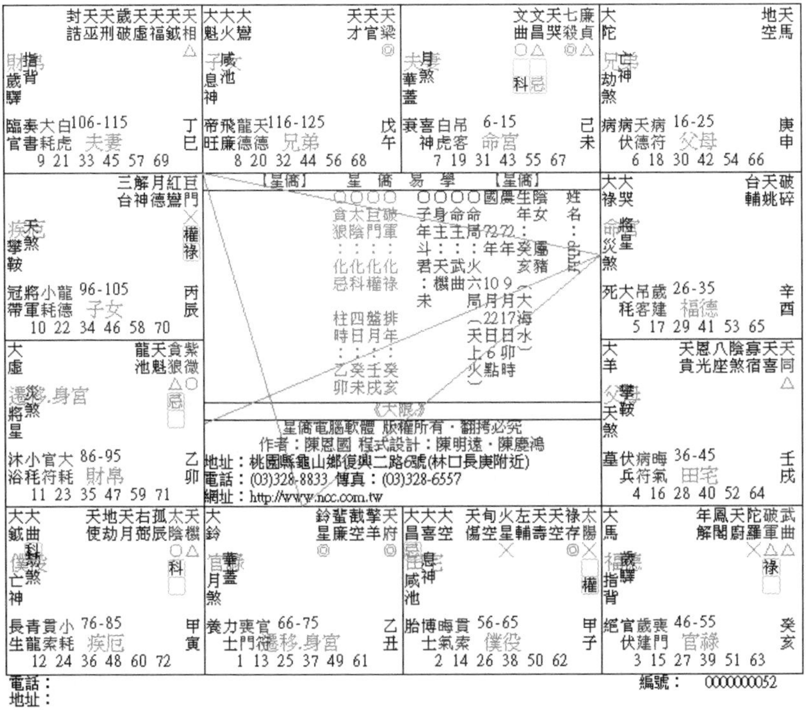

以此大限而言，命宮坐紫微貪狼，三方鈴羊，鈴貪會照入命，古曰：威權出眾，是故在此大限在事業發展上應該有相當的成就才是。

而大限官祿宮，擎羊正坐，但與鈴星同度，形成鈴羊奇局，大限科忌會照引動，是故在事業發展越有成就時，就越容易遭到的忌妒及小人陷害。但至少在職場上，會是相當有成就的一個大限。現在我們就再轉進流年看看吧。

98年流年盤

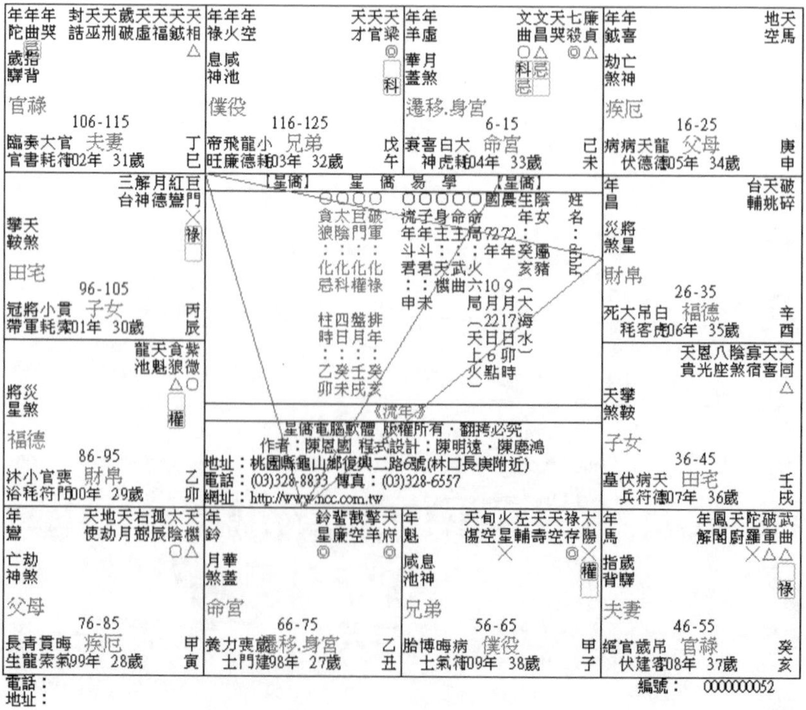

以此大限而言，雙忌會命，且流年官祿宮雖逢化祿，但同時也會擎羊，陀羅雙煞，因此亦相當的辛苦與挫折，

故此時倘非必要，確實不太適合換工作，不順利與挫折已是事實，那你會願意在新環境還是原有熟悉的環境呢？因此山人極力建議命主不要輕易跳槽，因接下來的流年運勢都不是很好，因此留在原地，會比換一個新環境來的好多了呢。

【28】快當完兵了，要找什麼工作比較適合我呢？

【提問時間】2009-09-08 17：34：11

【提問內容】

我是西元1986年08月28日 晚上20時生的，如果以紫微、星座來看的話，我適合做什麼工作？可以請各位大師指導一下嗎？還有，我什麼時候才可以遇到我的真命天女呢？

【回覆內容】

快當完兵退伍了，恭喜。這是人生新的開始呢，正所謂男怕入錯行，女怕嫁錯郎，這時候來確認人生的方向真是個很棒的時機呢。

從你的命盤看來，是屬於標準殺破狼加煞的格局，但你是貪狼坐命，比起七殺或破軍坐命的稍微好一點點，但是也難免波折起伏，因爲對於物慾的要求非常高，沒錯的話你應該也是三分鐘熱度的人，盡量改變這習慣吧。

其實一般殺破狼格局的，以武職顯貴居多，由其你本命逢輔弼來拱，表示你多來自於朋友同事或是同梯朋友的助力，所以建議你可以簽自願留營，擔任軍官，蠻適合你的，況且現在外面景氣不好，出來不見得找的到工作，幹個10年軍官退伍，也才40多，還有一筆退休金可領。剛好可以來當創業的本錢，也躲過這波不景氣，何樂而不為呢？

如果真想出社會打拼的話，可以朝向專業技術類工作，業務，企劃等方面發展，因為殺破狼格局的人，尤其加煞，比較適合波動性，或挑戰性大的工作，太過沉悶的環境可能對你是件很難過的事。

以這個大限看來（23～32），大限命宮權忌交馳，加上雙煞來拱，倘非必要，真的建議你留營，至少可以避免掉這段波折起伏。

而且這段時間要特別注意人際交往關係，因為看來很可能會被朋友連累，甚至是騙錢等都會發生。

至於因緣問題，如果以本命夫妻宮來看，你的眼光應該還蠻高的，就整體組合而言仍建議以晚婚爲宜，以大限走勢看來，你的結婚年齡應該會在30歲之後。

以流年看來，今年應該有不錯的對象出現，但可惜特別需要注意不要太花心，以免引起桃花劫，破大財，到時候人財兩失，那可就划不來了。緣份問題，基本上你適合晚婚，所以一切隨緣吧，時候到了，自然會有姻緣出現的。

【發問者意見】

無

【命盤解析及內容說明】

本命盤

命宮貪狼正坐，三方形成殺破狼格局，加會擎羊、陀羅煞星，爲標準殺破狼加煞格局，此局衝擊性強，加上左輔，右弼同會命宮，爲輔弼拱命之局，可得同輩或部屬助力而成事，適合以武職顯貴，尤其是擔任軍官，故山人建議命主志願留營，當個志願役的軍士官，比較適性。且本命宮逢天魁，天鉞來夾，除表示一生多機遇及貴人，同時也適宜於公們發展，左看又看都是公門中人呢。加上台灣整體環境惡劣已久，擔任軍職，除可混口穩定的飯吃外，15年退役後，還有幾百萬的退休金，加上軍官薪水高，吃住都由國家買單，可以存下不少錢加上退休金可當成創業基金，所以不論是從哪個角度來看，擔任軍職是很好的選項呢。

一般而言，武職人員再古代就是從軍，現代可引申為專業技術人員，業務員等在特定領域打

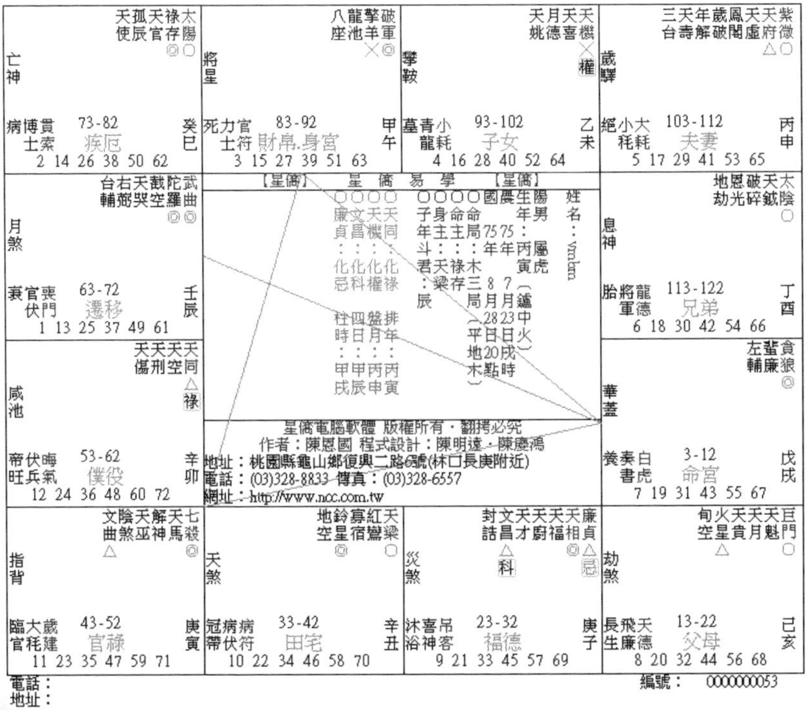

拼的工作，所以倘命主不願續留軍隊，從事此類型工作也不錯，殺破狼格局的經常都是老闆命呢。因韌性強，不服輸，衝勁幹勁都十足。但往往也常敗在這個原因，凡事有利有弊，端看您怎樣去看待他了。

以整體盤勢而言，府相不會祿，無以言大富，空劫會田宅，財庫已破；身居財宮，但擎羊正坐，對宮加會廉貞化忌及天相，形成刑囚夾印的格局，求財必帶官司是非。

而化祿坐僕役宮，古曰：祿落僕役，縱有官也奔馳；故命主應是屬於相當重視朋友，且有重義不惜財的情況，但其三方會野桃花天姚及對宮地劫來衝，故有可能因朋友連累而破財的情況，是故於交友時應特別謹慎爲上。

而夫妻宮坐紫府正坐，如單以夫妻宮來看婚配對象，則配偶個性較爲強勢，有貴婦氣質，舉止端莊得宜，賢慧持家，應會有個不錯的對象才是。只是命主擇偶眼光相當高，而三方會陀羅，故命主仍以晚婚爲宜。基本盤分析完了，那我們就轉進大限盤看看這段時間的狀況。

23～32本命大限盤

以此大限而言，大限命宮雖會雙煞，但紫微及右弼會照入命，形成輔弼拱主之局，因此外在環境雖然不利，但應能得到相當的助力得以度過難關。而其大限化祿及本命祿均落於僕役，三方會火鈴空劫，以基本盤看來，命主本身就是極爲講義氣的人，在此大限，看來爲友破財難免，且易遭朋友拖累，在此期間真的需要多加小心便是。

而大限夫妻宮雖坐貪狼桃花星，但三方會煞甚多，是故在男女關係上，仍然是相當的辛苦，此點正好與本命盤顯現出宜晚婚的狀況遙相呼應。接下來我們就從流年盤

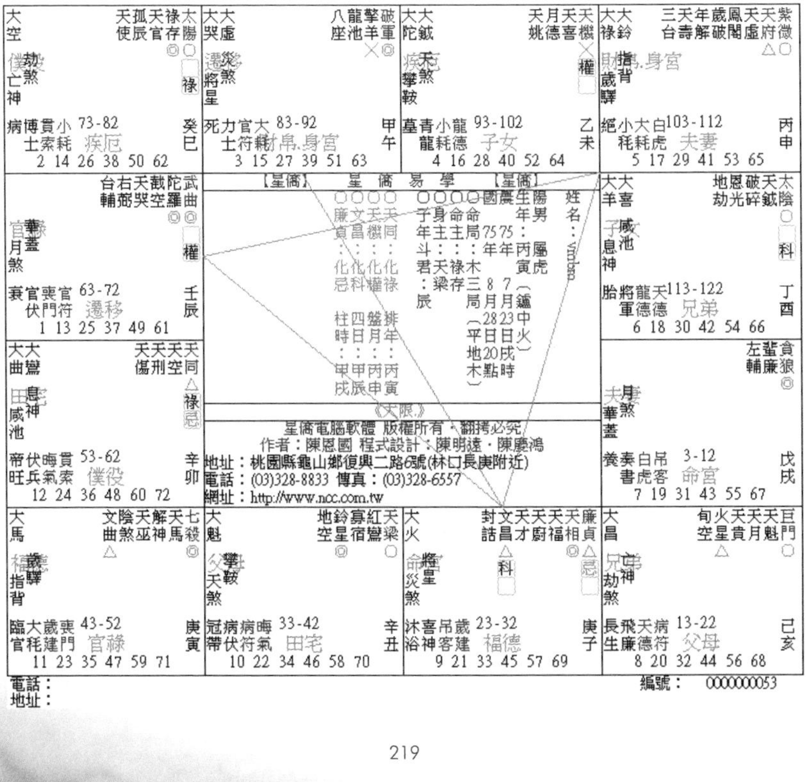

來檢視吧

99年大限流年盤

以此流年而言，田宅宮會除本命祿外更化雙祿，看起來在錢財上有豐富的收益，但空劫同臨，形成吉處藏兇的狀況，財庫已破，至於會如何破財呢？看來問題應該是出在朋友身上。而男女關係看來不會有太大進展，甚至有可能因此破財消災呢，且流年疾厄宮劫空傷使同會，且雙祿忌同會，是故99年無論是在對象選擇及朋友交往關係，真的需要加強注意，以免破財消災又把自己身體搞差，就得不償失了。

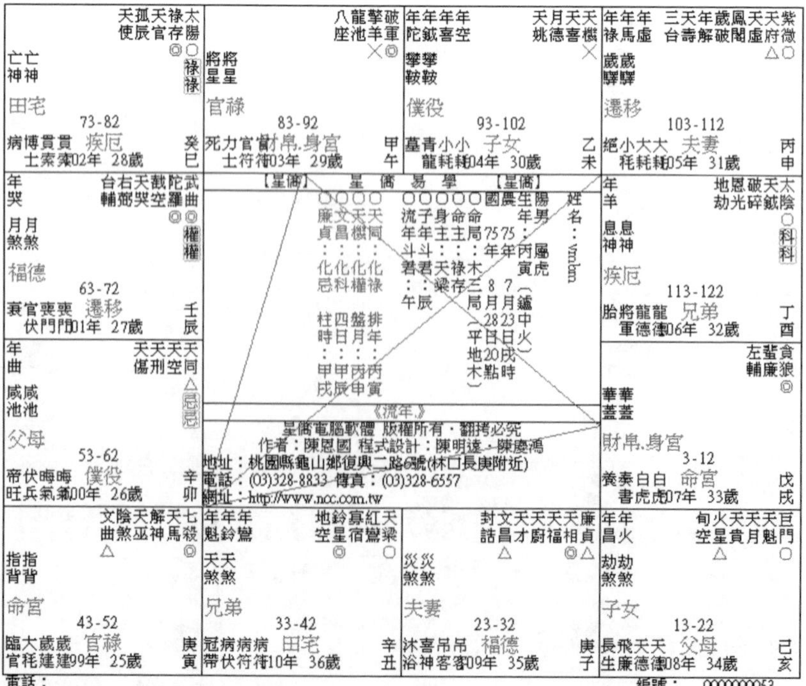

【29】能幫我看看我的紫微斗數感情問題

【提問時間】2009–08–19 18：23：28

【提問內容】

男

陽曆：1981年7月12日，陰曆：辛酉年6月11日，生辰：子時

想問問我未來的感情是否能結婚?未來的感情順利嗎?在什麼時候會找到有緣人?

另外問一下

女

陽曆：1984年10月29日，陰曆：甲子年10月6日，生辰：巳時

這個八字和我會合嗎?

【回覆內容】

如果以你的本命夫妻宮看來，你的對象應該是溫柔大方，聰明嫻淑，依賴性頗強的女生，但可惜對宮空劫來衝，所以緣份雖有卻經常難修成正果，確實蠻可惜的。沒錯的話你的因緣動的蠻早的，22歲那年有一個對象，但可惜口角爭執頗為嚴重，加上身邊的小人也多，確實有點可惜。

這個大限（24～33）的夫妻宮逢化忌，重疊本命財宮，極有可能會在這被騙財，所以自己要特別小心，不要想婚想瘋了，尤其是今年，夫妻宮見化祿，但逢空劫與孤寡，所以今年要特別注意。

這個盤整體而言，夫官線不佳，表示你在職場上或感情上都常會感到挫折與失落。你問的這個女生應該是你的同事吧。

至於未來感情順利嗎？只能說你要好好努力，明年夫妻宮不差，應該會有不錯的緣分出現，至於這個八字與你合不合，我想這取決於你的態度，你想想，每個人結婚都會去合八字，也都會挑日子，如果有用的話，那台灣的離婚率為何這樣高？

兩個人相處，最重要的是重視溝通協調，彼此寬容，包容他的缺點，如果能夠做到的話，誰說八字不合的不會有好姻緣呢?所以合不合的問題應該是要取決於你自己。

山人在幫忙合盤的時候，答案永遠是，很好。因爲只要能做到互相包容與溝通，彼此肯爲對方付出，改進自己的缺點，誰說不好呢?

加油吧。

【發問者意見】

無

【命盤解析及內容說明】

本命盤

命身同宮，通常表示命主較固執，堅持，主觀意識強，加上紫微天府雙主星會命，更加深了此性格，而命宮又坐廉貞七殺整體架構頗爲剛強，但可惜不會輔弼，無法形成君臣慶會大局，無以言貴。又空劫來拱，福德宮亦無正曜，為命弱身弱之造，倘大限星宿組合較為凶險，則須特別注意身體健康才是。

而空劫帶有反潮流，反社會，推翻創新的本質，但太過新潮時常讓人難以理解，此兩曜會照入命，加上命主本性過於剛強自負，是故人生會徒增相當多的困擾，正所謂命由性生，倘以如此性格與脾氣，我想人生的路真的會走的相當辛苦。恰巧空劫兩煞曜又同居官

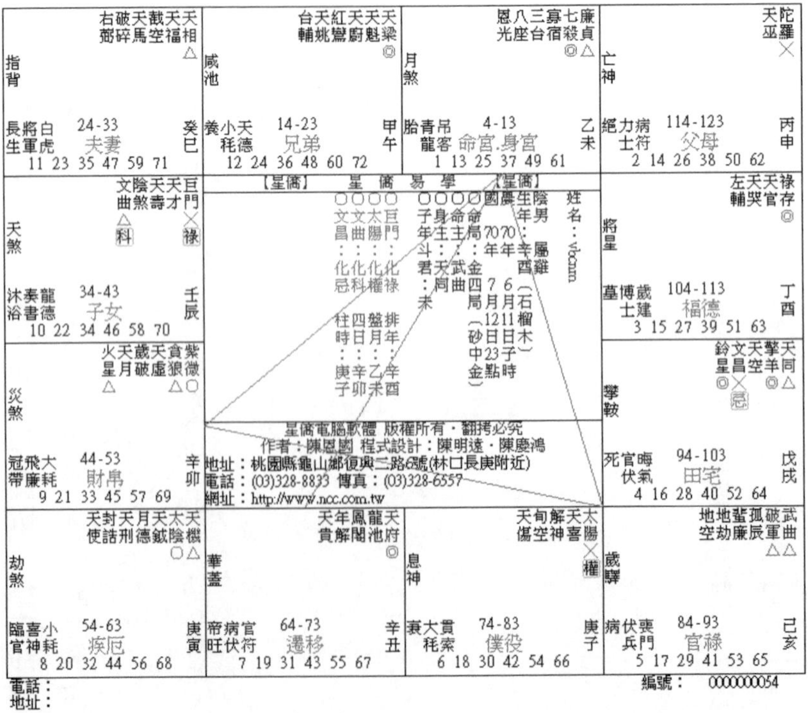

祿宮，是故在職場上發展亦是相當奔波。故空劫入命者經常被稱爲勞碌命，其因便在此。

田宅宮難得昌曲來拱，再會化祿，本應屬財多之造，但本宮卻逢擎羊正坐又與化忌同度，形成祿忌交馳局面，三方又會天機太陰，故財庫已破。而財宮坐紫微會本命祿，卻也同時會照空劫，主財來財去空一場，確實相當可惜。

在來看命主最在意的感情問題，夫妻宮坐天相，此曜化氣爲善，故得妻賢淑，脾氣及外表均佳，且依賴性強。通常天相坐夫妻宮，往往暗示命主的另一半多是周邊的異性，如鄰居，同學，同事等。故山人推測另一位女性應該也是命主的同事或同學鄰居才是。

但問題又回到空劫雙曜落宮問題，剛巧落在命身官財遷這個人生最政要的三合區域，同時也把夫妻宮給空掉，加上右弼獨坐，故應感情上應經常發生第三者問題，感情上難有順利的時候。至於山人爲何推論22歲前後有因緣的機會呢？這就要從大限盤看起：

14～23本命大限盤

此大限見鑾喜對拱，本主因緣，但可惜由對宮化忌引動，因此這段緣份只怕是相當辛苦，此點可從大限夫妻宮照會羊陀雙煞及大限化忌可見一斑，故此大限倘有因緣出現，也必在此大限內結束。根據流年走勢研判，最有可能出現在22歲前後。

（註：經實證命主表示確實在22～23歲間有段緣份，只可惜最終未能開花結果）。

至於命主提到的男女合盤

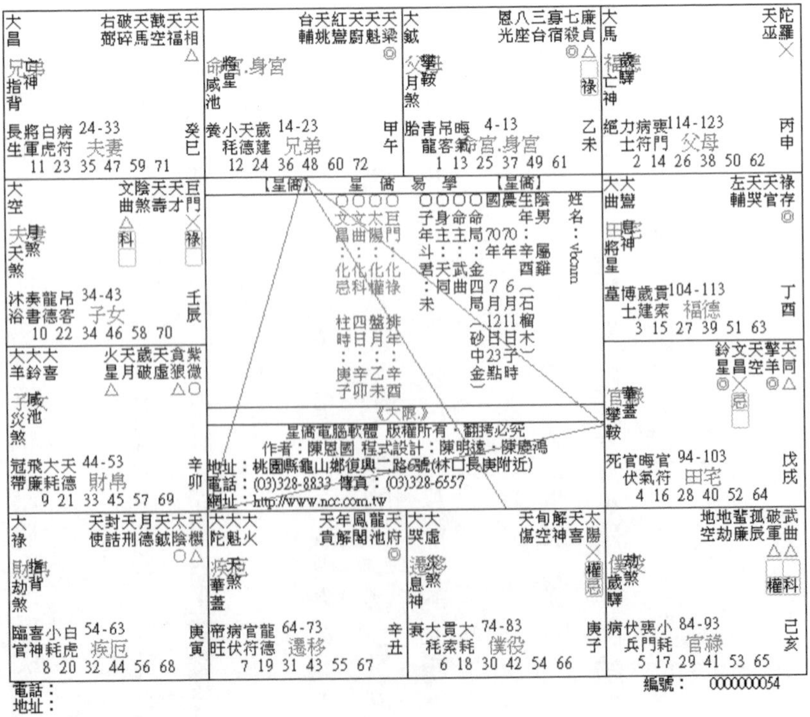

問題，其實並沒有什麼合不合的問題，山人論命十餘年，遇到很多情侶前來哭訴，因爲很多命理老師拿著八字不合的理由，導致雙方必須各分東西，常令山人很感嘆，要知道姻緣天注定，百年修得，也只是同船渡的緣分，能共節連理，白頭偕老，這是修了多久的緣分呢，縱使知道是孽緣，也是累世因果所致，習命者何苦去破壞此因果關係呢？要知道因果不滅，這果報最後會報應到誰身上呢？

其實合盤最主要是要看男女雙方的個性缺點，忠實的分析給雙方知道，取其長處，補其短處，彼此能深入了解對方優缺點所在，也才能夠理解與包容。畢竟婚姻是一輩子的事總是要互相體諒，寬容，這樣才能走的久。倘男女雙方真能做到，誰又敢說八字不合的人不能結婚呢？倘八字相合，但雙方互不退讓，此因緣又怎麼可能會有好結果呢？所以習命者須有正確觀念，命理諮詢應該要忠實告訴求問者所有的情況，指引對命主最有利的方向去走，未來的一切讓她們自己去決定，畢竟那是他的人生，千萬不可過度自我涉入，否則自誤誤人，造業不淺，這才是專業論命者應有的心態呀。學習命理不難，肯努力一定能有所成，但人生的歷練與對世事的因果必須有一定程度的體會，因爲命理老師經常必須扮演心靈輔導者的角色，倘對人生的體驗不足，除無法讓問命者釋懷，只怕是造成自己更大的業障，習者慎之。

【30】此時轉職是否恰當？

【提問時間】2009－08－28 23：24：35

【提問內容】

生辰：民國65年國曆八月五日 中午11時35分，男性。

目前工作內容為房仲業的倉管，另外還有一堆行政及外出寄信等雜項的基層工作，工作量大且可能還會再增加這類的基層工作內容，考慮轉職中，但不知此時是否合適？又，哪些方面的行業及職項適合自己？

【回覆內容】

本命宮格局爲機月同梁格，基本上此局人只適合穩定的工作，不宜承受過大的變動，因此從事行政及倉管等較沉悶的工作頗爲合適。但本命坐天梁天馬，亦爲梁馬飄盪格，多浮動不穩定，雖本命天同化祿，但漂蕩仍難免。

本命火羊格，雖有橫發之運，惜庫逢雙空，財逢雙煞臨，更是橫發橫破，難有餘糧。總感到自己像是過路財神，建議理財部份盡量保守，避免投機爲宜。

先以大限來看，命造命身同宮，此大限逢空劫雙煞入命宮再會空，本大限難有所獲且多波折起伏，大限官祿亦逢空。故此段時間在職場上也難有穩定之時，通常不會有很好的工作機會在等你。

以大限觀之，如果這個工作做的蠻穩定的話，還是不要輕易離職，因大限命宮及官祿均不佳，以穩定保守爲宜。

以流年來看，這兩年在職場上整體運勢不佳，今年感挫折無成就，明年官祿宮逢煞，但有競爭及辛勞起伏之感。如果要轉職，建議到民國 100 年，此時流年星群組合看起來結果會比較好。

【發問者意見】

謝謝！

【命盤解析及內容説明】

本命盤

太微賦有曰：同梁守命，男得純陽中正之心，加上三方四正形成機月同梁格局，是故命主應頗爲古意老實之人。機月同梁屬於穩定型的命格，照理說倉管行政，應該是相當適合，爲何命主會有想轉職的打算呢？其實是因爲命主命立四生地，本性喜動不喜靜；且三方火羊會命成局，古曰：威權出眾，其福德宮又逢文昌文曲來拱，表命主相當聰明有才華，基本上此局文武皆宜，也因此擔任倉管行政雖然適性，但缺乏挑戰性，對火羊局的人，確

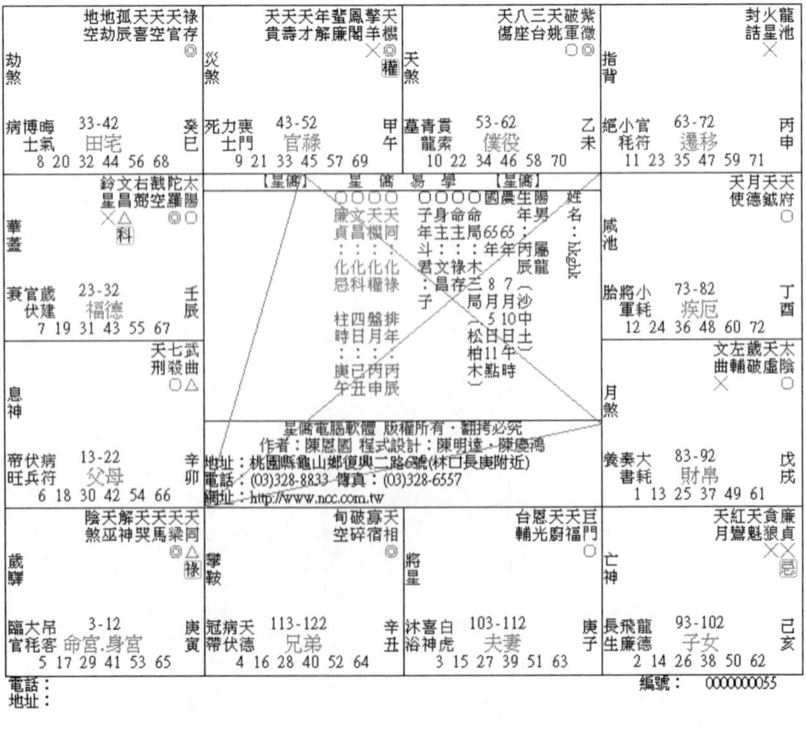

電話：
地址：
編號： 000000055

實是苦悶的原因，故會有轉職念頭，並不讓人意外。

而天馬會天梁，又稱爲梁馬漂蕩局，天梁原則性過強，再會天馬，馬爲動之意，故在工作上離職原因經常是原則性問題，道不同不相爲謀，大有天涯我獨行的痛快，是故古人評爲飄蕩。自古名士不也皆如此，如陶淵明歸去來兮，倘時勢不予我，不如隱居山林，自在逍遙過活，倒也樂的輕鬆。

既然命主問的是工作方面的問題，我們就來看看本命盤官祿宮吧。觀其官祿宮，天機化權正坐，天機最喜與廟旺太陽相會，形成天闕格，得以發揮長才，名揚千里。但可惜會太陰，天機雖爲聰明機敏，但與太陰同會反倒顯得陰沉，因照度不足，容易往不好的方向發展。聰明是件好事，往好的方向可以利益人群，倘若往壞的方向發展，那就貽害社會了。

這就是斗數，星曜只有性質，好壞與否須看三方四正導引方向而定，故斗數易學難精，其因便在此，山人常說：斗數難明，總在高人一掌中，他與一般死板的術數不同，倒像是化學方程式，元素不同，其變化也不同，結果也不同。要掌握箇中三昧，可需要相當的經驗才是。這也是山人出版此類推演技巧書籍的原因，就是希望同學能有實際的案例練習，逐步推演學習，掌握訣竅，快速提升功力，同時建立正確觀念，這是山人最大的心願。

回到正題吧，此天機會太陰頗爲陰沉，加上擎羊正坐，故命主在職場上的發展較爲波折不順心，加上本命梁馬飄蕩，所以在工作的穩定性上比較不足，常感到有志難伸或是違背自我原則而感到苦悶，這也造成了工作上不順心的主因。而轉職是人生大事，那這幾年到底發展如何？我們就從大限盤看起吧。

33～42本命大限盤

大限命宮空劫正坐，本有勞而無功之意，對宮本命廉貞忌與貪狼忌會照，

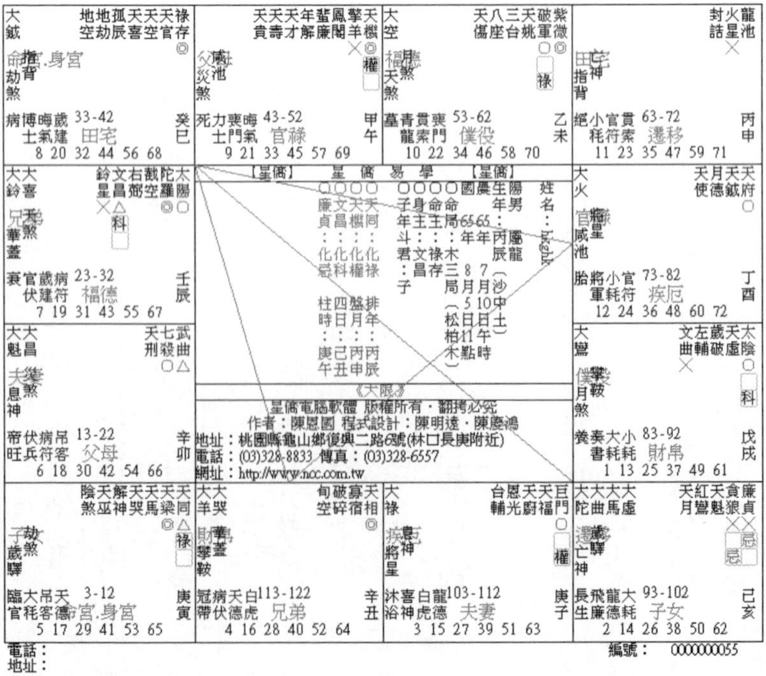

故本大限整體運勢看來依然是勞碌難有所成，而官祿宮同會空劫也反證了此大限在職場上亦是白忙一場，故縱然轉職，也應該不會有太好的發展才是。

而大限田宅進天傷天使夾制之地，命身會雙空，本命廉貞化忌衝命身，又逢大限羊陀於三方衝起，廉貞化忌本帶有血光的意味，所幸福德宮紫微正坐，否則還真要擔心身體狀況呢。不過流年不佳時，仍須特別注意。大限看完了，正所謂乞丐也有三天好運，倘流年運勢佳，仍有可為，故現在我們來看看這3年的流年盤吧。

98年大限大限盤

地地孤天天天祿 空劫辰喜空官存◎ 官祿 年年年 陀曲哭 劫煞背 33-42 病博晦官　田宅 士氣循02年　38歲　癸巳	天天天蜚鳳擎 貫壽才解廉閣羊×◎ 天月煞 僕役 年祿 災咸池 43-52 死力喪官　官祿 士門耗03年　39歲　甲午	天八三天破紫 傷座台姚軍微 祿 遷移 年年年 羊盧空 天月煞 53-62 墓青貫大 龍索耗04年　40歲　乙未	封火龍 詰星池×× 疾厄 年 鉞喜 指亡神背 63-72 絕小官龍　遷移 耗行循05年　41歲　丙申
鈴文右截陀太 星昌弼空羅陽×△◎◎ 田宅 年鈴 華天蓋煞 23-32 衰官貫賞　福德 伏建索01年　37歲　壬辰	【星僑】　星僑易學　【星僑】 廉文天天　…子身命命　姓名:bcgib 貞昌梁根同　年年主1局65 65 ：：：：斗君： 化化化化　君丞文祿木 忌科權祿　昌存 3 8 7 柱四盤排 時日月年 ：：：： 庚己丙丙 午丑申辰 《流年》		天月天天 使德鉞府 財帛 年年 昌火 咸將池星 73-82 胎將小官　疾厄 軍耗虎06年　42歲　丁酉
天七武 刑殺曲□△祿 福德 息災神煞 13-22 帝伏病喪　父母 旺兵符門00年　36歲　辛卯	星僑電腦軟體　版權所有·翻拷必究 作者:陳恩國　程式設計:陳明遠·陳慶鴻 地址:桃園縣龜山鄉復興二路6號(林口長庚附近) 電話:(03)328-8833　傳真:(03)328-6557 網址:http://www.ncc.com.tw		文左歲天天 曲輔破虛陰科 忌 子女 月擎 煞鞍 83-92 養奏大天　財帛 書耗德07年　43歲　戊戌
陰天解天天同 煞巫神哭梁馬◎ 科 父母 年鸞 歲劫驛煞 3-12 臨大吊喪　命宮.身宮 官耗客99年　35歲　庚寅	旬破寡天 空碎宿相△ 命宮.身宮 擎華 鞍蓋 113-122 冠病天歲　兄弟 帶伏德建98年　34歲　辛丑	台恩天天巨 輔光廚福門 權 兄弟 年魁 將息星驛 權 103-112 沐喜白病　夫妻 浴神虎符09年　45歲　庚子	天紅天貪廉 月鸞魁狼貞×× 夫妻　　 忌權 年馬 亡歲神驛 93-102 長飛龍吊　子女 生廉德孛08年　44歲　己亥

電話：
地址：

編號：0000000055

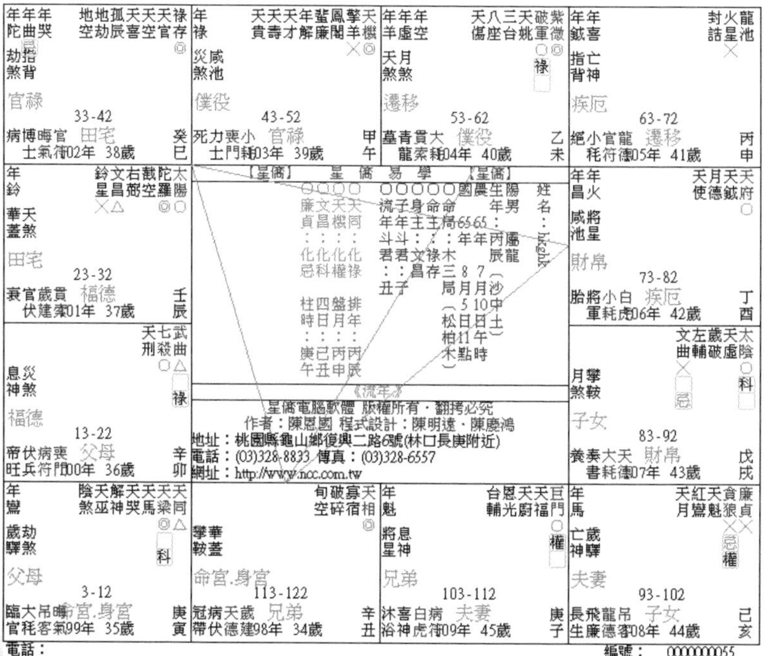

99年大限流年盤

以命主問命當年98年流年看來，官祿宮雖會流年化權，故有轉職的機會及想法，但逢地空地劫正坐，仍是勞而無獲，難有好的展望，99年逢天機天梁會擎羊的組合，因此倘若98年轉職，99年時倘不是公司出現問題，就是被迫離職，尤其命主是相當有原則性的人。故山人建議命主一動不如一靜，整體走勢不好時，還是呆在自己已經相當熟悉的環境，倘有差池，也較容易過關。再來看

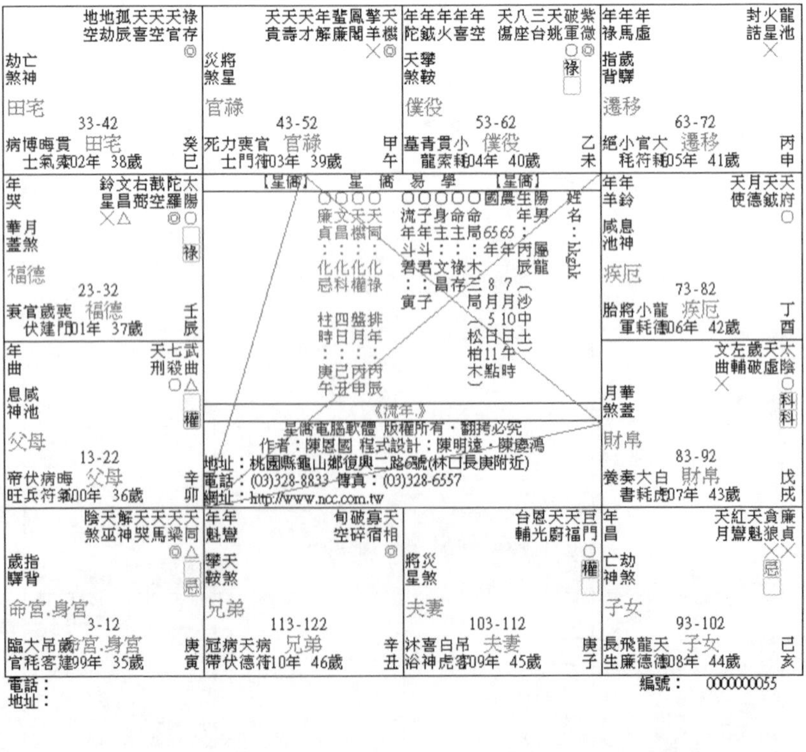

看100年流年，官祿宮紫微正坐，又逢大限貪狼化祿，雖同會廉貞忌，但行至紫微運時，一般而言通常是相當強勢的運程，又逢魁星會照，三方不會煞，整體組合尚稱穩定，是故倘命主預定轉職，應選在此時爲宜。

100年流年大限盤

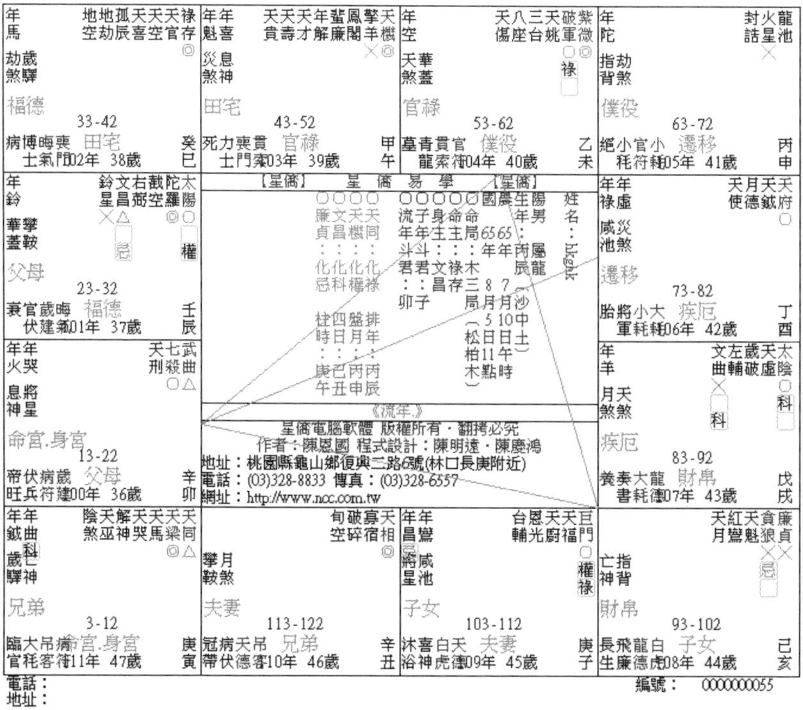

【星僑】　星　僑　易　學　【星僑】
《流年》
星僑電腦軟體 版權所有・翻拷必究
作者：陳恩國 程式設計：陳明遠・陳應鴻
地址：桃園縣龜山鄉復興二路6號(林口長庚附近)
電話：(03)328-8833 傳真：(03)328-6557
網址：http://www.ncc.com.tw
電話：
地址：
編號：　000000055

【31】紫微運勢分析，有關工作與感情

【提問時間】2009-10-13 17：54：58

【提問內容】

我農曆69年2月15日生 酉時生

想問我命運很糟嗎，工作不順利，又被朋友出賣，現在又找不到工作。女人緣還不錯，不過感情路也是很糟，失戀一直走不出來，失業又失戀，想問我的人生什麼時候才可以變好

【回覆內容】

看來你的異性緣應該是不差的，因爲你的本命帶有「泛水桃花」的格局，風流韻事應該還不少呢。不過桃花多並不代表是好事，要是正緣可以扶持一輩子的人才對，而且你的桃花多，但都不容易有結果。因爲，又形成「桃花犯主」的格局，且

又會天刑，對此局形成制軸。因此你在感情路上會感到挫折，基本上此局人，非常容易爲情所困。

而且你應該是個自尊心很強，又很愛面子的人，領導欲也強，也比較善變且多疑，頗爲倔強，應該也沒有什麼耐心，也不喜歡受人約束，其實心裡應該還頗感孤獨的。

不過你的工作能力還蠻強的就是，但總是缺乏助力或得力的幫手，還有你身邊的小人應該也還不少吧。

所以很多問題都是自己造成的，正所謂「命由性生」。一個人的際遇，除了命盤顯現的狀況之外，與他自己的個性與習性，脫不了太大的關係。

至於你的命好不好，基本上你的命宮三合不會煞忌，且逢府相來朝，所以格局還算不錯，不會差到哪去。但福德宮看起來卻是十分複雜。所以看起來問題大概都出現在自己身上，基本上雙主星坐命的人，都會讓人感到有點好大喜功，只是福德宮較爲複雜，所以難免奔波勞碌，比較不容易有成就就是。

以大限看來，這個大限（23～32）看起來會非常的辛苦與不順，走破軍運程，再加祿倒格局，錢是會賺到，但可惜大部分是投資失誤或被騙財，導致財雖不缺，但卻難有餘糧，這點可從你本命財庫可看的出來。財難聚，而且事業通常是波折起伏。

所以建議你這大限避免投資或從事投機事業，甚至不要輕易相信人，看來這個大限結束前，很有可能破一次大財。

通常走破軍運程的大限流年，都會非常辛苦，而且到最後賺到的祇有經驗還有波折而已，所以這幾年，一切以保守爲宜，切莫投機。

33歲開始邁入下一大限，看起來會逐漸轉好。雖說競爭與挫折難免，但至少會出現助力幫忙，整體看起來會比這個大限好一點，加油吧。

【發問者意見】

謝謝，很中肯，但其實我常幫助別人，但聽了你話，我會再多做善事的。

【命盤解析及內容說明】

本命盤

看到紫微坐命，第一件事，就是看三方四正是否有左輔，右弼，形成君臣慶會的大格局，倘不見輔弼來拱，就是孤君一員，缺乏助力不易成事。此局紫微坐命不會輔弼，且福德宮逢空劫來拱，爲標準勞碌命，難有精神享受之時。而福德宮又可代表人的思想與思緒，故空劫入命者，想像力與創新能力均佳，適宜從事研發，創作等行業，定能有相當成就。

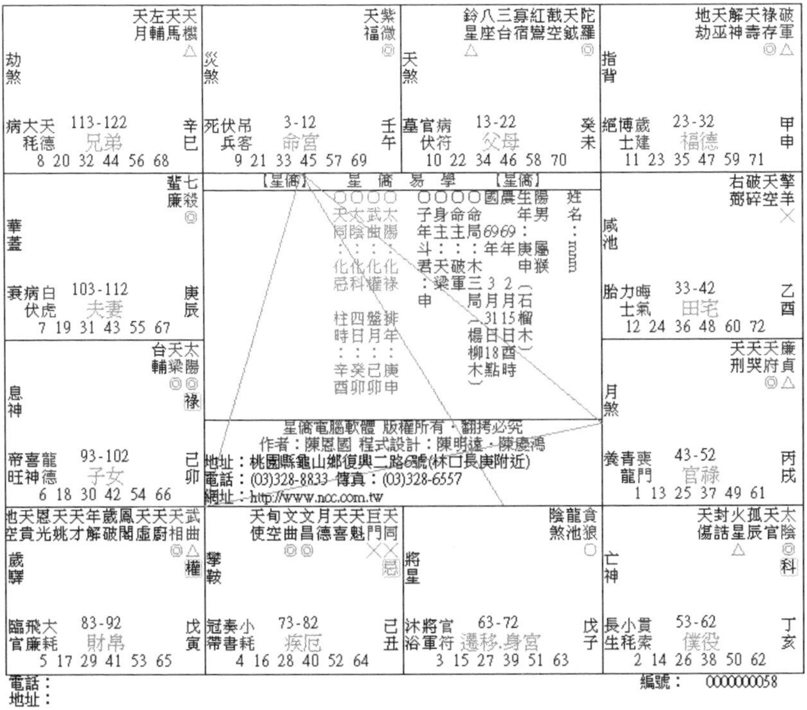

貪狼居子，謂之泛水桃花，因子位爲水旺之地，因此一生多有風流韻事，但因夫妻宮坐七殺，三方會地劫與天刑，結構並不好，故雖異性緣佳，但不容易有結果。且祿存會空劫，爲倒祿格局，此局人經常會遇人不淑或是感情路上相當崎嶇坎坷。此點亦可從夫妻宮得到反證。

通常紫微坐命者，領導欲強，耳根軟且善變多疑，有強烈的自尊心及優越感，比較不願意屈服於人等特性。但因其命宮三方並不會煞忌，尚稱穩定，故命主應是頗爲厚道，心思純正之人。

至於事業部分，天府正坐，加會紫微，雙主星相會但不會輔弼，故較有好大喜功的感覺，加上紫微坐命，我想命主應該經常會有創業的念頭才是。

至於錢財部份，亦構成倒祿局，是故財必難聚，賺錢會相當辛苦。至於田宅宮，擎羊正坐，又逢天空，雖難得輔弼來拱，但仍難逃橫發橫破的命運。故此結構萬不可從事投機事業，只宜腳踏實地的工作，我想仍有可爲。

由於本命盤看的是一生的總和，而大限盤是看這10年的運勢，倘本命不佳，而大限遇佳構時，仍有風雲際會的機遇，那我們就來看看這個大限是否有轉機吧。

23～32大限流年盤

以此大限命宮看來，倒祿格局正坐，且空劫入命，仍然是勞碌難有所成的時候，且走破軍運程，縱使結構佳者，也是相當辛苦，因其帶有先破後立的本質，更何況結構不佳者，走的會更加辛苦。

所幸官祿宮及夫妻宮三方尚稱穩定，只是這段時間的波折起伏稍微大了點，同時也因

大昌 子 劫劫煞 病 大天天 113-122 耗德德 兄弟 8 20 32 44 56 68 辛巳	天左天天 月輔馬機 △ 夫嬰 災煞煞 死 伏吊吊 3-12 兵客客 命宮 9 21 33 45 57 69 壬午	天紫 福微 ◎◎ 兄 天煞 墓 官病病 13-22 伏符符 父母 10 22 34 46 58 70 癸未	大大大大鈴八三寡紅截天陀 地天解天祿破 鉞鈴空座台宿鸞空鉞羅 劫巫神壽存軍 ◎◎ 命 指指背 權 絕 博歲歲 23-32 士建建 福德 11 23 35 47 59 71 甲申
蜚廉 ◎ 七殺 ◎ 財月 華蓋 衰 病白白 103-112 伏虎虎 夫妻 7 19 31 43 55 67 庚辰			大曲 右破天擎 弼碎空羊 父 咸咸池池 胎 力晦晦 33-42 士氣氣 田宅 12 24 36 48 60 72 乙酉
大羊 台天太 輔梁陽 ◎◎◎ 祿忌 疾 息息神 帝 喜龍龍 93-102 旺神德德 子女 6 18 30 42 54 66 己卯			大哭 天天天廉 刑哭府貞 □ ◎ 福月煞 養 青喪喪 43-52 龍門門 官祿 1 13 25 37 49 61 丙戌
地天天年歲鳳天天天武 空姚桃才解閣虛廚相曲 運鸞 歲歲 驛驛 權科 身宮 臨 飛大大 83-92 官廉耗耗 財帛 5 17 29 41 53 65 戊寅	大大大旬文文月天天巨 陀魁鸞空曲昌德喜魁門 □ ◎◎ 僕擎擎 鞍鞍 冠 奏小小 73-82 帶書耗耗 疾厄 4 16 28 40 52 64 己丑	陰龍貪 煞池狼 ◎ 遷星 官將 沐 將官官 63-72 浴軍符符 遷移·身宮 3 15 27 39 51 63 戊子	天封火孤天太 傷詰星辰陰 ◎ 科 田 亡亡神 長 小貫貫 53-62 生耗索索 僕役 2 14 26 38 50 62 丁亥

中央：

```
【星僑】 星僑易學 【星僑】
天太武太   國農生陽   姓名：■■■
同陰曲陽 陽 子年命命 年男
：：：： 斗年主主 69 69；屬
化化化化 君：：：年庚猴
忌科權祿 ：梁軍三 3 2 申
        申 局月月
柱四盤排 － 31 15 石
時日月年 楊日 18 榴
辛癸己庚 柳 酉 木
酉卯卯申 木 點時
《大限》
星僑電腦軟體 版權所有‧翻拷必究
作者：陳恩國 程式設計：陳明遠‧陳慶鴻
地址：桃園縣龜山鄉復興二路6號(林口長庚附近)
電話：(03)328-8833 傳真：(03)328-6557
網址：http://www.ncc.com.tw
```

電話：
地址：

編號： 0000000058

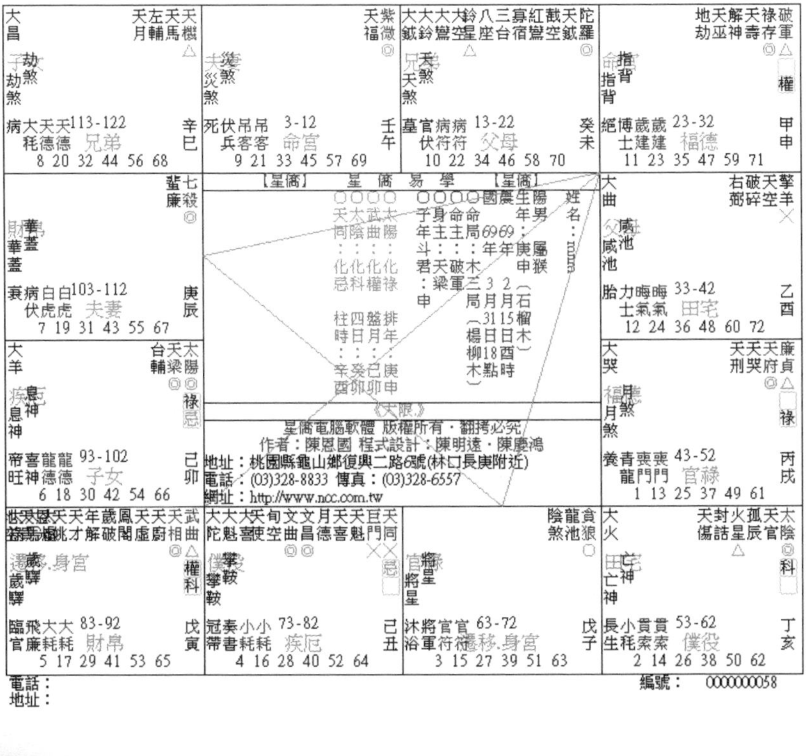

大限空劫入命影響，比較會因求之不得而經常感到失落。至於何時會轉好，按大限走勢來看，下一個大限（33～42）會比較順利，其大限盤如下

33～42大限盤

此大限命宮雖坐擎羊煞星，但逢左輔右弼來拱，且昌曲拱照，又同時會大限祿權及本命祿，萬祥雲集，故整體運勢頗佳，而大限夫妻宮會鑾喜，又逢昌曲魁鉞吉星拱照，應有嫁娶等喜事加臨才是，但因同會火鈴，故應是閃電成婚的感

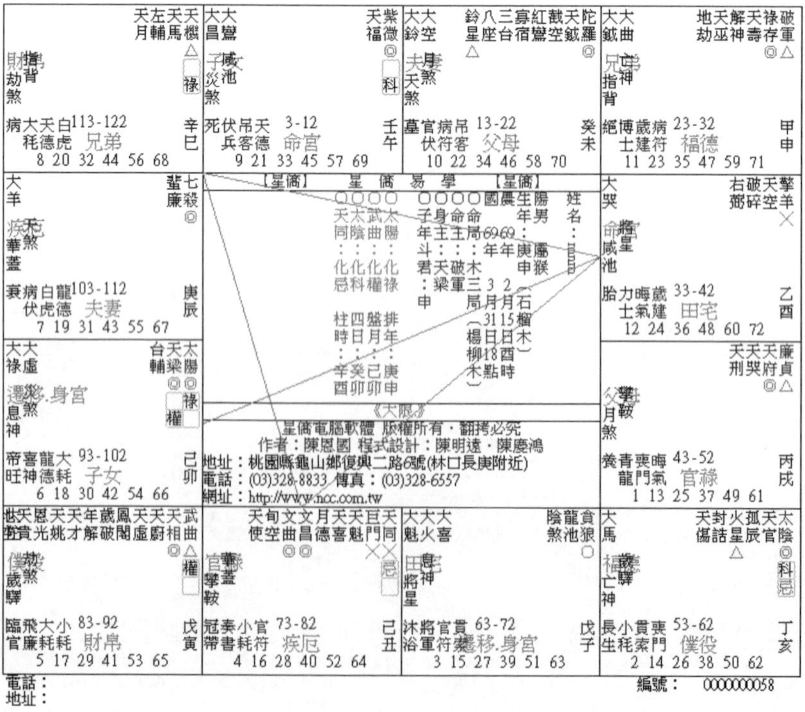

覺，雖煞星正坐且對宮本命忌衝，以致雙方相處不甚融洽，應該冷戰的機率頗高，但因吉星會照，是故仍屬穩定之局。而大限官祿宮亦是六吉星會照加會大限化祿，雖同會擎羊陀羅，但因鈴星會照，形成難得的鈴羅及鈴羊局，反倒是有橫發及展現實力站穩地位的機會呢，可算是強運的大限，應好好把握才是。只是務必見好就收，謹慎行事，切莫投機，因大限僅主10年運，倘此大運無法把握之時，只怕再來的幾個大限就辛苦了。

現在我們就來看看問命當年的流年盤，看看到底發生了什麼事吧。

98年大限流年盤

此流年命宮逢雙煞衝且文曲化忌正坐，雖同會輔弼，能得朋友助力，但波折仍難免，而流年官祿宮亦是煞忌交馳，又流年夫妻宮火星正坐又會照陀羅，主雙方關係冷淡，內心痛苦，且常有爭執狀況發生。本命太陽忌會照，又逢流羊陀來衝，而對宮又單見左輔，輔弼單入夫妻宮，多有小三或小王問題發生，以盤勢推論，應是女方問題居多才是。

不過流年畢竟只主當年之

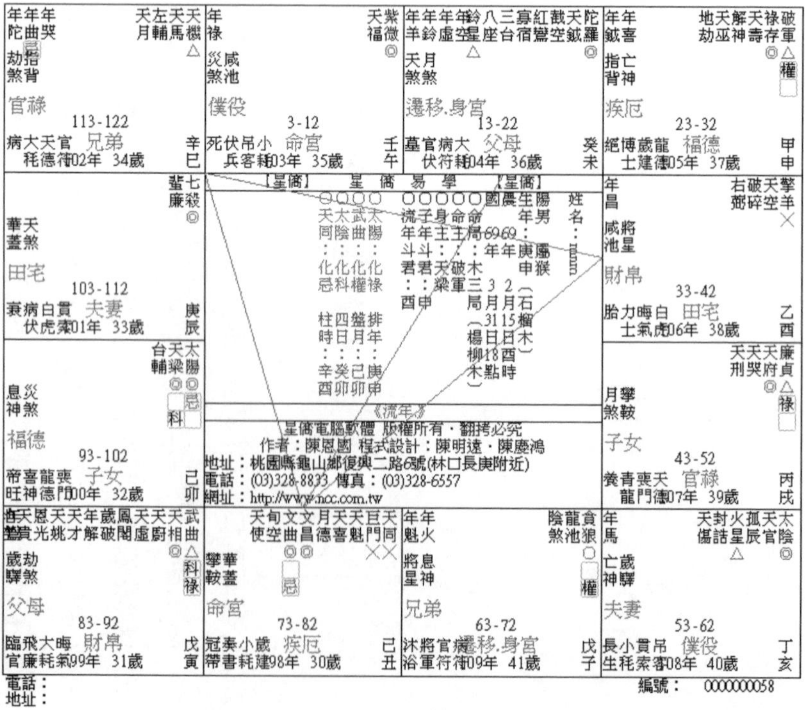

運，但這個破軍大限星曜組合不佳，也難有太多的好日子可過，但盼命主能看開一切，男子漢大丈夫，一時的失意不算什麼，只要保持信心，吃苦當成吃補，趁這段時間好好磨練自己的心性及累積豐富經驗，化危機爲轉機，定能在下一個強運時再創高峰。

畢竟透過命理分析的協助下，已經可以預見下個大限是相當強運，我想應能讓命主能有更多的信心度過這段人生的低潮才是。暴風雨雖然可怕，但倘能預先知道幾時會停歇，我想就沒什麼需要擔憂的，這也是命理術數迷人的地方呀。所以命理之說，是一把兩面刃，是要造善業幫助失落的人們走出困境，找到適合的方向，迎向新生；或是造口業誤人一生，這就要看各位命理學者怎樣取捨了。

【32】請教一下，小弟的迷惑不解

【提問時間】2011-03-01 17:48:26

【提問內容】

西元 1988 年 8 月 22 日亥時出生

我想請教老師們：我的工作、前程。因為我沒經歷過什麼工作，學業也沒完成，只有國中畢業，因為青春期叛逆，愛玩不讀書，退伍後發現，工作十分難找，又加上學歷不夠沒啥經驗，請問我該怎麼走，才是比較好的。

【回覆內容】

在這個高學歷無用武之地的社會，連高學歷都很難找到工作，更何況你目前的狀況呢。山人幫你看看，你比較適合怎麼走。

本命宮無主星，煞星獨坐，本身個性就比較急躁，強烈，天機巨門組合，天機化忌，天機星本爲聰明機靈，化忌後此特質卻反成阻礙，如因思慮太多以致於錯失良好機遇，或思緒產生障礙盲點，導致計畫失策甚至發生嚴重的誤判或延誤。而且你應該很容易焦慮，甚至有經常性失眠的狀況。而天機巨門組合本過於陰暗，尤其在求學時期這個大線，走破軍運程且煞星匯聚，加上你本性急躁易怒，所以求學過程不是很順遂，所幸這個大限逢昌曲入命，表示你尚有繼續完成學業打算，而且大限主星天同，也難怪你會有此種轉變。

以大限走勢來看，昌曲入大限命宮，表示求學之路尚未完全斷絕，建議你可以準備考試把學業完成，或者去職訓局報名參加專業訓練，你的本命頗適合從事專技工作，如汽車修護、汽車美容、模組開發、室內設計等都還不錯。

年紀也不小了，今年虛歲也24了，能有這種想法很好，但要確實的去做，正所謂萬貫家財不如一技在身，對於自己的未來也很有幫助。你本身就很聰明，專技工作也包含研發，應該能走出你自己的路。只是不要再走回頭路就是了，浪子回頭金不換，好好把握住青春的時間，看是要去職訓局參加技職訓練或是重拾書本，這個大限文昌文曲都入命，要好好把握，對自己的未來發展是很好的呢。

【發問者意見】

無

【命盤解析及內容說明】

本命盤

命宮無主星，借對宮天機巨門論之。天機爲斗數中的軍師，聰敏機穎，本質相當好，但因斗數是由三方四正會照星曜影響其性質，好壞均看組合星曜影響而定。聰明雖然是好事，但往不好的方向發展，就危險了。這就是斗數，吉無純

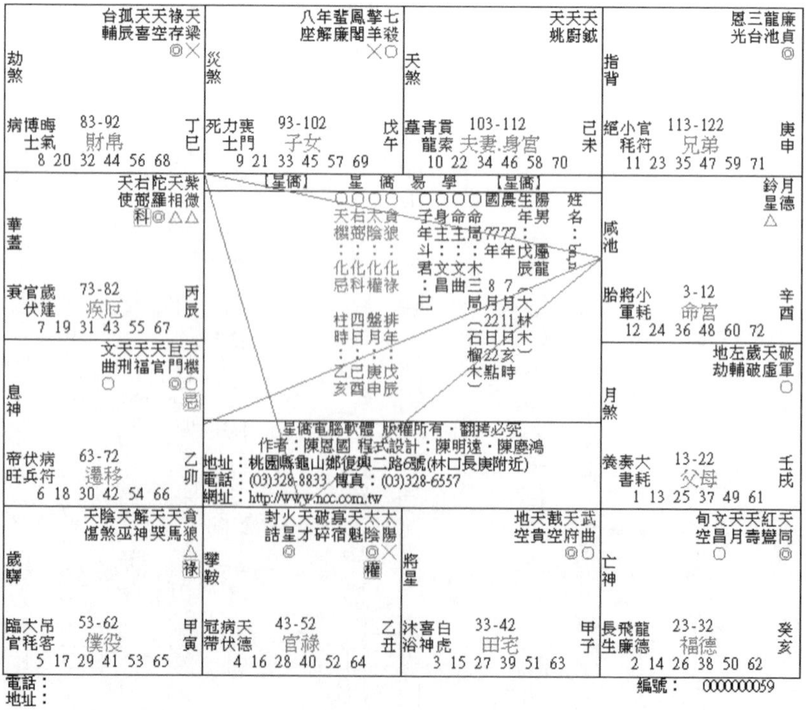

天梁 祿存 天空 天喜 孤辰 台輔
劫煞
病 博士 晦氣 83-92 財帛 丁巳
8 20 32 44 56 68
七殺 擎羊 鳳閣 蜚廉 年解 八座
災煞
死 力士 喪門 93-102 子女 戊午
9 21 33 45 57 69
天鉞 天廚 天姚
天煞
墓 青龍 貫索 103-112 夫妻.身宮 己未
10 22 34 46 58 70
廉貞 龍池 三台 恩光
指背
絕 小耗 官符 113-122 兄弟 庚申
11 23 35 47 59 71
紫微 天相 陀羅 右弼 天使 科
華蓋
衰 官府 歲建 73-82 疾厄 丙辰
7 19 31 43 55 67
月德 鈴星
咸池
胎 將軍 小耗 3-12 命宮 辛酉
12 24 36 48 60 72
天機 巨門 天官 天福 天刑 文曲 忌
息神
帝旺 伏兵 病符 63-72 遷移 乙卯
6 18 30 42 54 66
破軍 天虛 歲破 左輔 地劫
月煞
養 奏書 大耗 13-22 父母 壬戌
1 13 25 37 49 61
貪狼 天馬 天哭 天巫 解神 陰煞 天傷 祿
歲驛
臨官 大耗 吊客 53-62 僕役 甲寅
5 17 29 41 53 65
太陽 太陰 天魁 寡宿 破碎 天才 火星 封誥 權
攀鞍
冠帶 病符 天德 43-52 官祿 乙丑
4 16 28 40 52 64
武曲 天府 截空 天貴 地空
將星
沐浴 喜神 白虎 33-42 田宅 甲子
3 15 27 39 51 63
天同 紅鸞 天壽 天月 文昌 旬空
亡神
長生 飛廉 龍德 23-32 福德 癸亥
2 14 26 38 50 62
【星僑】 星 僑 易 學 【星僑】
貪狼：化祿 太陰：化權 右弼：化科 天機：化忌
命局：木三局 命主：文曲 身主：文昌 斗君：巳
排盤四柱 年：戊辰 月：庚申 日：己酉 時：乙亥
星僑電腦軟體 版權所有・翻拷必究
作者：陳恩國 程式設計：陳明遠・陳慶鴻
地址：桃園縣龜山鄉復興二路6號(林口長庚附近)
電話：(03)328-8833 傳真：(03)328-6557
網址：http://www.ncc.com.tw
電話：
地址：
編號： 0000000059

吉，兇無純兇。知乎於此，斗數造詣方能有精進的時候。

那這個天機星是好是壞呢？由於此天機巨門同坐，巨門化氣爲暗，是故會將天機往不好的方向引導，所幸三方太陽太陰照會，可解其暗，但因太陽落陷而太陰廟旺，仍嫌陰暗。而其文昌文曲會福德，表示其人相當聰明有才華，但要用對地方，否則就危害社會了。以命宮組合來看，倘行限不佳，此聰明極有可能會走錯方向，一般智慧型犯罪者，大都屬這類型。

再觀其命財官三方結構都相當漂亮，可惜火鈴同居此三角地帶，是故好格局都破壞光了，而命主本命宮火鈴匯聚，更是表示命主個性剛烈暴躁，衝動易怒，且此兩曜爲暗煞，故有不開心之處，通常是口不言，但以行爲表現之，不像擎羊一般，喜怒形於色，加上天機巨門會，其性更加深沉難測，且本命盤紫微架構頗高，具有領導者格局，且能得到屬下及朋友助力而成事，綜括而論，此局人倘走錯方向，可真是相當危險。所幸命宮三方尚稱穩定，故命主本性頗爲良善，除瞭脾氣差一點，應不至於誤入歧途才是。

而其僕役宮坐祿，表示對朋友相當重視，且有重義不惜財的狀況，但因僕役宮組合不佳，是故命主朋友雖多，但難有知心，酒肉朋友居多，故在叛逆期時，愛玩不讀書的原因，我想百分之九十九與豬朋狗友有關。

整體而言，命主相當天資相當聰穎，且反應快，學習能力也強，倘能順利完成學業，我想會是一個不錯的人才。雖然年少輕狂錯過了學習機會，但回頭不晚，且年紀尚輕，仍有改變的機會，故山人建議命主繼續學業或至職訓局受訓，學習專業技術，發揮它本身過人的才智，定能有所成就。

台灣社會也是有一位大企業集團的沈總裁，也曾因年少輕狂，逞凶鬥狠，但後來浪子回頭，現在企業版圖橫跨娛樂建設及政治界，開創了一個社會上數一數二的大財團呢。以此為鏡，雖然曾經走錯，但只要把聰明用在對的地方，我想成就還是會很不錯的呢。

現在我們看看求學期間的大限盤（13～22）到底呈現怎樣的狀況吧：

13～22本命大限盤

由此大限看來，其實命宮呈現君臣慶會的格局，一般人在行限時遇到此格局，通常會有很不錯的成就，但可惜此格局出現於學生時期，對於一個學生來說，如此強運對他並沒有太大作用，因學生應專職在學業而非事業發展上，但因此限星曜組合如此強勢影響下，以至於無法專心於學業上，故會有中輟學業去配合此大運發展的情況發生。所以少年得志不是福，此言真的不虛阿。

回到目前這個大限，看看命主下一步該怎麼走吧。

大鉞鸞 台孤天天祿天 輔辰喜空存梁 疾劫神煞 將星 財災煞 病博晦龍 士氣德 83-92 財帛 丁巳 8 20 32 44 56 68	八年蜚鳳擎七 座解廉閣羊殺 子天鞍煞 死力喪白 士門虎 子女 93-102 戊午 9 21 33 45 57 69	天天天 姚廚鉞 天喜身宮 歲指驛背 墓青貫天 龍索德妻身宮 103-112 己未 10 22 34 46 58 70	大馬哭 恩三龍廉 光台池貞 絕小官吊 耗符客 兄弟 113-122 庚申 11 23 35 47 59 71
大虛 天右陀天紫 使弼羅相微 科 刑煞華蓋 權 衰官歲大 伏建耗 疾厄 73-82 丙辰 7 19 31 43 55 67	【星僑】　星僑　易學 天右太貪　子身命命　年男　姓名： 機弼陰狼　年主主主　年　戊 屬 ？？？？ 化化化化　斗文文　局月月日 忌祿權祿　君昌昌 　　　　　　已 柱四盤排 時日月年 ：：：： 乙己庚戊 亥酉申辰 《大限》 星僑電腦軟體 版權所有‧翻拷必究 作者：陳恩國 程式設計：陳明遠‧陳慶鴻 地址：桃園縣龜山鄉復興二路6號(林口長庚附近) 電話：(03)328-8833 傳真：(03)328-6557 網址：http://www.ncc.com.tw		鈴月 星德 兄咸池神 胎將小病 軍耗符 命宮 3-12 辛酉 12 24 36 48 60 72
大魁 文天天巨天 曲刑福官門機 忌 歲咸息池神 帝伏病小 旺兵符耗 遷移 63-72 乙卯 6 18 30 42 54 66			大陀 地左截天 劫輔破虛 破軍 科 命華蓋煞 養奏大歲 書耗建 父母 13-22 壬戌 1 13 25 37 49 61
大鈴昌 天天貪 傷煞巫神哭馬 狼 官指歲背 臨大病官 官耗客符 僕役 53-62 甲寅 5 17 29 41 53 65	大空 封火天破寡天太太 詰星才碎宿魁陰陽 權 受煞擎鞍 冠病歲貫 帶伏德索 官祿 43-52 乙丑 4 16 28 40 52 64	地天截天武 空貴空府曲 忌 父班亡神驛 沐喜白太 浴神虎門 田宅 33-42 甲子 3 15 27 39 51 63	大祿喜 旬文天天紅同 空昌月壽鸞 同 父班亡神驛 長飛廉晦 生廉德氣 福德 23-32 癸亥 2 14 26 38 50 62

電話：
地址：

編號： 0000000059

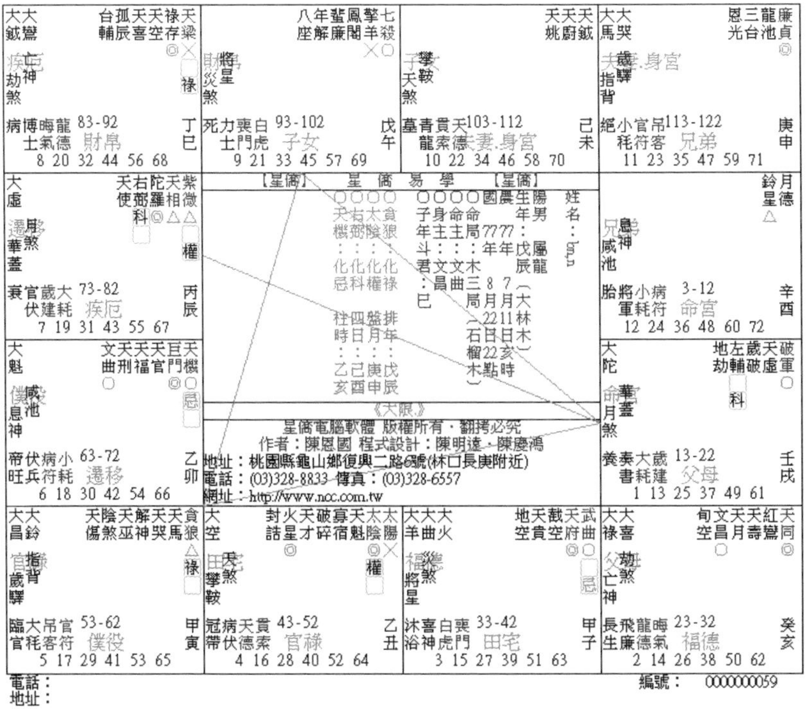

23～32本命大限盤

此大限同梁會命且逢文昌文曲相會，加上三合不見煞忌，是個相當穩定的大限，想來命主應該也有重拾書本的打算才是。故此時是重新開始的大好機會，以命主聰穎的天資，應能有不錯的成就才是。

又魁鉞昌曲等四吉星加日月會照於財宮，故在錢財上應有相當的收穫，但其大限田宅卻是煞忌交馳，是故此大限仍是有財無庫，至於最大的破財處會在哪裡呢？由於命主本身

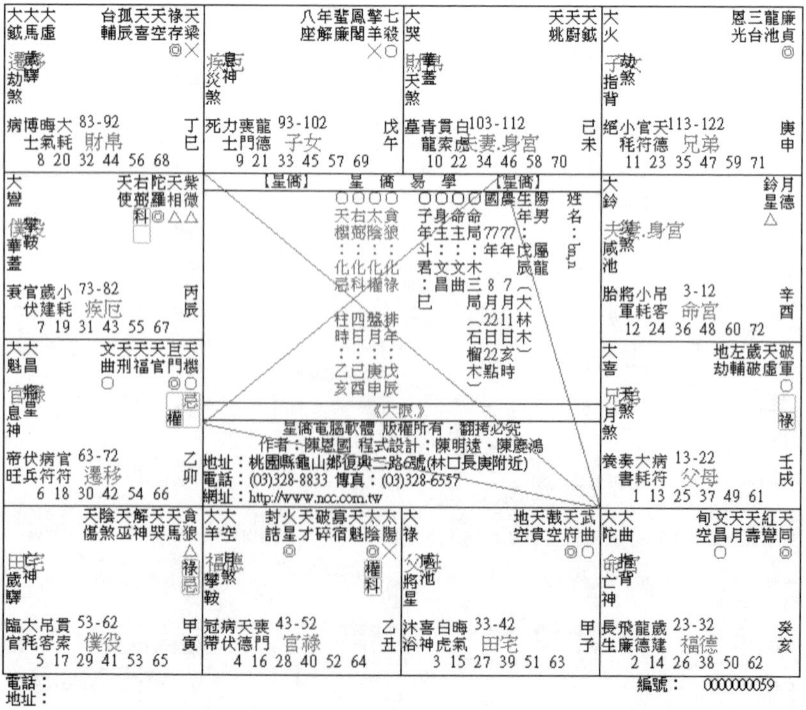

對朋友相當講義氣，此大限化祿又落於於僕役宮，加上地空地劫會照且陀羅煞星正坐，故此大限極有可能因誤交損友遭其拖累導致破大財的狀況發生。

故此大限行進要特別注意交友狀況，倘能守住這個大限的財祿，我想對命主下個大限是會有相當助益的，因看來下的大限會走的很辛苦呢，台語俗諺有云：『好天要積雨來糧』，未雨綢繆總是好的。這就是命理對人們最大的幫助，預測未來，防患災禍於未然。

【33】麻煩幫我算算因緣及事業

【提問時間】2009－10－14 15：49：00

【提問內容】

小弟我出生於民國71年8月13號戌時出生

不知道我的工作應該選擇那方面的會比較好，還有姻緣運如何，麻煩幫我解析一下謝謝^^

【回覆內容】

以你的命盤來看，你應該是個想像力豐富，有創意，不落流俗，有自己風格的人，如果選擇事業方向，山人建議你可以朝向創意發想的部份來發展。例如：企劃、流程規劃、創作、研發或美工這類型的，對你會比較適合。

同時也建議你可以朝向專業人員發展，你的格局屬於武格，專技人員，與古代的武職相似，而且你的想像力及創意都不錯，從事專業技術類工作，對你也是很適合的呢。

同時你的本命宮見輔弼拱主的格局，基本上你的品味及格調都不差，再團體裡大概都是個領導者，管理能力應該也不錯，所以也可以朝向管理方面的工作來發展，如營運管理、行政總務、領隊等。

由於你的公關能力應該也不錯，所以也可以考慮從事公關或娛樂業等，在交際應酬中成就事業。

至於因緣部份，基本上你的對象應該個性蠻強勢的。整體而言以晚婚為宜，而且以同年齡為宜。因緣的話，看起來不會沒有，不過你比較適合晚婚，所以隨緣點，機會不是沒有的。

另以你的本命宮來看，絕對不宜進行投資或投機事業，因看起來敗局居多。只要多加注意，我想整體發展應該還不錯的，加油。

【發問者意見】

謝謝老師的詳細解答^^，讓我有方向了，感恩喔。

【命盤解析及內容說明】

本命盤

此盤格局乍看之下相當漂亮，可謂是財官雙美，首先是君臣慶會大局入命，紫微會輔弼，格調頗高，而府祿相三合會福德，田宅及父母皆會祿，表示命造家境頗佳，可惜地空地劫同會，雖有輔弼同行，但仍難避免人生路上的挫折。尤其命主地劫坐命，古曰：為人

右弼 紅鸞 天鉞 天喜 七殺 紫微 △○權 亡神 絕 飛廉 龍德 85-94 財帛,身宮 乙巳 2 14 26 38 50 62	八座 天姚 天福 將星 胎 喜神 白虎 95-104 子女 丙午 3 15 27 39 51 63	天才 寡宿 攀鞍 養 病符 天德 105-114 夫妻 丁未 4 16 28 40 52 64	三台 天巫 天哭 歲驛 長生 大耗 吊客 115-124 兄弟 戊申 5 17 29 41 53 65
天使 天輔 陰煞 歲破 天虛 天梁 機 △祿 月煞 墓 奏書 大耗 75-84 疾厄 甲辰 1 13 25 37 49 61	**[星僑] 星僑易學 [星僑]** 姓名： 武左繁天 子身命命 年男命 農曆生陽 曲輔微梁 年主主斗 71-21 主主 壬 狗 ：：：： 君文文土：年年壬 戌 化化化化 昌昌五：月戌 月大 忌科權祿 ：局月日海 柱四盤排 ：巳 1324水 時日月年 (大 ：：：： (大20戌 壬戊丁壬 驛土 戌辰未戌)點時 星僑電腦軟體 版權所有‧翻拷必究 作者：陳恩國 程式設計：陳明遠‧陳慶鴻 地址：桃園縣龜山鄉復興二路6號(林口長庚附近) 電話：(03)328-8833 傳真：(03)328-6557 網址：http://www.ncc.com.tw		地劫 左輔 破軍 廉貞 科 ×△ 息神 沐浴 伏兵 病符 5-14 命宮 己酉 6 18 30 42 54 66
天月 月 截空 壽德 天魁 天相 × 咸池 死 將軍 小耗 65-74 遷移 癸卯 12 24 36 48 60 72			恩光 天官 陀羅 華蓋 冠 官符 歲建 15-24 父母 庚戌 7 19 31 43 55 67
天傷 文曲 天刑 龍池 巨門 太陽 △ ◎○ 指背 病 小耗 官符 55-64 僕役 壬寅 11 23 35 47 59 71	旬空 地空 破碎 貪狼 武曲 △ ◎○忌 天煞 衰 青龍 貫索 45-54 官祿 癸丑 10 22 34 46 58 70	封誥 文昌 解神 年解 蜚廉 鳳閣 擎羊 太陰 同 ×○ 災煞 帝 力士 喪門 35-44 田宅 旺 壬子 9 21 33 45 57 69	火星 孤辰 天喜 祿存 天府 △○△ 劫煞 臨 博士 晦氣 25-34 福德 辛亥 8 20 32 44 56 68

電話：
地址：

編號： 0000000060

256

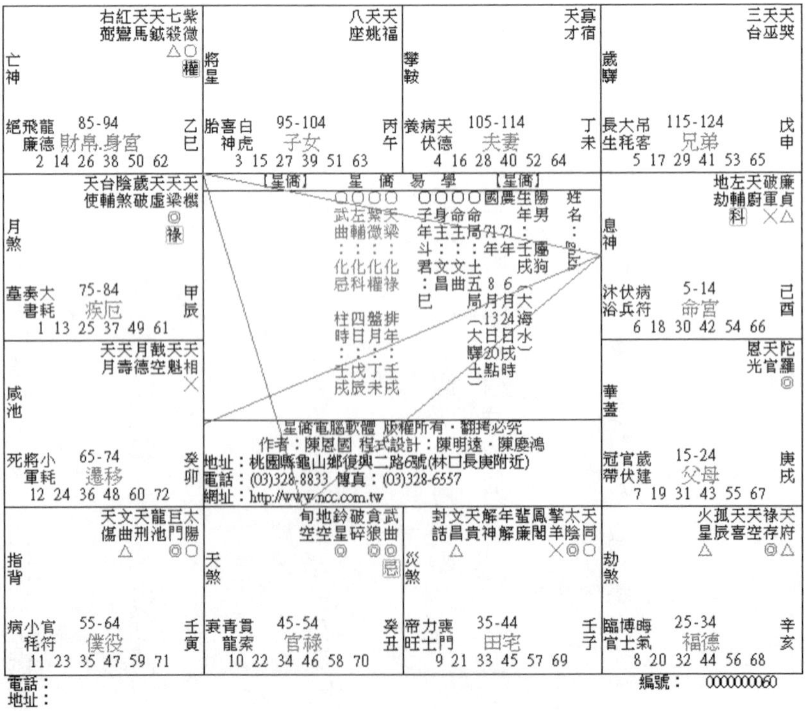

疏狂，放蕩不羈。無論在職場上或是創業，經常都是因爲這樣的個性而自招敗局。如同三國時期的袁紹，家族背景是四代三公，兵多將廣，卻被曹操在官渡打的落花流水，就是因其疏狂自負的個性所致，因此縱使格局再漂亮，但自身性格倘不改善，仍難逃衰敗之運。故命主首要任務應是調伏心性才是，倘能改變自己個性，讓空劫煞星對自己的影響減到最低，以此局勢而言，成就會是相當不錯的呢。

山人常說，空劫雖是大煞星，倘運用得宜，仍有可爲。故建議命主從事研發，創作之類的工作，將此類星曜的不良本質給運用在需要創意發想的工作上，自然就可以發揮所長。但此局人千萬不可從事投機事業，因其狂妄不羈的個性經常會招致重大損失。

由於命主提問的方面是工作適合方向，除研發外，命主領導能力強，亦可擔任公關、領隊，營運管理，行政總務或是娛樂事業等類型工作。從政也是個不錯的選項。畢竟廉貞和貪狼星都適合在應酬中成事，公關能力都不差。

另因緣問題，本命盤夫妻宮無正曜借對宮武曲貪狼論之，以此組合看來，對象性格頗爲強烈，個性較爲獨斷，且加會孤辰寡宿，故以晚婚爲宜。至於因緣成於幾時，按整體走勢初判，應成於25～34這個大限。

正所謂，男怕入錯行，女怕嫁錯郎，行業的選擇相當重要，倘能選擇適性的工作，自然成功的機率就比他人還高，工作起來也會特別愉快。倘選擇到不適性的工作，例如殺破狼局的人，跑去做內勤文書，那不但是難有成就，更可能是苦悶的來源。山人有許多的學生，原本工作及事業發展相當不順利，有一餐沒一餐的，但經針對命主的個性優缺點詳加分析，在踏入職場之初或是重新再出發之時，選擇適性方向發展，往往都頗有成就的呢。

【34】有關感情方面的命格

【提問時間】2009-08-05 18:47:04

【提問內容】

我朋友幫我去問命理老師有關我的命盤，但是我不知道為什麼會說 我這輩子就是不會有婚姻，聽了害我好難過，難道我就真的嫁不出了？因為我年紀也不小了，我朋友也跟我說，命是不會改的，只有運才能改變，人應該要認命，那所以我就真的是命中注定沒婚姻？有誰可以幫我看看一下，是不是真的這樣？

我的農曆生日是64．3．14未時，再麻煩大師幫我看看，謝謝

【回覆內容】

命造農曆64年3月14日未時瑞生

山人看來是還好，你現在應該是公務員吧，因爲你的本命帶有陽梁昌路的好格局，古曰：陽梁昌祿．金殿傳臚，而且通常帶此命格的人除了有官運之外，最重要的大概都是大官。許多政界的大人物或機關首長都有此格局，整體看來還不差呢。

而且盤中太陽居廟旺之地，所以此局的威力頗強，如果不是公務員的話，可以去考考看，我想上榜的機會很高的。

而且你的夫妻宮帶有「祿存鴛鴦」格局，也很有機會嫁入有錢人家，怎會說你的夫妻宮不好呢？而且三方四正均不見煞忌，又見雙祿交流，怎會差到哪去呢，且看來你未來的老公頗有文才，紀應該比你還大，且心思細膩呢。如果硬要說有什麼地方不好，我想應該是夫妻宮見三台八座這兩顆星吧，因此星曜不宜成對出現在夫妻宮，因帶有貴氣，讓異姓感到難以接近，尤其是女性，夫妻宮見之，輕則晚婚，重則孤單終老。但前提條件是，須見煞侵且正曜性質不佳，你的夫妻宮不見煞，正曜性質也不差，所以那個老師可能沒有看的很仔細吧。

如果說看到女生夫妻宮見三台八座，就會有不好的結果，那紫微斗數未免也太簡單了吧，尤其你的本命宮格局如此的好。

但畢竟妳給男生的感覺還是帶有貴氣，而且太陽會命的女生，通常比較有男子氣概，經常會和男生相處像是兄弟一般。所以你應該更要把身段放低一點，溫柔一點，盡量多笑，放放電，遇到喜歡的男生，就勇敢的去跟他表白，沒錯的話你應該也是一個氣質美女，只是個性比較外向罷了，所以對方拒絕的機會應該不大呢。放寬心吧，不要想太多。而且有沒有婚姻，其實要看自己，自己如果交往範圍都是女生，或者是喜歡當宅女，那怎會有因緣來呢。

【發問者意見】

雖然未來的事情還很難說，還是謝謝你這麼詳細的分析跟解說，多做善事是一定要的。

【命盤解析及內容說明】

本命盤

古曰：陽梁昌祿，金殿傳臚，此格局爲通常爲高官首選，也是公門命格理最強的格局，是故山人推測應爲公務員，因公務員必須參加國家考試，與古代科舉考試相同，故帶此格局者，依山人經驗80%以上都是公務員，且因格局夠高，多爲高級公務員呢。

而其紫微星會輔弼，形成君臣慶會的大格局，架構相當良好，可以貴命論之。又其官祿宮逢廟旺日月齊照，又會祿

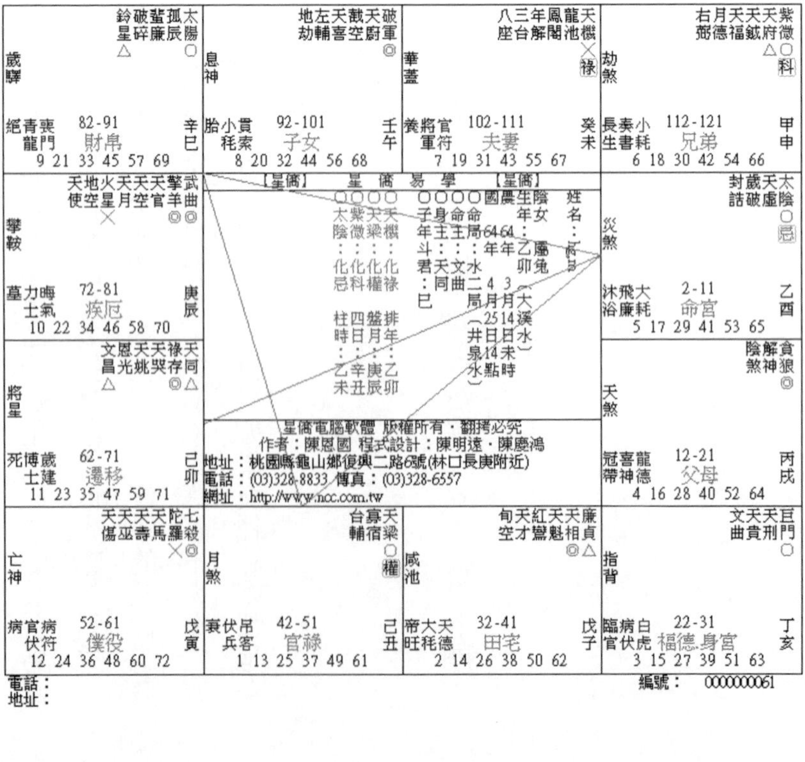

權，搭配本命陽梁昌祿格局，在職場或工作上都應該是輕易能有成就的女強人才是。

再觀其命宮三方四正不見太多煞星侵擾，又星群組成大局，足見命主心思純正，且太陰坐命，山人常說，太陰坐命的人，不管男生女生，都是屬於氣質型的女生，所以外在條件應該還不錯才是。雖說三方會照太陽，但那是外在的表現，本命宮坐的是太陰，故只是個性比較外顯像男生罷了。

但因命宮立於沐浴，又會天姚野桃花，是故命主桃花應該不缺，但因三方加會孤臣寡宿，所以正緣來的會比較辛苦。我想這應該是命主苦惱的地方吧。

而盤中昌曲拱福德，更是說明了命主的多才多藝與聰明才智，所以命主不知道找那個老師給他這樣論斷，說嫁不出去，這種格局橫看豎看都是一個條件很棒的女生呢。

以此盤的夫妻宮來看，三合會昌曲且不會煞忌，又逢雙祿交流，雙祿交流於夫妻宮，又可稱爲『祿合鴛鴦』，有嫁入豪門的機會，也適合和丈夫一起打拼創業，實在看不出有那兒不好的地方。加上天梁會夫妻宮，主丈夫年紀較大，且從本命盤推估，命主應成於32～41這個大限，只是因緣晚成，應該還不至於到絕望的地步。

我想真是多慮了。

很多命理老師都習慣鐵口直斷，但她們卻不知道自己的一句話，經常是貽誤命主一生呀。說真的，這個盤怎樣看都是不錯的，爲何那個老師會跟命主說沒有姻緣呢？真是讓人想不透。

山人研究命理十餘年，一直有一個疑問未解，由於因果不滅，經常遇到這種被江湖術士貽害的師兄師姐，而造成現況的問題，到底是因爲命主自己的業障導致遇到了江湖術士而自誤，還是江湖術士信口開河，亂造口業，間接造成命主的困境？也許這一切都是天意吧，也並非山人這種凡夫俗子所能理解的吧。

既然命主提到感情不順，那我們就看他這20年的因緣情況好了。

22～31本命大限盤

以此大限夫妻宮看來，日月並明，且祿權相會，又逢本命祿，倘此時會見鑾喜或貪狼廉貞此類正桃花星，姻緣應該早已成矣，但可惜此時會照的是天姚這顆野桃花星又逢沐浴，縱使大限引動因緣，也只是露水姻緣罷了，無怪乎命主會有這種感慨。說到野桃花，首先就是要看是否會形成所謂『桃花劫』的狀況，以此看來，三合不會太多煞忌且逢祿權，整體結構相當穩定，應不至於有遇人不淑或是其他比較感情受挫嚴重的狀況。由此觀來，此段期間姻緣應該不會沒有，只是以桃花居多，不過既然是野桃花，沒有結果倒也是好事一樁呀，您說不是嗎？這不也反證了本命盤呈現桃花多於正緣的狀況嗎？

既然命主因緣成的比較

大陀 大破 大曲 大鈴 鈴星 破碎 蜚廉 孤辰 天陽 歲歲 驛驛 絕青喪大 82-91 辛巳 龍門耗 財帛 9 21 33 45 57 69	大祿 大空 痞再 息神 地劫 左輔 天喜 截空 天廚 破軍 胎小貫龍 92-101 壬午 耗索德 子女 8 20 32 44 56 68	大羊哭 華華 蓋蓋 財祿 八三年鳳龍天 座台解閣池機 養將官白 102-111 癸未 軍符虎 夫妻 7 19 31 43 55 67	右月天天天紫 弼德福鉞府微 劫劫 煞 科 長秦小天 112-121 甲申 生書耗德 兄弟 6 18 30 42 54 66
大火鸞 火鈴火天天擎武 使空星月空官羊曲 擎擎 鞍鞍 墓力晦小 72-81 庚辰 士氣耗 疾厄 10 22 34 46 58 70	【星僑】 星僑易學 太紫天天武 子身命命 陰微梁機 年天文水 化化化 君主主局 忌祿科權 天曲 柱四盤排 時日月年 乙辛庚乙 未丑辰卯	姓名： 國農生陰 年年年女 乙屬兔 己曲二 4 3 (大溪水) 巳 月月 2514 井日日未 泉14點時 水點時	大鉞昌 封誥破虛太陰 劫劫 煞 忌祿 沐飛天吊 2-11 乙酉 浴廉龍客 命宮 5 17 29 41 53 65
文恩天天祿天 昌光姚哭存同 官將 將星 權 死博歲官 62-71 己卯 士建符 遷移 11 23 35 47 59 71	星僑電腦軟體 版權所有．翻拷必究 作者：陳恩國 程式設計：陳明遠．陳慶鴻 地址：桃園縣龜山鄉復興二路3號(林口長庚附近) 電話：(03)328-8833 傳真：(03)328-6557 網址：http://www.ncc.com.tw	《大限》	大喜 陰解貪 煞神狼 兄天 天煞 冠喜龍病 12-21 丙戌 帶神德符 父母 4 16 28 40 52 64
天天天陀七 傷巫壽馬羅殺 亡亡 神神 病官病貫 52-61 戊寅 伏符索 僕役 12 24 36 48 60 72	台寡天 輔宿梁 福紫身宮 月煞 衰伏吊喪 42-51 己丑 兵客門 官祿 1 13 25 37 49 61	旬天紅天天廉 空才鸞相貞 父咸 咸池 帝大咸晦 32-41 戊子 旺耗氣 田宅 2 14 26 38 50 62	文天天巨門 曲貴刑□ 大魁 命指 指背 臨病白歲 22-31 丁亥 官伏虎建德身宮 3 15 27 39 51 63

電話：
地址：

編號： 0000000061

265

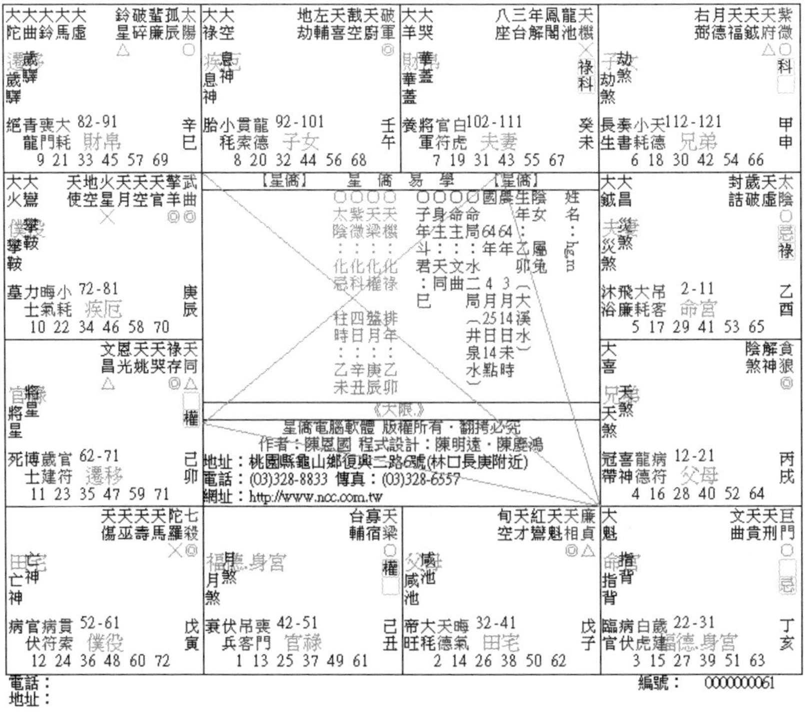

晚，那現在我們就來看看目前這個大限的因緣狀況吧

32～41本命大限盤

此大限命宮次桃花廉貞星正坐加會紅鸞天喜，是故此大限內有正緣可期待，倘流年結構良好，則應爲成婚之時。

從大限夫妻宮看來，桃花星貪狼正坐且化祿，三方會照天喜，是故此段期間應有大婚之喜才是，但其三方同時空劫羊陀四煞齊臨，加上左輔單入，且大限夫妻宮暗合位見本命祿及野桃花天姚，縱然成婚，也

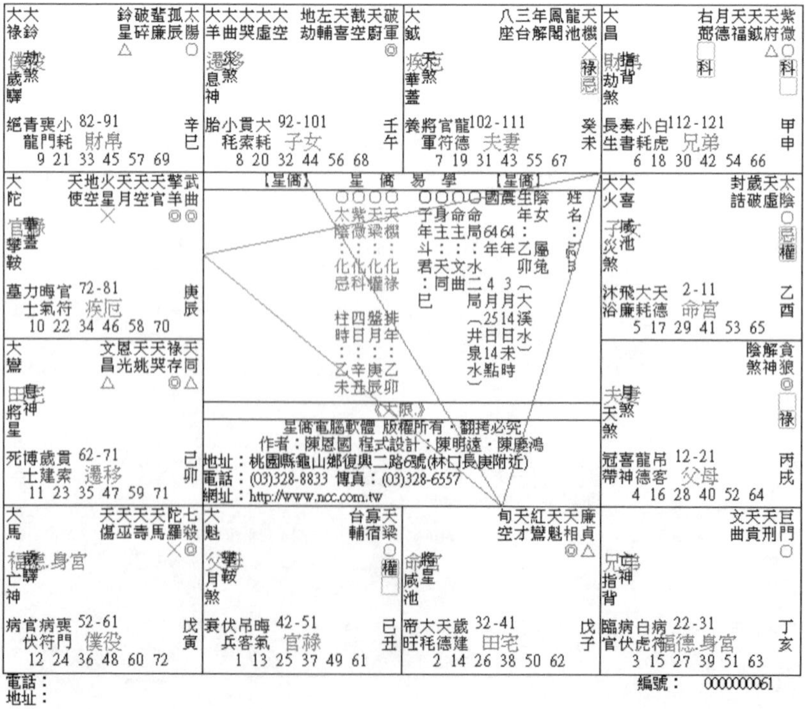

難避免偷吃的狀況且此婚姻定然走的相當崎嶇無奈，因會煞過多，整體星曜組合相當兇險，是故此段期間感情路上難有平順之時也。但其本命盤就是桃花多於正緣，故也甚爲無奈。以整體盤勢看來，此時對象極有可能是年紀較長且曾經有過婚姻經驗甚或是已婚的男人才是。

命由性生，要知道一個人一生際遇起伏，取決於自己的個性，倘個性輕浮急躁，自然難有成功的機會。婚姻也是一樣，倘不懂得包容珍惜對方，也不重視彼此協調溝通，自然相處起來會格外辛苦。故山人奉勸命主要主動出擊，畢竟女追男隔層紗，以命主優雅外型及聰明才智，我想會很容易有對象出現的呢。只是此對象要多加注意，因極有可能遇到已婚的男人或莫名奇妙當了小三，因此弄到自己辛苦勞累，也誤了別人的美滿家庭呀。

【35】流年不順，請大師幫我算算

【提問時間】2009－09－29 14：17：13

【提問內容】

我是民國68年11月23日午時11：30出生，性別：女，覺得自己一直以來工作不順，賺的錢始終存不起來（曾有一次被詐騙光存款，或者是總有一些事情發生導致必須支出），求學歷程不順（學生時期很想唸書但總是靜不下來，現在則是覺得自己很認真卻考運不佳），結婚三年，和另一半相處尚稱融洽，但仍時有爭執（今年頗多），父母的健康也在今年亮起紅燈，搞得自己捉襟見肘，哎~我覺得自己真的好累ㄚ，最近真的有點想不開了，我不知道是不是自己命格不好，

請問是否可請紫微大師替我算算命盤，看看我的命格如何？是否有轉圜空間？

感激不盡。

【回覆內容】

你的命盤看起來頗為強勢，屬於女強人的命造。你的領導力與統御力都不錯，在職場上應該是個頗為強勢的人。而且你偏財運應該也不差，沒錯的話家庭環境應該也還不錯，也很能得到朋友同事的幫忙及推舉，整體而言，屬於還不錯的格局。

但可惜同時會見空劫坐命，雖說有紫微及輔弼等助星來撐持，讓你可以踏實一點，但自己總是會有時候過於投機，導致破財。加上天府會空劫不會祿，所以會發生你說的意外破財，你的命格絕對不宜投機，腳踏實地會有成就，而且你的偏財運本來就不差，何必去冒險呢？

不過你應該是蠻固執，堅持己見的人，而且看來你也應該不是哪種能坐的住的人，所以讀書靜不下來也是真的。

以個性來看你應該頗為急躁的，經常是理智勝於感情，完美主義，但多煩惱糾紛，也蠻勞碌的就是。整體而言你的命格很不錯，只要不投機，應該能有一番成就才是。而且福根頗厚，所以要好好珍惜。

至於你說的問題，基本上你的老公應該不是你的同事就是親友、同學、鄰居等，處世積極，責任心重，心思應該還蠻細膩的。脾氣看來是來去一場風，過了就沒事了。

以大限來看，這個大限雖常感無力，但總是會有適時的助力出現幫助度過難關，所以還不錯啦，不要想太多。以流年來看，今年過的會辛苦點，明年會好很多很多，搞不好還會多添個小寶寶呢，多忍忍吧。總不會一直都是很平順的，對不對。

至於考試的話，看來要很努力，因這幾年考運看來都不是很好，要比別人拼才會有機會喔。

【發問者意見】

無

【命盤解析及內容說明】

本命盤

紫殺化權坐命，兼得天府來朝，又會輔弼形成君臣慶會大局。祿權會命，其家境必然優渥，此點可從祿坐父母，田宅逢日月會照形成日月照璧之局，而廟旺日月夾財，古曰：不權則富的超大架構可見一班。惜地空地劫同時坐命，是故好格局已破，相當可惜。倘空劫不落於命宮這個三角區，以命主架構而言真是可以財官雙美，富貴綿延來形容之。

而空劫雙煞除空掉命主的財帛與官祿，致使無論在職場

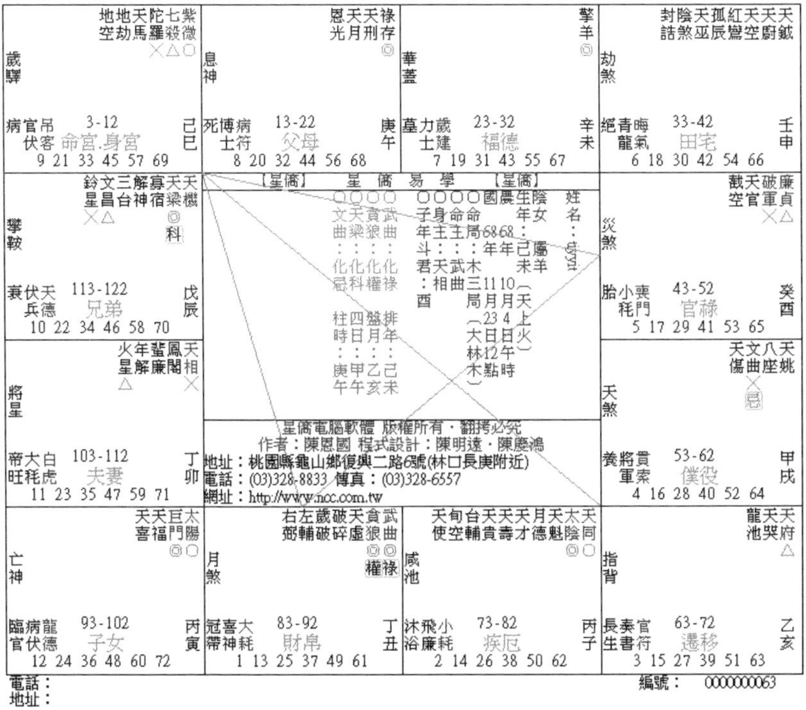

紫微 七殺 陀羅 天馬 地劫 地空
歲驛
病 官伏 吊客 3-12 己巳 命宮.身宮
9 21 33 45 57 69
祿存 天刑 天月 恩光
息神
死 博士 病符 13-22 庚午 父母
8 20 32 44 56 68
擎羊
華蓋
墓 力士 歲建 23-32 辛未 福德
7 19 31 43 55 67
天鉞 天廚 天空 紅鸞 孤辰 天巫 陰煞 封誥
劫煞
絕 青龍 晦氣 33-42 壬申 田宅
6 18 30 42 54 66
天機 天梁 寡宿 解神 三台 文昌 鈴星
科
攀鞍
衰 伏兵 天德 113-122 戊辰 兄弟
10 22 34 46 58 70
廉貞 破軍 天官 截空
災煞
胎 小耗 喪門 43-52 癸酉 官祿
5 17 29 41 53 65
天相 鳳閣 蜚廉 年解 火星
將星
帝旺 大耗 白虎 103-112 丁卯 夫妻
11 23 35 47 59 71
天姚 八座 文曲 天傷
忌
天煞
養 將軍 貫索 53-62 甲戌 僕役
4 16 28 40 52 64
太陽 巨門 天福 天喜
亡神
臨官 病符 龍德 93-102 丙寅 子女
12 24 36 48 60 72
武曲 貪狼 天虛 破碎 歲破 左輔 右弼
權 祿
月煞
冠帶 喜神 大耗 83-92 丁丑 財帛
1 13 25 37 49 61
天同 太陰 天魁 月德 天才 天壽 天貴 台輔 旬空 天使
咸池
沐浴 飛廉 小耗 73-82 丙子 疾厄
2 14 26 38 50 62
天府 天哭 龍池
指背
長生 奏書 官府 63-72 乙亥 遷移
3 15 27 39 51 63
【星僑】 星 僑 易 學 【星僑】
姓名：dyga
陰女 屬羊
生年：己未（天上火）
農68年10月4日午時
國68年11月23日12點
命局：木三局（大林木）
命主：武曲
身主：天相
子年斗君：酉
武曲：化祿
貪狼：化權
天梁：化科
文曲：化忌
排年：己未
盤月：乙亥
四日：甲午
柱時：庚午
星僑電腦軟體 版權所有．翻拷必究
作者：陳恩國 程式設計：陳明遠．陳慶鴻
地址：桃園縣龜山鄉復興二路6號(林口長庚附近)
電話：(03)328-8833 傳真：(03)328-6557
網址：http://www.ncc.com.tw
電話：
地址：
編號： 000000063

上或金錢上都難逃奔波勞碌無所獲、浪裡行舟的命運，更糟糕的是命主爲命身同宮之結構，以致於命空身空，加上福德、田宅均無正曜，可謂命弱身弱之造，倘行限不佳時，須特別注意身體健康情況才是。

古曰：紫微可降七殺，制火鈴，但卻說紫微會空劫只宜僧道，其因便是空劫帶來的影響，是紫微架構在好都無法緩解的。簡單說來，縱使在多助力與貴人來幫忙，但自己過於疏狂，仍難逃敗戰之命。舉例來說，項羽才能，力拔山河氣蓋兮，但因過度自信及疏狂，遭劉邦背信偷襲，以致兵敗烏江，羞愧中自縊身亡。這不就是最好的例證嗎？

其實空劫帶來的影響，大都是因本性所致，故倘能修身養性，例如學習禪修靜坐，練習氣功等，將此兩曜帶來的影響減至最低，我想仍有可爲，所以這也許是古人評定此局只宜僧道之因吧。

而通常地空地劫坐命的人，相當容易遭到欺騙而破財，故命主自述曾遭到詐騙情事，實爲意料中事，而此兩曜爲土匪之意，財遇土匪，又怎能期待有餘糧之時。

而命立四馬地，又逢天馬正坐，本身就有過動的徵兆，是故命主喜動不喜靜，要能靜下心來唸書，我想是相當困難的，加上盤中昌曲文星均落陷，古曰：林泉冷淡，所以倘要準備國家考試，如不將此本性善加調伏，只怕難以期待金榜題名的一日。

另夫妻宮逢天相坐，通常伴侶爲周邊朋友，例如鄰居，同事，同學等，而其丈夫看起來責任心強，做事積極，但較易有夫（妻）管嚴的現象，我想夫妻爭執主因大概在此吧。因命主紫微坐命，領導欲強，且不喜歡受人約束，愛面子且不會輕易低頭的頑強個性，加上命身同宮的人本身就比較固執，是故遇到夫管嚴的另一半，只怕是大小爭執不斷呀，故發生此狀況著實不令人意外。

所以倘命主希望能有轉圜空間，其實根本解決之道，就在自己身上呀。倘本性不改，縱使大運星曜組合在怎樣強勢，也難逃衰亡或再次遭逢詐騙破大財之運呀。

【36】此八字之人何時會結婚？

【提問時間】 2009-09-21 16：46：19

【提問內容】

男生民國64年9月13日申時生，請問何時會結婚？會有小孩嗎？

【回覆內容】

何時會結婚，這個問題我想是操在你自己手上吧，你如果願意，明天就可以了，現在登記結婚很方便，不是嗎？

只是要結婚還是要有對象，所以山人幫你看看幾時有比較有緣分的可能，只是結婚時間，還是自己要決定呦。因爲命理充其量只能告訴你何時比較有機會，但決定權操在你自己手上。

看來你比較喜歡會撒嬌，溫柔的女生吧，只是空劫拱夫妻宮，緣分會比較辛苦一點點，不過以夫妻宮看來，倒是可以得到對方的助力，所以等的還蠻值得呢。

你的因緣應該動的很早，沒錯在 24 歲前後有個很好的因緣，但以你的狀況來看，應該是錯過了。

以本命盤看來，晚婚對你而言是一件好事，因爲這個大限內如果結婚的話，也不容易度過此大限，所以不用擔心。

你今年35歲，正好是這個大限的最後一年，行運至下個大限（36～45），看來有成婚的機會，但爛桃花應該也不少，自己要小心選擇，沒錯的話對象應該是介紹的。

至於有沒有小孩，現在科技發達，真的喜歡小孩的話，可以去做人工受孕或試管嬰兒，科技發達的現代，連不孕症的都可以有小孩了，所以有沒有子女這個問題，我想應該要從命理中剔除了。

雖說如此，命理只是不能推算出子女數量，但與子女相處及個性卻還是可以略知一二，現在就子女個性與相處幫你分析：

從子女宮看來，子女頗有文藝才氣，也應該蠻有才華的，聰明溫順，只是個性比較不積極，也有點言過其實的感覺。在管教上會比較辛苦。

【發問者意見】

謝謝！

【命盤解析及內容說明】

本命盤

命宮三方會合孤辰寡宿，且三方不會桃宿，因緣本身就較為困難，加上天相星坐命，

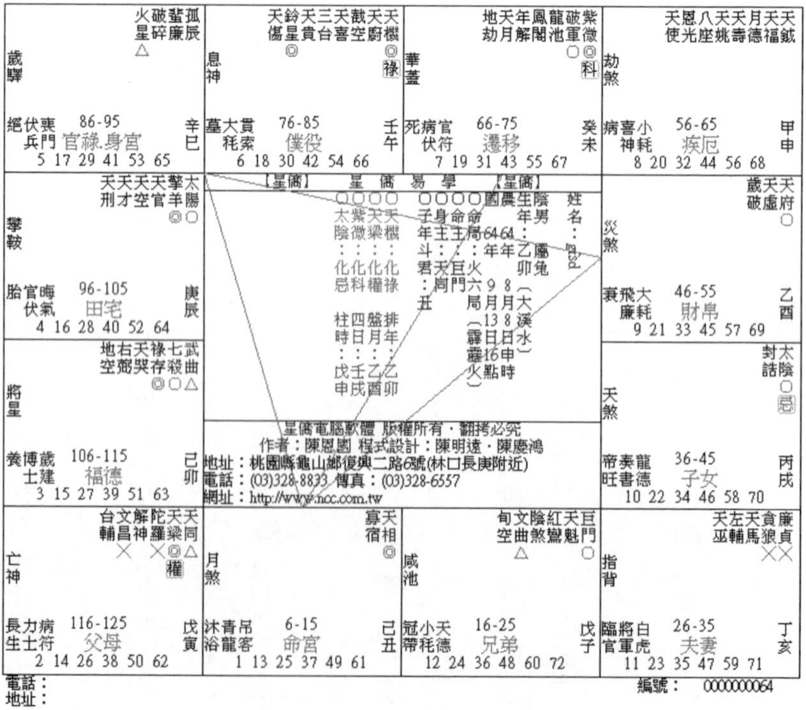

孤辰 蜚廉 破碎 火星
歲驛
絕伏兵 喪門 86-95 官祿.身宮 辛巳
5 17 29 41 53 65
天機 天廚 截空 天喜 三台 天貴 鈴星 天傷
祿
息神
墓大耗 貫索 76-85 僕役 壬午
6 18 30 42 54 66
紫微 破軍 龍池 鳳閣 年解 天月 地劫
科
華蓋
死病符 官伏 66-75 遷移 癸未
7 19 31 43 55 67
天鉞 天福 天德 月壽 天姚 天座 八光 恩使 天
劫煞
病喜神 小耗 56-65 疾厄 甲申
8 20 32 44 56 68
太陽 擎羊 天官 天空 天才 天刑
攀鞍
胎官伏 晦氣 96-105 田宅 庚辰
4 16 28 40 52 64
【星僑】 星僑易學 【星僑】
天機：化祿 天梁：化權 紫微：化科 太陰：化忌
排年：乙卯 盤月：乙酉 四日：壬戌 柱時：戊申
命局：火六局（霹靂火） 命主：巨門 身主：天同 子年斗君：丑
國64年8月13日16點 農64年9月8日申時
生年：乙卯（大溪水） 陰男 屬兔
姓名：gsd
天府 天虛 歲破
災煞
衰飛廉 大耗 46-55 財帛 乙酉
9 21 33 45 57 69
武曲 七殺 祿存 天哭 右弼 地空
將星
養博士 歲建 106-115 福德 己卯
3 15 27 39 51 63
星僑電腦軟體 版權所有・翻拷必究
作者：陳恩國 程式設計：陳明遠・陳慶鴻
地址：桃園縣龜山鄉復興二路6號(林口長庚附近)
電話：(03)328-8833 傳真：(03)328-6557
網址：http://www.ncc.com.tw
太陰 封誥
忌
天煞
帝旺 奏書 龍德 36-45 子女 丙戌
10 22 34 46 58 70
天同 天梁 陀羅 解神 文昌 台輔
權
亡神
長生 力士 病符 116-125 父母 戊寅
2 14 26 38 50 62
天相 寡宿
月煞
沐浴 青龍 吊客 6-15 命宮 己丑
1 13 25 37 49 61
巨門 天魁 紅鸞 陰煞 文曲 旬空
咸池
冠帶 小耗 天德 16-25 兄弟 戊子
12 24 36 48 60 72
廉貞 貪狼 天馬 左輔 天巫
指背
臨官 將軍 白虎 26-35 夫妻 丁亥
11 23 35 47 59 71
電話：
地址：
編號： 000000064

化氣爲善，三方紫微天府朝拱，整體而言尚稱穩定，是故命主個性頗爲良善，有同情心，爲人敦厚老實，在感情的應對上感覺上頗像『大仁哥』那類型的男生。正所謂男人不壞，女人不愛，忠厚老實的男人，在感情上總是比較吃虧呀（在下便是）。

此點可從本命夫妻宮左輔單坐可見一班，左輔單入夫妻宮，感情上容易有第三者的情況出現，而廉貪雙桃宿落於夫妻宮，照理來說因緣應不缺，且天馬星正坐，表示命主頗爲積極，但可惜三方空劫會祿落於夫妻宮，形成倒祿格局，山人常說，此局倘出現於夫妻宮，則容易有遇人不淑或感情遭欺騙的狀況。以此狀況來說，係由外在環境所致，並非自身緣故，推測是遭對方冷落或是默默付出那類型的男生才是。又本性良善，是故應是犧牲自己，成全他人，擁有偉大情操的那位『大仁哥』。所以因緣以晚成爲宜，早婚對命主並不甚妥當，也因此目前的狀況到也是好事一樁呀。

由於婚姻是由命主自行決定的，凡能以自由意志決定的事件，通通應列入不可推算的範圍，此點學者需謹記。命理僅能協助推論幾時較有機會遇到正緣或是婚事之時供命主參考，命理老師切莫過度自我涉入，倘因此延誤他人婚緣，則業障深重呀，習者慎之。

由於其大限逆行，是故在第二大限，即有因緣可期待，現在我們就來看看，到底發生了什麼事吧。

16～25本命大限盤

大限命宮見鑾喜對照，主有正緣可期待，倘行運星曜組合佳又逢化祿引動者，往往是婚配之時。但觀其夫妻宮，太陰正坐，雖會天喜，應有不錯對象出現，但三方大限天機化忌加上擎羊，陀羅會照，可謂是煞忌交馳，凶險異常。故情

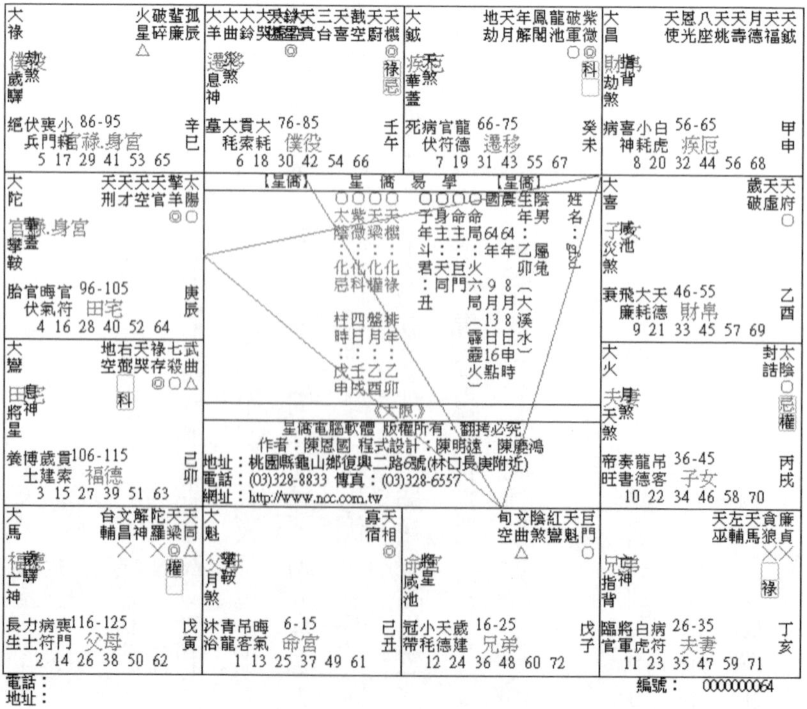

路走的是相當艱辛呀，以整體架構推論，太陰會擎羊，古曰：人離財散，加會天刑，故極有可能會出現桃花劫的狀況，真心換絕情，最多是感到失落與無奈，而遭欺騙感情而破財消災事亦小，倘因此捲入官非吃上牢飯，那就得不償失了，故命主在此大限內的感情確實需要謹慎行事呀。而此狀況正好與其本命盤夫妻宮呈現的狀況不謀而合，是故倘此大限如有因緣可成，也極爲可能在此大限告吹收場。至於何時比較有機會脫離此種宿命糾纏，以大限看來，穩定的因緣應在36～45這個大限，其命盤如下：

36～45本命大限盤

以此大限而言，福德宮會鑾喜，而夫妻宮會紅鑾，且逢大限天同化祿，又逢昌曲魁鉞四吉星拱照，雖會擎羊煞星，但整體而言相當穩定，是故此大限內應有因緣可成，也可說此大限的感情路是較爲平順之時。此大限夫妻宮無主星，借對宮同梁論之，天梁主長輩，是故此時感情應爲姊弟戀的情況居多，其實這樣也不錯，畢竟女生較爲年長，閱歷較豐富，自然就會比較珍惜類似大仁哥這類型的男生。而年輕漂亮的女生，往往因條件優越，選擇較多，而忽略了默默付出的男生。

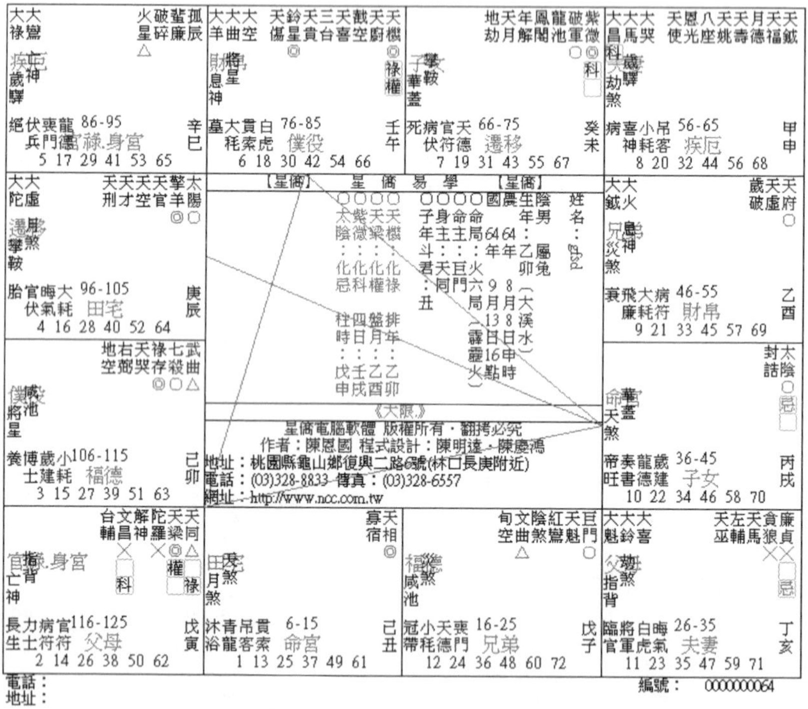

以山人論命多年的經驗，許多前來詢問因緣的女孩，絕大部分都是超齡美少女這種類型，外在條件相當不錯，但卻因年紀偏大，對象難尋，倘未遇山人開解疑惑，結果通常都是孤單終老，不停怨嘆自己『水人沒水命』，但究其因，大都是自己造成的，有個故事是這樣說的：有個女孩，在海灘散步，一心想撿到一顆最漂亮的貝殼，他就這樣一路走呀走，看到了一個又一個美麗的貝殼，但這個女孩認爲，再繼續

走下去應該一定會有更漂亮的貝殼，所以一直沒有去把它撿起來，就這樣一直走到盡頭，發現手上一顆貝殼都沒有，但路已走到底了，這時才在懊悔苦惱，一切已經太遲了。

看完這個故事後，希望各位青春正茂的女孩，能多加留意且珍惜身邊那些默默付出的『大仁哥』吧，因為被愛永遠比愛人還幸福，通常這種男孩都很平凡，但正因如此，所以對感情比較珍惜，如此婚姻也走的長久。山人經常在論命時聽到一句相當令人省思的話，提出來與大家分享，這也是這些超齡美少女的共同心聲：帥哥都是別人的啦。

【37】遇到事業瓶頸點，請求解惑

【提問時間】2009－09－24 16：52：06

【提問內容】

正遇到事業瓶頸，茫無頭緒，不知該往那方向走，繼續就業（電子業或汽車技術業或運輸業）或是創業？請貴人指點迷津．本人民國六十五年七月二十三日卯時生（農曆），謝謝。

【回覆內容】

沒錯的話你應該長的還蠻帥的呢，氣質也不錯，不過個性上有點優柔寡斷，頗爲內向，而異性緣應該也不差才是，沒錯的話你應該都是以才華吸引異性的呢。不過應該是個小氣財神吧。

福德宮見本命盤三奇嘉會，表示你不論再哪一行都很容易能夠有所成就，福報頗厚，雙祿又夾父母宮，魁鉞夾僕役宮，整體而言這個盤頗為穩定，表示命主也很有才華及天份，基本上這個盤適合以智慧或技術賺錢，所以電子業及汽車技術業都不錯。至於創業的話，則萬萬不可，因本命盤天馬會空劫雙煞，呈現半空馬之局。

馬為動中求財之表徵，半空馬的意思就是：忙碌了老半天，卻什麼都沒有得到，比人家努力奮鬥，最後總是一場空，就像在半天空的馬一樣，腳一直在努力踩，但卻連一步都走不動。

加上你的財庫看來漏財嚴重，所以若創業的話，確實十分不宜。而朋友雖然是你的助力所在，但是也很容易在無意間推你入火坑。因此與朋友交往之間需特別謹慎。

以今年流年來看，流年文曲化忌正入命宮再會是非巨門星，沒錯的話今年應該有發生因為言語或文字而惹上麻煩，尤其是對異性，這點要特別注意。

流年命宮雖逢日月拱照，但可惜均落陷地，無力扶持流年命宮，加上流年命宮呈現祿忌交馳狀況，所以今年的情勢整體而言可說是，吉凶參半，但應該還不至於出現太大的狀況，只是比較失落罷了。

至於工作部份，流年官祿宮逢火鈴雙煞侵擾，所以在事業上會感到挫折與無力感，甚至常常背後是非特多，但所幸有貴人星來拱，在職場上雖覺困擾，但會出現即時的貴人，所以多多忍耐吧，並不是那樣絕望的。

【發問者意見】

無

【命盤解析及內容說明】

本命盤

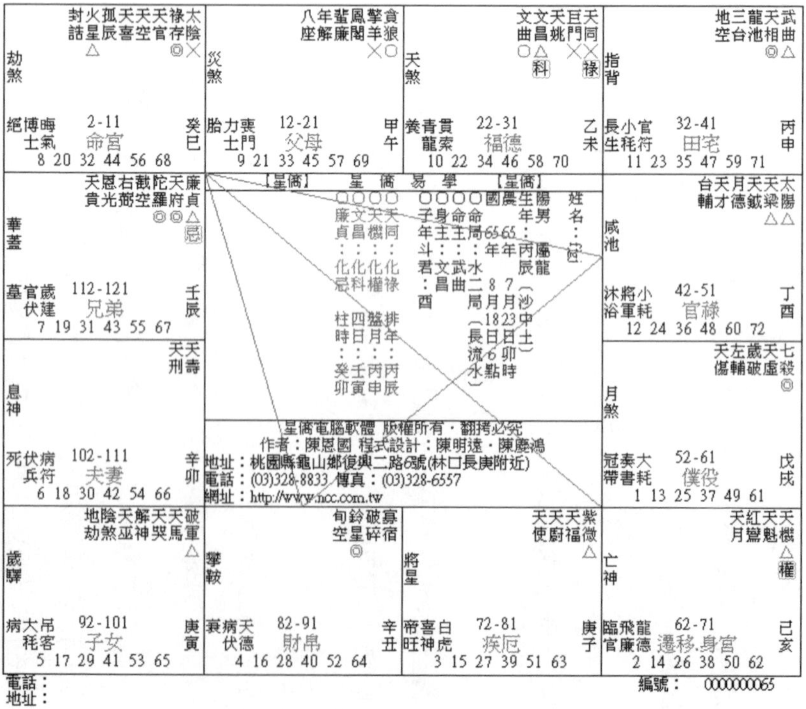

命主太陰坐命，加上紅鑾坐身宮，故應爲氣質型的帥哥。而太陰爲女性的象徵，男命遇之，則略顯優柔寡斷，處事積極度不佳，缺少魄力及開創性，故此曜宜女不宜男。鑾喜會命，主其異性緣頗佳。魁鉞會命，古曰：蓋世文章，且昌曲坐福德，故命主定然相當聰明有才華，又此爲公門格局，故命主亦適合參加國家考試擔任公務員呢。

又命宮三方會火鈴，古曰：太陰火鈴反成十惡，雖有點言重了，但至少表示命主較易發生莫名是非產生，且多由自身所致，以整體結構看來，極可能因酒色而起，此點須特別注意。

紫微會輔弼，格局頗高，祿權科三奇加會於福德，故倘行運佳時，應有一番成就才是。惜府相不會祿，爲空庫一座，無大富可言，此點可從田宅宮會破軍且逢空劫來拱的凶險情況可見一般，雖有昌曲拱財宮，但財庫已破，怎麼來就怎麼去，所以學習理財及不衝動消費守住錢財，我想是第一要務。

以整體格局看來，命主頗適合以巧藝爲生，所以從事電子，機械等技術職類都相當不錯。且福德宮除昌曲正坐，又逢祿權科三奇加會，通常此局人，不論學習什麼都相當容易有成就，倘能專注於技術本業，以其命盤架構看來，定能有相當成果才是。

至於命主提問是否適合創業，山人常說，創業首重祿馬交馳，此例天馬落寅宮，與地劫同度，更會地空，爲標準半空馬格局，加上財庫已破，倘真要創業，只怕忙到頭來一場空，賺到的祇有經驗罷了。以其整體盤勢來看，較適宜在職場上發展。至於命主目前到底遇到了什麼問題，這就要從大限盤及流年盤進行分析，方可提供最佳的建議。

32～41本命大限盤

記得上節提到的『半空馬』格局嗎？此大限命宮三方同會天馬空劫，又本命大限廉貞化雙忌入命牽引，化忌爲多管之神，半空馬格局會命已經夠糟糕了，又逢雙忌，因此命主在此大限會更加奔波勞碌，難有所成，又此雙忌正坐財宮又衝官祿宮，是故無論是在職場上或是財務上都會有付出雙倍的努力，但仍是一場空的感嘆，此大限看來相當不佳，但人生的路程不可能永遠順風，但也不可能永遠逆風，高低起伏，才是人生呀。

至於爲何命主會感覺遇到瓶頸，而非挫折與失落，肇因在於上個大限（22～31）命宮逢本命祿及大限祿雙祿交流，又逢昌曲吉星拱照，三合穩定，大限官祿宮亦是雙祿，故整體看來是個相當順利的10年，但可惜行運到這個大限整個運勢急轉直下，是故會有遇到瓶頸的感覺。10年河東，10年河西，斗數行運就是如此，10年一輪，總會遇到好的大限與壞的大限，因人生本來就是有高有低，所以遇到逆境不需要灰心，遇

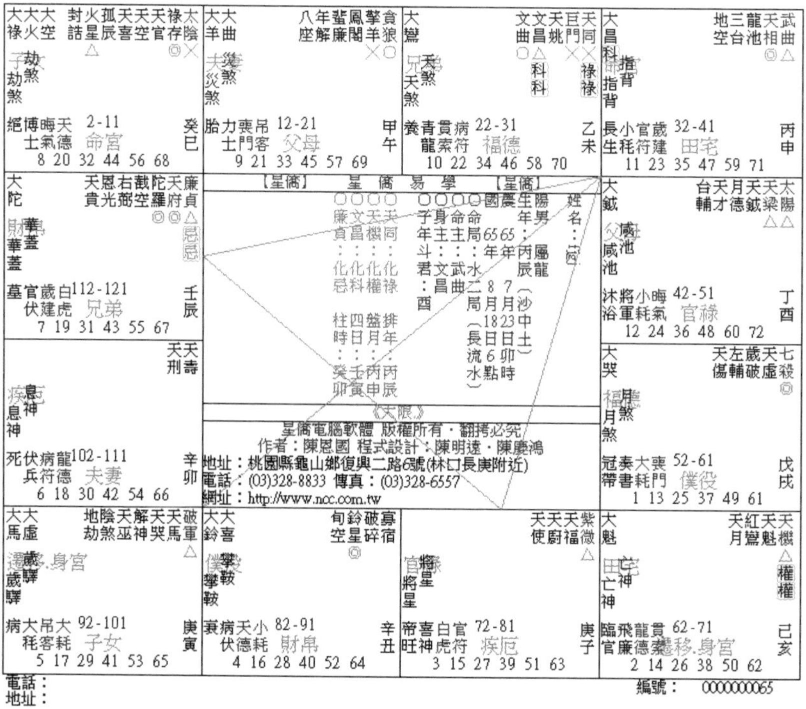

到順境也要居安思危，這才是面對人生最正確的態度。

山人認爲最好的行運，是平均行進，不要有太大的起伏，因人很難承受兩個差異太多的大運，倘上個10年大限不管事業，愛情或是財富均一切順風，而下個10年卻是充滿了失落與無奈。此時就容易孳生許多不好的想法。但好過難過，日子要過，且大限僅主10年之運，過了就沒事了，且以命主下個大限（42～51）研判，應會有較好的機遇。

故此大限還是奉勸命主，趁此時機休養生息，謹慎行事，韜光養晦，累積實力，或是再度踩穩腳步重新出發，這樣才能在下個強運出現時，大展身手，再創高峰。

【38】我想開店請幫我看看

【提問時間】2009－09－21 16：44：13

【提問內容】

我想開店請紫微老師幫幫我，（國）66年6月24，（農）5月8日，我是女生，子時生，想做美容，整體造型。

【回覆內容】

如果以本命盤來看，命主本身帶有祿馬交馳的格局，且雙祿在命宮交流，財宮亦會祿，頗適宜經商創業。

美容健身頗爲適合，因命主命宮無主星，借對宮太陰論，太陰本有溫柔體貼，追求完美的本質，且尤其適合女性。

而且以命主的特型而言，適宜將名逐利，但特別需注意謹言慎行，因爲非常容易遭人毀謗或惡意中傷。

只是財庫看來有點損，建議你創業的話最好找個可以信得過的人幫你管理錢財。如果創業的話，必須特別注意屬下及朋友或股東，看來對你的阻力大於助力，甚至有可能發生，養老鼠咬布袋的情況。甚至遭朋友或股東拖累，如果創業的話，以此格局看來，仍以獨資爲宜。

美容工作應該不需要太大的成本，可以盡量朝此方向來走以此局來看，如果不投機，應該有成功的機會。

再以大限（32～41）來看，財福一線看來非常糟糕，財庫又不甚穩健，天馬又會雙忌，不建議你在此大限開業，如果你夠保守，賺到的是經驗。如果太衝動，可能連老本都賠上。如果真要創業，以下個大限爲宜。雖說本命頗適合經商，但大限行運不佳，確實風險很大。如果真要創業，明年流年不差，可以嘗試，但見好就要收，切莫戀棧。

因大限主10年之起伏，而流年僅主當年的運勢，大限不佳，流年縱使再好，畢竟也是短期，難抵擋後來的損失。

至於今年流年命宮見雙煞，財庫又破的厲害，所以今年則萬萬不可貿然投資。

【發問者意見】

無

【命盤解析及內容說明】

本命盤

創業首重祿馬交馳，命主天馬落申宮，三方會祿，是故適宜經商，但因對宮巨門化忌

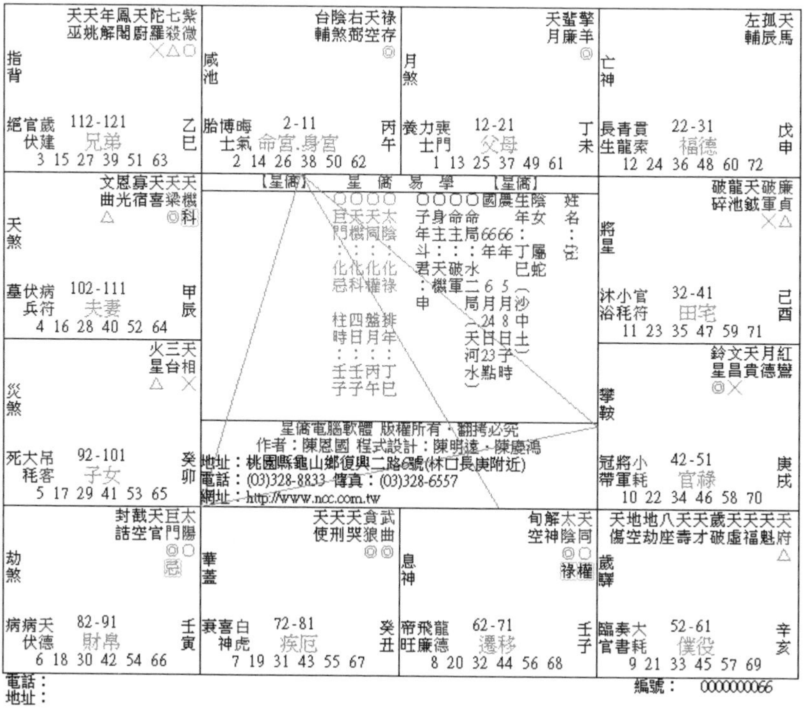

紫微 七殺 陀羅 天廚 鳳閣 年解 天姚 天巫
指背
絕 官伏 歲建 112-121 兄弟 乙巳
3 15 27 39 51 63
祿存 天空 右弼 陰煞 台輔
咸池
胎 博士 晦氣 2-11 命宮.身宮 丙午
2 14 26 38 50 62
擎羊 蜚廉 天月
月煞
養 力士 喪門 12-21 父母 丁未
1 13 25 37 49 61
天馬 孤辰 左輔
亡神
長生 青龍 貫索 22-31 福德 戊申
12 24 36 48 60 72
天機 天梁 天喜 寡宿 恩光 文曲
科
天煞
墓 伏兵 病符 102-111 夫妻 甲辰
4 16 28 40 52 64
廉貞 破軍 天鉞 龍池 破碎
將星
沐浴 小耗 官符 32-41 田宅 己酉
11 23 35 47 59 71
天相 三台 火星
災煞
死 大耗 吊客 92-101 子女 癸卯
5 17 29 41 53 65
紅鸞 月德 天貴 文昌 鈴星
攀鞍
冠帶 將軍 小耗 42-51 官祿 庚戌
10 22 34 46 58 70
太陽 巨門 天官 截空 封誥
忌
劫煞
病 病符 天德 82-91 財帛 壬寅
6 18 30 42 54 66
武曲 貪狼 天哭 天刑 天使
華蓋
衰 喜神 白虎 72-81 疾厄 癸丑
7 19 31 43 55 67
天同 太陰 解神 旬空
祿 權
息神
帝旺 飛廉 龍德 62-71 遷移 壬子
8 20 32 44 56 68
天府 天魁 天福 天虛 歲破 天才 天壽 八座 地劫 地空 天傷
歲驛
臨官 奏書 大耗 52-61 僕役 辛亥
9 21 33 45 57 69
【星僑】 星僑易學 【星僑】
姓名：宏
陰女
命局：水二局
命主：破軍
身主：天機
子年斗君：申
太陰：化祿
天同：化權
天機：化科
巨門：化忌
排盤 年柱：丁巳
四柱 月柱：丙午
日柱：壬子
時柱：壬子
星僑電腦軟體 版權所有．翻拷必究
作者：陳恩國 程式設計：陳明遠．陳慶鴻
地址：桃園縣龜山鄉復興二路6號(林口長庚附近)
電話：(03)328-8833 傳真：(03)328-6557
網址：http://www.ncc.com.tw
電話：
地址：
編號： 000000066

正衝，是故創業時機仍需詳加審酌爲宜。

本命宮見雙祿交流，加上祿坐本命，爲小氣財神的象徵，雙祿交流表財多，加上祿馬交馳格局，是故相當適合創業，但巨門化忌影響仍大，巨門化忌主口舌紛擾，爲使事業發展能順利，通常都建議以獨資爲宜，因股東間容易有是非產生，此點可從本命僕役宮空劫會雙煞的凶險狀況反證。而空劫正坐僕役宮，僕役宮除主朋友外，尚包含聘請的員工，以此格局看來，連員工都容易有虧空或是把客戶惡意帶走的狀況，故無論屬下及朋友皆不得力，反倒不要遭其所累就好。

其財宮會本命祿加上又逢輔弼來會，尚稱穩定，但其田宅宮卻相當糟糕，就整體星盤研判，問題大概都出在朋友身上，是故此局人對於交往朋友及員工需相當注意及提防。

命宮無主星，借對宮太陰天同論之，基本上太陰坐命的人，不論男女，都屬於氣質型的帥哥美女，且通常心思細膩，富有同情心及溫柔體貼與從事與『美麗』相關的美容業，確實與本質相符。而太陽與巨門同會命宮，太陽能驅巨門之暗，是故命主口才必佳，相當適宜從事推銷，講授課程等事業，尤其以美容業特性來說，主要收入在課程及產品，倘能兼差講授美容課程，那收入會更高，因此命主從事美容業可謂是相當適合呢。

尤其美容業初期門檻不高，一切以技術本位，就像媚登峰的莊董事長當初就從兩張美容床開始美容事業，一直發展到橫跨兩岸的大企業呢。

但創業除了技巧經驗及本命外，尚需考量天時的問題，斗數理就是大限的運行，縱使本命在如何強勢，但遇到了不好的大限，就是英雄也枉然，是故能否掌握最佳時機出戰，除能獲得更大的收穫外，也避免嚴重的挫敗，畢竟創業是跟他拼身家的，倘一個不慎，只怕多年辛苦瞬間化爲烏有，這也是命理最迷人的地方，能幫助命主掌握天時，積極進取，獲取最大的成功。

既然命主說打算創業，那我們就來看看這個大限運勢何如吧：

32～41本命大限盤

以此大限命宮看來，三方會大限祿權，且居官祿宮，故命主有創業的打算並不讓人意外，但觀其天馬星，除會本命巨門忌，尚有大限文曲化忌來衝，此兩星曜化忌均主口舌，尤其美容業是屬於『人』的事業，倘口舌是非紛爭多的時候，是相當難有收穫的。

此點可由大限官祿宮會羊陀雙煞及僕役宮會陰煞及本命忌正坐的情況可見一班。又此大限財宮雖逢祿權，但逢本宮陀羅正坐，又對宮空劫來衝，錢不是賺不到，只是聚散無常，到手成空。但本大限的田宅宮逢本命化祿及祿存，三方不會煞，是故尚稱穩定，因此倘能謹遵山人建議獨資且小規模經

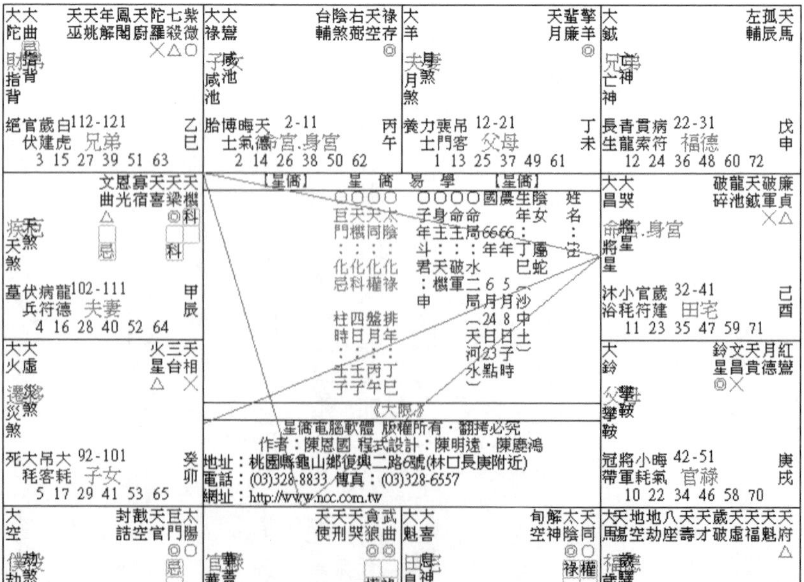

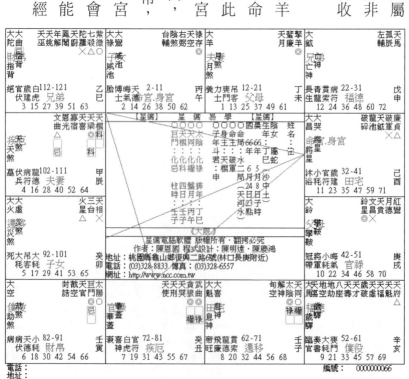

營，不過度擴張，其實尚有可爲也。其實這段時間仍以寄人籬下學習技術爲宜，因貿然創業，只怕失敗機率仍高。尤其此大限福德宮坐空劫，主勞而無獲，賺到的祇有經驗罷了，那何不稍微吞忍，俟大限利於己身時，再行衝刺，可以避免此段時間的挫折與失落呢。至於下個大限情況如何，我們就給他看下去吧：

42～51本命大限盤

以此大限命宮看來，大限太陽祿會照，又逢本命祿，且

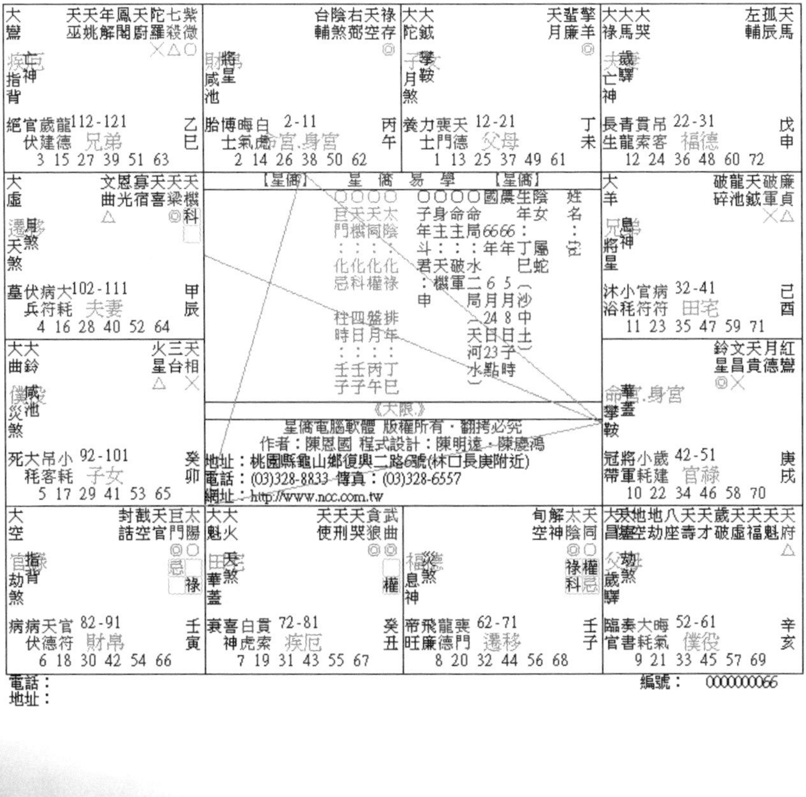

三合會昌曲及鑾喜，三方吉星拱照，對於美容業的老闆而言，是相當適合的一個機會。只是本命巨門忌造成的影響仍存在，是故需謹言愼行爲宜。且大限僕役宮仍是相當兇險，是故對於合夥人或員工仍是須多加提防爲宜。而此大限財宮亦會化祿且逢本命祿正坐，是故此時衝刺事業，確有利基，但因大限田宅會雙煞，財庫不穩，爲財多無庫之局，因此山人建議此大限倘要創業，財務部份可交給父母親或是可信賴的人來操作，且不可過度擴張或投機性操作，應可避免凶險狀況才是。

【39】請幫我看一下感情

【提問時間】2010-02-07 16：07：38

【提問內容】

我是在農曆75年2月初8 寅時出生的女生，因為這幾年來一直遇不到好對象。

之前交了一個男朋友，也因為個性方面不合而分手。

目前感情都處於空窗期一陣子了，難道我的感情緣分還未到嗎？？？？

請幫忙解惑，謝謝。

【回覆內容】

看起來你的異性緣應該還不錯才是，命宮見鑾喜對照，照理說異性緣應該不錯。但總是遇不到好對象的原因，是因爲命宮同時也會照孤辰寡宿加上空劫，如果不是有緣無份，就是認識的異姓很多，但總是差了那一步，確實蠻可惜的。如果異性緣不好沒對象也就認命了，但異性緣好卻總難修成正果，很令人扼腕阿。

有時候應該是你自己過於新潮或反傳統，嚇走不少乖乖牌的男生吧。

還有帶點過於孤剋的個性所致，而且如以你夫妻宮看來，你的眼光還蠻高的呢，基本上比較適宜晚婚，較易有好對象。

而且75年次還算年輕，緣份是要慢慢琢磨等待的，所以不要想太多．倒是自己的個性稍微修改，會比較好歐。

如果單就明年的流年看來，桃花還是有，不過性質比較屬於野桃花，所以基本上不會和這段時間差異到哪去，建議你專心在職場上發展。

女人和男人很像，有錢，有地位，還怕沒男人阿。對不對？

反正你比較適合晚婚，把精神放在事業上，所以不要想太多歐。

【發問者意見】

無

【命盤解析及內容說明】

本命盤

此盤命遷線見鑾喜對拱，照理說異性緣應該不錯，但為何總是遇不到好對象呢？此例中，命宮又同會孤辰寡宿，是故桃花雖不缺，但不容易遇到好對象，而感情也不容易開花結果。加上命宮坐地劫星，地劫入命，主人疏狂不羈，情緒較不穩定，加上武曲貪狼的組合，對女命而言，有點過於剛強，畢竟大部分的男生都會喜歡溫柔點的女生，古曰：武曲

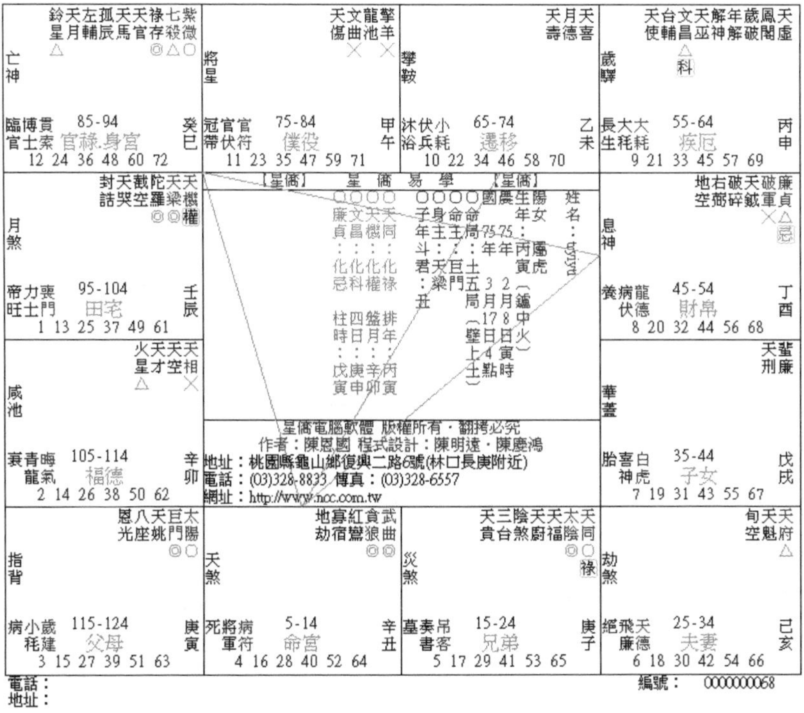
紫微 七殺 祿存 天官 天馬 孤辰 左輔 天月 鈴星
亡神
臨官 博士 貫索 85-94 官祿.身宮 癸巳
12 24 36 48 60 72
擎羊 龍池 文曲 天傷
將星
冠帶 官府 官符 75-84 僕役 甲午
11 23 35 47 59 71
天喜 月德 天壽
攀鞍
沐浴 伏兵 小耗 65-74 遷移 乙未
10 22 34 46 58 70
天虛 鳳閣 歲破 年解 解神 天巫 文昌 台輔 天使
科
歲驛
長生 大耗 大耗 55-64 疾厄 丙申
9 21 33 45 57 69
天機 天梁 陀羅 截空 天哭 封誥
權
月煞
帝旺 力士 喪門 95-104 田宅 壬辰
1 13 25 37 49 61
廉貞 破軍 天鉞 破碎 右弼 地空
忌
息神
養 病符 龍德 45-54 財帛 丁酉
8 20 32 44 56 68
天相 天空 天才 火星
咸池
衰 青龍 晦氣 105-114 福德 辛卯
2 14 26 38 50 62
蜚廉 天刑
華蓋
胎 喜神 白虎 35-44 子女 戊戌
7 19 31 43 55 67
太陽 巨門 天姚 八座 恩光
指背
病 小耗 歲建 115-124 父母 庚寅
3 15 27 39 51 63
武曲 貪狼 紅鸞 寡宿 地劫
天煞
死 將軍 病符 5-14 命宮 辛丑
4 16 28 40 52 64
天同 太陰 天福 天廚 陰煞 三台 天貴
祿
災煞
墓 奏書 弔客 15-24 兄弟 庚子
5 17 29 41 53 65
天府 天魁 旬空
劫煞
絕 飛廉 天德 25-34 夫妻 己亥
6 18 30 42 54 66
【星僑】 星僑易學 【星僑】
星僑電腦軟體 版權所有・翻拷必究
作者：陳恩國 程式設計：陳明遠・陳慶鴻
地址：桃園縣龜山鄉復興二路6號(林口長庚附近)
電話：(03)328-8833 傳真：(03)328-6557
網址：http://www.ncc.com.tw
電話：
地址：
編號： 000000068

加煞爲寡宿，其意便在此。對於尋找另一半，確實會有點辛苦。加上其夫妻宮坐天府，對宮紫微會照，故應該眼光也頗高。是故因緣問題其實只要從自身改善，自然可以避免地劫星的影響才是。

命主身居官祿，所以對於事業或職場上的發展會比較積極，而紫微會輔弼會命，格局頗高，官祿宮紫微七殺化權且逢本命祿，輔弼拱財又會祿，應爲富貴雙全之命造，惜逢空劫雙煞在此三合區作怪，好格局大概都破光了，也因此人生路上會走的比較辛苦，得而復失，錢財聚散無常，在工作上也比較容易感到挫折與無奈。

以此盤綜合論斷，命主以晚婚爲宜，雖夫妻宮三合不會煞，頗爲穩定，但整體格局而言，早婚並不是一件好事，所以建議命主修心爲上，專心在事業上發展，當事業有成時，因緣自然會到，此點亦適用於女生呢。

【40】快退伍了，腦中一片空白

【提問時間】2009-09-26 02:55:59

【提問內容】

再過二十幾天即將從部隊退伍，但對於退伍後的工作想法還是一片空白，感情也是一片空白。想請問大師，1986年2月15日18時生的我到底適合什麼樣的工作 命中注定的另一半何時會出現？

煩請各位解惑 感激不盡……

【回覆內容】

快退伍了，恭喜，人生的新開始，第一步真的要慎選呢。

從星盤看來你蠻適合擔任公職的歐，本命宮逢魁鉞昌曲來拱，又昌曲星皆居廟旺之地，可以朝向公務人員方向來走，魁鉞拱命，又可稱爲公門命格，昌曲來拱，亦是標準的文星拱命。

我想你的成績及學業應該也都不差，聰明，尤其你命坐天梁，身坐天同，再會魁鉞，所以很容易就能得到長輩的提攜與扶持，所以不論是擔任公職或是在民間企業，都很容易有升遷發展的機會。

如果以命格結構來看，以內勤，文職爲宜，社會工作也不錯，尤其是司法類的，如律師、檢察官等，都很適合你。

如果是經商或創業就不甚妥當，雖說雙祿在命宮交流，但可惜與天梁星來會，天梁星會祿，便容易出現隨波逐流，沒有主見，甚至是因財惹上麻煩的情形。也因此斗數化祿中，唯有天梁化祿最不宜。不過就整體而言，此命盤格局十分漂亮，要好好把握。

至於另一半幾時會出現的問題，命理可以提供你參考，但不是絕對直，畢竟因緣的問題，還是掌在你自己的手上。以命盤看來，老婆應該還算賢慧，但個性頗爲剛烈，所以兩人之間口角糾紛難免，以聚少離多爲宜，而且看來你老婆幫夫運還不錯呢。至於因緣問題，以大限來看，這個大限（22～31），有紅鸞星動的兆頭。沒錯的話這個大限結束前，看來要不成婚都難呢。所以不要急，時候到了，自然就會有因緣了。而且這個大限對你而言很棒，逢日月昌曲來拱照，相信你退伍後，不論是在職場或是官場上，都會蠻順利的，要好好把握。趁此大限把自己的基礎打穩，對自己的未來會更好。不要再繼續腦袋空白，好好把握這天賜的好機運，認真打拼才對，加油。

【發問者意見】

無

【命盤解析及內容說明】

本命盤

正所謂：日月昌曲，出世榮華，且雙祿於命宮交流，主出身望族，故命主幼時家境定然不錯，而天魁，天鉞在三方拱命，昌曲又會福德，表示命主聰明有才華，此局又可稱為公門局，倘命主能在公門發展，應該會有相當的成就。而紫微會輔弼，除領導力強，能得人助外，架構頗高，可以貴格論之。又魁鉞主貴人與機遇，亦能得長輩提攜。整體命宮三方不見煞忌，倒是六吉星會照了四顆，加上同梁守命，為人古意善良，又兼具聰明與才華，如此漂亮的盤，真是羡煞旁人呢。

看到這個星盤架構，我想大多數的人都會覺得是命主真是好命，但事實真是如此嗎？山人常說，每個人的命盤，吉星與煞星都相同，差別只在不同宮位，倘吉星全數照命，那煞星呢？大概

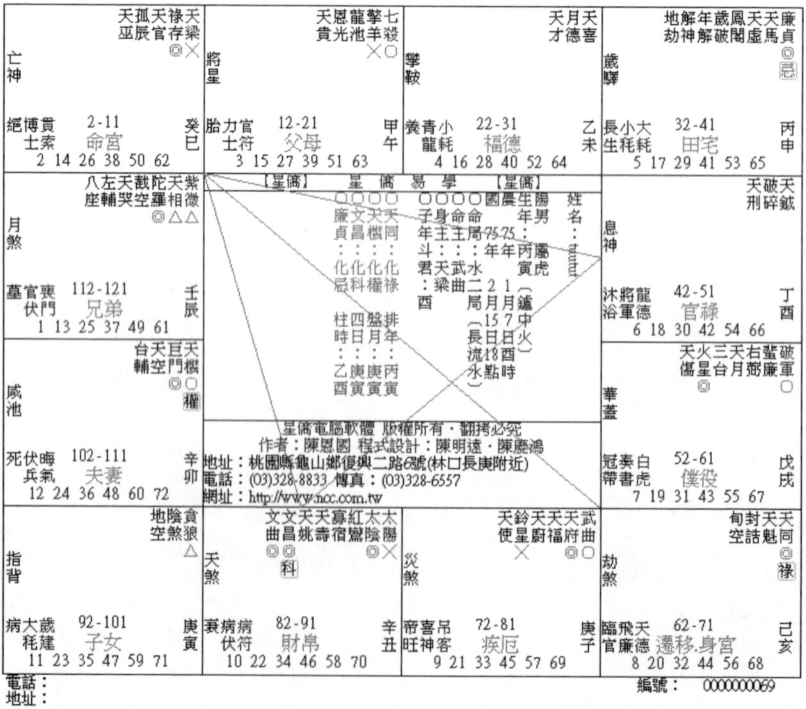

都到六親宮位去了。六親皆差，我獨好，我想這不會是一個完美的星盤。此點可從這張命盤看出來，子田線會空劫，除表示祖產及錢財難留外，更是與子女緣淺，再觀其疾厄宮煞忌交馳，一生定然多災，要求子可能要去不孕症科先掛號，擎羊坐父母，陀羅坐兄弟，更是表示其與父母兄弟緣淺的狀況，六親宮位均不佳，這能算是好的星盤嗎？山人認爲，只有吉煞星均匀分布的才是真正的好命人，不是嗎？

財宮見日月昌曲且會本命祿，三方穩定，基本上表示財多，但田宅宮卻遭空劫拱破，爲有財無庫之局。以此局而言，由於命理缺兄弟，加上天梁會雙祿，心慈善良，富有同情心，非常容易遭部屬或朋友詐騙破財，所以必須要相當提防才是。尤其此局天馬會空劫，加上與本命連貞忌同度，爲拆馬忌+半空馬格局，創業是相當不適宜。尤其天梁坐命會祿並不是好事，因天梁爲風紀官，擁有太多財富，往往會因此而惹上麻煩。

此局官祿宮相當漂亮，倘能進入公門，以其穩定狀況，定能安穩至退休，但因天梁星帶有強烈的原則性，加上又會天刑，經常顯得有點過度不近人情，因較缺少圓融性，所以在人群中會顯的孤獨。所以山人認爲從事法官，檢察官或軍警類都不錯。倘真要求職，可朝向財務，稽核及行政內勤方面發展，又命主個性善良有同情心，從事社會工作也是相當的不錯呢。

至於命主提到感情問題，基本上夫妻宮相當漂亮，三方會祿權及魁鉞，主得貴妻或因妻而貴。但因巨門正坐，是故雙方口角紛爭較多，以聚少離多為宜。至於因緣部份，倘依大限走勢看來，應成於22～31這個大限。由於命主即將退伍，我們就來看看這個大限的走勢吧。

22～31本命大限盤

此大限命宮見鑾喜交流，

大馬空 天巫 孤辰 祿存 天官 天梁 × 夫 歲驛 亡神 絕博貫吊 2-11 士索客 **命宮** 2 14 26 38 50 62	大昌 天貴 火鈴神 擎羊 七殺 ×○ 兄 將星 胎力官病 12-21 士符符 **父母** 3 15 27 39 51 63	大鈴 天才 月德 天喜 命 華蓋 蠻鞍 養青小歲 22-31 龍耗建 **福德** 4 16 28 40 52 64	大大 地劫 解神 年解 歲破 鳳閣 天虛 天馬 廉貞 忌 父 勢煞 歲驛 長小大晦 32-41 生耗耗氣 **田宅** 5 17 29 41 53 65
大羊 八座 左輔 天哭 截空 陀羅 紫微 △○△ 子 攀鞍 月煞 墓官喪天 112-121 伏符德 **兄弟** 1 13 25 37 49 61			天刑 破碎 天鉞 福 息神 沐將龍喪 42-51 浴軍德門 **官祿** 6 18 30 42 54 66
大祿 台輔 恩光 天機 ○ 財 蠻星 咸池 死伏晦天 102-111 兵氣煞 **夫妻** 12 24 36 48 60 72			天火 三天 右破星 台月 照軍 ○ 田 華蓋 冠奏白貫 52-61 帶書虎索 **僕役** 7 19 31 43 55 67
大陀喜 地空 陰煞 貪狼 △ 疾 指背 神 病大歲龍 92-101 耗建德 **子女** 11 23 35 47 59 71	天虛 邊影 身主 天煞 空煞 衰病病大 82-91 伏符耗 **財帛** 10 22 34 46 58 70	大魁 文文天寡紅太太曲昌姚壽宿陰陽 遷 劫煞 災池 帝喜吊小 72-81 旺神客耗 **疾厄** 9 21 33 45 57 69	天鈴天天武使星廚福府曲 ◎ 僕 咸池 臨飛天官 62-71 官德德權 移·**身宮** 8 20 32 44 56 68

【星僑易學】
姓名：ＴｕｒｔｌｅＴ
國農生陽
男屬虎
75 75 年
君武丙
2 月 寅
15 7 中火
日 18 酉
流點時
乙 庚 庚 丙
酉 寅 寅 寅

《大限》
星僑電腦軟體 版權所有‧翻拷必究
作者：陳恩國 程式設計：陳明遠‧陳慶鴻
地址：桃園縣龜山鄉復興二路6號(林口長庚附近)
電話：(03)328-8833 傳真：(03)328-6557
網址：http://www.ncc.com.tw

電話：
地址：

編號：　0000000069

306

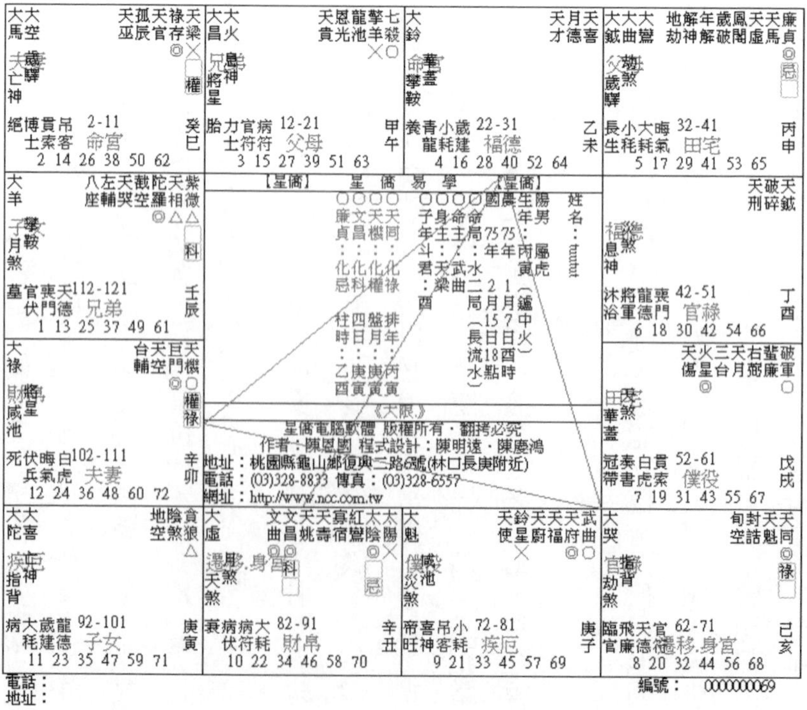

又逢大限祿及本命祿引動，是故在此期間定然成婚，因此因緣問題，命主大可放心呢。

大限命宮適逢日月昌曲同照且正坐遷移宮，此時出外打拼，必有相當成就，加上雙祿會大限財宮，此限定然財多。惜大限太陰化忌正衝命宮，太陰主富，太陰化忌則多有投資失利的情事發生，此點可由大限田宅會煞的凶惡狀況可見一班，是故此大限依然呈現財多無庫的狀況，所以建議命主此段時間應在職場上全力衝刺發展，不論是從公或從商，以此強運的庇祐下，定能有相當成就，同時盡量避免投資，因看來會有破大財的現象。我想退伍後的生活，會是相當精采的呢。

【41】請大師為我看命盤

【提問時間】2009－10－03 12：57：14

【提問內容】

小弟為農曆民國72年正月16日巳時生，請大師幫忙看一下命盤及事業方面。目前工作為政府機關，可以為我看未來是繼續待在公門好還是時機到了便可轉行與老婆一起做生意，因為小弟工作上時間原因無法照顧妻小，心裡實在不好受。

【回覆內容】

公家機關很適合你呢，本命帶有文星拱命格局，加上盤中昌曲皆居旺地，所以身在公門確實不讓人意外。至於適不適合與老婆轉行一起創業，你的本命盤見祿馬交馳，但也會地劫，創業成功率不是沒有，但得中必有失，這點從你財庫有損就可以看的出來。

所以山人建議你的方向，繼續呆在政府機關，因你創業會有成但錢財難聚，老婆創業就站在幫忙的角度，至少公家機關穩定的收入可以支撐老婆創業草創期的經濟來源。

這段時間站在輔導幫忙的角色，如果你老婆創業沒有成功，至少你有穩定的收入，如果成功了，再來考慮轉行一起打拼，這樣不是比較實際嗎？也比較可以兩全其美，對不對。

【發問者意見】

感恩

【命盤解析及內容說明】

本命盤

盤中昌曲皆居旺地拱命，爲標準文星拱命格局。而魁鉞照命，此命格爲標準的公門格局。是故於公家單位任職係相當適宜。此局三合會鈴星擎羊，形成斗數奇局

「鈴羊局」，古曰：威權出眾。故亦適宜以武職顯貴。此盤允文允武，相當漂亮，惜其官祿宮煞忌交馳，故在公門路上，起伏挫折難免，且擎羊正坐，定然相當艱困。且我想這也是他打算離職創業的原因。

官祿宮決定了一個人在職場上的狀況，倘星群結構不佳，那在工作上也難有順利的時候。正所謂：時不予我，倘一身高強武藝的人，生於太平年代，我想除了當屠夫、武師或衛戍外，也沒有什麼功成名就

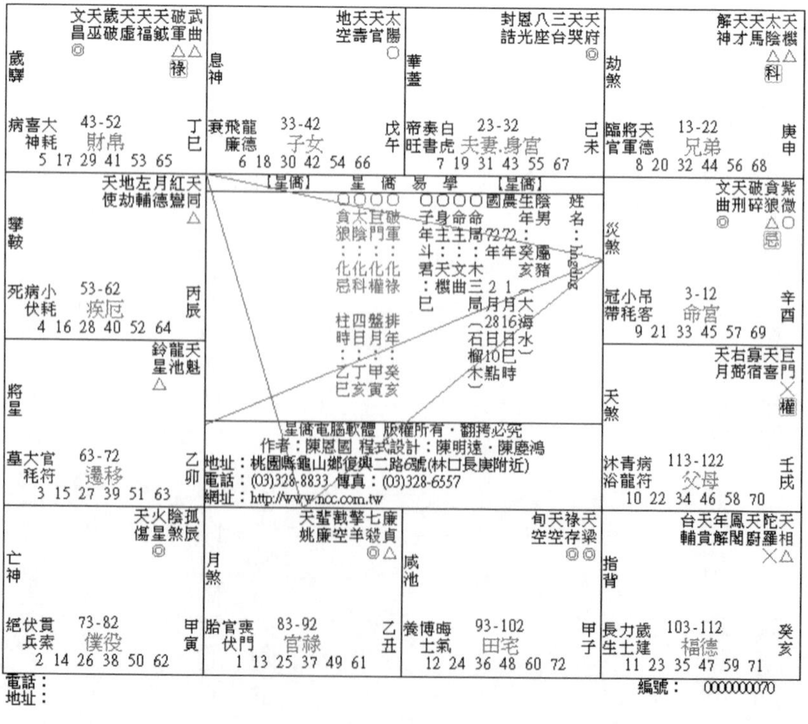

的機會；倘文采超群，卻生於戰亂，不過也是一介貧士。因此，除了命格強弱之外，天時及運限亦須相輔相成。古曰：命好身好限好，到老榮昌，其意便在此。

而命主身居夫妻宮，故家庭關係應為其最注重之處，也因此命主會想與老婆一起創業。以本命盤看來，天馬會空劫，為標準半空馬格局，化祿落財宮且逢魁鉞昌曲來拱，主財路廣，得財容易，但其田宅宮卻會三空，為有財無庫之造，故命主只適合以兼差性質進行創業，例如網拍等，倘全力投入，則以其庫位的狀況，只怕是賺不夠賠的狀況。

至於與老婆一起創業，以本命夫妻宮來看，天府正坐，主妻賢慧，能力強，善於理財，但雙煞會照，因此雙方相處經常會因為意見想法不合而起爭執，且以整體結構來說，吵架時的火爆場面想來應該還蠻恐怖的呢。倘再一起創業，只怕是會把家庭關係弄得更僵。

由於命主本命不適創業，但兼差性質不妨，且收益會比專職來的好，因此建議由老婆先行運作，而命主站在輔導協助的角色，例如開早餐店，就負責採買及準備食材等，加上創業初期財務壓力相當大，不如暫時留在原位，至少可以提供家庭一份穩定的收入。等到老婆的生意穩定後，再來考慮轉行全力協助，但因本命不適宜創業，是故仍以站在後勤幕僚的角度爲宜。

山人常說，倘本命不宜創業，但大限流年見雙祿馬交馳等好格局時，有風雲際會的運勢時，仍可放手一搏，只是因本命不宜，故需見好就收，畢竟大限在好也只有10年，流年再好，也只有1年，屆時一切又打回原狀，到頭來空一場，賺到的只有人生經驗，又何必如此勞累呢？

這就是命理對生意人最大的幫助，能夠提前預知運勢好壞，以做進退的憑據，自然成功獲利的機會比把握不住天時的人來的大，就像三國赤壁之戰，倘沒有那陣關鍵的東風助威，縱有火燒連環船的妙策，卻成無用？故不知時運而貿然行事，猶如瞎子摸象，但以命理方式預測未來，選擇正確時機進擊，則因知己知彼，自然百戰百勝呀。那現在我們就看看命主這個大限創業運勢何如吧。

23～32本命大限盤

以此盤看來，由於大限夫妻宮雙祿入，又會化權，且會照紫微貪狼，爲桃花犯主，故創業的想法應由其妻影響。但夫妻宮三方逢大限文曲忌衝，形成祿忌交馳局面，加上三方會羊陀雙煞，因此兩人在此段時間爭執必定更加嚴重，倘真的一起創業，只怕是夫妻感情決裂問題的開端。而大限命宮不會祿，且財帛宮逢大限化忌正衝，田宅宮亦會空劫，此時進擊，只怕是剎羽而歸居多。且文曲忌對於創業者來說最不適宜，文曲主口舌，化忌則表示易因言語惹禍，做生意以求財為目的，當然是以和為貴，但在此曜化忌的影響下，自然做起生意來會相當艱辛。因此命主倘站在輔導協助或後援的角色，其實是相當適宜的呢。

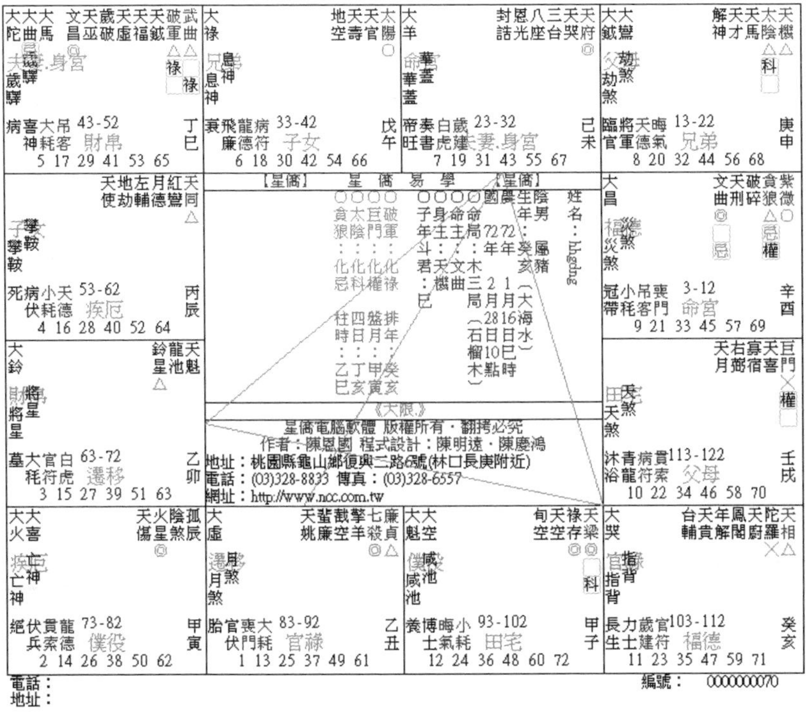

【42】我是否有老闆命！有財運？

【提問時間】2009-09-07 20：26：16

【提問內容】

請問一下~我是否有老闆命！！有財運？？？我 68．09．07號辰時出生（國曆），謝謝。

【回覆內容】

本命坐天同，基本上，天同爲福星，福星坐命，三方又見魁鉞輔弼及文曲等六吉星來拱，沒錯的話你應該是一個蠻有福氣的人，不但機遇多，貴人多，來自朋友及同事的助力也多，也很容易就能得到長輩的賞識，整體而言還不差。

也因此造成你有點偷懶，不積極，因爲事情總是能輕騎過關。這也就是，古曰：天同不見煞反爲禍的原因，其因爲何？因天同爲福星，本身就有點懶散不積極，加上眾吉星拱照更使這種懶散本性更加強，所以此組合常常出現豪門的敗家子弟。見煞曜對天同來說反而是好事一樁，因爲能激發天同星奮發向上的本能。

從你整體格局來看，屬於機月同梁格局，反證了這種情況，基本上你比較適合穩定的工作。因此局人通常積極度不足，且容易投機及操作過度的財務幹桿，所以容易產生敗局。

加上此局人個性通常頗爲敦厚，嚴格說起來不宜創業。因個性有點像是古代的員外個性。

雖說你的本命盤見祿馬交馳格局，但可惜逢本命盤文曲化忌來阻礙，形成所謂的拆馬忌格局，加上你本身不太積極的個性，不是很適宜擔任老闆或創業，既使是守成，也需要特別注意。

以此局來看，朋友及屬下會是你的致命傷，因爲朋友對你只有害處，很少有益處，甚至需要擔心被朋友或屬下騙財，對人存點戒心，這是山人給你很衷心的建議。

以財宮來看，財宮雖逢本命祿，但亦逢文曲化忌，可謂祿忌交馳，且此忌又是要命的文曲化忌。

爲何文曲化忌要命呢?尤其是對生意人,因文曲爲口才之意,化忌則轉變爲因言語惹麻煩,生意人以和爲貴,倘是非糾紛不斷,又怎能期待生意能夠賺錢呢?

從你的財庫來看就知道暸,煞忌正坐又逢空劫來會,庫破的嚴重,所以破財的情況嚴重,尤其必須注意桃花劫,也是因爲朋友引起。

綜上所述,山人良心的建議你,最好能夠注意朋友及錢財的流向,最好當個上班族,或是穩定的工作,因爲這樣比較適合你。

如果繼承祖業的話,切記山人說的:提防你的屬下及朋友,小心的維持,人家說:創業維艱,但守成更不易,尤其你更是如此。

【發問者意見】

謝謝

【命盤解析及內容說明】

本命盤

命坐天同，三方無煞有吉，且左輔右弼拱命，整體來看，相當漂亮，但真是如此嗎？正所謂：天同不會煞反為災，因天同化氣為福，三方吉星會照過多，表示福氣過大，過與不吉均為災，斗數正曜均不喜與煞曜同會，惟獨天同必要，因煞曜可以刺激天同的軟弱成長，倘不會煞記，缺少激發力量，則此人難有所成。此點可從其三方四正形成機月同梁格觀察，機月同梁格局，較喜歡

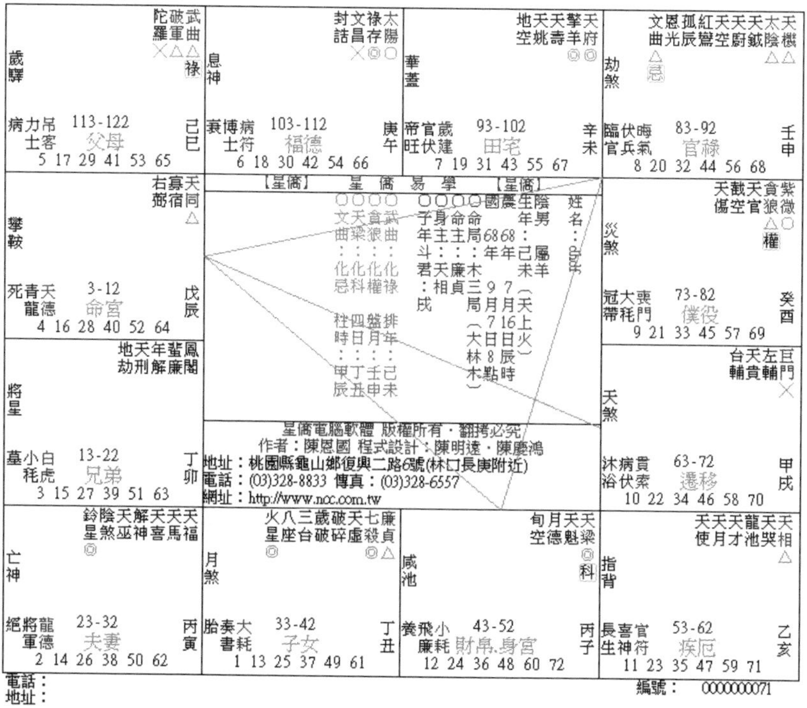

穩定中發展，不喜歡變動，與本命星宿組合相符。而陽梁昌祿格局會福德，表示命主相當聰明有才華，此局倘能進入公門任職，定有相當成就。

此例父母宮坐祿，身坐財宮又會祿，又逢日月昌曲拱照財宮，又夾田宅且太陽居午會祿且不見煞侵，其富何疑？表示命主家境定然相當優渥，得財容易，但其田宅宮卻逢空劫及擎羊正坐，加上府相不會祿，倒會空劫，錢財破耗難留，爲有財無庫之局。再者田宅宮坐天姚野桃花，三方組合不佳，倘行限星曜組合不佳時，極有可能因桃花而破大財，實須慎之。

加上命主祿坐福德，且福星坐命，基本上命主是個相當捨得對自己好的人，以另一角度來說，較爲浮誇奢華，不切實際。但身家優渥，錢財無虞的環境，倒真羨煞不少人呢。

由以上的推論，各位看官您認爲命主具有老闆格嗎？非也，此乃員外格局，此局只宜守成，不宜開創，且由於身居財宮，此生以賺錢爲目的，但本性較爲懶散且好大喜功，倘進行投資或創業，應相當依賴其合夥人，但其兄僕線星曜組合確是相當險惡，多酒肉朋友，而其命宮三方四正不會煞，又逢魁鉞入命，故命主心思良善，胸懷寬大，也因此對人較不易有戒心，也因此相當有可能遭朋友設計陷害導致破大財甚至破敗祖業的結果，故山人特別提醒命主交友須謹慎，否則後果堪慮呀。

至於財運如何？其實命主得財容易，財貨豐厚，真不需要擔心此問題，命主倘能以守成為目的，不胡亂投資理財，或過度操作財務槓桿，加上能對身邊朋友或部屬多加注意提防，以其整體星盤架構而言，一生定能相當優渥的度過。

【43】我想知道姻緣何時到來

【提問時間】2009－09－07 16：27：56

【提問內容】

我想知道我的姻緣，28歲了，家人一直催促，目前無男友，其實我自己也很急也很無奈吧。我心理面也是很無言，姻緣什麼時候才會來呢？！

請大師給小妹一點點指引，感激不盡。

小妹是國曆70年5月2日晚上23點55分出生屬雞

【回覆內容】

先談談你個性上的問題，沒錯的話你應該是個蠻大喇叭型的女生吧，而且個性頗爲固執，堅持己見，不過相對而言還蠻敢作敢當的，同時脾氣應該也不是很好。所以你應該常有口舌是非，正所謂命由性生，還是要改改這個性會比較好。好了，回來談正題吧。由於本命文昌忌入本命夫妻宮，也因此你對男生的信任度不佳，基本上比較適宜晚婚，因爲比較個性較爲成熟，對感情也比較能夠容忍。

不過從夫妻宮來看，倒是能夠得到老公的幫助，可以說是你的貴人所在，基本上對方的年齡會比你大的多。個性有點女性化的溫柔，溫文儒雅，有耐心且重感情，而且沒錯應該還蠻有氣質的呢。

不過通常這型的頗爲沉靜，所以你那大喇叭的個性倒是要改改，這樣才步會引起雙方的口角。

以大限來看，本（22～31）大限逢鑾喜會照且夫妻宮逢化祿引動，要沒有因緣，很難。沒錯的話31歲前就會成婚了，只是這婚姻能否持久，才是關鍵所在。

基本上山人建議你可以在這時候找對象，結婚宜在31歲後，這樣會比較好。沒錯的話明年就會有對象出現，因大限逢鑾喜對照，又流年夫妻宮見鑾喜對照且太陽化忌轉化祿，甚至有成婚的可能，所以耐心，不要急。不過還是建議你31歲後結婚比較好，如果沒有辦法的話，那就要靠你自己改改個性。

【發問者意見】

無

【命盤解析及內容說明】

本命盤

本命盤巨門坐命，巨門主口才，又與文曲同度，是故命主口才定佳，而三方會太陽會照能驅巨門之暗，雖於落陷宮位，但逢火星補足，是故命主相當適宜以口為業的工作，如：老師，教授，客服，業務行銷等。

而三方魁鉞拱福德，昌曲拱命，足見命主除口才佳之外，更

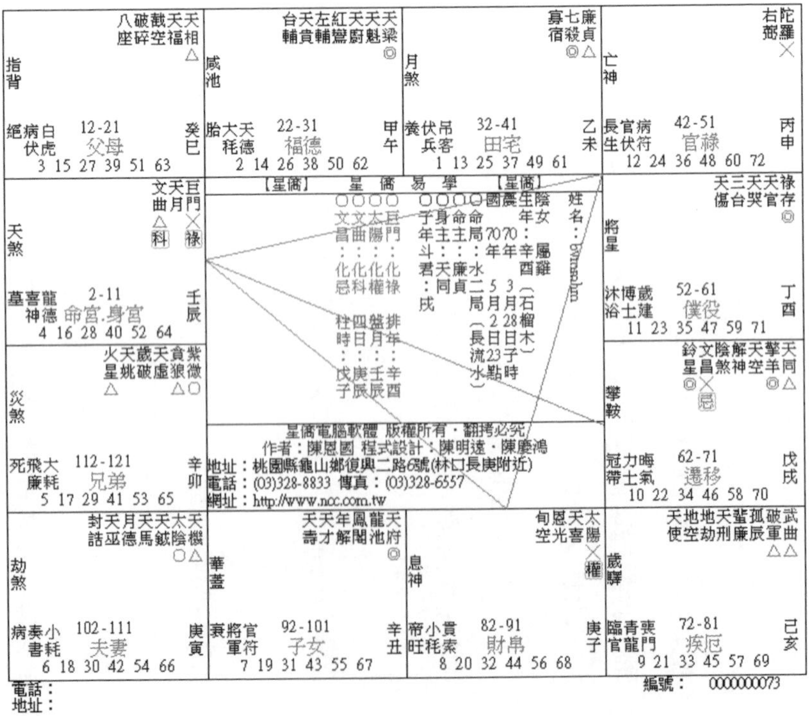
八破截天天
座碎空福相
指背
絕病白 12-21 癸巳
伏虎 父母
3 15 27 39 51 63
台天左紅天天天
輔貴輔鸞廚魁梁
咸池
胎大天 22-31 甲午
耗德 福德
2 14 26 38 50 62
寡七廉
宿殺貞
月煞
養伏吊 32-41 乙未
兵客 田宅
1 13 25 37 49 61
右陀
弼羅
亡神
長官病 42-51 丙申
生伏符 官祿
12 24 36 48 60 72
文天巨
曲月門
科 祿
天煞
墓喜龍 2-11 壬辰
神德 命宮.身宮
4 16 28 40 52 64
天三天天祿
傷台哭官存
將星
沐博歲 52-61 丁酉
浴士建 僕役
11 23 35 47 59 71
火天歲天貪紫
星姚破虛狼微
災煞
死飛大 112-121 辛卯
廉耗 兄弟
5 17 29 41 53 65
鈴文陰解天擎天
星昌煞神空羊同
忌
攀鞍
冠力晦 62-71 戊戌
帶士氣 遷移
10 22 34 46 58 70
封天月天天太天
誥巫德馬鉞陰機
劫煞
病奏小 102-111 庚寅
書耗 夫妻
6 18 30 42 54 66
天天年鳳龍天
壽才解閣池府
華蓋
衰將官 92-101 辛丑
軍符 子女
7 19 31 43 55 67
旬恩天太
空光喜陽
權
息神
帝小貫 82-91 庚子
旺耗索 財帛
8 20 32 44 56 68
天地地天蜚孤破武
使空劫刑廉辰軍曲
歲驛
臨青喪 72-81 己亥
官龍門 疾厄
9 21 33 45 57 69
【星僑】 星 僑 易 學 【星僑】
陰女
生年：辛酉屬雞(石榴木)
農曆：70年3月28日子時
國曆：70年5月2日23點
命局：水二局(長流水)
命主：廉貞
身主：天同
子年斗君：戌
巨門：化祿
太陽：化權
文曲：化科
文昌：化忌
排年：辛酉
盤月：壬辰
四日：庚辰
柱時：戊子
星僑電腦軟體 版權所有．翻拷必究
作者：陳恩國 程式設計：陳明遠．陳慶鴻
地址：桃園縣龜山鄉復興二路6號(林口長庚附近)
電話：(03)328-8833 傳真：(03)328-6557
網址：http://www.ncc.com.tw
電話：
地址：
編號： 0000000073

是聰明伶俐，智慧與氣質兼備的好女孩。又此局為公門格局，故命主相當適宜在公家機關發展，尤其以其特性而言，擔任教師是最佳的工作選項。

通常命身同宮的人，較為固執，堅持己見，有點頑固，加上口若懸河的口才，辯才無礙雖是好事，但以此星曜組合看來，相當容易因得理不饒人的個性而惹禍上身，雖說有理走遍天下，但山人必須奉勸命主，得饒人處且饒人呀，以免給自己帶來人生的困擾。

巨門坐命的人，較易引致口舌是非，縱使結構再佳，亦難脫離其背後是非的本質。有的時候，沉默比起滔滔不絕，來的有威力多，正所謂：沉默是金，尤其是對應到男女感情之事時，此點更是造成雙方感情不睦的主因，故倘希望能得到良緣，此點是命主首要修正之處呀。畢竟

男人也是愛面子的呢，倘不留餘地，咄咄逼人，只怕這段感情要開花結果，會相當的辛苦呢。

既然提到因緣問題，那我們就從本命夫妻宮看起，本宮坐太陰天機，表示婚配對象屬於有氣質，談吐優雅，聰明溫順，性情體貼溫柔的好男人，但因三方會照天

梁，且天機坐夫妻宮，亦宜長配，故配偶年紀應較命主大許多。反過來說，此局宜與年紀較長的男生婚配。而對宮陀羅正衝，陀羅主慢，遲滯，是故命主以晚婚為宜。晚婚定義以現代而言，應該為30歲之後。

那命主的緣分可能成於何時呢？又或何時會有正緣的機會出現呢，此點就要從大限或流年盤來推敲了，其22～31本命大限盤如下：

本命大限盤

以此大限看來，鸞喜會大限命宮，主有因緣可得，而大限夫妻宮

命盤

癸巳（父母）
大昌　八破截天天座碎空福相
兄神指背
絕病白病 12-21
伏虎符 父母
3 15 27 39 51 63

甲午（福德）
命煞・身宮　將星 咸池
台左紅天天天輔貴輔鸞廚魁梁
胎大歲 22-31
耗德建 福德
2 14 26 38 50 62

乙未（田宅）
大鉞　父月煞
寡七廉宿殺貞 祿
養伏吊病 32-41
兵客氣 田宅
1 13 25 37 49 61

丙申（官祿）
大馬　右弼 陀羅×
福亡神 祿
長官病喪 42-51
生伏符門 官祿
12 24 36 48 60 72

壬辰（命宮・身宮）
大空　夫天煞
文曲天月 △科／巨門 △祿
墓喜龍病 2-11
神德德宮・身宮
4 16 28 40 52 64

丁酉（僕役）
大曲鸞　田將星
天三天天祿傷台哭官存 ◎
沐博歲貫 52-61
浴士建索 僕役
11 23 35 47 59 71

辛卯（兄弟）
大羊鈴喜　子咸池煞
火天藏天貪紫星姚破虛狼微
死飛大天 112-121
廉德 兄弟
5 17 29 41 53 65

戊戌（遷移）
鈴文陰解天擎天星昌煞神空同
官祿蜚蓋
冠力晦官 62-71
帶士氣符 遷移
10 22 34 46 58 70

庚寅（夫妻）
大祿　財祿劫背煞
對天月天天太詰巫德馬鉞陰機 ○△
大陀大魁火　疾華煞神煞
病奏小白 102-111
書虎耗 夫妻
6 18 30 42 54 66

辛丑（子女）
天天鳳龍天壽才解閣府 ◎
病將官龍 92-101
軍符德 子女
7 19 31 43 55 67

庚子（財帛）
旬恩太太空光喜陽（權）
僕息歲神驛
帝小貫大 82-91
旺耗索耗 財帛
8 20 32 44 56 68

己亥（疾厄）
天地地天蜚孤破武使空劫刑廉辰軍曲 △△
僕歲驛 權科
臨青喪小 72-81
官龍門耗 疾厄
9 21 33 45 57 69

中央
【星僑】星僑易學
文文太巨昌曲陽門
化化化化忌科權祿
子系命命　年女
斗主主局：年辛屬雞
君天天：：同貞二 5 3月（石榴木）
戌　局月月28日日　長流水
柱四盤排 23子點時
時日月年
：：：：
戊辛壬辛
子巳辰酉
姓名：bymmbm
《大限》
星僑電腦軟體 版權所有・翻拷必究
作者：陳恩國 程式設計：陳明遠・陳慶鴻
地址：桃園縣龜山鄉復興二路6號(林口長庚附近)
電話：(03)328-8833 傳真：(03)328-6557
網址：http://www.ncc.com.tw

電話：
地址：
編號： 0000000073

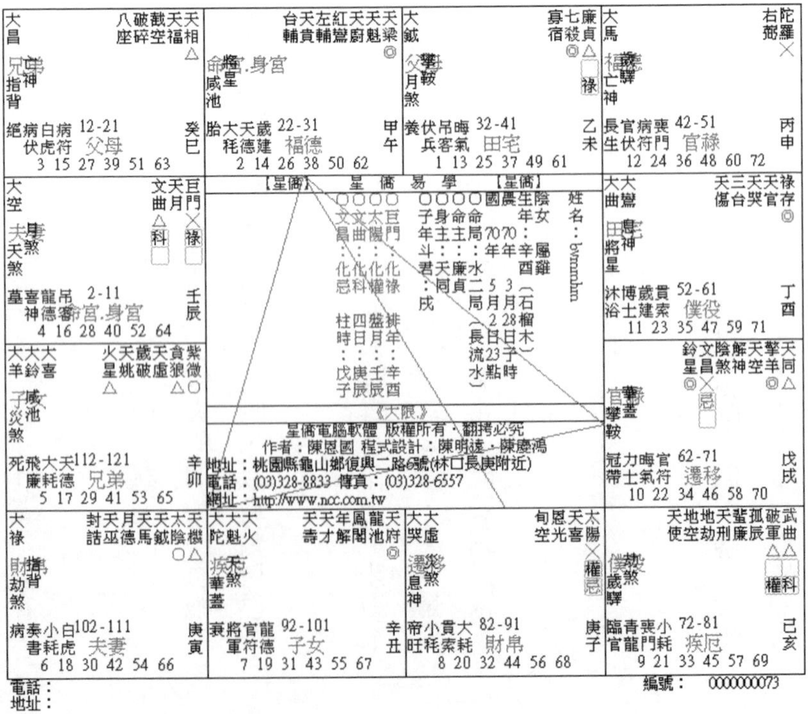

會天喜但逢本命文昌化忌及大限太陽化忌，加會擎羊陀羅，煞忌交馳，是故雖星群結構倘良好時，因緣能成，但其間必定夾雜許多糾紛，甚至該因緣難過此大限。這不也反證了本命盤顯現只宜晚婚的情況嗎？事故目前命主表示並無對象，其實並非壞事。至於近幾年何時能有好姻緣可期待呢？這點就要從流年本命或夫妻宮狀況來逐年推敲，以整體流年走勢研判，應在30歲那年機會較大，其流年命盤如下：

99年大限流年盤

此流年命宮會紅鸞，夫妻宮見

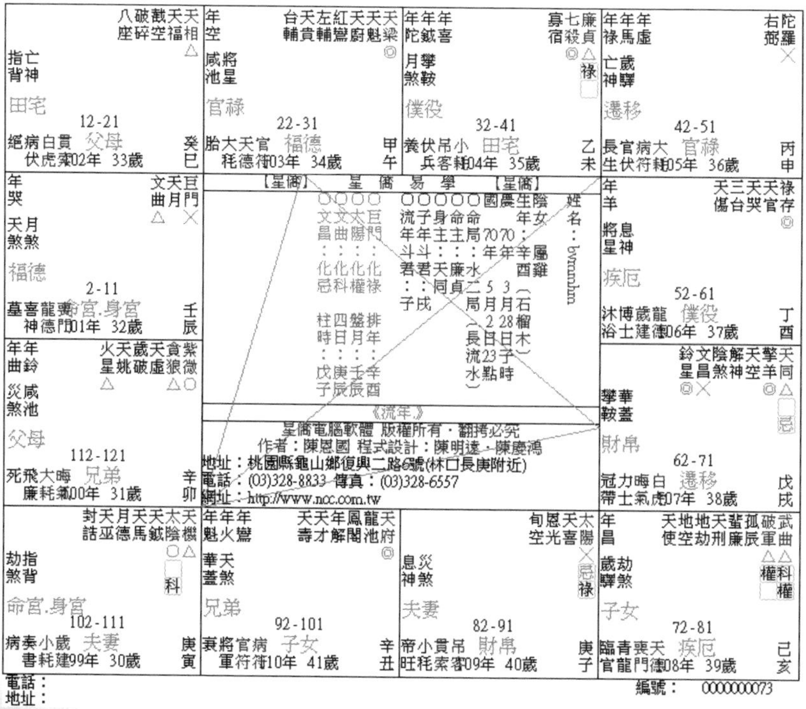

鑾喜對照，又逢太陽化祿，三方結構相當穩定，是故應有緣分可期待才是。對宮見天梁老人星。記得嗎?先前本命盤分析時提到命主宜長配，倘以夫妻宮爲命宮，則對宮即爲遷移宮，故此流年遇見的對象年紀應較命主大上許多，且外型看起來應頗有氣度及仁慈的呢。且此局逢化祿引動，即有可能在當年即成婚，但因本命適宜晚婚且31歲時不論流年命宮及夫妻宮均較30歲時的狀況來的穩定多，故建議應於31～32歲時成婚。

【44】離婚邊緣，請幫助我

【提問時間】2009－08－31 16：48：45

【提問內容】

我跟老婆婚姻出現問題了，老婆藉工作跑去大陸，目前我不知道她人在哪只能偶而用 e-mail 聯絡。

他說我們個性不合，留一封信就走了，我想是因為我脾氣不好。

雖我不會對他發脾氣，但對別人他看了會害怕。

我才結婚兩年，到最近一年突然兩人關係變了樣，（最近一年搬的新家），我們沒有吵架，沒有外遇，也沒有經濟上的問題，能協助我們嗎？

我的生辰63年 9月22寅時（農曆）

我老婆66年 2月27日 未時（農曆）

我本不信命運，但這事太不合理了，我不知道該麼辦，請幫助我。

【回覆內容】

以你的本命盤看來，你的夫妻宮坐太陽且化忌，所幸太陽居午宮位廟旺之地，所以傷害沒那樣重，但還是會感到痛苦，太陽化忌，雙方容易離異或因工作關係而疏遠。

沒錯的話你的太太個性比較外向、開朗、體格應該還不差。在家裡面，妳們的角色好像顛倒，你比較像太太，而太太比較像先生，不過還算蠻能幹，賢慧的，只是有帶著大女人主義，夫妻相處時有口角糾紛。

夫妻宮雖見化忌但不遇煞，所以推論外遇的機會不高。倒是小人不少，也許是因爲你的個性所致，你屬機月同梁格，本來積極度就不足。

又逢天機太陰坐命，男命坐太陰，雖說外型頗爲俊美，但畢竟太陰星屬女性的象徵，男命得之本來就有魄力不足的問題，再加上天機，更是胡思亂想鑽牛角尖，也許本來沒有什麼事的，反而因爲亂想而出現問題。

不過你的秉性倒是頗爲寬厚，我想你太太的個性，大概也只有你能容的下。好了～～現在用大限來看看了。

如果以大限命宮的星宿組合，確實會走的很辛苦，你會感到內心痛苦，拖泥帶水不乾脆，加上你自己的魄力不足，所以如果要離婚，可能很有得拖的。而且看起來大限夫妻宮頗爲精采，坐紫貪加野桃花星天姚。再會桃宿祿權科全都來，另逢四煞同襲，再會空劫，等於斗數六煞全齊了。在加孤辰寡宿，天空旬空也一起來湊熱鬧，除了化忌沒來，全擠在一起，真是夠了。桃花朵朵開，但開的很凌亂，辛苦，也不會有結果，而且此大限姻緣難保阿，但看自己造化。

沒辦法，從這個組合看來，你應該是倉卒成婚的，因重疊父母宮，我想與你父母脫不了太大的關係。

今年應該不會有離婚的可能，如果山人推論沒錯，如果你真有意離婚的話，明年保證有機會，想不離都難。不過姻緣難得，自己要好好考慮清楚，建議你多溝通了解。夫妻之間，畢竟要走一輩子，如果有小孩的話，那就更不應該。畢竟小孩成爲單親，是件很痛苦的事，而且對他的成長過程會有很深的傷害，爲人父母者，萬不可因自己的快樂與情緒，而害到小孩，畢竟她們是無辜的。

山人還是建議你，好好的溝通協調，看是那兒出了狀況，萬不得已，千萬別走上這條路。

【發問者意見】

感謝了然山人，結婚跟父母有關，倉促成婚沒錯，蒙你的關心一再補充，了凡四訓我已經看過了，也能接受他的觀念，行善積德已是我的終身課題，沒想到我的夫妻宮如此精彩，這件事有了結果，我會以 mail 通知大家，讓大家印證一下命運的奧妙。再次謝謝你的熱心，我感受到了。謝謝。

【命盤解析及內容說明】

本命盤

此局命宮見天機太陰，此組合本身較易有胡思亂想，鑽牛角尖的狀況發生。因爲太陰星爲女性象徵，想像力本身較豐富，天機爲智慧聰明，兩相加乘下，故此組合爲自尋煩惱的組合。

山人常說，命宮坐太陰，基本上無論男女，其氣質都相當出眾，但此曜宜女不宜男，因此曜缺少魄力與開創性，常常想多做少，且面臨重大決策時，往往是游移不定，造成自己的困擾。

此命局三方四正構成機月同梁的組合，此局人偏向穩定的環境，不喜歡變動，所以比較適合靜態的工作，如行政內勤這一類的。但相對而言，開創性不足，所以倘對象本命星曜強勢之時，往往都是『PTT

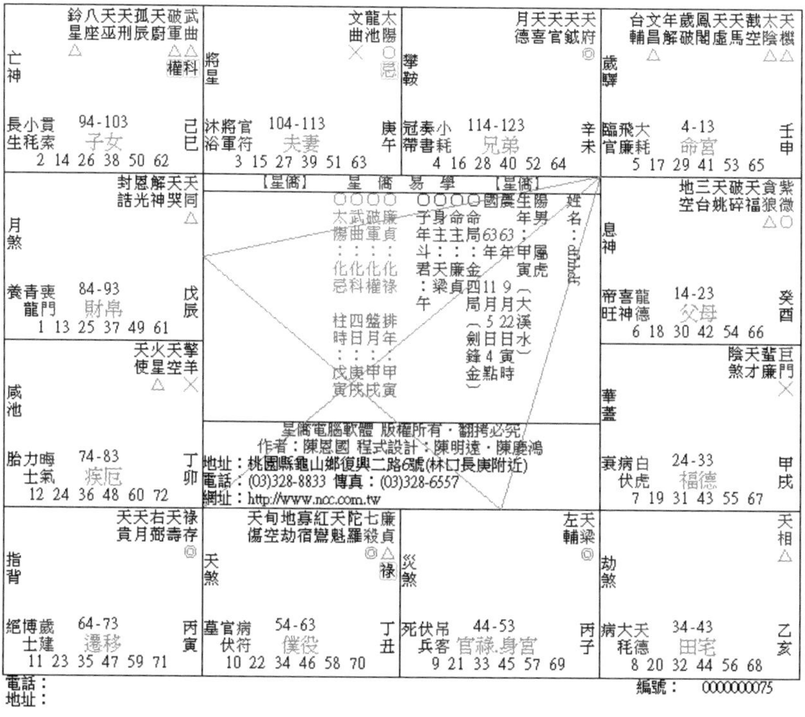

俱樂部』成員呀。

此例由其妻的星盤看起來便是如此（星盤如後），本命宮廉貞正坐，對宮貪狼及天姚、天喜星會照，大小桃花及正野桃花群聚命宮，爲標準桃花格局，故其異性緣必佳，又身宮坐紅鸞，應屬艷麗型的女生。但因孤臣寡宿同時入命，又夫妻宮坐七殺及祿存，且對宮武曲會照，兩曜均是相當孤剋之星，因此感情上較傾向速戰速決型，該分就分，該離就離，不留情面，相當強勢，因此倉卒成婚之後，又留下一封信就離開的行爲，以此結構看來，確實不讓人意外。且廉貞星本來就是頗爲強勢的星曜，加上三方紫微天府會照入命，雙主星加會，故其對權力的掌控慾望相當大，尤其在夫妻關係，一定是站在發球權的那方，以男方機月同梁的格局，遇上此類型的女生，我想當妻奴，應該是免不了的。

以其夫妻宮及本命宮的整體組合加上大限流年星曜組合情況研判，應是以『金屋藏蕉』的情況居多，但命主既然認爲沒有，那就不需要再次給他傷害，畢竟命理也只是預測，並非百分百準確，倘事實並非如此，那貿然脫口而出的話，反而是帶給雙方更大的嫌隙，更加難挽回呢，畢竟勸和不勸離，習命之人應有此心態，縱使預知最後可能會以分手收場，但因緣難得，仍應該以雙方屏棄成見，重新接納對方為重點，人事已盡，至於未來，就留給當事人自行決定吧。

女方之本命盤

至於到底雙方出了什麼狀況，此點在回覆時以男方的命盤分析推演過，基於科學辯證的精神，現在我們改以女方的大限命盤來討論，至於男方的大限命盤，就請各位看官自行推演了。

鈴天左年鳳天天陀天 星月輔解閣馬廚羅梁 △ ×× 指背 絕官歲 95-104 乙 伏建 子女 巳 3 15 27 39 51 63	地天祿七 劫空存殺 ◎◎ ◎ 月煞 胎博晦 105-114 丙 士氣 夫妻 午 2 14 26 38 50 62	八三輩擎 座台廉羊 ◎ 亡神 養力喪 115-124 丁 士門 兄弟 未 1 13 25 37 49 61	天解孤廉 巫神辰貞 ◎ 亡神 長青貫 5-14 戊 生龍索 命宮 申 12 24 36 48 60 72
地恩寡天天紫 空光宿喜相微 △△ 天煞 墓伏病 85-94 甲 兵符 財帛 辰 4 16 28 40 52 64	【星僑】 星僑 易 學 【星僑】 巨天天太太 ○○○○○ 國震 生陰 姓名：Hu**an** 門機同陰 子身命命 年震 年女 ：：：： 年主主主 斗丁 屬蛇 化化化 君天天 君蛇 忌科權祿 機梁 機巳 局月月五42（沙 柱四盤排 午 15 27 中土） 時日月年 大日日土 ：：：： 驛 14歲 丁壬癸丁 土點時 未寅卯巳		封右破龍天 詰弼碎池鉞 ◎ 將星 沐小官 15-24 己 浴耗符 父母 酉 11 23 35 47 59 71
天文天巨天 使昌壽門機 忌科 災煞 死大吊 75-84 癸 耗客 疾厄 卯 5 17 29 41 53 65	星僑電腦軟體 版權所有・翻印必究 作者：陳恩國 程式設計：陳明遠・陳慶鴻 地址：桃園縣龜山鄉復興二路6號(林口長庚附近) 電話：(03)328-8833 傳真：(03)328-6557 網址：http://www.ncc.com.tw		火天月紅破 星刑德鸞軍 ◎ 攀鞍 冠將小 25-34 庚 帶軍耗 福德身宮 戌 10 22 34 46 58 70
天截天貪 姚空官狼 △ 劫煞 病病天 65-74 壬 伏德 遷移 寅 6 18 30 42 54 66	天台天太太陰陽 傷輔才哭陰陽 × 華蓋 祿 衰喜白 55-64 癸 神虎 僕役 丑 7 19 31 43 55 67	旬天陰天武 空貴煞府曲 ◎◎ 息神 帝飛龍 45-54 壬 旺廉德 官祿 子 8 20 32 44 56 68	文歲天天同 曲破虛福魁 ◎◎ 權 歲驛 臨秦大 35-44 辛 官書耗 田宅 亥 9 21 33 45 57 69

電話：
地址： 編號： 0000000074

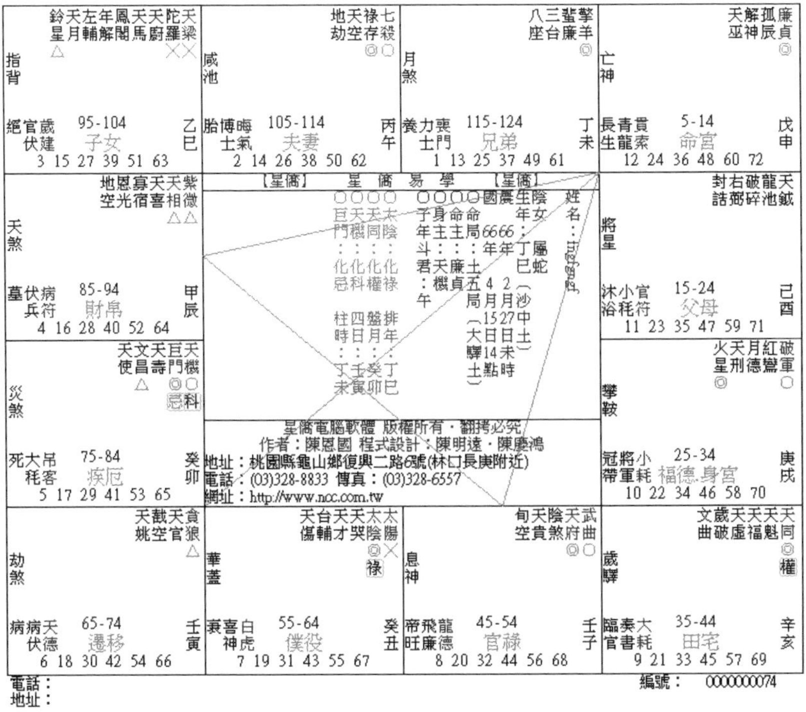

女方25－34本命大限盤

以此大限命宮看來，見鑾喜對拱，又逢本命祿引動，有因緣跡象，在此大限內定然成婚。在觀其夫妻宮，大小桃花對照，加上天姚，天喜同會，桃花朵朵開，且不會煞忌，故此段期間男女關係上，定是相當精采的呢。既然命主說最近一年夫妻感情生變，那我們就看看去年（97）和問命當年（98）到底發生了什麼事了。

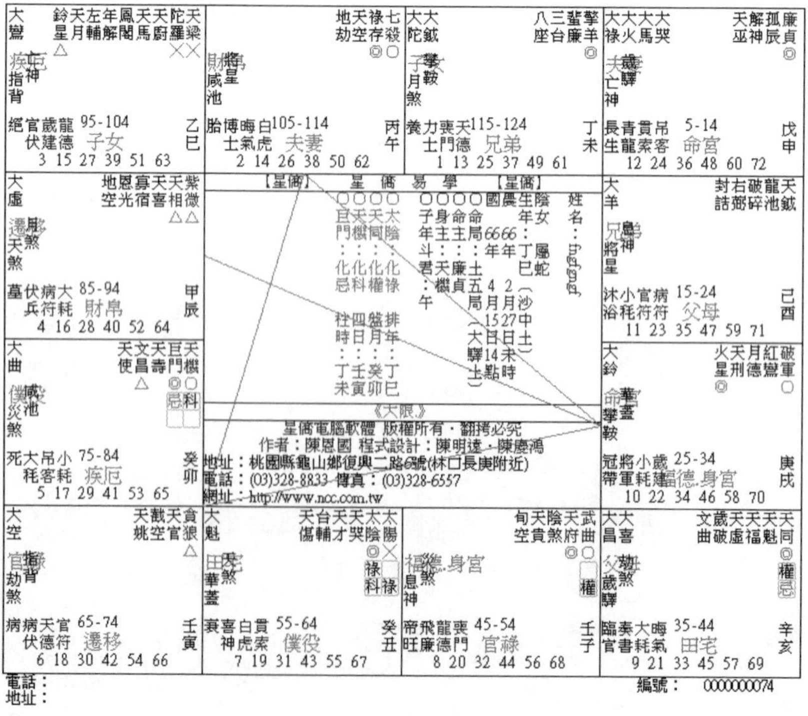

女方97年大限流年盤

以此流年命宮看來，流年命宮逢空劫，本有勞而無獲之意味，故倘此時外派，應無太大的發展才是。倒是夫妻宮相當精采，除鑾喜對拱，又會天姚野桃花，且逢流年貪狼化祿引動，加上空劫雙曜會照湊熱鬧，以此架構推論，分離與姻緣兩種結構同時存在，應是有棄舊迎新的味道，對照命主自述的情節，要說沒有第三者出現，那還真是讓人意外。但因三方不會煞忌，是故仍維持

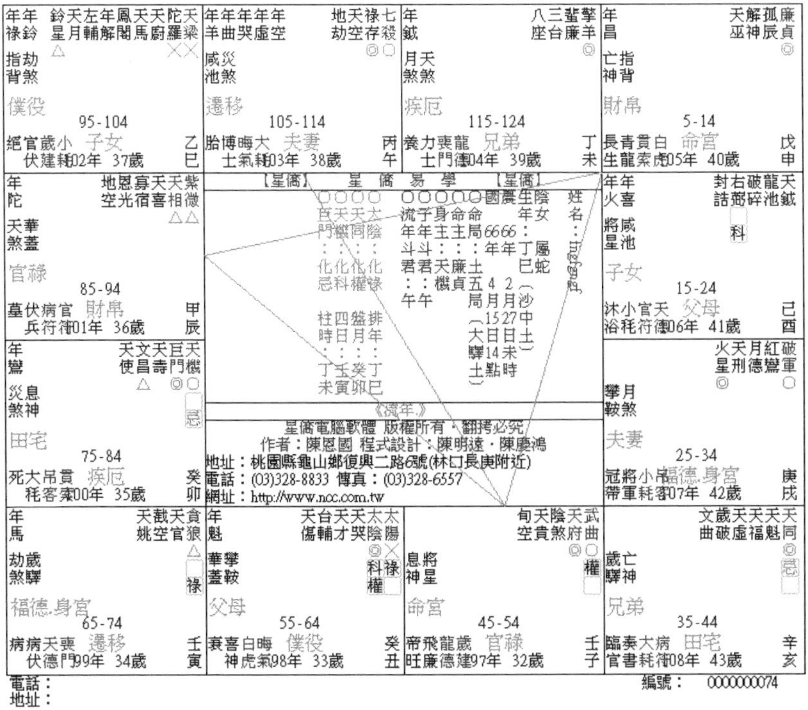

聚少離多狀況，但狀況應成立於97年無誤。且女方本命盤星曜結構即顯示忠誠度不足，古曰：紫破辰戌位，爲臣必不忠，爲子必不孝。（山人註：那爲妻呢？？？），至於與原配的婚姻，應在98年即出現狀況，其流年盤如下：

女方98年大限流年盤

以此流年夫妻宮三方會天馬與年解，爲離婚的組合之一，且由大限流年均化忌引動，但因會照陀羅，陀羅主慢，遲滯，因此也有人說倘星盤出現離婚

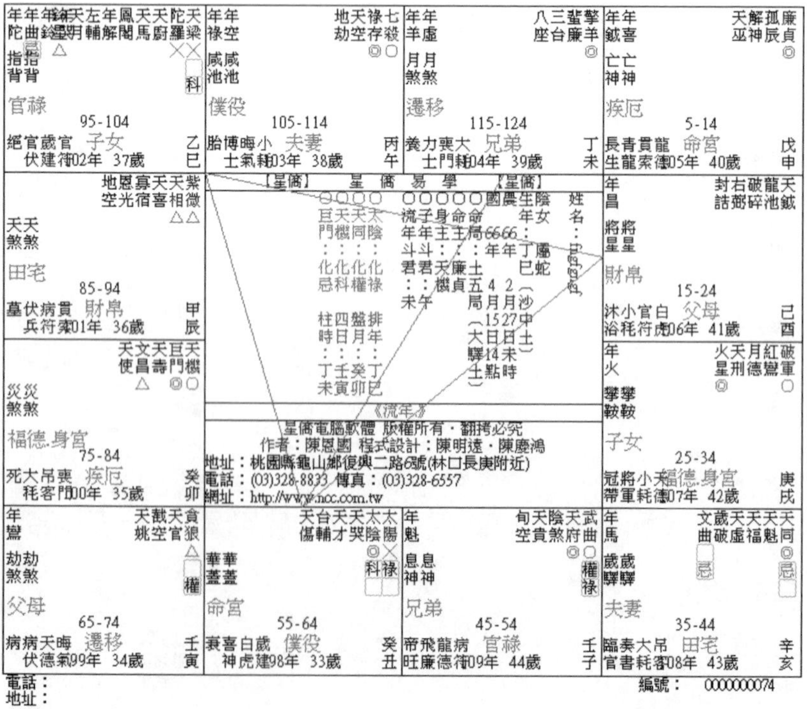

的組合，會照陀羅則可免離，話雖如此說，但雙方已情義無存，如此拖延下去，只是讓彼此更加痛苦，雖說暫時沒有辦法離婚，但這樣折磨下去更是痛苦呀。對照命主於問命當年的狀況，是否相當符合呢？只盼雙方能夠和平協調收場，也希望不要走到離婚這一步呀。

（註：雖說是勸和不勸離，但根據雙方流年盤推論，98年是女方想離婚，但男方不願意呀。）

【45】請問幾歲結婚比較好？幫堂姐問的

【提問時間】 2009-08-25 02：33：43

【提問內容】

我有一個堂姊！她是1982年7月3日卯時出生，他因為都忙著工作 我都很擔心她都已經快30歲了！不知道什麼時候才會嫁的出去？想幫他問問，他的事業運跟感情運越詳細越好喔，因為我堂姐真的很急！！很想知道。是農曆喔^^

【回覆內容】

沒錯的話他的異性緣應該還不錯，人應該長的也不錯，屬於清秀型的女生，個性溫和善良，不喜歡受他人約束，而且領導統御，企劃組織的能力都不錯，不認輸，注意小細節，對於目標非常執著。

雖缺乏開創力，但頗擅於守成，理智重於感情。沒錯的話也蠻喜歡掌有主控權，而實際上在工作上也很輕易就能掌控主導權，所以還不錯。難怪會專注事業呀。

至於財運，府祿相雖三合，但財帛宮逢武曲化忌射入，又庫逢空劫，因此雖然你堂姊鑾會存錢的，也很節省，但可惜錢都因爲意外而破財，導致來來去去，不太安穩就是。

至於適合從事哪方面的工作，其實都不錯。此格局文武職皆宜，唯不宜開創類型的工作，如：業務……從政其實也不錯呢。

至於婚姻方面，本命夫妻宮爲廉破這個帶著矛盾的星宿組合，加上孤辰寡宿會照，因緣會比較淺，整體而言建議以晚婚爲宜。

這個大限（26～35）走本命夫妻宮，逢廉貞次桃花正坐，逢大限化祿引動，應該會有結婚的情況。但三方，大限及本命化忌會照，形成祿忌交馳，加上大限夫妻宮見紅鑾及昌曲，且武貪均爲化忌的情況。因此因緣雖有，但走的會比較辛苦（爛桃花或者容易遇人不淑的情況）。這點要特別注意。

沒錯的話26、27歲時有一段姻緣，這幾年的因緣都會蠻辛苦的，尤其是明年特別要注意，如果遇見的對象脾氣不是很好的話，建議你避而遠之。

p.s 你堂姐的幫夫運頗強，也會是個賢內助，沒錯的話手藝也不差，古曰：府相之星女命纏，定當子貴與孫賢。所以男生娶到它可幸福的呢，漂亮有氣質又賢慧能幹。

【發問者意見】

了然山人 講解真是專業，讚喔^^

【命盤解析及內容說明】

本命盤

古曰：府相之星女命纏，定當子貴與孫賢。命主天府作命，三方會天相，也會天廚，表示賢慧持家且手藝佳，心思也細膩。而三方四正不會煞忌，又逢天鉞入命，主心思純正善良，且外型雍容華貴。加上身坐天喜，基本上屬於俏麗型的漂亮女生（倘身宮坐紅鸞，則多爲艷麗型的女生）。說真的，不管哪個男生能娶到這個內外兼修的好女生，都是不知道修了幾輩子的福報呢。

福德宮逢昌曲正坐，主聰明有才華，而紫微天府雙主星會命加七殺，工作能力強，故此局文武皆宜，從政也是個相當好的選項呢。惜紫微不逢輔弼，爲孤君一人，格局不夠大，否則以此格局，定有一番成就呢。

而府祿相三合會命，基本上是個相當善於理財的人，且昌曲拱財，得財容易，但田宅財庫逢空劫來拱，爲有財無庫之局，而武曲化忌沖財宮，更是會發生財務周轉上的問題，因此建議命主不宜投機或是投資，否則難逃庫破的命運呀。

既然提到因緣，那就從夫妻宮看起吧，本宮坐廉貞破軍在會化忌，是故在感情路上會較有波折，起伏較大，且其夫

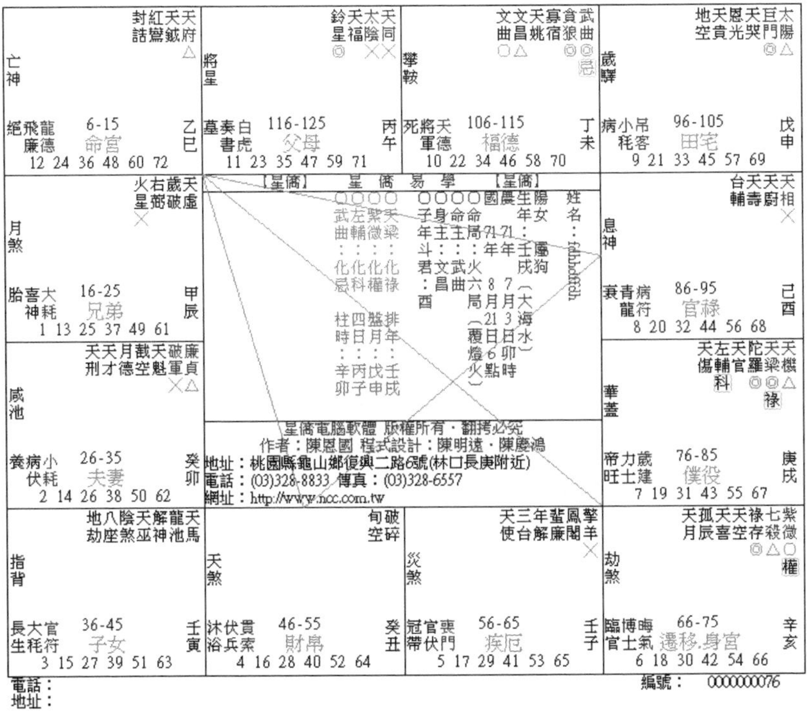

妻宮暗合位見化祿，主有偷吃的徵兆，故以晚婚爲宜，早婚則易有爭執及相處不和諧的狀況，所以目前命主專心在事業上，倒也是一件好事呢。那咱們來看看這麼條件這麼優的女生，這個大限是否有因緣機會呢？

26～35本命大限盤

此大限命宮坐廉貞三方會昌曲及天喜，又其夫妻宮會貪狼、紅鸞及天姚野桃花，故應有因緣的機會，惜同會雙忌侵擾，是故應有遇人不淑或經常

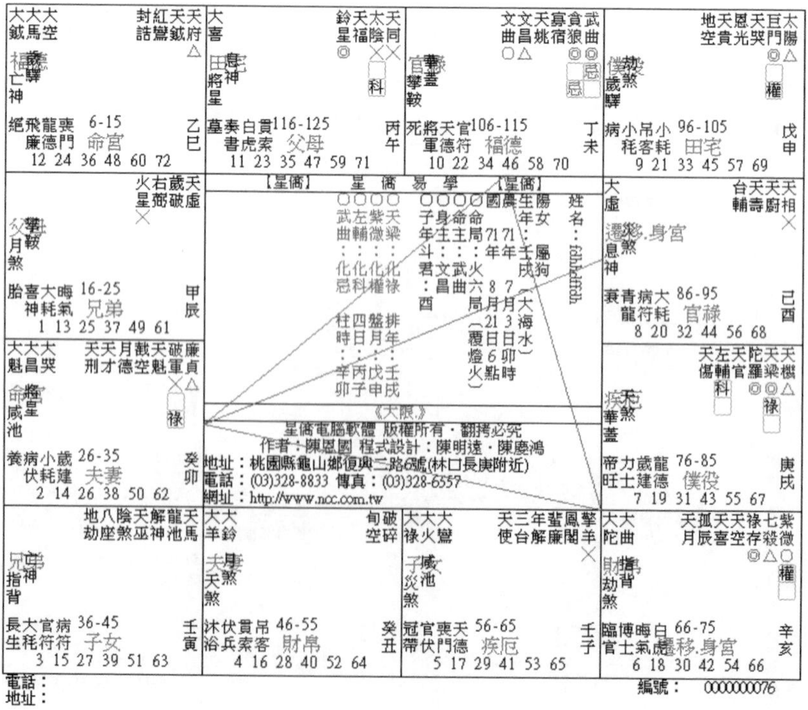

遇到濫桃花的狀況，但因本命大限均化忌，故此大限在姻緣路上，會走的相當辛苦。至於山人為何推測於26歲時有因緣出現呢，其大限流年盤如下：

26歲大限流年盤

此流年命宮見鸞喜對拱，又逢大限破軍祿引動，而流年夫妻宮逢紅鸞是故此流年內應有正緣可期待，只是流年命宮同時會照孤辰寡宿，且此祿為破軍祿，故對象極有可能是『二手車』（意指曾有過婚姻的男人），對照大限夫妻宮的狀況，

命盤（流年盤）

年陀 年馬 年虛 / 封詰 紅鸞 天鉞 天府 / 亡神 歲驛 / 遷移.身宮 / 6-15 / 絕飛廉 龍德 大耗 / 命宮 乙巳 / 祿02年 32歲	年祿 / 將星 息神 / 鈴星 天福 太同 科祿權 / 疾厄 / 116-125 / 墓白虎 龍德 / 父母 丙午 / 書03年 33歲	年羊刃 / 文曲 文昌 寡宿 貪狼 武曲(忌) / 財帛 / 106-115 / 死天德 白虎 / 福德 丁未 / 軍04年 34歲	地空 天貴 恩光 天哭 巨門 太陽(權忌) / 歲驛 劫煞 / 子女 / 96-105 / 病小客 吊德 / 田宅 戊申 / 耗05年 35歲
年鸞 / 月煞 攀鞍 / 火星 右弼 天虛 破軍 / 僕役 / 16-25 / 胎喜神 大耗 小耗 / 兄弟 甲辰 / 輔01年 31歲	星僑易學 武左紫天 曲輔微梁 化化化化 忌科祿權	姓名：fdbhfdfdh 流子身命 局月月月 日點時 辛丙戊壬 卯子申戌	鈴昌 / 息神 災煞 / 台天才 輔壽 天廚 天相 / 夫妻 / 86-95 / 衰青龍 病符 吊客 / 官祿 己酉 / 符06年 36歲
咸池 將星 / 天刑 天才 月德 截空 破碎 廉貞(祿) / 官祿 / 26-35 / 養病符 小耗 官符 / 夫妻 癸卯 / 伏耗00年 30歲	《流年》 星僑電腦軟體 版權所有．翻拷必究 作者：陳恩國 程式設計：陳明遠．陳慶鴻 地址：桃園縣龜山鄉復興二路6號(林口長庚附近) 電話：(03)328-8833 傳真：(03)328-6557 網址：http://www.ncc.com.tw		華蓋 天煞 / 天傷 左輔 官福 羅梁 天機 科 / 兄弟 / 76-85 / 帝旺 力士 歲建 病符 僕役 庚戌 / 符07年 37歲
指背 亡神 / 地劫 八座 陰煞 天解 龍巫 池馬 天馬 / 田宅 / 36-45 / 長生 大耗 官貴 / 子女 壬寅 / 生耗99年 29歲	年鈴 / 天煞 月煞 / 旬空 破碎 / 福德 / 46-55 / 沐浴 伏兵 貫索 喪門 / 財帛 癸丑 / 浴兵索門98年 28歲	年火 / 災煞 咸池 / 天使 三台 蜚廉 鳳閣 擎羊 / 父母 / 56-65 / 冠帶 官府 喪門 晦氣 / 疾厄 壬子 / 帶伏門氣97年 27歲	天魁 / 劫煞 指背 / 天孤 左辰 天喜 祿空 七殺 存殺 紫微 / 命宮 / 66-75 / 臨官 博士 晦氣 歲建 / 遷移.身宮 辛亥 / 官士氣建96年 26歲

電話：
地址：

編號：0000000076

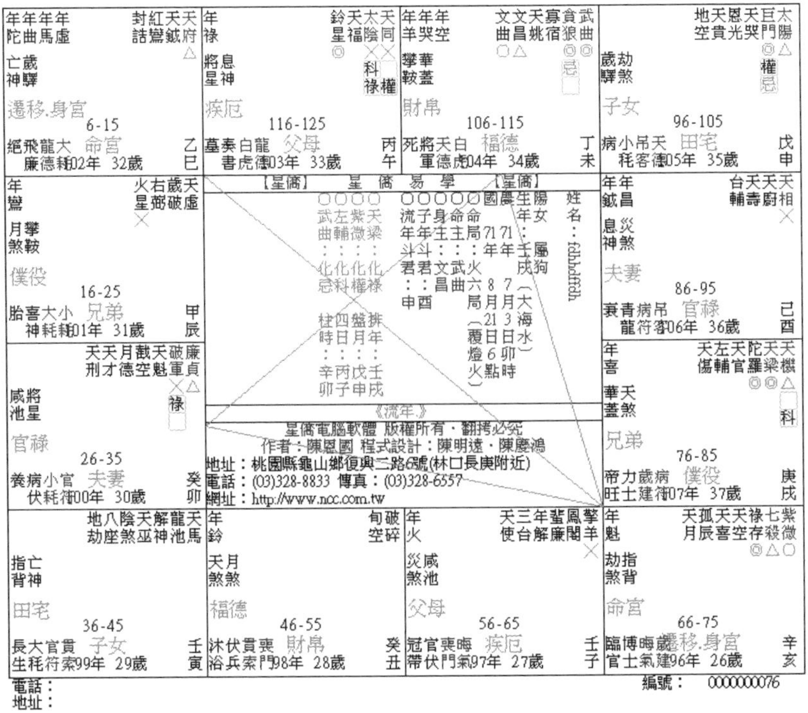

此緣分只怕會走的相當艱辛呀。

以本命盤及大限流年走勢，山人建議命主專心於事業上，感情的事情就順其自然，當事業有成了，自然會有條件好的男生出現呢，其實已命主的狀況，頗適合姊弟戀的呢。

【46】遇到人生最大的打擊

【提問時間】2009－08－24 14：57：54

【提問內容】

小弟我民國67年11月4日酉時出生（國曆），對自己前途感到茫茫然一片黑暗。本身從事工廠工作很認真，卻因為要照顧94歲老奶奶無法配合公司不定時加班而被公司裁員。目前在領失業補助過生活，在98．7．29日父親又因急性肝腎衰竭往生。往生前卻無法開口說話沒交待任何事情，現在只能跟哥哥借錢來幫父親處理後事。

之後要開始找新工作，但是又很怕在從事製造業做幾年又可能失業，到時候年齡越來越長，工作越來越難找。不知道我是否從事業務方面工作，對命理我又感到半信半疑，在網路上不斷找資料但是確看的很含糊不清，不知道是否有命理方面有研究的好心人能解開小弟的困惑？

【回覆內容】

唉，只能說你的人生目前階段頗爲辛苦，雖說命身主星均居廟旺之地，但可惜命身空劫各一，且在命宮三方四正匯集，所以比較辛苦也比較波折起伏，也多大起大落，想開一點，人生總不是那樣悲觀的。

本命宮天機化忌正坐，沒錯的話你常會感到焦慮甚至失眠的症狀，而且常常因爲想的太多，以至於錯失機遇，頗爲可惜。

你的格局屬於機月同梁格，基本上此局人比較適合穩定的工作，不太喜歡變動及改變，沒錯的話你的原則性頗強，想法有點特立獨行，建議你可以多聽聽別人說的話，不要太過於堅持己見，廣結善緣，自然人生的路會走的更順一點。

如果以你命宮星曜的組合，基本上你的想像力頗爲豐富，也蠻有創意的，雖然說常不被人所了解，但可以善用你這特性，從事研發．企劃……行銷規劃．營運規劃．專門職業技能……文學創作及發明等，比較需要想像力的工作，對你會比較適合歐。

至於業務工作，山人不建議你去做，因爲業務工作變動起伏較大，對你這平穩個性的人，確實不太適合。

山人建議你可以去職訓局上一些專門技術的訓練課程，因爲你頗適合從事這方面的工作，加上職訓局還有提供生活補助及津貼，而且專門技術人員越老是越值錢呢，因爲有豐富的經驗與熟練的技巧。尤其下個大限是個相當強運的大限，倘能好好把握，定能有不小的成就呢。

加油歐，人生逆境總難免，不過總不會永遠是逆境的，暴風雨過後就是萬里晴空，也會有炫麗的彩虹出現，想開點會比較快樂。

【發問者意見】

山人，謝謝你給我的建議，我會多做善事。

【命盤解析及內容說明】

本命盤

太陰天機本爲自尋煩惱的組合，此組合落命宮，且又逢天機化忌，因此容易有疑神疑鬼及鑽牛角尖的情況。又天機主智慧，化忌時在身體上反應就容易有腦神經衰弱現象，諸如：失眠、頭痛等。

此例命身空劫各一，古曰：浪裡行舟，人生多大起大落，勞碌卻難有所獲，其財帛宮會羊陀雙煞，故得財需相當努力，所幸祿存坐財宮，又逢輔弼田宅拱田宅，財庫尙稱穩

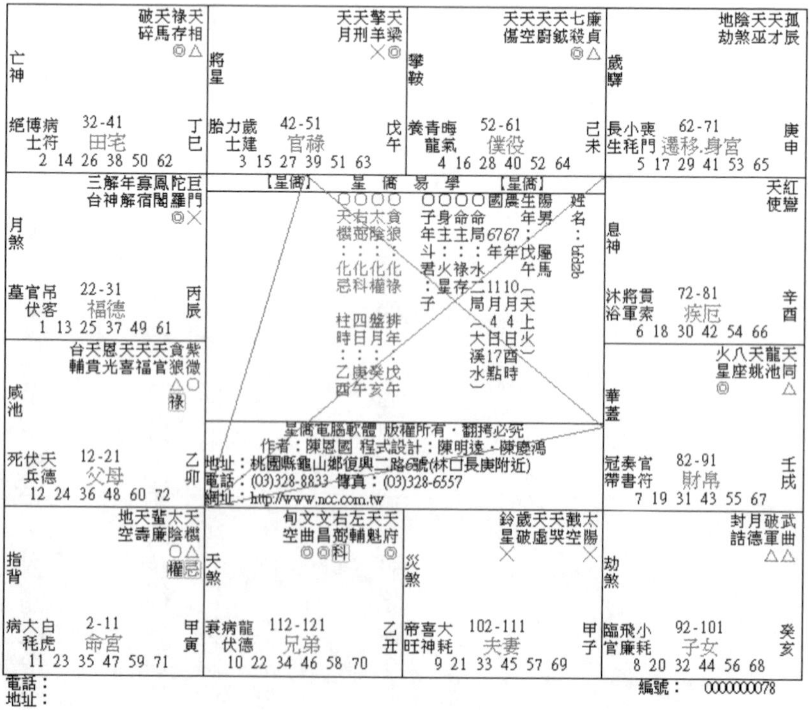

健，與天馬同度，表示財多由自己努力獲得，加上凡見祿存，必遭羊陀夾宮，故祿存星表示的是細水長流之財，類似上班族領的死薪水。而府祿相三合會田宅，更主此人爲小氣財神，以此結構推論，命主應該應該只是不善於理財罷了，倘不進行投機生意，我想以此結構而言，應能安享晚年生活才是。

整體命局結構爲機月同梁，此局人性喜穩定，不愛變動，是故在工廠任職，以工作性質而言確實蠻適性的。

其三方雖會照火星、擎羊，爲威權出眾之局，但逢空劫，是故格局已破，但仍適合從事武職，而空劫入命，想像力豐富，勇於創新，是故相當適任需要創意的工作例如：技術人員，軍警、研發、企劃等，而業務工作，經常需要開發，變動性相當大，雖然此類工作職缺相當多，但以命主格局而言，相當不適合，與其浪費時間在此，不如趁此機會報名職業訓練局課程，學習專業技術，重新出發，除適性發展外，一技在身，也能讓自己更加的有信心邁向未來。畢竟技術人員是越老越值錢呀。到底幾時會開始轉好呢?依據三才理論，我們就先從問命當年的大限盤看起。

22～31本命大限盤

由於命主問命當年為民國98年，剛好是22～31大限的最後一年，此大限命宮三方會火鈴，又逢地劫，陀羅，整體結構相當兇險，且其官祿宮逢空劫對拱，故在事業或職場發展上相當不順利，有勞而無獲的味道，而大限財宮亦是煞星匯聚，故聚財辛勞，所幸田宅宮相當穩定，故僅是破財，但不致於發生太大的損失才是。

以整體結構研判，此段時間確實是相當辛苦與勞碌，

巳（丁巳）田宅	午（戊午）官祿	未（己未）僕役	申（庚申）遷移 身宮
大祿 大喜 破碎 天馬 祿存 天相◎ 劫 亡神 父 絕 博士 病符 晦氣 32-41 2 14 26 38 50 62	大羊 大曲 天月 天刑 擎羊× 天梁◎ 將星 胎 力士 歲建 喪門 42-51 3 15 27 39 51 63	大鈴 鈴 攀鞍 養 青龍 晦氣 貫索 52-61 4 16 28 40 52 64	地劫 陰煞 天巫 天才 孤辰 天傷 天空 天廚 天鉞 七殺 廉貞□ 忌 大昌 大科 指背 官符 歲驛 長生 小耗 喪門 62-71 5 17 29 41 53 65

辰（丙辰）福德	中		酉（辛酉）疾厄
大陀 三台 解神 寡宿 鳳閣 陀羅× 巨門◎ 命 華蓋 月煞 墓 官府 吊客 歲建 22-31 1 13 25 37 49 61			大鉞 天使 紅鸞 僕 息神 沐浴 將軍 小耗 72-81 6 18 30 42 54 66

卯（乙卯）父母			戌（壬戌）財帛
台輔 天官 恩光 天喜 天福 天輔 貪狼 紫微 祿 咸池 死 伏兵 天德 病符 12-21 12 24 36 48 60 72			大虛 火星 八座 龍池 天同 祿 邊 身宮 華蓋 冠帶 奏書 官符 82-91 7 19 31 43 55 67

寅（甲寅）命宮	丑（乙丑）兄弟	子（甲子）夫妻	亥（癸亥）子女
大馬 大哭 地空 天壽 天機 天陰 權 權 指背 歲驛 病 大耗 白虎 吊客 2-11 11 23 35 47 59 71	旬空 文昌 文曲 左輔 天魁 天府 科 學士 天鉞 煞 衰 病符 龍德 天德 112-121 10 22 34 46 58 70	鈴星 歲破 天姚 天哭 截空× 大 目 災煞 帝旺 喜神 大耗 白虎 102-111 9 21 33 45 57 69	封誥 月德 破碎 武曲 大 飛 小 疾厄 劫煞 臨官 飛廉 小耗 龍德 92-101 8 20 32 44 56 68

電話：
地址：
編號： 0000000078

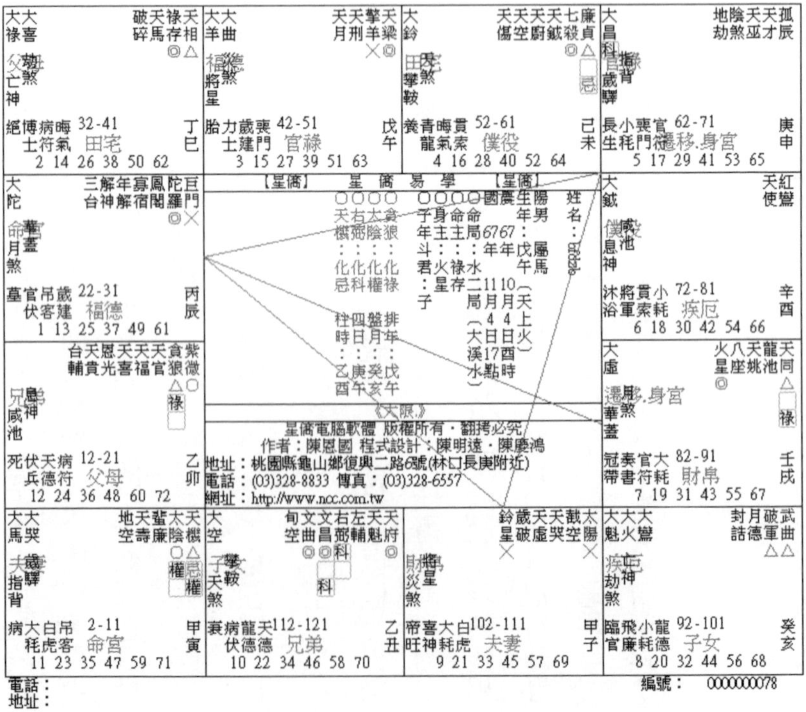

與命主所述的狀況不謀而合，但畢竟此大限快走完了，正所謂：種到壞田望後年，我們就來看看下個大限，是否能有轉機吧。

32~41本命大限盤

此大限命宮相當漂亮，除得天府天相同會，且大限命宮祿馬交馳會於遷移，三方四正無煞有吉，且六吉星全數進入財福一線兼會照命宮，官祿宮又逢雙祿，此時應是風雲際會，意氣風發之時。

果真是柳暗花明又一村，

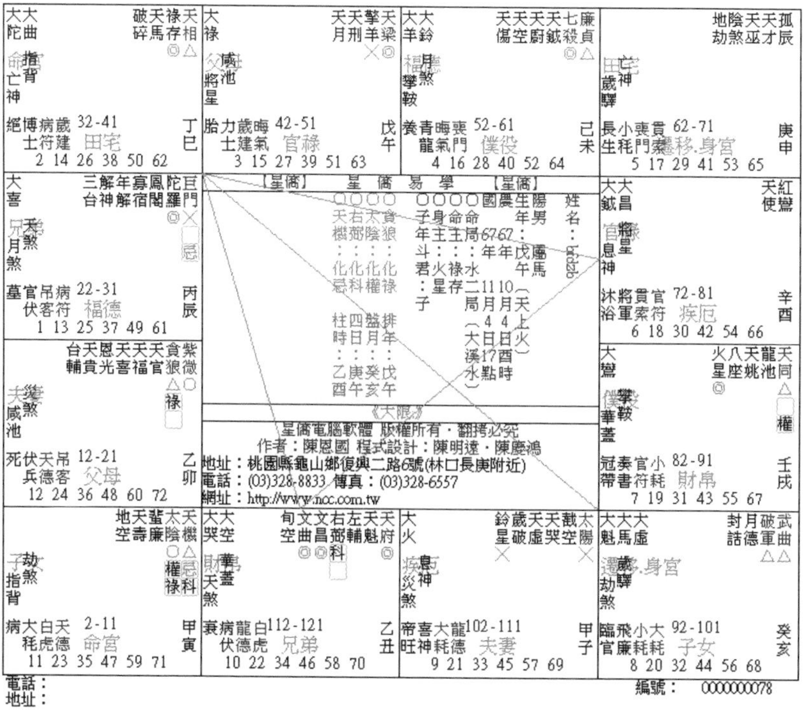

黑夜過後就是黎明了，倘命主能依照山人建議趁空檔學習專業技術，則在此強運大限，必能取得相當成就才是。

但因本命相當弱勢，根基薄弱，所以此大限縱有富貴也不長久，此點可從大限田宅宮逢空劫會煞的凶惡情況可得反證也。

但知乎此天賜大運，縱知不耐久，但仍應全力衝刺，好好把握，抄個短線，故更須見好就收，切莫戀棧，亦勿投機，以整體盤勢推估，破耗之處應在兄僕一線上，例如遭友騙財或因兄弟遭拖累等狀況，倘能於此大限守成不躁進，以其本命盤田宅宮穩定的狀況，定能安度晚年生活才是。

【47】有請大師幫忙分析紫微命盤感覺命不好

【提問時間】2009－08－13 06：14：26

【提問內容】

我單身多年都沒桃花就算有也都是爛桃花，玩玩拍拍屁股就走也沒說半句話。現在又失業半年多以上怎找工作都沒（連洗碗工也去找），怎哪麼命壞，小時就沒爸爸，媽媽也不疼，現在工作戀愛都沒，加上這次水災把我家淹光光，是不是上輩子沒燒好香。

我出生1982年農曆1月27日早上8點多女生，拜託好需要有人幫我解答，好灰心喔感覺快走不下去了。生活都跟人借錢，這些年來出車禍好幾次還包石膏，不然開刀像今年又開1次，長腫瘤光腫瘤開8次刀，開一次刀又要休息一段時間。我一個人生活光房租還要吃，還用信用卡借錢過活，現在卡不能用了，我算過了目前欠債60多萬。

爲了這些我又有憂鬱症目前吃藥中，好煩！！

【回覆內容】

從你的命盤看來，由於羊陀夾父母宮加上空劫同度，且加會化忌，所以與父母緣分比較淺，沒錯的話父母親的波動比較大，所以還是比較適合靠自己歐。

沒錯的話你應該是一個蠻有氣質的女生，個性部份比較會鑽牛角尖，想多於作，外在的部份給人家感覺開朗樂觀，平易近人。整體看起算是一個蠻不錯的女孩呢。

你的格局屬於很有名的「機月同梁」格，古曰：機月同梁當吏人。所以你比較適合穩定的工作，變動性太大的工作，不是很適合你。如業務

比較適合守成，不適合開創，至於感情問題，天梁化祿會照，適合嫁個＜老＞公，且夫妻宮落四馬地，天馬正坐加會同梁，爲梁馬漂蕩局，是故戀情來來去去，難有穩定之時。本命太陰陀羅坐，並不是很好，但所幸有輔弼來拱，雖然困難但總是會有及時的助力出現，但波折起伏總是難免。

身居財帛，表示妳對錢財非常的重視，但因爲個性比較穩定，所以難有積極的

動作，因為本性的問題。而財逢煞，庫逢空，所以錢財來來去去的，很難有剩下來，建議你要做好金錢的管理。

建議你可以去當義工，把自己的心情給放開，也順便累積自己的福報。雖說命是天定不可違，但後天運勢是掌在自己手上，只要多行善累積福報，我想會有改變的時候。最重要是要改改你那鑽牛角尖的毛病呢。忍一時，風平浪靜。退一步，海闊天空。

下個大限看起來會比這個大限好的多，整體運勢會有轉機的，所以這段時間多忍耐，人生總不可能永遠順風，但也不可能永遠逆風，黑夜來臨，黎明亦不遠，這段時間就當作磨練吧。

只要你能夠看開一點，多去佈施，自然會有改變的機會。佛家有曰：欲知前世因，今生受者是。欲知來世果，今生做者是。今生所受的業力都是累世種下的因所造成的，這因有善因，也有惡因，所以今世嚐到累世的果，如果今世感受的大都是不好的，那就是因為前世沒有種下足夠的善因，所以來世要得到善果的話，今世就要多積善因。所以明瞭了因果關係的存續後，多種善因，自然可以改變呦，祝福妳。

【發問者意見】

謝謝。

【命盤解析及內容說明】

本命坐太陰，故命主應屬於氣質型的漂亮女生，三方逢輔弼拱命，且科祿會命，為日月並明之局，且父母宮坐祿，田宅宮逢府相朝且會紫微，是故其幼時家境定當不錯。

其父母宮逢空劫對拱，又會本命忌，表與父母親緣淺，縱家境良好，亦難受父母庇蔭，尤其與母親關係頗為疏遠，頗

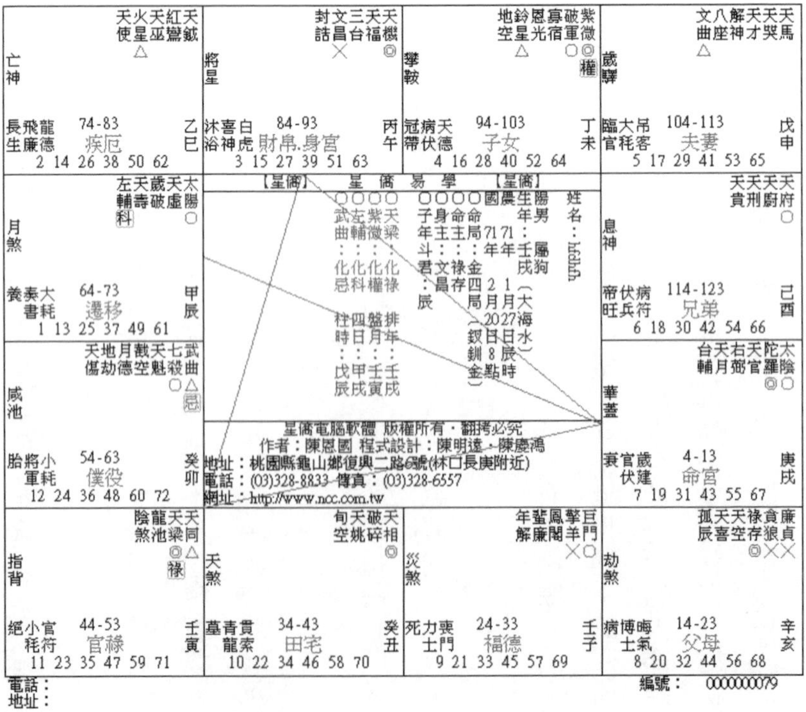

天鉞 紅鸞 天巫 火星 天使 亡神 長生 飛廉 龍德 74-83 疾厄 乙巳 2 14 26 38 50 62
天機 天福 三台 文昌 封誥 將星 沐浴 喜神 白虎 84-93 財帛.身宮 丙午 3 15 27 39 51 63
紫微 破軍 寡宿 恩光 鈴星 地空 權 攀鞍 冠帶 病符 天德 94-103 子女 丁未 4 16 28 40 52 64
天馬 天哭 天才 解神 八座 文曲 歲驛 臨官 大耗 弔客 104-113 夫妻 戊申 5 17 29 41 53 65
太陽 天虛 歲破 天壽 左輔 科 月煞 養 奏書 大耗 64-73 遷移 甲辰 1 13 25 37 49 61
天府 天廚 天刑 天貴 息神 帝旺 伏兵 病符 114-123 兄弟 己酉 6 18 30 42 54 66
武曲 七殺 天魁 截空 月德 地劫 天傷 忌 咸池 胎 將軍 小耗 54-63 僕役 癸卯 12 24 36 48 60 72
太陰 陀羅 天官 右弼 天月 台輔 華蓋 衰 官府 歲建 4-13 命宮 庚戌 7 19 31 43 55 67
天同 天梁 龍池 陰煞 祿 指背 絕 小耗 官符 44-53 官祿 壬寅 11 23 35 47 59 71
天相 破碎 天姚 旬空 天煞 墓 青龍 貫索 34-43 田宅 癸丑 10 22 34 46 58 70
巨門 擎羊 鳳閣 蜚廉 年解 災煞 死 力士 喪門 24-33 福德 壬子 9 21 33 45 57 69
廉貞 貪狼 祿存 天空 天喜 孤辰 劫煞 病 博士 晦氣 14-23 父母 辛亥 8 20 32 44 56 68
【星僑】 星 僑 易 學 【星僑】
姓名：hfdhfh
陽男
命局：金四局
命主：祿存
身主：文昌
子年斗君：辰
化祿：天梁 化權：紫微 化科：左輔 化忌：武曲
排盤年：壬戌 月：壬寅 日：甲戌 時：戊辰
星僑電腦軟體 版權所有．翻拷必究
作者：陳恩國 程式設計：陳明遠．陳慶鴻
地址：桃園縣龜山鄉復興二路6號(林口長庚附近)
電話：(03)328-8833 傳真：(03)328-6557
網址：http://www.ncc.com.tw
電話：
地址：
編號：000000079

有年幼離家的味道。對應命主自述之關係，確實相當符合。

本命宮星宿組合呈現機月同梁格局，是故命主較爲適宜穩定型工作，例如行政內勤或是秘書等工作，頗爲適性。

至於感情部份，從夫妻宮觀察，天馬會同梁，爲標準梁馬漂蕩局，故感情較爲飄忽，來來去去，多有速食型愛情的感覺，不易有穩定之時。而對宮會照老人星天梁化祿，故婚配對象以年長爲宜，且以整體結構看起來，仍以晚婚爲宜。

至於財運部分，由於府相不會祿，無大富可言，財宮坐天機且會天梁與擎羊，聚財不易且得財頗爲辛勞，三方煞星匯聚，更主爲財煩惱。而田宅宮雖逢紫微會照且天相正坐，應有祖蔭可得，但因對宮地空正衝，是故財庫有損，但整體而言，只要不要從事投機事業，其實還算穩定呢。

本命整體看來尙稱良好，依命主自述狀況看來，應是大限不佳所致，那我們就從大限盤來看看，到底出什麼問題好了。

24~33大限本命盤

此大限（24-33）命宮擎羊正坐，且因生年與大限天干相同，故出現雙祿及雙忌的狀況，倘流年在逢壬干，則將形成三疊忌或三疊祿的情形，此狀況反應在現實上，就是好的會更好，但壞的會更壞，舉例來說，本命及大限雙祿會照財帛宮，進財應相當順暢，但會擎羊，是故縱有財也難留，且雙忌皆落於田宅宮，又逢地劫正坐同會地空、截空，三空夾擊，財庫破耗嚴重，加上武曲化忌主週轉問題，化雙忌更是寅食卯糧，難有積餘之時。

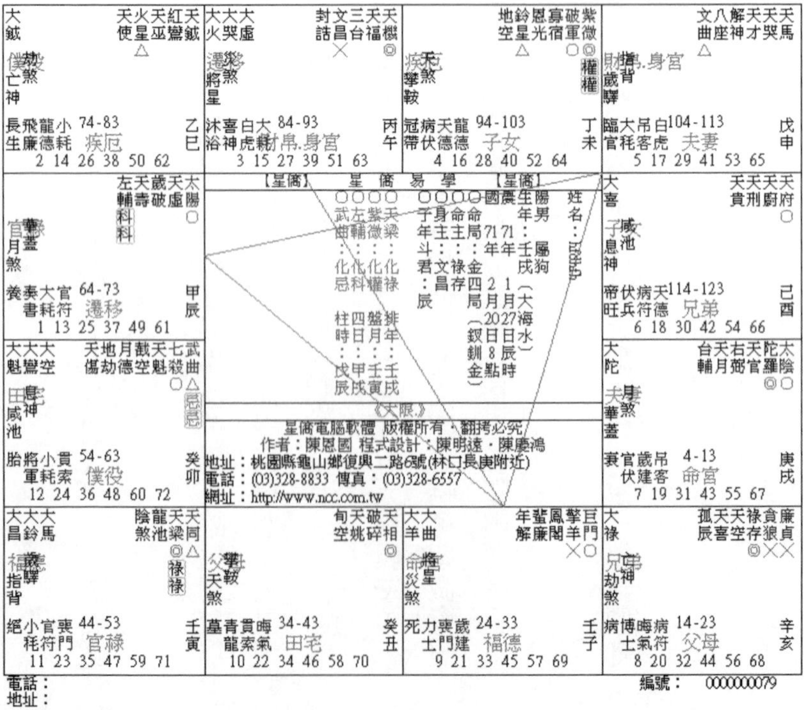

官祿與遷移雖逢雙祿會照，但也同時會照羊陀雙煞，故在工作上，應該也不會太順利，雖然能夠賺到錢，卻破耗難留，至於破耗之處，由於雙忌坐田宅，房屋田產易有狀況，而其疾厄宮，不但逢雙忌侵擾，又被空劫拱掉，且七殺廉貞又於疾厄宮同度，逢雙忌引動，自然意外事件發生的機率也高的多，所幸有紫微正坐，可稍解其害，但皮肉傷仍難免呀。

整體看來，此大限真是過的有夠辛苦，而命主問命當年為28歲，走完此大限，至少還有5年要熬。因此山人在答覆時以正面的心態鼓勵她，套句山人常說的：人生總不可能永遠逆風，或是永遠順風，所以我們在來看看下個大限（34～43）的狀況吧。

34～43大限本命盤

此大限命宮天相正坐且逢天府紫微雙主星來會，又逢化祿會照，雖同時會火鈴，仍是相當波折，但在怎樣都會比上個大限來的順利多了。而大限夫妻宮見鑾喜對拱再逢大限化祿引動，是故有成婚的跡象，但因化忌正坐形成祿忌交馳之局，再加會地空地劫，縱然成婚，其間定夾雜許多是非，而夫妻宮暗合位會祿，有打野食的跡

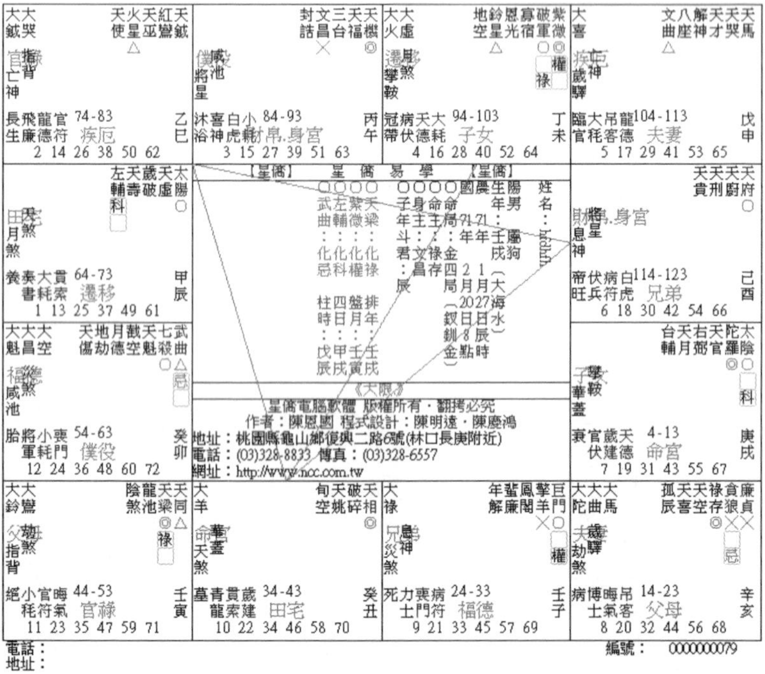

象，加上桃花星匯聚，倘非遭男方騙財便是自己桃花過旺而惹禍上身，以此結構看來，極有可能引起桃花劫，甚至引發血光之災，故此大限感情事真的不可不慎呀。

以整體大限走勢研判，可能要到44～53這個大限才會真正開始轉好。所以並非命差，而是大限行運不佳所致呀。

所以老夫奉勸命主，平時多行善事，多積福報，命雖天定難違，但可透過行善積德來改變命運，正所謂：人爲善，福雖未至，禍已遠離；人爲惡，禍雖未至，福已遠離。只要多行善業，必得善報。

【48】桃花跟婚姻

【提問時間】2009－07－27 17：44：31

【提問內容】

老師您好：

我是國曆76年9月8日早子時出生女生，我想請問我的桃花跟婚姻……

因為朋友們結婚的結婚，有伴的一堆……羨慕死我了

麻煩您了！！

【回覆內容】

今年也才23歲，還年輕，可以多看看，不用太緊張。以國曆生日的命盤看來，你應該是屬於氣質型的女生，聰明機伶口才也好，背景及內涵都有，你的命宮非常漂亮，只是你比較愛玩，跑來跑去，不太能靜的下來，也因爲浪漫愛幻想，所以才

會有這種感覺吧。

你的條件應該很不錯，不要去想太多，年輕就是本錢，而且你的夫妻宮星宿組合很漂亮，沒錯的話你的另一半年紀應該比你大，個性開朗樂觀，但直率有個性，而且成就應該還不錯，雙方之間的口角爭執蠻多的，可能是因爲都很有想法吧。

你即將走的是25-34這個大限，福德宮見鑾喜對拱又逢大限化祿及本命祿拱照，大有紅鸞星動之兆，夫妻宮也是相當漂亮，因此山人大膽預言，你鐵定在這個大限結束前會遇到你的Mr. Right.，且姻緣應該成於此時，所以真的不要想太多，你絕對部會孤單一輩子的。倘山人推論沒錯，你去年應該有個不錯的緣分出現，但不知道你是否錯過了呢？不過沒關係，因下個大限有更好的因緣出現呢。

總之，你還年輕，而且整體星宿組合結構都很漂亮，不要擔心太多，不會沒有姻緣，只是好因緣沒那麼容易出現，要再等等。知道嗎？

太早有因緣，對你反而不好呢。

【發問者意見】

無

【命盤解析及內容說明】

本命盤

此命局相當漂亮，科祿權三奇佳會命宮，古曰：科權祿拱，名譽昭彰，又福德宮形成陽梁昌祿奇格，又會文曲，故命主定然天資聰穎，才華洋溢。且祿權會命，家庭環境定然不差，而命宮三合無煞有吉，加上天機坐命，化氣爲善，更表示命主心思純正，本性善良加上太陰坐命，基本上命主屬於氣質型的女孩，應屬於才華洋溢，溫柔善良的好女生呢。整

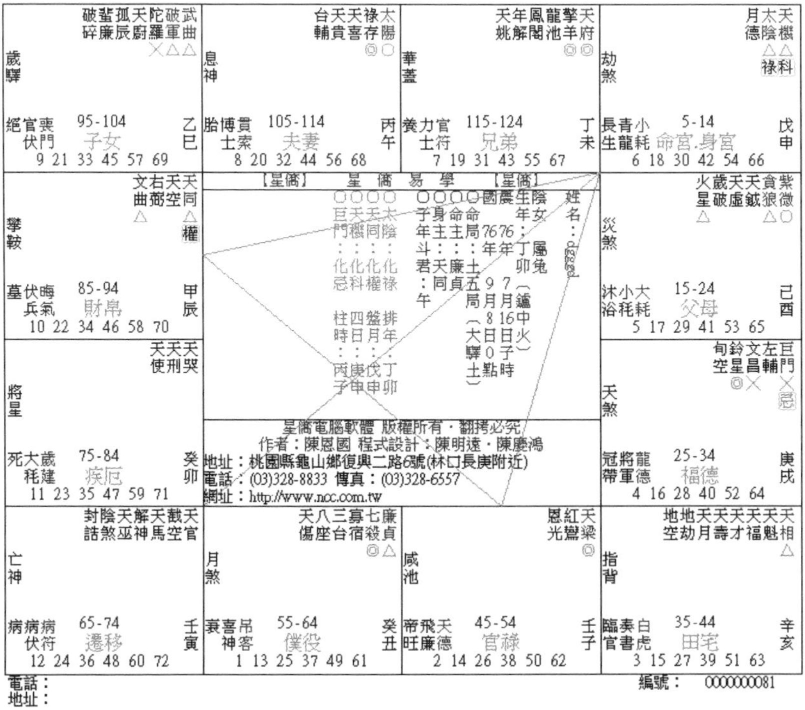

破蜚孤天陀破武
碎廉辰廚羅軍曲
歲驛
絕官喪 95-104 乙巳
伏門 子女
9 21 33 45 57 69
台天天祿太
輔貴喜存陽
息神
胎博貫 105-114 丙午
士索 夫妻
8 20 32 44 56 68
天年鳳龍擎天
姚解閣池羊府
華蓋
養力官 115-124 丁未
士符 兄弟
7 19 31 43 55 67
月太天
德陰機
祿科
劫煞
長青小 5-14 戊申
生龍耗 命宮.身宮
6 18 30 42 54 66
文右天天
曲弼空同
權
攀鞍
墓伏晦 85-94 甲辰
兵氣 財帛
10 22 34 46 58 70
【星僑】 星 僑 易 學 【星僑】
巨天天太
門機同陰
化化化化
忌科權祿
排盤四柱
年月日時
丁戊庚丙
卯申申子
子身命命
年主主局
斗君：午
天同
廉貞
土五局
陰女
生年 76 年 7 月 16 日 0 點
農曆 76 年 9 月 8 日 子時
國曆
屬兔 丁卯
(鑪中火)
(大驛土)
姓名：
火歲天天貪紫
星破虛鉞狼微
災煞
沐小大 15-24 己酉
浴耗耗 父母
5 17 29 41 53 65
天天天
使刑哭
將星
死大歲 75-84 癸卯
耗建 疾厄
11 23 35 47 59 71
星僑電腦軟體 版權所有·翻拷必究
作者：陳恩國 程式設計：陳明遠·陳慶鴻
地址：桃園縣龜山鄉復興二路6號(林口長庚附近)
電話：(03)328-8833 傳真：(03)328-6557
網址：http://www.ncc.com.tw
旬鈴文左巨
空星昌輔門
忌
天煞
冠將龍 25-34 庚戌
帶軍德 福德
4 16 28 40 52 64
封陰天解天截天
誥煞巫神馬空官
亡神
病病病 65-74 壬寅
伏符 遷移
12 24 36 48 60 72
天八三寡七廉
傷座台宿殺貞
月煞
衰喜吊 55-64 癸丑
神客 僕役
1 13 25 37 49 61
恩紅天
光鸞梁
咸池
帝飛天 45-54 壬子
旺廉德 官祿
2 14 26 38 50 62
地地天天天天天天
空劫月壽才福魁相
指背
臨奏白 35-44 辛亥
官書虎 田宅
3 15 27 39 51 63
電話：
地址：
編號： 0000000081

體而言，可以財官雙美論之。

但因命立四馬地又會照天馬，是故個性喜動不喜靜，活潑外向，且具公門格局，以此整體星盤組合看來，相當適合從事企劃，公關及行政等工作。當然倘能參加國家考試擔任公職或參與政治活動，更是前途不可限量。

而田宅宮雖逢空刦正坐，但觀其財帛宮相當穩定且逢祿權，是故應該只是不善於理財而已。至於命主最關心的夫妻宮，見太陽正坐，會照天梁，是故配偶年紀較長，個性直爽，有正義感，性急，且有大男人主義傾向。其實夫妻宮除表示未來配偶地樣貌與個性外，其實也暗示了命主喜歡異性的類型。正所謂知己知彼，百戰不殆，倘諸位看官有心儀對象，不妨嘗試看看，我想會有意外的收穫呢。

命宮太陰天機的組合，大都屬於愛鑽牛角尖且容易自尋煩惱的人，因於太陰具有豐富想像力，而天機又為智慧的象徵，因此山人認為命主定然是嚮往瓊瑤式愛情的小女生，正所謂，少女情懷總是夢呀。

所以才會有這種感觸，是可以理解，因以星盤整體結構推論，命主聰明，漂亮，有才華，家庭環境及背景都不錯，怎會沒有對象呢？其命宮三方會照紅鸞、咸池，照理說異性緣不差，爲何目前是這樣的狀況呢？我想這問題應該出在大限行進上，正所謂命好運好也要限好呀，大限不利於己，縱本命在強勢，也只能徒呼負負；反過來說，倘本命不佳，但大限強勢，則有風雲際會之勢。因此行限的強弱是相當重要的。但命主問命當年也才芳齡23歲，還相當年輕，實在無須過於操心才是呀。那我們就來看看這個大限到底出什麼問題了吧。

15～24大限本命盤

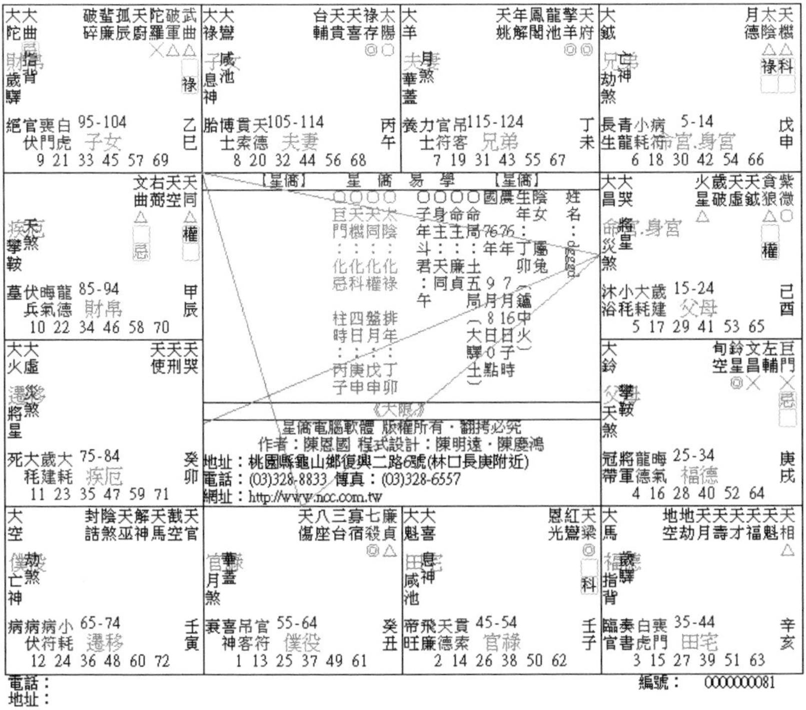

此大限夫妻宮逢擎羊，且野桃花天姚星正坐，本身桃花就會多於正緣，而三方會地空地劫，得亦復失呀，不過既然是桃花，錯過也就罷了吧。因此年紀不正是應該好好讀書的時間嗎？倘忙於戀愛，可不容易把書讀好呢。尤其命主整體格局相當漂亮，未來成就可期，倘於此時把重點放在戀愛上，只怕對其未來影響會是相當的大，所以再度驗證山人所言：其實沒有對象，對命主而言，並不是壞事呀。

那命主的姻緣可能成於幾

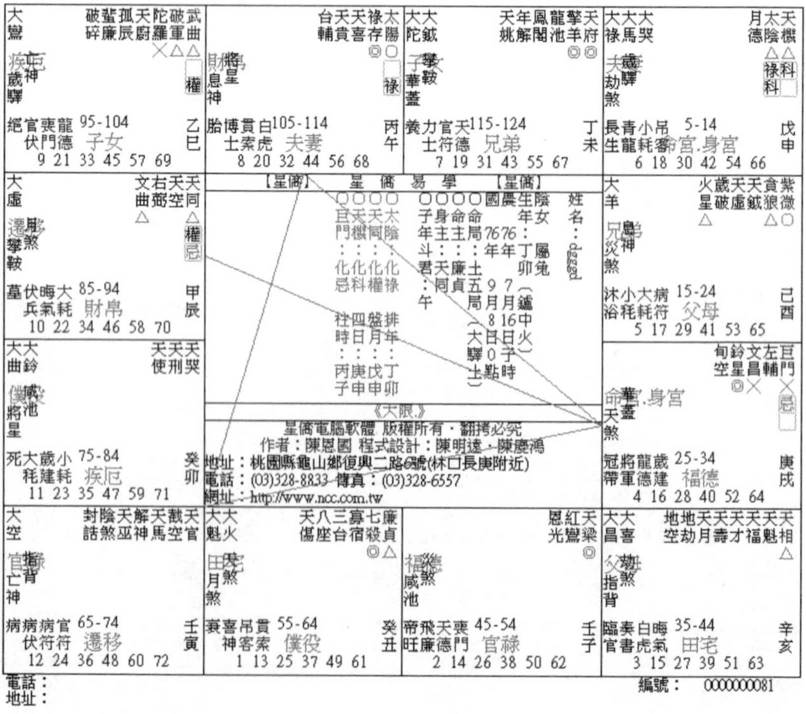

時呢？看來在25～34這個大限便有成婚的機緣，其大限本命盤如下：

25～34大限本命盤

此大限命宮會天喜，表示正緣將現，又福德宮逢鑾喜對拱又逢本命祿及大限祿引動，要不成婚都難呢。而此時夫妻宮三方相當穩定，又大限化科正坐，故此時的對象，應是有相當身分地位的好男生呢，但因會照天梁這顆老人星，故年紀應稍長於命主，但男生年紀越大，個性思想就愈成熟，與命主可是相當登對的呢，也祝福他能在此大限遇到自己的 Mr. Right.。

【49】可否幫我算一下工作呢？

【提問時間】2010-06-15 17：55：52

【提問內容】

您好，最近為工作的方向很迷惑及煩惱，剛好在網路上尋找有關算命的文章就找到您這來了，不曉得您能否幫我算一下工作呢？我是國曆71年8月12日 辰時出生，若可以則非常感謝您，不方便也沒關係，謝謝！

【回覆內容】

沒錯的話你應該是女生吧，你應該是蠻有想像力的人，想法頗爲特別，有時讓人難以接受，做事情總感到東做西成，個性的話應該是蠻開朗大方，有點大姊頭的樣子，但陽剛中又不失女生的溫柔。但平常時是以陽剛外顯個性的女生居多。

看來你應該也是屬於比較愛打抱不平，正義感的人，心直口快，常會不自覺得罪人，所以這些都是你個性上的缺失，要記得改進，這樣對自己未來都比較好。女生還是比較溫柔點，有原則是好事，但也要聽聽人家怎說。

就你個命宮星宿組合來說，比較適合創作、研發、公關、企畫及其他可以發揮你想像力的工作，會比較適合。而且你應該外型屬於俏麗型的女生，異性緣應該也不差，加上你的個性，應該好哥們很多吧。

至於工作的話，以大限來看，呈現祿馬交流的狀況，適宜在動中求才，只是錢財部分應該還是不易守成，不過在這10年至少辛勤奔波會有點收穫與成就感的。幫你用流年看看了，我想去年對你應該是還蠻順利的一年，但今年工作上應該蠻辛苦的，對宮逢大限化忌衝，雖坐紫微但無輔弼來會，因此更感到單打獨鬥，而且做任何事都感到有點卡卡的，看似順利的卻一再因故延宕，而且外在的競爭壓力很大。確實來說，今年的工作運應該很辛苦了，而且貪狼化忌坐夫妻宮，相信在男女之間的關係上也會有不小的影響。總之今年多忍忍，明年應該會順利的多，這段時間就當成磨練經驗吧。

人生就是這樣，起起伏伏，不會有永遠順風，也不會有永遠逆風，看開點，不要想太多。至少你的工作運沒有連續走壞好幾年，我想明年就會有轉機了。

【發問者意見】

謝謝老師

【命盤解析及內容說明】

本命盤

太陽坐女命，相當不適宜，其理由如同太陰坐男命相同，一般太陽坐女命者，個性陽剛，比較像是大姐頭類型的女生，和男生相處就像哥兒們，故通

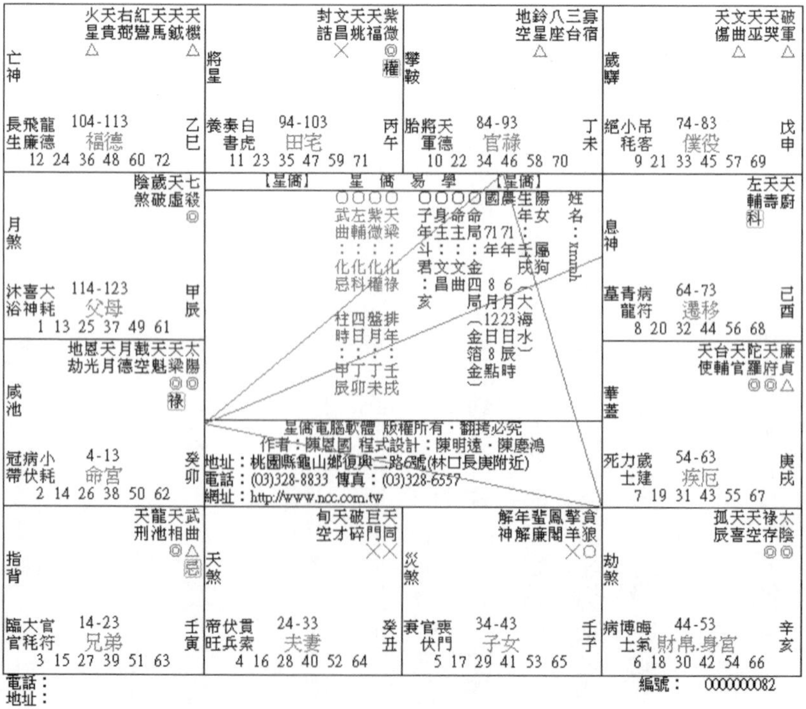

常是很難找到好的對象。所幸會照太陰，因此尚能保留其女性溫柔婉約的一面，身宮坐太陰加天喜是故命主應是氣質出眾且外型俏麗可人的漂亮女生，而鑾喜拱身，其異性緣必佳，又此局亦為日月並明之局，且逢雙祿於命宮交會，主出身望族，且財宮坐祿會本命化祿，田宅坐紫微，家境定當不差，應可以財官雙美論之，可惜地空地劫星亦落入這個三合區，好格局大概都已經破壞光了，確實相當可惜呀。

而其地劫坐命又與太陽同度，個性頗為強烈，具正義感，說話經常是過於直接而傷害到他人，且應是個相當堅持己見的人，故空劫入命者，大都因自身個性上缺陷而導致敗局，也增加了人生的勞碌波折。也因此山人多建議此局人，學習禪修，研讀佛經，或參加心靈課程，讓自己浮動難安的心給止住，這樣才能避免受空劫星曜過度影響自性。畢竟羊陀火鈴四煞是外在的煞星，老天要給我們什麼挫折，無法掌握，但此空劫兩曜，卻是可以靠自己勤加修心，加以調伏的，倘命主能將此影響減至最小，以其命宮格局看來，定有相當成就才是。

相同道理，官祿宮雖逢日月拱照，但地空正坐，在會地劫，因此在工作職場上，自然相當勞碌波折而難有所獲。倘大限行運在不佳，就會讓自己深感挫折與絕望，至於命主適宜哪方面工作，以其整體格局而言，相當適合從事以口為業的工作，例如：教師，業務，客服人員，活動企劃及公關等，甚或是從政亦為不錯的選項。

而目前命主在工作上相當不順利，基於三才理論，我們就先從大限盤來看看，到底出了什麼問題吧。

24～33大限本命盤

本大限命宮逢輔弼來拱，三方雖會火鈴，但在吉星的助力下，應只會稍感挫折，並不會產生全面性的挫敗才是，且其官祿宮逢大限化

福德宮（乙巳）
火星 天貴 右弼 紅鸞 天鉞 天機 △
大鈸 大哭　指背 亡神
長生 飛廉 龍德 官符　104-113
12 24 36 48 60 72

田宅宮（丙午）
封誥 文昌 天姚 紫微 ◎ 權
咸池 將軍
養 泰　白虎 小耗　94-103
11 23 35 47 59 71

官祿宮（丁未）
地空 鈴星 八座 三台 寡宿 △
大火 大虛　攀鞍 歲驛
胎 將軍 大德 大耗　84-93
10 22 34 46 58 70

僕役宮（戊申）
文曲 天巫 破軍 △ 祿
大喜　歲驛
絕 小耗 吊客 龍德　74-83
9 21 33 45 57 69

遷移宮（己酉）
左輔 天壽 科
大病　財息
墓 青龍 病符 白虎　64-73
8 20 32 44 56 68

疾厄宮（庚戌）
天使 台輔 陀羅 天廚 天官 廉貞 天府 ◎◎
華蓋
死 力士 歲建 天德　54-63
7 19 31 43 55 67

財帛宮·身宮（辛亥）
孤辰 天喜 天空 祿存 太陰 科
大劫 劫煞
病 博士 晦氣 吊客　44-53
6 18 30 42 54 66

子女宮（壬子）
解神 蜚廉 鳳閣 擎羊 貪狼 ◎ 忌
災煞
衰 官符 喪門 病符　34-43
5 17 29 41 53 65

夫妻宮（癸丑）
旬空 天才 破碎 巨門 天同 權
華蓋
帝旺 伏兵 貫索 天建　24-33
4 16 28 40 52 64

兄弟宮（壬寅）
天刑 龍池 天相 武曲 忌
華蓋
臨官 大耗 官符 符　14-23
3 15 27 39 51 63

命宮（癸卯）
地劫 天月 截空 天魁 天梁 太陽 祿
咸池
冠帶 病符 小耗　4-13
2 14 26 38 50 62

父母宮（甲辰）
陰煞 天虛 七殺 破碎 ◎
月煞
沐浴 喜神 大耗 貫索　114-123
1 13 25 37 49 61

【星僑】星僑易學【星僑】

姓名：……

武左紫天　子身命　國農生陽　年女
曲輔微梁　年主主主　曆曆年男
化化化化　斗　君文文金　……：年壬
忌科權祿　：昌曲　　　戌狗
　　　　　　君　1223海水
柱四盤排　　　8　6　（大
時日月年　　　月月月限）
：：：：　　　8　辰
甲丁丁壬　　　金　點時
辰卯卯戌　　箔
　　　　　　金

《大限》

星僑電腦軟體 版權所有·翻拷必究
作者：陳恩國 程式設計：陳明達·陳應鴻
地址：桃園縣龜山鄉復興二路6號(林口長庚附近)
電話：(03)328-8833 傳真：(03)328-6557
網址：http://www.ncc.com.tw

電話：
地址：

編號：0000000082

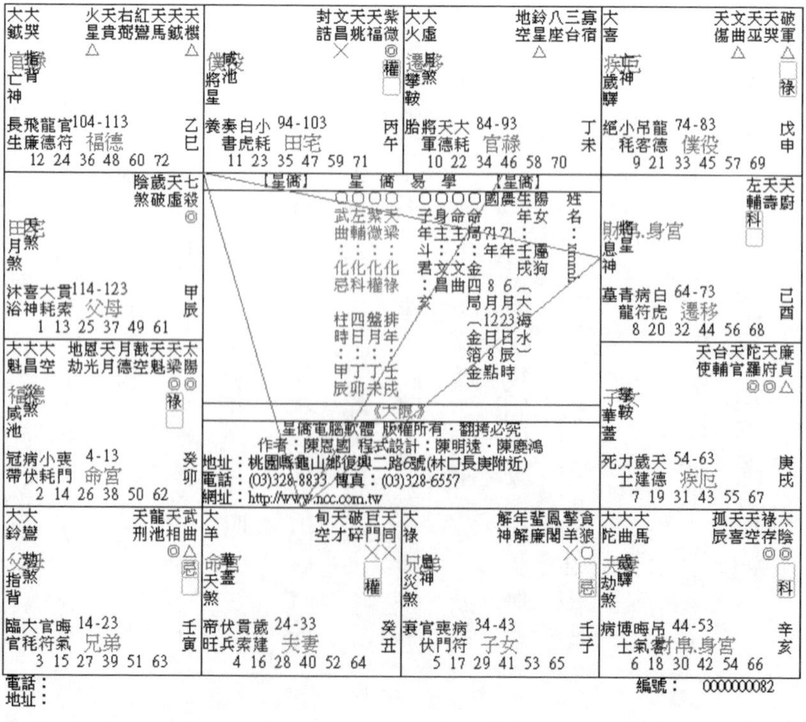

權及化科對照，會照本命祿存，且三合不會煞忌，整體而言，尙稱穩定，以整體組合而言，這個大限應有不錯的發展才是，爲何命主會感到波折與不順利呢？其實因爲大限主10年之運，大限再好，畢竟是這段時間的總和，還要觀察其流年狀況方可斷吉凶，這也是山人一在強調三才理論的重要，倘無法確實掌握此要訣，則遑論人命呀。現在我們就來看看，到底這個流年發生了什麼事吧。

99年大限流年盤

命主問命當年爲民國99年，其

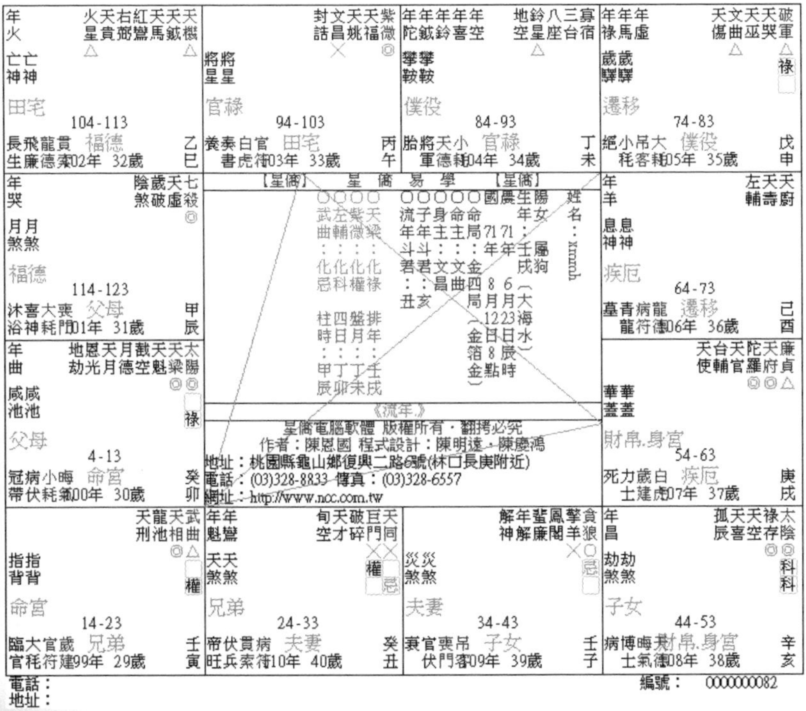

流年官祿宮三方會羊陀雙煞，大限貪狼化忌衝，雖逢紫微正坐，可稍解其惡，但挫折定然難以避免，此時在工作上，我想應該是且在職場上因本性過度耿直外放，樹敵過多，遭到孤立冷落甚至是反撲，更可能因此而失去工作，確實是相當挫折的時候。但流年畢竟只主一年之運，以其流年走勢看來，應該要到民國102年才會開始轉好，100年雖逢空劫臨命，但只是勞而無獲，無論如何，都會比99年還好，所以奉勸命主，趁此機會好好修心，這段期間的挫折，就當作逆增上緣，磨練自己的心境更加成熟。畢竟人生路途還很長，挫折難免，但要如何應對，這才是人生最重要的任務。

【50】是否可以考慮轉行？

【提問時間】2009－11－12 00：25：40

【提問內容】

我是國曆69．1．11女生上午七點多出生，之前我有感應到上天希望我未來不論是否要轉業就是選擇可以助人。並且把抽象概念轉為具體文字或者口語（可以請山人幫我從命盤上看看我感應到的是否正確？）。倘若我有機會可以留在國外發展事業，只要符合以上兩者條件。是否可以考慮轉行？還是我必須要回國繼續從事特殊教育工作比較好？謝謝你。

【回覆內容】

如果以你的本命宮來看，你的個性應該是頗爲寬厚，外表看來氣度翩翩，口才應該也不差，你的命格而言屬於異路功名類，適合以其他方面的專長來獲得成功，口才應該也不差，而且本身也具有標準的公門命格。且容易就得到長輩的提攜及照顧，也有多貴人及機遇，只是你與兄弟之間的緣分比較淺。我想這是你會想選擇留在國外的原因，父母對你倒是照顧有佳。

你的本性寬厚仁慈，很適合擔任社會服務類型的工作，我想助人的行業與你的本性確實很適合。山人是建議你，如果可以的話，特殊教育也是奉獻服務的一種工作，所以蠻適合你的。基於三個原因山人會這樣說：

1. 你本來就適合以口爲業的工作，所以當老師或講師，再洽當也不過。

2. 而且你的個性開朗樂觀，秉性寬厚仁慈，從事特殊教育需要的就是 這種個性的人，如果給一個急性子或脾氣躁怒的人來教的話，我想會很不洽當。

3. 你妳整體星盤組合確實蠻適合從事社會服務的工作，特殊教育也是 服務社會的一種方式，老師薪水都差不多，很少人會想去選特教類的，因爲比較辛苦，也需要耐心。不如去教一般的學生來的輕鬆。 而你命宮會天梁，天梁化氣爲蔭，本來就喜歡照顧幫忙有困難的人呢。特殊教育類工作確實是符合你的感應，因你本性就應該如此 做，加油歐。

【發問者意見】

謝謝老師指導

【命盤解析及內容說明】

本命盤

本命宮無主星，借對宮同梁來論，同梁會馬，本為梁馬漂蕩之格，喜遠離出生地，較為自在。故目前旅居國外，倘打算歸國，應該內心相當的糾結吧。畢竟本身並不喜歡長期獃在一個地方，所以山人能夠理解其內心的掙扎。

但命主自述因天意感應要

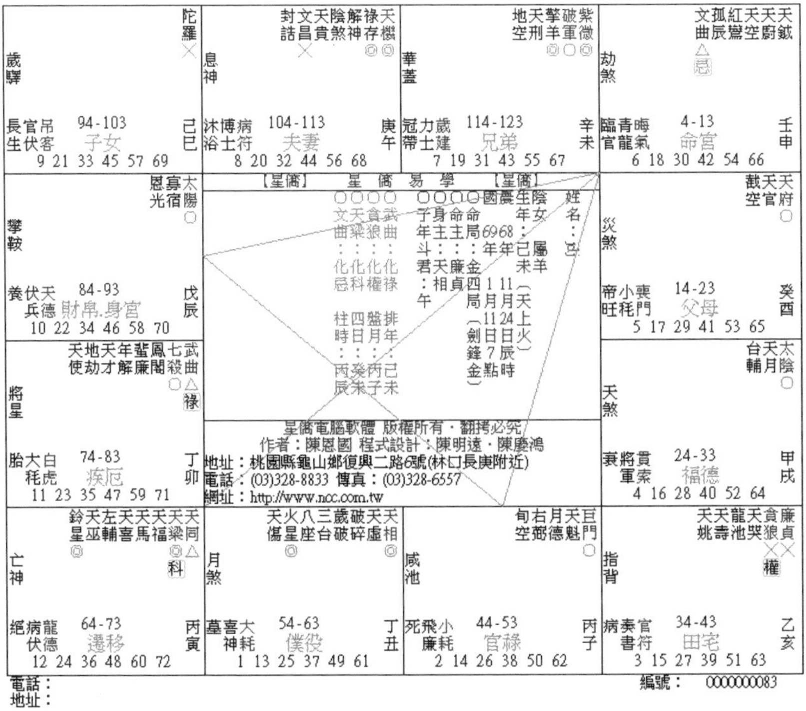

陀羅
歲驛
長生 官伏 吊客 94-103 子女 己巳
9 21 33 45 57 69
封誥 文昌 天貴 陰煞 解神 祿存 天機
息神
沐浴 博士 病符 104-113 夫妻 庚午
8 20 32 44 56 68
地空 天刑 擎羊 破軍 紫微
華蓋
冠帶 力士 歲建 114-123 兄弟 辛未
7 19 31 43 55 67
文曲 孤辰 紅鸞 天空 天廚 天鉞
劫煞
臨官 青龍 晦氣 4-13 命宮 壬申
6 18 30 42 54 66
恩光 寡宿 太陽
攀鞍
養 伏兵 天德 84-93 財帛.身宮 戊辰
10 22 34 46 58 70
截空 天官 天府
災煞
帝旺 小耗 喪門 14-23 父母 癸酉
5 17 29 41 53 65
天使 地劫 天才 年解 蜚廉 鳳閣 七殺 武曲
祿
將星
胎 大耗 白虎 74-83 疾厄 丁卯
11 23 35 47 59 71
台輔 天月 太陰
天煞
衰 將軍 貫索 24-33 福德 甲戌
4 16 28 40 52 64
鈴星 天巫 左輔 天喜 天馬 天福 天梁 天同
科
亡神
絕 病符 龍德 64-73 遷移 丙寅
12 24 36 48 60 72
天傷 火星 八座 三台 歲破 破碎 天虛 天相
月煞
墓 喜神 大耗 54-63 僕役 丁丑
1 13 25 37 49 61
旬空 右弼 月德 天魁 巨門
咸池
死 飛廉 小耗 44-53 官祿 丙子
2 14 26 38 50 62
天姚 天壽 龍池 天哭 貪狼 廉貞
權
指背
病 奏書 官符 34-43 田宅 乙亥
3 15 27 39 51 63
【星僑】 星 僑 易 學 【星僑】
星僑電腦軟體 版權所有．翻拷必究
作者：陳恩國 程式設計：陳明遠．陳慶鴻
地址：桃園縣龜山鄉復興二路6號(林口長庚附近)
電話：(03)328-8833 傳真：(03)328-6557
網址：http://www.ncc.com.tw
電話：
地址：
編號： 000000083

歸國服務，其實倘以其專長，回來幫助更多的鄉親，是相當好的，畢竟落葉要歸根，外國月亮終究沒有故鄉圓，台灣才是自己的家鄉呀。倘能將國外所學貢獻回國，我想是造大功德一件呀。所以山人相當贊成命主歸國服務，尤其是打算從事特殊教育，作育英才，更是需要給她拍拍手。

其命宮同梁，古曰：同梁守命，得純陽中正之心，加上三方不會煞忌，心思純正，且更顯示命主仁慈，心地良善與樂於助人及服務人群的精神，此局人相當適合從事社會服務性質工作，也許因為其個性磊落光明，且學有專長，加上輔弼拱命，無論遇到在大的挫折，都會有適時的助力出手相助，也因為個性寬厚仁慈，是故教育較弱勢的特教學生，確實相當適合，也許是因此，故神祇降意命主服務人群吧。

其命宮三方同時會照巨門及太陽，巨門為暗曜，入命本主背後是非，但因太陽能驅巨門之暗，優化巨門本性，是故命主口才必佳，相當適合以口為業的工作，例如教師、律師、、教授及講師等。是故回國擔任特教老師，確實是適性也適所。

只是命主僕役宮相當糟糕，看來不太容易能有知心好友，且易受友拖累，因此命主須特別注意交友狀況才是呀。

其本命盤府祿相三合會父母宮，基本上理財能力相當不錯，而天府坐父母，主父母個性慈祥，相處融洽。（註：就是因爲父母皆善良，才能教出不汲營於私利，願爲眾生犧牲奉獻的好孩子呀）。

而其財宮日月拱照，且三方不會煞忌，主財源寬廣，財來不缺，但因財庫逢空劫，是故得中有失，不易守成。但因府祿相三合且財宮相當穩定，故僅是不善於理財，並非破敗祖業。

但此局人心軟善良，有強烈的同情心與同理心，但朋友多無義也無益，是故相當可能因友拖累或遭欺騙而破大財，此點是相當需要注意之處。

不過天公疼憨人，倘真遭友詐財，也就當作前輩子欠的因果吧，但山人還是寧願他能盡量避免，倘注定真要破財，也寧願他把錢拿來佈施濟貧。

山人論命十餘年，此例相當奇特，也許僅此一例。因登門者多問事業及感情，大都是因爲自己的因素求教，絕少碰到有願意利它的師兄師姐，也許，這也是一種緣分吧，也許是天意要山人給他這臨門一腳，因作此決定需要相當大的勇氣呢。

【51】事業問題，請大師給我衷心的建議！

【提問時間】2009－07－23 21：20：43

【提問內容】

我1981年9月27日晚上7點－8點之間出生！

我幾年前因為生意失敗，欠下不少債務。所以這幾年都在努力賺錢還債，即將在今年12月解套。但現在又有朋友找我到廣州經營內地服裝批發的生意，我想去試試，但又有生意失敗的陰影。很擔心又要面臨一次的失敗，因為我也快30歲了。所以想在此問問大師，我的流年問題？我現在事業上應該守還是該攻？流年到幾歲的時候再來做生意會比較好？

【回覆內容】

恩，看來你還是蠻上進的人，不會被生意失敗的挫折給擊倒，願意去面對，就像當初國揚集團的侯西峰總裁一樣，週轉不靈，且他豪氣的說：我將再起。勇敢的面對。値得給你鼓勵。

本命宮格局不錯，爲輔弼拱主的大格局，紫殺化權，所以很容易接近權力核心，加上很容易就可以得到來自朋友同事的助力，在職場上是個天生的領導者。府祿相三合，代表你再創業或賺錢時是一個蠻會守成的人。

加上武曲貪狼正做財宮，雖說利於求財，但時常會爲了賺錢而不擇手段，加上雙主星入命，所以難免會有點好大喜功的味道，而且財宮見武貪坐，古曰：武貪不發少年人，爲先貧後富之運。以大限運行來看，確實也是如此。

可惜福德宮逢空劫雙煞侵襲，本身就會比較波折勞碌，加上身居財宮，就整體盤勢看來，是個爲財拼生死的人。但從你的財庫來看，財庫有損，所以錢難留，聚散無常呀。

天馬落命宮，但可惜沒有會祿，不成「祿馬交馳」格局。對於創業不利，常常都是忙的團團轉，但錢總是有點給他無緣。

至於你說的攻守，山人覺得你的觀念正確，以你的命盤看來，確實是需要見好就收，伺機而動的人。所以出擊時機對你而言很重要。

加上紫殺化權坐命又有輔弼拱主格局的，通常很難服從在人家的麾下，所以縱使大權在握，可能你內心裡創業的慾望還是蠢蠢欲動。

以大限來看，這個大限走的是天相運程，通常走天相都蠻穩定的。且逢本命祿存，再會天府，照理說應該是有賺大錢的機會。可惜大限命宮逢空劫來拱，有勞而無獲的現象，所以創業出現問題，並不意外。

下一個大限逢煞星正坐，比較會有好事多磨的情況，也是不宜。以今年流年來看，創業是萬萬不宜。流年命宮星宿組合不佳，加上大限不佳，如果貿然創業，恐怕損失會比上次還嚴重，建議你最好三思。

明年流年運勢會比較好，建議你可以考慮明年做短期衝刺，見好就收，千萬不可戀棧。

不過，山人還是建議你最好在職場上發展，吃人頭路，至少壓力不會那樣大，而且以此局看來，創業要有成可能要到40歲之後。所以可以趁這段時間蓄積能量，大限不好，就抄短線，但切忌拉長戰線。否則庫破威力是難以抵擋的呢。

【發問者意見】

無

【命盤解析及內容說明】

本命盤

山人常說，創業首重祿馬交馳，以此盤看來，天馬居亥

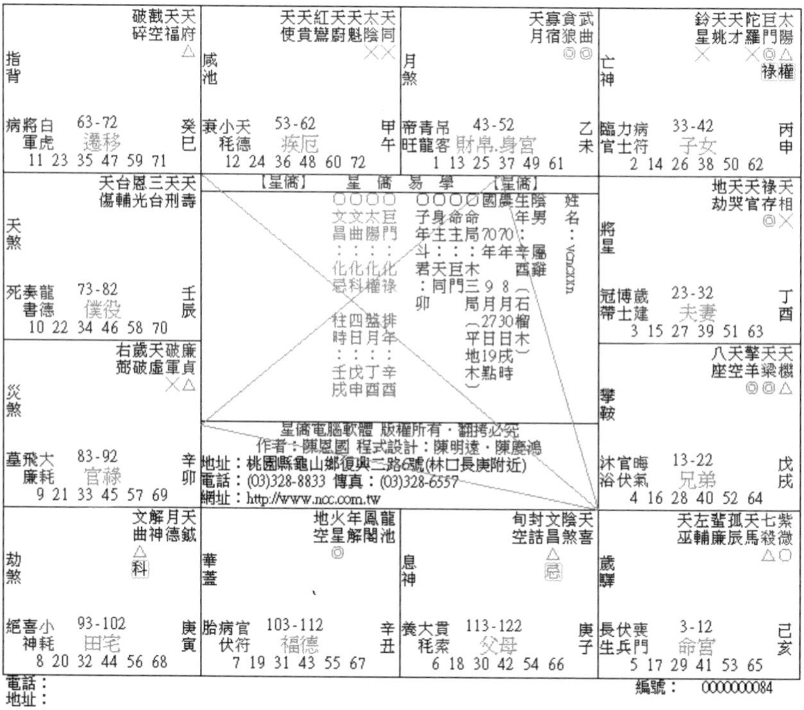

天府 天福 截空 破碎 指背 病 將軍 白虎 63-72 遷移 癸巳 11 23 35 47 59 71
天同 太陰 天魁 天廚 天鸞 紅鸞 天貴 天使 咸池 衰 小耗 天德 53-62 疾厄 甲午 12 24 36 48 60 72
武曲 貪狼 寡宿 天月 月煞 帝旺 青龍 吊客 43-52 財帛.身宮 乙未 1 13 25 37 49 61
太陽 巨門 陀羅 天才 天姚 鈴星 亡神 祿 權 臨官 力士 病符 33-42 子女 丙申 2 14 26 38 50 62
天壽 天刑 三台 恩光 台輔 天傷 天煞 死 奏書 龍德 73-82 僕役 壬辰 10 22 34 46 58 70
天相 祿存 天官 天哭 地劫 將星 冠帶 博士 歲建 23-32 夫妻 丁酉 3 15 27 39 51 63
廉貞 破軍 天虛 歲破 右弼 災煞 墓 飛廉 大耗 83-92 官祿 辛卯 9 21 33 45 57 69
天機 天梁 擎羊 天空 八座 攀鞍 沐浴 官府 晦氣 13-22 兄弟 戊戌 4 16 28 40 52 64
天鉞 月德 解神 文曲 劫煞 科 絕 喜神 小耗 93-102 田宅 庚寅 8 20 32 44 56 68
龍池 鳳閣 年解 火星 地空 華蓋 胎 病符 官伏 103-112 福德 辛丑 7 19 31 43 55 67
天喜 陰煞 文昌 封誥 旬空 息神 忌 養 大耗 貫索 113-122 父母 庚子 6 18 30 42 54 66
紫微 七殺 天馬 孤辰 蜚廉 左輔 天巫 歲驛 長生 伏兵 喪門 3-12 命宮 己亥 5 17 29 41 53 65
【星僑】 星 僑 易 學 【星僑】
星僑電腦軟體 版權所有．翻拷必究
作者：陳恩國 程式設計：陳明遠．陳慶鴻
地址：桃園縣龜山鄉復興三路6號(林口長庚附近)
電話：(03)328-8833 傳真：(03)328-6557
網址：http://www.ncc.com.tw
電話：
地址：
編號： 0000000084

宮，三方四正，雖不會祿，但會武曲財星，也不逢煞忌，是故仍適合創業。只是武曲之財要靠自己很努力獲得，所以起伏波折自然比帶祿馬格局的來的大。

此命格局相當大，也很漂亮，紫微會輔弼入命，且對宮天府來朝，命立四生地，天馬正坐，表示命主是個靜不下來的人，加上身居財宮，對金錢相當重視，所以會想創業求財，確實不讓人意外，因本命即爲所謂的老闆格。而其府祿相三合會福德，基本上表示命主是個善於守財的人，只是祿存逢空劫，連帶也破壞此難得的結構，得亦復失，聚散無常，此點可從其田宅宮同時會照天機天梁及擎羊的險惡組合，可見一班，雖逢魁鉞來拱，危急時刻能有貴人出手相助，但仍是相當兇險。以此兩個結構整合看來，雖無大富可期待，但小富應該仍不是問題才是，只是必須要能守的住財，否則終究還是一場空呀。

其財宮武曲貪狼正坐，又會廉貞，古曰：武曲貪狼廉貞逢，少受貧而後受福，且此局落於四墓地，此局橫看豎看都是屬於晚發格局，難怪年輕創業時剎羽而歸。

只是其命宮組合相當漂亮，爲君臣慶會格局，古曰：才擅經邦，但因身居財宮，以賺錢爲職志，是故應該寄人籬下領死薪水，應該非命主所願。許多武貪格局的人，年輕時創業都很慘烈，初期因能力佳，有謀略可以賺的到錢，但後繼乏力，常因年少得志，氣焰高張，常常會忽略了身邊的凶險，以致遭到敗績。且武貪組合相當絕決與無情，求才無論是手段與方法通常相當具侵略性及強勢，正所謂過剛則折，所以只有當年紀漸增，能收斂性情時，創業方能有成，這也是武貪不發少年人的原因。

且命主問命當年29歲，還算年輕，實在無須過度擔憂，以其君臣慶會格局加雙主星坐命的超強格局與工作能力，到哪裡任職都能適應良好，反倒是須先修煉自己的個性，這樣才能在大運來時有成功的機會呀。至於命主自述創業曾遭失敗，到底出什麼狀況呢？我們就從大限盤看起吧：

23～32本命大限盤

此大限命宮逢祿存正坐，雖得府相來朝，再會右弼，唯其三方遭空劫來拱，為標準的倒祿格局，此局落感情上，會有遇人不淑的遺憾，落命宮三方，則有勞而無獲，甚至破大財消災的狀況，對照命主這段期間的狀況，果真不虛呀。但，這不也反證了武貪不發少年人這句話嗎？命財官遷均被拱掉，怎能期待有創業成功的時候呢？

失敗爲成功之母，開創大業的一定經歷過挫敗，所以就當成累積經驗吧，此點可從命主自述的內容看來，確實有吸收到教訓了，所以才會請教命理老師，只是聽不聽的下去，就看自己的造化了。

以此大限看來，98年的機會，應該也是失敗的機率爲高，但我們仍需從流年看起，畢竟大限是10年的總和，倘流年得亦，不妨抄個短線，只是務必見好就收，否則流年一過，便立刻打回原形呀，現在我們就

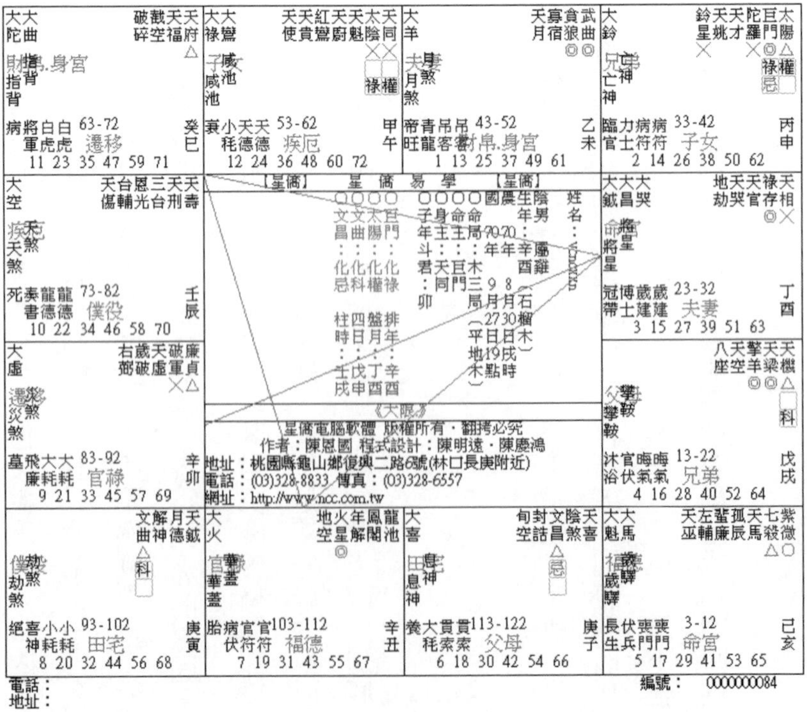

來看看流年盤吧：

98年流年大限盤

此流年逢祿權會命，且逢本命祿會，形成雙祿交流，財宮亦會雙祿，手頭上應該是有點閒錢才是，此時倘結構良好，確實相當適合炒個短線才是。

但三合空劫雙煞又來攪局，亦形成倒祿局，流年財宮亦被拱掉，且流年田宅會雙煞，又逢對宮天機擎羊正衝，與財無緣，依照推論，其僕役宮流年文曲化忌會照，文曲化忌，即有可能因口舌惹是非。由於

年年年 破截天 陀曲哭 碎空福 指指 △ 背背 官祿 63-72 病將白官 遷移 癸 軍虎符02年 33歲 巳	年 天天紅天天太 祿空 使貴鸞廚魁陰 咸咸 ×× 池池 祿權 僕役 53-62 衰小天小 疾厄 甲 耗德耗03年 34歲 午	年 天寡貪武 羊虛 月宿狼曲 月月 煞煞 權祿 遷移 43-52 帝青吊大 .身宮 乙 旺龍客耗04年 35歲 未	年年年 鈴天天陀巨太 鉞鈴喜 星桃才羅門陽 × 忌 亡亡 神神 疾厄 33-42 臨力病龍 子女 丙 官士符05年 36歲 申
天台恩三天天 傷輔光台刑壽 天天 煞煞 田宅 73-82 死奏龍貫 僕役 壬 書德索01年 32歲 辰	【星僑】 星僑易學 【星僑】 ○○○○○ 國農生陰 文文太巨 漓子身命 年男 昌曲陽門 年年主主 ：： ：：：： 斗斗君身 □雞 化化化化 ：：年年主辛 忌科權祿 ：：鬥門三九酉 辰卯 柱四盤排 局月月石 時日月年 ~2730榴木 壬戊丁辛 平日日木 戌申酉 地19戌 木點時 【流年】		年 地天天祿天 昌 劫哭官存相 將將 ◎× 星星 財帛.身宮 23-32 冠博歲白 夫妻 丁 帶士建虎06年 37歲 酉
右歲天破天 弼破虛軍貞 △ △ 災災 煞煞 福德 83-92 墓喜大喪 官祿 辛 廉耗門00年 31歲 卯	星僑電腦軟體 版權所有·翻拷必究 作者：陳恩國 程式設計：陳明遠·陳慶鴻 地址：桃園縣龜山鄉復興二路6號(林口長庚附近) 電話：(03)328-8833 傳真：(03)328-6557 網址：http://www.ncc.com.tw		八天擎天天 座空羊梁機 ◎◎ × 科 擎擎 鞍鞍 子女 13-22 沐官晦天 兄弟 戊 浴伏氣德07年 38歲 戌
年 文解月天天 鸞 曲神德鉞 △ 劫劫 煞煞 父母 93-102 絕喜小晦 田宅 庚 神耗氣99年 30歲 寅	年 地火年鳳龍 火 空星解閣池 ◎ 華華 蓋蓋 命宮 103-112 胎病官歲 福德 辛 伏符建98年 29歲 丑	年 旬封文陰天 魁 空詰昌煞喜 △ 息息 神神 兄弟 113-122 養大晦病 父母 庚 耗索符09年 40歲 子	年 天左喪孤天七紫 馬 巫輔廉辰馬煞微 △△ 歲歲 驛驛 夫妻 3-12 長伏喪吊 命宮 己 生兵門審08年 39歲 亥

電話：
地址：

編號：0000000084

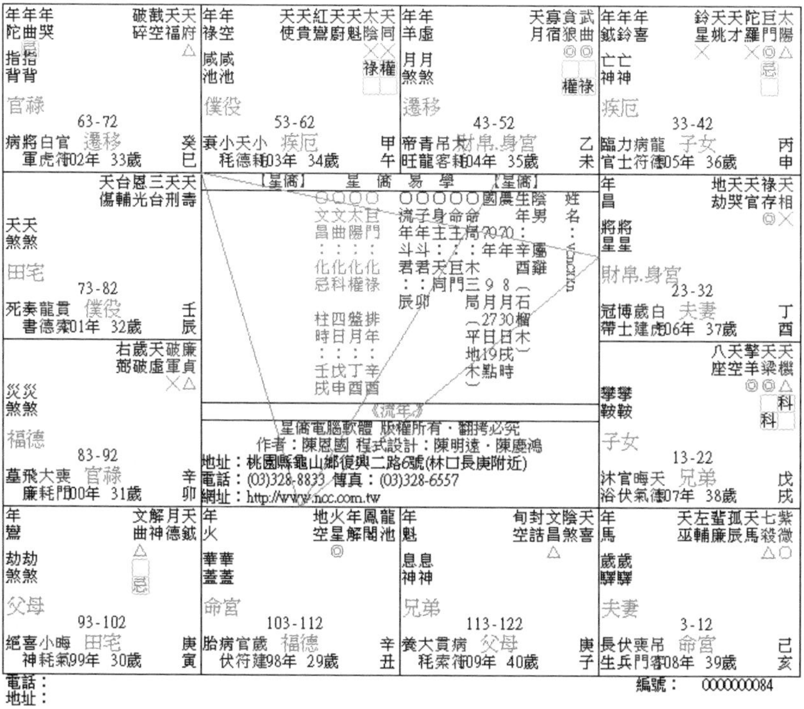

流年不佳，倘與朋友合資，只怕會因事業發展不順產生口角爭執作收。以其田宅宮的凶險狀況，只怕這次賠的會比上次還多。故今年的機會，只能用吉處藏兇來形容，千萬不可貿然行動呀。至於幾時會好轉，看來應在43～52大限，但勞碌難免呀，故奉勸命主，人要蹲的夠低，才能躍的愈高，沉潛一段時間，休養生息，畢竟命盤已經告訴你，年少難發，不如趁此機會好好磨鍊自己的經驗及性情，當大限機會來臨時，自會有作爲。

【52】命坐太陽見太陰化忌

【提問時間】2009－10－31 14：24：29

【提問內容】

女74．1．27戌農

曾去算命，老師說我一生操勞，無家室之樂，真的嗎？可以化解嗎？

【回覆內容】

唉，誰的一生不操勞的呢？除非你家裡很有錢，終身不需要工作，否則誰能避免呢？說這話好像用處不大吧？如果花錢算命得到的答案是這樣，那建議你可以跟老師要求退錢，因爲這是大部分人共通的特性

山人幫你看了一下，女命坐太陽，確實不宜，因太陽是男性的表徵，女命得之，

會讓人感到像男人婆。異性緣雖好，但大概都是像兄弟一般的關係，不易發展戀情。畢竟很少有男生喜歡娶個男人婆回家的。所以通常只有當大姊頭的份，家室之樂當然很難得到。

所幸你有對宮遷移位太陰會照，表示你在陽剛中還帶有一點的女人味與氣質。比單純太陽正坐的女生來的好，所以不要想太多，沒有那樣嚴重。

而且以你的夫妻宮來看，夫妻宮見天同，表示關係頗爲和睦，以整體星宿組合來看，配偶應該蠻賢慧的，而且應該感情生活還頗爲美滿的呢。只是他的年紀應該比你大蠻多的就是，應以晚婚爲宜，所以應該不會有沒有家室的問題出現啦。

我想老師爲何會說你很辛勞，其實應該是說，在職場或工作上，很認真，也很努力，立下許多的汗馬功勞。但是升遷總是沒有你的份，因爲你的本命帶有「李廣不封」的格局，但整體而言，命宮會輔弼來拱太陽，且太陽居辰宮，正要明亮的時候，辛勞難免，但在助力幫忙的情形下，所以還可以輕鬆度過，再怎樣勞累，如果能夠得到朋友或屬下，同事的助力，又怎會太操勞呢？只能說不容易有升遷機會，縱有升遷，也會來的有點晚，如此而已。

至於化解的問題，基本上人一生的遭遇及經歷是由因果關係而衍生。因不滅的情形下，果怎會改變呢？所以命能改嗎？可以化解嗎？答案是不能，只有一個方法，就是行善積德，了凡四訓已經很清楚的讓大家知道行善改運的實例了。

命理屬於學術的範疇，如果說命理能改運，必定是融合宗教儀式。但你想想，如果命隨隨便便就能改的話，那改命的爲何不去改自己呢？讓自己成爲王永慶或郭台民，幹麻要在這賺你幾千元，這不是很無聊的行爲嗎？所以要化解改運前，除要想到因果關係的存續之外，更要想到這一點。

【發問者意見】

謝謝

【命盤解析及內容說明】

本命盤

太陽爲男性的象徵，不宜女命。其因與太陰坐男命相同，不再贅述。此曜坐命，個性較爲強勢外向，且頗有男子氣概，就像是大姊頭類型的女生，因此不容易發展男女之間的感情，故通常太陽坐女命，夫妻宮定然不佳。以此例便可印證，其夫妻宮雖逢鑾喜對拱，三方會祿，基本上因緣不缺，但因陀羅煞星正坐，陀羅主慢，遲滯，拖延，故命主以晚婚爲宜，早婚易有生離死別狀況產生。

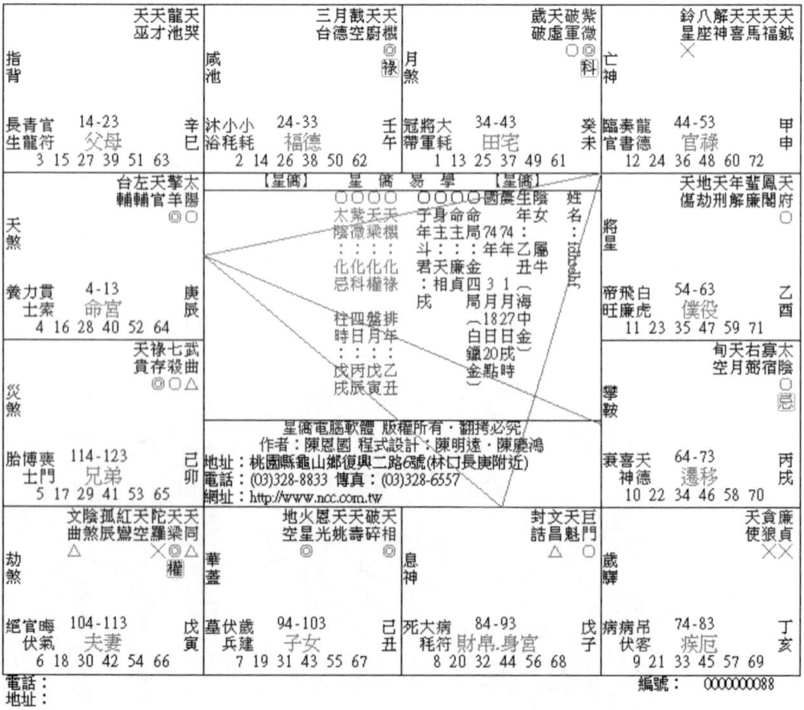

天天龍天 巫才池哭 指背 長生青龍官符 14-23 辛巳 父母 3 15 27 39 51 63
三月截天天 台德空府機 祿 咸池 沐浴小耗小耗 24-33 壬午 福德 2 14 26 38 50 62
歲天破紫 破虛軍微 科 月煞 冠帶將軍大耗 34-43 癸未 田宅 1 13 25 37 49 61
鈴八解天天天天 星座神喜馬福鉞 亡神 臨官奏書龍德 44-53 甲申 官祿 12 24 36 48 60 72
台左天擎太 輔輔官羊陽 天煞 養力士貫索 4-13 庚辰 命宮 4 16 28 40 52 64
天地天年蜚鳳天 傷劫刑解廉閣府 將星 帝旺飛廉白虎 54-63 乙酉 僕役 11 23 35 47 59 71
天祿七武 貴存殺曲 災煞 胎博士喪門 114-123 己卯 兄弟 5 17 29 41 53 65
旬天右寡太 空月弼宿陰 忌 攀鞍 衰喜神天德 64-73 丙戌 遷移 10 22 34 46 58 70
文陰孤紅天陀天天 曲煞辰鸞空羅梁同 權 劫煞 絕官伏晦氣 104-113 戊寅 夫妻 6 18 30 42 54 66
地火恩天天破天 空星光姚壽碎相 華蓋 墓伏兵歲建 94-103 己丑 子女 7 19 31 43 55 67
封文天巨 誥昌魁門 息神 死大耗病符 84-93 戊子 財帛.身宮 8 20 32 44 56 68
天貪廉 使狼貞 歲驛 病病伏吊客 74-83 丁亥 疾厄 9 21 33 45 57 69
【星僑】 星 僑 易 學 【星僑】
星僑電腦軟體 版權所有．翻拷必究
作者：陳恩國 程式設計：陳明遠．陳慶鴻
地址：桃園縣龜山鄉復興二路6號(林口長庚附近)
電話：(03)328-8833 傳真：(03)328-6557
網址：http://www.ncc.com.tw
電話：
地址：
編號： 0000000088

而其夫妻宮呈現同梁會馬格局，古曰：漂蕩。因此其感情狀況應也是分分合合，難有穩定之時。再觀其子女宮，逢空劫會照，與子女緣分淺薄，而其兄弟宮坐祿且逢羊陀夾制，對宮逢地劫來衝，又坐星性質過於孤剋，故兄弟多無義且易遭拖累，其父母宮亦會空劫，緣分淺薄，六親宮位皆不佳，因此曾經有老師斷其無家室之樂，其來有自。

命理無兩全，通常事業發展好的人，其六親宮位定然不佳，六親宮位佳者，其事業發展通常不甚順遂。其因在於每張星盤的吉煞星數量均相同，當吉星過度集中於事業宮位，煞星自然就落入六親宮位，這也是無奈的事實呀。以命主的本命宮看來，太陽坐命會輔弼，屬於開創型的人，能得朋友部屬助力而成事，格局頗佳。府祿相三合，表示命主善於守財及理財，觀其財宮逢魁鉞來拱且會本命化祿，得財容易，財源寬廣，但同時會照擎羊，得中有失，但整體結構尚稱穩定。田宅坐紫微會祿，財庫頗為安穩，此生在財務狀況上，應不至於有太大波折才是。

雖說太陽坐女命不宜，但此局命宮乃呈現日月並明的狀況，表示命主個性上仍有溫柔婉約的女性特質，不至於過於男性化。唯因擎羊坐命，煞氣過重，是故命主脾氣定然不佳。而命宮逢擎羊力士，古曰：李廣不封。因此在事業職場上常會感到有志難伸，縱然立下再多汗馬功勞，但升官發財總是失之交臂，此點可從其官祿宮雖逢昌曲吉星拱照，但亦呈現同梁會馬的漂蕩組合可見一班。故命主在職場狀況就如同此組合一般，難有穩定之時。

雖說擎羊力士爲李廣不封格局，但最後李廣仍是擔任大將軍且名垂青史，所以此局只是表示事業成就比較晚罷了。所以也不需要過度憂慮，畢竟一分努力一分收穫，天公疼憨人。最怕就是自我放棄，這樣就真的不封了呀。

至於可否化解，正所謂命由性生，人一生的際遇好壞，與自己的個性脫不了關係，倘能改變自己個性，不要讓命運給限制住，那才是真正的改命，除此之外的唯一方法就是行善積德，絕對不是花錢買些開運商品配戴，或是老師利用宗教儀式幫忙改運、補財庫等方法。倘這些方法有用，那這些老師只要自己把自己改成富豪的命局，還需要在那兒裝神弄鬼，累個半死，賺你那幾千元嗎？世間所有因緣，不論好壞，皆由累世因果而生，倘這麼容易就可以改變，那您又視因果關係爲何物呢？

【53】請大師指點命盤

【提問時間】2009-09-04 14：15：18

【提問內容】

女　農曆69年7月18日生　戌時生

問何時會有正緣？還有事業。我適合自己開業嗎？還是再等時機？還是該轉業？

再請問財運方面如何？？

【回覆內容】

命造農曆69年7月18日戌時瑞生

就你的問題分開說好了：

1. 正緣問題：

以你的本命夫妻宮來看，雙祿會照於夫妻宮，表示你對另一半通常都很好，很願意付出，而且嫁入有錢人家的機會還蠻高的呢。此格局亦可稱為祿存鴛鴦格，頗適合與另一半共同創業。以你本命格機月同梁來論，你可以主內，老公主外；我想會能夠賺到錢的。至於正緣的話，下個大限（35～44）大限命宮見鑾喜對照，又加會天姚。沒錯的話因緣應該是在這時會出現，所以不用想太多了。

不過你這幾年應該有結婚的機會出現，是否是你自己錯過了呢？其實錯過也還好，因為下個大限的因緣會比較好，也比較穩定呢。

2. 創業部份（含財運）：

本命盤雖見祿馬交馳格局，但同時會照化忌，為拆馬忌格局，所以基本上不適合創業。但是如果能與老公一起創業則尚有可為，或者是做一些小生意也不錯。但可惜財宮會照化忌，財庫亦逢空，所以財來財去，不是很安穩，建議你要做好理財規劃，盡量避免投資或投機的事情。

還有以你本命機月同梁的格局，基本上比較適合穩定的工作，創業是很辛苦而且起伏波折大。以你的個性，確實是不太合適。加上財宮不穩且庫逢空的情況，建議你最好能在職場上發展。

綜上所述，山人建議你最好不要輕易嘗試創業。至於因緣的話，這個大限如果錯過，下個大限還會有機會，所以穩定中求發展，是山人目前給你的建議。

【發問者意見】

謝謝！

【命盤解析及內容說明】

本命盤

命主太陰坐命，故應屬氣

天使 小劫天 耗煞德 疾厄 55-64 臨辛官巳 6 18 30 42 54 66	天天天天 貴才福樞◎ 青災吊 財帛.身宮 龍煞客 45-54 冠壬帶午 5 17 29 41 53 65	天寡紅截天陀破紫 姚宿鸞空鉞羅軍微 ◎◎◎ 力天病 子女 士煞符 35-44 沐癸浴未 4 16 28 40 52 64	鈴祿 星存 X◎ 博指歲 夫妻 士背建 25-34 長甲生申 3 15 27 39 51 63
台恩右蜚太 輔光弼廉陽◎ 祿 將華白 遷移 軍蓋虎 65-74 帝庚旺辰 7 19 31 43 55 67	**【星僑】 星僑 易學 【星僑】** 姓名：宬 太陽化祿 武曲化權 太陰化科 天同化忌 女 陽年 農曆生 國曆生 年主 身主 命主 命局 天梁 君巳 祿存 土五局 排盤四柱 年 月 日 時 庚申 庚申 甲申 壬戌 (石榴木)		地破天擎天 劫碎空羊府 X◎ 官咸晦 兄弟 伏池氣 15-24 養乙酉 2 14 26 38 50 62
天三天七武 傷台刑殺曲 權 奏息龍 僕役 書神德 75-84 衰己卯 8 20 32 44 56 68	星僑電腦軟體 版權所有‧翻拷必究 作者：陳恩國 程式設計：陳明達‧陳慶鴻 地址：桃園縣龜山鄉復興二路6號(林口長庚附近) 電話：(03)328-8833 傳真：(03)328-6557 網址：http://www.ncc.com.tw		左天太 輔哭陰◎ 科 伏月喪 命宮 兵煞門 5-14 胎丙戌 1 13 25 37 49 61
貪天解天年鳳天天天天 煞巫神壽解閣馬廚同梁 ◎◎忌 飛歲大 官祿 廉驛耗 85-94 病戊寅 9 21 33 45 57 69	旬地月天天天 空德喜空相 ◎ 喜攀小 田宅 神鞍耗 95-104 死己丑 10 22 34 46 58 70	封火文龍巨 誥星昌池門 X△ 病將官 福德 伏符 105-114 墓戊子 11 23 35 47 59 71	八天孤天貪廉 座月辰官狼貞 XX 大亡貫 父母 耗神索 115-124 絕丁亥 12 24 36 48 60 72

電話：
地址：

編號： 0000000093

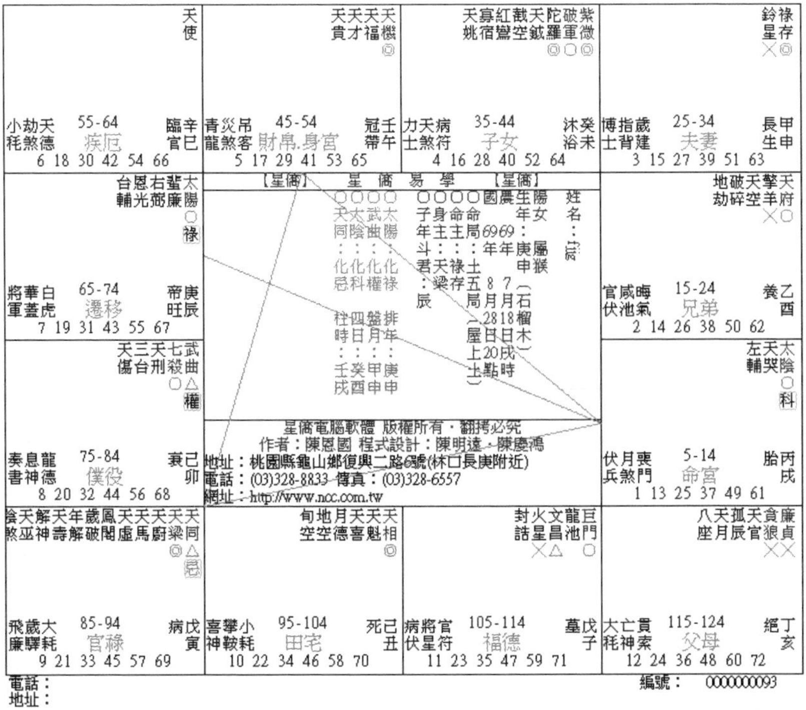

質型的漂亮女生，盤中日月會照於命宮，又逢輔弼來拱，整體格局相當漂亮，此爲標準的『丹厚貴厚格』，古曰：早遂青雲之志。故命主行運早發，或許因此錯過不少緣分吧。

命主既提到緣份與事業問題，那我們先從因緣問題開始分析，雙祿落夫妻宮，主配偶有相當大機率能出身名門望族，又此局可稱爲『祿合鴛鴦』，相當適宜與配偶一起打拼事業。但其夫妻宮逢火鈴來拱，加上本命忌衝夫妻宮，極有可能發生閃婚的狀況，且其間相處相當不協調及融洽，火鈴帶來的影響，多是口不言但心理折磨痛苦，故縱使進入豪門，也難逃深閨怨婦的結果，這就是煞星的威力呀，以此夫妻宮看來，感情路上會是相當辛苦，真可惜了這個祿合鴛鴦格。由於夫妻宮結構不佳，加上會照天梁與天馬，是故感情路上想來走的相當辛苦與波折。所以建議命主以晚婚（31歲之後）爲宜。從命盤看來，鑾喜於35～44大限對拱，研判因緣應成於此時。但觀此大限夫妻宮，會照廉貪，大小桃花匯聚，但逢化忌引動，且加會空劫，得亦復失，以整體星群結構研判，對象極有可能是事業有成的有婦之夫，以命主優越的外型條件，成爲小三的機率不小呀。

其次來看看事業問題，命主身居財帛宮，故對於錢財多寡相當重要，此點可從雙祿會福德可見一斑，由其財宮觀來，天機正坐，三方組合穩定，但不會祿，故得財須靠自己智慧及雙手努力。加上田宅宮逢空劫來拱，庫位已破，財來財去，空歡喜罷了，此局人切忌從事投資或投機事業。

而天馬與本命忌同宮，形成拆馬忌的狀況，配合其機月同梁的穩定格局，創業相當不宜。又與天梁共度，形成梁馬漂蕩局且會合於官祿宮，因此在事業發展上經常會因爲個人理念與想法以至於起伏過大，難有穩定之時，以其本命格局之大，我想在事業發展上，應會經常出現有志難伸的感慨。

【54】請大師幫忙解惑

【提問時間】2009－08－26 14：47：34

【提問內容】

男 農曆民國74年3月9日 晚上7點出生

國曆74年4月28日 晚上7點出生 金牛座

因為已經對未來產生迷惘了，請大師幫忙解惑，不管是工作（較適合的工作性質）、婚姻，都是我想知道的，不用挑好的說，光挑好的說是不會對我有幫助的！

【回覆內容】

命造農曆74年3月9日戌時建生

本命七殺獨坐，三方形成殺破狼格局，所以辛勞波折難免，雖逢昌曲吉星來拱，爲文星暗拱格局。但可惜均落陷，但才華是有的。

通常殺破狼格局的人都有幾個共通特性，諸如：事業心頗重，喜歡冒險，刺激，不喜歡一成不變，敢衝，敢冒險，做事果斷但不縝密，有計畫，個性頗爲急躁等。

至於財運的話，我想這是你最重視的地方，對於求財很積極，但可惜總有好事多磨的感覺，加上求財手段有時候過於劇烈，也有點過於投機，沒錯的話有因色破財的問題，自己要特別注意。

財庫逢空劫，庫已破，加上財宮星宿組合不佳，所以錢財流動性大，來來去去的。經常感到自己像是過路財神。

至於夫妻宮關係的話，看來你的眼光頗高，所以不宜太早結婚。對方頗有責任感，也比較有主見。加上你本身脾氣也不是太好，所以看來雙方相處不是很融洽，常有爭執的情況。

所以如果要維繫住一段長久的感情，自己要多忍讓。改改自己的個性。這樣對婚姻比較好。

至於工作性質的話，基本上你比較適合波動性大的工作，太沉悶無聊的行政工作，對你而言很難適應。可以從事如：業務、專門技術人員、或軍警等武職都不錯。

【發問者意見】

無

【命盤解析及內容說明】

本命盤

命主七殺坐命，三方形成殺破狼格局，在七殺、破軍兩曜的衝擊及貪狼這顆象徵慾望的星曜導引下，此局人衝勁相當足夠，但經常是衝過頭導致

龍池 天哭 天梁× 權	左輔 月德 截空 天廚 七殺○	恩光 天才 歲破 天虛	鈴星 右弼 天喜 天福 天鉞 廉貞◎ ×
伏兵 指背 官符 13-22 兄弟 病辛巳 11 23 35 47 59 71	大耗 咸池 小耗 3-12 命宮 衰壬午 12 24 36 48 60 72	病符 大耗 113-122 父母 帝旺癸未 1 13 25 37 49 61	喜神 亡神 龍德 103-112 福德 臨官甲申 2 14 26 38 50 62

台輔 天輔 天月 擎羊 天相紫微 ◎△△科			地劫 天貴 解神 鳳閣 蜚廉
官伏 天煞 貫索 23-32 夫妻 死庚辰 10 22 34 46 58 70	【星僑】 星僑易學 【星僑】 太陰 紫微 天天 ○○○○ 化化化化 忌科權祿 柱四盤排 時日月年 ：：：： 庚丁庚乙 戌酉辰丑	子身命命 國震生陰 年主主主 年年：屬男 斗：：：年乙屬牛 君乙天破 三4 3 (海 ：相軍 局月月中 申 289日金 楊柳20戌時 木)點	飛廉 將星 白虎 93-102 田宅 冠帶乙酉 3 15 27 39 51 63

天姚 天壽 祿存 巨門 天機○○○ 祿			旬空 陰煞 解神 寡宿 破碎 破軍○
博士 災煞 喪門 33-42 子女 墓己卯 9 21 33 45 57 69	星僑電腦軟體 版權所有、翻拷必究 作者：陳恩國 程式設計：陳明達、陳應鴻 地址：桃園縣龜山鄉復興二路6號(林口長庚附近) 電話：(03)328-8833 傳真：(03)328-6557 網址：http://www.ncc.com.tw	姓名：gdgd 男	奏書 歲建 天德 83-92 官祿 沐浴丙戌 4 16 28 40 52 64

文曲 三台 孤辰 紅鸞 天巫 天空 天馬 陰煞 貪狼× ×△	天使 地火 破碎 太陽 陰陽 ◎×忌	封誥 文昌 八座 天魁 天府 武曲 △○○	天刑 天傷 天同○
力士 劫煞 晦氣 43-52 財帛、身宮 絕戊寅 8 20 32 44 56 68	青龍 歲建 龍 53-62 疾厄 胎己丑 7 19 31 43 55 67	小耗 息神 病符 63-72 遷移 己子 6 18 30 42 54 66	將軍 歲驛 吊客 73-82 僕役 長生丁亥 5 17 29 41 53 65

電話：
地址：

編號： 0000000094

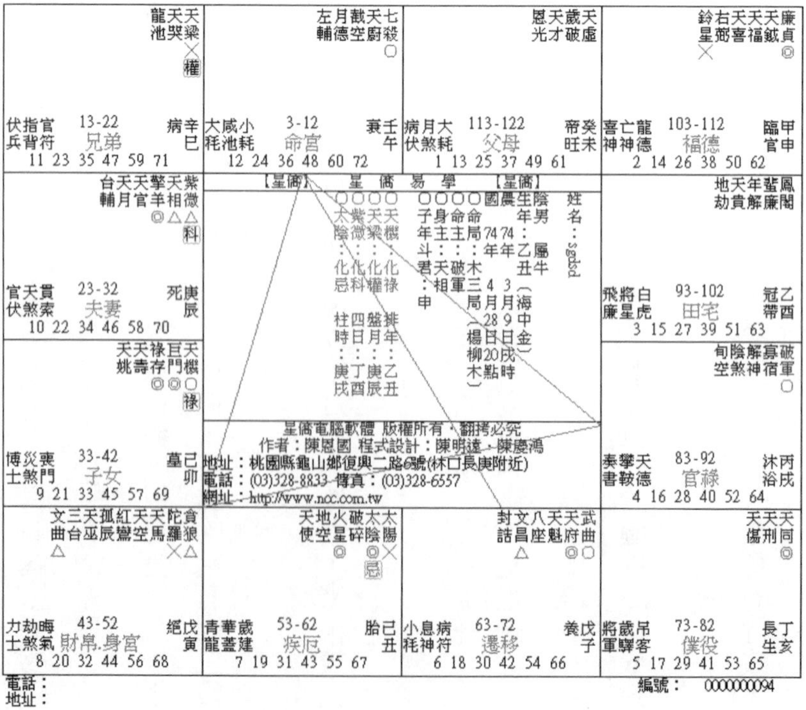

自己的失敗。也因如此，所以太過於沉悶單調的環境，會成爲其苦悶的來源。殺破狼並非不佳，結構佳者，往往是事業有成的企業家。這就是斗數最重要概念：主星曜僅有星性特質，整體影響仍須視其會合星曜而定。在玉嬋發微論理有曰：『四正吉星定爲貴，三方煞拱少爲奇。對照兮，詳凶詳吉，合照兮，觀賤觀榮。』。所以不能說看到什麼組合就一定不好，一定要參照其三方四正會合星曜來做評斷。

以此例而言，七殺坐命，三方殺破狼成局，但會照文昌，文曲，帶有文星暗拱格局，但此命真適合文職嗎？答案是否定的，古曰：破軍昌曲，一介貧士。這推理相當簡單，舉例來說，李白爲詩仙，是個大文豪，倘令其帶兵打仗，我想未出征就已經先輸了，當然中國歷史上有少部分允文允武的將領如呂蒙等，但大部分均是如此呀。此點可從星盤中昌曲皆落於弱鄉可見一班。也因此命主較適合以武職顯貴，以現代觀念來說類似：專技人員，軍，警及業務等工作。

另由於命主身居財宮，因此對於金錢相當重視，一般而言，身宮除表示後天的狀況，更可以暗示命主此生最重視的點，如身居夫妻宮，就表示命主相當重視夫妻家庭關係等。既然如此，我們就看看他財帛宮的狀況吧。

財宮見天馬會陀羅，謂之折足馬，表示追求財富的路上，會相當辛苦，且難有所獲，此點可從其田宅宮（財庫）會雙祿，且逢日月齊照，形成日月照璧的大格局，但也同時會地空地劫及化忌的情況可得反證。山人常說，祿會空劫，謂之『倒祿』，故命主在求財時，常會感到好事多磨，縱使賺到大筆財富，也很難守成，整體而言，錢財流動相當大，以整體結構看來，此生定有相當大的財務起伏，我想這也是造成命主苦惱的主因吧。

另命主提問婚姻部份，夫妻宮坐紫微，基本上表示命主擇偶條件相當高，也是造成情路坎坷的主因，因條件好的女孩子，競爭者多，在追求上相對辛苦。故通常夫妻宮見紫微者，大都建議晚婚爲宜，其因便在此。又見擎羊正坐，故雙方相處常有激烈爭執的情況，感情不甚和睦。所以山人也勸誡命主，要好好修習自己的個性，多多忍讓，正所謂命由性生，一生的成功失敗，取決於自己的個性，因此唯有改變自己的個性，多行善事多積福報，才能扭轉自己的宿命。

【55】問紫微斗數感情與事業

【提問時間】2009－08－25 14：12：52

【提問內容】

陰曆 乙丑（1985）年9月22日寅時，男生，問：

1、什麼時候換工作較合適？自行創業行得通嗎？有什麼注意事項？

2、什麼時候會走入婚姻？感情上需要注意什麼嗎？

3、請幫忙算算這幾年的運勢，感謝。

【回覆內容】

命造農曆74年9月22日寅時建生

1. 基本上你的格局帶有折足馬的格局，在古代，馬是求財的工具。但馬折足，再奔波也是惘然。所以基本上就不利於經商求財，加上這格局在命宮對拱。所以你一直有想要自行創業的打算，但山人良心的建議你不妥，還是在職場上發展比較好歐。

2. 這個大限（22~31）命宮，逢貪狼桃宿正坐，所以在這個大限成婚的機率不小。基本上你的異性緣還不差，就是不要太花心。以你夫妻宮的星宿組合來看，比較適宜晚婚。

3. 以流年來看，今年流年命宮無正曜又逢空劫來衝。所以今年會感到諸事不順，而且多口舌是非。明年走的是破軍運程，起伏比較大。後年會好的多，流年命宮見雙祿交流，會有不錯的財運與進展。

【發問者意見】

謝謝

【命盤解析及內容說明】

本命盤

命立四馬地，逢天馬正坐，是故命主喜動不喜靜，所以會有創業的想法並不讓人意外。但因天馬會照陀羅及擎羊雙煞，呈現『折足馬』格局，對於創業相當不利。加上命宮主星雖強，但雙煞會照，表示外在環境並不利於己，以命主田宅宮會雙祿且格局穩定的狀況來來，倘在金錢的運用上能謹守本分，保守以對，我想雖無大富可言，但小富卻是沒問題的呢。

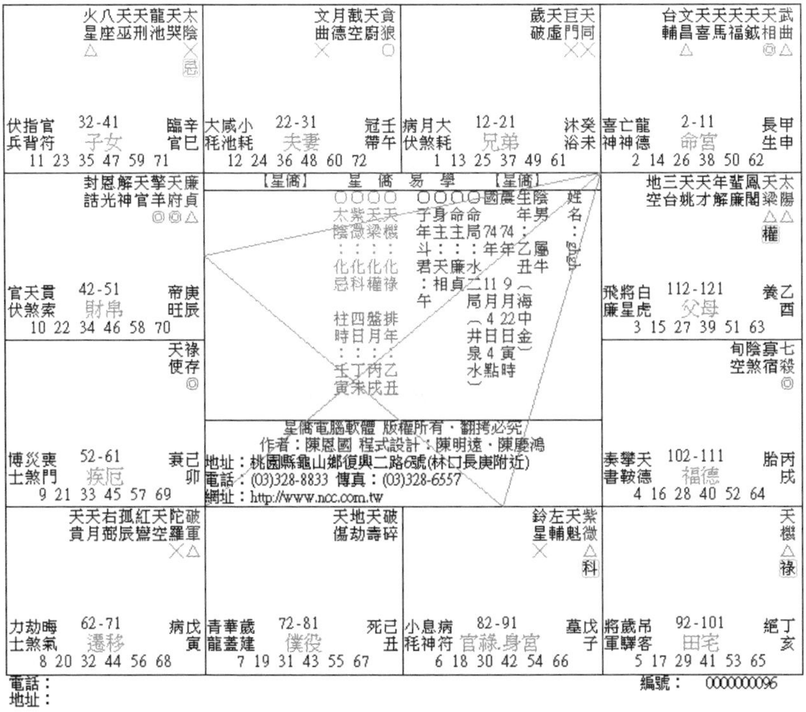

太陰 天哭 龍池 天刑 天巫 八座 火星 忌
伏兵 指背 官符 32-41 臨官 辛巳 子女
11 23 35 47 59 71
貪狼 天廚 截空 月德 文曲
大耗 咸池 小耗 22-31 冠帶 壬午 夫妻
12 24 36 48 60 72
天同 巨門 天虛 歲破
病符 月煞 大耗 12-21 沐浴 癸未 兄弟
1 13 25 37 49 61
武曲 天相 天鉞 天福 天馬 天喜 文昌 台輔
喜神 亡神 龍德 2-11 長生 甲申 命宮
2 14 26 38 50 62
廉貞 天府 擎羊 天官 解神 恩光 封誥
官府 天煞 貫索 42-51 帝旺 庚辰 財帛
10 22 34 46 58 70
太陽 天梁 鳳閣 蜚廉 年解 天才 天姚 三台 地空 權
飛廉 將星 白虎 112-121 養 乙酉 父母
3 15 27 39 51 63
祿存 天使
博士 災煞 喪門 52-61 衰 己卯 疾厄
9 21 33 45 57 69
七殺 寡宿 陰煞 旬空
奏書 擎鞍 天德 102-111 胎 丙戌 福德
4 16 28 40 52 64
破軍 陀羅 天空 紅鸞 天辰 孤辰 右弼 天月 天貴
力士 劫煞 晦氣 62-71 病 戊寅 遷移
8 20 32 44 56 68
破碎 天壽 地劫 天傷
青龍 華蓋 歲建 72-81 死 己丑 僕役
7 19 31 43 55 67
紫微 天魁 左輔 鈴星 科
小耗 息神 病符 82-91 墓 戊子 官祿.身宮
6 18 30 42 54 66
天機 祿
將軍 歲驛 吊客 92-101 絕 丁亥 田宅
5 17 29 41 53 65
【星僑】 星 僑 易 學 【星僑】
姓名：
陰男 生年：乙丑 屬牛（海中金）
國曆：74年11月4日寅時
農曆：74年9月22日4點
命局：水二局（井泉水）
命主：廉貞
身主：天相
子年斗君：午
化祿：天機 化權：天梁 化科：紫微 化忌：太陰
排年：乙丑 盤月：丙戌 四日：丁未 柱時：壬寅
星僑電腦軟體 版權所有．翻拷必究
作者：陳恩國 程式設計：陳明遠．陳慶鴻
地址：桃園縣龜山鄉復興二路6號(林口長庚附近)
電話：(03)328-8833 傳真：(03)328-6557
網址：http://www.ncc.com.tw
電話：
地址：
編號： 000000096

命主身居官祿，且命宮逢紫微與左輔會照，爲君臣慶會格，加上文昌文曲拱身宮，整體看來架構頗高，在工作或是職場上，通常都是一呼百諾的領導者。且其本命逢天魁天鉞拱照，除其人相當有才華之外，也表示其一生多機遇及貴人，是故倘能專注於職場上發展，由於格局夠大，應能有不錯的結果才是。

至於感情部份，命宮逢鑾喜對拱加會廉貞，故其人異性緣必佳。加上魁鉞入命，昌曲入身，是故其人外表氣度不凡，文質彬彬。外在條件理應也不差才是。夫妻宮貪狼正坐加會紫微，表示擇偶條件甚高。但因三方形成殺破狼格局又逢孤辰寡宿會照福德宮，故其人再感情上亦多波折，但大都是由自身因素造成的，所以仍以晚婚爲宜。至於幾時有機會走入婚姻，以大限行進看來，應落在22～31這個大限才是。以流年觀之，應落在28～30歲之間。

由於命主問命當年爲民國98年，流年命宮位於丑宮，其流年盤如下：

大限／流年盤

以此流年看來，流年命宮無正曜，表示外在環境較爲強勢，加上地空地劫會照，又逢流羊陀來衝，是故值年不管是在工作或是財務上都會備感波折崎嶇，諸事不順，

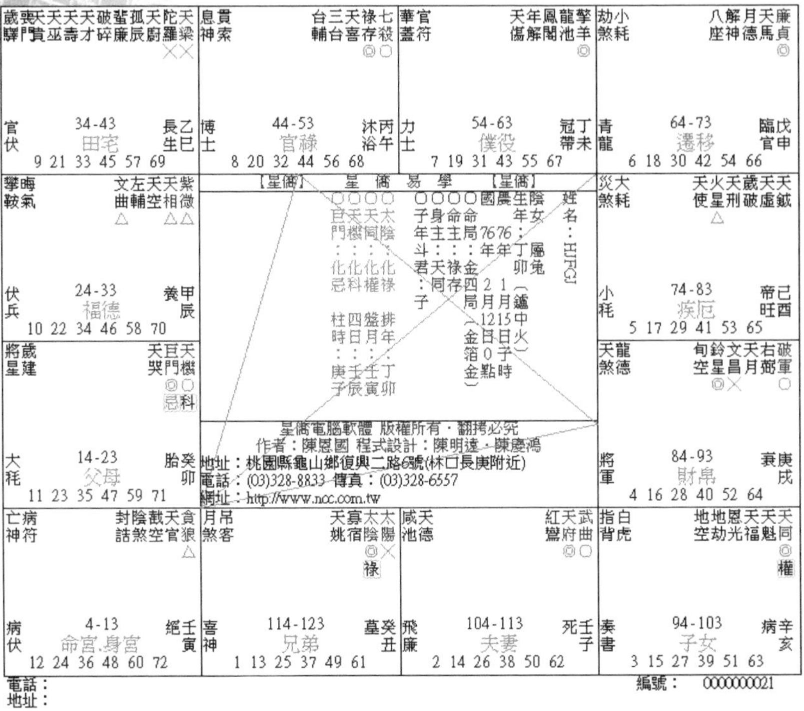

而難有所成。且巨門星正坐，三方結構不佳，是故當年多口角是非。99年流年命宮逢破軍陀羅，更有好事多磨的感覺。整體看來運勢轉好應在民國100年，雙祿會命宮，三方組合穩定，倘有轉職打算應於此時，故建議命主這兩年就當作磨練經驗了。畢竟機會是留給準備好的人，以命主格局加上豐富歷練，我想當運勢轉好之時，定能有所成就的。

【56】幫我看一下紫微斗數

【提問時間】2009－08－24 18：20：16

【提問內容】

（女）國曆68年5月14日午時生，麻煩幫我指點一下迷津

我想了解自己的正緣什麼時候會來，大概幾歲會結婚，還有另一半大概是什麼樣子，最近一兩年如果想考公職有希望嗎工作方面比較適合從事哪方面的呢？

【回覆內容】

命造國曆68年5月14日午時瑞生

先從你的夫妻宮談談你未來的另一半吧，沒錯的話他的年紀應該比你還大。個性直爽，有正義感，頗爲急性，有點大男人主義，而且對家庭喜歡操有主控權這類

型的男生

如果說結婚的話，在36~45這個大限有結婚的徵兆，鑾喜同會入大限命宮，且本命祿存引動大限夫官線。

當然這幾年也可以，畢竟結婚與否是看自己，沒有人可以幫你決定，明年流年也不差歐。

以流年來看的話，明年應該會有不錯的緣分，從流年命宮及夫妻宮觀來，應該屬於正緣的機率居多，甚至你自己會有想婚的打算呢。

至於考公職的話，雖說本命不帶公門命格，但誰說沒有公門命格就無法當公務員呢？許多的公務員也是沒有所謂公門命格的，因爲從古至今，要擔任公職，就是只有透過考試制度。所以縱使命格在好，但不肯讀書考試，也是惘然。

假使命格不好，但肯努力讀書，又有誰說會考不上呢。正所謂十年寒窗無人問，如果要擔任公務員的話就要好好讀書，對不對呢？

至於工作方面，我想你的想像力及創新能力應該還不差，雖說常常不被人所了解，但可以善用你的這特點，從事研發、企劃、行銷、活動規劃或專業技能等這類型的工作。

【發問者意見】

謝謝

【命盤解析及內容說明】

本命盤

本命宮星宿組合呈現機月同梁格局，古曰：機月同梁當吏人，主因在於此格局較為穩定，不喜歡變動，是故有意從事公職，對命主是相當適合的。但觀

命盤

地地陀太 空劫羅陰 ×× 官歲吊 66-75 臨己 伏驛客 遷移 官巳 9 21 33 45 57 69	天天天祿貪 使壽才狼 ◎○ (權) 博息病 76-85 帝庚 士神符 疾厄 旺午 8 20 32 44 56 68	右左擎巨天 弼輔羊門同 ×× 力華歲 86-95 衰辛 士蓋建 財帛 未 7 19 31 43 55 67	封陰孤紅天天天武 詰煞辰鸞空廚鉞相曲 △ (祿) 青劫晦 96-105 病壬 龍煞氣 子女 申 6 18 30 42 54 66
天鈴文天寡廉 傷星昌姚宿府貞 ×△ ◎△ 伏攀天 56-65 冠戊 兵鞍德 僕役 帶辰 10 22 34 46 58 70	【星僑】 星 ◎◎ 易 學 (星僑) 文天貪武 子身命 年陽生 姓 曲梁狼曲 年主主局 68 68 名 ：：：： 斗：：年年 已屬 化化化化 君天巨火 未羊 忌科權祿 ：相門六 5 4 (PB) 柱四盤排 ：：局月月 (天上火) 時日月年 1419日日12 (山頭火) 甲辛己己 點時 午巳巳未		恩截天天太 光空官梁陽 △△ (科) 小災喪 106-115 死癸 耗煞門 夫妻 酉 5 17 29 41 53 65
火天天蜚鳳 星貴解廉閣 △ 大將白 46-55 沐丁 耗星虎 官祿 浴卯 11 23 35 47 59 71	星僑電腦軟體 版權所有‧翻拷必究 作者：陳恩國 程式設計：陳明遠‧陳慶鴻 地址：桃園縣龜山鄉復興二路⑧號(林口長庚附近) 電話：(03)328-8833 傳真：(03)328-6557 網址：http://www.ncc.com.tw		文解七 曲神殺 ×◎ 將天貫 116-125 墓甲 軍煞索 兄弟 戌 4 16 28 40 52 64
天天天破 月喜福軍 病亡龍 36-45 長丙 伏神德 田宅 生寅 12 24 36 48 60 72	八三歲破 座台破碎虛 喜月大 26-35 養丁 神煞耗 福德 丑 1 13 25 37 49 61	旬台天月天紫 空輔刑德魁微 △ 飛咸小 16-25 胎丙 廉池耗 父母 子 2 14 26 38 50 62	天龍天天天 巫池哭馬機 △ 奏指官 6-15 絕乙 書背符 命宮.身宮 亥 3 15 27 39 51 63

電話：
地址：

編號： 0000000097

412

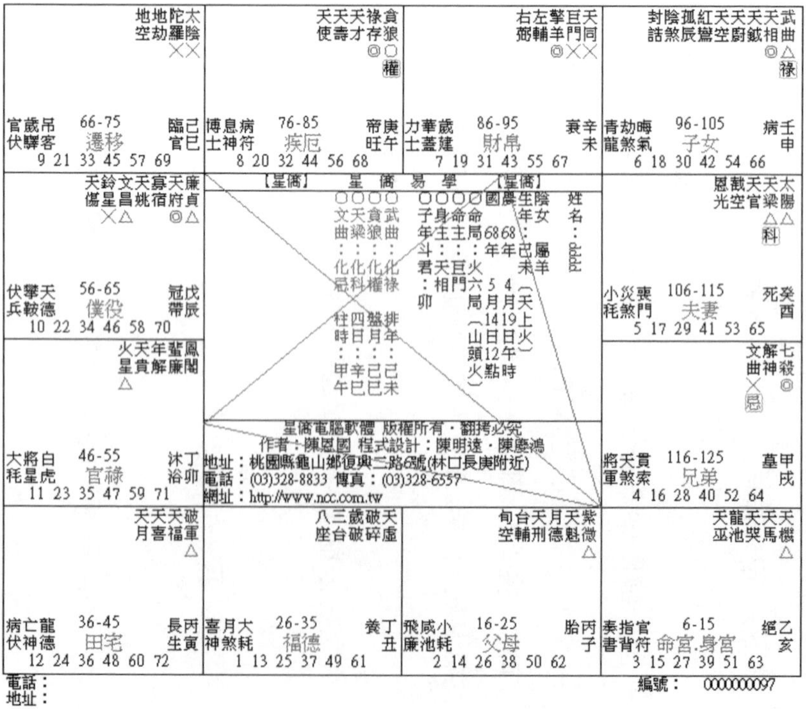

其命宮，不見昌曲或是魁鉞這類文星，且昌曲在盤中均爲落陷，古曰：昌曲於弱鄉，林泉冷淡，故想考上的話，可能要很努力才可以。不過就像山人常說的，縱使給你六吉全彰，或陽梁昌祿格，自己不肯讀書，又怎能期待考上的一天呢？畢竟考試是靠實力，不具備格局者，肯努力用功，誰又能說他一定考不上呢？

此命宮組合相當特別，三方雖會火星，擎羊，構成火羊局，但同時會照陀羅與空劫，好格局大概都被破壞光了。且此命宮無煞，表命主心思純正，但三方卻是四煞齊臨，表示外在環境對命主相當的不利，經常需要面對外在重重的挑戰，雖有左輔右弼會照命宮，但此類星曜屬人助星曜，雖說有同事朋友幫忙能度過難關，但折磨與痛苦卻是難免。加上空劫居遷移宮且直衝命宮，此局可謂是標準的『勞碌命』。奔波辛勞卻難有所獲，此點可從其本命宮坐天馬會空劫及陀羅、擎羊得知。祿馬交馳格局，雖說是研判命主是否適宜經商的判識點，但亦可推論命主一生事業成就的發展，尤其此局落命宮，更是忠實反映了命主所面對的困境呀。

另命主關心的婚姻問題，我們就從其本命夫妻宮看起。太陽天梁正坐，基本上暗示命主配偶較爲年長，個性直爽，性急，有正義感及同情心，大男人主義，也有點『博愛』的跡象，整體看來坐星尚可，但可惜空劫與陀羅同會，以致於在感情上會相當辛苦，常常會是人家的『回憶』，加上本命宮不見一顆桃花星，推論在感情上應是相當空白才是，以整體結構研判是故命主以晚婚爲宜。

至於婚姻會成於幾時呢，就本命盤看來，36～45星曜穩定，看來比較有機會，所以我們就來看看這時的大限盤吧。

本命大限盤

此大限命宮逢鸞喜拱照且逢本命化祿引動，大限福德宮坐廉

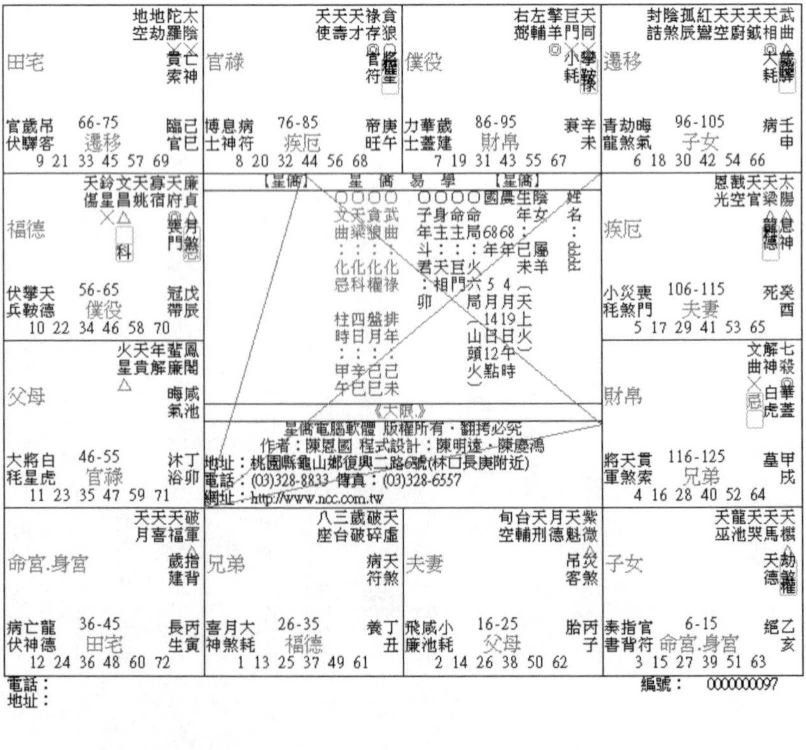

田宅
官歲吊 66-75 臨己
伏驛客 遷移 官巳
9 21 33 45 57 69
官祿
博息病 76-85 帝庚
士神符 疾厄 旺午
8 20 32 44 56 68
僕役
力華歲 86-95 衰辛
士蓋建 財帛 未
7 19 31 43 55 67
遷移
青劫晦 96-105 病壬
龍煞氣 子女 申
6 18 30 42 54 66
福德
伏擎天 56-65 冠戊
兵鞍德 僕役 帶辰
10 22 34 46 58 70
疾厄
小災喪 106-115 死癸
耗煞門 夫妻 酉
5 17 29 41 53 65
父母
大將白 46-55 沐丁
耗星虎 官祿 浴卯
11 23 35 47 59 71
財帛
將天貫 116-125 墓甲
軍煞索 兄弟 戌
4 16 28 40 52 64
命宮.身宮
病亡龍 36-45 長丙
伏神德 田宅 生寅
12 24 36 48 60 72
兄弟
喜月大 26-35 養丁
神煞耗 福德 丑
1 13 25 37 49 61
夫妻
飛咸小 16-25 胎丙
廉池耗 父母 子
2 14 26 38 50 62
子女
奏指官 6-15 絕乙
書背符 命宮.身宮 亥
3 15 27 39 51 63
【星僑】 星 僑 易 學 【星僑】
《大限》
星僑電腦軟體 版權所有，翻拷必究
作者：陳恩國 程式設計：陳明遠、陳慶鴻
地址：桃園縣龜山鄉復興二路6號(林口長庚附近)
電話：(03)328-8833 傳真：(03)328-6557
網址：http://www.ncc.com.tw
電話：
地址：
編號： 000000097

貞，夫妻宮會貪狼、紅鸞及天姚又逢本命祿，是故在此大限應有成婚機會，先前曾提到，夫妻宮組合宜長配，命主又宜晚婚，故因緣成於此時確實會相當不錯。但婚姻的決定權在自己，凡人之自由意志能夠選擇的事情，均應列入不可算的範圍。所以命理頂多提供參考，當流年甚佳或是遇到情投意合的對象時，仍可成婚。千萬不要被命理的框架給桎梏住了。

其實男女之間相處，重視的是溝通協調與包容，縱使八字再合，因緣再正確，但雙方不肯互相扶持，老是在吵鬧，又怎能期待這段因緣會有好結果呢？正所謂，命由性生，倘雙方能夠相互忍讓，以溝通協調取代爭執吵鬧，誰又敢說，八字不合或因緣不對的組合，不能白頭偕老呢？此點習命者需謹記之。

男女之間，並沒有所謂不合盤的問題，只有雙方是否願意互相體諒包容，命理老師此時應扮演心靈導師的角色，告訴男女對雙方對於婚姻生活正確的觀念與態度，玉成該因緣才是，俗云：『勸和不勸離』。千萬不要過於武斷，白白毀了他人的美好姻緣，也害自己背上口業呀。

【57】姻緣何時來？

【提問時間】2009－08－15 14：53：31

【提問內容】

姻緣何時來？對象大概是什麼樣子？會幸福嗎？自己的財運又如何？還有什麼要注意的？謝謝！！

女 1980－06－21（農）am 2：15

【回覆內容】

命造農曆69年6月21日丑時瑞生

如果以本命盤夫妻宮來論，基本上你比較適合晚婚，這樣比較容易遇到好對象，且最好與同年齡的男生交往為宜。

個性部分有點糊塗與散仙，做事情有時候又過於激進，基本上不宜投機。想像力頗爲豐富，但有時後太過於前衛，反而會讓人無法理解。三方四正形成殺破狼格局，所以你的個性較爲急躁，不適合太穩定的工作，所以在人生的路上會感到起伏波折，多奔波勞碌。

所以工作部分建議你可以從事研發.創意發想的工作，如：企劃，行銷，或專門技能的工作，比較可以發揮你的長才。

建議你最好能夠改改自己的個性，正所謂命由性生，命運的起伏與個性脫不了關係。殺破狼格局的人爲何起伏較大？就是因爲投機冒險的本性所致，投機冒險行爲，固然有成功的機會。但相對而言，失敗的機會也高，所以才會有大好大壞的情況，要改變此格局，就是要謹慎不要急躁，切莫投機。尤其你的本命逢空劫齊臨，更是不宜從事投機或投資事業。

至於財運部分，因爲庫逢煞星正坐。所以錢財難聚，多來來去去空歡喜。建議你要做好財務的管理，除了不投機，更要好好的把錢給守住。我想小富是沒有問題的呢。

【發問者意見】

很實用喔，謝謝！

【命盤解析及內容說明】

本命盤

命宮破軍正坐，故三方勢必形成殺破狼格局，因七殺與破軍永遠在兩方遙遙相對。而殺破狼局雖然穩定性較差，但倘破軍能會到化祿或祿存，對破軍來說，反而轉化爲穩定的殺破狼局。七殺坐命，則需會到天刑或化權，亦是轉化特性

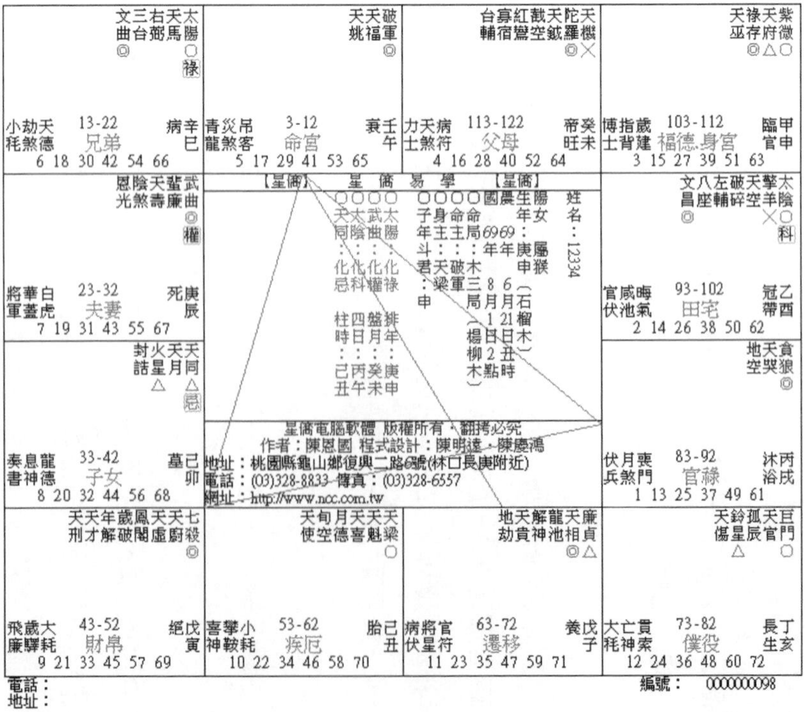

文三右天太
曲台弼馬陽
祿
小劫天 13-22 病辛
耗煞德 兄弟 巳
6 18 30 42 54 66
天天破
姚福軍
青災吊 3-12 衰壬
龍煞客 命宮 午
5 17 29 41 53 65
台寡紅截天陀天
輔宿鸞空鉞羅機
力天病 113-122 帝癸
士煞符 父母 旺未
4 16 28 40 52 64
天祿天紫
巫存府微
博指歲 103-112 臨甲
士背建 福德.身宮 官申
3 15 27 39 51 63
恩陰天蜚武
光煞壽廉曲
權
將華白 23-32 死庚
軍蓋虎 夫妻 辰
7 19 31 43 55 67
【星僑】 星僑易學 【星僑】
文八左破天擎太
昌座輔碎空羊陰
科
官咸晦 93-102 冠乙
伏池氣 田宅 帶酉
2 14 26 38 50 62
封火天天
誥星月同
忌
奏息龍 33-42 墓己
書神德 子女 卯
8 20 32 44 56 68
地天貪
空哭狼
伏月喪 83-92 沐丙
兵煞門 官祿 浴戌
1 13 25 37 49 61
星僑電腦軟體 版權所有・翻拷必究
作者：陳恩國 程式設計：陳明達・陳慶鴻
地址：桃園縣龜山鄉復興二路6號(林口長庚附近)
電話：(03)328-8833 傳真：(03)328-6557
網址：http://www.ncc.com.tw
天天年歲鳳天天七
刑才解破閣虛廚殺
飛歲大 43-52 絕戊
廉驛耗 財帛 寅
9 21 33 45 57 69
天旬月天天天
使空德喜魁梁
喜擎小 53-62 胎己
神鞍耗 疾厄 丑
10 22 34 46 58 70
地天解龍天廉
劫貴神池相貞
病將官 63-72 養戊
伏星符 遷移 子
11 23 35 47 59 71
天鈴孤天巨
傷星辰官門
大亡貫 73-82 長丁
耗神索 僕役 生亥
12 24 36 48 60 72
電話：
地址：
編號： 000000098

的組合。山人常說，斗數星群，吉無純吉，兇無純兇，端看會照的星曜而定，千萬不要一看到殺破狼局的就直接評斷這個是不好的格局。況且殺破狼加煞，是個相當利於武職顯貴的格局呢。

此例殺破狼並未見祿，因此爲標準的殺破狼格局，衝勁十足，喜愛冒險刺激，願意接受挑戰等，但同時三方亦會空劫星，山人常說，空劫爲土匪星曜，所以也表示了這個殺破狼局的優點被劣化，空劫會命，徒增勞碌，難有所成，以殺破狼激進冒險的個性而言，確實會成爲命主苦悶的根源。

而空劫會命者，大都屬於迷糊型的傻大姐，且想法常常不爲人所理解，又莫名的堅持，因此古曰：空劫入命者，疏狂。但此兩曜卻因充滿豐富的想像力，是故相當適合從事企劃，研發或專技人員等類型工作，恰巧能將此兩曜缺點轉化爲優點呢，是故煞曜入命並非全然不佳。

命宮天姚正坐，三方加會廉貪，亦爲桃花格局，只是多爲野桃花非屬正緣。此點可從其夫妻宮同會地空地劫的狀況可得反證，表男女關係之間多是有緣無份，聚少離多甚或是易有生離死別的狀況。而夫妻宮武曲正坐，古曰：妻奪夫權，又曰：

武曲加煞爲寡宿，以命主殺破狼的命宮組合加上夫妻宮的星曜組成，我想，此生倘希望有段穩定的感情，只怕是相當困難。

所以山人再回覆時一直苦勸命主要改變自己的個性與習性，正所謂命由性生，倘能改善自己衝動，易怒，得理不饒人的個性，我想除了在命主最在乎的姻緣路上之外，對於其未來的發展也有相當幫助，倘能如此，我想此命局仍有可爲之時。

至於財運部分，先從田宅宮（財庫）看起，太陰擎羊同度，古曰：人離財散，又逢天空正坐，聚財不易，雖得昌曲來拱，但財庫破耗嚴重，所以錢財大概都是怎麼來就怎麼去。此點亦可從財帛宮會地空且呈現殺破狼的組合可得反證。至於最大破財處在哪裡呢？應該就在兄弟朋友身上，命主本命化祿落僕役宮，表示對朋友相當重義氣，常會有重義不惜財的行爲，但可惜僕役宮逢空劫夾制，表朋友難有知心，加會化忌與陀羅，我想應該是經常發生『真心換絕情』的狀況。加上身居福德又逢紫微，因此也是個很重視享受與生活品質，也就是很捨得對自己好的人，錢也大多耗費在此吧。所以命主要做好財務管理，因昌曲拱田宅，主得財容易，倘能謹慎保守，我想未來仍是可期待的。

【58】有請老師們幫我解命盤！感恩（現逢人生最低點）

【提問時間】2008－12－15 23：17：11

【提問內容】

小弟我現逢人生最低點，也曾去算過命，老師都說我的命不好讓我對人生感到很沮喪，每晚都睡不好。短短時間也瘦了十多公斤，感到很煩。

工作方面：

原本我在前任公司待了五年，因為和好友講好要去大陸發展才辭掉了工作。之後去了大陸才發現不適合合夥投資生意，之後又回到台灣，至從回到台灣後（去年十月）找工作才感到很吃力工作難找啊，陸陸續續在七月、十月都做了一個月的工作又不適合又沒做了，我自己也很不想要這樣不穩定的！

金錢方面：

回台灣之後我就將⅔的積蓄投入股票，因為想要賺錢增加收入。沒有想到反而套牢更慘。

感情方面：

和女友交往半年，我很愛她，但感覺她好像要離我遠去，因為她告訴我：她年紀也不小了，想要有穩定的未來，我沒有辦法給她經濟上的安全感，所以我感到很無奈。

我的資料

國曆：63年7月22日下午1：30生

新北市出生

我想請問各位老師的是：

1. 工作何時才能夠穩定？何時才能找到適合的工作？
2. 我的女友會和我有結果嗎？會是我的正緣嗎？

她的資料：

國曆：67年3月13 日早上8：00出生

臺北市出生

【回覆內容】

看來你確實是很低潮，今年尤其是。流年不甚佳，煞忌齊臨。好在流年僅主1年之運，眼看今年就要過去了，明年看來你會蠻順利的，多忍耐吧。

如果可以的話，明年是結婚的好日子，倘雙方有意願就結婚吧。姻緣運很強，你這個女朋友看來也不錯呢，至少在妳苦的時候不離棄你，明年開始轉好後，得對人家好一點。

明年己丑年，整體看來不錯，有外出或調動的機會，也會有助力出現，同時貴人與機遇都還不少呢，應該也會有至外地工作的機會，且明年應該會賺到錢，耐心點，人總沒有一直平順的吧，好好展望明年，你會很不錯的。

如果真的沒方向的話，建議你可以去考公務員，明年你的流年命宮正逢魁鉞入命，考上的機會不小。努力點會有金榜題名的機會的，可以走這方向。反正沒工作，剛好專心唸書，考上後，工作穩定了，也就可以結婚了，女朋友也不會在沒有安全感了，對不對呢？況且考運正好，不去嘗試看看，真是很可惜呢。

你的本命盤看來並不適合經商，而且容易被騙，主因在你的個性有點散仙，常常會因判斷錯誤或誤信他人，導致破財。由於財庫不佳，甚至是好不容易存了點錢，卻又發生意外，如：家裡修繕、修車等意外支出，導致你再賺都感到不夠，因爲總是存不下來，雖然自己很節省了，但莫明的意外支出總是很多，對不對。

大概這樣吧，忍耐點，今年要過去了。山人是不知道你找哪個老師幫你看，說你的命盤不佳。整體而言你的命格並不差，只要改掉你那散仙的個性還有不要太相信人或太投機，導致破財，換言之，不要在輕易投資，因爲你相當不適合。

你的人緣好口才佳，只是口舌糾紛多了點，適合以口爲業的工作。個性開朗，喜歡照顧人。直來直往的個性，也常常會得罪人。不過這是個性坦率人的通病，不要介意。

大概這樣吧，其實危機也是轉機，但看你怎樣看待，此時命理可以作爲未來方向的參酌。山人依你的命盤來，只能告訴你未來最好的方向，但要怎樣做是看自己的呢。千萬不要山人跟你說明年考試上榜機會大就不讀書，這樣還是沒用的。看來你後來幾年都沒有這樣的好機運了。加油。

【發問者意見】

謝謝。

【命盤解析及內容說明】

本命盤

本命盤太陽正坐，通常太陽坐命的男生，個性開朗，有正義感，個性較為急躁，經常

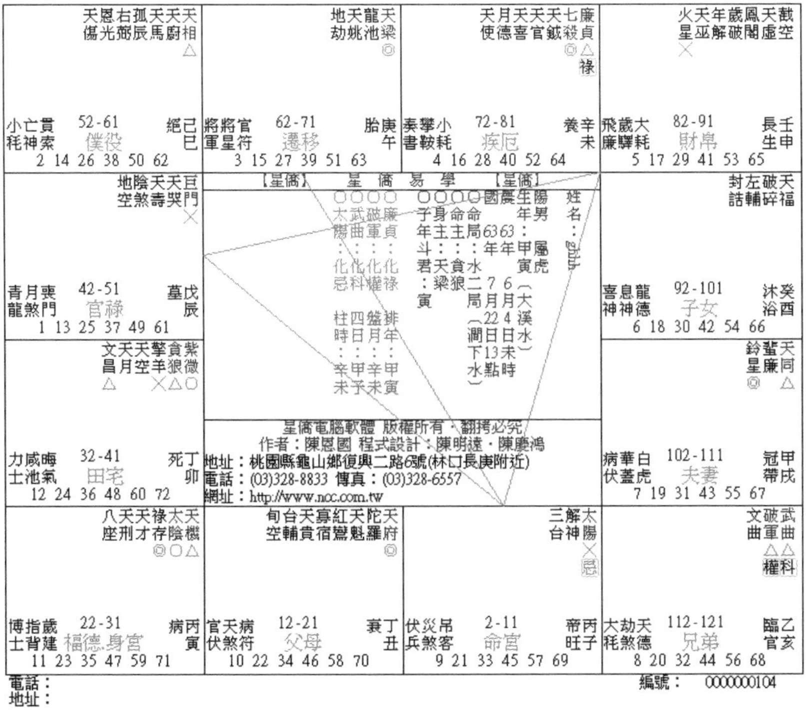

因爲過於直來直往而得罪人不自知，但做事積極主動，其實整體而言，由於太陽除爲中天星曜外，更爲爲男性表徵，男命得之，相當適宜。倘結構佳者，其成就更是不可限量呢。

此盤由於太陽居子位，爲落陷宮位且本命化忌，加上三方會照地空，地劫。爲『浪裡行舟』的格局，空劫入命，除爲人較爲迷糊散仙外，也暗示了命主此生難逃勞碌奔波無所成的味道。故此局又稱爲勞碌命。而此兩曜係自三方會照，表示外在環境對命主相當不利，但因太陽坐命者，通常事業心強。但由命盤構造看來，並非命主不努力，而是外在環境強於本命所致，也因此倍感失落吧。且一顆坐落於官祿，一顆坐落於遷移這兩個對男人最重要的宮位，我想這應該是其他命理老師會說命局不好的主因。

而本命宮三方巨門火星會照，當流年擎羊出現於值年命宮三方位置時，就構成巨火羊的惡局，此局山人稱爲，禍必自招，意思就是因爲自己的問題導致嚴重的錯誤結果。

三方會照巨門，巨門爲暗曜，子位太陽又照度不足，暗上加暗，且空劫雙曜除讓人奔波勞碌外，同時也會讓人容易胡思亂想，綜合此兩因素，我想命主遇到困境會失眠加上暴瘦，是有他的原因的。但太陽巨門結構本質尚稱不錯，所以命主仍然適宜從事以口爲業的工作，如業務員，講師等。

而其盤中天馬會陀羅，爲標準折足馬格局，是故此局人不宜創業也因空劫入命，故不宜從事投資或投機的事業，必然遭逢重大挫敗。再觀其財帛宮，雖逢本命祿，但三方會照雙空，主與財無緣，空歡喜一場罷了。此點可從命主自述經歷可反證此結果。但其田宅宮逢科祿權三奇佳會又逢文昌文曲來拱，主得財容易，相信命主家境應該也還不錯才是。故若命主能夠專心在職場上發展，不輕言創業或從事投資及投機事業，我想以其田宅宮穩健的狀況，雖無大富之有，但小富卻是沒問題的。以命主尚未滿40歲，還算年輕，人生還有很長的路要走，倘能聽進山人所勸，穩紮穩打，謹守本分不踰矩，我想還是亡羊補牢，還是猶時未晚的。這也是命理最可貴之處，就是能依據本命缺陷，指導命主趨吉避凶，改變人生。

而命主問命當年爲戊子年，流年命宮居子，與其本命宮坐落宮位相同，星曜組合相當差，又上節曾提過命主本命宮逢巨門火星會照，而戊子年適逢流羊於流年遷移宮，整體三方四正構成巨火羊惡局，所以當年的不如意，必是由於自身的因素所造成的，此部份可從命主自述內容得到反證。不過流年畢竟只主1年之運，發生的事就已經發生，逝者如斯，重點是要把握好未來才是，所以我們就來看看民國98年己丑年的命盤吧。

大限流年盤

正所謂柳暗花明又一村，人生不可能永遠逆風，也不可能永遠順風。在命主身上得到證明，民國98年流年命宮逢天

天恩右孤天天天 傷光弼辰馬廚相	地天龍天 劫姚池梁 ◎科	天月天天七廉 使德喜官鉞貞 ◎△	火天歲鳳天截 星巫解破虛空 ×
官祿 年年年年官指 52 鸞鈴曲陀符背 小亡貫 僕役忌 絕巳 耗神索 102年 40歲	僕役 年小歲 62-71 祿耗池 將將官 胎庚 軍星符 103年 41歲 午	遷移 年年年大月 72-8空虛羊耗煞 奏攀小 疾厄 養辛 書鞍耗 104年 42歲 未	疾厄 年年龍亡 82-91 喜鉞德神 飛廉大 財帛 長壬 廉驛耗 105年 43歲 申
地陰天天巨 空煞壽哭門 ◎忌			封左破天 詰輔碎福
田宅 天 42-51 貫煞 青月喪 索墓戊 龍煞門 101年 39歲 辰			財帛 年白將 92-101 昌虎星 喜息龍 子女 沐癸 神神德 106年 44歲 浴酉
文天擎貪紫 昌月空羊狼微 △ ×權			鈴天 星同 ◎權
福德.身宮 喪災 32-41 門煞 力咸晦 田宅 死丁 士池氣 100年 38歲 卯			子女 年天擎 102-111 火德鞍 病華白 夫妻 冠甲 伏蓋心 107年 45歲 帶戌
八天天祿太天 座刑才存陰機 祿科	旬台天紅天陀天 空輔宿鸞魁羅府	三解太 台神陽 ×	文破武 曲軍曲 忌 祿歲
父母 年晦劫 22-31 鸞氣煞 博指歲 福德.身宮 病丙 士背建 99年 37歲 寅	命宮 歲華蓋 12-21 建蓋 官月病 父母 衰丁 伏煞符 98年 36歲 丑	兄弟 年病息 2-11 魁符神 伏災吊 命宮 帝丙 兵煞客 109年 47歲 旺子	夫妻 年吊歲 112-121 馬客驛 大劫天 兄弟 臨乙 耗煞德 108年 46歲 官亥

《星僑易學》

太武破廉 流子身命 命國農曆 姓名：
陰曲軍貞 年年主主局 男男 名：
斗主 寅虎
化化化化 君君貪水 二七六（大溪水） 局：6363
忌科權祿 樂狼二六
卯寅 22 4 局 24
柱四盤排 潤日日未
時日月年 下13未
辛甲辛甲 水點時
未子未寅

《流年》

星僑電腦軟體．版權所有．翻拷必究
作者：陳恩國 程式設計：陳明遠．陳慶鴻
地址：桃園縣龜山鄉復興二路6號(林口長庚附近)
電話：(03)328-8833 傳真：(03)328-6557
網址：http://www.ncc.com.tw

電話：
地址：

編號： 0000000104

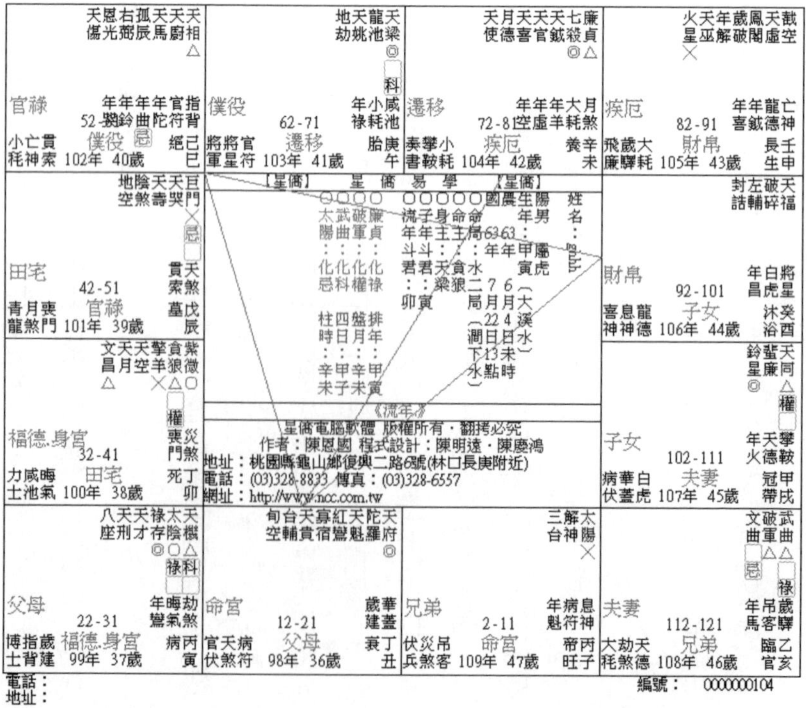

府正坐，三方會照天魁天鉞及左輔右弼，四吉星匯聚，雖坐陀羅煞星，但此曜入墓不兇，故98年當年可會是相當順利的一年。天魁天鉞表機遇及貴人，屬天助型吉曜，而左輔右弼表助力，爲人助型吉曜。是故98年在事業發展上，應會有相當成就才是。

又此年逢紅鸞天喜會照流年命宮，且夫妻宮武曲化祿，看來有結婚的跡象，所以建議命主是個很適合結婚的時機呢。加上流年看來會有一番新氣象，故要求婚，此時最爲適宜。而魁鉞入命，基本上亦可表示考運頗佳，是故山人建議倘命主一時之間找不到方向，也賦閒在家，不如趁流年魁鉞會命時，專心衝刺國家考試，當個公務員，也是很不錯的選擇呢。

【59】請老師指點迷津，感情與事業問題。

【提問時間】

【提問內容】

小弟在奇摩知識家與 blog 看見您，抱著感恩的心想請您指點迷津，生辰年為：國曆72年2月8日子時，今年才剛於軍中退伍，（已退伍3個多月餘），當兵前邊唸書邊從事導遊工作，現今退伍回到旅行業，事逢過渡期想轉換跑道，並猶豫是否該轉換工作地點，加上年紀近三十而立的關係，對事業與婚姻（單身許久）皆有很多的迷惑！特請山人能撥空解迷論命，小弟再三感謝！定會多行善並持感恩之心！

【回覆內容】

如果就你的本命盤來說，本命坐廉貞會貪狼，且落於丑宮，從事娛樂業頗爲合適。旅遊業導遊也可算是娛樂業，所以我想你從事這工作應該還蠻有樂趣才是呢。而且你的異性緣應該也不錯，從事這行業應該不錯，如真要轉行，建議你多多考慮。

至於婚姻關係，由於你的本命夫妻宮星宿好，雖逢鑾喜對拱，但也會空劫與孤寡，且對宮本命忌直衝。所以你應該是異性緣很不錯，認識的女生也不少，但是都很難有結果，喜歡的對象不是有男朋友，就是感情一直出現停滯不前或是單戀的情況，感情路應該頗爲波折才是。

以你的本命盤來看，比較適宜晚婚，早婚對你並不是好事，所以別想太多。男生專心衝事業才比較對，有錢了，還怕沒有女人嗎。

這個大限命宮及福德宮逢地空，地劫來拱，因此會常常感到勞累疲倦，奔波來去，卻不太會有收穫，也難怪你會有想轉業的想法。建議你就當成磨練，這樣下個大限轉好時，會有你上場的機會的。

【發問者意見】

感謝老師

【命盤解析及內容說明】

本命盤

本命宮廉貞正坐加會貪狼又落丑宮，加上鑾喜入命，因此從事娛樂業或是公關交際類工作相當適宜，因此從事導遊工作，相當適性。正所謂，男怕入錯行，我想在導遊工作上，命主應該是相當得心應手才是。

三方火貪成局，因此命主除偏財運強之外，也表示了其衝勁十足的本質，故倘命主於運限恰當時，應會有相當成就。

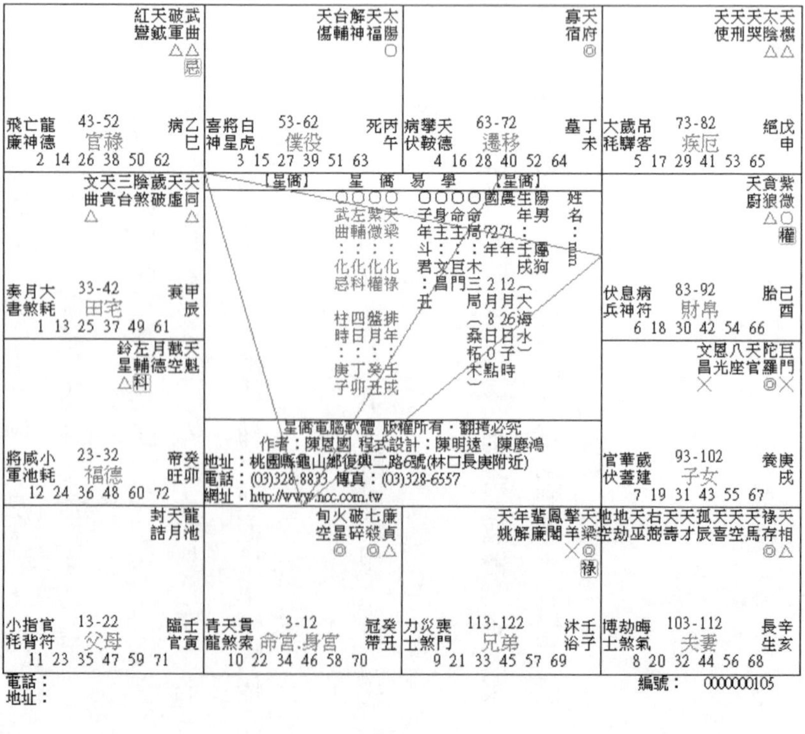
武曲 破軍 天鉞 紅鸞 △△ 忌
飛廉 亡神 龍德 43-52 官祿 病 乙巳
2 14 26 38 50 62
太陽 天福 解神 台輔 天傷 ○
喜神 將星 白虎 53-62 僕役 死 丙午
3 15 27 39 51 63
天府 寡宿 ◎
病符 攀鞍 天德 63-72 遷移 墓 丁未
4 16 28 40 52 64
天機 太陰 天哭 天刑 天使 △△
大耗 歲驛 吊客 73-82 疾厄 絕 戊申
5 17 29 41 53 65
天同 天虛 歲破 陰煞 三台 天貴 文曲 △ △
奏書 月煞 大耗 33-42 田宅 衰 甲辰
1 13 25 37 49 61
紫微 貪狼 天廚 △○ 權
伏兵 息神 病符 83-92 財帛 胎 己酉
6 18 30 42 54 66
天魁 截空 月德 左輔 鈴星 △科
將軍 咸池 小耗 23-32 福德 帝旺 癸卯
12 24 36 48 60 72
巨門 陀羅 天官 八座 恩光 文昌 ◎✕ ✕
官府 華蓋 歲建 93-102 子女 養 庚戌
7 19 31 43 55 67
龍池 天月 封誥
小耗 指背 官符 13-22 父母 臨官 壬寅
11 23 35 47 59 71
廉貞 七殺 破碎 火星 旬空 ◎△ ◎
青龍 天煞 貫索 3-12 命宮.身宮 冠帶 癸丑
10 22 34 46 58 70
天梁 擎羊 鳳閣 蜚廉 年解 天姚 ◎✕ 祿
力士 災煞 喪門 113-122 兄弟 沐浴 壬子
9 21 33 45 57 69
天相 祿存 天馬 天空 天喜 孤辰 天才 天壽 右弼 天巫 地劫 地空 ◎△
博士 劫煞 晦氣 103-112 夫妻 長生 辛亥
8 20 32 44 56 68
【星僑】 星 僑 易 學 【星僑】
姓名：mm
陽男 屬狗
生年：壬戌(大海水)
農 71年12月26日子時
國 72年2月8日0點
命局：木三局(桑柘木)
命主：巨門
身主：文昌
子年斗君：丑
天梁：化祿
紫微：化權
左輔：化科
武曲：化忌
排盤四柱
年：壬戌
月：癸丑
日：丁卯
時：庚子
星僑電腦軟體 版權所有．翻拷必究
作者：陳恩國 程式設計：陳明遠．陳慶鴻
地址：桃園縣龜山鄉復興二路6號(林口長庚附近)
電話：(03)328-8833 傳真：(03)328-6557
網址：http://www.ncc.com.tw
電話：
地址：
編號： 0000000105

尤其此局利於武職顯貴，對於在外打拼的命主而言，更是如虎添翼呀。因此山人建議命主繼續留在原工作上，會有一番成就的。倘要轉換跑道，仍是以娛樂休閒產業爲最佳，當然，公關行業亦是不錯的選項。

至於感情部份，本命宮三方加會鑾喜，基本上表示此人異性緣甚佳，照理說伴侶應該不缺才是。問題在於對宮寡宿正衝，夫妻宮逢地空地劫正坐加會本命祿，形成倒祿格局，此局出現於夫妻宮，經常會有遇人不淑的感慨，在感情路上會是相當的挫折，以男生而言，大都是只有幫人家養老婆的份。加上又會照孤辰寡宿這兩顆星曜，且對宮本命忌衝，縱使成婚或有穩定對象，也難逃生離死別、聚少離多或貌合神離的狀況。我想命主應該經常碰到喜歡的人不喜歡她，而不喜歡的人，卻黏著不放的情況。但因夫妻宮天相正坐，表示配偶應該都是身邊熟識的人，例如同學，鄰居等。因此建議命主要好好把握珍惜身邊現有的女生，與其辛苦去追求那湖中月影，倒不如把握住身邊的花朵。倘真能如此，我想命主的情路應該會感到順多了。畢竟被愛比愛人還幸福呀。

至於命主提到事業問題，那我們就轉進這個10年大限，看看該怎麼給他建議吧。

本命大限盤

此大限命宮逢地空地劫會照，本有勞而無獲之味道，加上財宮空劫正坐與天馬共度，田宅宮會照羊陀雙煞，庫位亦破，官祿宮亦同。是故此大限無論在事業或是財務上都會相當呈現相當辛苦的狀況。且大限破軍祿與本命祿雖於財宮，但被空劫搞成『倒祿』格局，加上鑾喜對拱，只怕此大限難逃因桃花而破大財的狀況。但盼命主慎之呀。

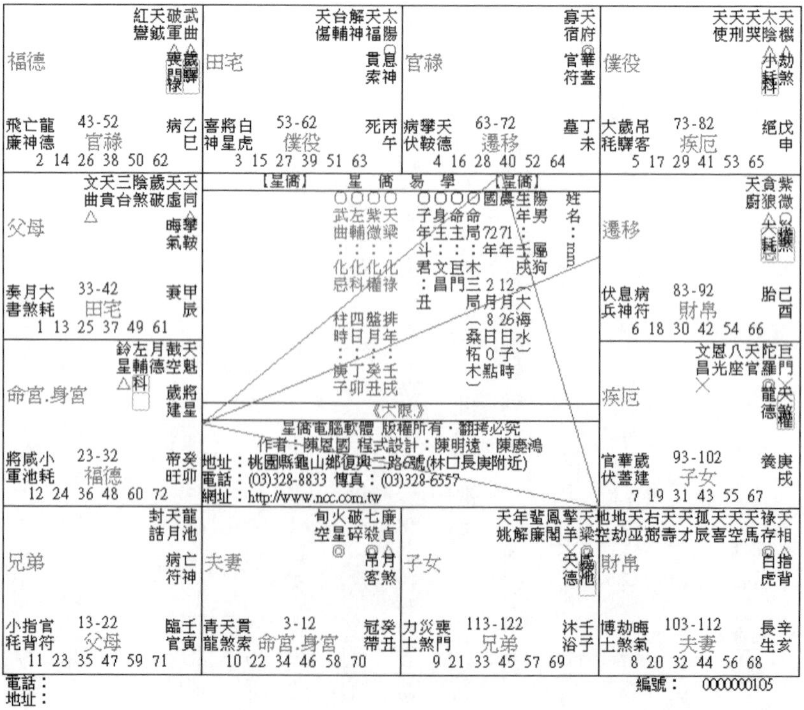

【60】請大師替小弟解惑，蠟燭兩頭燒，家庭事業問題

【提問時間】

【提問內容】

小弟在知識家上有看過大師為網友回覆的文章，不瞞大師，小弟最近因工作及家人健康上的問題煩心，是標準的夾心族，家庭事業兩頭燒，真是身心俱疲。小弟覺得事業運不是很順，忙東忙西，但賺不到什麼錢。又要三天兩頭往醫院跑（父母，小孩），加上年紀也不小了，對於未來有很大的不確定感，所以附上小弟的生辰八字，煩請大師抽空幫小弟解惑。

國曆64年3月11日早上2點40分出生

感激不盡

【回覆內容】

投胎人世間，本來就很苦。以佛家來說，會成爲一家人只有4種因緣：欠債，還債，報恩，報仇。所以辛苦點也就當作是來還債的，心情也會好多了呢。

你的本命坐武曲貪狼，且落於四墓地中，爲晚成格局，古曰：武貪不發少年人，便是此意。想想，早發對你的命局而言並不是件好事，因通常都沒有太好的結果。因此你年輕時候比較辛苦，並不是件壞事。所以別想太多。

你的命宮三方無煞，表示一路走來雖然辛苦，但沒有太大的挫折與不順，最多就是感到失落。命不會煞雖然很好，但相對而言，個性也比較不具衝勁（殺氣），無法成就太大的事業。

你本命宮逢日月夾又會昌曲，爲文星拱命及日月夾命局。想來你應該也是蠻有才華的人，家境也還不錯才是。整體個性比較偏向文人方面。

就本命盤看來，你應該不會有太大的挫折與不順利，只是這個十年大限（36-45），大限命宮逢雙煞侵襲，福德宮又逢空劫拱，所幸有輔弼兩大助星對拱，因此縱是有不順利或挫折，最後總是會關關難過，關關過。

至於事業部分，因逢祿馬交馳且會祿權，因此環境會迫使你不停奔波賺錢，但可惜大限官祿宮坐陀羅，陀羅主遲滯，打轉。因此祿馬交馳會陀羅，便構成了折足馬的格局，表現在現實上，就是忙的要死，煩的要死，卻賺不到什麼錢，運氣差一點，還會賠錢坐收呢。不過到下個大限就會開始轉進大運了，此時定然會有相當的成就才是，正所謂柳暗花明又一村，不是嗎？

因此在目前這個十年大限建議你不要輕易嘗試去做需長期經營才能生意或創業，因爲最終賺到的祇有經驗。如非得要做生意，建議你可以跑跑短線，打打游擊。趁流年運勢轉好時來做，運勢轉差時馬上收，這樣也許還有獲利守成的機會。

但因你本命太過平穩順利，加上上個10年大限還算平順，因此遇到這個不是很吉祥的大限，會感到無力與挫折感，這是難免的，所以不要想太多。學著鍛鍊自己吧，一切的勞累就當作磨練與還債。等到這個大限走完，狀況會好多的。畢竟人生總不會一直順風，對不對。

【發問者意見】

謝山人在忙碌之餘撥空回答我的問題，山人的回答讓我明白自己面對到的處境，再麻煩山人了，萬分感謝。

【命盤解析及內容說明】

本命盤

命坐武貪又落四墓地（辰戌丑未），為標準晚發格局。此局人通病就是大雞晚啼，縱使結構再好，也難逃年輕時的挫折與勞碌。其實年少得志大不幸，因年輕氣盛，加上成功來

<table>
<tr>
<td>紫微○科 七殺△ 孤辰 蜚廉 破碎 天巫 文曲◎
伏兵 歲驛 喪門　86-95　官祿　絕 辛巳
5 17 29 41 53 65</td>
<td>天廚 截空 天喜 天壽 八座 天傷
大耗 息神 貫索　76-85　僕役　墓 壬午
6 18 30 42 54 66</td>
<td>龍池 鳳閣 年解 台輔
病伏 華蓋 官符　66-75　遷移　死 癸未
7 19 31 43 55 67</td>
<td>天鉞 天福 天馬 月德 解神 三台 天貴 天使
喜神 劫煞 小耗　56-65　疾厄　病 甲申
8 20 32 44 56 68</td>
</tr>
<tr>
<td>天機祿 天梁◎權 擎羊◎ 天官 天空 天才 左輔
官伏 擎鞍 晦氣　96-105　田宅　胎 庚辰
4 16 28 40 52 64</td>
<td colspan="2" rowspan="2">【星僑】　星僑易學　【星僑】
姓名：
陰男：屬兔
生年：乙卯（大溪水）
農64年1月29日丑時
國64年3月11日2點
○命局：火六局（霹靂火）
○命主：巨門
○身主：天同
○子年斗君：丑
○天機：化祿
○天梁：化權
○紫微：化科
○太陰：化忌
排盤四柱 年：乙卯 月：戊寅 日：丙辰 時：己丑
星僑電腦軟體 版權所有・翻拷必究
作者：陳恩國 程式設計：陳明遠・陳慶鴻
地址：桃園縣龜山鄉復興二路6號(林口長庚附近)
電話：(03)328-8833 傳真：(03)328-6557
網址：http://www.ncc.com.tw</td>
<td>廉貞△ 破軍× 天虛 歲破 天刑 文昌◎
飛廉 災煞 大耗　46-55　財帛　衰 乙酉
9 21 33 45 57 69</td>
</tr>
<tr>
<td>天相× 祿存◎ 天哭 封誥
博士 將星 歲建　106-115　福德.身宮　養 己卯
3 15 27 39 51 63</td>
<td>右弼◎ 天月 火星 地空
奏書 天煞 龍德　36-45　子女　帝旺 丙戌
10 22 34 46 58 70</td>
</tr>
<tr>
<td>太陽○ 巨門◎ 陀羅× 陰煞
力士 亡神 病符　116-125　父母　長生 戊寅
2 14 26 38 50 62</td>
<td>武曲◎ 貪狼◎ 寡宿 天姚
青龍 月煞 吊客　6-15　命宮　沐浴 己丑
1 13 25 37 49 61</td>
<td>天同○ 太陰◎忌 天魁 紅鸞 恩光 地劫 旬空
小耗 咸池 天德　16-25　兄弟　冠帶 戊子
12 24 36 48 60 72</td>
<td>天府△ 鈴星△
將軍 指背 白虎　26-35　夫妻　臨官 丁亥
11 23 35 47 59 71</td>
</tr>
</table>

電話：
地址：
編號：　0000000106

的快，因此過於自信與狂妄，最後都難以守成，落的一無所有的下場。所以命主晚發局，並非壞事。

綜觀其命宮三合，不見煞忌，且逢文昌，文曲拱照，爲文星拱命格局；又本命宮逢日月來夾，古曰：夾日夾月誰能遇，夾昌夾曲主貴兮，故此命格局相當大，想來命主出身環境定然不差。只是命好還要運限配合，正所謂：命好運好限好，終身富貴。但別忘了，武貪落四墓地爲晚發格局，以命主格局而言，定然會有相當成就，只是不會在年輕之時。晚發格局通常在行約45歲之後。

山人常說，大限行進方式最忌諱波折過大，舉例來說，倘上一個大限無論事業感情都相當順利，當大運轉進下一個大限時，人生崎嶇波折，東做西成，諸事不順。對於命主而言，會是相當的折磨。此例正好印證這個觀點，尤其大限星宿組合看來，此盤之起伏頗大，可謂大好大壞各一輪，也難怪命主會如此的感概與失落。

以其大限星宿觀之，本命宮（6～15）相當漂亮，命主定然家境相當優渥，而第二大限（16～25），天機天梁會擎羊的格局會照大限命宮，又逢太陰擎羊人離財散格局會照，是故此大限定有相當的苦頭吃。當大運轉進到（26～35）這個大限，雙主星會命，又逢府祿相三合入命，雖鈴星正坐，但影響不大，是故應該是個很好的大限，但因地空地劫夾拱命宮，是故溫飽無虞，但在事業發展上，難有相當成就，正好印證武貪不發少年人的論點，但整體看來一切尚稱順利。

但走到（36～45）這個大限，也就是命主問命時的大限命宮，逢地空正坐，三方會照擎羊，陀羅雙煞，又對宮天機天梁擎羊這個刑剋格局直衝，因此其家人健康狀況比較容易出現問題，所幸左輔右弼拱照，可免其刑剋。此意並非可免除，而是病痛折磨免不了的，但因此兩曜拱照下，得以順利過關，正所謂關關難過，關關過。（因此山人一直提醒各位同學在論盤時，千萬不能使用消去法，認爲大限遇吉星，就可以抵消，這是不可能的。吉星充其量是讓事情能夠順利度過，但該受的折磨還是躲不過）。所以命主自述的現況，其實是可以預見的。

再觀其46～55這個大限，大限命宮三方不會煞忌，又逢昌曲來拱，財官雙美，搭配命主本身具備的大格局，想來此大限定有相當的成就才是。而此時已步入中老年了，豈不再度驗證武貪不發少年人這句古諺了嗎。

綜上所述，命主大運行進起伏過大，一好一壞，而且接連4個大限，真是夠折磨人的。倘運限搭配一直不好，一般人還會認命的接受，最怕就是這種大好大壞的運程呀。

也因如此，故山人在回覆命主時，除勸其要接受命運的淬煉考驗外，同時也預告了下一個大限，整體運勢會非常強勁，會有一番全新氣象，讓命主能更坦然的接受目前的困境，進而把握即將來到的大運，這就是命理學說最迷人的地方，不是嗎？

【61】我的命中真的就缺錢嗎

【提問時間】2011－02－12 15：27：16

【提問內容】

因為心情很沮喪，在網路上逛逛，想知道自己的運氣怎麼會這麼差。好心的幫助別人，結果卻被倒債2百萬多萬。新年才剛開始，就遇到這樣的事，看到山人的文章，知道山人對紫微鬥數很有研究。想要請教山人，眼前的難關要怎麼過去？我的命中真的就缺錢嗎？好不容易和先生工作開始穩定了，結果現在發生這樣的事，讓我好沮喪。可以請山人幫我看看嗎？萬分感謝 生日：1976／03／22（國曆）中午12：30左右出生，目前是工作是會計，先生是在大陸工作。

【回覆內容】

其實你的本質是很屬於賢慧型的女生，正所謂，府相之星女命纏，定當子貴與孫賢。你本身天府星坐命，應該屬於清秀型的女生，天府星基本上擅於守成，不善於開發，而且你應該有堅持固執己見的毛病才是。

就星盤看來你的財帛情況非常不佳，空劫齊臨本命忌衝，因此聚財不易，而且財庫逢煞匯聚，就是說當你身上有錢的時候，總是會有突發狀況發生，錢也存不起來。

又天同化祿坐僕役宮，正所謂：祿落僕役，縱有官也奔馳，意即你是個很講義氣的人，尤其對朋友，所以朋友應該是你最大破財之處，正所謂肥水不落外人田，化祿星代表的是財富，財富落在朋友宮，加上你的財得來不易，所以對朋友要小氣點，肥水還是落在自己家比較好呢。

至於做網拍或生意，基本上萬萬不可，因爲你的命盤呈現，半空馬格局，聚財不易但敗家很容易，加上空劫會命，做生意很容易被騙或是投資失利，尤其在目前的狀況，更是不宜。

不過你幫人家採購，基本上屬於工作而非創業，所以可以朝這方向進行，也穩定多了。至少幫忙採購不需要負擔成本與風險，以你會計的觀點，幫人打工應該都是淨利，只需付出勞力成本罷了，何樂而不為。

總之記得，不要對朋友太講義氣，肥水要落自己家；切忌創業或投資，跟會等理財行為。你的財多屬正財，投機絕對不宜。

其實只要注意這些，以你的能力我想一段時間後就有機會損益兩平，但切記，不要再來一次，因空劫會命的人，常會忘了教訓，一犯再犯。

山人幫你看了今年的流年，貴人運很強，機遇也好，流年命宮呈現非常好的狀況，在工作上也會有進展，甚至掌權。只是財帛宮又逢地空地劫兩煞，容易有財到手成空的現象，因此今年好好珍惜機會，努力做，不要投機，把握好今年的機會，我想年底結算時你應該會有所進展，加油歐。

【發問者意見】

謝謝山人再幫小女子解答，萬分感謝。希望我能早日脫離困境，有能力希望可以為山人和所有需要被幫助的人出一點力，感恩。

【命盤解析及內容說明】

本命盤

山人在看到命主自述內容，心理便在猜想，此人命必逢空劫，因空劫入命者，一生至少會被騙一次。其因為何？因此局人經常都是聰明一世，糊塗一時。且空劫兩煞曜影響的是自己的判斷力，所以誤判狀況，對空劫會命者，是很正常的。因此山人暱稱此二曜為『土匪星』。另其必有化祿或祿存正坐或會照命宮，因只有祿落僕役者，才會有重義不惜

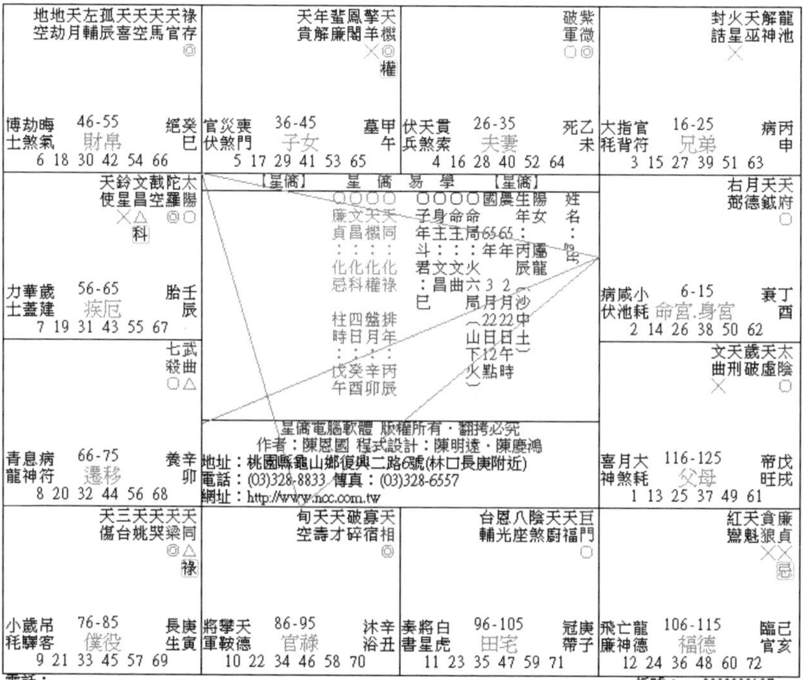

電話：
地址：

編號： 000000107

財的狀況。（所以倘要借錢或是找『人呆』，只要找這種格局的人，包準沒錯）。當星盤一排出，果然與山人推測相同。

可惜命主沒有早點遇到山人，且聽進勸告，謹慎行事。自然此嚴重損失不會發生。但山人常說因果關係的存續問題，所以這也許是命主上輩子欠朋友的因果債，還了也好呀。

而命主命身同宮，基本上表示是一個固執，堅持己見的人，但後果不管好壞，都會自行承擔。我想這也是他目前難過的原因吧。其實此個性之人，加上空劫會照，推測應該是相當固執，完全聽不進他人勸告，也很難溝通之人才是。因空劫帶來的疏狂本質，加上自己莫名無謂的堅持，自然造就這種個性。也因此遭朋友詐騙的結果，其實真的不令人意外。

至於命主是否適合創業，我想以此個性之人，創業要成功，只怕是會很辛苦。從星盤看來，祿存與天馬同度，本是好事。但又與空劫同宮，此局稱爲半空馬＋倒祿格局，故創業或做小生意是萬萬不宜。此局本爲祿馬交馳會命，最宜外地經商求財，但可惜被空劫給搞掉了，但因會照本命宮，是故經常會有創業的想法。但以星盤結構看來，刹羽而歸的機率相當的大呀。而此點可從其財帛宮及田宅宮星曜結構得到反證。倒祿格局落於財帛宮，得財不易，且經常是過路財神，錢財怎來就怎去。而田宅宮會擎羊，陀羅雙煞，庫位破耗嚴重，以此田財之星曜結構加上自己的個性，我想乖乖的待在職場上發展，是最好的選項。尤其命主目前從事會計工作，相當適宜。

站在命理研究者的立場，咱們就轉進朋友倒債那年的流年盤看看到底是怎麼回事吧。

大限流年盤

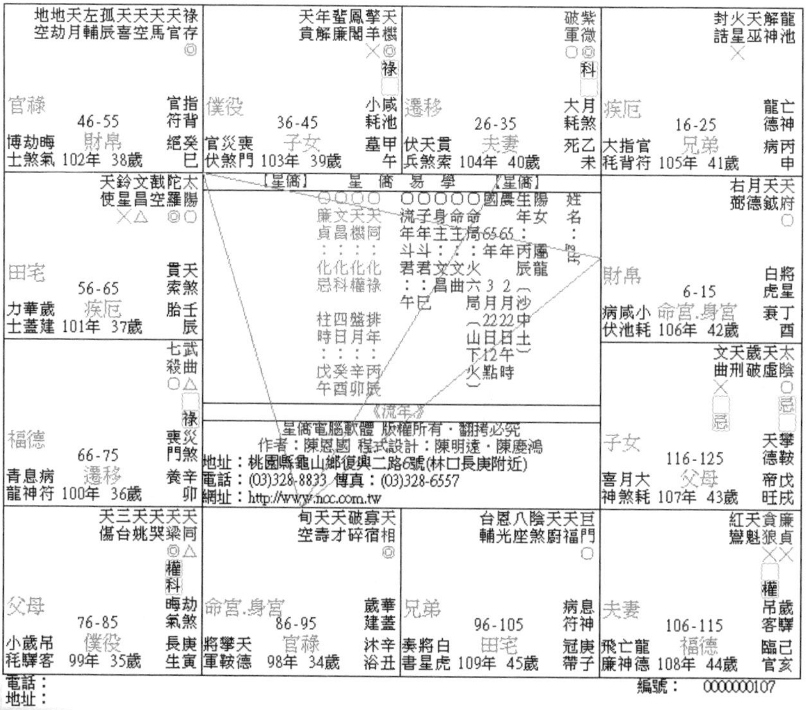

祿存 天官 天馬 天空 天喜 孤辰 左輔 天月 地劫 地空
官祿 46-55 財帛 102年 38歲 癸巳
天機 擎羊 鳳閣 蜚廉 年解 天貴
僕役 36-45 子女 103年 39歲 甲午
紫微 破軍
遷移 26-35 夫妻 104年 40歲 乙未
龍池 解神 天巫 火星 封誥
疾厄 16-25 兄弟 105年 41歲 丙申
太陽 陀羅 截空 文昌 鈴星 天使
田宅 56-65 疾厄 101年 37歲 壬辰
天府 天鉞 月德 右弼
財帛 6-15 命宮.身宮 106年 42歲 丁酉
武曲 七殺
福德 66-75 遷移 100年 36歲 辛卯
太陰 天虛 歲破 天刑 文曲
子女 116-125 父母 107年 43歲 戊戌
天同 天梁 天哭 天姚 三台 天傷
父母 76-85 僕役 99年 35歲 庚寅
天相 寡宿 破碎 天才 天壽 旬空
命宮.身宮 86-95 官祿 98年 34歲 辛丑
巨門 天福 天廚 陰煞 八座 恩光 台輔
兄弟 96-105 田宅 109年 45歲 庚子
廉貞 貪狼 天魁 紅鸞
夫妻 106-115 福德 108年 44歲 己亥
【星僑】 星 僑 易 學 【星僑】
《流年》
星僑電腦軟體 版權所有．翻拷必究
作者：陳恩國 程式設計：陳明遠．陳慶鴻
地址：桃園縣龜山鄉復興二路6號(林口長庚附近)
電話：(03)328-8833 傳真：(03)328-6557
網址：http://www.ncc.com.tw
電話：
地址：
編號： 000000107

看了這麼多範例，相信大家已經看出來了吧，祿馬交馳會流年命宮，又逢地空地劫會照，雖不逢化忌引動，但因祿落流年僕役且會照雙忌，又引動天機天梁會擊羊這人離財散的格局，可以肯定的說，這位朋友借完錢後，鐵定消失的無影無蹤。以此結構看來，被朋友倒債，並不意外。所有的格局被化祿或化忌引動，會使格局往好壞方向發展，其表現狀況是被外在環境逼的不得不爲，但無引動表示決定在自己。

以整體命盤看來，命主其實錢並不缺，問題出在自己身上呀。倘能不要那麼心軟講義氣，也不胡亂投資，又怎會有缺錢之時呢？此盤只適宜穩定保守，所以也勸誡命主。其實只要知道自己的缺點，開始改善，時猶未晚，過去的就過去了，只要不在重蹈覆轍，自會有一個好結果的。

【62】前途茫茫，想創業不知道合適與否？

【提問時間】

【提問內容】

了然山人大師您好！！

在知識+看見你幫人解盤，非常精確詳細。很喜歡您的見解風格。小弟非常敬佩您！有在知識+發問過，但是無緣得到您的福份與指點，所以小弟厚著臉皮，不請自來，特地請求了然山人大師能夠幫忙小弟指點迷津！！！

小弟出生於，甲寅年潤四月初三日卯時呈祥，初中畢業，至今仍然一事無成，內心萬般懊悔，目前面臨失業危機！買大樂透又頻頻貢龜連連，無顏回鄉見江東父老。

前途茫茫！都年過三十有五了，不想再蹉跎光陰了，想全力一博自己（創業），也不知道該做哪一類比較好，不知那一途得宜本命？懇請了然山人大師！幫忙小弟解惑命盤！指點明燈！功德無量！！！闔家平安～！！！

【回覆內容】

甲寅年，是民國63年吧，那就先用63年男性幫你看看，至於大禮只要做3件善事就算是給我的大禮了。

命造農曆63年閏4月3日卯時建生

（但是因爲63年有實施日光節約時間，應該要往前調1小時。所以可能要知道你的卯時的確實時間是幾點，卯時是指上午5～7時，所以還是要知道你如果是5時或是7時出生的，如果是5時那時辰往前調1小時的話，就變成寅時了。不過還是先用卯時幫你看看，如果是上午5時出生的話.那結果就會完全不一樣了。）

如果以卯時這個盤來看的話，你的本命宮無正曜，借對宮太陽巨門來論，基本上命無正曜的人，比較容易隨波逐流，也比較容易飄浪。加上你的命身宮都被空劫給拱掉了，所以人生的路走來會比一般人來的波折起伏，也蠻辛苦的，加油歐。

而且看來你沒有偏財運，加上本命宮逢空劫來拱，又祿存坐命，形成所謂的＜

倒祿」格局，建議你千萬不要去嚐試買樂透或賭博。因爲此格局真的很破財。

有的人有偏財運，但有的人沒有，而且這個格局看來，連正財都會很辛苦，因爲你很難留住財，經常都是左手來右手去。

所以山人良心的建議你不宜創業，在職場上發展會比較好。而且沒錯的話，明年流年命宮十分不好，恐將會有大破財的情況。

如果目前暫時找不到工作的話，建議你可以去職訓局學習專業技能。政府還有補助呢，以你的能力，倘能在專業技能方面發展會有很好的結果。而且今年你的流年命宮見昌曲魁鉞等文星拱照，考運不錯，可以去考一些專門的證照，難得今年流年利於考試，要好好把握。

沒錯的話你的感情路上應該也是一直遇不對人吧，蠻挫折的。又祿存爲財貨之意，祿存坐命，表示你對於錢財相當重視，可以說是小氣財神，但可惜祿存必遭羊陀雙煞夾制，加上命無正曜借對宮太陽巨門來論，而甲年剛好又是太陽化忌，所以除暸被空劫拱之外，更形成「羊陀夾忌」之局。特別提醒你，明年流年正值你本命宮，所以會非常辛苦。

不過你的優點也還不少，你的人緣好、口才佳，反應應該也蠻機伶的，蠻適合從事業務方面的工作，或是其他以口為業的工作。

而且你的想像力應該也蠻豐富的，適合從事專門技能．研發．規劃．文學創作等，可以讓你想像力充分發揮的地方。但有時後太過於新潮，反被人家感到激進或難以瞭解。我想這點應該會讓你蠻困擾的

沒錯的話你常會感到身邊小人多，口角是非也多。因為有時候你的言語有時候過於直接，常常會在無意間得罪人，同時也因此造成自己無謂的困擾，這點你確實要好好改進，對你的未來會比較好。

建議你這段時間可以把自己給歸零，正所謂「行到水窮處．坐看雲起時」，水窮處往往是制高點（因為水往低處流．所以水的源頭必定是在高處）。在這看風景，是最漂亮也最美的。

雖說這個命盤看來波折勞碌難免，但如果你能夠從自己的個性來做一個徹底的改變，加上多行善事，我想還會有機會扭轉這個盤勢。

命是天註定的，改不了。但運在自己手上，知命之後，就是要再造自己的命，我想只要努力的朝正確的方向走，你的未來會有改變的機會。

以下是山人建議你的步驟

1. 不要賭博，切忌投機：因爲偏財運不佳，越投機可能結果會更不好。
2. 不要嘗試創業：因爲辛苦，且本命格局並不適宜，加上明後兩年的流年真的不佳，貿然嘗試，只會徒增人生的波折。
3. 去學習專業技能，也可以去學習打坐，讓自己能夠再學習靜與定，修煉自己的心，進而改變自己的個性而扭轉命運。
4. 這點是最重要的，就是多行善事。不一定要捐很多錢，你可以試著每個月小額捐款幾百元給一些慈善團體，如：流浪動物之家，門諾醫院等，持續固定的捐，我相信不出數月，你會慢慢發現自己的運勢變好了。

山人有很多學生與朋友，就是持續的行善，到現在整個運都轉好了呢。

還有建議你千萬不要隨便去給外面的老師看，不是山人自私，而是因爲你的盤勢確實不是很好，如果給其他居心不良的老師看到，恐怕你可能會破大財，因爲一下說要改命，又要改名字等等。加上你本身也是有點迷糊，對你而言最常發生的應該就是：聰明一世．糊塗一時。切記切記！

【發問者意見】

感謝大師提點

【命盤解析及內容說明】

本命盤

<table>
<tr>
<td>封八孤天天
誥座辰廚府
△
小亡貫 36-45 臨己
耗神索 田宅 官巳
2 14 26 38 50 62</td>
<td>鈴龍太天
星池陰同
◎ ××
將將官 46-55 帝庚
軍星符 官祿 旺午
3 15 27 39 51 63</td>
<td>天文文右左月天天天貪武
傷曲昌弼輔德喜官鉞狼曲
○△ ◎◎
科
奏擎小 56-65 衰辛
書鞍耗 僕役 未
4 16 28 40 52 64</td>
<td>地天恩陰年歲鳳天截巨太
空貴光煞解破閣虛空門陽
◎△
忌
飛歲大 66-75 病壬
廉驛耗 遷移.身宮 申
5 17 29 41 53 65</td>
</tr>
<tr>
<td>火天天天
星姚才哭
×
青月喪 26-35 冠戊
龍煞門 福德 帶辰
1 13 25 37 49 61</td>
<td colspan="2" rowspan="2">【星僑】 星 僑 易 學 【星僑】
姓名：ngfng
陽男：屬虎（大溪水）
生年：甲寅
農曆：63年閏4月3日卯時
國曆：63年5月24日6點
命局：火六局（鑪中火）
命主：祿存
身主：天梁
子年斗君：子
廉貞：化祿
破軍：化權
武曲：化科
太陽：化忌
排年：甲寅
盤月：己巳
四日：乙丑
柱時：己卯
《閏:15分界.命身論.其他論.》
星僑電腦軟體 版權所有．翻拷必究
作者：陳恩國 程式設計：陳明遠．陳慶鴻
地址：桃園縣龜山鄉復興二路6號(林口長庚附近)
電話：(03)328-8833 傳真：(03)328-6557
網址：http://www.ncc.com.tw</td>
<td>天台三破天天
使輔台碎福相
×
喜息龍 76-85 死癸
神神德 疾厄 酉
6 18 30 42 54 66</td>
</tr>
<tr>
<td>天擎破廉
空羊軍貞
××△
權祿
力咸晦 16-25 沐丁
士池氣 父母 浴卯
12 24 36 48 60 72</td>
<td>解天蜚天天
神壽廉梁機
◎△
病華白 86-95 墓甲
伏蓋虎 財帛 戌
7 19 31 43 55 67</td>
</tr>
<tr>
<td>地天祿
劫月存
◎
博指歲 6-15 長丙
士背建 命宮 生寅
11 23 35 47 59 71</td>
<td>旬寡紅天陀
空宿鸞魁羅
官天病 116-125 養丁
伏煞符 兄弟 丑
10 22 34 46 58 70</td>
<td>天
刑
伏災吊 106-115 胎丙
兵煞客 夫妻 子
9 21 33 45 57 69</td>
<td>天天七紫
巫馬殺微
△○
大劫天 96-105 絕乙
耗煞德 子女 亥
8 20 32 44 56 68</td>
</tr>
</table>

電話：
地址：

編號： 000000109

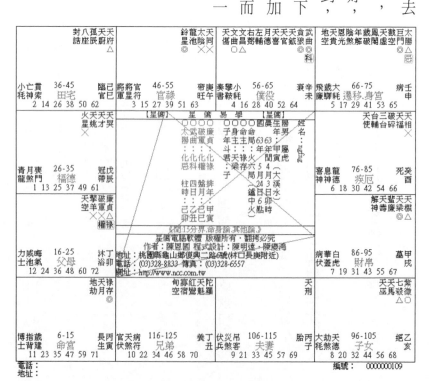

此盤祿存與地劫坐命，加會地空，形成山人常說的『倒祿』格局，加上本宮無正曜可平衡，故此局人，一生都會過的相當辛苦勞碌且難有所成。原因很簡單，祿存表示財貨，而地空地劫是盜匪星曜，財遇盜匪，自然轉手成空。而命無正曜，好像家裡沒大人一般，自然容易受到外在環境影響而隨波逐流。所以其偏財運不佳，也是意料中呀。

而地劫坐命加會地空，其人通常自我意識相當高，勇於創新及敢與眾不同，想像力豐富，但相對而言，讓人難以理解，也經常因為這種個性，而導致人生的挫敗。這也就是古人評價地劫坐命者疏狂。但山人常說，煞星雖然帶來不好的影響，但倘能將此缺點轉化成優點，倒也是件好事。以地空地劫為例，此兩曜星性雖然不佳，但其豐富的想像力與勇於創新的想法，確是其他正曜所沒有的優點。而什麼行業需要這種特質，例如：文創業，發明家，專門技術人員，研發等。倘能將此缺點轉化成優點，加上勤加修心，例如學習打坐，氣功，參禪等，讓此兩曜對自身的影響降到最低，自然會有很大的改變。

回到正題吧，命無正曜，借對宮太陽巨門論之，巨門為暗曜，此暗並非黯淡無光，而是過度明亮，掩蓋住其他星曜的光芒。所以這顆星曜最適宜見到太陽，因能平衡其本性，而巨門表示口舌，因此太陽巨門組合，相當適合以口爲業的工作，例如：業務員，講師，教授，律師等。

以此盤整體論之，較適宜在職場上發展，且應該朝向專業人員方面去走，所以建議命主參加職訓局提供之訓練課程，正所謂，一技在身，勝過家財萬貫。且以命主的創新與充滿想像力的特質，在此類行業發展，定能有相當成就。而命主問命當年爲民國98年（己丑年），隔年（庚寅年）流年走回本命宮，星曜組合相當差，加上庚年天同化忌會照流年命宮，初判應該也是相當辛苦的一年。而本命不宜創業，加上流年亦不利於己，此時驟然出征，只怕是徒留遺憾罷了。

【63】最近事業老是不順，想請問大師幫忙用紫微斗數指點

【提問時間】2009－07－23 12：32：04

【提問內容】

本人（女）是農曆 74 02 03 中午12點出生，想請問要往哪方向發展、該如何賺大錢。謝謝！！！

【回覆內容】

如果就你的命盤看來的話，建議你還是在職場上發展會比較好。可以向專業技術或企劃規劃這方面來走。賺大錢的話，可能要先改改你的個性。沒錯的話你是一個頗爲固執，堅持己見的人。喜歡享受，也蠻愛亂花錢的吧，而且你的本性帶點糊

塗、散仙。這些缺點都要改進，才有機會能賺大錢呢。

雙祿在命宮交流，本來應該是屬於財來不愁的，可惜空劫同時入命，再加上對宮太陰化忌會照，造成祿忌交馳的情況。雖見輔弼來拱，但卻難避免損失的發生，尤其是不善於理財這一點，正所謂，只有你善於理財，財才會理妳呀，不是嗎？

所以建議你，在個性上缺陷還沒辦法改善前，最好不要嘗試創業，因爲創業雖然說有賺大錢的機會。但是也有賠大錢的可能，以你命宮星曜組合看來，可能是屬於後者的機率比較高。

不過你倒是想像力蠻豐富的，雖然想法有時過於特立獨行，有點跳躍式思考。不過倒蠻適合從事發明、研發、或專業技能的工作。相信有很多你可以發揮的空間。如果能有創新的發明，就像發明『好神拖』的人一樣，也是賺大錢的方法，對不對呢？

至於今年不順的話，以流年看來煞忌交馳又逢空劫來拱，不順是必然的。建議你今年一切以保守爲宜。

【發問者意見】

無

【命盤解析及內容說明】

本命盤

命主天同坐命，三方形成半套的機月同梁格局，由於天同是福星，故天同坐命的機月同梁，其人較喜歡享受，也比較懶散，而雙祿會命，主得財容易，更讓軟弱的天同更缺乏衝刺動力，所幸火星同度給予刺激，是故仍有可為也。斗數諸曜均不喜會照煞曜，唯天同

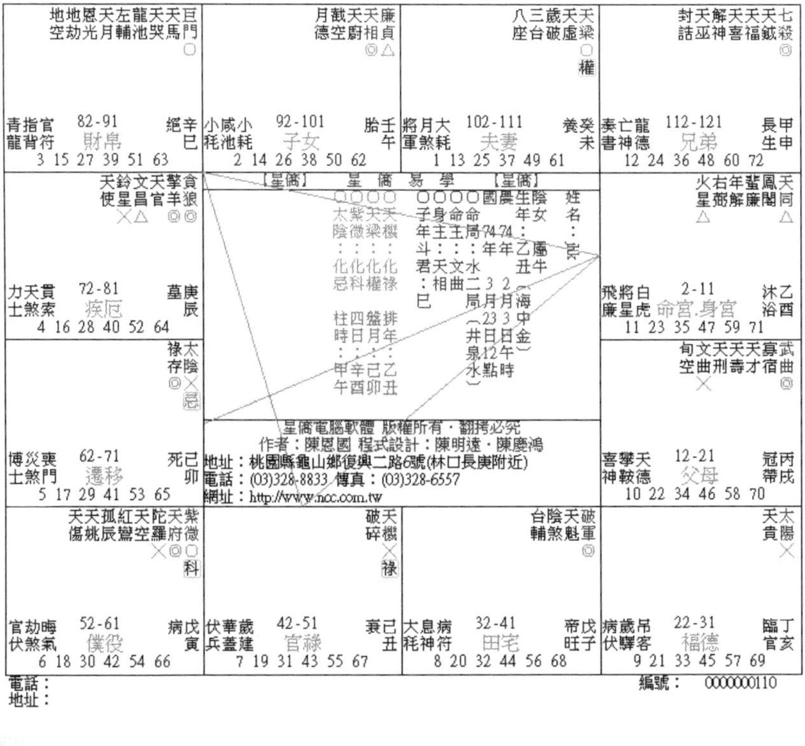

地地恩天左龍天天巨
空劫光月輔池哭馬門
青指官 82-91 絕辛
龍背符 財帛 巳
3 15 27 39 51 63
月截天天廉
德空廚相貞
小咸小 92-101 胎壬
耗池耗 子女 午
2 14 26 38 50 62
八三歲天天
座台破虛梁
權
將月大 102-111 養癸
軍煞耗 夫妻 未
1 13 25 37 49 61
封天解天天天七
誥巫神喜福鉞殺
奏亡龍 112-121 長甲
書神德 兄弟 生申
12 24 36 48 60 72
天鈴文天擎貪
使星昌官羊狼
力天貫 72-81 墓庚
士煞索 疾厄 辰
4 16 28 40 52 64
【星僑】 星 僑 易 學 【星僑】
火右年蜚鳳天
星弼解廉閣同
飛將白 2-11 沐乙
廉星虎 命宮.身宮 浴酉
11 23 35 47 59 71
祿太
存陰
忌
博災喪 62-71 死己
士煞門 遷移 卯
5 17 29 41 53 65
旬文天天天寡武
空曲刑壽才宿曲
喜攀天 12-21 冠丙
神鞍德 父母 帶戌
10 22 34 46 58 70
星僑電腦軟體 版權所有．翻拷必究
作者：陳恩國 程式設計：陳明達．陳慶鴻
地址：桃園縣龜山鄉復興二路6號(林口長庚附近)
電話：(03)328-8833 傳真：(03)328-6557
網址：http://www.ncc.com.tw
天天孤紅天陀天紫
傷姚辰鸞空羅府微
科
官劫晦 52-61 病戊
伏煞氣 僕役 寅
6 18 30 42 54 66
破天
碎機
祿
伏華歲 42-51 衰己
兵蓋建 官祿 丑
7 19 31 43 55 67
台陰天破
輔煞魁軍
大息病 32-41 帝戊
耗神符 田宅 旺子
8 20 32 44 56 68
天太
貴陽
病歲吊 22-31 臨丁
伏驛客 福德 官亥
9 21 33 45 57 69
電話：
地址：
編號： 0000000110

星例外，因此曜倘缺乏煞星刺激，只怕是個性軟弱的人罷了。

福星會照雙祿，又逢火星激發，本是相當良好的格局，但對宮本命太陰化忌，造成祿忌交馳局面，且三方又會照地空地劫，把此格局搞成『浪裡行舟』，盤中雙祿均被土匪給掠奪，怎能期待有富裕的一天呢？確實是相當可惜。

天馬會雙祿落於命宮，本是相當適宜創業的格局，但也因與空劫同度，是故命主必然不宜創業，但因此格局會照命宮，是故經常會有創業的想法與衝動。但貿然行事，只怕會與本命盤顯現的狀況相同，就是慘賠收場，賺到的祇有經驗與一肚子氣罷了。是故命主只宜在職場上發展，但受薪階級，基本上是不容易有發大財的一天，是故也建議命主，可運用其豐富的創新與想像力，從事研發或創作，加上努力修煉自己的心性，使空劫雙煞對自己的影響減小，我想仍有可爲的。

【64】我想知道我的命是怎樣？

【提問時間】2009－07－13 17：28：49

【提問內容】

我是女生，1980年12月13日寅時生（國曆）是這樣的，談感情都還蠻不順遂的，工作目前蠻困苦，我都不小了，我想知道幾時才能穩定？還有我想知道我的真命天子是怎樣的人？我將來會不會為錢所苦？工作幾時才能算真的平順呢？

【回覆內容】

命造國曆69年12月13日寅時瑞生

從你的基本命盤看來，七殺坐命，三方形成殺破狼格局，又命宮落於＜天羅地網＞的辰戌位，所以一路走來會比較辛苦與波折是難免的，不要想太多。

沒錯的話你是一個頗有威嚴的人，事業心重，處事果決但容易衝動行事，性急，但個性頗爲獨立，敢衝、敢冒險、敢面對危難，對因難有勇氣克服，但脾氣應該也不是很好吧，經常會讓人感覺有點喜怒無常。

你的格局利於武職顯貴，如：軍．警．或技術人員，對你而言，一成不變的工作不是很適合你。

加上女命坐七殺，確實是不甚妥當，因爲男生通常都比較喜歡小女人形的，七殺爲斗數裡的帥星，其本性過於陽剛與絕決，常會讓男生望之卻步。所以雙方相處多有爭執。

就你的夫妻宮看來確實也是如此，不過你對男朋友應該都不錯，也應該蠻大方才是，但管的也很緊。多讓讓男生吧，體貼一點，我想你的感情路會走的順一點。

建議你可以去學學瑜珈或打坐等，讓自己的個性能平靜一點，這樣也比較不會因爲衝動而誤事。

以你的命盤看來比較適合晚婚，你的對象應該是頗有才華，有責任感的好男人。但就像山人之前說的一樣，彼此常有爭執口角，還是老話一句，有時候多讓讓男生會比較好。因爲男人都是很愛面子的，再怎樣不高興，回家裡關門打狗甚至跪主機板都可以，不要在外輕易表現出來。

談談你的財運吧，你的府祿相三合不錯，表示你是一個很會存錢與理財的人。貪狼正坐財宮，表示你對於金錢也頗爲重視也很積極，但可惜財庫有破，所以你總是感到挫折，經常是好不容易存了點錢，不是因爲家庭就是因爲意外而破財，總之，就是存不下來。

至於工作的話，我想今年應該走的很辛苦。己丑年的流年命宮正好是整個命盤裡星曜組合最差的宮位，但所幸有貴人來幫忙，但是挫折還是難免，多忍忍吧。

明年看來在工作上會有變動，但應該還是波折的一年，這幾年整體看來不是很順利，可以趁此機會，好好的修正自己的個性。

【發問者意見】

謝謝

【命盤解析及內容說明】

本命盤

女命坐七殺，確實相當不適宜，因過於孤剋與決絕，不論是在對待工作或感情上，都會有速戰速決的現象，且待人處世，經常過於無情。對女生而言，這也是不容易找到伴侶的原因，畢竟男生大都希望另一半屬於溫柔賢淑類型，『恰北北』的女生，我想大多數的男生大概都敬謝不敏，此點可

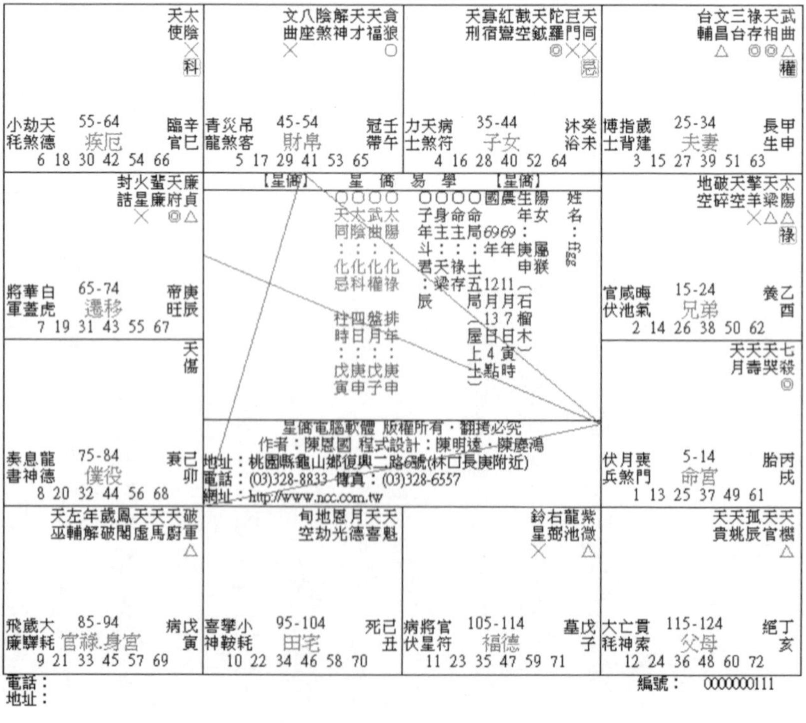

從夫妻宮會照火鈴雙煞可得反證，通常夫妻宮見火鈴，會有閃電成婚的徵兆，又因爲彼此瞭解不足，過於衝動與激情，因此雙方相處經常是口不言，但內心痛苦折磨。所以如何減緩七殺星帶來的影響，我想是命主此生無論在工作或感情上，都必須要先改善的課題。正所謂命由性生，倘不改變自己的個性上缺陷，又怎能奢望有穩定之時呢？

而七殺坐命，三方定然形成殺破狼格局，因七殺與破軍永遠在三方四正遙相對望，而殺破狼局的影響，我想不需山人再贅述。此局爲殺破狼加煞，衝擊性相當強，加上三方會照星曜相對穩定，故倘命主有志於衝刺事業，應該會有一番成就才是，此局相當適宜以武職顯貴，例如從事軍、警或專業技術人員。不過從命主自述及本命祿落夫妻宮的結構看來，應該是對感情比較執著吧。

至於財運部分，田宅宮逢空劫對拱，三方又照會擎羊陀羅，加上本命宮化忌直衝，又太陰擎羊此人離財散格局成立，是故財庫破耗相當嚴重，錢財經常是怎來就怎去，聚散無常，以此財庫狀況，想要有富裕之時，我想會是相當困難的。其破耗最嚴重之處，推估應是在兄弟朋友之間，因本命化祿落僕役，表示此人對朋友相當講義氣，自然會有重義不惜財的狀況發生。但以其兄弟宮及僕役宮的星曜組合看來，朋友間難有知心，且多是酒肉朋友，雖說朋友有通財之義，但對於這些損友而言，只怕是肉包子打狗，拿錢讓人家花罷了。其實命主財宮組合頗爲穩定，加上府祿相三合，表示對於財務管理很有一套。故只要不要對朋友太過於慷慨及過度講義氣，因此而莫名背上債務，我想未來仍可期待。但還是老話一句，這些缺點我想命主應該自己都很清楚，但狀況來時，就是無法避免，所以倘希望在感情及財務甚至於工作上有穩定之時，改變自己的個性，才是釜底抽薪的良策呀。

【65】請各位前輩、先知等達人，為小女子解答命理

【提問時間】2009－07－27 18：07：42

【提問內容】

女：60／12／25辰時生（過立春／鼠），97因先生婚外情而離異。因安全考量故一個人在外租賃管理員的房子，租金不低，想請問是否何時有機會買屋（今年破財破的利害……）？未來的感情、婚姻路？

【回覆內容】

因婚外情而離異，唉，男人就是這樣，有了新歡就忘了舊愛，有小孩嗎？要堅強一點呢？

命造農曆60年12月25日辰時瑞生

如果從你的本命宮看來，確實破財會蠻嚴重的。我想一直以來都是如此吧，本命祿存正坐，但逢地劫衝入，所以破財難免。同時最好也避免投資，否則恐怕是肉包子打狗，有去無回。

而你的本命宮坐武曲七殺，三方四正形成殺破狼格局。所以一路走來多顛簸且多起落，難有享清福之時，這也是殺破狼格局的無奈之處。

況且女命坐武曲本來就不宜，再加上七殺來助威，所以你應該要讓自己脾氣稍爲和緩一點，多讓讓男生。家中盡量不要太過於強勢，武曲本性就是過於強勢與任性，也因此造成了人生路途中無謂的波折與困擾。

建議你可以去學習打坐或瑜珈，如果有宗教信仰，也可以去唸唸佛。讓自己可以平靜且學習放下，這樣對你未來比較好歐，也可望有機會跳脫殺破狼的格局。

其實殺破狼格局並不是造成自己波折的主因，主要是因爲自己個性使然。所以首要之務，是要學習，如何不執著與放下，這樣必然會有改變的時候。

如果就你的夫妻宮看來，早婚並不是好事，沒錯的話你與先生之間聚少離多，先生老是在外面奔波。而且看來你的因緣很早就動了吧。

沒錯的話45歲之前還有一次機會，不過可能會是2手貨（開開玩笑，就是指離過婚的男生），自己要好好把握。同時趁此時間好好修正自己的個性，下次機會在來時，也比較容易能夠走的長久。

【發問者意見】

謝謝

【命盤解析及內容說明】

本命盤

古曰：武曲加煞爲寡宿，故女命不宜坐武曲，主因在於此曜本性過於剛毅，個性愛恨分明，倘會煞忌，更是強化此特性，因此武曲加煞之女性，感情路上通常非常辛苦。此點可從夫妻宮星曜組合得到反證，夫妻宮逢空劫會照，是故夫妻相處間應是聚少離多或是貌合神離的狀況，且與欣賞的異性多是有緣無份，而天馬解神（年解）這組離婚的組合亦出現於此，故倘逢大限或流年化忌引動之時，離婚的機率相當高。所以如何修煉自己的心性，使七殺及殺破狼加煞格局對自己的影響減到最小，這才是命主最應該做的事，否則再好的姻緣，也會因此而搞砸。

至於買屋部份，由於置產需要充足的銀彈，故我們就從他的財帛宮看起，廉貪會祿馬，適宜外埠經商求財，並於流動或交際中成就事業，三方組合頗為穩定，得財應該不困難才是，但本命盤天馬會空劫，呈現半空馬格局，又會照於福德宮，而福德宮又是人思想的象徵，因此推論命

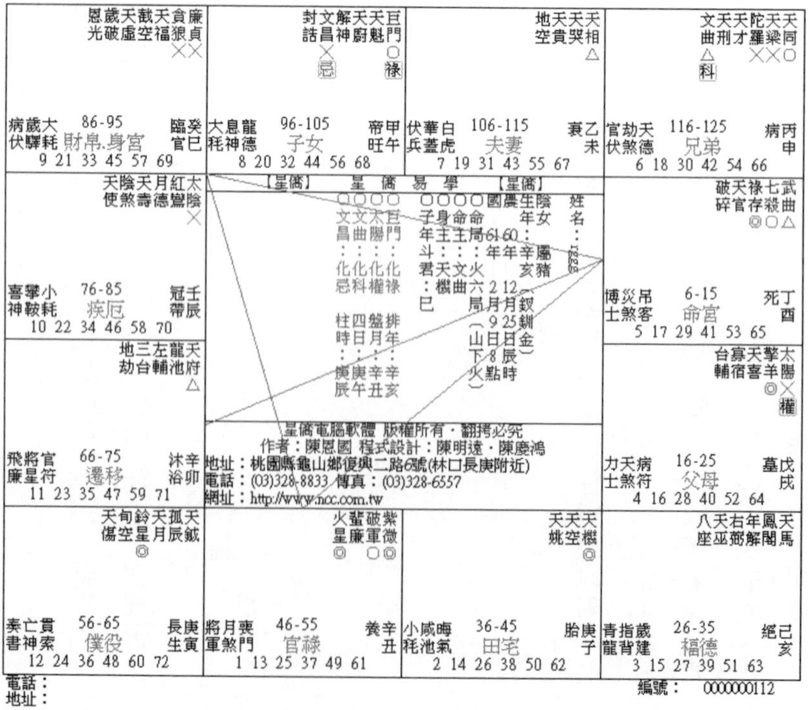

主應該經常有創業的想法。但由於出現半空馬格局，所以建議還是在職場上發展會比較妥適。且其田宅宮雖會陀羅煞星，但因格局不錯，所以尚稱穩定，只要不冒險創業，晚景應可期待才是。至於因緣問題，我們就來看看命主自述37歲離婚那年到底發生了什麼事吧。

37歲大限流年盤

前例曾說過，天馬解神是離婚的組合之一，尤其是逢流年煞曜或化忌衝起尤確，而37歲流年命宮逢天馬年解正坐，又逢流年

恩蔽天截天貪廉 光破虛空福狼貞 ×× 遷移 年年年年大歲 86- 鈴馬曲陀耗驛 病蔵大　財帛.身宮　臨癸 伏驛耗　102年 43歲　官巳	封文解天天巨 詰昌神廚魁門 ◎忌 疾厄 年年龍息 96-105　空祿德神 大息龍　子女　帝甲 耗神德　103年 44歲　旺午	地天天 空貴哭相 △ 財帛.身宮 年年白華 106-115　哭羊虎 伏華白　夫妻　衰乙 兵蓋虎　104年 45歲　未	文天天陀天天 曲刑才羅梁同 △　◎◎忌權 子女 天劫煞 116-125　德煞 官劫天　兄弟　病丙 伏煞德　105年 46歲　申
天陰天紅太 使煞壽德鸞陰 ×科祿 僕役 年小擎 76-85　鸞耗鞍 喜擎小　疾厄　冠壬 神鞍耗　101年 42歲　帶辰	【星僑】　星僑 易學 文文文巨　流年生陰 昌曲陽門　流月身命命 女 　　　　　年年生主主 61 60 辛屬 化化化化　斗斗：：：年：豬 忌科權祿　君君曲 2 12 …. 　　　　　：：樞曲 9月月月 釵 　　　　　辰巳 局（ 25日釧 　　　　　　　2）（日 8金 柱四盤排　　山 點（ 時日月年　　下 時山 　　　　　　火 下 庚庚辛辛　　）火 午午丑亥		破天祿七武 碎官存殺曲 ◎◎權 夫妻 年年吊天 6-15　昌鉞客煞 博災吊　命宮　死丁 士煞客　106年 47歲　巳
地三左龍天 劫台輔池府 △ 官祿 官符 66-75　遷移 飛廉官　沐辛 廉星符　100年 41歲　浴卯	《流年》 星僑電腦軟體　版權所有．翻拷必究 作者：陳恩國　程式設計：陳明遠．陳慶鴻 地址：桃園縣龜山鄉復興二路6號(林口長庚附近) 電話：(03)328-8833　傳真：(03)328-6557 網址：http://www.ncc.com.tw		台寡天擎太 輔宿喜羊陽 ××祿 兄弟 年病天 16-25　喜符煞 力天病　父母　墓戊 士煞符　107年 48歲　戌
天旬鈴天孤天 傷空星月辰鉞 ◎ 田宅 年貫亡 56-65　鈴索神 奏亡貫　僕役　長庚 書神索　99年 40歲　生寅	火蜚破紫 星廉軍微 ◎◎ 福德 年喪月 46-55　火門煞 將月喪　官祿　養辛 軍煞門　98年 39歲　丑	天天 姚空相 ◎ 科 父母 晦咸月 36-45　晦氣池 小咸晦　田宅　胎庚 耗池氣　97年 38歲　子	八天右右鳳天 座巫弼弼閣馬 命宮 年歲指 26-35　魁建背 青指歲　福德　絕己 龍背建　96年 37歲　亥

電話：
地址：　　　　　　　　　　　　　　　　　　　　　編號：　0000000112

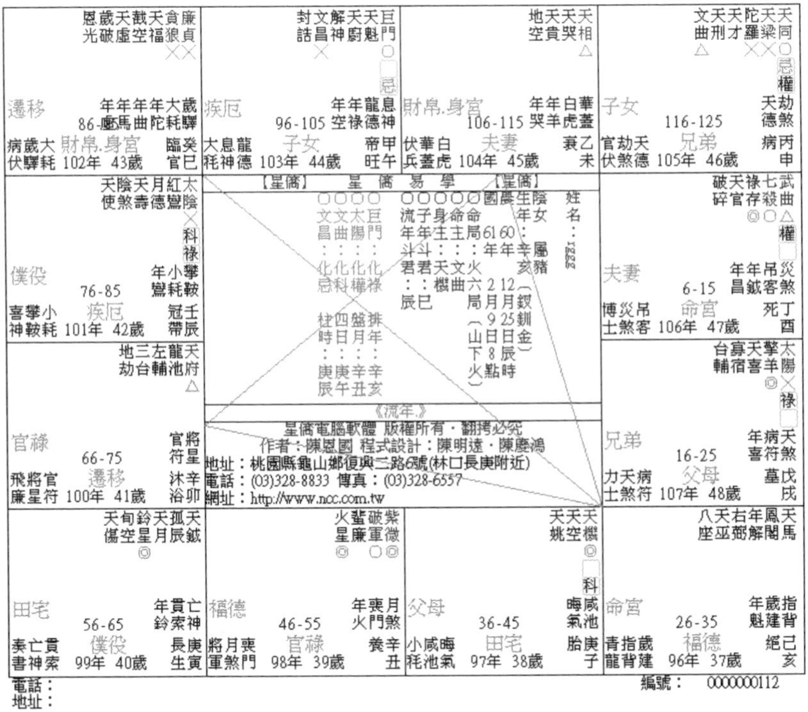

羊陀衝起，所以此年對於婚姻部份，必須要相當小心。尤其命主七殺坐命，處事果決，愛恨分明，又加上此組合出現流年命宮，則這段婚姻是離定了。再觀其夫妻宮，暗合位逢流年化祿，又會紅鸞，故配偶易有偷吃狀況況發生，故命主自述由於婚外情而離異，確實是有跡可循。

不過逝者如斯，還是要展望未來才是。人不能永遠活在過去呀。如果以本命盤推估，

恩蔵天截天貪廉 光破虛空福狼貞		封文解天天巨 詰昌神廚魁門		地天天天 空貴哭相		文天天陀天 曲刑才羅梁同
僕役	小劫 耗煞	遷移	大 耗	疾厄	龍天 德煞	財帛.身宮	白指 虎背
病歲大 86-95 伏驛耗 財帛.身宮 9 21 33 45 57 69	臨癸 官巳	大息龍 96-105 耗神德 子女 8 20 32 44 56 68	帝甲 旺午	伏華白 106-115 兵蓋虎 夫妻 7 19 31 43 55 67	衰乙 未	官劫天 116-125 伏煞德 兄弟 6 18 30 42 54 66	病丙 申
天陰天月紅太 使煞壽德鸞陰		《星僑 星僑易學 星僑》				破天祿七武 碎官存殺曲	
官祿	官華 符蓋	姓名： 斗君： 柱四盤排 時日月年 庚辛辛亥 辰午丑亥				子女	天威 德池
喜擎小 76-85 神鞍耗 疾厄 10 22 34 46 58 70	冠壬 帶辰					博災吊 6-15 士煞客 命宮 5 17 29 41 53 65	死丁 酉
地三左龍天 劫台輔池府						台寡天擎太 輔宿喉羊陽	
田宅	貫歲 索神	《天限》				夫妻	天吊 喉客
飛將官 66-75 廉星符 遷移 11 23 35 47 59 71	沐辛 浴卯	星僑電腦軟體 版權所有‧翻拷必究 作者：陳恩國 程式設計：陳明遠‧陳慶鴻 地址：桃園縣龜山鄉復興二路6號(林口長庚附近) 電話：(03)328-8833 傳真：(03)328-6557 網址：http://www.ncc.com.tw				力天病 16-25 士煞符 父母 4 16 28 40 52 64	墓戊 戌
天旬鈴天孤天鉞 傷空星星辰		火龍破紫 星廉軍微		天天機 姚空		八天右年鳳天 座巫弼解閣馬	
福德	喪歲 門驛	晦擎 氣鞍		歲將 建星		兄弟	病亡 符神
奏亡貫 56-65 書神索 僕役 12 24 36 48 60 72	長庚 生寅	將庚喪 46-55 軍煞門 官祿 1 13 25 37 49 61	養辛 丑	小咸晦 36-45 耗池氣 田宅 2 14 26 38 50 62	胎庚 子	青指歲 26-35 龍背建 福德 3 15 27 39 51 63	絕己 亥

電話：
地址：　　　　　　　　　　　　　　　　　　　　　　　　　　編號：　0000000112

472

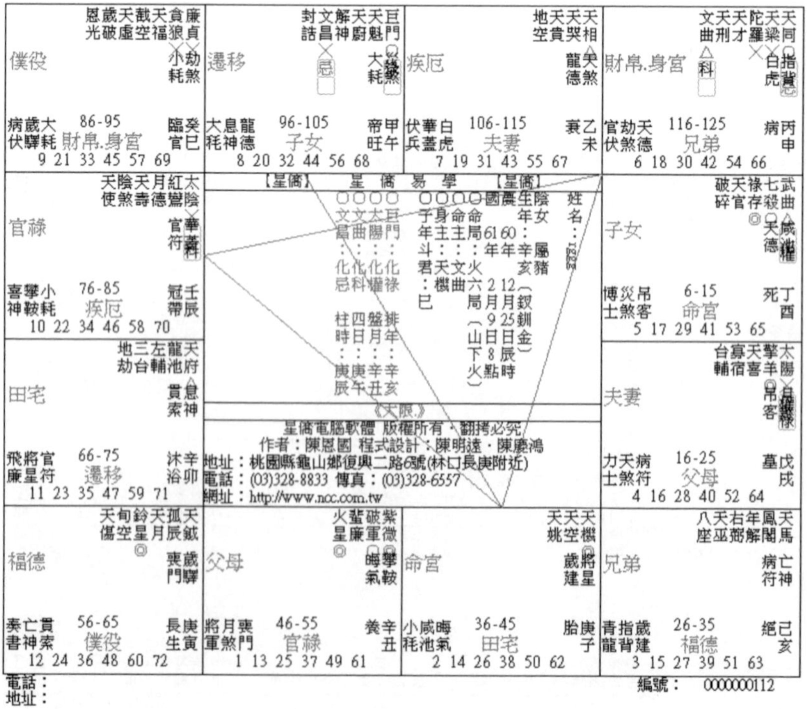

36～45這個大限相當有梅開二度的機會，我們就轉進大限盤看看吧。

本命大限盤

此大限命宮會照紅鸞，又逢天姚正坐，主有因緣可期待，而大限夫妻宮逢鸞喜對照，又逢大限祿引動，是故應有再婚的機會才是。

但因孤辰寡宿同時會照，且逢喪門吊客及官符，整體結構相當雜亂，是故此婚姻期間必夾雜許多不利因素，以經驗研判，對象若非有婦之夫，演出小三扶正記，就是有多次婚姻紀錄的男人。由於命主問命當年為民國98年，故以流年觀之，民國99年40歲時即有對象出現，但對象是有婦之夫的機率極高，由於命主自身深受其害，也深深盼望命主不要從被害者轉變成為加害者，那就罪過了。

【66】待業中，請教各位大大幫我解紫微找方向

【提問時間】2009－07－27 11：16：11

【提問內容】

國曆：64／9／15丑時，感恩～

【回覆內容】

命造國曆64年9月15日丑時建生

從你的命宮看來，比較適合變動性較大的工作，如：業務，總務或專業技能方向。看起來雖然你一路走來頗為顛簸，但至少都會有適時的貴人出現，雖然辛勞仍難避免。

你的命格具有公門命格，我想你應該還蠻有才華的，文筆應該也不錯，只是你的脾氣有點陰晴不定。建議你稍作修正會比較好，至少可以避免掉一些無謂的挫折。你的行動力頗強，但有時候卻會過於衝動行事，這樣通常結果不是大好，就是大壞。

本命具有公門命格，可以嘗去去考公務員，太單調的內勤行政工作不太適合你，不過總務工作倒還蠻適合的。從流年看來明年流年命宮逢昌曲文星拱照，考運應該還不錯，可以試試。

【發問者意見】

所言極是 感恩感恩～

【命盤解析及內容說明】

本命盤

古曰：天魁天鉞，蓋世文章，此局又稱爲魁鉞拱命，爲公門格局的結構之一。

因古代以科舉取士，此局人天生才華洋溢，文章令聞，通常都是文官的首選，故此

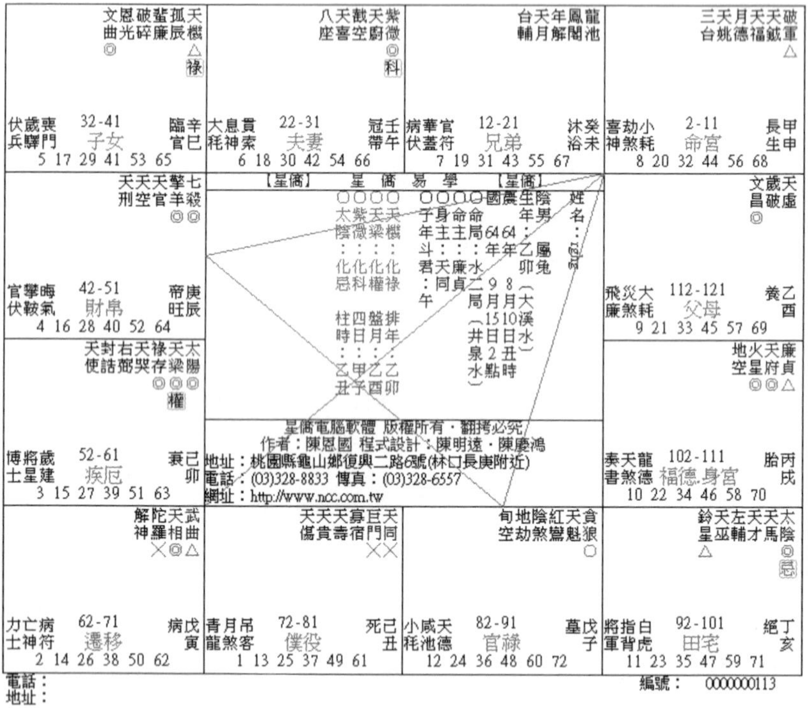
天機△祿 孤辰 蜚廉 破碎 恩光 文曲◎
伏兵 歲驛 喪門 32-41 子女 臨官 辛巳
5 17 29 41 53 65
紫微◎科 天廚 截空 天喜 八座
大耗 息神 貫索 22-31 夫妻 冠帶 壬午
6 18 30 42 54 66
龍池 鳳閣 年解 天月 台輔
病符 華蓋 官符 12-21 兄弟 沐浴 癸未
7 19 31 43 55 67
破軍△ 天鉞 天福 月德 天姚 三台
喜神 劫煞 小耗 2-11 命宮 長生 甲申
8 20 32 44 56 68
七殺◎ 擎羊◎ 天官 天空 天刑
官府 攀鞍 晦氣 42-51 財帛 帝旺 庚辰
4 16 28 40 52 64
天虛 歲破 文昌◎
飛廉 災煞 大耗 112-121 父母 養 乙酉
9 21 33 45 57 69
太陽◎ 天梁◎權 祿存◎ 天哭 右弼 封誥 天使
博士 將星 歲建 52-61 疾厄 衰 己卯
3 15 27 39 51 63
廉貞△ 天府◎ 火星◎ 地空
奏書 天煞 龍德 102-111 福德.身宮 胎 丙戌
10 22 34 46 58 70
武曲△ 天相◎ 陀羅× 解神
力士 亡神 病符 62-71 遷移 病 戊寅
2 14 26 38 50 62
天同× 巨門× 寡宿 天壽 天貴 天傷
青龍 月煞 弔客 72-81 僕役 死 己丑
1 13 25 37 49 61
貪狼○ 天魁 紅鸞 陰煞 地劫 旬空
小耗 咸池 天德 82-91 官祿 墓 戊子
12 24 36 48 60 72
太陰◎忌 天馬 天才 左輔 天巫 鈴星△
將軍 指背 白虎 92-101 田宅 絕 丁亥
11 23 35 47 59 71
【星僑】 星僑易學 【星僑】
姓名：
陰男 生年：乙卯 屬兔
農曆 64年 9月 8日 丑時
國曆 64年 10月 15日 2點
命局：水二局（大溪水）（井泉水）
命主：廉貞 身主：天同 子年斗君：午
天機化祿 天梁化權 紫微化科 太陰化忌
排年盤月四日時柱：乙卯 乙酉 甲子 乙丑
星僑電腦軟體 版權所有．翻拷必究
作者：陳恩國 程式設計：陳明遠．陳慶鴻
地址：桃園縣龜山鄉復興二路6號(林口長庚附近)
電話：(03)328-8833 傳真：(03)328-6557
網址：http://www.ncc.com.tw
電話：
地址：
編號： 0000000113

局被封為公門格局，是其來有自的。而盤中文昌文曲皆於旺地，是故倘命主目前待業中，建議可以去嘗試看看。但因其格局是殺破狼加煞，穩定性較不足，所以適合以武職顯貴，例如：軍，警，專技人員或是總務工作皆相當適宜。

以整體結構看來，命主是以擔任公務員為最佳選項。其因為何？由於本命宮三方會照擎羊、陀羅、地劫、天空等，四煞匯聚，表示外在環境對命主相當不利。加上官祿宮結構不佳，倘於一般職場上發展，恐怕會是相當挫折與失落，我想也應該不會有太好的發展前途才是。而公務員相對穩定，對命主來說，應該是最好的選項才是。由於參與考試，是流年偶遇，命主問命當年爲民國98年（己丑年），以整體盤勢推估，民國99年（庚寅年），流年命宮及官祿宮皆逢廟旺昌曲拱照，考運應該相當不錯，所以建議命主可從98年開始準備，99年參加考試，我想在吉星的拱照加上本命帶格局的加持下，只要努力，一定會有上榜機會的。

（註：考試是講究實力與公平的，沒有格局的人只要努力仍然是有金榜題名的機會，有格局的人不肯讀書，縱使給你六吉全彰，還是沒有用。這些所謂公門格局，是指其天賦相當優異，參加考試獲取功名，比起沒有天賦的人，自然較為容易，此點同學須謹記，不要認為沒有格局就當不成公務員，這是錯誤的觀念。）

【67】請教紫微達人，明年想換工作

【提問時間】2009－10－31 22：59：33

【提問內容】

農曆74年1月14日亥時 女

命宮是紫微貪狼星，想請教紫微達人們，明年想要換工作（想考空姐）不知道合不合適？

明年換工作好嗎？還是不要變動比較好？明年工作上有沒有什麼該注意的？一直很苦惱。所以想請教，希望能給我些參考。

【回覆內容】

看起來你是一個有才華心思細膩的女生，當空姐確實是蠻適合的，服務類性質的工作都不錯。

以大限來看，大限官祿宮星宿組合不錯，應該是能在事業上有所進展才是，以流年來看，明年流年命宮逢化科，會天馬。所以會有異動的徵兆。但是遷移宮會雙煞，本命宮又逢陀羅正坐，陀羅主慢，而官祿宮又逢空劫來拱。雖會太陰化科，但也會化忌。造成科忌交馳的局面。

基本上可能會發生努力很久，卻高分落榜或是縱然錄取，也有可能無法如願，如本想當空姐卻變成地勤人員，陰錯陽差，而且以官祿宮逢空劫來推論，看起來在職場上會很辛苦與勞累。

所以山人建議你，還是利用閒暇的時間準備，得失心不要太重。以免希望過大，失望也大，現在的工作還是把他顧好，等到考上後在煩惱這問題也不遲。

你的本命宮逢文昌文曲來拱，古曰：文星拱命，是利於典試科舉的格局，建議你可以朝考試方面嘗試看看，不過明年流年不佳，會有感覺上形勢一片大好，但卻暗潮洶湧的感覺。

以流年來看，後年本命宮逢昌曲來拱，要考試的話後年機會比較大，明年的話就當做考個經驗，努力點，也許還會有機會的。

明年的話自己要特別注意情緒的管控，看起來會有情緒上的問題，而此問題極有可能是因爲感情上所造成，自己要多加注意歐。

【發問者意見】

3Q

【命盤解析及內容說明】

本命盤

此命爲文武雙全之局，命宮三方逢昌曲來拱，爲文星拱命之局，命主聰明有才華，又此局又稱爲公門局，相當適宜朝公門發展。又鈴貪入命成局，古曰：威權出眾，宜以武職顯貴，三方不會煞忌，故此結構相當漂亮。古曰：昌曲入命，不讀詩書也可人，通常昌曲入命的人，大都有相當的氣質，身宮坐天姚，故命主外型應該不差，加上龍池，鳳閣入福德，表示命主心思細膩，多才多藝，故擔任空姐，應是相當適宜。

命雖坐紫微，但不逢輔弼，架構不佳，為孤君一人，難以言貴。府相不會祿，為空庫一座，地空，地劫夾財帛宮，同時會照田宅宮，此生財務方面相當辛苦，財來財去，無大富可言。而天馬會陀羅，為標準折足馬格局，不宜創業。故命主較適合在職場上發揮才能，並不適宜開創事業。

好了，基本盤大概分析完了，該回到命主詢問的問題了，依三才理論，應先由大限盤來研判工作上的整體走勢，再從流年逐年檢視，故我們先從大

台三天龍天哭天相△ 咸池 指背 25-34 絕辛巳 福德 3 15 27 39 51 63	月截天天梁◎權 德空廚梁 小耗 35-44 胎壬午 田宅 2 14 26 38 50 62	歲七廉破虛殺貞◎ 月煞 45-54 養癸未 官祿 1 13 25 37 49 61	天解天天天傷神喜馬鉞 亡神 55-64 長生甲申 僕役 12 24 36 48 60 72
左天天擎巨輔才官羊門◎× 天煞 15-24 墓庚辰 父母 4 16 28 40 52 64	【星僑】 星僑易學 【星僑】 ○○○○ 國農生陰 子身命命 曆曆年女 主主主局 74 74 年 太紫命命 ：：：： 年年 屬牛 陰微梁機 斗天文士 乙 化化化 君曲昌 丑 忌科權 ：相 3 1 月 亥 五 海 丑 局 中 21 柱四盤排 (城日 金 時月月年 頭 22 癸癸戊乙 土 點 亥卯寅丑		鈴八天天輩鳳星座刑解廉閣 將星 65-74 沐浴乙酉 遷移 11 23 35 47 59 71
文文祿貪紫曲貴存狼微科 ○ ◎△△ 災煞 5-14 死己卯 命宮 5 17 29 41 53 65	星僑電腦軟體 版權所有‧翻拷必究 作者：陳恩國 程式設計：陳明遠‧陳慶鴻 地址：桃園縣龜山鄉復興二路6號(林口長庚附近) 電話：(03)328-8833 傳真：(03)328-6557 網址：http://www.ncc.com.tw		天旬地天右寡天使空劫月鄒宿△ 攀鞍 75-84 冠帶丙戌 疾厄 10 22 34 46 58 70
火陰天孤紅陀太天星煞壽辰鸞羅陰機◎ ×△忌祿 劫煞 115-124 病戊寅 兄弟 6 18 30 42 54 66	封天破天詰姚碎府 息神 105-114 衰乙丑 夫妻 身宮 7 19 31 43 55 67	地天太空魁陽× 歲驛 95-104 帝旺戊子 子女 8 20 32 44 56 68	文恩破武昌光軍曲 △ △△ 歲驛 85-94 臨官丁亥 財帛 9 21 33 45 57 69

電話
地址：

編號： 0000000035

481

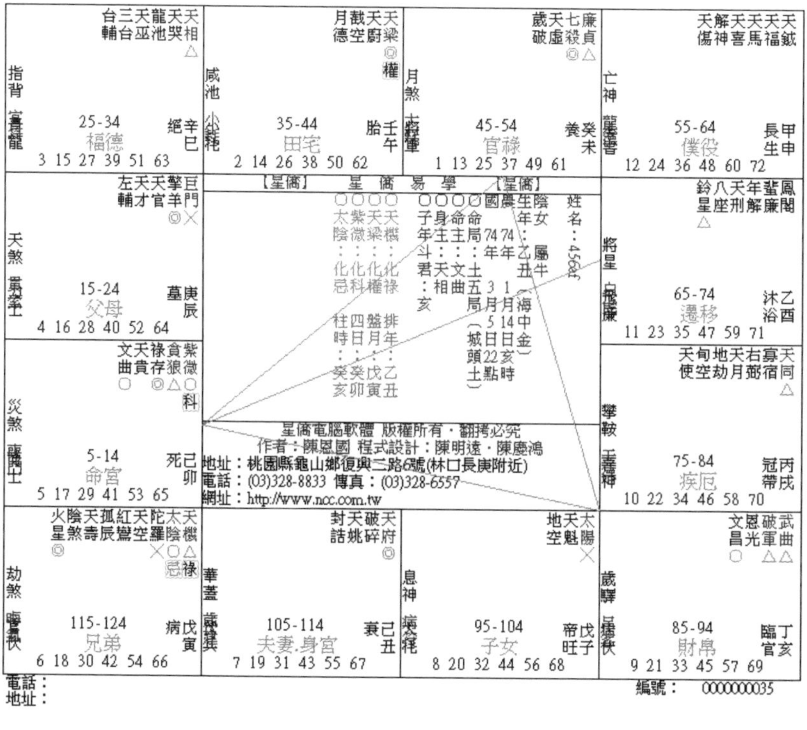

本命大限盤

此大限官祿宮無正曜，借對宮紫微貪狼來論，三方會照天府，雙主星入官祿宮且逢本命紫微化科及大限文曲化科，化科主科名，是故命主此段期間內參與國家考試或其他類型的考試均相當適宜，且倘流年佳時，考運更是超強。且整體結構不會煞忌，看起來相當穩定。故建議命主可積極準備考試，包含空姐考試等。

既然命主預定明年跳槽且

台輔 三台 天巫 龍池 天哭 天相	月德 截空 天廚 天梁◎權	歲破 天虛 七殺 廉貞◎	天解 傷神 天喜 天馬 天福 鉞
命宮 指背 歲建 歲破	禍德 月煞	福德 月煞 亡神	田宅 神神 貫索
25-34 福德 絕 辛巳 3 15 27 39 51 63	35-44 田宅 胎 壬午 2 14 26 38 50 62	45-54 官祿 養 癸未 1 13 25 37 49 61	55-64 僕役 長生 甲申 12 24 36 48 60 72

左輔 天才 擎羊 巨門×	《星僑》 星僑 易學 《星僑》	鈴星 八座 天年 蜚廉 鳳閣
兄弟 英煞 喪門 官符 祿	太紫天天 子身命命 國農生陰 陰微梁機 年主主局 曆曆年女 化化化化 斗：：： 年乙屬牛 忌科權祿 君天天土 ：丑 　：相曲五 31（海 柱四盤排 　局 月月14日中） 時日月年 　（城22亥金 癸癸戊乙 頭　： 亥卯寅丑 土）點時	官祿 將星 官符 65-74 遷移 沐浴 乙酉 11 23 35 47 59 71
15-24 父母 墓 庚辰 4 16 28 40 52 64	姓名：456G1	

文曲 天祿 貪狼 紫微◎△△	《大限》	天旬 地天 右弼 天 使空 劫月 弼宿 同
夫妻·身宮 炎煞 廉門 吊客 科	星僑電腦軟體 版權所有·翻拷必究 作者：陳照圖 程式設計：陳明遠·陳慶鴻 地址：桃園縣龜山鄉復興二路6號(林口長庚附近) 電話：(03)328-8833 傳真：(03)328-6557 網址：http://www.ncc.com.tw	僕役 攀鞍 小耗 75-84 疾厄 冠帶 丙戌 10 22 34 46 58 70
5-14 命宮 死 己卯 5 17 29 41 53 65		

火陰天孤紅天陀太天 星煞壽辰鸞空羅陰機×	封天破天 誥姚碎府	地天太 空魁陽×	文恩破武 昌光軍曲△△◎忌
子女 劫煞 晦天 德德 忌祿	財鼻 華蓋 白虎	疾厄 息息 神神 權	遷移 歲歲驛驛 大耗 飛廉
115-124 兄弟 病 戊寅 6 18 30 42 54 66	105-114 夫妻·身宮 衰 己丑 7 19 31 43 55 67	95-104 子女 帝旺 戊子 8 20 32 44 56 68	85-94 財帛 臨官 丁亥 9 21 33 45 57 69

編號： 0000000035

電話：
地址：

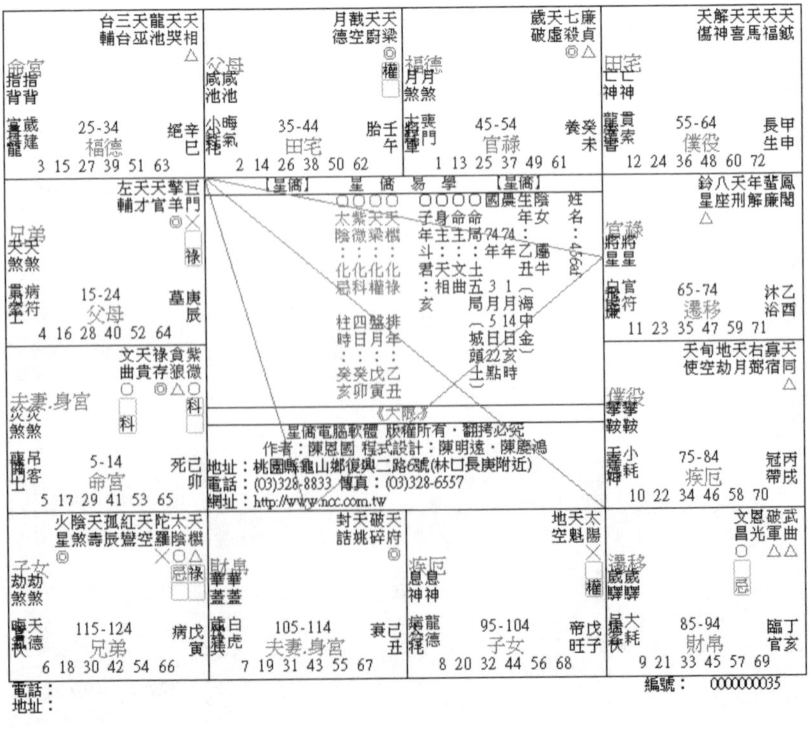

考空姐（99年），故我們看看當年的流年盤：

99年流年大限盤

流年命宮見天馬，是故有異動的跡象，且逢流年太陰化科衝起，故有往考試方向發展的情形，但流年命宮同時會照天同化忌，形成煞忌交馳的局面，且逢陀羅正坐，陀羅主慢，遲滯，加上命官均不會昌曲，因此倘99年參加考試，只怕是要相當努力才行。加上天同化忌，主情緒上問題，如心情低

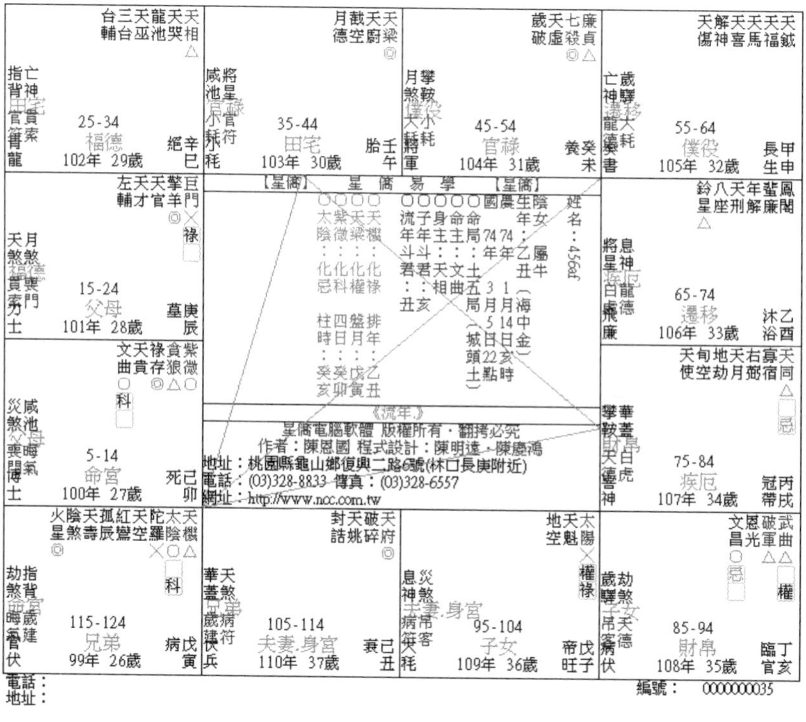

落，疑神疑鬼，心神不寧等，故提醒命主須特別注意管控自己情緒，別讓化忌影響了自己的思緒。

大限既然適合參加相關考試，那我們就來看看100年時命主的考運如何：

100年大限流年盤

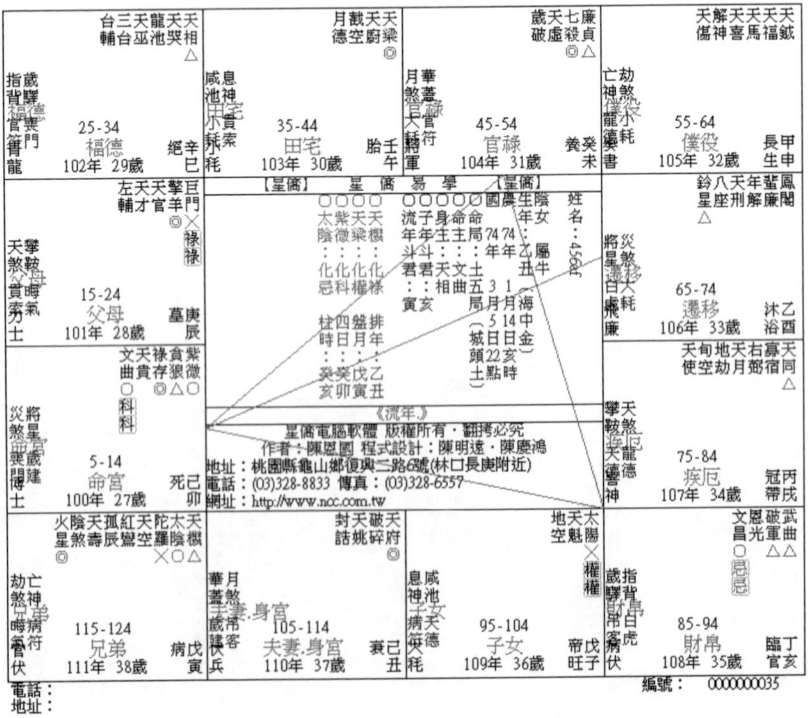

天相 天哭 天池 龍池 三台 台輔
25-34 福德 102年 29歲 絕 辛巳
天梁 天廚 天空 截空 月德
35-44 田宅 103年 30歲 胎 壬午
廉貞 七殺 天虛 歲破
45-54 官祿 104年 31歲 養 癸未
天鉞 天福 天馬 天喜 天神 解神 天傷
55-64 僕役 105年 32歲 長生 甲申
巨門 擎羊 天官 天才 左輔
15-24 父母 101年 28歲 墓 庚辰
鳳閣 蜚廉 年解 天刑 八座 鈴星
65-74 遷移 106年 33歲 沐浴 乙酉
紫微 貪狼 祿存 天貴 文曲
5-14 命宮 100年 27歲 死 己卯
天同 寡宿 右弼 天月 地劫 旬空 天使
75-84 疾厄 107年 34歲 冠帶 丙戌
天機 太陰 陀羅 天空 紅鸞 孤辰 天壽 陰煞 火星
115-124 兄弟 111年 38歲 病 戊寅
天府 破碎 天姚 封誥
105-114 夫妻.身宮 110年 37歲 衰 己丑
太陽 天魁 地空
95-104 子女 109年 36歲 帝旺 戊子
武曲 破軍 恩光 文昌
85-94 財帛 108年 35歲 臨官 丁亥
【星僑】 星 僑 易 學 【星僑】
姓名：456a 陰女 生年 屬牛
《流年》
星僑電腦軟體 版權所有・翻拷必究
作者：陳恩國 程式設計：陳明遠・陳鹿鴻
地址：桃園縣龜山鄉復興二路6號(林口長庚附近)
電話：(03)328-8833 傳真：(03)328-6557
網址：http://www.ncc.com.tw
電話：
地址：
編號： 0000000035

憾，但總比99年來的好多了，因此山人認為100年時，只要認真，應該能有上榜的機會。

但考試畢竟是以實力取勝，縱使給你文星拱命，加紫微化科，所有的好星都給你了，但是你不肯讀書，又怎樣能期待有金榜題名的一天？倘命不帶格局，文星一顆都不見，但抱持著必勝決心，頭懸樑，錐刺股的苦讀，有誰說她會考不上呢？所以命盤充其量是告訴命主考運優劣，考運好的人，猜題命中率高，考運不好的，可能背了100題只出不到2題，故仍然有一點差異，考試除了實力外，還是需要那一點點的運氣，就像賭博一樣，技術好不一定贏錢，但運氣不好，鐵定輸錢。所以倘見昌曲入命且化科，基本上只要有努力，上榜機會相當大。因此雖說考試靠實力，但命盤推理還是有那一點點的幫助的，您說是嗎？

【68】請幫我看一下命盤，好想結婚都結不成

【提問時間】2009-08-05 20：14：43

【提問內容】

小女子67年4月10日上午9：45生（農）希望各位大師能指點迷津，我在感情、工作跟財運都不太好。目前適婚年齡，家人很急，謝謝。

【回覆內容】

如果單從星盤看來，確實你的一路上都會走的蠻辛苦的，命坐貪狼且居子宮，爲泛水桃花格局，但可惜被煞星給壓抑住，加上天姚這顆野桃花入命，所以桃花縱然開，我想也都是濫桃花居多吧。

而且你應該是蠻注重婚姻關係的人，但問題也常常在這裡發生。如果以夫妻宮

看來，對你而言晚婚並不是件壞事。

從你的星盤看來，你應該是個蠻重義氣的人，但可惜朋友卻不這樣想。基本上你的朋友對你是阻力大於助力，而且沒錯的話你應該也曾被朋友所連累，所以交友一定要謹慎。

看來你應該也是一個蠻喜歡享受的人，喜歡美食與裝扮，不過以整體盤勢來看，可能波折及勞碌難免，這點也要多忍耐。

沒錯的話你的個性應該也不是很好，也頗爲急躁，正所謂，命由性生。命運的起落，多由個性而生起。所以建議你，可以去學習瑜珈或打坐。讓自己的脾氣與個性能夠和緩一點，這樣可以減少人生的波折。

【發問者意見】

無

【命盤解析及內容説明】

本命盤

貪狼居子，謂之泛水桃花，表示桃花運相當旺盛，但是好桃花或是爛桃花，就要看本宮及三方四正會合星曜而定。以本例而言，三方會照地空、地劫、火星、鈴星及陀羅，最糟糕的就是陀羅這顆星，因陀羅化氣爲忌，正所謂：忌遇貪狼，謂之風流杖彩，多因桃花或風流韻事而惹上麻煩或官非，此局便是如此，加上天姚這顆野桃花星會命，爲紅艷煞

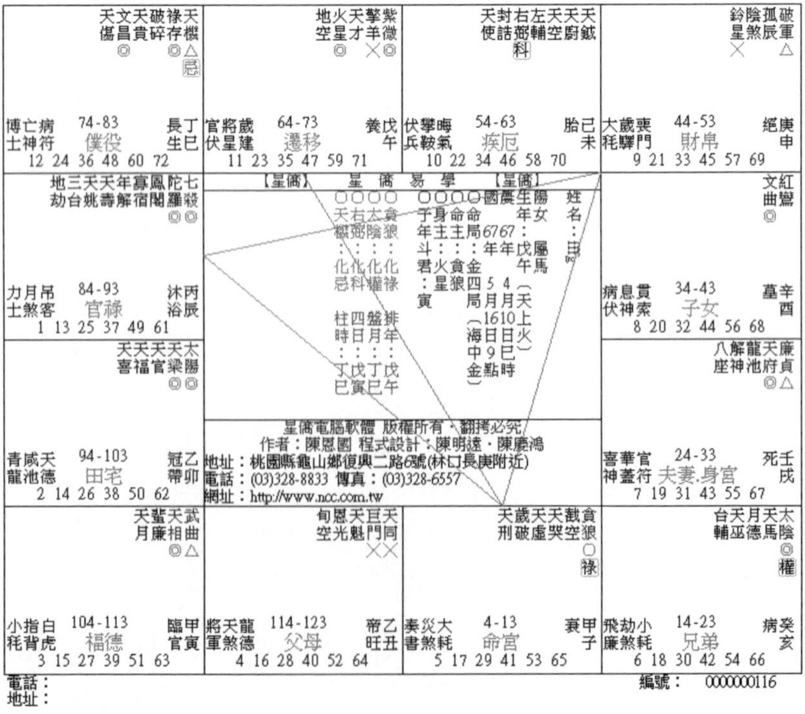

天文天破祿天
傷昌貴碎存機
忌
博亡病 74-83 長丁
士神符 僕役 生巳
12 24 36 48 60 72
地火天擎紫
空星才羊微
官將歲 64-73 養戊
伏星建 遷移 午
11 23 35 47 59 71
天封右左天天天
使誥弼輔空廚鉞
科
伏攀晦 54-63 胎己
兵鞍氣 疾厄 未
10 22 34 46 58 70
鈴陰孤破
星煞辰軍
大歲喪 44-53 絕庚
耗驛門 財帛 申
9 21 33 45 57 69
地三天天年寡鳳陀七
劫台姚壽解宿閣羅殺
力月吊 84-93 沐丙
士煞客 官祿 浴辰
1 13 25 37 49 61
【星僑】 星 僑 易 學 【星僑】
姓名：
陽女
生屬：戊午年 馬
農曆：67年5月16日巳時
國曆：67年4月16日
五行局：金四局（海中金）
命主：貪狼
身主：火星
子斗：寅
天上火
貪狼化祿
太陰化權
右弼化科
天機化忌
年柱：戊午
月柱：丁巳
日柱：戊寅
時柱：丁巳
文紅
曲鸞
病息貫 34-43 墓辛
伏神索 子女 酉
8 20 32 44 56 68
天天天天太
喜福官梁陽
八解龍天廉
座神池府貞
星僑電腦軟體 版權所有，翻拷必究
作者：陳恩國 程式設計：陳明遠．陳慶鴻
地址：桃園縣龜山鄉復興二路6號(林口長庚附近)
電話：(03)328-8833 傳真：(03)328-6557
網址：http://www.ncc.com.tw
青咸天 94-103 冠乙
龍池德 田宅 帶卯
2 14 26 38 50 62
喜華官 24-33 死壬
神蓋符 夫妻.身宮 戌
7 19 31 43 55 67
天蜚天武
月廉相曲
小指白 104-113 臨甲
耗背虎 福德 官寅
3 15 27 39 51 63
旬恩天巨天
空光魁門同
將天龍 114-123 帝乙
軍煞德 父母 旺丑
4 16 28 40 52 64
天歲天天截貪
刑破虛哭空狼
祿
奏災大 4-13 衰甲
書煞耗 命宮 子
5 17 29 41 53 65
台天月天太
輔巫德馬陰
權
飛劫小 14-23 病癸
廉煞耗 兄弟 亥
6 18 30 42 54 66
電話：
地址：
編號： 000000116

的情況，我想命主桃花定然不缺，但大都屬於爛桃花類型，無怪乎如此煩惱，真是辛苦了。

而命主身居夫妻宮，想來對於男女及家庭關係相當重視，卻老是遇到濫桃花，也是相當的無奈呀。此點可從其夫妻宮星宿組合得到反證，三方會照四煞，最要不得的就是地空地劫兩煞曜，到手也成空，是故命主對於心儀的對象大都有緣無份，勉強交往則難逃同床異夢及聚少離多的情況。倒是爛桃花不少，喜歡的人不喜歡自己，不喜歡的人卻黏的緊緊，況且倘遇流年化忌或星宿組合不佳時，這些爛桃花甚至會導致桃花劫的結果，所以命主以晚婚為宜呀。

由於命宮會煞過多，表示外在環境相當不利於自己，而空劫入命，又可稱為勞碌命，想來命主無論在感情或事業上，應該一路上都很波折才是。不過沒關係，以大限看來，因大限逆行（註：順行那可就糟糕了），因此命主不至於屬於那種會孤單終老的人，以大限盤勢推估，因緣應該成於34~43這個大限，正好呼應了山人晚婚的觀點呀。其大限盤如下：

34~43本命大限盤

在此大限中，鑾喜會照入命，又逢大限祿權引動，想來這個大限必有因緣可成才是。而其夫妻宮逢日月拱照且加會輔弼及魁鉞，因此對象想必在社會上有一定的地位，而且能得到配偶的助力與光環呢。加上大限夫妻宮會照天喜逢大限巨門化祿引動，三方穩定無煞，此段時間定然有好消息傳出呢，且應該是可得配貴夫才是。從整體盤勢看來，此因緣研判應該是由長輩介紹媒合的

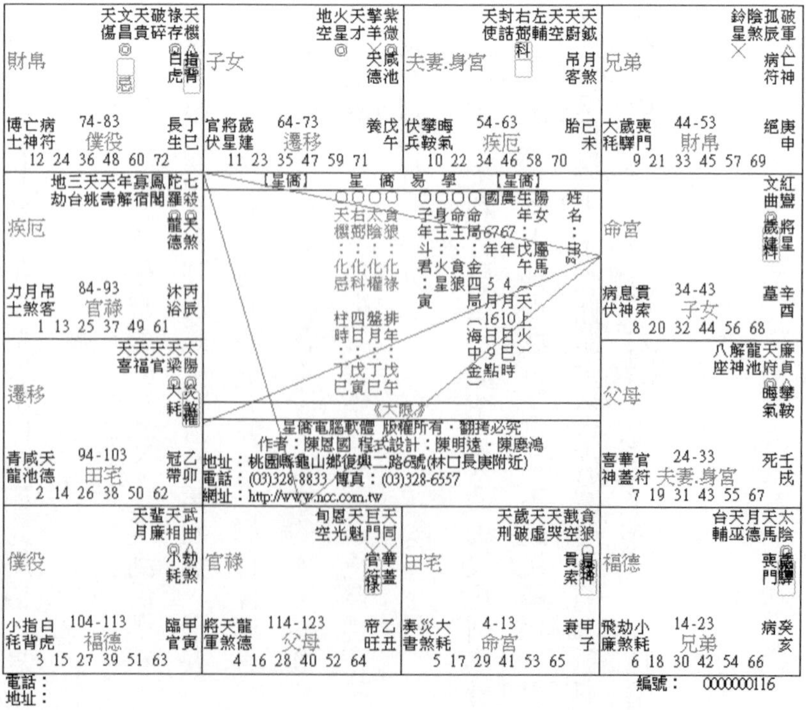

對象。其實這樣也好，因爲命主倘自由戀愛，以此盤勢推估，遇到的對象都不會太好。所以這段時間的失落，就當作歷練人生吧，真的不需要太擔心。

倒是命主由於空劫入命，三方會煞，故脾氣應當不佳且較爲急躁，有點過於偏執疏狂的感覺，故當務之急，是先鍛鍊自己的心性，把煞曜對自己的影響減到最低，這樣當好姻緣來到時，才不會又因自己的個性而讓好對象退避三舍，這就不妙了。

因此山人回覆時一直希望命主由自身改變，畢竟有可能配得貴夫，倘自己的個性不改正，自然難逃本命盤夫妻宮顯現的同床異夢或是聚少離多的狀況。

【69】我的命格是屬於機月同梁嗎？

【提問時間】2009-08-05 11:53:30

【提問內容】

1978.05.18.卯時，男性

有人跟我說我是機月同梁格也說我的好星都在奴僕宮．對朋友有利對自己則普普．紫微達人能否指教3Q

【回覆內容】

命造西元1978年5月18日卯時建生

是機月同梁格沒錯，基本上此格局適合穩定單調的工作，積極度不足，但守成有餘，古曰：機月同梁當吏人，便是針對此特性而言。

至於好星都在奴僕宮這部份，就表面上看六吉星確實都在這理，所以朋友並沒有看錯。至於是否對朋友有利對自己則普普，山人是不這樣認爲。首先，以大限來說，如果你的大限走到奴僕宮位，自然這些吉星會再此大限拱照而順利一點，流年也是這樣。再者，以朋友來說，表示你朋友間多貴人也多助力，並不是單純的說只有對朋友有利。

而且僕役宮代表的意義是命主與朋友、同事或下屬間相處狀況的判識宮位，如：得力與否?朋友性情、傾向及彼此的相處關係等。所以你朋友說的算是對了一半，而且如單純的以你的奴僕宮來看的話，你的人際關係中，交往層級高，能夠得到寬厚誠實的朋友，並且能得到手下的擁護。但會因爲朋友而破財，朋友越多，煩惱越多，而且我想你應該常發生因爲幫助朋友反遭來埋怨的情形，且恐將因友遭拖累的情形。

【發問者意見】

謝謝

【命盤解析及內容說明】

本命盤

命主同梁坐命，三方型成機月同梁格局無誤，此局在斗數裡相當有名，基本上此格局人，由於缺乏積極性，做事較為單調，一成不變，就像台灣大部分的公務員心態一樣，古曰：機月同梁當吏人，但相對而言，穩定性足夠，所以山人一直認為倘企業要徵才之時，機月同梁格局的人是最適宜的，除非你要聘請業務，否則內勤或基層工作，此格局為最

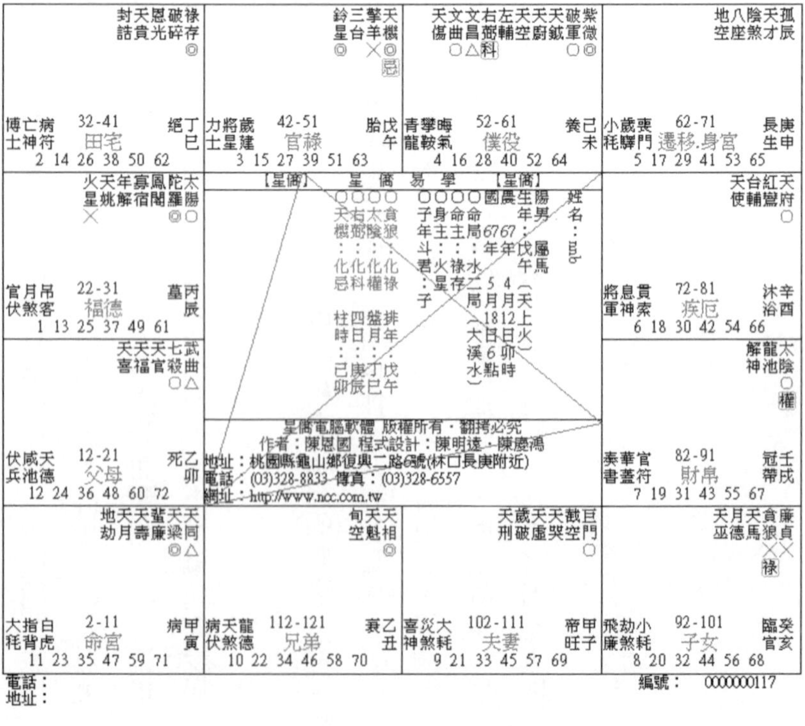

佳。

古曰：同梁守命，男得純陽之中心，因此，命主應該是個正直，誠懇又重信義的人。但空劫於命身宮對拱，勞碌且無所成，加上三方天機天梁與擎羊相會，太陰擎羊又成局，且天梁正坐命宮，是故命主原則性甚強，經常會讓人感到不近人情，但有時候又會有許多無謂的堅持。

命盤逢紫微輔弼同度，形成君臣慶會格局，又逢雙祿馬交馳，適合從事買賣交易獲得利潤，整體而言，命盤相當漂亮，財宮逢雙煞襲，錢財破耗難流，但財庫卻是雙祿交流，此局爲財弱庫強之局，只要命主能守成，不遭詐騙或投機，我想晚景仍是相當值得期待。但通常空劫入命者，一生至少會被騙一次以上，這也是一種無奈呀。

倘命主真要創業，建議盡量選擇流動性高，規模小的微型創業，例如網拍，園遊會，攤販或小吃等，必有利基，因小本經營，縱遭詐騙或倒債，以其田宅宮穩固的狀況，損失也有限呀。

至於命主提到僕役宮吉星匯聚，確實是如此，六吉全彰，山人常說，六吉星匯聚之處，也是命主最強的宮位，輔弼表示朋友對命主交友的層級甚高，能成爲助力，魁鉞則是貴人的象徵，表示能得到提攜協助，而昌曲表示朋友間多有才華能力之人，紫微會輔弼，爲君臣慶會格局，能因朋友部屬助力而成大事，所以那位朋友說錯了，應該是倒過來說，是朋友會對他很好很照顧，並不是他對朋友很好呢。

至於什麼狀況會對朋友很好呢？山人一再提醒大家，交朋友要選哪一種命局的人呢？就是祿落僕役的人，只有這種結構才會對朋友很好。正所謂，祿落僕役，縱有官也奔馳。以此種結構而言，大概只有朋友對他好而已。由於雙祿落子田線，因此對自己好，會比較正確呢。（山人註：此星群結構之人，由於同梁坐命，外表經常給人忠厚老實的感覺，能輕易得到朋友信任，此點從僕役宮可看出來。但三方煞曜群聚，雙祿又落田宅，肥水絕不落外人田，以山人經驗，此局人經常會是扮豬吃老虎那類型的呢，所以我看是朋友要特別小心吧。）

【70】紫微斗數想請問感情婚姻

【提問時間】2009－07－29 12：22：25

【提問內容】

男 1978年3月23日丑時，想問一下婚姻與工作運勢：

1. 還有我異性緣一直都不錯，只是都沒遇到想定下來的另一半想問何時會出現真命天女？？？
2. 請解析一下流年運勢以及未來的工作運
3. 請問我八字月支劫財透幹是什麼意思？
4. 未來子女宮如何？

【回覆內容】

命造國曆67年3月23日丑時建生

1. 因爲你的命宮坐天姚，天姚爲野桃花，並非正緣，再加會天馬，所以不容易遇到可以或讓你想定下來的另一半。而且你的女朋友多是屬於桃花類型，來來去去的，所以會有這種感覺。至於正緣的話，以你的夫妻宮來看，建議以晚婚爲宜。沒錯的話你的因緣動的很早，21 歲前就有很要好的女朋友，錯過的話，看來正緣要等久一點。

2. 今年流年逢日月昌曲及魁鉞等吉星拱照，再會本命祿存，倘不考慮流年四化的情況下，應該是蠻順利的。沒錯的話金錢部分應該也小有進帳，至於守不守的住，就看你自己了。

3. 既然山人是紫微斗數幫你看的，就用紫斗的角度解釋你的財運。基本上財宮逢煞侵，所幸庫並未逢破煞，逢廟旺之日月拱照，爲日月照壁格局，加上祿存正坐，又逢吉星會照，所以你的財基本上是守的下來，只是賺錢會比較辛苦，容易遇到不如意或挫折。不過賺了之後你不至於會有太大的破財，至少不會當過路財神，來去一場空。

4. 你的子女宮逢空劫來夾，基本上與子息比較無緣。不過現代科技進步，可以做人工或試管，所以子息數量就看你自己。至於小孩的狀況，基本上應該屬於口才好，人緣佳那類型的，不過個性有點懶散就是了，而且應該還蠻會讀書的呢。

【發問者意見】

無

【命盤解析及內容說明】

本命盤

命主七殺坐命，對宮逢紫

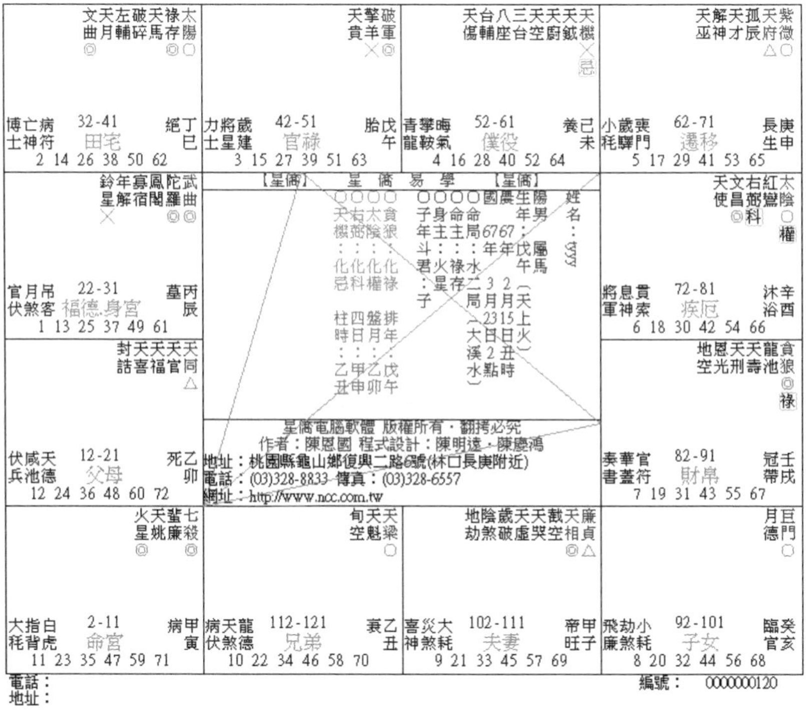

文天左破天祿太
曲月輔碎馬存陽
博亡病 32-41 絕丁
士神符 田宅 巳
2 14 26 38 50 62
天擎破
貴羊軍
力將歲 42-51 胎戊
士星建 官祿 午
3 15 27 39 51 63
天台八三天天天天
傷輔座台空廚鉞機
忌
青擎晦 52-61 養己
龍鞍氣 僕役 未
4 16 28 40 52 64
天解天孤天紫
巫神才辰府微
小歲喪 62-71 長庚
耗驛門 遷移 生申
5 17 29 41 53 65
鈴年寡鳳陀武
星解宿閣羅曲
官月吊 22-31 墓丙
伏煞客 福德.身宮 辰
1 13 25 37 49 61
【星僑】 星僑易學 【星僑】
姓名：yyyy
陽男屬馬
生年：戊午（天上火）
農67年2月15日丑時
國67年3月23日2點
命局：水二局（大溪水）
命主：祿存
身主：火星
子年斗君：子
貪狼：化祿
太陰：化權
右弼：化科
天機：化忌
排年：戊午
盤月：乙卯
四日：甲申
柱時：乙丑
星僑電腦軟體 版權所有・翻拷必究
作者：陳恩國 程式設計：陳明遠・陳慶鴻
地址：桃園縣龜山鄉復興二路6號(林口長庚附近)
電話：(03)328-8833 傳真：(03)328-6557
網址：http://www.ncc.com.tw
天文右紅太
使昌弼鸞陰
科
權
將息貫 72-81 沐辛
軍神索 疾厄 浴酉
6 18 30 42 54 66
封天天天天
誥喜福官同
伏咸天 12-21 死乙
兵池德 父母 卯
12 24 36 48 60 72
地恩天天龍貪
空光刑壽池狼
祿
奏華官 82-91 冠壬
書蓋符 財帛 帶戌
7 19 31 43 55 67
火天蜚七
星姚廉殺
大指白 2-11 病甲
耗背虎 命宮 寅
11 23 35 47 59 71
旬天天
空魁梁
病天龍 112-121 衰乙
伏煞德 兄弟 丑
10 22 34 46 58 70
地陰歲天天截天廉
劫煞破虛哭空相貞
喜災大 102-111 帝甲
神煞耗 夫妻 旺子
9 21 33 45 57 69
月巨
德門
飛劫小 92-101 臨癸
廉煞耗 子女 官亥
8 20 32 44 56 68
電話：
地址：
編號： 0000000120

微天府，爲七殺朝斗格局，古曰：七殺朝斗，爵祿昌榮，因七殺星會紫微化權，所以不論在工作上或創業，都很容易能夠掌握權力，且由於七殺坐命，衝勁十足，加上紫微天府優化七殺的劣質性，故此局人工作能力強，往往能得到很不錯的成就呢。而其三方火羊成局，適宜以武職顯貴，三方雖會地空，由於格局不錯，所以僅表示命主不善於理財罷了。橫看豎看，命主都應當會有不錯的發展與成就才是呢。

至於財運部分，財帛宮雖逢本命貪狼化祿正坐，但三方空劫羊陀四煞匯聚，求財會相當的辛苦，且大概都需要靠努力獲得，倘不會煞，逢本命祿正坐，得財會是相當容易的呢。這就是煞星帶來的影響呀。再觀其財庫，得昌曲輔弼四吉星拱照，因此庫位頗爲穩固，倘能穩紮穩打，晚景應可期待才是。而祿存正坐田宅，表命主多爲穩定之財，且太陽化祿本身就不代表錢財，其象徵是名聲。是故以財帛宮及財庫狀況看來，命主宜將名逐利，不可以錢滾錢，否則破耗難逃。

由於命主問的是緣分，我們就從本命宮看起，本命宮野桃花天姚正坐，故命主應桃花不缺，但正緣會比較難得。此點可從夫妻宮得到反證，地劫正坐，得亦復失，三方會擎羊、陀羅雙煞，感情不容易有穩定之時，所以一路上走來，會相當的崎嶇波折。

再觀其子女宮，逢地空地劫夾制，表與子息緣分淺，或是聚少離多的情況，所以這又反證了夫妻宮顯現的情況，倘在古代，恐有無後之慮。但現今科技發達，不孕症夫妻透過試管嬰兒等生育技術得子。台灣新竹的送子鳥診所創下的最高紀錄還有61歲成功得子的呢，所以不需要太過於擔心。也因爲如此，山人認爲子息數量是無法推論的，因科技進步。所以各位同學千萬別看著古書說，見到什麼星，小孩幾個，是男或是女，這都很容易出問題的呢。其實命主也大可放心，因就大限行進看來，32～41大限內有因緣可成，其大限盤如下：

本命大限盤

大限命宮會照紅鸞，夫妻宮鸞喜對拱，又逢太陰化祿引動，三合無煞有吉，是故此大限內應有喜事加臨才是。且此大限命宮，逢太陽正坐，會照太陰，呈現日月並明之局，且盤中日月均居未落陷，加上昌曲輔弼四吉星拱照，太陰化祿及本命祿對照，形成雙祿於命宮交流格局，魁鉞又於福德宮拱照，加上命主本身格局構大，能力強，衝勁足。故推論命主此大限事業與愛情兩得意，真是羨煞旁人呢。

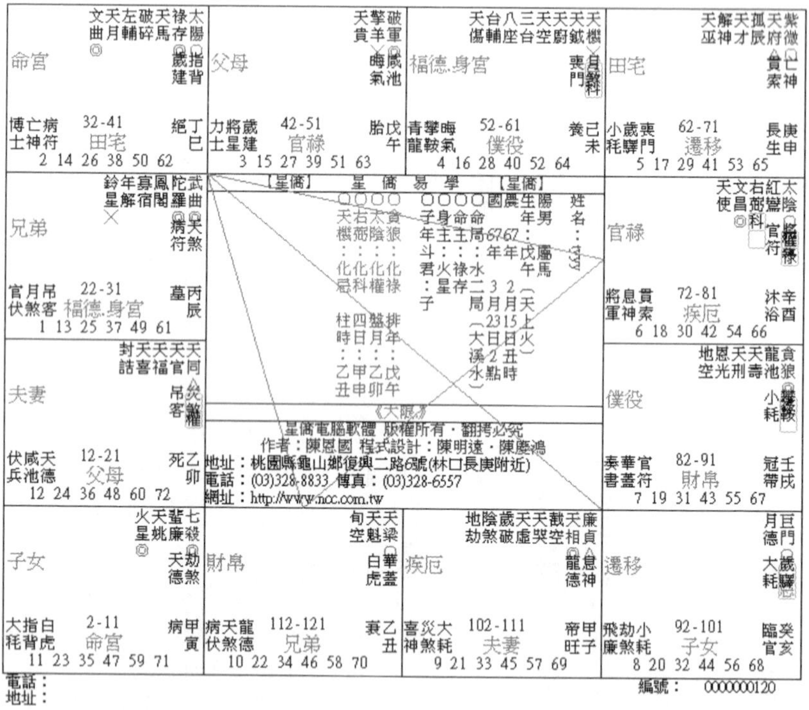

命宮	父母	福德·身宮	田宅
文天左破天祿太 曲月輔碎馬存陽 ◎　　　歲指 　　　　建背 博亡病　32-41　絕丁 士神符　田宅　　巳 2 14 26 38 50 62	天擎破 貴羊軍 　　　晦咸 　　　氣池 力將歲　42-51　胎戊 士星建　官祿　　午 3 15 27 39 51 63	天台三天天天天 傷輔座台空廚鉞機 　　　　　　喪月 　　　　　　門解 青擎晦　52-61　養己 龍鞍氣　僕役　　未 4 16 28 40 52 64	天解喪孤天紫 巫神才辰貪微 　　　　　貪 　　　　　索神 小歲喪　62-71　長庚 耗門門　遷移　生申 5 17 29 41 53 65

兄弟	官祿
鈴年寡鳳陀武 星解宿閣羅曲 　　　　× 　　　◎病 　　　　符煞 官月吊　22-31　墓丙 伏煞客　福德·身宮　辰 1 13 25 37 49 61	天文右天鈴 使昌弼鉞陰 　　　◎ 　　　科 　　　官符 將息貫　72-81　沐辛 軍神索　疾厄　浴酉

【星僑】　星僑易學　【星僑】

○○○○	○○○○	國農生陽	姓　名：
天右天貪 機弼鉞狼 ⋮⋮⋮⋮ 化化化 忌科權祿	子身命命 年主主主局 斗：：：年 君火祿水戊 子：星存二辰 　　　　局午	年男 ：： 戊廬 辰馬 午	1999

柱四盤排
時日月年
乙甲乙戊
丑申卯午

【大限】

星僑電腦軟體 版權所有·翻拷必究
作者：陳恩國 程式設計：陳明達·陳塵鴻
地址：桃園縣龜山鄉復興二路6號(林口長庚附近)
電話：(03)328-8833 傳真：(03)328-6557
網址：http://www.ncc.com.tw

夫妻	僕役
封天天官天 誥喜福官同 　　　　吊炎 　　　　客龍 伏咸天　12-21　死乙 兵池德　父母　　卯 12 24 36 48 60 72	地恩天天龍貪 空光刑壽池狼 　　　　小 　　　　耗鞍 奏華官　82-91　冠壬 書蓋符　財帛　帶戌 7 19 31 43 55 67

子女	財帛	疾厄	遷移
火天蜚七 星姚廉殺 ◎ 　　　天劫 　　　德煞 大指白　2-11　病甲 耗背虎　命宮　　寅 11 23 35 47 59 71	旬天天 空魁梁 　　白華 　　虎蓋 病天龍　112-121　衰乙 伏煞德　兄弟　　丑 10 22 34 46 58 70	地陰歲天天截天天 劫煞破虛哭空相貞 　　　　　龍息 　　　　　德神 喜災大　102-111　帝甲 神煞耗　夫妻　旺子 9 21 33 45 57 69	月巨 德門 　　晦驛 　　氣門 飛劫小　92-101　臨癸 廉煞耗　子女　官亥 8 20 32 44 56 68

電話：
地址：

編號：0000000120

而命主問命時間為民國98年（西元2009年），時年32歲，剛好跨進這個大運的時間點。

而大限主10年之運，我想這10年，應該會是命主最強運的時候，以流年推算，34歲倘非遇見真命天女，便是有喜事到來了，所以命主實在無須多慮呀。

【71】請問我未來職業哪方面好

【提問時間】2009-07-29 14：55：55

【提問內容】

我農曆79．10．26陽曆79．12．12 16：00，我是女生。

可以給我一些關於我未來職業的資訊以及今年考運嗎。

【回覆內容】

命造農曆79年10月26日申時瑞生

如果以你的命盤看來，建議你可以往專業技能方向發展，或者是研發，文學創作，企劃或規劃方面發展。因爲你的想像力應該還蠻豐富，雖然本性有點迷糊。

本身格局屬殺破狼逢煞，所以人生的路上基本上會比較波折起伏，不過異性緣倒還是不錯呢，而且你應該也是很愛漂亮的女生吧。

可惜你的脾氣應該也是屬於不太好那一型的吧，個性講理，卻不是很合群。雖說脾氣不是很好，但是你的心地還算是頗爲善良，但脾氣一來，很難控制。但過了總是會後悔，但傷害已經造成了。所以要稍微改變自己的脾氣，會比較好。

至於今年的考運很不錯，流年命宮正逢昌曲文星夾拱，流年命宮又見魁鉞對拱，因此非常不錯。雖說你的命盤昌曲皆落陷，對此格局有點打折，但有總比沒有好，只要再努力一點，我想考上的機會很大。整體來看的話，今年流年很適合去參加考試呢。

但不要山人跟你說考運不錯就不讀書，這樣還是沒有用的，考試靠的是實力，雖然運氣也很重要，但畢竟光憑運氣，還是沒有金榜題名的機會。加油。

【發問者意見】

無

【命盤解析及內容說明】

本命盤

一個人適合工作類型，基本上必須從其命宮星曜組成特性來考量，例如殺破狼加煞的人，你叫他從事單調乏味的內勤行政工作，我想是相當不適宜，又倘如機月同梁此類穩定型的人，你讓他做業務或是開發工作，又是一個不適宜。工作必須與本性相符合，才能夠做的長久，發展的順利。許多人在職場上屢感不順，很大的原因是選錯行業，倘能依照個

破天天 碎馬府 △	天天天太天 月刑福陰同 ×× 科忌	地天截陀貪武 劫空空鈹狼曲 權	天陰天孤祿巨太 傷煞巫辰存門陽 ⊙⊙⊙ 祿
小亡病　105-114　臨辛 耗神符　福德　　官巳 12 24 36 48 60 72	青將歲　95-104　冠壬 龍星建　田宅　　帶午 11 23 35 47 59 71	力攀晦　85-94　沐癸 士鞍氣　官祿.身宮　浴未 10 22 34 46 58 70	博歲喪　75-84　長甲 士驛門　僕役　　生申 9 21 33 45 57 69
解年寡鳳 神解宿閣			火天紅擎天 星才鸞羊相 △　××
將月吊　115-124　帝庚 軍煞客　父母　　旺辰 1 13 25 37 49 61			官息貫　65-74　養乙 伏神索　遷移　　　酉 8 20 32 44 56 68
地天破廉 空喜軍貞 ×△			天封月龍天天 使詰池梁機 △
奏咸天　5-14　衰己 書池德　命宮　　　卯 2 14 26 38 50 62			伏華官　55-64　胎丙 兵蓋符　疾厄　　　戌 7 19 31 43 55 67
台文恩三蜚天 輔昌光台廉尉 ×	右左天天 弼輔壽魁	文天八歲天天 曲貴座破虛哭	旬鈴月天天七紫 空星德官殺微 △
飛指白　15-24　病戊 廉背虎　兄弟　　　寅 3 15 27 39 51 63	喜天龍　25-34　死己 神煞德　夫妻　　　丑 4 16 28 40 52 64	病災大　35-44　墓戊 伏煞耗　子女　　　子 5 17 29 41 53 65	大劫小　45-54　絕丁 耗煞耗　財帛　　　亥 6 18 30 42 54 66

中央：

【星僑】　星僑　易學　【星僑】

天太武太
同陰曲陽
：：：：
化化化
忌科權祿

姓名：○○○
國農生陽
子身命命　年年女
主主主局　79 79　屬
：：：：　年年庚　馬
火文土曲　月月路
斗君：亥　局月月傍
　　　1226
往四盤排
時日月年
：：：：
丙辛丁庚
申亥亥午

星僑電腦軟體 版權所有·翻拷必究
作者：陳恩國 程式設計：陳明遠·陳慶鴻
地址：桃園縣龜山鄉復興二路6號(林口長庚附近)
電話：(03)328-8833 傳真：(03)328-6557
網址：http://www.ncc.com.tw

電話：
地址：

編號：　0000000121

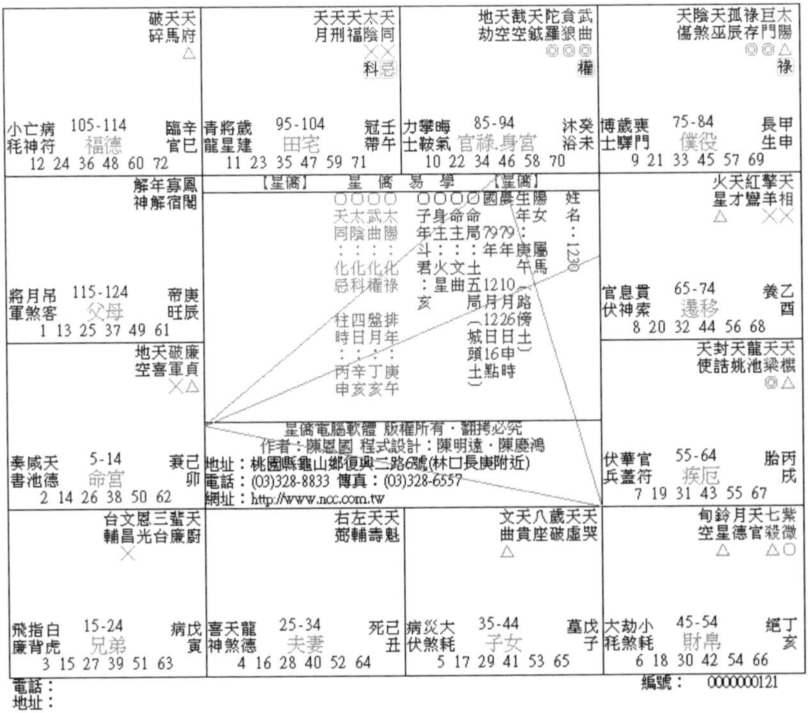

人特性，選擇適合自己的工作類型，是相當必要的。這也是常言道：男怕入錯行的道理呀。

那命主到底適合哪一種類型的工作呢？廉貞坐命加上鑾喜於命遷一線對拱，表示命主異性緣相當好，適合往公關方向發展。又三方雙主星會照，所以事業心應該頗強。但可惜紫微不會輔弼，只是孤君一人，缺少助力難以成事，加上會照地空、地劫這兩顆土匪星，因此較會有力不從心或是勞而無獲的感慨。而地空坐命，表示命主生性較爲迷糊，且容易受騙上當。通常地空坐命的人，一生至少會被騙一次以上。

至於空劫雙曜雖然讓人得而復失，但其豐富的想像力與勇於創新的想法與觀念，卻是相當適合從事如：研發，創作，行銷企劃，電視節目製作、客服等類型的工作，加上命主整體星曜結構頗爲進取，較爲枯燥乏味的工作，我想是相當不適宜的，因此建議命主可朝創意發想的方向發展，會有不錯的結果呢。

至於考運的問題，以本命盤觀之，本命宮不會昌曲，且均位於落陷宮位，因此想透過考試擔任公職，只怕要相當努力才是。但由於考試屬流年偶遇，就像創業問

大限流年強運之時，倒是可
題一樣，雖說本命不適合創業，
以抄個短線，見好就收。而考
試也是如此，雖說考試靠的是
實力，但倘能在吉星高照之時
應考，我想只要努力，上榜機
會還是頗高的。所以我們轉進
命主問命當年看看吧。

大限流年盤

命主問命當年為2009年，
民國98年，流年命宮逢昌曲夾
拱，又魁鉞對照，四顆利於典
試的星曜咸集，又象徵科名的
大限化科入流年命宮，故考運

命盤（紫微斗數）

破天天 碎馬府 △	天天天太天 月刑福陰同 權 ×××	地天截天貪武 劫空鈸羅狼曲 ◎◎◎ 祿權祿 大月耗煞	天陰孤祿巨太 傷煞巫辰存門陽 ◎◎△
官祿．身宮 105-114 官指符背 小亡病 耗神符 102年 24歲 官巳	僕役 95-104 青將歲 龍星建 103年 25歲 冠壬帶午	小咸 耗池 遷移 85-94 力攀晦 士鞍氣 104年 26歲 官祿．身宮	疾厄 75-84 博歲庚 士驛門 105年 27歲 龍亡德神長甲生申
解神寡鳳 神解宿閣	【星僑】　星僑易學　【星僑】 天太武文陽　流子身命　年女		火天紅擊天 星才鸞羊相 △ ××
田宅 115-124 將月吊 軍煞客 101年 23歲 貫天父索煞母庚帝旺辰	化化化化 忌科權祿 柱四盤排 時日月年 ：：：： 丙辛丁庚 申亥亥辰	國晨生陽 年主主局 斗：：年庚陽 君火土午男 ：星曲五路 子曲月月傍 女 16申 城日日點 頭土	財帛 65-74 官息貫 伏神索 106年 28歲 白將亡虎星德養乙酉
地天破廉 空喜軍貞 ×△			天封天龍 使詰姚池梁 科 △
福德 5-14 喪門煞 妻咸天 書池德 100年 22歲 災弔衰門煞客乙卯命宮己卯	《流年》 星僑電腦軟體 版權所有．翻拷必究 作者：陳恩國 程式設計：陳明遠．陳慶鴻 地址：桃園縣龜山鄉復興二路6號(林口長庚附近) 電話：(03)328-8833 傳真：(03)328-6557 網址：http://www.ncc.com.tw		子女 55-64 伏攀官 兵蓋符 107年 29歲 天攀鞍德胎丙戌疾厄
台文恩三蜚天 輔昌光台廉廚 ××	右左天天 弼輔壽魁 科	文天八歲天天 曲貴座破虛哭 忌	旬鈴天七紫 空星德官微 △
父母 15-24 飛指白 廉背虎 99年 21歲 晦劫兄氣煞弟戊寅命宮	命宮 25-34 喜天咸 神煞德 98年 20歲 喜青龍神德寅夫妻	兄弟 35-44 病災大 伏煞耗 109年 31歲 歲華夫建蓋妻己丑	夫妻 45-54 大劫小 耗煞耗 108年 30歲 吊歲病客驛神絕丁亥財帛

電話：
地址：

編號：　0000000121

507

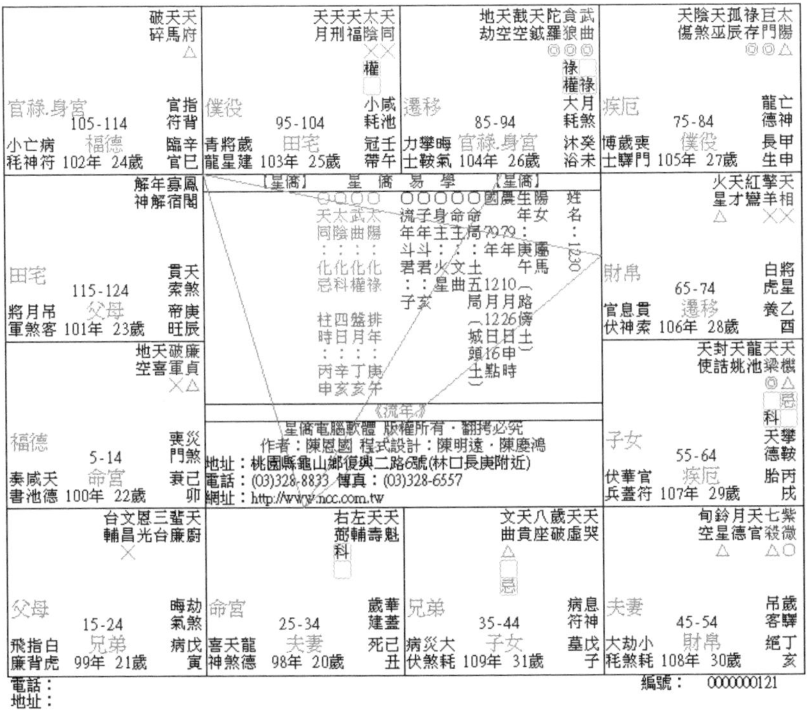

應當是相當的好。故問命當年倘能聽下山人勸告，專心準備，我想上榜機會是相當高的。但考試畢竟是以實力取勝，倘不肯努力讀書，再多的好星或是再強的格局，都是惘然。不是嗎？

【72】算命（工作運勢）

【提問時間】2009－07－29 16：58：27

【提問內容】

您好：

我想請問我的工作運勢．陸陸續續都有工作，可是都做不久，我知道問題還是在我，只是想要知道什麼會穩定一點．謝謝

民國 73 11 10 辰 時生，我是女生

【回覆內容】

命造國曆73年11月10日辰時瑞生

從命盤看來確實是你自己的問題比較大，我想在工作上妳不乏貴人的幫忙及朋

友的鼎力相助。但可惜你面對困難與挫折的時候，常常過於衝動。

而且以你的命局來說，你也是一個不喜歡被人家管的人，因爲你本身命格帶有輔弼拱主的大格局。是一個領導者的格，但可惜逢雙煞侵擾，且逢空劫來拱，反而造成你喜惡分明，過於主觀，且帶點高傲的個性。加上你的脾氣應該也不是很好吧。沒錯你也是一個有點迷糊散仙的人才是。

其實你的本命格局不錯，只要能改掉你自己的缺點，對未來的發展會比較好。如果沒有辦法改變自己的話，那麼工作要穩定，我想會有點困難。

建議你從改變自己的個性來著手，可以去學習打坐、瑜珈、泡茶……等可以讓自己比較平靜穩定，好好的修煉自己的心。如果你能夠下定決心好好改變自己的話，以你的格局，應該能有一番發展才是。畢竟輔弼拱主又逢魁星拱命的格局真的不容易遇到。而且你也具有標準的公門命格，如果可以的話，可以去試試考公務員也是不錯。

【發問者意見】

謝謝您喔！！！

【命盤解析及內容說明】

本命盤

命主格局相當漂亮，紫微坐命會輔弼，形成君臣慶會大局，古曰：才善經邦，表示命主工作能力強，在團體中都是領導者，也都能得到部屬及朋友的擁戴支持而成就。又祿權科三奇佳會，學習能力相當強，在任何行業很輕易就能夠出類拔萃，而此局人家境通常都是相當不錯才是。以此格局而言，

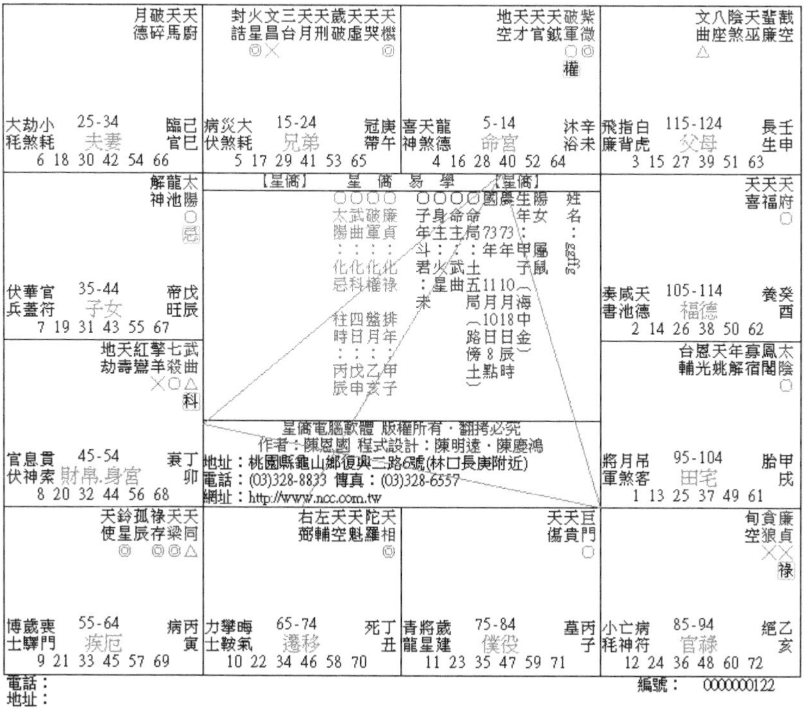

月破天天
德碎馬廚
大劫小 25-34 臨己
耗煞耗 夫妻 官巳
6 18 30 42 54 66
封火文三天天歲天天天
誥星昌台月刑破虛哭機
病災大 15-24 冠庚
伏煞耗 兄弟 帶午
5 17 29 41 53 65
地天天天破紫
空才官鉞軍微
權
喜天龍 5-14 沐辛
神煞德 命宮 浴未
4 16 28 40 52 64
文八陰天蜚截
曲座煞巫廉空
飛指白 115-124 長壬
廉背虎 父母 生申
3 15 27 39 51 63
解龍太
神池陽
忌
伏華官 35-44 帝戊
兵蓋符 子女 旺辰
7 19 31 43 55 67
【星僑】 星 僑 易 學 【星僑】
太武破廉
陽曲軍貞
化化化化
忌科權祿
子身命命
年生主主局 73 73
斗 年年甲屬
君火武土 子鼠
星曲五 11 10
未 局月月海
10 18 中
路日日金
傍 8 辰
土點時
國農生陽
年女
姓名
柱四盤排
時日月年
丙戊乙甲
辰申亥子
天天天
喜福府
奏咸天 105-114 養癸
書池德 福德 酉
2 14 26 38 50 62
地天紅擎七武
劫壽鸞羊殺曲
科
官息貫 45-54 衰丁
伏神索 財帛.身宮 卯
8 20 32 44 56 68
星僑電腦軟體 版權所有・翻拷必究
作者：陳恩國 程式設計：陳明遠・陳慶鴻
地址：桃園縣龜山鄉復興二路6號(林口長庚附近)
電話：(03)328-8833 傳真：(03)328-6557
網址：http://www.ncc.com.tw
台恩天年寡鳳太
輔光姚解宿閣陰
將月吊 95-104 胎甲
軍煞客 田宅 戌
1 13 25 37 49 61
天鈴孤祿天天
使星辰存梁同
博歲喪 55-64 病丙
士驛門 疾厄 寅
9 21 33 45 57 69
右左天天陀天
弼輔空魁羅相
力擎晦 65-74 死丁
士鞍氣 遷移 丑
10 22 34 46 58 70
天天巨
傷貴門
青將歲 75-84 墓丙
龍星建 僕役 子
11 23 35 47 59 71
旬貪廉
空狼貞
祿
小亡病 85-94 絕乙
耗神符 官祿 亥
12 24 36 48 60 72
電話：
地址：
編號： 000000122

應能在各領域中得到一定的成就與地位。且又逢天魁天鉞對拱，相信命主應該也是相當聰明有才華的，且此局又可稱爲公門格局，故從事公職，也會是相當適宜的。

另命宮三方會照又陀羅及擎羊，此兩煞星帶來的是挫折與不順利，但在大格局的支撐下，雖然外在環境不佳，但卻是關關難過，關關過。並非大格局能抵消煞曜影響，除非是成爲斗數奇格如：鈴貪，火貪這類，這點必須要特別強調。而命主本身空劫會命，個性略帶點迷糊散仙，但由於格局夠強，因此想要詐騙他，我想還是很困難的呢。充其量也只是較無理財觀念罷了。

通常紫微坐命又成局者，主觀意識都相當強，且絕大多數不願意屈居籬下。但因空劫影響，所以經常待人處世上，會給人家蠻不講理的感覺，而且也經常發生誤判形勢的狀況，我想這也就是命主在工作上會不穩定的原因，並非工作不適合，而是因爲自己誤判形勢及太過急於想要做主的個性而敗事。以此格局看來，我想老闆對命主的工作能力及才華，應該都是評價很高的呢，只能說是小廟容不了大和尙了。終歸起來，問題都出在自己身上呀，這也就是此些煞曜帶來的影響。

故命主倘能練習修心，如打坐，瑜珈等，讓空劫對自己的影響減少，以此格局而言，定然會有相當成就才是。倘不願意改變自己，只怕這種一年換365個老闆的狀況，會層出不窮，也不容易有穩定的時候。正所謂命由性生，其意便在此阿。希望命主能真正改善自己個性缺陷，不要白白浪費此難得一見的大格局呀。

【73】請幫忙分析我的整體命格與運勢

【提問時間】2009－08－15 17：28：38

【提問內容】

請問女生國曆64年8月14日早上5點生的人命盤與紫微斗數如何？例如婚姻、事業，往什麼方向做哪一行，財運，子女等越詳細越好謝謝

【回覆內容】

民國64年實施日光節約時間，所以出生時間應該向前調1小時，所以山人用寅時幫你看看。

命造國曆64年8月14日寅時瑞生

本命宮天梁正坐，表示你是一個喜歡照顧他人，對人有同情心也富有正義感的

人。但原則性過強，且喜歡依據自己的原則來判斷是非，也因此總是帶點千山我獨行的孤傲，個性頗爲好勝。而天梁加會天馬，又爲梁馬飄盪格局，很難有穩定的時候。

本命宮見祿忌交馳，表示人生的路上多波折起伏，勞碌難得享受，本命宮格局亦形成機月同梁格，正所謂機月同梁當吏人，意即你比較適合從事穩定的工作。如內勤或文書工作，變動性過大的工作不是很適合你，如業務或企劃類。建議你可以從事社會服務．法官．醫師或內勤行政等相關工作發展，會是相當適宜的呢。

財運部分，財宮見祿忌交馳，錢財得中有失，且波動較大。財庫雖逢對宮祿存會照，但逢空劫雙煞來襲，因此可以庫破來論。故整體而言，金錢及財運部份，大都是來來去去空歡喜，所以你要比其他人更注意自己的金錢管理。身體方面，多注意婦科方面及胃的疾病。

【發問者意見】

無

【命盤解析及內容說明】

本命盤

命主天梁坐命，而天梁化氣為蔭，是故命主有同情心，性情耿直，能關懷他人，但天梁星在斗數裡扮演監察官的角色，所以原則性相當強，此要倘會照天刑之類孤剋性質的星曜，更是鐵石心腸如包公一般。

而三方會照天馬，為梁馬飄盪格局，終其一生，難有穩定之時，適宜離鄉背景發展。

而此局人，大都有種道不同不

<table>
<tr>
<td>三破蜚孤天
台碎廉辰相
△

青歲喪 113-122 病辛
龍驛門 兄弟 巳
9 21 33 45 57 69</td>
<td>文天截天天
曲喜空廚梁
× ◎
權

小息貫 3-12 死壬
耗神索 命宮 午
8 20 32 44 56 68</td>
<td>天年鳳龍七廉
姚解閣池殺貞
◎△

將華官 13-22 墓癸
軍蓋符 父母 未
7 19 31 43 55 67</td>
<td>台文月天天
輔昌德福鉞
△

奏劫小 23-32 絕甲
書煞耗 福德 申
6 18 30 42 54 66</td>
</tr>
<tr>
<td>封右天天擎巨
誥鄉空官羊門
◎×

力擎晦 103-112 衰庚
士鞍氣 夫妻 辰
10 22 34 46 58 70</td>
<td colspan="2" rowspan="2">【星僑】 星 僑 易 學 【星僑】
○○○○ ○○○○國農生陰 姓
太紫天天 子身命命 年女 名
陰微梁機 年主主局64 64： ：
：：：： 斗：：：年年乙屬
化化化化 君天破木 卯兔
忌科權祿 ：同軍三 8 7（
申 局月月大
柱四盤排 （14 8 溪
時日月年 楊日日水
：：：： 柳 4 寅）
壬壬甲乙 木點時
寅辰申卯 ）

星僑電腦軟體 版權所有．翻拷必究
作者：陳恩國 程式設計：陳明達．陳慶鴻
地址：桃園縣龜山鄉復興二路6號(林口長庚附近)
電話：(03)328-8833 傳真：(03)328-6557
網址：http://www.ncc.com.tw</td>
<td>地八天歲天
空座才破虛

飛災大 33-42 胎乙
廉煞耗 田宅 酉
5 17 29 41 53 65</td>
</tr>
<tr>
<td>天天祿貪紫
刑哭存狼微
◎△○
科

博將歲 93-102 帝己
士星建 子女 旺卯
11 23 35 47 59 71</td>
<td>左天
輔同
△

喜天龍 43-52 養丙
神煞德 官祿.身宮 戌
4 16 28 40 52 64</td>
</tr>
<tr>
<td>恩陰天解天陀太天
光煞巫神馬羅陰機
×○△
忌祿

官亡病 83-92 臨戊
伏神符 財帛 官寅
12 24 36 48 60 72</td>
<td>天地天寡天
使劫壽宿府
◎

伏月吊 73-82 冠己
兵煞客 疾厄 帶丑
1 13 25 37 49 61</td>
<td>旬鈴天紅天太
空星貴鸞魁陽
× ×

大咸天 63-72 沐戊
耗池德 遷移 浴子
2 14 26 38 50 62</td>
<td>天火天破武
傷星月軍曲
△ △△

病指白 53-62 長丁
伏背虎 僕役 生亥
3 15 27 39 51 63</td>
</tr>
</table>

電話：
地址：

編號： 0000000123

相爲謀的孤傲之氣，這也是飄盪的主因呀。三方星曜又組成相當有名的機月同梁格局，因此命主只適合穩定的工作，缺乏接受挑戰的勇氣。至於命主適合從事哪類型工作呢？例如：教育，法務，內勤行政等。而命宮逢日月拱照，父母宮又昌曲吉星來夾，表示命主家庭背景相當不錯，父母親職業應頗爲高尙，又鑾喜於命宮對拱，又表示其異性緣絕佳，整體而言，還算不錯呢。

至於財運部分，財宮太陰正坐，太陰主財，又逢昌曲拱照，主得財容易，但陀羅亦同度，又本命祿忌交馳，表示得中有失，且錢財難以守成，往往都是怎麼來就怎麼去，此點可從其田宅宮雖逢紫微、祿存借星正坐，但逢空劫會照可見一班，因此在財運的部份，由於庫破嚴重，難有餘糧之時。此局人更需要做好財務規劃，否則晚景確實堪慮呀。

至於身體健康部份，由疾厄宮觀之，天府正坐，對宮天姚會照，加會空劫，須特別注意婦科方面及胃部方面毛病。另子女宮部分，紫微正坐三方結構尙稱穩定，故應有相當聰明優秀的子女，但性情應該和命主一樣相當倔強與高傲呢。

【74】我的命不好嗎？

【提問時間】2009－08－15 18：33：59

【提問內容】

1985／7／29，早上六點生！最近身邊的人迷上算命！但有很多個說我命不好！最近在創業！雖然我不是很信這個！但心裡還是會怕怕的！

也不知道該相信誰！誰叫現在騙人的算命太多了！一堆死要錢了！

我現在賣女裝這是我喜歡的行業！怎麼辦！！！！好多算命的都說我這次創業會白忙一場，但是這次我做的是有點中規模的店！

就是這個我超擔心的。

【回覆內容】

看來妳好像蠻迷惑，好命壞命沒有絕對，正所謂命由性生，個性決定自己的命運。這點希望你要記住。

命造國曆74年7月29日卯時建生

就本命宮來看，格局雖不算上格，但也不算劣局，所以儘可寬心。

本命宮三方四正見魁鉞來拱，爲坐貴向貴的公門格局，也表示命裏多貴人提攜及扶持，而本身頗具才華，古曰：天魁天鉞，蓋世文章。

雖本命宮見擎羊煞星正坐，但居廟旺之地，兇星得地不爲凶。且得府相來朝，又紫微坐命且化科，適合將名逐利。

你的爲人頗爲忠厚老實，聰明靈敏，志氣高傲，性情倔強，對任何的事物都具有非常強烈的好奇心。喜歡學習新的事物，但是由於缺乏耐心容易有半途而廢的情形，耳根較軟，個性善變且多疑，易受他人影響。同時有著強烈自尊心及優越感，不喜歡受到別人的約束，也較不喜歡屈服於別人的領導之下。舉動穩重，有正義感，感情容易衝動。放寬心吧，整體而言，你的命局不會太差。

在斗數中，擎羊雖是煞星，你的本命宮見擎羊星，可謂之煞星坐命。但煞星如居廟旺，可謂之得地，就像凶煞被供在廟堂上，兇可不兇反為吉。擎羊星吉化，就正面來看，表示處事積極，有先見之明，且有前瞻性，毅力強，事業心強。

如命坐擎羊星，創業宜獨資。適合當小型工作室老闆，但其煞氣仍在。不過你的命宮見天相同度，所以說多少可以收斂這種煞氣，所以山人推估你的個性應該是脾氣來的快，去的也快。每次發完脾氣後都會後悔，但傷害往往造成，這就是你比較適合獨資的原因。

至於你已經開業了，以流年本命宮看來，適逢日月正坐，看來形勢一片大好。且流年財宮見祿馬交馳，表示會有一番作為。

但流年財庫逢煞，又流年命宮逢文曲化忌射入，可謂吉處藏兇之勢。建議你以保守為宜，盡量不要再今年作擴張的動作，以守成為主，注意好現金流量，應該是沒有太大問題。而你這個大限走的又是殺破狼運程，通常走殺破狼運程，在此10年間多大起大落，在加會空劫雙煞，搭配你本命格局，我想花的會比賺的多。

補充一下：

你的本命星宿組合不錯，差的是這個大限及流年不好，大限是指10年的運勢，波折起伏比較大。流年是單指當年的運勢，這幾年的流年都不是很好。也請多擔待。其實人生就是起起落落，運勢好的時候往前衝，運勢不好的時候保守應對，掌握天機，方可立於不敗。

【發問者意見】

真的太感謝您了^^

【命盤解析及內容說明】

本命盤

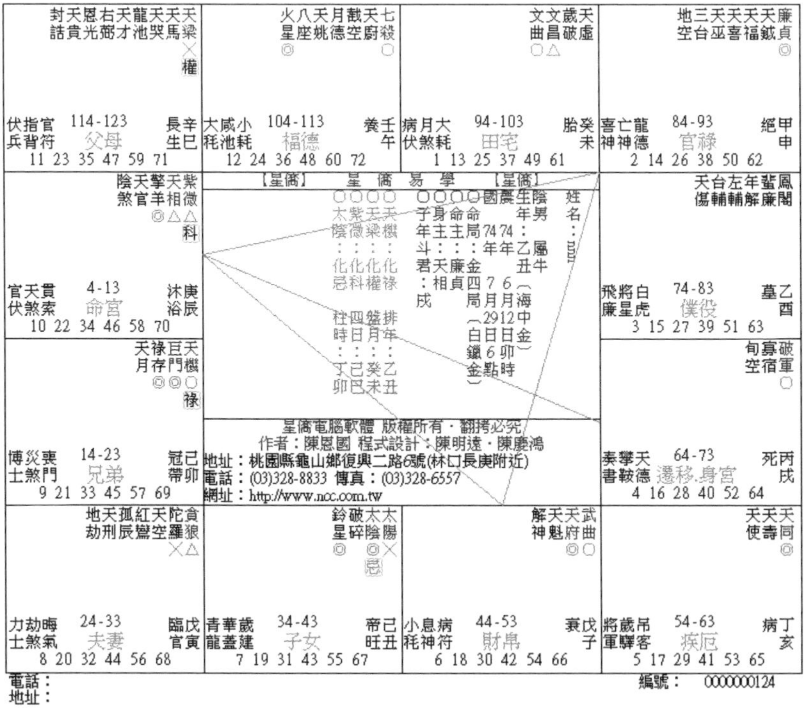

封天恩右天龍天天天
誥貴光弼才池哭馬梁
權
伏指官 114-123 長辛
兵背符 父母 生巳
11 23 35 47 59 71
火八天月截天七
星座姚德空廚殺
大咸小 104-113 養壬
耗池耗 福德 午
12 24 36 48 60 72
文文歲天
曲昌破虛
病月大 94-103 胎癸
伏煞耗 田宅 未
1 13 25 37 49 61
地三天天天天廉
空台巫喜福鉞貞
喜亡龍 84-93 絕甲
神神德 官祿 申
2 14 26 38 50 62
陰天擎天紫
煞官羊相微
科
官天貫 4-13 沐庚
伏煞索 命宮 浴辰
10 22 34 46 58 70
【星僑】 星 僑 易 學 【星僑】
姓名：
陰男
生年：乙丑
屬牛
國農74年7月29日6點卯時
命局：海中金
命主：廉貞
身主：天相
子年斗君：戌
太陰化忌
紫微化科
天梁化權
天機化祿
四柱
年：乙丑
月：癸未
日：己巳
時：丁卯
天台左年蜚鳳
傷輔輔解廉閣
飛將白 74-83 墓乙
廉星虎 僕役 酉
3 15 27 39 51 63
天祿巨天
月存門機
祿
博災喪 14-23 冠己
士煞門 兄弟 帶卯
9 21 33 45 57 69
星僑電腦軟體 版權所有．翻拷必究
作者：陳恩國 程式設計：陳明遠．陳慶鴻
地址：桃園縣龜山鄉復興二路6號(林口長庚附近)
電話：(03)328-8833 傳真：(03)328-6557
網址：http://www.ncc.com.tw
旬寡破
空宿軍
奏擎天 64-73 死丙
書鞍德 遷移.身宮 戌
4 16 28 40 52 64
地天孤紅天陀貪
劫刑辰鸞空羅狼
力劫晦 24-33 臨戊
士煞氣 夫妻 官寅
8 20 32 44 56 68
鈴破太太
星碎陰陽
忌
青華歲 34-43 帝己
龍蓋建 子女 旺丑
7 19 31 43 55 67
解天天武
神魁府曲
小息病 44-53 衰戊
耗神符 財帛 子
6 18 30 42 54 66
天天天
使壽同
將歲吊 54-63 病丁
軍驛客 疾厄 亥
5 17 29 41 53 65
電話：
地址：
編號： 000000124

紫微坐命，首先要看是否會合左輔、右弼形成君臣慶會的大局，倘結果是沒有，那就屬於孤君無輔，倘會煞過多，則爲無道之君。此例中，三方四正中不會輔弼，故不構成大局。但逢天魁天鉞拱照命宮，爲坐貴向貴格，又可稱爲公門格局，基本上表示命主天資聰穎，才華洋溢，且魁鉞二曜也是貴人與機遇的象徵。此盤倘會照輔弼，那命主定然會有相當的成就才是。

而此盤左看右看，實在想不出差在哪理，此盤格局雖稱不上極品，但至少可以貴格論之，倘說到不好，最多就是擎羊煞星坐命，但擎羊與天相同度，古曰：天相爲善曜，可制擎羊之惡。此處必須特別說明，並非天相會擎羊便可抵消其影響，而是可以抑制及優化，但其暴戾之氣仍存在，其外在表現是雖然脾氣火爆，但往往像陣風，過了就沒事了，而且發完脾氣後經常是後悔的呢。故此盤並非不佳，因此山人才勸誡命主寬心。

而紫微坐命的人，通常不太願意寄人籬下或是順從他人領導，尤其命主三方又會照天府，天府星爲南斗主星，雙主星坐命，我想要它乖乖在職場上受人指揮領導，會是相當苦悶的事。因此會有創業打算，並不讓人意外。而通常擎羊坐命者，創業只宜獨資，加上紫府不會輔弼，缺少得力助手，靠著個人的能力單打獨鬥，會是相當辛苦的呢。所以個人工作室對命主而言，確實是個好事。又此盤天馬居巳，三方四正不會祿就罷了，還會照本命太陰化忌，形成拆馬忌組合。故此盤創業相當不適宜，輔以其命宮情況，倒也是相當符合的呢。以田宅宮狀況看來，日月昌曲共度，又會雙祿，我想命主家境應該相當優渥，有祖業及祖產可得，財庫相當漂亮，而觀其財宮，武曲正坐，財星得位，又三方形成火羊的偏財局，主財多，與其本命田宅宮的狀況相呼應。但三方會照地空，除將火羊局給破壞之外，亦表得中有失，以此狀況看來，不宜進行貿然進行投資。

而命主雙祿均落僕役，古曰：祿落僕役，縱有官也奔馳。基本上命主相當照顧兄弟朋友，是個對朋友兄弟相當講義氣甚至是重義不惜財那類型的人。所幸三方組成良好，看來不太會有『真心換絕情』的結果。看到這理，山人實在搞不清楚，爲何有算命老師說他的命不好呢?真是費思量呀。

而命好，是否就保證終身富貴呢?那可不然，正所謂『命好運好限好，到老榮昌』，因此命局與運限的行進狀況是相輔相成的。依據山人多年經驗，舉凡本命宮領有大格局者，通常是屬於『大雞晚啼』型，事業成就會比較晚。不過這也是好事，因年少得志大不幸呀。

基於運限相輔相成的道理，山人也常說，倘本命創業不宜，若大限流年漂亮，倒是可以炒個短線，但必須見好就收，切莫戀棧，仍是有可為的呢。所以我們就來看看命主這個大限的狀況吧：

本命大限盤

命主問命當年為西元2009年，時年25歲，正值24～33這

命盤

田宅	官祿	僕役	遷移.身宮
封詰 天貴 恩光 右弼 龍池 天才 天哭 天馬 天梁 科 貫索 博士 伏兵 指背 官符 114-123 父母 長辛生巳 11 23 35 47 59 71	火星 八座 天姚 月德 截空 天殺 七殺 ◎ 官符 將星 大耗 小耗 咸池 104-113 福德 養壬生午 12 24 36 48 60 72	文曲 文昌 歲破 天虛 ○△ 小耗 擎羊 病符 月殺 大耗 伏殺 94-103 田宅 胎癸生未 1 13 25 37 49 61	地空 三台 天喜 天福 天鉞 廉貞 大耗 歲驛 喜神 亡神 龍德 84-93 官祿 絕甲生申 2 14 26 38 50 62
福德 陰煞 天煞 擎羊 天相 紫微 忌 巨門 官天貫 伏煞索 4-13 命宮 沐浴庚辰 10 22 34 46 58 70	【星僑】 星僑易學 【星僑】 太貪天太 國農生陰男 陰狼機陽 子身命命 化化化化 斗主主局：年年乙屬金 忌科權祿 君：廉貞 1976 年年丑牛 柱盤排 相：武曲 四四2912中 時日月年 （白日卯6金 丁己癸乙 金點時 卯巳未丑		**疾厄** 天台 左輔 右弼 蜚廉 鳳閣 龍德 息神 飛廉 將星 白虎 74-83 僕役 墓乙酉 3 15 27 39 51 63
父母 天祿 巨門 天機 ◎ 存 月存 晦氣 博士 災煞 喪門 14-23 兄弟 冠己卯 帶 9 21 33 45 57 69	星僑電腦軟體 版權所有．翻拷必究 作者：陳恩國 程式設計：陳明遠．陳慶鴻 地址：桃園縣龜山鄉復興二路6號(林口長庚附近) 電話：(03)328-8833．傳真：(03)328-6557 網址：http://www.ncc.com.tw 《大限》		**財帛** 旬空 寡宿 破軍 白虎 華蓋 奏書 攀鞍 天德 64-73 遷移.身宮 死丙戌 4 16 28 40 52 64
命宮 地劫 天刑 孤辰 紅鸞 貪狼 歲建 力士 劫煞 晦氣 24-33 夫妻 臨戊 官寅 8 20 32 44 56 68	**兄弟** 鈴星 破碎 太陰 太陽 貫索 官府 青龍 華蓋 歲建 34-43 子女 帝旺己丑 7 19 31 43 55 67	**夫妻** 解神 天魁 天府 武曲 弔客 官符 天災煞 小息病 耗神符 44-53 財帛 衰戊子 6 18 30 42 54 66	**子女** 天壽 天同 天使 天德 天劫煞 將歲弔 軍驛客 54-63 疾厄 病丁亥 5 17 29 41 53 65

電話：
地址：

編號： 0000000124

524

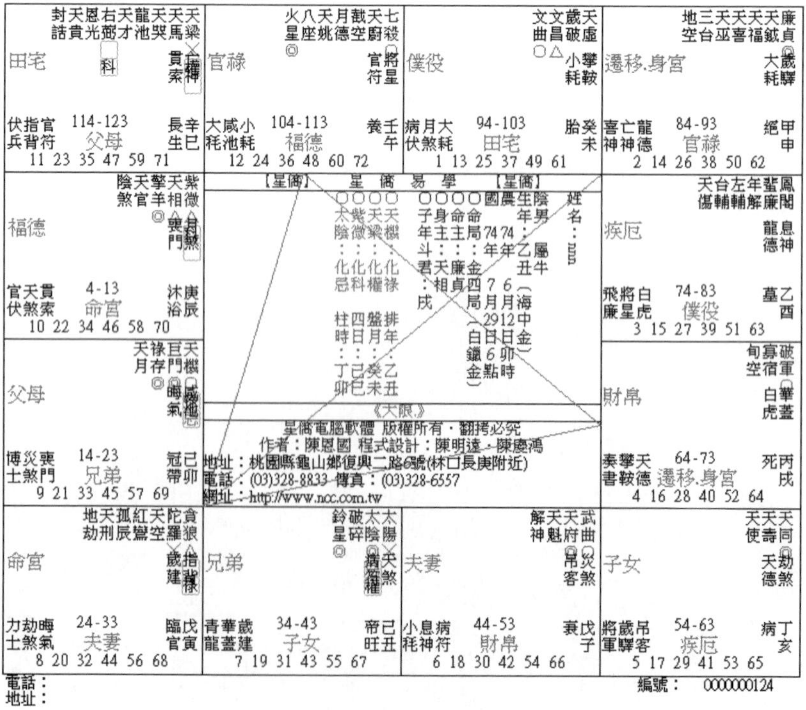

個大限，其大限命宮逢空劫對拱，且命身各一，又逢陀羅正坐，我想這個大限貿然創業，只怕是花錢買經驗又勞碌而無所獲罷了。此點可從其大限財帛宮的狀況得到反證，破軍正坐，三方會照擎羊陀羅，主其錢財聚散無常，難有餘裕。而大限田宅宮倒是相當穩固，故僅是賺不到錢，但不至於有太大的破財狀況才是。所以店既然已經開了，這段期間就是只宜保守，小小的做，切莫進行過度的投資擴張，否則再穩的財庫，再多的家產也無法支撐財宮的破耗呀。

【75】請問我的五行屬性，較適合哪一類型的工作呢？

【提問時間】2010－02－13 10：26

【提問內容】

老師您好：

我平常每個月都有固定在做善事，提問後也會完成你所說的做3件善事，在這有個問題想請教老師您，希望老師您能幫我回答一下，謝謝。民國70年農曆8月12日晚上11點05分生男生從事電子業到至今已有了一段時間到現在對人生的方向還是毫無目標不知如何是好？目前從事研發助理工程師，想轉換跑道從事電子業測試工程師或電機水電相關的工作？不知今年適不適合換工作金　木　水　火　土那一類屬性的工作比較適合自己，謝謝！

【回覆內容】

如果單從你的命盤看來，你比較適合研發或是流程改造、工業工程管理等。所以研發助理工程師、或電子業測試工程師應該還蠻適合你的才是。不過測試的話工作內容應該比較死板，發揮空間不那麼大，所以還是建議你再考慮爲宜

因爲看來你的想像力蠻豐富的，也會有特立獨行的想法，其實電機水電這類型的專業也蠻適合你的，因爲需要動腦來排解困難與問題。但研發工作更適合你呢。

以流年命宮幫你看，今年流年命宮逢化忌且會雙煞，基本上會感到很不順利。而且在情緒上會有不穩定的現象，自己要多注意情緒的問題，不過今年倒是蠻適合以頭腦或腦力賺錢的工作就是。

以這個10年大限來看（26~35），官祿宮逢天馬但會空劫，形成半空馬的格局，古曰：馬遇空亡，奔走無方。且同時會照入命，所以會發生現在的感觸並不意外。在工作上感到奔波勞碌但沒太大的成就感，多擔待點吧。基本上以大限的情況來看，建議你還是留在原工作崗位上，因爲不管轉不轉換跑道，都不容易有感到很滿意的

時候。與其如此，不如堅守原位爲宜，至少在自己熟悉的環境，比較不會出現適應不良的問題。

今年流年官祿宮雖逢忌星，但也照會雙祿，又逢魁鉞來拱，表示在工作上雖然有不如意，但也能得到長輩或貴人的協助，整體而言還算不錯。算是這個大限比較好的一年。升遷應該是沒有，但加點薪水應該是沒問題，所以不需要想太多。

至於五行屬性的問題，基本上山人認爲應該是以一個人內在個性來決定，並非看五行能夠斷言的。所以這部分因觀念不同，所以山人不便回答，也請見諒。

【發問者意見】

感謝老師指導，受益良多。

【命盤解析及內容說明】

本命盤

祿存坐命，三方得府相來朝，呈現府祿相三合的狀態，又紫微右弼借星坐命，

姓名：高政生

破截天天 碎空福相 將指白　46-55　絕癸 軍背虎　財帛　巳 11 23 35 47 59 71	台天天紅天天天 輔壽才鸞廚魁梁　◎ 小咸天　36-45　墓甲 耗池德　子女　午 12 24 36 48 60 72	天寡七廉 月宿殺貞　◎△ 青月吊　26-35　死乙 龍煞客　夫妻　未 1 13 25 37 49 61	恩天陀羅 光姚羅　× 力亡病　16-25　病丙 士神符　兄弟　申 2 14 26 38 50 62
天文八天巨 使曲座刑門　×禄 　　　　　△科 奏天龍　56-65　胎壬 書煞德　疾厄　辰 10 22 34 46 58 70	【星僑】 星僑 易學 【星僑】 ○○○○　○○○○　國農生陰 子身命命　　　　　年男 年主主斗　20 20　年年辛廬 ：：：君　：：：：辛廬 化化化　天天文火　酉雞 忌科權禄　同曲曲　9 8　石 　　：：局　巳　9 月月榴 柱四盤排　　　9 12 子木 時日月年　　（山下 　　　　　　日日23點時 火） 伏庚丁辛 子寅酉酉		天天祿存 哭官　◎ 博將歲　6-15　衰丁 士星建　命宮.身宮　酉 3 15 27 39 51 63
火右歲天貪紫 星弼破碎虛狼微 　　△　　△◎ 飛災大　66-75　養辛 廉煞耗　遷移　卯 9 21 33 45 57 69			鈴文三天擎天 星昌台空羊同 ◎×　　△ 　　　　忌 官攀晦　116-125　帝戊 伏鞍氣　父母　旺戌 4 16 28 40 52 64
天封天解天太太 傷詰貴神德鉞陰機 　　　　　　△△ 喜劫小　76-85　長庚 神煞耗　僕役　生寅 8 20 32 44 56 68	年鳳龍天 解閣池府　◎ 病華官　86-95　沐辛 伏蓋符　官祿　浴丑 7 19 31 43 55 67	旬陰天太 空煞喜陽　權 大息貫　96-105　冠庚 耗神索　田宅　帶子 6 18 30 42 54 66	地地天左蜚孤天破武 空劫巫輔廉辰馬軍曲 　　　　　　　△△ 伏歲喪　106-115　臨己 兵驛門　福德　官亥 5 17 29 41 53 65

星僑電腦軟體 版權所有·翻拷必究
作者：陳恩國 程式設計：陳明遠·陳慶鴻
地址：桃園縣龜山鄉復興二路6號(林口長庚附近)
電話：(03)328-8833 傳真：(03)328-6557
網址：http://www.ncc.com.tw

電話：
地址：　　　　　　　　　　　　　　　編號：0000000125

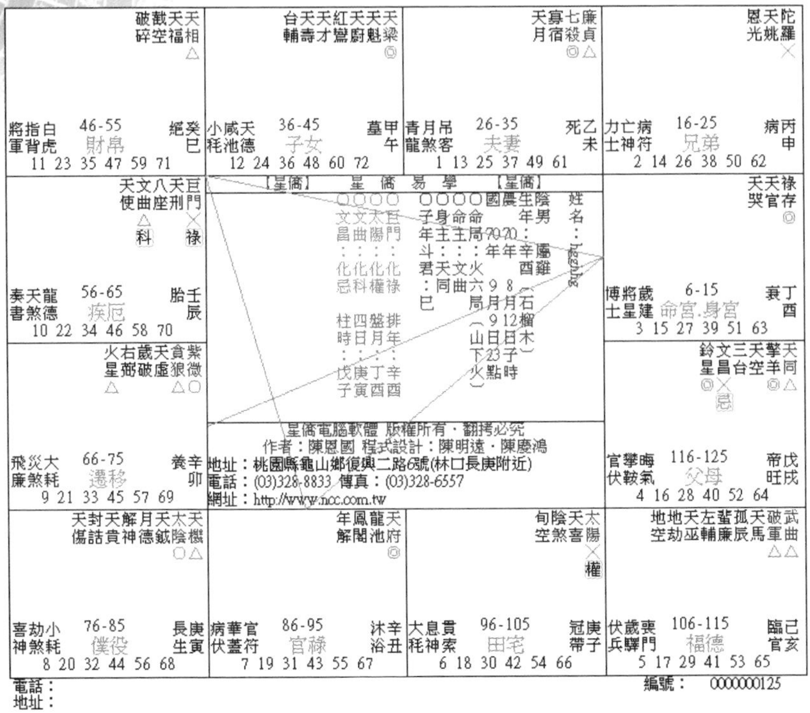

形成君臣慶會大局，整體而言，可以財官雙美論之。以此結構，倘行限良好，勢必會有一番成就才是。

有人說，選擇工作，必須參照五行屬性，方能適性發展。

但山人認為，應該是以命主自身的特性來做考量。例如殺破狼格局的人，叫他從事內勤行政，我想是相當不適宜的。機月同梁格局的人，你叫他去做業務開發，我想應該是做不長久的。所以單以五行考量，其實不是很正確呢。應該要輔以命主特性，才是最佳的方案呢。

至於命主適合哪類型工作呢，本命宮不見一顆文星，倒見象徵才藝的雜曜：龍池鳳閣等會照入命，因此命主適宜從事技藝或專門技術類工作，以其君臣慶會的大格局而言，會有不錯的成就。而福德宮亦可觀察出一個人的思考模式，其福德宮逢地空地劫正坐，山人常說，此兩曜雖帶來不順利與挫折，但其充滿想像力及勇於創新的特質，相當適合研發類工作。因此命主最適宜從事專門技術或工藝類的研發或是企劃工作。

而目前命主擔任研發助理工程師，以整體命局組合而言，是一個相當適性的工作，所以山人才會希望命主能繼續堅守崗位。至於命主打算轉往測試及電機水電工作，其實也未嘗不可，因此類工作都屬於專門技術類科，但由於空劫入福德，所以從事研發工作，會是更適宜的呢。

以山人經驗，通常命宮格局大者，多屬於大雞晚啼型的，年輕時通常是相當波折與失落。這也就是孟子所說：天將降大任於斯人也，必先苦其心志，勞其體膚，空乏其身，行拂亂其所爲，所以動心忍性，增益其所不能。所以年輕時的不如意，都會是日後成功的基石。所以一時的不順利，真的不需要太在意呢。至於是否適合轉換跑道，由於職業轉換，屬流年偶遇，依照強盤理論，我們就轉進流年盤看看。

99年大限流年盤

命主問命當年為西元2010年，歲次庚寅年，流年命宮在寅宮，三方會羊陀雙煞又逢流年天同化忌入命，天同化忌，主情緒上問題，表示在這個流年在情緒管控上要特別注意。而三方會煞，表示外在環境對

破碎 截空 天福 天相 田宅 46-55 貫索 亡神 將軍 指背 白虎 財帛 絕癸巳 102年 33歲	台輔 天壽 天才 紅鸞 天廚 天魁 天梁◎權 官祿 36-45 官符 將星 小耗 池德 子女 墓甲午 103年 34歲	天月 七殺 廉貞 僕役 26-35 小耗 攀鞍 青龍 吊客 夫妻 死乙未 104年 35歲	恩光 天姚 陀羅× 遷移 16-25 大耗 歲驛 力士 亡神 病符 兄弟 病丙申 105年 36歲
天使 天曲 八座 天刑 巨門◎△ 福德 56-65 喪門 煞 秦書 天德 龍德 疾厄 胎壬辰 101年 32歲	【星僑】 星僑易學 【星僑】 ○○○○ 國農生陰　姓名：kasha2 文文太巨 流子身命命 年男 昌曲陰門 年年主主局 7070：屬 ：：：： 斗：：：： 年辛雞 化化化 君君天天火 ：酉 忌科權祿 ：：同曲六 9 8（石榴 　未巳 局月月 9 12木 柱四盤排 （山 時日月年 下 戊庚丁辛 23點時 子寅酉酉 《流年》 星僑電腦軟體 版權所有‧翻考必究 作者：陳恩國 程式設計：陳明達‧陳慶鴻 地址：桃園縣龜山鄉復興二路5號(林口長庚附近) 電話：(03)328-8833 傳真：(03)328-6557 網址：http://www.ncc.com.tw		天哭 官符 存◎ 疾厄 6-15 龍德 息神 博士 將星 歲建 命宮.身宮 衰丁酉 106年 37歲
火星 右弼 地劫 天虛 貪狼△科 父母 66-75 晦氣 咸池 飛廉 災煞 大耗 遷移 養辛卯 100年 31歲			鈴星 文昌 三台 天壽 天空 擎羊△ 天同◎×忌 財帛 116-125 白虎 蓋 官府 攀鞍 伏兵 父母 帝旺戊戌 107年 38歲
天傷 天封 天詰 天貴 天神 天鉞 陰煞 天機△△祿科 命宮.身宮 76-85 歲建 指背 喜神 劫煞 小耗 僕役 生庚寅 99年 30歲	天龍 天解 天閣 天池 天府◎ 兄弟 86-95 病符 煞 病符 官符 伏蓋 官祿 沐浴辛丑 110年 41歲	旬空 陰煞 天喜 天關× 夫妻 96-105 吊客 客煞 大息 貫索 田宅 109年 40歲	地空 地劫 天左 左輔 天巫 廉貞 天辰 天馬 天軍 武曲△△權 子女 106-115 天德 煞 伏兵 歲驛 福德 臨官己亥 108年 39歲

電話：
地址：

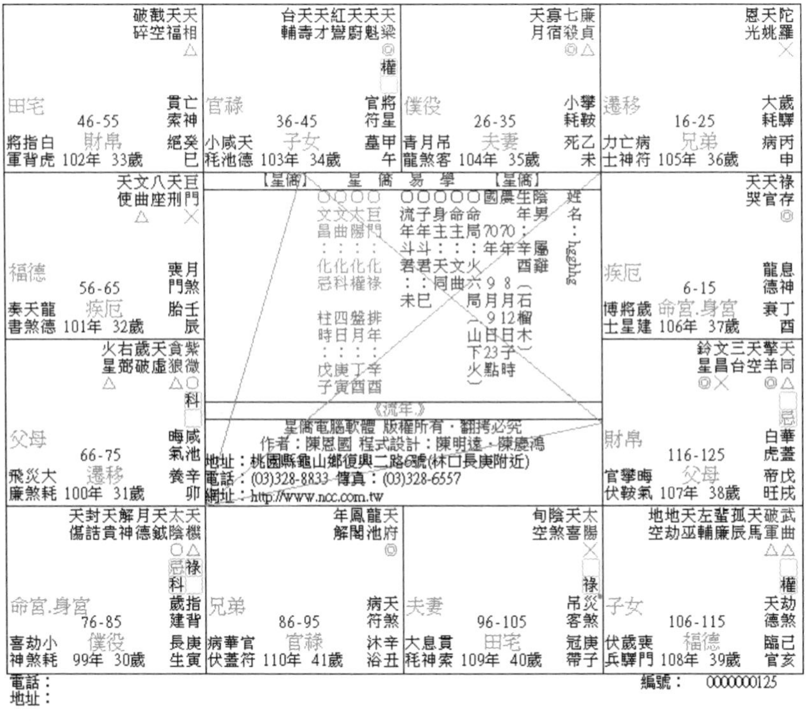

命主相當不利，因此會有轉職打算，其實不讓人意外。至於是否有轉職成功的機會呢？以流年官祿宮來看，逢天梁化權及魁鉞拱照，基本上倘流月官祿宮亦爲化權之時，倒是有轉職成功的機會。但 100 年流年命宮空劫會照入命，加會天馬，本有徒勞無功之意味；而 101 年流年命宮亦會照三煞，顯見這幾年運勢都不會太好，既然如此，何不停留在原工作崗位上，至少在熟悉的環境，遇到不如意時，也較能夠適應。加上流年官祿宮逢貴人星拱照，顯見能有長輩及適時的助力出現，所以山人一直希望命主能留在原工作崗位上，除適才適所外，更因未來幾年流年不佳，在此考量下，還是不要輕舉妄動爲宜呀。

【76】待人行事的注意事項，感謝您的指點

【提問時間】2009－08－24 22：03：57

【提問內容】

想請教您關於一位男性友人，丙午年10月1日巳時（農曆），從事汽車業，請問您該命盤之人行事各方面該注意事項，再次感謝您的指點！

【回覆內容】

基本上這位男性命宮天同坐命且化祿，算是很有福氣的人。沒錯的話家境應該也不差才是，橫財運及偏財運都不錯，脾氣是有點暴躁，基本上還算是蠻穩定的人。但個性有點散仙糊塗，財庫頗爲穩健，看起來應該還蠻顧家的就是。

但先天兄弟緣份較淺，所以對於兄弟朋友都蠻照顧的。基本上有點重義不惜財的感覺，所以財要守住，先要改掉這毛病，否則借錢或投資朋友只怕是有去無回的居多。

基本上此人頗適合以口爲業的工作，個性觀念開朗樂觀有正義感，所以從事汽車銷售還不錯。不過想法有時候過於新潮，激進，而且有點拖泥帶水不乾脆，算是本性上的矛盾。雖然嚮往自由自在穩定而且享受的生活，但總在命運的牽引下難以如願。

今年邁入一個新的大限（44～53），這十年時間看來會非常辛苦。尤其不宜再創業，因本命宮逢四煞齊臨且化忌，走起來會非常的不順與挫折。而且往往是表面看來一片大好，但卻暗藏凶惡，爲吉處藏兇之局是故如經營事業者不可不愼，建議此大限盡量不要進行過度投資，一切以穩定爲上。因此大限稍有不甚，只怕晚景堪慮，因大限命宮，財宮均不佳。尤其是僕役宮化忌，表示朋友屬下無助力就算了．甚至可能會害人，命主這種重義不惜財的個性，在此大限，千萬對朋友要提防點。

雖說大限不佳，畢竟只是10年的總和。至少會有那麼幾年是好運的。是故不宜進行長期投資，如房地產或研發、生產類的創業。但短期的投資則尙可，但千萬記住見好就收，窮寇莫追，追之必遭伏兵。應採取打跑戰術爲宜。或可參照山人的生命曲線理論，在這10年大限中在進出間掌握天時，該攻則攻，該守則守。應該能安渡此大限，畢竟以命主的財庫穩健狀況來看，應可期待晚景。

切記，此10年大限險惡，絕對不宜擴大或輕易投資，一切以穩定中發展爲上策，如有其他需要亦歡迎與山人面談。

【發問者意見】

謝謝老師，希望能盡速與老師面談。

【命盤解析及內容說明】

本命盤

命主天同坐命且化祿，福星坐命化祿原本並非好事，但因與火星、擎羊雙煞同度，因此得以激發其軟弱本質。天同

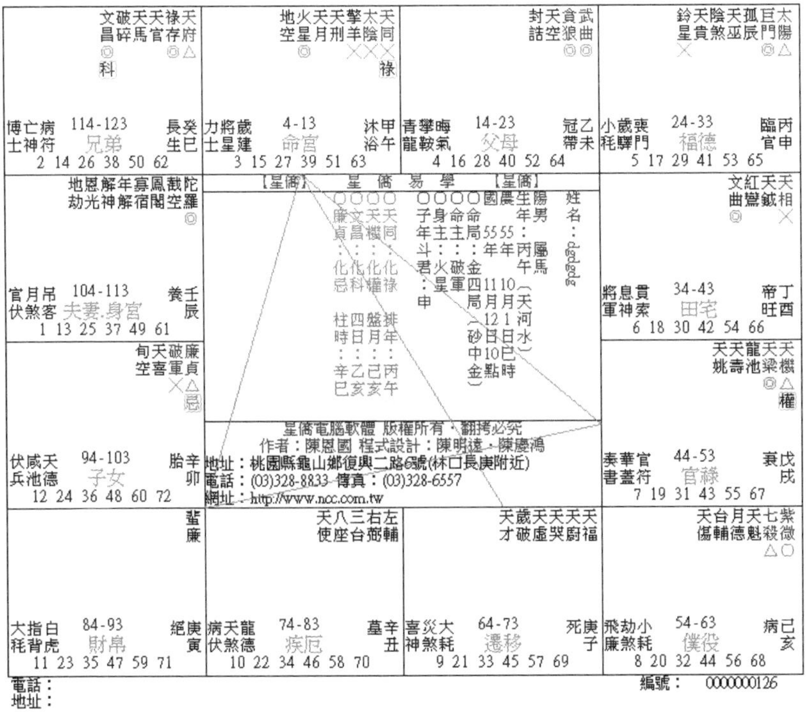

文破天天祿天
昌碎馬官存府
博亡病 114-123 長癸
士神符 兄弟 生巳
2 14 26 38 50 62
地火天天擎太天
空星月刑羊陰同
祿
力將歲 4-13 沐甲
士星建 命宮 浴午
3 15 27 39 51 63
封天貪武
誥空狼曲
青攀晦 14-23 冠乙
龍鞍氣 父母 帶未
4 16 28 40 52 64
鈴天陰天孤巨太
星貴煞巫辰門陽
小歲喪 24-33 臨丙
耗驛門 福德 官申
5 17 29 41 53 65
地恩解年寡鳳截陀
劫光神解宿閣空羅
官月吊 104-113 養壬
伏煞客 夫妻.身宮 辰
1 13 25 37 49 61
【星僑】 星僑易學 【星僑】
姓名：dgdgdg
陽男
農曆年：55年丙午
國曆年：55年 屬馬
命局：金四局
命主：破軍
身主：火星
子斗君：申
生日：11月12日
生月：10月1日
天河水
巳時
砂中金
天同：化祿
天機：化權
文昌：化科
廉貞：化忌
排年：丙午
盤月：己亥
四日：乙亥
柱時：辛巳
文紅天天
曲鸞鉞相
將息貫 34-43 帝丁
軍神索 田宅 旺酉
6 18 30 42 54 66
旬天破廉
空喜軍貞
忌
伏咸天 94-103 胎辛
兵池德 子女 卯
12 24 36 48 60 72
星僑電腦軟體 版權所有．翻拷必究
作者：陳恩國 程式設計：陳明達．陳慶鴻
地址：桃園縣龜山鄉復興二路6號(林口長庚附近)
電話：(03)328-8833 傳真：(03)328-6557
網址：http://www.ncc.com.tw
天天龍天天
姚壽池梁機
權
奏華官 44-53 衰戊
書蓋符 官祿 戌
7 19 31 43 55 67
蜚
廉
大指白 84-93 絕庚
耗背虎 財帛 寅
11 23 35 47 59 71
天八三右左
使座台弼輔
病天龍 74-83 墓辛
伏煞德 疾厄 丑
10 22 34 46 58 70
天歲天天天天
才破虛哭廚福
喜災大 64-73 死庚
神煞耗 遷移 子
9 21 33 45 57 69
天台月天七紫
傷輔德魁殺微
飛劫小 54-63 病己
廉煞耗 僕役 亥
8 20 32 44 56 68
電話：
地址：
編號： 0000000126

坐命者，由於太過於員外個性，本不宜創業。但此局在煞星的激發下，又火羊成局，故相當適合以武職顯貴，而汽車業，不管是銷售或是維修，都是相當適宜的工作，正所謂，男怕入錯行，看來命主的選擇是正確的呢。

此命盤帶著相當的矛盾，三方機月同梁成局，又天同化祿坐命，本應是消極懦弱且個性穩定的人，但受煞星激發，有被外在環境所迫，不得不爲的感覺，但其喜愛享樂懶散的本質，卻是無法改變的。

而地空地劫夾制兄弟宮，表命主與兄弟緣分淺，倘非獨生子就是與兄弟關係疏遠，而祿落僕役，更是表示命主相當重視兄弟朋友，命理欠兄弟的缺陷正好給他理念的來源，因此推斷命主對待兄弟朋友是相當的講義氣，甚至時有重義不惜財的狀況發生。所幸兄僕一線尚稱穩定，在付出之虞，亦能得到回報。

而此盤最漂亮的，莫過於田宅宮，逢昌曲及輔弼四吉拱照又會本命祿，想來祖產應是不少才是。而財宮逢天同化祿會照，又火羊成局，綜合推論，命主得財容易，門路相當多。但同時會照地空，表得中有失，以命主重視朋友的狀況，應是破耗於此才是。整體而言，此盤格局相當良好，倘能守成不躁進，我想未來會是很不錯的呢。

另有關這段時間的注意事項，基於三才理論，所以我們要從大限盤看起，其大限盤如下：

本命大限盤

命主問命時間爲西元 2010 年，時齡 44 歲，剛好跨入一個新的十年大限，此大限命宮逢地空、地劫拱照，本有徒勞無獲之意，而此局又稱爲浪裡行舟，表面上看來一片大好，但暗地裡卻危機四伏。加上羊陀雙煞亦同時會照，表示其面對的競爭與壓力是相當強大，四煞齊臨大限命宮，此大限想要有所成就，只怕會是相當

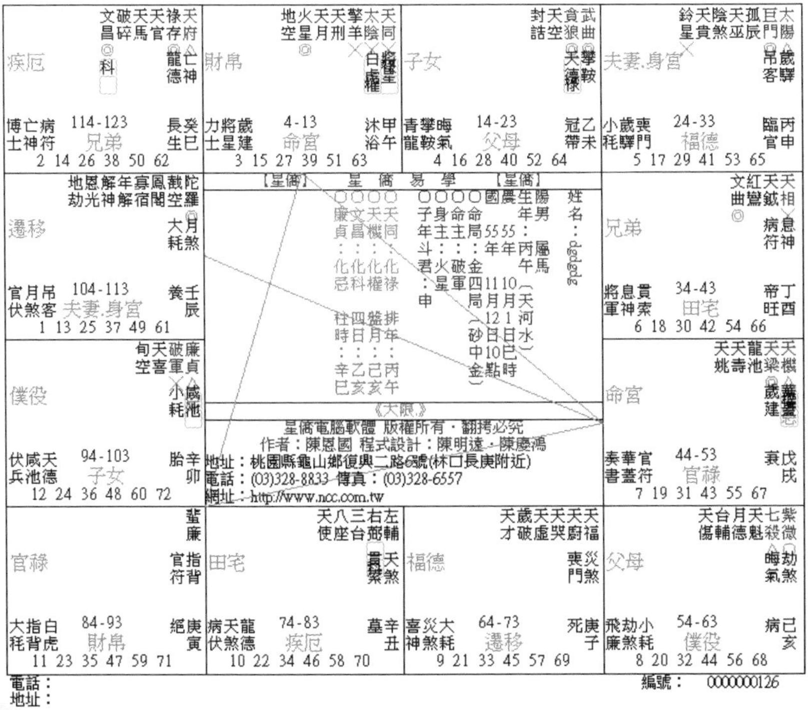

文破天天祿天 昌碎馬官存府 疾厄 博士 亡神 病符 114-123 兄弟 長生 癸巳
地火天天擎太天 空星月刑羊陰同 財帛 力士 將星 歲建 4-13 命宮 沐浴 甲午
封天貪武 誥空狼曲 子女 青龍 擎鞍 晦氣 14-23 父母 冠帶 乙未
鈴天陰天孤巨太 星貴煞巫辰門陽 夫妻.身宮 小耗 歲驛 喪門 24-33 福德 臨官 丙申
地恩解年寡鳳截陀 劫光神解宿閣空羅 遷移 官伏 月煞 弔客 104-113 夫妻.身宮 養 壬辰
文紅天天 曲鸞鉞相 兄弟 將軍 息神 貫索 34-43 田宅 帝旺 丁酉
旬天破廉 空喜軍貞 僕役 伏兵 咸池 天德 94-103 子女 胎 辛卯
天天龍天天 姚壽池梁機 命宮 奏書 華蓋 官符 44-53 官祿 衰 戊戌
蜚廉 官祿 大耗 指背 白虎 84-93 財帛 絕 庚寅
天八三右左 使座台鉞輔 田宅 病符 天煞 龍德 74-83 疾厄 墓 辛丑
天歲天天天天 才破虛哭廚福 福德 喜神 災煞 大耗 64-73 遷移 死 庚子
天台月天七紫 傷輔德魁殺微 父母 飛廉 劫煞 小耗 54-63 僕役 病 己亥
【星僑】 星僑易學 【星僑】
《大限》
星僑電腦軟體 版權所有．翻拷必究
作者：陳恩國 程式設計：陳明遠．陳慶鴻
地址：桃園縣龜山鄉復興二路6號(林口長庚附近)
電話：(03)328-8833 傳真：(03)328-6557
網址：http://www.ncc.com.tw
電話：
地址：
編號： 000000126

困難。加上天姚野桃花正坐，加會煞星，只怕要特別提防『桃花劫』的狀況。

雖說此大限田宅宮逢輔弼正坐，相當漂亮，但其命宮星曜組合的破耗相當嚴重，倘不好好守成及管好自己的『下半身』，則再多的祖產也不夠敗呀。所以山人建議命主在這10年間，由於本命帶祿馬交馳格局，且財庫相當穩固，勉強可以創業，但保守爲上，以守成爲最高指導原則，萬不可過度擴張或操作財務槓桿，最重要是『路邊野花不要採』，因此大限極有可能因此而破大財呢。而下個大限（54～63），紫微七殺正坐，紫殺化權，又得天府來朝，本命祿會照，加會大限祿權，形成疊祿及另類的疊權，看起來非常漂亮，通常走紫微的大限都是相當強運的時候，加上祿權巡逢加雙主星匯聚，故推測命主在事業上應會有相當的成就，也應該是相當強運的大限。但前提是必須能忍過這段時間的不順利呀。

這也是山人再三叮嚀命主需面談的主因。山人研發的生命曲線理論，可以找出大限流年的強運點，在此強運點出擊，定然有所收穫，但因大限不佳，故需見好就收，不可戀棧。待下次運至之時，再戰江湖，採游擊戰術，我想這個大限星宿組合縱然不佳，也能有一條生路的呢。

【77】請高人幫我看今或明年的結婚運到了嗎？

【提問時間】2009－09－01 23：40：13

【提問內容】

我是1982年06／16未時生的，農曆潤4月25日，想問今或明年有結婚運嗎？

【回覆內容】

結婚，只要你們雙方想結婚就隨時可以結婚，哪有結婚運這回事呢？因爲結婚的時機決定權在自己，命理只能當作參考，或是提供比較適宜結婚的時機點，這樣才比較正確。還有，沒有出生時辰，無論是八字或紫微等命理術數，都沒有辦法做整體的論述，所以也沒有辦法幫妳男朋友看。

不過其實不需要看，原因很簡單，如果兩個人看了不合盤，你們會因此分手嗎？如果不會，那看又有什麼意義？如果會，哪個老師會拆散人家的因緣呢？縱使給你六合，又如何呢？台灣大家結婚哪個不去合盤？不去挑良辰吉日？如果有用的話，那離婚率怎會如此之高？

其實婚姻這件是取決於兩個人，願不願意重視雙方的溝通協調及包容彼此的缺點，如果都能做到，誰說八字不合不會有好結果？如果做不到，縱使給你們六合，誰敢保證這婚姻能長久？對不對。

好啦，觀念正確了，那現在山人就用命理的角度幫你看看，幾時因緣有動靜，讓你做參考。

以大限來看，這個大限（24～33），大限命宮見次桃花正坐，再會紅鑾、天姚等桃花星來拱，加上大限夫妻宮見化祿引動，只能說，這個大限不結婚都很難。所以盡可寬心。

如果以流年來看，流年夫妻宮見鑾喜對照，又逢本命祿存，照理說今年就應該結婚了。但可惜文曲化雙忌正坐，所以雙方應該最近口角糾紛嚴重，甚至有財務問題，今年的情形只能說，雖然很有結婚的機會，但最後總是因爭執而不了了之吧。

單就命理角度來看，因緣應該是成於30歲左右，但是如果今年問題可以可以克服的話，也是有機會的。

【發問者意見】

無

【命盤解析及內容說明】

本命盤

以本命宮看來，鑾喜對拱加會天姚野桃花，表示命主異性緣相當好，而本命宮得府相來朝，女命賦有曰：府相之星

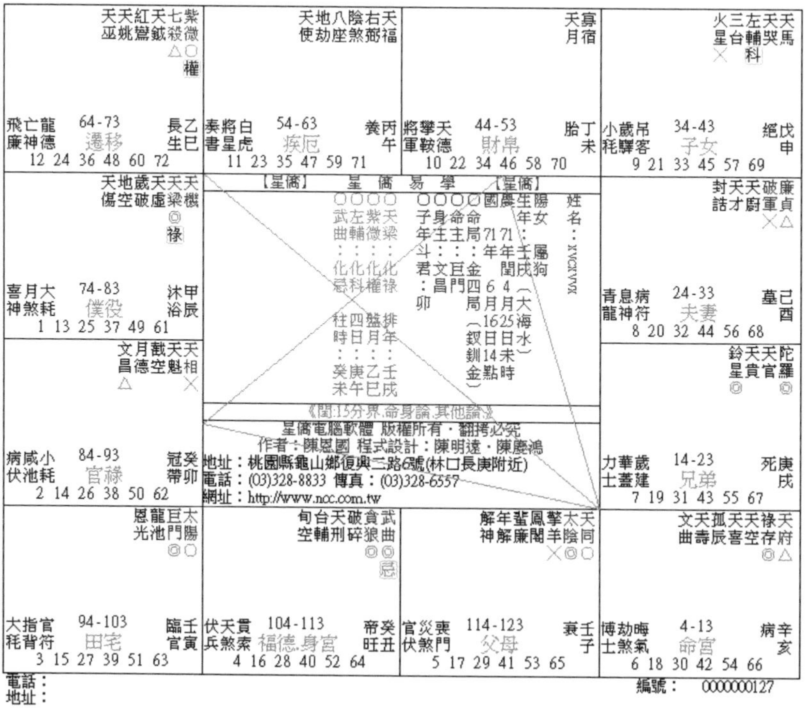

天巫 天姚 紅鸞 天鉞 七殺 紫微 權
飛廉 亡神 龍德 64-73 遷移 長生 乙巳
12 24 36 48 60 72
天使 地劫 八座 陰煞 右弼 天福
奏書 將星 白虎 54-63 疾厄 養 丙午
11 23 35 47 59 71
天月 寡宿
將軍 攀鞍 天德 44-53 財帛 胎 丁未
10 22 34 46 58 70
火星 三台 左輔 天哭 天馬 科
小耗 歲驛 吊客 34-43 子女 絕 戊申
9 21 33 45 57 69
天傷 地空 歲破 天虛 天梁 天機 祿
喜神 月煞 大耗 74-83 僕役 沐浴 甲辰
1 13 25 37 49 61
封誥 天才 天廚 破軍 廉貞
青龍 息神 病符 24-33 夫妻 墓 己酉
8 20 32 44 56 68
文昌 月德 截空 天魁 天相
病符 咸池 小耗 84-93 官祿 冠帶 癸卯
2 14 26 38 50 62
鈴星 天貴 天官 陀羅
力士 華蓋 歲建 14-23 兄弟 死 庚戌
7 19 31 43 55 67
恩光 龍池 巨門 太陽
大耗 指背 官符 94-103 田宅 臨官 壬寅
3 15 27 39 51 63
旬空 台輔 天刑 破碎 貪狼 武曲 忌
伏兵 天煞 貫索 104-113 福德.身宮 帝旺 癸丑
4 16 28 40 52 64
解神 年解 蜚廉 鳳閣 擎羊 太陰 天同
官符 災煞 喪門 114-123 父母 衰 壬子
5 17 29 41 53 65
文曲 天壽 孤辰 天喜 天空 祿存 天府
博士 劫煞 晦氣 4-13 命宮 病 辛亥
6 18 30 42 54 66
【星僑】 星 僑 易 學 【星僑】
姓名：
陽女 屬狗
生年：壬戌（大海水）
農曆71年閏4月25日未時
國曆71年6月16日14點
命局：金四局（釵釧金）
命主：巨門
身主：文昌
子年斗君：卯
天梁：化祿
紫微：化權
左輔：化科
武曲：化忌
排盤四柱
年：壬戌
月：乙巳
日：庚午
時：癸未
《閏:15分界.命身論.其他論》
星僑電腦軟體 版權所有・翻拷必究
作者：陳恩國 程式設計：陳明達・陳慶鴻
地址：桃園縣龜山鄉復興三路6號(林口長庚附近)
電話：(03)328-8833 傳真：(03)328-6557
網址：http://www.ncc.com.tw
電話：
地址：
編號： 0000000127

女命纏，定當子貴與孫賢，因此看來是相當旺夫的呢。加上超強的異性緣，應該不太會有孤單一輩子的狀況，再來我們觀察他的夫妻宮，次桃花廉貞正坐，再會紅鸞及天姚，正野桃花到齊，三方星群組合相對穩定，我想桃花過多，會是命主的困擾吧。故此盤怎樣看來，都不會是沒有因緣的情況呢。所以只是因緣成於何時的問題。基於三才理論，我們就轉進地盤（大限盤）看看這個大限的狀況吧。

本命大限盤

天巫 天姚 紅鸞 天鉞 七殺 紫微 白虎 財帛 飛亡龍廉神德 64-73 遷移 乙巳 長生 12 24 36 48 60 72	天使 地劫 八座 陰煞 右弼 天哭福 天咸德池 子女 奏將白書星虎 54-63 疾厄 丙午 養 11 23 35 47 59 71	天寡宿 月 吊月客煞 夫妻 將擎天軍羊德 44-53 財帛 丁未 胎 10 22 34 46 58 70	火三左天天星台輔哭馬 病亡符神 兄弟 小歲吊耗驛客 34-43 子女 戊申 絕 9 21 33 45 57 69
天地歲天天梁機傷空破虛 天煞 疾厄 喜月大神煞耗 74-83 僕役 甲辰 沐浴 1 13 25 37 49 61	**星僑** 星僑 易學 **星僑** 姓名：XXXXXXX 武左聚天 子身命命 年女 曲輔微梁 年主主局斗狗 ：：：： 君天巨金 間 化化化化 門門四 農月月大 忌科權祿 昌 （釵日日水） 柱四盤排 16 25 14金 時日月年 未點 癸庚壬乙 未辰巳戌		封天天破廉誥才府軍貞 歲將建星 命宮 青息病龍神符 24-33 夫妻 己酉 墓 8 20 32 44 56 68
文月截天天昌德空魁煞 大炎耗煞 遷移	《大限閣:15分界,命身宮,其他篇。》 星僑電腦軟體 版權所有，翻拷必究 作者：陳恩國 程式設計：陳明遠 陳慶鴻 地址：桃園縣龜山鄉復興二路X號(林口長庚附近) 電話：(03)328-8833 傳真：(03)328-6557 網址：http://www.ncc.com.tw		鈴天天陀星貴官羅 晦氣鞍 父母
病咸小伏池耗 84-93 官祿 癸卯 冠帶 2 14 26 38 50 62			力華歲士蓋建 14-23 兄弟 庚戌 死 7 19 31 43 55 67
恩龍巨太光池門陽 小劫耗煞 官祿 大指官耗背符 94-103 田宅 壬寅 臨官 3 15 27 39 51 63	旬台天貪武空輔刑狼曲 蜚官廉祿 田宅 伏天貫兵煞索 104-113 福德身宮 癸丑 帝旺 4 16 28 40 52 64	解年蜚鳳擎太天神解廉閣羊陰同 貫索神 福德身宮 官災喪伏煞門 114-123 父母 壬子 衰 5 17 29 41 53 65	文孤天天祿天曲辰喜空存府 喪門驛 命宮 博劫晦士煞氣 4-13 命宮 辛亥 病 6 18 30 42 54 66

電話：
地址：

編號： 0000000127

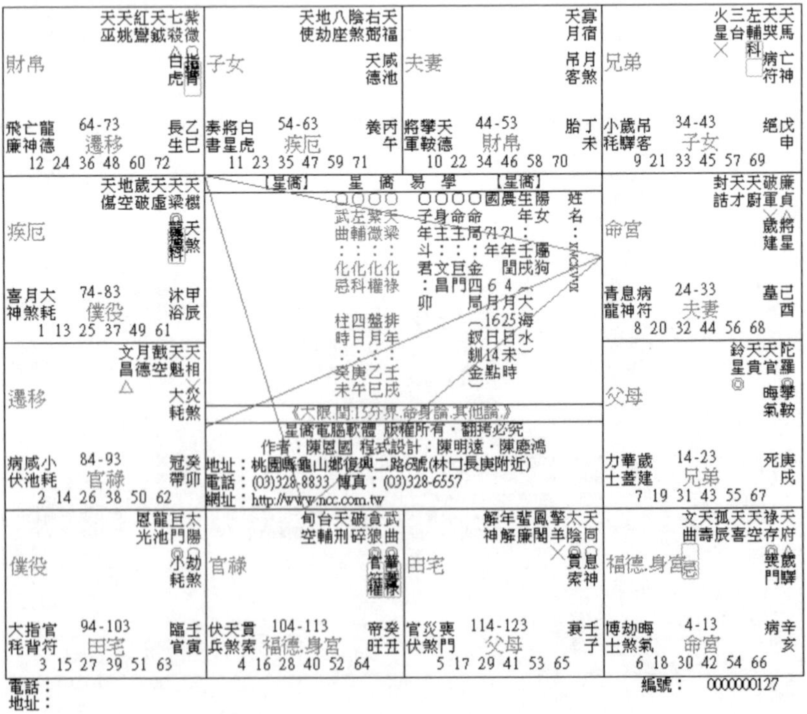

命主問命當年爲西元2009年，時年28歲，大限落於24～33這個宮位，大限命宮廉貞正坐加會紅鸞天姚，大限化祿及化權會照引動，因此正野桃花同時引動，可謂百花齊放呢。而大限夫妻宮會照天喜，又逢對宮化祿引動，此大限結束前，必能聞到喜訊無疑。但同時會照孤辰寡宿，所以對象必須慎選，對象錯誤，則離異的狀況也是有可能會發生呀。以此大限夫妻宮結構看來，理應晚成爲宜。（註：須視流年的因緣狀況而定，因此段期間緣分包含正緣及桃花，該如何選擇，我想這就是命主自己的抉擇，命理老師充其量只能提供建議罷了）。由於結婚是流年偶遇，基於強盤理論，我們就轉進問命當年的流年盤看看吧。

大限流年盤

命主問命當年爲己丑年，流年命宮位於丑宮，貪狼廉貞雙桃花星匯聚，加上紅鸞會照又逢大限流年祿權引動，是故本年應有正緣可遇才是。但因流年夫妻宮雖逢鸞喜對拱，但由大限流年文曲化雙忌，所幸三方四正星曜組合頗爲穩定，而文曲表口舌，是故今年應有結婚打算，但經常因口角爭執而作罷，其實結婚不只是兩個人的事，還牽涉到兩個家庭背景，尤其台灣是屬於移民社會，除傳統的閩、客族群及原住民之外，尚包含民國37年隨著國民黨敗退來台的軍人，而此些軍人來自中國的

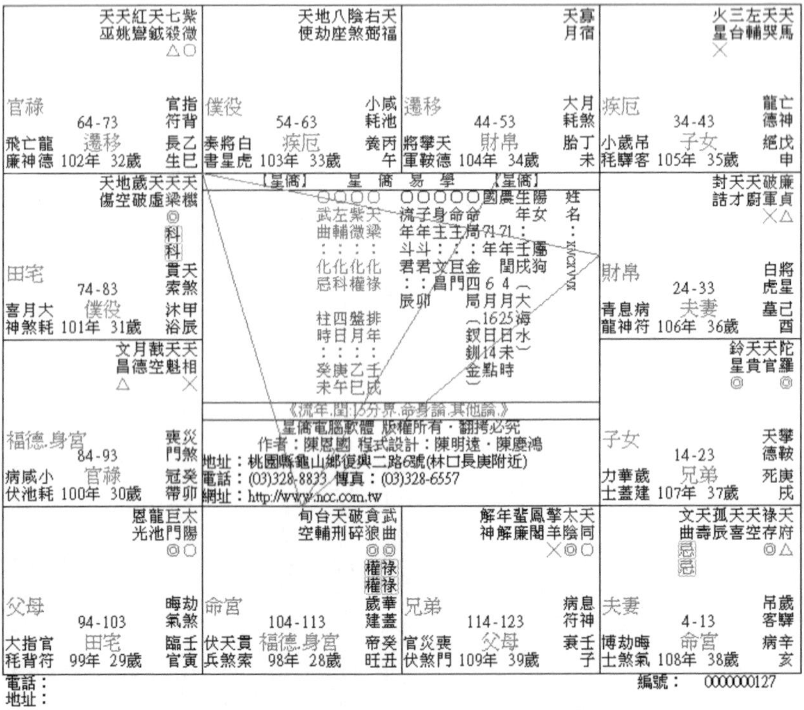

官祿 64-73 遷移 102年 32歲
僕役 54-63 疾厄 103年 33歲
遷移 44-53 財帛 104年 34歲
疾厄 34-43 子女 105年 35歲
田宅 74-83 僕役 101年 31歲
財帛 24-33 夫妻 106年 36歲
福德.身宮 84-93 官祿 100年 30歲
子女 14-23 兄弟 107年 37歲
父母 94-103 田宅 99年 29歲
命宮 104-113 福德.身宮 98年 28歲
兄弟 114-123 父母 109年 39歲
夫妻 4-13 命宮 108年 38歲
【星僑】 星 僑 易 學 【星僑】
《流年,閏:15分界,命身論,其他論,》
星僑電腦軟體 版權所有，翻拷必究
作者：陳恩國 程式設計：陳明達．陳慶鴻
地址：桃園縣龜山鄉復興二路6號(林口長庚附近)
電話：(03)328-8833 傳真：(03)328-6557
網址：http://www.ncc.com.tw
電話：
地址：
編號： 0000000127

各個省份，自然會有不同的嫁娶習俗。

有鑑於此，雙方家庭在嫁娶習俗上認知的差異，往往是爭執的主因。而當雙方家長爭執不下之時，我想苦的就是這對將成婚的新人了，所以當年不是沒有成婚的可能，只是雙方要盡量互相包容對方家長在文化習俗上的差異，盡量避免因婚事而爭執，我想還是有成婚的機會呢。但單以命理角度由流年推估，30歲那年成婚會是更好的選擇呢，所以倘當年因爭執而作罷，未來還是會有機會的呢。

【78】鐵掃把，請各位大師幫我解惑好嗎拜託……

【提問時間】2009－08－29 08：21：02

【提問內容】

老師你好，我想請問今年牛年農曆6月出生的小孩好嗎？我的小孩子出生日期為國曆2009／08／17是男生 早上9點23分出生。有一位老師說不好，說是鐵掃把，要我去找診所護士改出生證明，要我報戶口時要改為國曆2009／06／21，請大師救我，幫我解惑。

【回覆內容】

這位煩惱的父母親，首先要澄清一個觀念，就是人的命在他出生的時候已經定了，改變出生日期，不但改不了命，反而是害了這個孩子呀。

你試想，如果你在公司上班，只是一個小職員，當你到了董事長辦公室，你敢坐在董事長的椅子上嗎？爲何副總統不敢坐在總統的位子？又爲何沒升到將軍的人，不敢隨便佩戴星星在肩上？

都是怕沒有這個福分，所以大人不要隨便幫小孩改日期，因這樣反而是害了它。所有的事，都是由因果所造成的，沒有辦法用投機取巧的方式改變它，這樣清楚了嗎？山人幫你孩子看看吧

命造國曆98年8月17日巳時建生

本命宮見天機太陰坐，此格局爲標準的機月同梁格局，古曰：機月同梁當吏人，整體而言不算太差，只是這個小孩有點散仙，聰明但是個性有點溫吞、內向，不過機謀多變，多才多藝也是他的優點呢。所以命局整體看來還不算太差，不要想太多，要知道，鐵掃把又如何？如果能夠多行善積德，自然有改變的機會，命格再好又如何？自己不努力也是惘然，所以這位父母親，不要擔心，好嗎？

沒錯的話這小孩的佳境頗爲寬裕，如果真的擔心的話，可以考慮重拜父母，比去戶政事務所謊報日子還來的實際多。

對了，既然是小孩，就順便把這小孩該注意的地方一併告訴你，八字學上稱之爲『小兒關煞』，也請多加注意。

撞命關：勿入中元壇內，保平安。

直難關：限內刀器利器小心可保平安。

四柱關：所有修造動土、不可近前、遠離爲吉、俗忌坐兒童車，須小心可保平安。

落井關：勿近井邊、河邊、水邊、渡舟、有坑洞穴的地方去玩必險、有水厄之災、勿近爲要。

雞飛關：怕看殺生，防之爲要，以免不吉。

【發問者意見】

本命盤

謝謝。

這又是一個不學無術的老師惹出的麻煩，山人論命多年，此類型事件遭遇相當頻繁。所以論命者務須謹慎言行，讓這位母親如此苦惱，還要為了你的一句話，竄改出生時間，犯了『使公務員登載不實罪』，這又何苦呢？倘竄改時間有效，冒個犯法的風險也就罷了，但這是無謂的行為，若竄改出

文昌 右弼 龍池 天哭 天馬 陀羅 天相 ◎ ×△	旬空 地空 恩光 天姚 月德 祿存 天梁 ◎◎ ◎科	天傷 封誥 歲破 天虛 擎羊 七殺 廉貞 ◎◎△	火星 天巫 天喜 天尉 天鉞 ×
力士 指背 官符　96-105 田宅 11 23 35 47 59 71　絕 己巳	博士 咸池 小耗　86-95 官祿 12 24 36 48 60 72　墓 庚午	官符 月煞 大耗　76-85 僕役 1 13 25 37 49 61　死 辛未	伏兵 亡神 龍德　66-75 遷移 2 14 26 38 50 62　病 壬申
地劫 陰煞 巨門 × 劫煞	【星僑】　　星僑　易學　【星僑】		天使 文曲 左輔 蜚廉 鳳閣 截空 天空 官 ◎忌
青龍 天貫 索　106-115 福德 10 22 34 46 58 70　胎 戊辰	◎◎◎◎　國農生陰　姓名：phhh 文天貪武　子身命命　年月男　陰男 屬牛 曲梁狼曲　年主主局　己火火 ：：：：　斗君祿存　巳月月 化化化化　　　　　日日 忌科權祿　柱四盤排　巳巳 　　　　時日月年　〈爐中火〉 　　　　己甲辛己　巳午未丑　9點時		大耗 將星 白虎　56-65 疾厄 3 15 27 39 51 63　衰 癸酉
鈴星 八座 天才 貪狼 紫微 △ ◎權			天官 天貴 天同
小耗 災煞 喪門　116-125 父母 9 21 33 45 57 69　養 丁卯	星僑電腦軟體 版權所有‧翻拷必究 作者：陳恩國 程式設計：陳明遠‧陳慶鴻 地址：桃園縣龜山鄉復興二路○號(林口長庚附近) 電話：(03)328-8833 傳真：(03)328-6557 網址：http://www.ncc.com.tw		病符 攀鞍 天德　46-55 財帛 4 16 28 40 52 64　帝旺 甲戌
天刑 孤辰 紅鸞 天鸞 天空 太陰 天機 ◎ △	天壽 破碎 天府	解神 天魁 太陽 ×	台輔 三台 破軍 武曲 △ ◎祿
將軍 劫煞 晦氣　6-15 命宮 8 20 32 44 56 68　長生 丙寅	奏書 歲建 蓋建　16-25 兄弟 7 19 31 43 55 67　沐浴 丁丑	飛廉 病符 息神　26-35 夫妻、身宮 6 18 30 42 54 66　冠帶 丙子	喜神 吊客 歲驛　36-45 子女 5 17 29 41 53 65　臨官 乙亥

電話：
地址：

編號： 0000000128

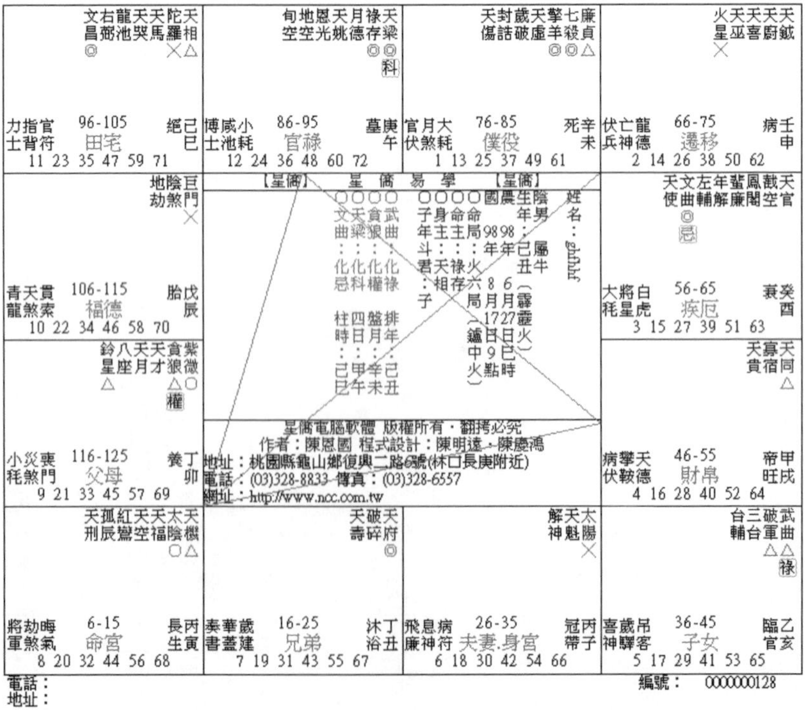

生時間有效的話，那全國的嬰孩不就都是台灣首富郭台明，因爲沒人會把時間改成『乞丐』的格局，這聽起來是否有點荒謬無厘頭呢？也就是因爲如此，所以中國術數經常被視爲迷信，都是這些不學無術的江湖術士搞出來的呀，胡亂編造故事背上因果，自己下拔舌地獄就算了，還要讓中國五術因此蒙上迷信的惡名，真是爲禍不淺。

以山人多年論命的經驗，其實一個人的命運好壞，在出生的那一刻，就已經註定了7分，爲何會如此準確？除了山人立論的統計學的基礎之外，最重要的是因果關係。倘改出生時間就能改變因果，各位同學，您認爲可能嗎？許多家長就是有這種迷思，總認爲小孩的出生時間好，就能保證終身富貴，但事實上，人命是天定，不可能因人爲因素遭到改變，許多父母望子成龍，都會擇日剖腹。但，真的有用嗎？如果有用的話，那每個人都是王永慶了。哇！那台灣豈非成爲『香格里拉』，一個沒有窮人的國度，每個都是巨商豪賈，這是多麼理想的境界，倘真如此，我想連佛祖釋迦牟尼都要跟這些狂妄的命理師請益了呢。

所以改變出生時間或是擇日擇時剖腹，有可能讓小孩的命變的更好嗎？用『第三隻眼』來想都知道：根本不可能！家長倘選擇這樣做，經常是害了這個孩子，因為每個人天生命格的承受力不同，格局大者，承受力佳，可堪重任，但沒格局者，你硬給他大格局，請問他承受的住嗎？

山人在回覆時舉了很淺顯的例子，假如你今天是公司的小職員，讓你去董事長的椅子坐坐看，我想你會感到頭暈不舒服，又台灣曾有某位民意代表，受高層賞識，進入政府擔任部長等級的要職，但在就職前幾日，因登山心臟痲痺而意外死亡。為何？就是因為承受力不足。大人尚且如此，又何苦這個寶寶呢。這並非山人危言聳聽，而是真實的例子呀，為人父母者，當須慎之。

縱使真是鐵掃把，也是因為累世的因果所致？佛家常說，會成為一家人，只有四種姻緣：還債、討債、報仇、報恩罷了，知乎於此，何須過度在意呢？再怎麼說都是自己的孩子，在怎樣不好，就當作還債了吧。讓山人感到納悶不解的是，通常命理老師遇到這情況，都會建議八字帶鐵掃把的孩子，重拜父母可免刑剋，從未聽過要去戶政事務所改日期的建議，真讓人匪夷所思。基於研究的心態，倘有機會，山人倒真想拜會這位大師，探究其因，也許是山人學養不足吧，以至於聞所未聞。

觀念正確了，我們就幫這位煩惱的父母親看看孩子的命盤吧。天機太陰坐命，三方形成機月同梁格局，基本上此局人穩定性相當足夠，又紅鸞天喜入命，異性緣絕佳，但因天空正坐會照地空，雙空會命，故個性會相當迷糊散仙，但整體星曜組合相當穩定。身宮又逢天魁天鉞此類貴人星拱照，命身皆強，福德不倒，又怎會有太大的問題？而田宅宮得府相朝，又逢昌曲拱照，家境定然不差，又有什麼必要去亂改呢？至於命帶刑剋，過房或重拜父母及用孩子的名義行佈施與放生，累積福報與資糧即可，這位父母親，真的不需要擔心太多呢。

【79】請為我詳盡的解盤

【提問時間】2009－08－27 10：49：02

【提問內容】

農曆76年4／27卯時，男，可以看出幾歲結婚&小孩的情況嗎？

之前有別的老師說不是沒小孩就是會”離開“

【回覆內容】

看來你對這問題很重視，你應該是獨子吧，壓力會比較大。

其實有沒有小孩這點，為何許多老師不會回答你？原因很簡單，現代科技進步，可以做人工，也可以做試管，不孕症的都可以子孫滿堂。而且古代強調多子多孫，現代少子化當道，所以用古代的命理論子息數量，基本上已經不會正確。

但與小孩的相處及小孩個性，卻還是正確的。只是有沒有小孩這個問題，以目前的生殖科技來講決定權在你自己手上。而非天意，這樣清楚了嗎？好了，基本觀念正確，現在就幫你看看：

結婚這回事，其實決定權也在你自己，命理充其量只能提供你參考值，因爲你如果想結婚，明天就可以呢。

如果單純以命理的角度來看，你青少年時期多爲單戀，且常有拖泥帶水的情況。以你現在這個大限來看（24～33），大限命宮逢桃宿對照對照本命盤夫妻宮，大限夫妻宮逢化祿，沒錯的話婚姻應該成於此大限，所以耐心點，不要急，時候到了，自然就會結婚，至於確實的年紀，雖然可以推論的出來，但是這樣會有暗示的問題，有時候反而是害了你。所以只能大概的告訴你，也歡迎你在這大限成婚後再來與山人印證。

至於小孩的情況，子息數量問題，上節已經敘述過，至於您的孩子，看起來個性比較強硬也比較叛逆，有主見，不喜歡被人管。而且是個過動兒，比較坐不住。老愛到處跑來跑去，以子女宮逢雙煞的情形來看。推論是子息數會比較少，當然如果你去做人工受孕就另當別論。

就像山人說的，雖然子息數量不會準確，但相處模式及小孩個性，卻是相符的。

【發問者意見】

無

【命盤解析及內容說明】

本命盤

中國俗諺有云：不孝有三，無後爲大，在傳統中國父系社會下，大都強調多子多孫，尤其是傳宗接代的觀念根深柢固。尤其

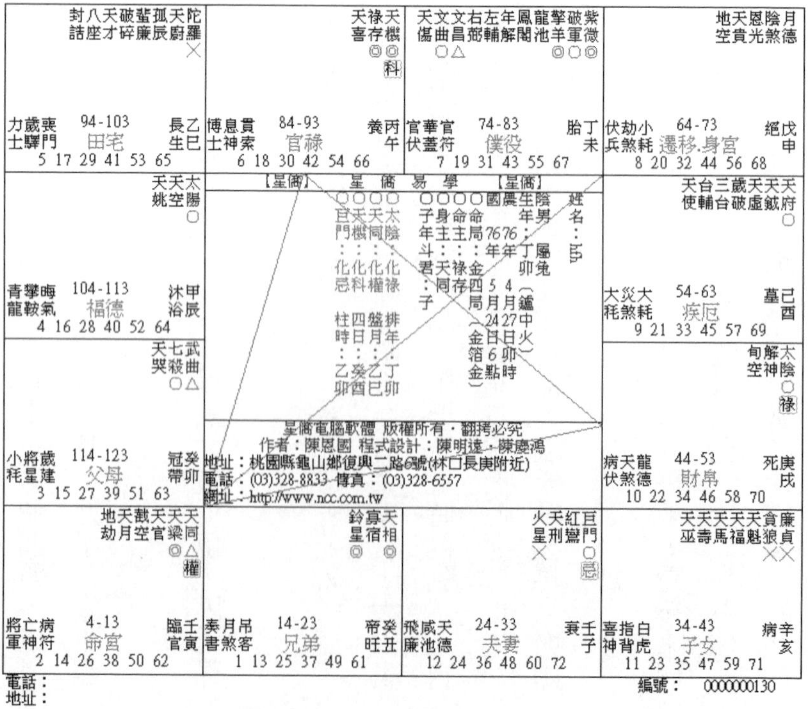

封八天破蜚孤天陀
誥座才碎廉辰廚羅
力歲喪 94-103 長乙
士驛門 田宅 生巳
5 17 29 41 53 65
天祿天
喜存機
科
博息貫 84-93 養丙
士神索 官祿 午
6 18 30 42 54 66
天文文右左年鳳龍擎破紫
傷曲昌弼輔解閣池羊軍微
官華官 74-83 胎丁
伏蓋符 僕役 未
7 19 31 43 55 67
地天恩陰月
空貴光煞德
伏劫小 64-73 絕戊
兵煞耗 遷移.身宮 申
8 20 32 44 56 68
天天太
姚空陽
青擎晦 104-113 沐甲
龍鞍氣 福德 浴辰
4 16 28 40 52 64
天台三歲天天天
使輔台破虛鉞府
大災大 54-63 墓己
耗煞耗 疾厄 酉
9 21 33 45 57 69
天七武
哭殺曲
旬解太
空神陰
祿
小將歲 114-123 冠癸
耗星建 父母 帶卯
3 15 27 39 51 63
病天龍 44-53 死庚
伏煞德 財帛 戌
10 22 34 46 58 70
【星僑】 星 僑 易 學 【星僑】
巨天天太
門機同陰
化化化化
忌科權祿
子身命命
年主主局
斗君：天同 祿存 金四局
陰男 7676年
丁卯年 5月24日 4點
姓名：
柱四盤排
時日月年
乙癸乙丁
卯酉巳卯
星僑電腦軟體 版權所有．翻拷必究
作者：陳恩國 程式設計：陳明達．陳慶鴻
地址：桃園縣龜山鄉復興二路6號(林口長庚附近)
電話：(03)328-8833 傳真：(03)328-6557
網址：http://www.ncc.com.tw
地天截天天天
劫月空官梁同
權
將亡病 4-13 臨壬
軍神符 命宮 官寅
2 14 26 38 50 62
鈴寡天
星宿相
奏月吊 14-23 帝癸
書煞客 兄弟 旺丑
1 13 25 37 49 61
火天紅巨
星刑鸞門
忌
飛咸天 24-33 衰壬
廉池德 夫妻 子
12 24 36 48 60 72
天天天天天貪廉
巫壽馬福魁狼貞
喜指白 34-43 病辛
神背虎 子女 亥
11 23 35 47 59 71
電話：
地址：
編號： 0000000130

倘若您是獨子的話，我想壓力會是相當的大。所以子息有無這個問題，對中國人而言，是相當重要的事情呢，也因此斗數理會有子女宮的存在。

由於斗數創自中國宋朝，當時的社會氛圍與現代大異其趣，所以古代的標準，到了現今確實已經不適用。因現代少子化當道，加上生殖技術進步，縱使不孕症的夫妻，都可以透過試管或是人工方式成功受孕，或是採用代理孕母的方式。所以有無子息這個問題，我想應該可以從斗數古籍裏淘汰了。因不符合社會進展現況呢。但與子女相處狀況，個性等卻還是相當的準確呢。所以同學千萬別斷章取義說子女宮不用看，因爲不符合現代社會型態，但只有子息數量無法推算罷了，其餘的部份，還是可以推估的呢。

至於命主自述其他的命理老師會說他不是沒小孩就是會『離開』（應該成：生離死別的狀況），到底爲何如此論斷，就是因爲命主子女宮三方四正會照羊陀雙煞，加上天馬正坐，所以有此推論，並不意外。但其子女宮雖逢羊陀雙煞來衝，但同時也會照昌曲輔弼等四吉星。表示求子路上因煞星影響會比較辛苦，但在吉星拱照下，只要努力，也是會有好結果的。所以山人會說，那位老師說對一半，是否無子息或是生離死別的狀況，以此星曜結構看來是有可能的，因古書有曰：廉貞，1人，若貪狼破軍七殺同，主孤。但這位老師只看到煞星卻忘了吉星也同時會照，此為兇中帶吉之局，尚可撐持呀，以山人觀點，充其量也只是得子較為辛苦且較晚罷了，沒有那麼嚴重呢。且以此盤論之，除非自己不努力，否則應該還是會有孩子的呢。最慘的狀況就是找代理孕母，一樣可以圓夢，不是嗎？

至於孩子的個性及相處模式呢？這問題就要從該宮星曜組合逐一拼湊了，廉貪正坐會照紫微與輔弼加上天馬，因此個性上較為強勢及叛逆，好勝心強，有過動傾向，喜動不喜靜，而天壽、天福正坐，表與子女感情深厚，所以整體而言，相處模式還算不錯呢，只是要多注意過動及較為叛逆的問題。而結婚時間點呢，基於三才理論，我們就轉進最有可能的（24～33）大限看看吧。

本命大限盤

這個大限命宮逢鑾喜對拱，主有正緣可期待，夫妻宮逢天喜且會照本命祿及大限祿，是故此大限應有喜訊可聞才是。但因大限命宮逢本命忌，因此增添了起伏與波折。於成婚年齡，就要逐年搜尋，以流年看來，正緣可能要到28歲前後，正確結婚年齡，應落在30歲前後，而子息問題，倘若女方子女宮頗強，亦可補足命主之不足處，以山人經驗，有無子息這個問題，還是要以母親命盤結構為準，所以還是有逆轉的機會呢。縱使女方也是子息緣淺，但還有現代生殖科技幫忙，最多就是花點錢了吧。所以命主真的不要太擔心呢。倒是先煩惱對象在那兒，會比較實際一點，因為人類總不可能無性生殖吧，沒對象，還談生孩子這件事，好像有點太過慮了呢，各位看倌您說對不對呢？

封八天破蜚孤天陀 詰座才碎廉辰廚羅 僕役　　小劫 　　　　耗煞 力歲喪 94-103 長乙 士蓋索 田宅 生巳 5 17 29 41 53 65	遷移.身宮 　　　大科 　　　耗煞 博息貫 84-93 養丙 士神索 官祿 午 6 18 30 42 54 66	天祿天 喜存機 疾厄　科 官華官 74-83 胎丁 伏伏魁 僕役 未 7 19 31 43 55 67	天文文右左年鳳龍擎破紫 傷曲昌弼輔解閣池羊軍微 　　　　　　　龍天 財帛　　　　　德羅 　　　　　　　白指 　　　　　　　虎背 伏劫小 64-73 絕戊 兵煞耗 遷移.身宮 申 8 20 32 42 56 68
天天太 姚空陽 官祿　官華 　　　符蓋 青攀晦 104-113 沐甲 龍鞍氣 福德 浴辰 4 16 28 40 52 64	【星僑】　星僑 易學 【星僑】 耳天太 子身命命 國辰生陰 門梁陰 主主主局 年年男 　　　斗天祿金 ：：丁屬 化化化化 君主存四 年年卯兔 忌科權祿 ：：同存四 5 4 　　　柱四盤排 局月月中火 　　　時日月年 24 27（中火） 姓名：□□ ：：：： 金日日： 　　　乙癸乙乙 箔6卯 《大限》 卯酉巳卯 金點時		天台三歲天天� 使輔台破虛鉞 　　　　　咸威 子女　　　德池 大災大 54-63 墓己 耗煞符 疾厄 酉 9 21 33 45 57 69
天七武 哭殺曲 田宅　貫神 　　　索 小將歲 114-123 冠癸 耗星建 父母 帶卯 3 15 27 39 51 63	星僑電腦軟體 版權所有‧翻考必究 作者：陳恩國 程式設計：陳明達‧陳慶鴻 地址：桃園縣龜山鄉復興二路6號(林口長庚附近) 電話：(03)328-8833 傳真：(03)328-6557 網址：http://www.ncc.com.tw		旬解神 空神陰 夫妻　吊 　　　客 病天龍 44-53 死庚 伏煞德 財帛 戌 10 22 34 46 58 70
地天截天梁同 劫月空官同 福德　喪門祿 　　　門祿 將亡病 4-13 臨壬 軍神符 命宮 官寅 2 14 26 38 50 62	鈴寡天相 星宿 父母　晦攀 　　　氣鞍 秦吊吊 14-23 帝癸 書煞神 兄弟 旺丑 1 13 25 37 49 61	火天紅巨門 星刑鸞門 命宮　歲將 　　　建星 飛咸天 24-33 衰壬 廉池煞 夫妻 子 12 24 36 48 60 72	天天天天天 巫壽馬福魁 　　　　貪狼 兄弟　廉貞 　　　病亡 　　　符神 喜指白 34-43 病辛 神背虎 子女 亥 11 23 35 47 59 71

電話：
地址：

編號： 0000000130

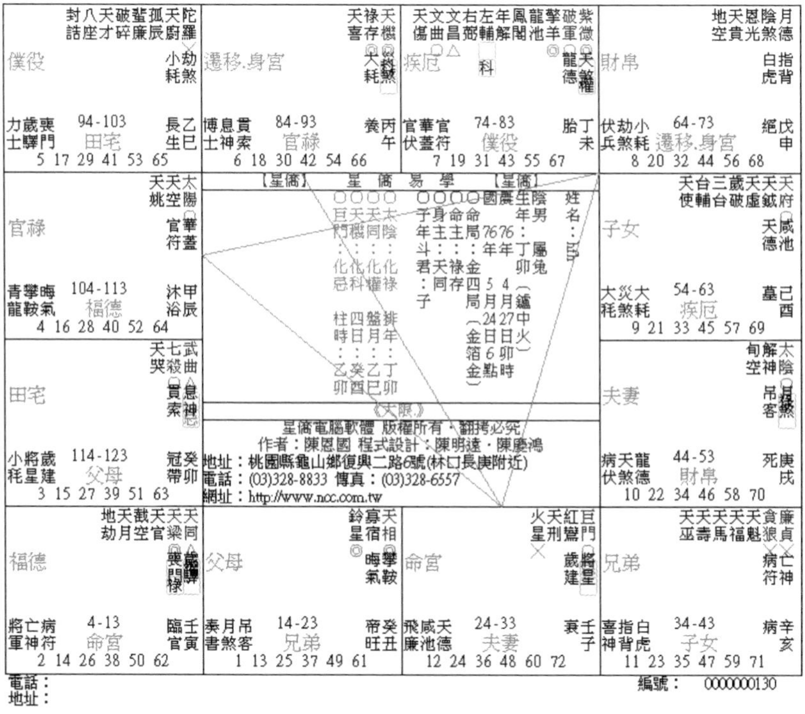

【80】請問一切就由它順其自然嗎

【提問時間】 2009-08-30 00:05:12

【提問內容】

人真的是什麼命造就什麼人嗎？當然要更好就要更努力。不過如果感覺沒得選擇，那是否就讓它順其自然？

或許我的命宮在太陰，整個對任何事都超軟弱的，當然什麼命就有什麼優點缺點。但是，總是覺得好無力喔？好難改變。

難道目前什麼事就不要強求，時間到運就到嗎？

目前剛畢業找工作，覺得什麼都很不順，又無可奈何

請問就我的紫微八字來說目前我該如何做呢？

本人 女

民國75年國曆5月26日13時27分（未時）生

謝謝！！！

【回覆內容】

嗯，你說的話，基本上對瞭80％，正所謂命由性生。一個人的命運決定在他自己的個性，一個積極度不足的人，怎能期待在工作上能大放異彩呢？至於命是否天定，以山人多年論命經驗，一個人此生如果沒有自造大善大惡，基本上人生的運勢及歷程，不會與命理所敘述的相差太大。所以命理老師都勸人多行善事，就是因爲要改變命運，除了改變個性之外，更重要的就是多行善事，自然就會有改變。所以山人才會說你說對了80％了。沒關係，山人幫你看看，你未來適合的方向吧。

基本上你是太陰坐命的女生，由於太陰代表女性，因此坐女命最適宜。倘落男命則不恰當，因會有缺乏魄力及過於天馬行空的感覺。而且太陰坐命，通常都是屬於氣質型的女生，美麗不一定，但氣質絕對不會差。

而太陰坐女命，基本上較爲多愁善感，感情豐富，也不擅長拒絕別人。個性平和，善解人意，對逆境比較採容忍的態度。相對積極度不足，個性頗爲固執、倔強也較為主觀。

不過你的除了太陰坐命外，還逢太陽來會。表示妳外在表現給人家的感覺還算是樂觀開朗，也喜歡照顧弱小，有正義感，會打抱不平，不過有時後言語過於坦率，常常得罪人就是。

至於你適合的工作，基本上你是屬於機月同梁格局的人，古曰：機月同梁作吏人，所以適合穩定單調的工作。加上太陰坐命本身積極度就不足，所以你比較適合擔任如：公務員，行政內勤，秘書，作業員，行政助理或社會工作

不過本命宮逢空劫羊陀四煞侵襲，雖說逢日月來拱，但人生路上的挫折與失意難免。而且日月喜會照，坐命威力較弱，所以助力總是不足，也難免你會感到失落與無奈。建議你可以朝向山人分析的工作方向發展，會比較適合你。

【發問者意見】

無

【命盤解析及內容說明】

本命盤

命主太陰坐命，故應屬於氣質型的漂亮女孩。在斗數理，太陽是男性的表徵，而太陰就是女性表徵，所以女命坐太陰，絕對是適宜的呢。而太陰坐命者，心思細膩，想像力及感情豐富，善解人意等優點。以此例而言，由於三方四正同時會照斗數四煞：擎羊、陀羅、地空、地劫。除表示外在環境對命主相當不利之外，也劣化了太陰星優良的本質。例如原本

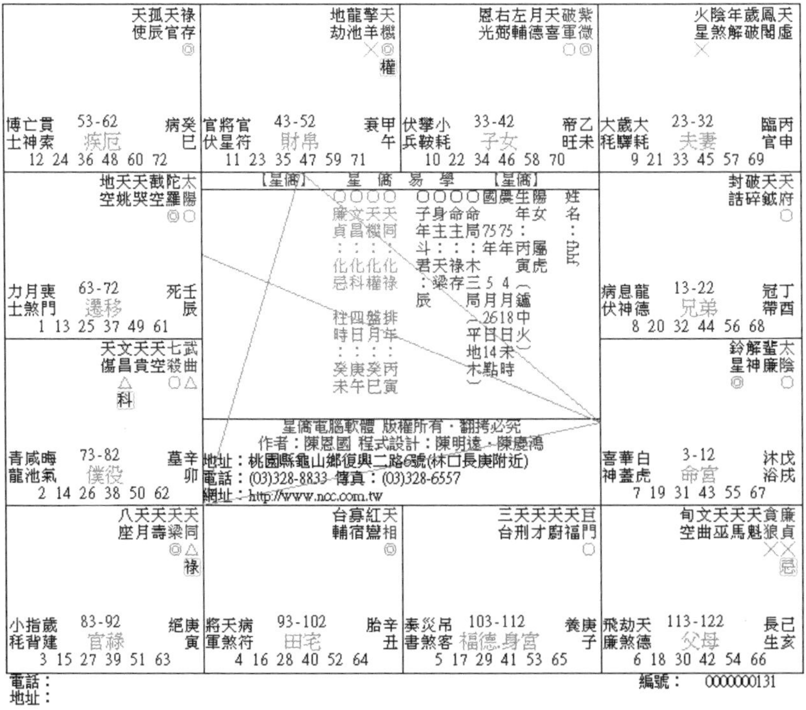

想像力豐富，但因空劫會照，反倒形成鑽牛角尖，胡思亂想。而善解人意的優點，亦會轉化成暴躁易怒，讓人難以理解與相處。而命宮天機天梁擎羊會的孤剋組合，更是證明了此論點。因此命主會提出目前的疑惑及困擾問題，實在不讓人意外。

基本上而言，學校剛畢業，工作經驗不足，找工作本身就較爲吃虧，加上台灣景氣長期不佳，年輕人待業往往需要超過半年以上。所以應該趁此時間，積極的學習專業技能，增加職場競爭力才是，而非消極的在那兒胡思亂想，這樣真會悶出病來的呢。

至於命主適合哪類型的工作呢？由於命宮三方四正組合爲著名的『機月同梁』格局，基本上此局人較適合單調的工作，也因爲穩定性足夠，所以往往是大企業最喜歡的人格特質呢。加上太陽會照，其個性應該也是頗爲外向開朗，而且長的有氣質又漂亮，所以相當適合如：秘書、行政內勤、客服人員、公關等類型的工作，應該會相當適性的呢。所以建議命主再這段時間可以一邊找工作，同時參加一些專業技能訓練課程，例如語文課程、電腦文書處理等技能，增加競爭力。我想應該是能夠離開目前困境的狀況。且工作適性發展，對命主而言，會是很棒的第一步呢。

人生就像在海上航行，一定要有方向與目標，專心一致前進，自然會到達目的地。若否，就是真的隨波逐流了，四處漂泊。這也是命理可以對人們有幫助之著力點，就是在這個人生的十字路口，幫助命主撥雲見日，找到最適性適所的方向，勇敢大步前進，相信在命理協助之下，一定會有好結果的。

【81】想問此人：財務狀況與工作運途

【提問時間】2009－08－29 23：06：39

【提問內容】

論命 男 農曆 民國48年3月3日 巳時生

想問此人：

財務狀況與工作運途，是屬於投機事業亦或苦幹實幹亦或上班族

在哪幾年是大發大落，或陷於經濟困境，或有財務糾紛等

出外朋友大都為哪些類型，是否對此人真有所幫忙，或純粹互相利用等。健康

方面應該注意些什麼？與妻小孩子相處情況如何

2009－08－30 03：12：40 補充

To 了然山人：

此命盤主人從小家境不好，二十幾歲的時候進入公職服務，認識另一半結婚，白天是公務員，晚上從事娛樂事業。這種一天睡不到幾個小時的日子過了十幾年，將近二十年有。如你所說，這個主人很不喜歡公務員生活，所以晚上的娛樂事業才是他最開心最有精神的時候。因為是他自己當老闆經營的，也因此他很少跟子女碰面甚至是講話。26～35確實走的很辛苦，因為卸下白天公務員身分後又馬上出門當老闆他的老婆是個對於家事很能幹，小孩一手照顧，多煩惱又身體不太好的配偶，他們口角蠻嚴重。但是因為從小家境不好，再加上從事娛樂事業，當上老闆經營有成賺了不少錢，野心和膽子愈來愈大。結果遭到朋友不良誘惑轉而經營投機事業，結果身敗名裂，現在日子過的非常不好。以前晚上經營娛樂事業的時候常常會喝酒應酬　現在在家會藉酒消愁　所以胃確實不好

2009－09－02 00：32：32 補充

那晚年運勢大概如何，想請問如果現在經營小本生意（吃的方面）會賺嗎？

我說的是至少能有點小賺，能衣食無虞就好，不求大富，只求安飽。因為這個

命盤的主人目前經濟狀況很差 或者是繼續投機或娛樂事業？

【回覆內容】

由於民國48年實施日光節約時間，時間應該要向前調1小時，所以還是需要實際的出生時間方可確實的排盤。不過還是先幫你用巳時來看看。你的問題，還是分項回答：

1. 投機事業，看不出來，苦幹實幹，有一點。但紫殺化權，加上本命宮祿權巡逢，又紫微天府雙主星坐命。但逢羊陀雙煞，在逢文昌單入，給人家感到有點言過其實。雙主星坐命，本來就有點好大喜功的心態。綜上所述，我想上班族的生活對妳是不適合的，因你也不喜歡久居人下。沒錯的話這是個老闆格局。
2. 哪幾年大起大落，26~35歲這個大限走的很辛苦，36歲之後逐漸轉好。
3. 朋友，交遊頗爲廣闊，朋友多爲專業人才或精於某一種學術或技術者，各階級及各方面的朋友都有。朋友之間是你的貴人所在，但彼此信任度不佳，如果是老闆的話，公司部屬流動性較大。如果是上班族的話就是常常自己換老闆。

4. 至於健康方面，必須注意胃部方面的疾病。

5. 以星盤看來，你的因緣動的很早，沒錯的話在25歲前就已經結婚了。大概在23歲左右，老婆聰明賢淑，持家有方，多才多藝，但時常有口舌不和，或多病多憂的情況。而子女活潑好動，個性外向，頗爲聰明，口才不錯，蠻會說話的。好的時候嘴巴甜，壞的時候愛頂嘴。與子女的代溝頗深，與子女相處機會不多或少見面。

2009－09－03 23：27：30 補充

切忌繼續投機，因爲將邁入下一個大限，所以如果繼續從事這種事業下去，只怕下個大限很難過的去。聽老師的話，做小生意很好，腳踏實地，會有不錯的發展，晚景應該還不錯呢。

【發問者意見】

無

【命盤解析及內容說明】

本命盤

這個命盤看來相當強勢，紫殺化權坐命又會照天府，雙主星坐命，企圖心與事業會是相當旺盛，我想寄人籬下對命主而言會是相當痛苦的事情。以命主補充內容看來，此局人擔任工作沉悶單調的公務員，確實相當不適合呀。但山人常說，紫微坐命，首先要看是否會合左輔，右弼形成君臣慶會大局，否則也難逃孤軍奮戰的命運，難有相當成就。

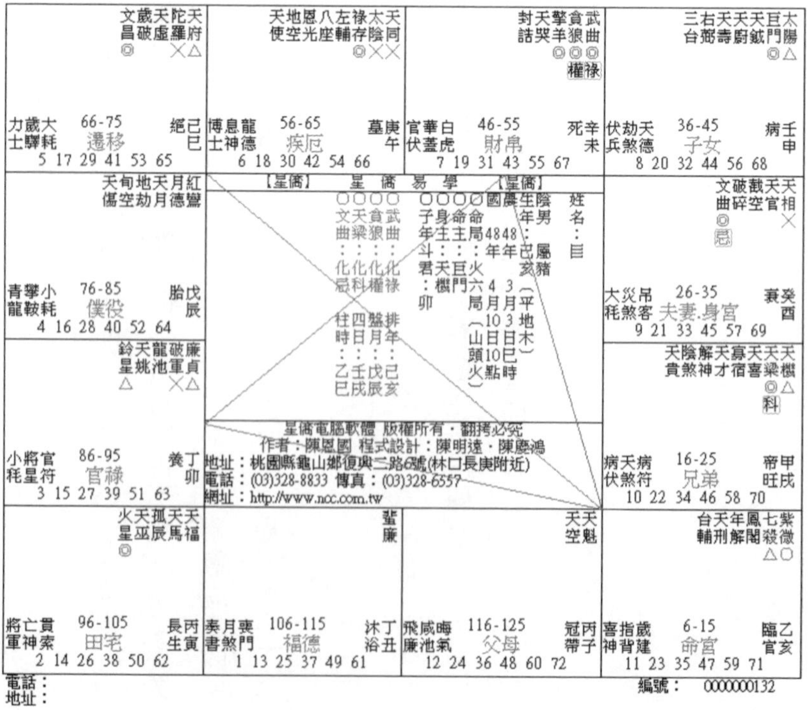

天府 陀羅 天虛 歲破 文昌
力士 歲驛 大耗 66-75 遷移 絕 己巳
5 17 29 41 53 65
天同 太陰 祿存 左輔 八座 恩光 地空 天使
博士 息神 龍德 56-65 疾厄 墓 庚午
6 18 30 42 54 66
武曲 貪狼 擎羊 天哭 封誥 祿 權
官府 華蓋 白虎 46-55 財帛 死 辛未
7 19 31 43 55 67
太陽 巨門 天鉞 天廚 天壽 右弼 三台
伏兵 劫煞 天德 36-45 子女 病 壬申
8 20 32 44 56 68
紅鸞 月德 天月 地劫 旬空 天傷
青龍 攀鞍 小耗 76-85 僕役 胎 戊辰
4 16 28 40 52 64
天相 天官 截空 破碎 文曲 忌
大耗 災煞 吊客 26-35 夫妻.身宮 衰 癸酉
9 21 33 45 57 69
廉貞 破軍 龍池 天姚 鈴星
小耗 將星 官符 86-95 官祿 養 丁卯
3 15 27 39 51 63
天機 天梁 天喜 寡宿 天才 解神 陰煞 天貴 科
病伏 天煞 病符 16-25 兄弟 帝旺 甲戌
10 22 34 46 58 70
天福 天馬 孤辰 天巫 火星
將軍 亡神 貫索 96-105 田宅 長生 丙寅
2 14 26 38 50 62
蜚廉
奏書 月煞 喪門 106-115 福德 沐浴 丁丑
1 13 25 37 49 61
天魁 天空
飛廉 咸池 晦氣 116-125 父母 冠帶 丙子
12 24 36 48 60 72
紫微 七殺 鳳閣 年解 天刑 台輔
喜神 指背 歲建 6-15 命宮 臨官 乙亥
11 23 35 47 59 71
【星僑】 星僑易學 【星僑】
姓名：目
陰男 生年屬豬
農曆：48年 己亥年 3月 10日 巳時 (平地木)
命局：火六局 (山頭火)
命主：巨門
身主：天機
子年斗君：卯
武曲：化祿
貪狼：化權
天梁：化科
文曲：化忌
排盤四柱：年 己亥 月 戊辰 日 壬戌 時 乙巳
星僑電腦軟體 版權所有．翻拷必究
作者：陳恩國 程式設計：陳明遠．陳應鴻
地址：桃園縣龜山鄉復興三路6號(林口長庚附近)
電話：(03)328-8833 傳真：(03)328-6557
網址：http://www.ncc.com.tw
電話：
地址：
編號： 0000000132

而本命宮並未會照輔弼，不構成大局，爲無輔孤君，加上三方羊陀會照，表示外在環境對命主相當不利。通常雙主星坐命的人，事業企圖心大，加上文昌單入命宮又會貪狼，主人經常是文過其實，有點虛華浮誇的狀況。加上雙主星坐命，更彰顯此特性，想來創業應是貪求規模要大，加上缺少助力，且朋友部屬間信任度不佳，才會招致投資失利的命運才是呀。

而文昌文曲會福德宮，亦表示命主天生相當聰明有才華，所以通過國家考試，擔任公職並不讓人意外。但公務員生活單調，我想會是命主苦悶的根源呀，只能說，工作選擇理應適性適所，否則再好的工作，除賺錢填飽肚子的功能外，實在無法滿足個人的成就感呀。

而命宮三方形成鈴貪、鈴羊此類横財局，加上命立四馬地，喜動不喜靜，而通常命帶横財局者，相當適合從事偏門生意，所以從事夜間娛樂事業，確實相當適宜。但可惜同時會照陀羅破局，故難逃横發横破命運，勉強繼續從事此類事業，我想最後大都是敗局收場才是。也因此命主表示目前從事小吃生意，以此盤而言，相當適宜。倘腳踏實地的做下去，我想晚景應該還可期待，畢竟人生70才開始，命主50多歲重新出發，也還不晚。

另談到事業大起大落的問題，以大限看來，26～35大限命宮會照陀羅，外在環境不佳。而大限財宮逢空劫夾制，照理說財應該難聚。但詭異的是，昌曲亦同時會照，通常昌曲照財宮，表財來容易，但空劫夾制，難以守成，因此推論在財務上較有大起大落的狀況，對照命主從事夜間娛樂業的財務狀況，確實是相當符合呀。另大限官祿宮逢羊陀雙煞沖照，因此在事業上也較有起伏，所以這段時間走的會是相當辛苦呀。

至於朋友問題，由於僕役宮無主星，借對宮天機天梁論之，主交遊廣闊，朋友多為專業人士或精於某種學術或技術者，但逢地劫正坐，故朋友相處難有知心，且多有因友破耗之情事發生，此點可從其本命宮呈現孤君無輔的情況可得反證。而身體健康問題，觀其疾厄宮天同太陰正坐，多有消化系統及代謝問題產生（詳上冊第一章第三節），以經驗判斷，應是胃部疾病的機率最高呢。

另有關因緣問題，由於鑾喜於16～25這個大限對拱，加上會照本命祿，倘此間流年穩定且又逢化祿引動，定有喜訊可聞呢，所以推論命主因緣成的相當早，以流年看來，應成於23歲前後，本命夫妻宮逢天相正坐，表示配偶賢慧持家，且婚配對象多是鄰居，同學或同事等週邊較爲熟悉之人，此點與命主補充內容相當符合。又命主與孩子的關係部份，以子女宮觀之，太陽巨門正坐，主個性活潑外向，口才相當不錯，三方會照地劫，表個性較爲叛逆，且相處之間代溝頗重。又會照旬空及天空，故與子女緣份較淺，有聚少離多的狀況。

總而言之，命主相當不宜從事投機事業，定然以敗局居多，倘能做點小生意，以其田宅宮穩健的組合而言，應能有不錯的成就。

【82】此女命盤未來婚配對象的條件會很糟嗎？

【提問時間】2009-09-05 19：37：15

【提問內容】

西元1980年國曆3月3日午時生，女性。姻緣運如何？未來婚配對象的條件會很糟嗎？

【回覆內容】

未來婚配對象，是自己選擇的，如果你好好的選，怎會有這個問題呢？要知道，一切的一切都是因為自己造成的。自己如果結婚前慎選，婚後重視雙方的溝通協調，怎會面臨很糟的狀況呢？

命理就是這樣，如果預先知道的話，自己就更要小心。這不就是命理最大的好處嗎？所以說，別想太多，山人幫你看看吧！

命造國曆69年3月3日午時瑞生

以此盤看來夫妻宮見太陽正坐，三方會照巨門、天梁，太陽化祿居午宮，且不見煞忌侵擾，怎會多差呢，想太多了吧。

既然你說未來的婚配對象及相處模式，那山人就星盤來幫你分析一下：

太陽坐夫妻宮，表示未來對象性急，大男人主義，個性直爽，有正義感。而命造因化祿坐夫妻宮，表示您對另一半相當重視，也很願意付出。而三方會照天梁，表示婚配對象的年紀會比較大，且又會照巨門星，因此夫妻間相處多口角是非及爭執。但因三方四正不會煞忌，所以頂多是床頭吵床尾和罷了。但夫妻相處又有誰不是吵來吵去的呢？就像江惠那首家後，才知道幸福是吵吵鬧鬧。所以整體而言不會差到哪去，不要想太多。

【發問者意見】

無

【命盤解析及內容說明】

本命盤

正所謂男怕入錯行，女怕嫁錯郎。山人論命以來，登門的女性同學，大都以因緣問題居多，尤其是另一半到底是怎樣的外型個性及相處模式。針對這個問題，我們就從本命盤夫妻宮直接分析吧。

夫妻宮太陽正坐，表另一半較有大男人主義傾向，通常也較爲「博愛」，性急，好面子，個性直爽，整體三方四正不見煞忌，結構相當穩定。而對宮會照天梁，表交往對象通

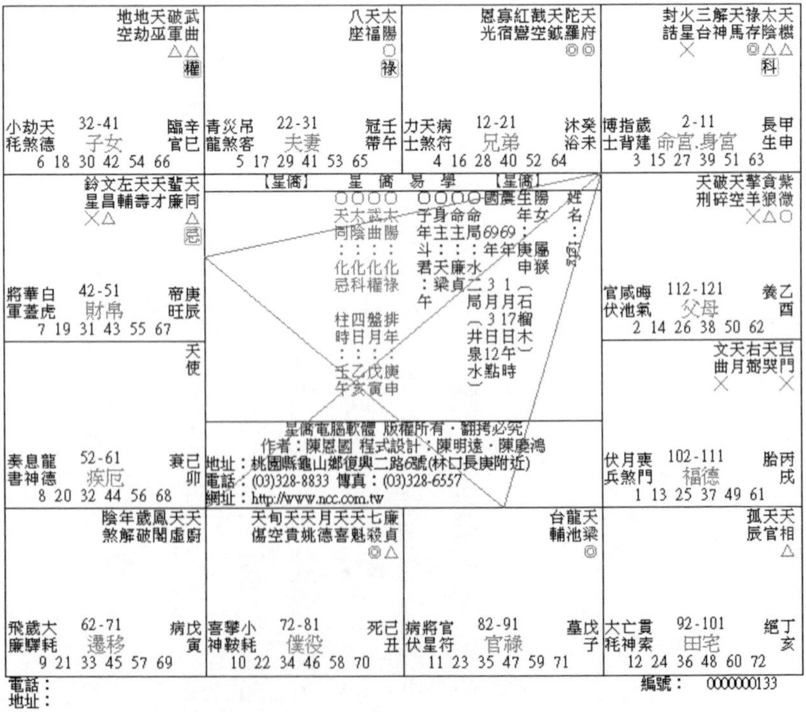

地地天破武
空劫巫軍曲
權
小劫天 32-41 臨辛
秏煞德 子女 官巳
6 18 30 42 54 66
八天太
座福陽
祿
青災弔 22-31 冠壬
龍煞客 夫妻 帶午
5 17 29 41 53 65
恩寡紅截天陀天
光宿鸞空鉞羅府
力天病 12-21 沐癸
士煞符 兄弟 浴未
4 16 28 40 52 64
封火三解天祿太天
誥星台神馬存陰機
科
博指歲 2-11 長甲
士背建 命宮.身宮 生申
3 15 27 39 51 63
鈴文左天天蜚天
星昌輔壽才廉同
忌
將華白 42-51 帝庚
軍蓋虎 財帛 旺辰
7 19 31 43 55 67
【星僑】 星僑易學 【星僑】
天同：化忌
太陰：化科
武曲：化權
太陽：化祿
子年斗君：午
身主：天梁
命主：廉貞
命局：水二局
陽女
農曆 69 年 3 月 17 日 12 點午時
國曆 69 年 1 月 3 日
生年：庚申
屬：猴
（石榴木）
（井泉水）
姓名：
排年：庚申
盤月：戊寅
四日：乙亥
柱時：壬午
天破天擎貪紫
刑碎空羊狼微
官咸晦 112-121 養乙
伏池氣 父母 酉
2 14 26 38 50 62
天
使
奏息龍 52-61 衰己
書神德 疾厄 卯
8 20 32 44 56 68
星僑電腦軟體 版權所有．翻拷必究
作者：陳恩國 程式設計：陳明達．陳慶鴻
地址：桃園縣龜山鄉復興二路6號(林口長庚附近)
電話：(03)328-8833 傳真：(03)328-6557
網址：http://www.ncc.com.tw
文天右天巨
曲月鉞哭門
伏月喪 102-111 胎丙
兵煞門 福德 戌
1 13 25 37 49 61
陰年歲鳳天天
煞解破閣虛廚
飛歲大 62-71 病戊
廉驛耗 遷移 寅
9 21 33 45 57 69
天旬天天月天天七廉
傷空貴姚德喜魁殺貞
喜擎小 72-81 死己
神鞍耗 僕役 丑
10 22 34 46 58 70
台龍天
輔池梁
病將官 82-91 墓戊
伏星符 官祿 子
11 23 35 47 59 71
孤天天
辰官相
大亡貫 92-101 絕丁
秏神索 田宅 亥
12 24 36 48 60 72
電話：
地址：
編號： 0000000133

常較爲年長。因若將夫妻宮當命宮，對宮就是夫妻宮的遷移宮，表示外在所接觸的對象。而三方雖會照巨門，表口舌是非，但因太陽正坐且居午宮，爲日正當中之時，恰可驅巨門之暗，所以應該都是小吵架罷了，夫妻相處，誰不是吵吵鬧鬧的呢。加上本命化祿坐夫妻宮，暗示命主對配偶相當的重視，且看來有嫁入有錢人家的可能呢。

整體而言，星曜組合相當漂亮。所以未來的對象，想必也糟不到哪去，所以命主真的是多慮了。倘真的要挑毛病，最多就是陰煞會照，表之間多小人作怪，但此曜屬雜曜，影響畢竟不大呀。

而夫妻宮除可窺見未來對象的大致輪廓之外，同時也暗示命主喜歡異性的類型，所以各位同學，當你幫女朋友或老婆、老公排盤時，記得看看自己是否符合他所喜歡的類型呢，倘若不是，自己要更加倍努力，贏得芳心。

【83】請大師幫幫我紫微命格（事業、財運）中年或晚年能享福嗎？

【提問時間】2009－09－05 16：12：11

【提問內容】

陰男 水2局 生肖 豬

陽曆 西元1984年01月15日戌時

陰曆 癸亥1983年12月13日戌時

中年或晚年能享福嗎？

2009－09－07 05：08：29 補充

感謝專家：了然山人

專家，我平常多少也都有再佈施，只是都覺得錢賺的好慢。想多幫助困難的人且自己能力也有限。我也知道佈施有很多種，但是看到88水災心很酸又想幫忙無家可歸的人。恨不得自己賺錢的能力能好一點，因為我從小家境也不是很好，吃苦耐勞都經歷過，而且（了然山人）專家你叫我勿投資或投機。這樣我很矛盾，那我想自己開店當老闆的命也沒有囉。只能領死薪水慢慢存。

還有一個問題武曲坐命不利少年，但是七殺坐命沒什麼影響嗎？或有什麼辦法能改變？

【回覆內容】

唉，年輕的時候不努力，縱使給你老來富的格局，也還是沒有用。所以趁現在還年輕，努力打拼，老來自然就能享福，對不對呢？

不過你還算蠻會想的，這麼年輕就想到中老年去了，山人幫你看看吧！

命造農曆72年12月13日戌時建生

山人大概猜到你會這樣問的原因了，我想你應該有針對命盤去查閱網路或其他的資料吧，因爲你命坐武曲會貪狼，古曰：武貪不發少年郎，所以你才會想問中老年運的問題吧。

但是命理不是自己上網查查就可以，他要考量的非常多，所以還是給老師幫你看比較好。

以本命宮來看，命坐武曲爲財星坐命，加會化祿星，財星遇財，本是可收斂其孤剋，獨斷之本性。但可惜化忌同時會照，本命宮祿忌交馳再會地劫，因此難免爲財煩惱甚至惹來麻煩，加上身居財宮，此生更是難免會爲財拼生死呀。再以財宮觀之，仍是祿忌交馳之局。不過財庫會照本命祿存再逢科權，不見煞忌，頗爲穩健。只要能夠守成不投機，自然可以期待中晚年順利。

以大限觀之，31歲前走來波折辛苦，此時宜注意心態調整及切莫投機。32歲之後會逐漸轉好。切記，你的財庫雖然穩健，但如過於投機，以財宮及本命的狀況看來，還是會有來去一場空的感覺。建議你做好財務管理，不要過度的操作財務，否則遇到武曲化忌入命之流年定有苦頭吃，而且魁星坐命的人，更是不宜投資。以你的盤而言，以要穩穩的儲蓄，不要亂投資或投機。以你財庫穩健的情形，自然可以期待晚景。

2009－09－07 13：18：45 補充回答

武曲坐命，並不是不利少年。是要加上貪狼星才會構成。因為武曲為財星，為財帛宮主，對求財者而言財星入命是一件好事，但缺點在於過於孤剋，故此星不宜坐落於六親宮位，但卻利於財官遷田等象徵財富的宮位。求財時帶孤絕，是好事，但以此種態度對待親人的話就過於絕情。至於七殺坐命，其三方必形成殺破狼，更是象徵一生波折起伏，所以七殺坐命如果無吉曜扶持或其他星宿中和，則多挫折及折磨，但還是要看整體組合而定。

【發問者意見】

恩～我懂了……感謝專家

【命盤解析及內容說明】

本命盤

武曲坐命加上身居財宮，是故命主對於錢財多寡定是相當重視。武曲為財星，

歲天天天 破虛福鉞	解天天 神官樾 ◎	火天破紫 星哭軍微 △ 祿	天鈴天 傷星刑 ×
喜歲大 102-111 臨丁 神驛耗 福德 官巳 5 17 29 41 53 65	飛息龍 92-101 冠戊 廉神德 田宅 帶午 6 18 30 42 54 66	奏華白 82-91 己 書蓋虎 官祿 未 7 19 31 43 55 67	將劫天 72-81 長庚 軍煞德 僕役 生申 8 20 32 44 56 68
台陰月紅太 輔煞德鸞陽 ○			地破天 劫碎府
病攀小 112-121 帝丙 伏鞍耗 父母 旺辰 4 16 28 40 52 64			小災吊 62-71 養辛 耗煞客 遷移 酉 9 21 33 45 57 69
三左龍天七武 台輔池魁殺曲 △ △			天天寡天太 使壽宿喜陰 ○ 科
大將官 2-11 衰乙 耗星符 命宮 卯 3 15 27 39 51 63			青天病 52-61 胎壬 龍煞符 疾厄 戌 10 22 34 46 58 70
文天孤天天 曲月才辰梁同 △ ◎△	地天蜚擊天 空貴廉空羊相	旬封文天天祿巨 空詰昌姚空存門 △ 權	恩八天右年鳳天天陀貪廉 光座巫弼解閣馬廚羅狼貞 × × × ○
伏亡貫 12-21 病甲 兵神索 兄弟 寅 2 14 26 38 50 62	官月喪 22-31 死乙 伏煞門 夫妻 丑 1 13 25 37 49 61	博咸晦 32-41 墓甲 士池氣 子女 子 12 24 36 48 60 72	力指歲 42-51 絕癸 士背馹 財帛.身宮 亥 11 23 35 47 59 71

中央命盤資料：

【星僑】　星　僑　易　學　【星僑】

○○○○　○○○○○　國農生陰　姓名：○○○○
貪太巨破　子身命命　年主主局73 72　男
狼陰門軍　斗：：：：年年　癸屬
：：：：　化化化化　君天文水　亥　豬
化忌科權祿　忌科權祿　：機曲二　二　1 12：
　　　　　　　　機曲二　局月月大　亥　海
柱　四　盤　排　：懺曲　—1513　水
時　日　月　年　　　　亥（大溪20戌
壬戊乙癸　　　　　　　　　水點時
戌申丑亥　　　　　　　）

星僑電腦軟體　版權所有‧翻拷必究
作者：陳恩國　程式設計：陳明遠‧陳慶鴻
地址：桃園縣龜山鄉復興二路6號(林口長庚附近)
電話：(03)328-8833　傳真：(03)328-6557
網址：http://www.ncc.com.tw

電話：
地址：　　　　　　　　　　　　　編號：　0000000134

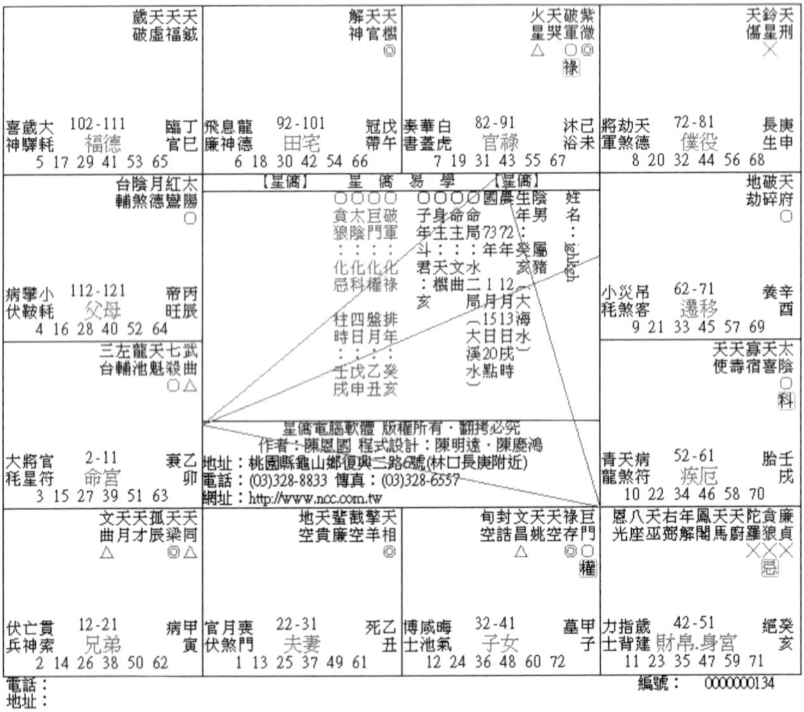

但此財必須靠自己努力而得，與祿存星、化祿星此類天賜之財不同，因此武曲本性便帶著強烈的孤剋性，其實這也是沒辦法的事，正所謂：道義放兩旁，把利字擺中間。這就是求財必須的態度。而這也是魁星坐命者不宜的主因。天魁坐命者，心慈善良，想在弱肉強食的商場上搏鬥，只怕是小白兔與大野狼。故以命主的命宮星曜組合，倘硬要求大財，只怕是敗局居多。

而本命宮會照紫微、天府

又逢輔弼來拱，形成君臣慶會大局，古曰：才善經邦。且府祿相三合會命，加上紫府廉武相這個穩定的星曜組合，整體而言，格局相當大，相信命主定然會有相當成就才是。而官祿宮的星曜組合相當漂亮，故此局人最宜在職場上發展，八成能升遷到不錯的職位。對上班族而言，升遷意味薪水增加，自然有晚景可期。

而此盤是否適宜創業，山人就本命宮星曜組成斷定決然不宜，此點可從其盤中天馬陀羅同度，形成『折足馬』格局，可得反證。身宮表後天，由於命主身居財宮，加會化祿與天馬，加上本命格局大，表示命主能力相當強，自然經常會有創業的打算。畢竟領死薪水的人，很難有發達的一天。對身居財宮的人，會是相當苦悶的事情。不過倘流年大限洽當時，倒是可以抄個短線，定能有所收穫才是。

由於命主問的是中晚年的情景，以此局而言，倘能專心在職場上發展，不輕言投資或投機，甚或是創業。以其財官雙美的格局而言，定然能有相當的榮景可期。

而以山人經驗而論，通常命宮帶有強格局者，大都屬於大雞晚啼型，所以年輕時候的波折與不順，要多加忍耐，因這都是後來成功的經驗累積呀。此點可從命主大限運行得到證明，在問命當年這個大限（22～31），大限命宮擎羊正坐，又逢空劫齊臨，大有東做西成，勞碌奔波無所獲的狀況，也因此命主會提出此問題，並不讓人意外。但接下來命主連續走3個強運的大限，斗數每個大限以10年爲度，3個強運大限，就是30年呀，多麼讓人羨慕呀。這不正呼應了『大雞晚啼』的通則嗎，基於研究的精神，山人就簡單分析一下吧

1. 32～41大限，逢本命祿正坐，三方穩定無煞，大限官祿宮又逢日月並明，此段期間倘於職場上，會是發光發熱的開始。
2. 42～51大限，大限命宮廉貪正坐，三方會照紫微與輔弼，形成君臣慶會大局，所有主星均到齊，雖陀羅正坐，但因此局夠強勢，故煞星造成影響不大。而走紫微大限，通常都是相當有成就的時候，加上命主格局相當大，故定能有相當滿意的成果。
3. 52～61大限，逢日月對應，三合亦是穩定無煞，相當漂亮。

整體而言，命主中年運相當強勢，故此段時間只要堅持不投機或從事投資事業，專心一致的在職場上發展，晚年定然會是相當悠閒自在。最怕就是被30年大運的成就給沖昏頭，導致過度擴張或投機，則以62～71這個大限星宿組合而言，定然有苦

頭吃。所以山人在回覆時刻意不提後來的大運發展，就是希望命主能再大運來到之前，學習好理財與建立良好心態。否則以大限走勢而言，中年雖然強勢，但晚景確實堪慮呀。

【84】請幫我看看這兩人的命盤是否適合結婚？

【提問時間】2009－09－02 20：33：06

【提問內容】

姐姐和男友分分合合了七八年，感情時好時壞，目前姐姐也三十歲了，想要有定下來的打算，但又覺得常常有爭執婚後會不會更嚴重？

請大家幫忙看看，

女：民國69年7月21日 19時生

男：民國63年11月13日 11時生

謝謝大家

【回覆內容】

先問你一個問題，如果命盤不合，妳們會分手嗎？

如果答案是 YES 的話，山人不會幫妳們看，因爲這是破壞姻緣，罪業深重。如果答案是 NO 的話，更不用看了。如果絕對不會因爲這樣分手，那又何須看？？又何須問？

要知道男女相處靠的是彼此之間的包容與協調，只要彼此肯爲對方改變，多包容對方的缺點，又怎會有不和的問題？哪個人結婚沒有去合八字，那台灣不就應該是個幸福的島嶼，因爲壓根沒有離婚這回事。哪個人結婚不擇日，如果真的有效的話，那離婚率爲何這樣高？

誰說八字不合不能相處，又有誰敢說八字合絕對能白頭到老？

主要在於自己是否珍惜這段緣份，是否願意改變自己，是否願意彼此尊重，注意溝通協調。如果能做到的話，又何必去在乎八字問題呢？

【發問者意見】

感謝山人不吝指點迷津

【命盤解析及內容說明】

山人論命多年，經常遇到男女合盤問題，再此想請問大家，倘雙方以命理角度推估，真的是不和局，到底你會怎麼做？是據實以告？或是選擇性的忽略？山人論命以來經常碰到女方登門哭訴，說雙方原有結婚打算，有的連餐廳都預定好了，但男女某方家長去找老師合八字，結果說女（男）方命裏帶剋或是八字不合，結果搞成家庭革命，通常最後結果大都是勞燕分飛或是私奔結案，所以我猜，大部分的老師應該都是選擇據實以告。

站在因果的角度來看，縱使你可以用命理的方法預知這段因緣可能不佳，但畢竟是累世因所導致的今生果，正所謂，百年修得同船渡，修百年也才有同船渡的緣分，又何況是打算牽手一輩子呢？縱使是孽緣，也是因果所致，習命者，又何苦去背這因果債？破壞人家的良緣呢？山人常說，命理是統計學的一種表現方法，也是會有例外的狀況，不是嗎？

撇開因果這類問題，回到現實層面，婚姻是兩個人的事情，倘若雙方願意相互包容體諒，以溝通取代爭執，縱使八字不合，誰敢說這兩人不能夠白頭偕老？縱使兩人六合，但雙方堅持己見，不願溝通協調，又有誰敢說這兩人能長久？就實際上來看，在台灣這個小小的島國，幾乎每對情侶結婚都會看日子，會合八字，所以會結婚成爲伴侶，應該都是相當的合盤了吧，但爲何離婚率還是這麼高呢？身爲命理老師的大家，是否應該思考這個問題呢？

再者，縱使你提出雙方不合盤，不應該結婚，那她們就真的不結婚了嗎？**倘是累世因果所致，又怎可能因你的一句話而輕易拆散，只是徒增雙方還有兩個家庭長輩間的糾紛困擾而已，若導致雙方家長兵戎相向或是男女雙方承受不住壓力尋短，衍生社會事件，那這惡果，自然就是由造此惡業的命理老師承受。因此習命者當慎言，需知你的一句話，極有可能影響他人的一生。**尤其當你看到一對情侶就這爲這荒誕不羈的原因，硬生生拆散，怎能不讓人心酸與感嘆？

所以山人在遇到這類型問題時，答案只有一個，就是：不錯，其因爲何？山人會把雙方個性的優缺點做個詳細分析，未來應採取的相處模式，建議她們該如何互補，並勸誡婚姻須注意事項與正確心態，倘男女雙方真能依建議相處，又何來八字不合問題呢？又有誰能說這兩個八字不合的情侶，無法結髮一輩子呢？這是每個習命者應有的態度與心態呀，但這也是山人窮困的主因呀。

【85】請各位紫微斗數的高人幫我看一下（困惑中）

【提問時間】2009-09-08 19：49：08

【提問內容】

1. 日前有人看了我的命盤說我今年是要升官的運，但也有人說我沒有。升官的運到底是怎麼一回事呢？（因為之前公司不穩定，不得已只好離職了。原本是有要口頭說要升我。）

2. 目前有一份工作剛做不久，（目前在賣場工作）也不知道是不是可以讓我有發展的空間？也很想換工作不知道我何時換工作比較好呢？（請問大概幾月呢？）有人是說9月左右，請幫我看一下，還是做那一方面的工作對我來說較好？希望懂的人

可以幫我看一下

我是農曆70年8月14日生的卯時女生

【回覆內容】

升遷與否，除了機遇外，自己的努力也很重要，山人幫你看看吧。

如果以本命盤看來，你是屬於機月同梁格局的人，基本上此局適合穩定單調的工作，因爲積極度不足。看來你應該是個氣質與俏麗並具的漂亮女生，聰明，口才也不錯。基本上你頗適合以口爲業的工作，如：客服、電話行銷、老師、藝人等。

因本命盤巨門化祿，可以把是非的缺點轉化爲口才，但可惜，也因爲太喜歡表現自己，由而生是非之擾。也因此古人認爲巨門化祿不耐久，演藝人員不也是如此嗎？其實有利有弊。好啦，先在用流年來分析你的問題。

山人大概知道對方說你今年會升遷的原因了，因爲流年官祿宮逢化權且會天馬及本命祿，再會天巫，看起來是一片大好。

但可惜為何會這樣呢？其實是因為大限廉貞化忌亦同時會照入官祿宮，造成權忌交馳的局面，加上流年官祿宮是空宮且逢空。所以縱使有升遷的話，可能也做不久。因為權忌交馳的情況是，當權力越大，就越會被權力給反撲。或者是明明有升遷的機會卻落空，因為化忌來搗蛋。

至於你現在的工作，以流年官祿宮看來空間蠻大的。但切忌不宜太過於表現自己，或過於追求權力或升遷。否則很容易被舊有勢力反撲。導致自己的挫敗。加上你本身就是屬於喜歡表現自己的人，今年可以保守點，有才華就稍微隱藏一下，自然可以有好的發展。但倘若升遷過於快速，真的要特別小心。因為今年官祿宮權忌交馳的警報還沒有解除。

如果以流年來看，可能這幾年的波折都蠻大的。你的問題應該是何時會穩定一點，而不是何時適合換工作吧。這幾年看來以穩定為上。如果真要看官祿的話，可能要到民國102年之後才會開始轉好。所以這段時間有工作就加減做，累積實務經驗，這樣對以後的發展會更好呢。

【發問者意見】

謝謝。

【命盤解析及內容說明】

本命盤

此局三方四正形成標準的機月同粱格局，正所謂『機月同粱當吏人』，此局人穩定性相當足夠，但積極度不足。故適合較為單調的工作內容。而天魁天鉞拱命，除了表示命主相當聰明機靈，這也是公門格局的一種呢，其實也可以嘗試看看呢。

而身宮坐天喜，命宮會太

<table>
<tr>
<td>天福 截空 破碎 封誥
病伏 指背 白虎 114-123 兄弟 長生 癸巳
3 15 27 39 51 63</td>
<td>天機◎ 天魁 天廚 紅鸞 火星◎
大耗 咸池 天德 4-13 命宮 沐浴 甲午
2 14 26 38 50 62</td>
<td>紫微◎ 破軍○ 寡宿 天月 恩光 天貴 文昌△忌 文曲○科
伏兵 月煞 吊客 14-23 父母 冠帶 乙未
1 13 25 37 49 61</td>
<td>陀羅× 天姚 地空
官伏 亡神 病符 24-33 福德 臨官 丙申
12 24 36 48 60 72</td>
</tr>
<tr>
<td>太陽○權 天刑
喜神 天煞 龍德 104-113 夫妻 養 壬辰
4 16 28 40 52 64</td>
<td colspan="2" rowspan="2">【星僑】 星 僑 易 學 【星僑】
姓名：bvvbn
陰女：屬雞
生年：辛酉（石榴木）
農70年8月14日卯時
國70年9月11日6點
○命局：金四局（砂中金）
○命主：破軍
○身主：天同
○子年斗君：申
○巨門：化祿
○太陽：化權
○文曲：化科
○文昌：化忌
排盤四柱
年：辛酉
月：丁酉
日：壬辰
時：癸卯
星僑電腦軟體 版權所有．翻拷必究
作者：陳恩國 程式設計：陳明遠．陳慶鴻
地址：桃園縣龜山鄉復興二路6號(林口長庚附近)
電話：(03)328-8833 傳真：(03)328-6557
網址：http://www.ncc.com.tw</td>
<td>天府○ 祿存◎ 天官 天哭 天壽 台輔
博士 將星 歲建 34-43 田宅 帝旺 丁酉
11 23 35 47 59 71</td>
</tr>
<tr>
<td>武曲△ 七殺○ 天虛 歲破 天才 右弼
飛廉 災煞 大耗 94-103 子女 胎 辛卯
5 17 29 41 53 65</td>
<td>太陰○ 擎羊◎ 天空
力士 攀鞍 晦氣 44-53 官祿 衰 戊戌
10 22 34 46 58 70</td>
</tr>
<tr>
<td>天同△ 天梁◎ 天鉞 月德 解神 八座 地劫
奏書 劫煞 小耗 84-93 財帛 絕 庚寅
6 18 30 42 54 66</td>
<td>天相◎ 龍池 鳳閣 年解 鈴星◎ 天使
將軍 華蓋 官符 74-83 疾厄 墓 辛丑
7 19 31 43 55 67</td>
<td>巨門○祿 天喜 陰煞 三台 旬空
小耗 息神 貫索 64-73 遷移.身宮 死 庚子
8 20 32 44 56 68</td>
<td>廉貞× 貪狼× 天馬 孤辰 蜚廉 左輔 天巫 天傷
青龍 歲驛 喪門 54-63 僕役 病 己亥
9 21 33 45 57 69</td>
</tr>
</table>

電話：
地址：

編號： 0000000135

陰，故命主外型應是相當亮麗，且巨門化祿會照，午宮為日正當中，洽可驅巨門之暗，故命主口才定然相當好，從事賣場營業工作，相當適宜。所以山人建議命主可從事如：客服、電話行銷、櫃檯小姐等類型，定然會有不錯的成就呢。而鑾喜會命，也可嘗試往演藝圈發展看看呢。

優點說完了，該來看看缺點了，此局命宮三方會照擎羊、陀羅，雖本命宮火星正坐，本有形成火羊奇局的機會，但可惜會照陀羅破局，在沒有優化的情況下，命主個性定然相當急躁且剛烈，加上會照地劫，是故應對進退相當情緒化且欠缺思考。再觀其官祿宮，雖逢廟旺日月會照，表示在工作上相當容易得到上級長官賞識與拔擢，也經常會有表現自己的機會，但擎羊正坐又會地劫，表示大都因自己個性上的問題，導致到嘴的鴨子飛了呢，就像命主自述目前面臨的困境一般。加上此局人經常有想多做少且過度表現自我的狀況，經常因此而遭人妒忌甚至陷害，所以想要在職場上升遷到不錯的高度，自己的個性，真的要多加修正呀，倘持續如此，只怕難有升遷之時。至於為何其他老師說命主當年有升遷機會呢，基於三才理論，我們就轉進流年命宮看看吧。

大限流年盤

命主問命當年爲西元2009年，民國98年，歲次己丑年，流年命宮落於丑宮，其流年官祿宮會照天馬及本命祿，形成祿馬交馳，本有異動的味道，而對宮加會天巫又逢流年貪狼化權引動，天巫表賞賜之意，故有升遷加薪的機會無誤，以此結構看來，倘非再原工作上得到異動升遷的機會，就是跳槽後得到更好的職位與待遇，相當不錯。但可惜大限廉貞化忌同度，形成權忌交馳的情

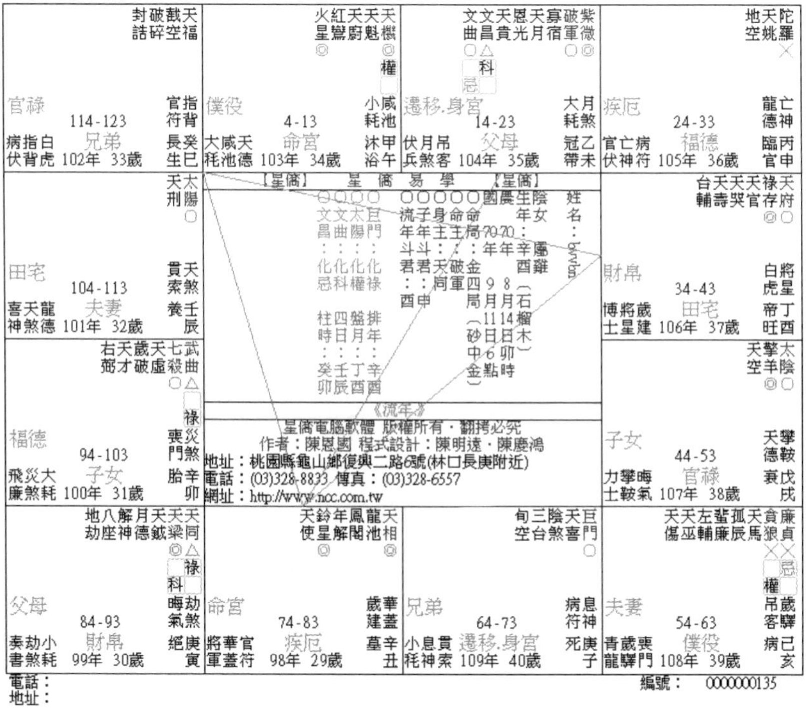

況，權忌交馳的外在表現就是當你的權力越大，越容易遭到權力反蝕，且因化忌星影響，縱然跳槽成功，也不容易有好的機會。倘命主早些遇到山人，山人應該會建議命主待在原工作崗位上，而非輕率的跳槽呀，這不也點出命主在個性上過於衝動及欠缺思考的問題了嗎？而以流年看來，99年流年命宮空劫對拱，本有勞而無獲的味道，又逢天機天梁擎羊會且又流年天同化忌引動，會是相當辛苦落寞的一年。100年官祿宮又是科忌交馳，整體觀之，應該要到民國102年後在職場上的發展才會轉好，所以升遷問題，我想這幾年應該是免了，倒是趁此機會好好修身養性，把煞星對自己的影響程度降到最低，同時累積更多的經驗與專業知識，才能在下次機會在度降臨時，好好把握。

【86】算命老師說31歲之前有個死劫，嚇死人了！

【提問時間】2009-09-07 21：34：51

【提問內容】

我哥哥 1981. 12. 05 未時出生，他不知道在哪裡算到說31歲之前有個死劫，嚇死人了！還有什麼空劫夾命的？？可以幫忙解析一下嗎？

謝謝！！

【回覆內容】

死劫，真可怕的說法，放寬心，不要想太多。以科學的觀念來看，命理是由出生年月日時所組合而成的，所以共盤的機率很高，以台灣2000萬人爲例，共盤的除了你之外，還有76人呢。

如果真有死劫的話，那麼共盤的76人都會再同一年同一時間死亡嗎？無稽之談，命理就是太多宿命論式的論法，才會到現在還被視爲迷信。不過容易發生意外事故倒是真的，只是罪不致死。

共盤的問題在山人的部落格有專文敘述，限於篇幅沒辦法完全寫出，有興趣可以至山人部落格看看。

空劫夾命，意思就是命被空劫雙煞給挾持，通常表示的意思是人生的路程比較容易失去機遇，例如本命宮逢紫微七殺，紫殺化權，但逢空劫夾置，便形成是權力必須受制於人的組合。空劫夾命，其實普通可怕。如本命宮化忌，形成空劫夾忌，那才真可怕。古曰：空劫夾命爲乞，此乞並非乞丐。而是人生走勢諸多不順，空劫雙煞爲土匪之意，倘人被惡煞左右挾持，自然不容易有順利的時候，也因此古人形容爲乞。

回到你的問題，倘以國曆生日來看的話，根本沒有死劫這回事。無論就大限或流年看來都是如此，31歲那年文昌化忌入命，文昌化忌頂多是財務損失，安心吧。

這只是江湖術士在唬人的罷了。連空劫夾命這種尋常的格局都說成這樣恐怖，其他真不敢想像呢。放寬心，不要想太多，倒是31歲那年倘參加國家考試，也許還有可能金榜題名呢。況且以流年看來，三方四正不逢煞侵，雖說會照化忌，但整體而言不構成太恐怖的格局，所以不要想太多。

【發問者意見】

很有幫助，謝謝

【命盤解析及內容說明】

本命盤

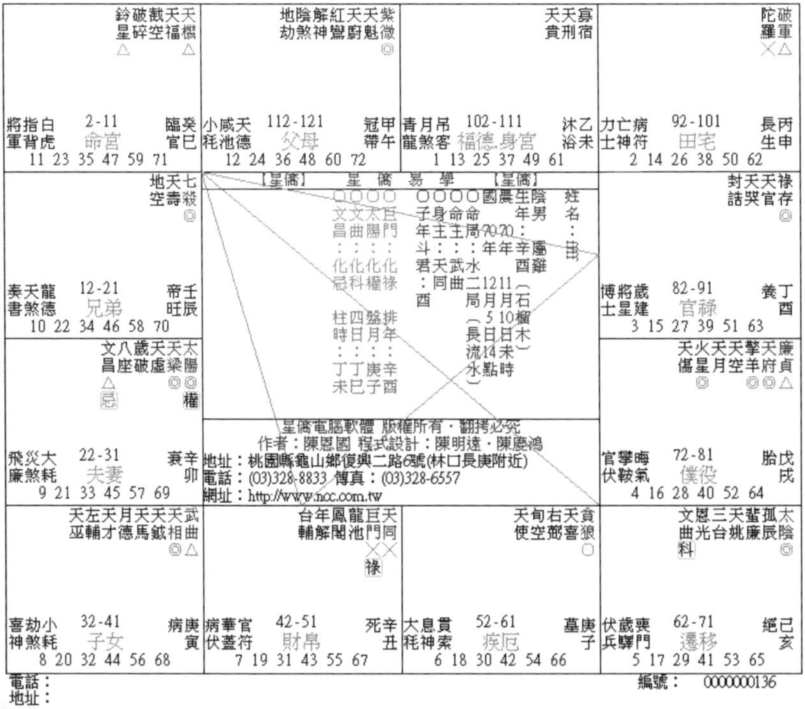

鈴破截天天 星碎空福機
將指白 2-11 臨癸 軍背虎 命宮 官巳
11 23 35 47 59 71
地陰解紅天天紫 劫煞神鸞廚魁微
小咸天 112-121 冠甲 耗池德 父母 帶午
12 24 36 48 60 72
天天寡 貴刑宿
青月吊 102-111 沐乙 龍煞客 福德.身宮 浴未
1 13 25 37 49 61
陀破 羅軍
力亡病 92-101 長丙 士神符 田宅 生申
2 14 26 38 50 62
地天七 空壽殺
奏天龍 12-21 帝壬 書煞德 兄弟 旺辰
10 22 34 46 58 70
【星僑】 星 僑 易 學 【星僑】
封天天祿 誥哭官存
博將歲 82-91 養丁 士星建 官祿 酉
3 15 27 39 51 63
文八歲天天太 昌座破虛梁陽
忌 權
飛災大 22-31 衰辛 廉煞耗 夫妻 卯
9 21 33 45 57 69
天火天天擎天廉 傷星月空羊府貞
官擎晦 72-81 胎戊 伏鞍氣 僕役 戌
4 16 28 40 52 64
星僑電腦軟體 版權所有・翻拷必究
作者：陳恩國 程式設計：陳明遠・陳慶鴻
地址：桃園縣龜山鄉復興二路6號(林口長庚附近)
電話：(03)328-8833 傳真：(03)328-6557
網址：http://www.ncc.com.tw
天左天月天天天武 巫輔才德馬鉞相曲
喜劫小 32-41 病庚 神煞耗 子女 寅
8 20 32 44 56 68
台年鳳龍巨天 輔解閣池門同
祿
病華官 42-51 死辛 伏蓋符 財帛 丑
7 19 31 43 55 67
天旬右天貪 使空弼喜狼
大息貫 52-61 墓庚 耗神索 疾厄 子
6 18 30 42 54 66
文恩三天蜚孤太 曲光台姚廉辰陰
科
伏歲喪 62-71 絕己 兵驛門 遷移 亥
5 17 29 41 53 65
電話：
地址：
編號： 0000000136

命理真的能論斷生死嗎？答案絕對是否定的，其道理很簡單，命理的統計單位是人的出生年月日時，那相同時辰出生的人有多少？這是個很簡單的計算，列式如下：

60(1甲子)*12(月)*30(天)*12(時辰)=259，200

倘若以台灣2000萬人計算，則共盤的人有

20，000，000/259，200=77

意思就是扣除命主1人，倘有76人是共用同一個盤的，那倘真有死劫這種事情，豈非另外那76人都會在同一時間，因爲同一個原因，一起魂歸西天嗎？套用一句台灣的流行用語：這不是荒謬，那什麼才是荒謬呢？再者，倘若用中國12億人口計算，那共盤人數更是驚人。所以這種濃濃宿命論的說法，就是導致中國命理迄今仍被視爲迷信的主因。因經不起科學辯證呀。許多老師誑稱能推算出死期，經過山人以科學方式驗證，完全的破解此妄言。再怎樣說，命理終究是世間法，有他的極限存在，並非任何事都能夠推論的，簡單的說，凡是自由意志可以決定的事情，通通應該歸類到不可推算的範疇才是。

至於死期是否真的可以推算呢？確實是可以的，但並非使用命理這門技巧，而是類似佛祖的六神通或其他出世法，才有可能做到，但通於此術的老師，多為方外之人。佛祖又嚴禁弟子顯現神通力，故縱使精於此法，又怎會冒著破壞因果及戒律的風險，只為賺你區區數千元的代價來為您論斷呢？所以日後讀者在遇到號稱能用八字、紫微或其他命理術數斷死期的命理老師，大可將它視為江湖術士，不聽也罷。

山人論命以來，經常遇到此類型問題，中國術數倘在如此宿命論，永遠都會被視為迷信，又怎能向西洋12星座一樣，讓普羅大眾接受的時候呢。這也是山人多年來的感慨呀。只是此傳統觀念就像老太婆的棉被，蓋之有年也。這也是一種無奈與感慨呀。

回到問題原點吧，山人常說，論斷重大意外時，首先需檢視星曜組成是否構成所謂的惡局，如鈴昌陀武、巨火羊、殺拱廉貞等，同時需注意命、身及福德宮強弱問題。倘本命宮命身及福德宮無主星且會空曜，則確實發生重大意外的機率會是比較高。此例命宮三方不構成惡局，且命宮有主星，福德宮與身宮雖無主星，但也不會空曜，田宅宮亦不空，怎會有太大的意外發生呢？所以跟命主說死劫的這位老師，連最基本的三強理論都搞不清楚，難怪會把空劫夾命這種星盤必然出現的組合說的這麼嚴重，真是無言以對呀。而31歲那年怎會被斷為死劫呢？咱們就轉進31歲那年的流年盤來看分明吧。

大限流年盤

此流年命宮並未出現任何的斗數惡局，且命宮太陽夠強勢，田宅又逢紫微正坐，又怎會有生死關頭產生呢？除非命主自我了斷才有可能。否則以此結構看來，能出多大的狀況呢？況且此流年命宮形成斗數奇局『陽梁昌

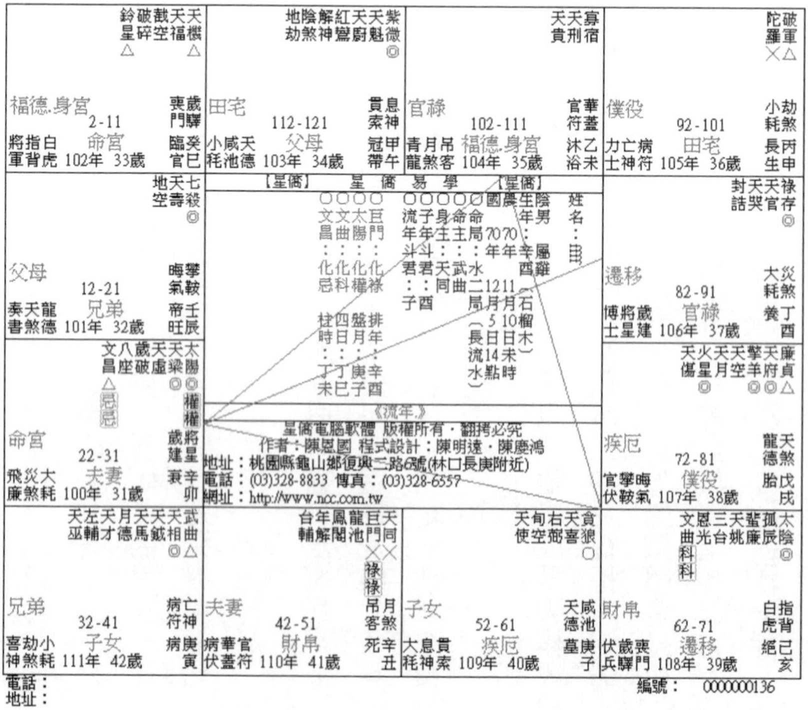

祿』，古曰：金殿傳臚，是公門格局中，最尊貴的一種，通常政府的高官大員都帶有此格局，又逢大限流年雙化權引動，此時參加國家考試，也許都能夠金榜題名呢。

再者，雖然文昌化雙忌坐流年命宮，但文昌化忌，不表示血光，因此最多就是金錢損失罷了呀。又何來性命交關之危呢？

如果那位老師說是 101 年的話，還有點說的過去。因 101 年流年命宮落於辰宮，而七殺廉貞又在此天羅地網處對拱，這就是俗稱的車關呀，但壬年廉貞並未化忌，且命宮三方四正亦不會忌星，縱有惡局，但不被引動，充其量也是啞彈，有何畏懼呢？縱使引動，命身不空，最多就是受點傷罷了，談到死劫，真的是言重了。連惡局都沒有，就解釋成死劫，倘真有惡局出現，真不知道這位大師該如何解釋呢？倘因此造成命主心理壓力過大，整天胡思亂想，心神不寧，以此情況繼續下去，我想也許不到31歲就可能把自己搞成神經病了，沒死都被這位老師嚇死。這不是造業嗎？命理應該是要幫助在十字路口或遭逢人生低潮而徬徨無措的眾生，找到新的方向，得到新生才是呀。這些不學無術的江湖術士，胡言亂語，害人不淺。要知道善惡到頭終有報，習命者須戒慎之，切莫因一時之快而自造口業呀。

【87】感情困擾，麻煩老師解惑

【提問時間】

【提問內容】

山人您好，小女子又來像您請益了。

最近因為感情的事情，把自己弄得很不解，在我的工作職場中，遇到了一位很心儀的男孩子，他很符合我心中所設定的條件類型，因此讓我很心動，很期待與他共事，只是不曉得為什麼，從以前到現在，只要我有心儀的對象，過沒多久，單身的他就會找到另一半，有另一半的就會步入婚姻，我總覺得自己有〝便媒人〞的命。冥冥中會帶桃花給別人，這情況有趣到自己想忽視都很難，山人……可否請您幫小女看看，我……到底該怎麼做才好？其實我滿困惑的，或許是因為傷過太多，所以不會太過強求，對緣分看得比較開，但也總會有寂寞難過的時候，獨立堅強久了，說真的……也想要有個肩膀來依靠，就我自己對自己命盤的分析，可能我也是個難有因緣的人，我知道自己很《一ㄥ、很矜持，而我正努力調整改變中，新的一年將至，想聽聽您的意見分析，無論優劣與否，對我來說，都是成長，也是提升。不好意思麻煩您了！

民國75年3月21日酉時生（國曆）

【回覆內容】

果單從你的本命夫妻宮來看，你的眼光應該還蠻高的。不過看來你的對象應該都是身邊的人，如：同學、同事或是鄰居等，整體看來比較適宜晚婚，但是如果有不錯的對象，倒是可以試試。

只是建議你這個大限（24～33），對於感情還是看開點，因爲山人很擔心你的狀況會一再重複發生。讓你自己感到很挫折，分析你這個大限的夫妻宮，貪狼桃花星正坐，但與野桃花天姚星相會，對宮廉貞化忌射入加上空劫來襲，因此你這段時間很容易會錯過好姻緣，就像你現在面臨的困境一樣，桃花不是沒有，只是和對方是有緣無份。只怕長久下去會讓你自己陷入困境，尤其廉貞貪狼這組桃花組合，會野桃花在加化忌，很擔心你會爲情所困，甚至是遇到感情上的騙子。

今年的緣分看起來還不錯，對方年紀應該比你還大，聰明，經濟狀況應該還不錯才是，看來要好好把握才是，試著交往看看。女生追男生應該很容易。不過可別太快把你那急躁火暴的脾氣給顯露出來，這樣會嚇跑人呢。

基本上堅強的女生，個性都比較內斂也比較急躁，也比較喜歡接受挑戰與刺激。但大部分的男生還是比較喜歡小女生類型的，所以平常時也要適時表現出妳溫柔的一面，尤其是職場上，好事不出門，壞事傳千里。偶爾表現出你那有點散仙的潛質，其實還會蠻可愛呢。

畢竟妳還年輕，多方嘗試，不過要多加觀察，因就這個大限極有可能會發生遇人不淑的狀況。

偶爾把自己的條件稍微放低一點，有時候看起來蠢蠢或普通的男生，才是當老公的最佳人選。山人閱人無數，有許多的熟女師姐，都很有氣質，也很漂亮，無奈淪落到40多歲都還單身，看來大姊頭是當定了。她們最常跟山人說的一句話就是：帥哥到最後都是別人的。因此而蹉跎耽誤了花樣青春年華，發現時往往悔之已晚，但又奈何？帥哥本身就比較花心，因為條件好，追求到最後，有個故事是這樣說的，一個女孩在海邊撿貝殼，一心只想撿到一顆最棒的貝殼，一路上走呀走，沿路看到很多貝殼，但因為一直想著下一個會更好，路到底了，手上卻一顆也沒有，清楚嗎？

所以你還年輕，試著把自己的條件給寬鬆一點，適時的表現自己女人的那一面。女生嗎，本來就不要太ㄍㄧㄥ，柔弱一點，會讓男生更生憐惜之心，自然會有好桃花出現。太強勢或太堅強的話，反而會讓男生不敢靠近，因而錯失機會。再度提醒你，帥哥或條件好的男生，常常都是毒藥，自己要多觀察。這個大限夫妻宮看來很辛苦，注意為上，尤其是明年。

【發問者意見】

感謝老師指導，我會多注意。

【命盤解析及內容說明】

本命盤

古曰：武曲加煞為寡宿，命主七殺坐命，會照武曲，本性較為剛烈加上火羊、鈴羊成局入命，故此為女強人之命造。

女強人不是不好，而是感情路通常較為波折，因過於強勢及主導性過強。時代雖然在改變，但大部分的男生，還是會比較喜歡溫柔婉約，帶點小女人個性的女孩。所以通常女強人的感情路，都會比較崎嶇。

此局為殺破狼加煞，衝擊性相當強，於事業發展上相當

天左孤天天祿天 月輔辰馬官存梁 ◎×	龍擎七 池羊殺 ×◎	月天 德喜	地天解天年歲鳳天廉 劫巫神才解破閣虛貞 (忌)
博亡貫 14-23 長癸 士神索 兄弟 生巳 12 24 36 48 60 72	官將官 4-13 養甲 伏星符 命宮 午 11 23 35 47 59 71	伏擎小 114-123 胎乙 兵羊耗 父母 未 10 22 34 46 58 70	大歲大 104-113 絕丙 耗驛耗 福德 申 9 21 33 45 57 69
三天截陀天紫 台哭空羅相微 ◎△△	【星僑】 星僑易學 【星僑】 姓名： 廉文天天　　國農生陽 貞昌機同　子身命命年女 年年年年　年主命命：：屬 化化化化　斗：：年丙 忌科權祿　君天破：寅 　　　　　：梁軍（屬虎） 柱四盤排　申 時日月年 癸甲辛丙 酉子卯寅		右破天 弼碎鉞
力月喪 24-33 沐壬 士煞門 夫妻 浴辰 1 13 25 37 49 61			病息龍 94-103 墓丁 伏神德 田宅 酉 8 20 32 44 56 68
台天巨天 輔空門機 ◎權			火八天蜚破 星座刑廉軍
青咸晦 34-43 冠辛 龍池氣 子女 帶卯 2 14 26 38 50 62	星僑電腦軟體 版權所有·翻拷必究 作者：陳恩國 程式設計：陳明達·陳慶鴻 地址：桃園縣龜山鄉復興二路x號(林口長庚附近) 電話：(03)328-8833 傳真：(03)328-6557 網址：http://www.ncc.com.tw		喜華白 84-93 死戊 神蓋虎 官祿 戌 7 19 31 43 55 67
地天天貪狼 空姚壽狼 △	天文文紅太太 使曲昌鸞陰陽 ◎◎科 ◎×	鈴陰天天天武 星煞廚福府曲 × ◎○	天旬封天祿天天同 傷空詰貴光魁 ○祿
小指歲 44-53 臨庚 耗背建 財帛 官寅 3 15 27 39 51 63	將天病 54-63 帝辛 軍煞符 疾厄 旺丑 4 16 28 40 52 64	奏災吊 64-73 衰庚 書煞客 遷移·身宮 子 5 17 29 41 53 65	飛劫天 74-83 病己 廉煞德 僕役 亥 6 18 30 42 54 66

電話：
地址：

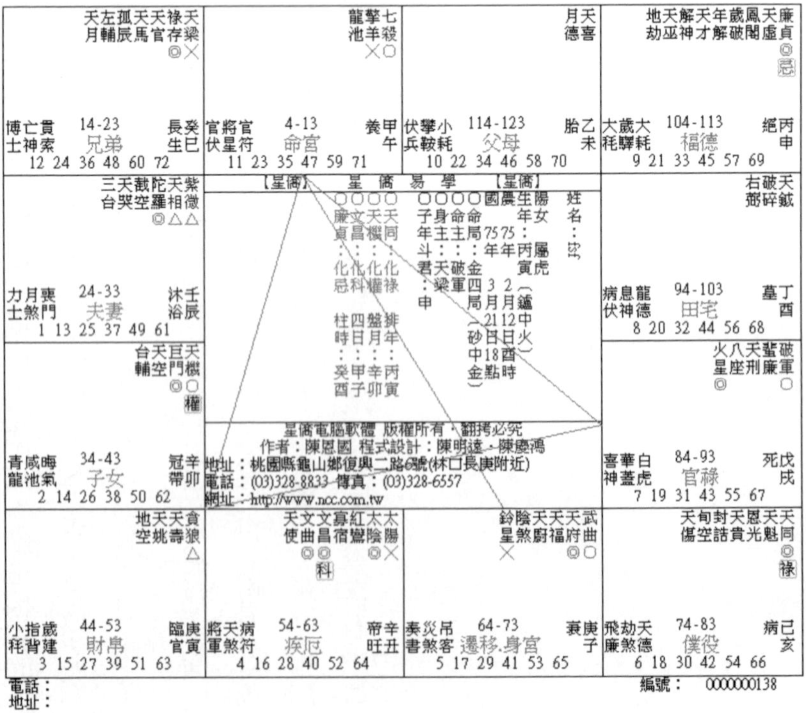

不錯，以山人觀點，建議命主可於事業上衝刺，畢竟此局適合發展事業而不利於男女關係，所以暫時將感情放一邊，等到事業有成，口袋錢多多之時，還怕沒有對象嗎？養隻小狼狗都行呢，對不對。而這不也是趨吉避凶的方法嗎？

再從夫妻宮觀之，紫微正坐，表示命主眼光相當高，沒有高富帥等級的男生，我想還很難看的上眼。而陀羅正坐，以晚婚爲宜。而火鈴同會夫妻宮，基本上暗示命主易有閃電成婚的狀況，對於七殺坐命的人而言，由於其個性愛恨分明，果斷且速戰速決的本性所致，因此倘發生此狀況，其實並不讓人意外。而火鈴衝夫妻宮，除表示雙方相處多是口不言而內心痛苦折磨，加上陀羅主慢，遲滯，延宕，故命主縱然因緣早動，也難逃雙方相處不和的問題，以整體看來，其婚姻以晚成爲宜。至於晚婚應該到幾時呢，通常山人建議是在32歲之後。至於此盤是否真的沒有姻緣呢？其實不然，如果沒有意外，因緣應成於34～43這個10年大限，婚期應在36歲前後，因此大限命宮會照天喜，夫妻宮逢鑾喜對拱，又會照本命祿及大限化權化科，三合穩定無煞，且以該大限夫妻宮逢日月昌曲正坐再會輔弼的星群組合看來，對象應該是蠻有成就，且家庭背景應當也是相當不錯的呢。這不也反證了命主較適宜晚婚的觀點了嗎?姻緣不會沒有，只是來的比較晚。

倘命主真要追逐感情，也建議命主將眼光放低一點，因夫妻宮坐天相星，表示配偶多是身邊早已熟識的人，例如同學、同事或是鄰居等，所以可以從身邊的異性去找找，也許會有不錯的結果呢。山人開業論命以來，經常看到許多氣質出眾的『超齡美少女』，人長的漂亮，但卻是單身，情路長期不順，一直埋怨『水人沒水命』。主因在於年輕時條件優異，擇偶條件甚高，到最後，落得一場空，不是當小三，就是孤單終老。因40多歲的男生大概都已成家立業，好對象不容易尋覓。而這些女孩的共同心聲就是『帥哥到最後都是別人的』，看到此處，各位豆蔻年華的女性，能不戒慎之嗎。

【88】以我的命盤來說，我是不是一個沒福氣的人呢！

【提問時間】2009－09－13 23：45：54

【提問內容】

山人您好：

最近因工作上發生了一些事，讓我開始不得不思考自己個性上的缺點，我想請山人幫我看我的命盤，在個性上我需要注意些什麼？我適合從事怎麼樣的工作呢！

我的生日為68年1月23日子時（國曆），我本來的工作是會計，進去才二個月吧！目前這份工作已經離職。一開始進去時我就自以為是了、而作帳方式也太隨性了，有些動作也造成讓人產生其他的聯想，才會導致後面的後果。會不會引來牢獄之災或財損之類的我也不太清楚。但一開始的個性及做事方式如果可以避開，也或許後來不會這樣！而這件事其實造成我精神很大的折磨，讓我差點變成神經病，也差點被朋友們抓去看心理醫生！雖然最近的精神狀況有好點，但其實還是放不開、想不開，還是會偷偷哭。仔細思考會變成這樣子，應該跟我的個性和做事方式有關，我的個性似乎太剛烈了、太直來直往了點、不太懂得柔軟、太有自己了想法了吧！沒有顧及到其他人的想法。所以想請山人指點一下，在工作人際關係方面我要特別注意什麼？工作運何時會變好呢！以我的命盤來說，我是不是一個沒福氣的人呢！不管是工作上或是財運或是婚姻、健康之類的，我怎麼覺得都不太順！不期望大富大貴，但希望能平平順順，但似乎也是一種奢求。看著朋友們的工作穩定，錢財都固定的有收入，而且我好不容易找到的工作卻搞砸了，而錢財也在流失中，花的更兇，似乎留不住財。懇請山人幫我指點一下我的疑惑吧！讓我明白，我現在該做些什麼？我現在完全處於茫然的狀況下，不知道該怎麼辦？以前從來沒想過要給人看命盤之類的，當身邊的朋友們都在為愛情之類的跑去算命的，我卻沒什麼感覺，但人總是要遇到自己覺得人生中的最大挫折時，才會想透過別的方式，來更了解自己，來提醒自己該注意些什麼。

【回覆內容】

這張命盤整體而言是頗爲強勢的命盤，三方四正會雙祿不會煞忌，加上火貪成局，相信你的偏財運還不錯，常常會出現意外之財。但很可惜的是逢煞破局，加上你的財庫又有損，財宮顯示出來的現象是你財務的流動性頗大，總是感到怎樣來就怎樣去，所以還是建議你可以把錢財交給信賴的人管理會比較好。

沒錯的話你的個性頗爲主觀，也比較會堅持己見，固執。有時候給人感到有點霸氣，命宮主星爲武曲貪狼，古曰：武貪不發少年人，而且舉凡命格強勢的大都走中老年運，以你的大限走勢看來確實也是如此。武貪坐命的人，如果年輕發財，老來必定無靠。原因很簡單，武曲爲財星，貪狼表示物慾，當此兩星相會時發生的加乘效果。對於金錢的執著比常人還堅持，手段自然會頗爲激烈。所以只有當中老年時候能把這個性給收斂起來之後，方可有成就的機會。而年輕時年少氣盛，自然容易陷入困境。

做財務工作確實很適合你，因爲你是天生的財務精算及規畫人才。加上雙祿會命宮，以此局來論，只要不投機，不貪求。金錢對你而言是不虞匱乏的。如果以你的理財來看，有時會過於偏向投機，雖說經常都是好的結果，但終究並非正途呀。

你的本命宮也帶有標準的公門格局，沒錯的話你出門在外或多有貴人提攜扶持及良好的機遇，而且你本身應該也很有才華。所以如果真的找不到合適的工作，不妨往這方向去嘗試。我想以你的格局，努力點應該會很有希望的。

24～33歲這段時間，我想是你很辛苦的時候，總感到四處奔忙，卻毫無所獲。而這個大限看起來也差不多，苦在壓力與競爭，還有謀事不順的困境。不過既然走的是中老年運，所以年輕時的挫折，就當作磨練吧。

至於今年對於財務方面要特別小心，看來很有可能因此而引發官非困擾。以職場上來看，這兩年工作感覺上不是很穩定，有經常換工作的可能。下個大限（34～43）官祿宮看來是穩定多了，加油吧。

【發問者意見】

【命盤解析及內容說明】

本命盤

正所謂『武貪不發少年人』，且此組合又落於四墓地，更是標準的晚發格局，所以年輕時的挫折，正好是未來成功的經驗累積呢。此盤命局星曜組合相當強勢，紫殺化權入命，在工作上相當容易進入權力核心，又因武曲為財星，故相當適合從事會計類工作，因此從事財會工作，確實是相當適宜。

破祿七紫　碎存殺微　◎△△
博亡病　44-53　長丁
士神符　官祿　生巳
2 14 26 38 50 62

天台解擎　傷輔神羊　×
力將歲　54-63　沐戊
士星建　僕役　浴午
3 15 27 39 51 63

天天天天天　壽才空廚鉞
青攀晦　64-73　冠己
龍鞍氣　遷移　帶未
4 16 28 40 52 64

天天孤　使刑辰
小歲喪　74-83　臨庚
耗驛門　疾厄　官申
5 17 29 41 53 65

文天寡鳳陀天　曲煞解宿閣羅機　◎◎忌
△
官月吊　34-43　養丙
伏煞客　田宅　辰
1 13 25 37 49 61

恩紅破廉　光鸞軍貞　×△
將息貫　84-93　帝辛
軍神索　財帛　旺酉
6 18 30 42 54 66

【星僑】　星僑　易學
天右太貪　國農生陽
機弼陰狼　子身命命　年男
：：：：　主主：：年戊
化化化化　斗君火巨：午馬
忌科權祿　：星門4 1 12（天
柱四盤排　丑　局月月23 25上火
時日月年　（月　日日0子
：：：：　海1 12（時
丙庚乙戊　中　（海中
子寅丑午　金　金點

姓名：略

星僑電腦軟體　版權所有·翻拷必究
作者：陳恩國　程式設計：陳明道.陳應鴻
地址：桃園縣龜山鄉復興二路6號(林口長庚附近)
電話：(03)328-8833　傳真：(03)328-6557
網址：http://www.ncc.com.tw

鈴天三左天天天　星貴台輔喜福官相　△
伏咸天　24-33　胎乙
兵池德　福德　卯
12 24 36 48 60 72

文龍　昌池　×
奏華官　94-103　衰壬
書蓋符　子女　戌
7 19 31 43 55 67

封天蜚巨太　詰月廉門陽　△□
大指白　14-23　絕甲
耗背虎　父母　寅
11 23 35 47 59 71

旬火天貪武　空星魁狼曲　◎◎　祿
病天龍　4-13　墓乙
伏德　命宮.身宮　丑
10 22 34 46 58 70

天截天天截太天　姚破虛哭空陰同　◎○　權
喜災小　114-123　死甲
神煞耗　兄弟　子
9 21 33 45 57 69

地地八天右月天天　空劫座巫弼德馬府　科
飛劫小　104-113　病癸
廉煞耗　夫妻　亥
8 20 32 44 56 68

電話：
地址：

編號：　0000000140

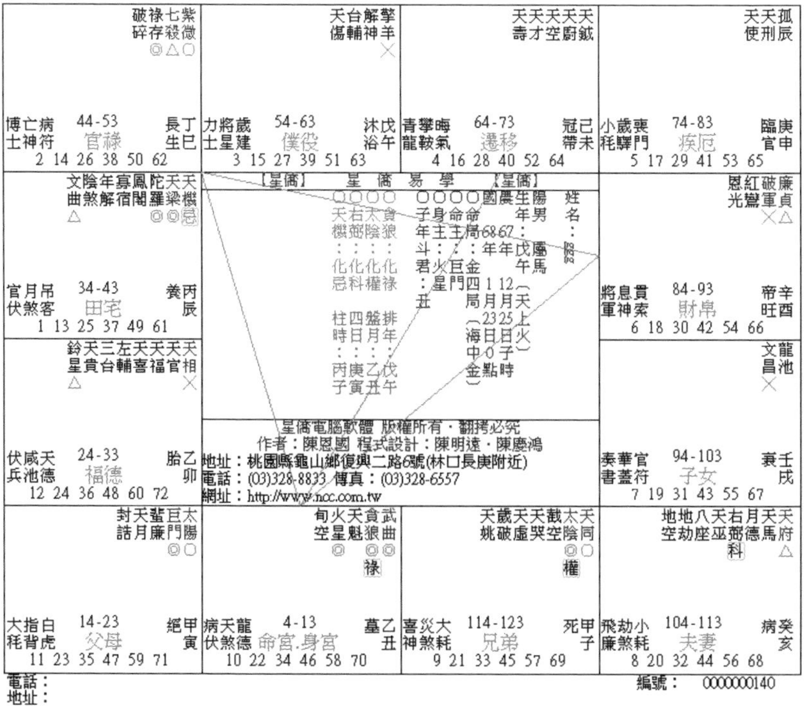

而命宮及財宮均會照雙祿，表得財容易，財路較廣，又天魁天鉞會照入命，除表示多貴人及機遇外，更象徵命主天資聰穎，才華洋溢，而此局又可稱為公門局，故參與考試擔任公職，也是相當適宜的呢。整體看來是個相當不錯的命局。但可惜紫微不逢輔弼，否則未來的成就相當值得期待呢。

通常魁鉞拱命者，其外在氣度及儀表均相當出色，但此曜因本質心慈善良，通常當不成生意人。此點可從其天馬與空劫同度，形成半空馬格局的組合可見一班。但可惜空劫同臨官祿，又逢羊陀夾制，因此在職場發展上會是相當辛苦與挫折。而此局由於本命宮火貪成局，表偏財運相當強旺，又財宮會鑾喜適合賺取所謂的『歡喜財』，同時火貪、鈴貪均成局，通常在理財上較為有投機的傾向，但因三合穩定無煞，因此投機的結果大都應該是良好的呢。以命主田宅宮穩健的情況看來，撈偏財確實是相當適宜呢。或許因此所以象徵正職的官祿宮才會如此弱勢吧。但畢竟此非求財的正道，因此山人才勸戒命主不宜過度沉迷此道。

只是命主命身同宮，個性上較為固執、堅持己見，加上主星曜匯聚，個性過於強勢，因此在職場上常因此個性而遭致非議，所以遇到目前的困境，確實不令人意外。加上問命當年正值24～33這個大限，官祿宮逢空劫齊臨，雖逢輔弼拱照，其危害稍可緩解，但仍難逃起伏波折及勞而無獲的困境，尤其本命盤官祿宮相當弱勢，大限組合亦不佳，因此這段時間真的就是多忍耐了，而大限疾厄宮逢羊陀雙煞會照，所以身體健康狀況要特別注意呢，好在命主即將邁入下一個10年大限（34～43），大限官祿宮星曜組合較爲穩定，所以這段時間的不順利，就當成磨練經驗及心性吧。

【89】很想趕快成家立業，但是苦無另一半

【提問時間】2009－09－13 09：29：39

【提問內容】

小弟國曆 1982. 06. 22. 戌時生^^，麻煩您了。另外，可以再幫我看一下我的夫妻宮嗎？我很想趕快成家立業 但是苦無另一半。

【回覆內容】

從本命盤看來，與父母緣分較淺，沒錯的話你的上半身應該有傷疤，而你的本命宮結構看來還不差，應該還蠻有文學天份，也蠻會讀書的。有具備標準的公門命格，整體而言還不算太差，只是你的那帶點叛逆本性應該要稍微修正一下會比較好。學習修行對你而言是相當好的事情呢。

比較可惜的是你的福德宮逢煞星正坐，而財宮會照雙煞，所以你應該會感到很

努力但收穫常常不如預期，賺的錢應該剛好只夠用，從整體看來，你應該屬於凡事親力親爲那類型的人，但容易遭人怨妒，所以山人建議你你比較適合抱持老二哲學。其實做老二並沒有什麼不好，天塌了，有高個子頂者，對不對呢。

如果單就你的事業宮來看的話，雖然見擎羊，但有左輔右弼來撐持。所以縱有困難也能有適當的助力幫你度過難關，但競爭及惡意中傷仍難免，不過誰沒有遇過這回事呢?所以不要擔心太多，煞星，每個人都會見到的。

不過你還真要提防你的朋友，因爲看來你很容易會因爲朋友而破財。且朋友對你並沒有太大益處，所以交友一定要謹慎。至於夫妻的話，我想第三者應該是你很大的問題。還有身邊的小人往往是影響你男女關係的重點因素吧。基本上你比較適合晚婚，姻緣來的太早對你反而不好，最好是能在35歲後才結婚。

【發問者意見】

謝謝老師

【命盤解析及內容說明】

本命盤

命主太陽巨門坐命，又太陽可驅巨門之暗，巨門本主口舌，但經太陽優化此缺點後，轉變成為口才絕佳，辯才無礙的優點。基本上此局人相當適合以口為業的工作，如：老師、教授、業務員，講師等。有許多律師及top sales其本命都帶有巨日的格局呢。又三方昌曲拱照，故命主除口才好之外，其聰明才智也是相當出色的呢。而左輔坐命，主人心慈善良，三方整體而言尚稱穩定，

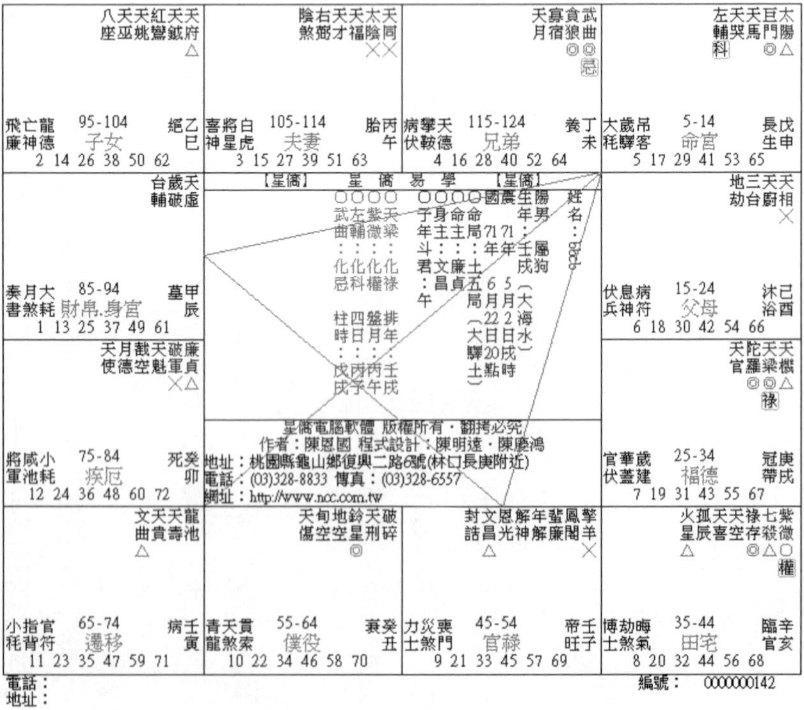

倘逢天時之助，應能有一番成就才是呀。

而太陽爲男性的表徵，男命得之，相當適宜。其外在表現頗爲陽剛，做事主動積極，個性坦率，不拘小節，個性頗爲急躁，經常因說話經常過於直接，得罪人而不自知。又男命逢太陽正坐者，經常都有較爲『博愛』的通病，倘再會合天姚或鑾喜此類象徵桃花的星曜尤確。

三方會照擎羊煞星，表示命主個性頗爲叛逆，且此曜不管是正坐或會照命身宮，其人身上多帶有傷疤，倘正坐身宮，以山人經驗，機率將近90%。實在是因爲此曜煞氣太重所致。

而本命化忌正坐兄弟，兄弟緣較淺，而空劫會照僕役宮又逢化忌會照，是故命主多酒肉朋友，來去相當快，缺少知心好友，對於命裏缺兄弟的人來說，也是相當苦惱的事情呀。以此結構而言，朋友部屬不但對命主無助益，當大限流年組合較差之時，更有可能因此而受拖累，故勸誡命主，此處不可不慎呀。

至於因緣問題，由於命主夫妻宮坐太陰，可謂艷福不淺，因太陰坐妻宮，主可配得美嬌娘，氣質大方出眾，聰慧可人，個性溫柔賢淑，持家有方。反之，若太陽坐夫妻宮，則可能落得『家有河東獅』的窘境呀。以其結構看來，由於會照擎羊及陀羅雙煞，基本上在感情上較會產生單戀或是辛苦追求卻屢屢落空的情況。故此局人以晚婚爲宜。早婚容易有生離死別的狀況，所以目前沒對象，其實也不算是壞事呢。以大限走勢看來，因緣應成於36歲前後，故不需多慮呢。

【90】請幫我算算夫妻宮

【提問時間】2009－09－19 01：18：24

【提問內容】

63年6月15日農曆卯時女生

【回覆內容】

民國63年適逢日光節約時間，所以出生時間需要往前調一個小時，所以還是要確實的時間，才會比較準確。不過山人還是用你提供的卯時來幫你看看夫妻宮。

從你的本命宮看來，你的脾氣應該不是很好吧。正所謂，命由性生，女生嗎，本來就應該溫柔一點，對不對。

如以夫妻宮星宿組合來看，命主宜晚婚，早婚易發生問題。沒錯的話你的對象處事積極，責任心重。對你也有助力，但脾氣也不是很好。加上你自己本身個性頗爲強勢，所以在硬碰硬的情形下，難免會出現爭執口角。沒錯的話，較易與原先已認識人成婚，如同學、鄰居、同事等。家庭生活看起來頗爲單調，所以還是要改改自己的脾氣會比較好，因爲看來婚姻生活會走的蠻辛苦的。沒錯的話這個大限（33～42）有因緣的跡象，婚姻應該會成於此時。

綜上所述，山人建議你還是先把自己的個性給修正一下。畢竟雙方相處需要的是尊重與溝通協調，這樣才會走的長久。

【發問者意見】

無

【命盤解析及內容說明】

本命盤

命主七殺坐命，此曜在斗數裏是帥星，帶著強烈的孤剋性，故命主處事果決，

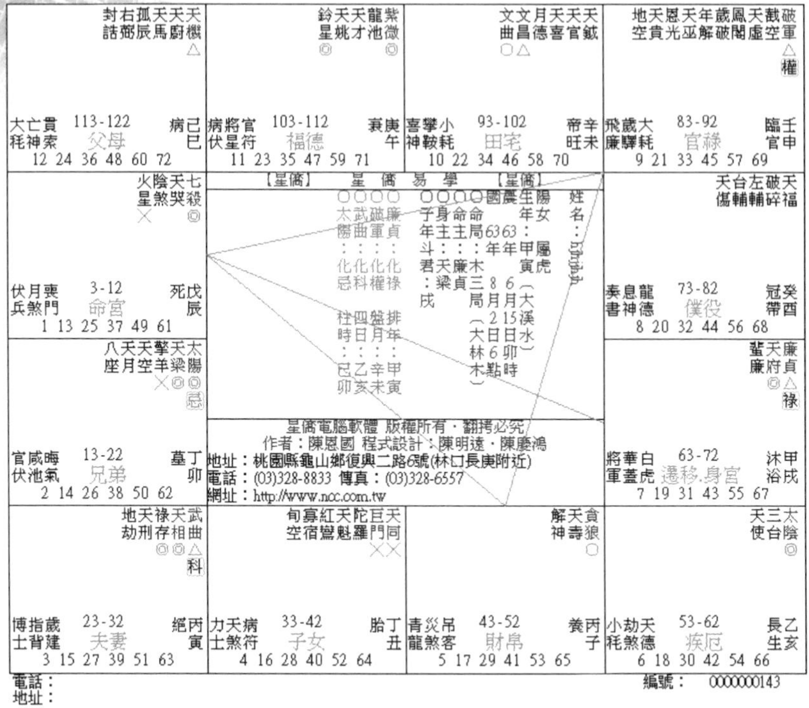
天機 天廚 天馬 孤辰 右弼 封誥
大耗 亡神 貫索 113-122 病 己巳 父母
12 24 36 48 60 72
紫微 龍池 天才 天姚 鈴星
病符 將星 官符 103-112 衰 庚午 福德
11 23 35 47 59 71
天鉞 天官 天喜 月德 文昌 文曲
喜神 擎羊 小耗 93-102 帝旺 辛未 田宅
10 22 34 46 58 70
破軍 截空 天虛 鳳閣 歲破 年解 天巫 恩光 天貴 地空 權
飛廉 歲驛 大耗 83-92 臨官 壬申 官祿
9 21 33 45 57 69
七殺 天哭 陰煞 火星
伏兵 月煞 喪門 3-12 死 戊辰 命宮
1 13 25 37 49 61
天福 破碎 左輔 台輔 天傷
奏書 息神 龍德 73-82 冠帶 癸酉 僕役
8 20 32 44 56 68
太陽 天梁 擎羊 天空 天月 八座 忌
官府 咸池 晦氣 13-22 墓 丁卯 兄弟
2 14 26 38 50 62
廉貞 天府 蜚廉 祿
將軍 華蓋 白虎 63-72 沐浴 甲戌 遷移.身宮
7 19 31 43 55 67
武曲 天相 祿存 天刑 地劫 科
博士 指背 歲建 23-32 絕 丙寅 夫妻
3 15 27 39 51 63
天同 巨門 陀羅 天魁 紅鸞 寡宿 旬空
力士 天煞 病符 33-42 胎 丁丑 子女
4 16 28 40 52 64
貪狼 天壽 解神
青龍 災煞 弔客 43-52 養 丙子 財帛
5 17 29 41 53 65
太陰 三台 天使
小耗 劫煞 天德 53-62 長生 乙亥 疾厄
6 18 30 42 54 66
【星僑】 星 僑 易 學 【星僑】
姓名：chuh
陰女
生年：63
國曆：63年甲寅
屬虎
命局：木三局
命主：廉貞
身主：天梁
子斗：君戌
8月2日
6月15日
卯時
（大溪水）
（大林木）
6點
廉貞：化祿
破軍：化權
武曲：化科
太陽：化忌
排年：甲寅
盤月：辛未
四日：乙亥
柱時：己卯
星僑電腦軟體 版權所有．翻拷必究
作者：陳恩國 程式設計：陳明遠．陳慶鴻
地址：桃園縣龜山鄉復興二路6號(林口長庚附近)
電話：(03)328-8833 傳真：(03)328-6557
網址：http://www.ncc.com.tw
電話：
地址：
編號： 0000000143

敢衝敢拼敢冒險，對於開創事業而言，是相當不錯的，但本性上頗為暴躁且性急，女命性情如此，想要有段美滿的姻緣，只怕會是相當困難。此點可從其夫妻宮呈現的狀況可得反證。雖祿存正坐又會化祿，形成雙祿交流，主可配得貴夫，且配偶家庭背景定然不差，倘時機得宜，有當少奶奶的機會呢。但逢空劫齊臨，形成倒祿格局的情況，縱使進入豪門，也難逃深閨怨婦的結果呀。通常此局出現夫妻宮，經常會有遇人不淑及情路波折的狀況。

究其因，都是因爲自身個性所致。至於婚配對象，由於天相坐命，基本上會是周邊鄰近的朋友，男命可得賢慧持家之妻，女命可配個性良善之夫。但因煞星干擾，因此兩人在相處上較爲冷漠且生活單調。

而七殺坐命，三方必然形成殺破狼格局，因七殺與破軍定然在三方遙遙相望，是故也增添了人生的起伏與波折。是故命主倘希望人生路途較爲順遂，夫妻關係美滿，首要任務便是修煉自己的心，改變自己的個性，才能扭轉情勢，改變命運呢。這也是建議晚婚的原因，因人會隨著年紀增長，處世態度及應對進退越成熟，較利於婚姻。

由大限觀之，因緣應成於33~42這個大限，命宮逢鑾喜對拱，主有正緣可期待，夫妻宮會照天喜，且太陰化祿衝起，又逢昌曲吉星拱照，故此大限內定有喜事加臨呢。沒錯的話問命當年命主36歲，即有相當不錯的對象出現呢，只希望命主能聽進山人勸告，好好改變自己，別錯過了此段難得的緣份。

【91】家裡陰盛陽衰，我會是同性戀嗎？

【提問時間】2009－10－26 16：09：42

【提問內容】

從小家裡就陰盛陽衰，父母把我當男人帶大，打扮也較中性，我會變成同性戀嗎？我是74．6．15辰時（農曆）

【回覆內容】

會不會變成同性戀，我想這問題在你自己身上，看你自己喜歡的是男生或是女生，自己最清楚。命理分析只能夠可以提供你參考。

如果單以命盤來看的話，看起來不像是個男人婆的樣子，且疾厄宮雖會陰煞，但子女宮不會哭虛。以命盤看來，欠缺成為正牌同性戀的必要條件，也不構成一般較易有同性戀傾向之格局。而你的夫妻宮看來也不算太差，子女宮會魁鉞，表示孩子日後應頗有成就才是呢。以山人的經驗看來應該不會是同性戀才對。

沒錯的話你的心思還蠻細膩的呢，不過思考邏輯卻是蠻前衛也有點叛逆。也蠻有豐富的想像力，無怪乎你會問這問題，不奇怪。

沒錯的話你應該也是小氣財神一個，但常常會有胡亂投資或莫名破財的情況，對自己很好，很捨得花錢在自己身上。以你的本命宮格局來看，千萬不要輕易相信人，因爲可能會因此破大財。盡量避免跟會或從事投機事業，看有沒有機會把自己的錢財給守住。

不過如果就你的父母宮看來，雙親應該想法與觀念還蠻開明的。所以會把你當男生來看，也不是很奇怪。雖說命盤不構成同性戀的條件，但這一切還是要看你自己，因爲這問題決定權在你自己手上。喜歡異性或是同性，都是自己的選擇，命理只能提供您參考。

【發問者意見】

無

【命盤解析及內容說明】

本命盤

山人常說，凡屬自由意志可決定的事情，通通應該歸類到不可推算的範圍。因此同性戀傾向也是如此，一個人喜歡的是異性或是同性甚至是雙性，都是自己的選擇，命理最多只能提供建議與參考，但並非絕對值，千萬不要看到山人此篇的分析，就不分青紅皂白，看到類似的盤就直接認定這位命主是同性戀，不然被飽以老

右龍天天天 鸞池哭馬梁 ×權 青指官 龍背符 25-34 福德 3 15 27 39 51 63　絕辛巳	封文天月截天七 詰昌姚德空廚殺 × ○ 小咸小 耗池耗 35-44 田宅 2 14 26 38 50 62　胎壬午	地火恩歲天 空星光破虛 △ 將月大 軍煞耗 45-54 官祿 1 13 25 37 49 61　養癸未	天文天天天廉 傷曲巫喜福鉞貞 △ ◎ 奏亡龍 書神德 55-64 僕役 12 24 36 48 60 72　長甲申
陰天天擎天紫微 煞才官羊相微 ◎△△科 力天貫 士煞索 15-24 父母 4 16 28 40 52 64　墓庚辰	【星僑】　星僑易學 太紫天天 子身命命　國農生陰 年女 陰微梁機 生主主　曆曆年命 屬牛 　　　斗君天曲　74 74 乙丑 化化化化 五　　　5 8 6 忌科權祿 亥 局月　11 5 海中金 　　　　　　　　城頭土 柱四盤排 時日月年 甲壬癸乙 辰申未丑	姓名： 	天左右輩鳳 貴輔弼廉閣 飛將白 廉星虎 65-74 遷移 11 23 35 47 59 71　沐乙酉
地八天天巨天 劫座月存門機 祿 博災喪 士煞門 5-14 命宮 5 17 29 41 53 65　死己卯	星僑電腦軟體 版權所有‧翻拷必究 作者：陳恩國 程式設計：陳明達‧陳慶鴻 地址：桃園縣龜山鄉復興二路6號(林口長庚附近) 電話：(03)328-8833 傳真：(03)328-6557 網址：http://www.ncc.com.tw		天旬台寡破 使空輔宿軍 喜擊天 神鞍德 75-84 疾厄 10 22 34 46 58 70　冠丙戌
鈴天孤紅貪廉狼 星刑辰鸞空狼 ◎ ×△ 官劫喪 伏煞氣 115-124 兄弟 6 18 30 42 66　病戊寅	破太太 碎陰陽 ×忌 伏華歲 兵蓋建 105-114 夫妻 7 19 31 43 55 67　衰己丑	解天天武 神壽魁府曲 ◎◎ 大息病 耗神符 95-104 子女 8 20 32 44 56 68　帝戊子	三天 台同 病歲吊 伏驛客 85-94 財帛,身宮 9 21 33 45 57 69　臨丁亥

電話：
地址：

編號：　0000000144

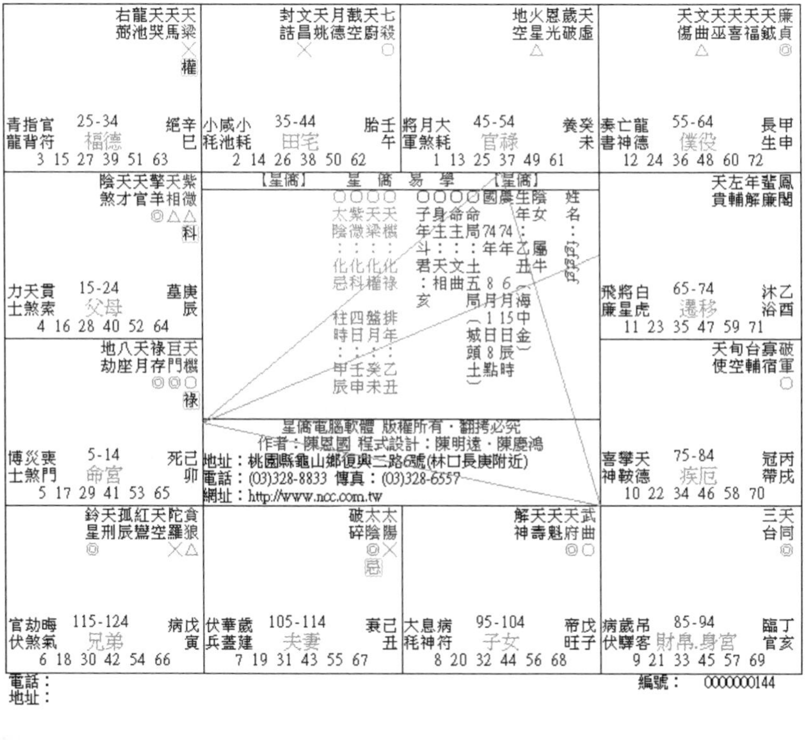

拳之時，可別埋怨山人呢。畢竟命理只是統計學的一種，此點同學務必牢記。

山人論命多年，也遇到許多正牌同性戀的同學，其實這些只是上帝不小心裝錯身體的靈魂，實在不需要用異樣眼光看待，他們也是人，只是選擇與一般人不同罷了，不是嗎？山人認爲，應該也有結婚及利用領養的方式孕育下一代的權利，倘真能如此，我想孤兒院的棄嬰應該也能少一點呢，畢竟這些孤兒，都是這些所謂正常性向的人所造成的，不是嗎？而何謂正常，何謂不正常，其實是社會大眾所共同認定且接受的標準，倘全世界都是這些所謂正常的人所組成，那世界就無趣了，也不會有愛因斯坦或是梵谷此類的奇才出現了呢。

以山人經驗，正牌同性戀，以命宮主星曜而言，女性應該是太陽坐命，而男性應該是太陰坐命，因此兩曜爲男女外在的表徵，倘錯置男女，較易有性別認同混淆的狀況，而疾厄宮應有陰煞這顆雜曜在作怪，子女宮應會合天哭天虛或是地空地劫等星曜，主與子息較爲無緣，且易有不孕或無後的狀況發生，此些重點成立，成爲同性戀的機率真的還蠻高的呢。

此盤完全不符合山人所述的三個要件，因此山人認爲命主並不具備正牌同性戀的要件，又其子女宮會照文昌文曲及天魁天鉞，主可得有成就之後代，而夫妻宮逢日月正坐加會輔弼，故其婚配對象其家庭背景不差，東看西看，都不像是同性戀的星盤呢。會有這種想法，我想是因爲空劫入命所造成的，因空劫入命者，想法疏狂，思想前衛，敢與人所不同，充滿豐富的想像力，但也經常因此而招致敗局，而其父母宮紫微天相正坐，表示雙親觀念想法雖然頗爲開明，但因紫微爲帝座，主觀意識較強，加上陰煞這顆怪星同度，故從小被父母親當成男生來養，陰陽錯置，確實是不讓人意外。以本星盤看來，倘命主真有性別認同問題，我想應該也是父母親所造成的，並非本性呀。爲人父母者，豈能因一己之私而影響子女的一生呢。

【92】諸事不順，挫折磨難不斷，求老師論命贈言

【提問時間】2009－10－12 17：18：42

【提問內容】

山人您好，在下自從今年生場大病後，諸事特別不順，人生挫折磨難似乎不斷，總覺又累又苦，常有輕生之念，請問若求論命贈言，捐助流浪貓金額？

PS 六十一年次　農曆二月十三日　午時生　女性

【回覆內容】

人生不如意十之八九，有時候挫折是來自於前世的業障，就當作在還債。這樣心情會好過一點。

沒錯的話你的外型應該屬於俏麗型的女生，異性緣不錯，但與男生之間總覺得像哥兒們。你的個性開朗外向，照顧弱小，具有正義感，但有時直言不諱，會讓人有點受不了。

本命宮無正曜，基本上比較沒有主見。加上天梁化祿入命宮，所以你應該常常會因爲自己的原則性而惹麻煩吧，有時也會讓人感到有點無理取鬧的感覺，在職場上也難免遭人忌妒或猜忌。我想這也是你感到灰心的主因。

只是從你的本命盤看來，你應該一路走來都感到波折辛苦，而且也會有遇人不淑之嘆。桃花雖然很旺，但大都屬於爛桃花。因你的本命盤帶泛水桃花的格局，加上你本身異性緣不錯，所以會有這種感嘆。而且此桃花會煞星，又形成風流杖彩，所以也經常是爲情所困。

不過值得慶幸的是你命裏多貴人及機遇，基本上你本命宮帶有公門格局，我想你應該也算是蠻有才華且聰明的女生才對，沒錯的話應該是公務員吧。如果不是的，可以嘗試看看。

你的福德宮雖坐祿，但逢對宮空劫來襲，因此難免波折辛苦。以山人的觀點，此類型屬於還債型的，所以辛苦折磨難免，尤其是在感情上。

錢對你來說是來的快去的也快，很難能存的下來，雖然自己相當節省。建議你不要進行投資，因爲賠錢的機會比較大，也不要跟會，因爲後果可能蠻挫折的。至於大病部份，這點你可以放心，你的本命宮見天壽星，此曜爲延壽之星。基本上壽元應該還蠻長的，病痛難免，但會痊癒。只是身體經常會感到很虛弱，其實你的命身皆無正曜，且逢空，福德亦逢空，可謂命弱身弱之造，所幸天壽星正坐，加上魁鉞來拱，所以雖然體弱多病，但還是能夠順利度過，這點可以放心。

其實你應該還蠻慶幸的，千萬不要有輕生的念頭。因爲你身邊的貴人很多，而且有延壽之星在照護著你，在適當的時候都會拉你一把。否則以你命弱身弱，福德又空的星盤組合，可能不是很好。所以連老天都幫你，自己要更努力。就像山人說的，你屬於還債型的人。就當作欠債還錢，人生會快樂的多。

【發問者意見】

謝謝老師，我會多行善事累積福報的。

【命盤解析及內容說明】

本命盤

山人常說，一個人的命運，在出生時已經註定7成以上，當命盤一排出，好壞立見分明。命無格局者，承擔力弱，注定如何踢騰，都難有好的結果。此時命理老師就應該扮演心靈輔導師的角色，所以習命之人，除隨時充實自身的專業之外，更重要是必須要有豐富的人生體驗，這樣才

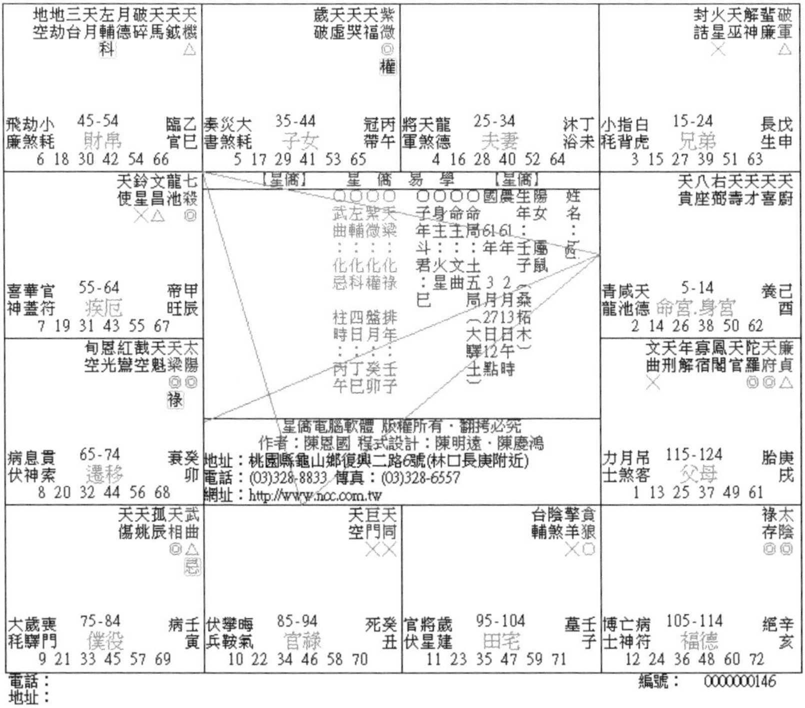

天天天破月左天三地地 機鉞馬碎德輔月台劫空 科
飛劫小 廉煞耗 45-54 財帛 臨官 乙巳
6 18 30 42 54 66
紫天天天歲 微福哭虛破 權
奏災大 書煞耗 35-44 子女 冠帶 丙午
5 17 29 41 53 65
將天龍 軍煞德 25-34 夫妻 沐浴 丁未
4 16 28 40 52 64
破蜚解天火封 軍廉神巫星誥
小指白 耗背虎 15-24 兄弟 長生 戊申
3 15 27 39 51 63
七龍文鈴天 殺池昌星使
喜華官 神蓋符 55-64 疾厄 帝旺 甲辰
7 19 31 43 55 67
【星僑】 星僑易學 【星僑】
姓名：
陽女
生年：壬子（屬鼠）
農曆：61年3月27日午時
國曆：61年2月13日12點
命局：土五局（桑拓木）
命主：文曲
身主：火星
子年斗君：巳
天梁：化祿
紫微：化權
左輔：化科
武曲：化忌
排年：壬子
盤月：癸卯
四日：丁巳
柱時：丙午
天天天天右八天 廚喜才壽鉞座貴
青咸天 龍池德 5-14 命宮.身宮 養 己酉
2 14 26 38 50 62
太天天截紅恩旬 陽梁魁空鸞光空 祿
病息貫 伏神索 65-74 遷移 衰 癸卯
8 20 32 44 56 68
星僑電腦軟體 版權所有．翻拷必究
作者：陳恩國 程式設計：陳明遠．陳慶鴻
地址：桃園縣龜山鄉復興二路6號(林口長庚附近)
電話：(03)328-8833 傳真：(03)328-6557
網址：http://www.ncc.com.tw
廉天陀天鳳寡年天文 貞府羅官閣宿解刑曲
力月吊 士煞客 115-124 父母 胎 庚戌
1 13 25 37 49 61
武天孤天天 曲相辰姚傷 忌
大歲喪 耗驛門 75-84 僕役 病 壬寅
9 21 33 45 57 69
天巨天 同門空
伏攀晦 兵鞍氣 85-94 官祿 死 癸丑
10 22 34 46 58 70
貪擎陰台 狼羊煞輔
官將歲 伏星建 95-104 田宅 墓 壬子
11 23 35 47 59 71
太祿 陰存
博亡病 士神符 105-114 福德 絕 辛亥
12 24 36 48 60 72
電話：
地址：
編號： 000000146

能夠安慰這些陷於困境中的芸芸眾生，協助依照其特色與屬性，他們找到人生的新方向。同時揮別過往陰霾，勇敢迎向新生，我想，這才是命理存在的目的。千萬不可趁虛而入，造成命主二次傷害。這豈非造業不淺，學者須慎之。提出一句話與大家勉勵：莫因貧賤而欺之，勿以富貴而攀之。故習命者應安貧樂道，以協助苦難眾生走出困境迎向新生為要。這個心態，是每個習命者所應該遵守的原則呀。

回到主題吧，命主命身均無正曜，福德又逢空又遭羊陀夾置，為命弱身弱之造，所幸本命宮見天壽星及輔弼、魁鉞拱照，否則倘大限流年凶險，還真有性命交關之危呀。但此曜終究是只是助星，但仍難以避免傷病的折磨。此局空劫正坐財宮，會照本命及福德，為標準的勞碌命。倘以福德宮為累世福報的觀察宮位來看，這一世的資糧均被空劫此土匪星曜搶奪殆盡，以因果關係來看，又怎能期待有順利的人生呢？故此類結構山人經常歸類為『還債型的人生』，既然是由因生果，欠債還錢。所以通常建議命主可朝向宗教方向尋求心靈寄託，並以正確的心態來面對人生，再多的苦難，都是累世所種之惡因所造成，還完了就好，能這樣想，人生會快樂的多。

整體而言，由於本命宮逢輔弼魁鉞四大吉星拱照，除表示命主心慈良善，加上天粱化祿坐命，故命主本性定然相當善良，有同情心，願意照顧弱小，但此曜爲風紀官，因此原則性較強，而三方又會照天馬，形成粱馬飄蕩之局，此生難有安定之時，加上空劫齊臨，且命身同宮者，其個性大都有較爲固執、堅持及不知變通的毛病，但優點是不論結果如何，都會自己承擔，因此我想應該經常會有『天涯我獨行，不必相送』的感慨吧。我想命主會如此，大都也此而造成的吧。有原則性是好事，但切莫過頭，正所謂過於不及均爲災，以此結構而言，便是堅持過度了，加上空劫及天馬會照，以至於產生諸事不順的感觸，其實命由性生，倘命主能適時的放手看開，人生定然會順暢的多呢，不是嗎？

【93】即將消逝在感情宮位的對象，紫微如何破解？

【提問時間】2009－08－23 11：25：17

【提問內容】

即將消逝在感情宮位的對象，紫微如何破解？明年我十年運要轉運了，但之前喜歡的對象，卻不在未來那個大運的感情宮位中了，這樣是否代表緣已盡？請問這樣如何用方法解決呢？又感情宮位看哪裡呢？謝謝

【回覆內容】

我想您對於斗數有誤解了，十年運勢轉變表示的是宮位改變，運勢跟著改變。如：某人大限13～22位於本命盤兄弟宮，大運走勢逆行，則以此兄弟宮為大限命宮，

依序逆向布12宮，作為觀察這10年各宮位變化的情形。而下一大限為23～32，位於本命盤的夫妻宮，則以此宮為大限命宮，依序逆向布12宮。斗數觀大限是要了解此10年間的變化。宮位改變表示的是情況改變，而非對象改變。

以上例來說：假定你在13～22大限結婚了，此時夫妻宮的星宿為假設為天府，如以你的論點來看，23歲會走另一個十年大限，在這新的大限，假定夫妻宮為太陽與擎羊的組合，表示你的老婆會消失，要換一個老婆了嗎？？？那斗數共有12宮，不代表每個人一生要娶12次嗎？所以您真的是誤解了呢。大運改變是指整體情勢的改變，以夫妻宮看來，是雙方相處模式或是欣賞對象的改變，而非婚配或交往對象的改變，倘真如此，天下不大亂才怪呢。所以算命還是要去找真正的老師，比較不會有此種誤解產生。

還有，斗數是屬於統計學的一種，只是能推論觀察出你一生的起伏，並無法改變或破解，如果你想要破解的話，我想你可能要去依循其他的宗教而行。因為命是天定的，沒有人可以改，但運是後天的，可以靠自己改變，其方法只有兩種，除此之外別無他法：

1. 改變自己的個性

2. 行善積德

另感情的話基本上當然是看夫妻宮了。

【發問者意見】

thanks

【命盤解析及內容說明】

如回覆內容

【94】紫微斗數命理師告訴我的話，何謂說這番話？

【提問時間】2009－08－24 21：23：16

【提問內容】

我今年21歲，我女友本人沒到，但是他一看到我女友名字和命盤，他說我們兩個人個性都很強，就說我女友是個獨立自強和能力很好以及個性很強的女強人。他說現在他是喜歡我的外表，往後結婚就不是了。他還說叫我努力學個技術三年會有成績，他意思就好像是講將來我女友是怎樣，很能幹，我也忘記，他說別想說他會再家幫你顧小孩，沒叫我顧就不錯了，他說就看你要選擇一個賢妻良母型還是女強人型。還跟我說淡淡交往就好。他說這種要以娶老婆為目標不鼓勵。

他說現在不分，等過個三四年還是分，他說如果到那時候我還是繼續在跟我現在這個女友交往，那恭喜，就圓滿。我真的不太懂這意思，這位命理師大家好像都說很準。

【回覆內容】

仔細閱讀了您的內容，我想你女朋友的命盤應該算是女強人格局，偏偏你也是個性比較強硬的人。所以結果可能是不好的。

男女雙方交往一開始認識憑的是感覺與外表，但過了一段時間之後，就是彼此之間的相處。正所謂相愛容易相處難，相處的時候，如果兩個人都是比較強勢也比較硬底子的個性，相處之間難免會常常發生爭執。而且個性強的人，通常都好面子，也比較不會低頭認錯。

所以除非一個肯低頭認錯，否則當兩個強勢個性的人一起鬧起彆扭。很可能分手的結果就隨之而來，就像石頭碰上石頭，結果往往是兩敗俱傷。

通常婚姻或男女關係，需要以互補爲基礎，女生脾氣不好，男生脾氣好，或者相反都可以走的長久。當然如果願意爲對方改變自己的個性，主動低頭的話，那是更好的。所以如果你與對方都不願意改變自己的個性去適應對方，那這段感情一定會走的很辛苦。所以我想命理老師要表達的意思應該就是這樣。

除非願意因爲喜歡這個女生而改變自己原本強勢的個性來配合他，否則應該要去找一個屬於賢妻良母型的女生，夫唱婦隨那種，那應該就可以很圓滿。最後一句話的意思，應該就是，你與這個女生交往如果過了3～4年還能再繼續相處，應該就會有圓滿的結局，因爲妳們已經找到最好的相處模式了。原因是，如果兩個強勢個性的人能相處4年以上，那必定有一方已經改變，願意爲愛去改變自己，那當然結果是圓滿。希望這樣解釋能讓你清楚命理老師的本意。

況且你現在還年輕，應該以學業爲主，未來的社會，沒有好的學歷或一技之長，很容易被社會淘汰，尤其你的女友如果是女強人命格，那他未來的發展如果比你還好，那你能夠欣然接受嗎?所以站在山人的立場，你應該要更努力的去學習或讀書，這樣才能與女強人的女朋友或老婆，互相勉勵成長。

2009－08－24 22：08：42 補充

當然，如果你願意當個家庭主夫也不錯，不過女強人通常都很強勢，要多忍讓了。其實如果你能夠調適自己的話，其實當個家庭主夫也不賴呢，至少不會錯過小孩的成長。

我想那個算命老師說的應該也與山人一樣，因爲如果你女朋友是屬於女強人的命格，倘你打算與他相處下去甚至結髮一輩子的時候，你要更努力的讀書，與學習一技之長，讓自己也很優秀，這樣才可以與女強人的女朋友或是老婆相匹配，所以你自己要更努力。

【發問者意見】

無

【命盤解析及內容說明】

如回覆內容

【95】我知道我命缺木，請問老師給啥建議會讓運氣比較好？

【提問時間】

【提問內容】

我知道我命個缺木

請問老師給啥建議會讓運氣比較好

除了多做善事跟念經之外

現在改名叫林〇〇　1983．1．29　寅時出生

【回覆內容】

其實改名字真的能改變命運嗎？這點山人非常存疑，看你提到念經，我想你應

該也是佛教徒，佛陀談的是輪迴與因果，今生的一切，都是因爲前世的修爲而來，種瓜得瓜，種豆得豆。決不是改個名字就可以改變的。如果改個名子就能改變現況，那輪迴與因果也就不存在了，不是嗎?這點希望你能理解。

姓名學可參考，但決不能太認真。因爲姓名學是這個世紀發明的產物，不像中國命理，歷經數千年演變，所以姓名學老師都會問你的生辰八字，因爲它主要是利用八字或斗數排出命盤，了解你的概況後再評論你的姓名。這是業界公開的秘密。

山人看過你的命盤，你的本命格局還不錯。祿坐命宮，基本上是個小氣財神，也是個很捨得對自己好的人。加上你的命宮出現君臣慶會的大格局，相信你在朋友群中會是個領導者，而且異性緣好，際遇與貴人都多，命宮整體格局非常強勢，相信你在未來會有很好的發展。

不過你應該會覺得奇怪，爲何這段時間好像不是很順。其實並不是你的名字出問題，而是大限問題。正所謂十年河東，十年河西。命盤每10年一轉，有好命格，也要有好運勢。以山人經驗，命格強勢者，多屬大雞晚啼型。加上你的福德宮坐武曲貪狼，又落四墓地，正所謂武貪不發少年人，所以你是走老運的，年輕時難免挫折，當作學習經驗了。山人看你這個大限（24－33），空劫會忌，整體而言，這10年的錢財與工作上都蠻糟糕的，多多忍耐，當作學習經驗，命理有時終須有，你的命格強勢，會有好結果的，不要想太多歐。下個大限會不錯的。

【發問者意見】

感謝老師

【命盤解析及內容說明】

本命盤

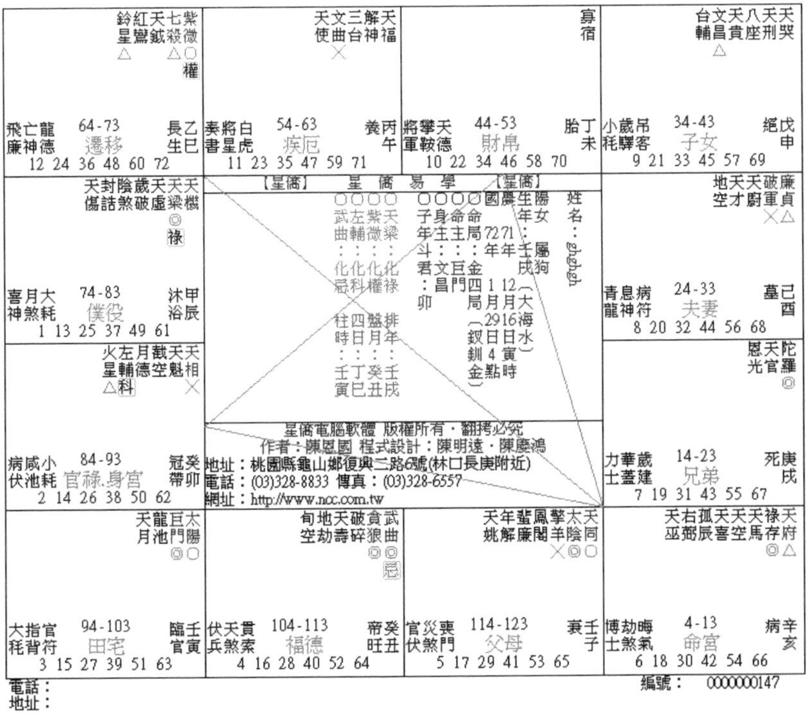

鈴星 紅鸞 天鉞 七殺 紫微 權
飛廉 亡神 龍德 64-73 遷移 長生 乙巳
12 24 36 48 60 72
天福 解神 三台 文曲 天使
奏書 將星 白虎 54-63 疾厄 養 丙午
11 23 35 47 59 71
寡宿
將軍 擎鞍 天德 44-53 財帛 胎 丁未
10 22 34 46 58 70
天哭 天刑 八座 天貴 文昌 台輔
小耗 歲驛 吊客 34-43 子女 絕 戊申
9 21 33 45 57 69
天機 天梁 天虛 歲破 陰煞 封誥 天傷 祿
喜神 月煞 大耗 74-83 僕役 沐浴 甲辰
1 13 25 37 49 61
廉貞 破軍 天廚 天才 地空
青龍 息神 病符 24-33 夫妻 墓 己酉
8 20 32 44 56 68
天相 天魁 截空 月德 左輔 火星 科
病伏 咸池 小耗 84-93 官祿.身宮 冠帶 癸卯
2 14 26 38 50 62
陀羅 天官 恩光
力士 華蓋 歲建 14-23 兄弟 死 庚戌
7 19 31 43 55 67
太陽 巨門 龍池 天月
大耗 指背 官符 94-103 田宅 臨官 壬寅
3 15 27 39 51 63
武曲 貪狼 破碎 天壽 地劫 旬空 忌
伏兵 天煞 貫索 104-113 福德 帝旺 癸丑
4 16 28 40 52 64
天同 太陰 擎羊 鳳閣 蜚廉 年解 天姚
官伏 災煞 喪門 114-123 父母 衰 壬子
5 17 29 41 53 65
天府 祿存 天馬 天空 天喜 孤辰 右弼 天巫
博士 劫煞 晦氣 4-13 命宮 病 辛亥
6 18 30 42 54 66
【星僑】 星僑易學 【星僑】
姓名：ghghgh
陽女 屬狗
生年：壬戌（大海水）
農71年12月16日寅時
國72年1月29日4點
命局：金四局（釵釧金）
命主：巨門
身主：文昌
子年斗君：卯
天梁：化祿
紫微：化權
左輔：化科
武曲：化忌
排年：壬戌
盤月：癸丑
四日：丁巳
柱時：壬寅
星僑電腦軟體 版權所有．翻拷必究
作者：陳恩國 程式設計：陳明遠．陳慶鴻
地址：桃園縣龜山鄉復興二路6號(林口長庚附近)
電話：(03)328-8833 傳真：(03)328-6557
網址：http://www.ncc.com.tw
電話：
地址：
編號： 000000147

許多人在運勢不佳時，都會改名希望能帶來好運氣，我想這是心理作用大於實際作用。須知今生所有磨難，都是因爲累世所種之惡因所致，倘改姓名就能改變因果，那您又把因果關係置於何物呢？不過改個名字，重新出發，迎接新生，倒是不錯的呢。

命主祿存坐命，援例應該也是小氣財神一個，而府祿相三合會命，更表示命主不但善於理財，對於『守財』，應該也很有一套呢。而此命局相當漂亮，天府正坐，會照紫微，雙主星會命，又逢左輔右弼，形成君臣慶會大局，古曰：才善經邦，加上魁鉞拱照，除表示命主才華洋溢及聰明之外，也是多貴人與機遇的象徵，整體而言是一個強勢的領導者格局，倘大限流年搭配得宜之時，定能有一番相當大的成就才是。但因格局夠大，古曰：能降七殺，制火鈴，故煞星不但對命主影響不大，倒是能夠激發其潛能呢。且以山人經驗，通常本命格局大者，大都屬於大雞晚啼型，年輕時都會比較辛苦呢。命主年紀尚輕，故此段時間的不順利，是相當正常的呢。並非其命運不佳，而是大限問題，所以這段時間就當成累積經驗，畢竟命格強勢者，未來相當值得期待呢。

又本命宮逢鸞喜對拱，表示異性緣相當好，但夫妻宮逢空劫對拱，又逢本命忌，雖逢魁鉞拱照，但感情路上難免出現單戀或是聚少離多狀況。整體看來，以晚婚為宜，且命主命宮得府相來朝，古曰：府相之星女命纏，定當子貴與孫賢。因此命主幫夫運相當強的呢。由於命主問命當年正值24～33這個大限，基於三才理論，我們就轉進這個大限盤看看到底出了什麼狀況吧。

本命大限盤

財帛 鈴星 紅鸞 天鉞 七殺 紫微 白虎 飛廉 亡神 龍德　64-73　長生 乙巳 遷移 12 24 36 48 60 72	**子女** 天使 文曲 三台 解神 天福 天德 咸池 奏書 將星 白虎　54-63　養 丙午 疾厄 11 23 35 47 59 71	**夫妻** 寡宿 吊客 月煞 將軍 攀鞍 天德　44-53　胎 丁未 財帛 10 22 34 46 58 70	**兄弟** 台輔 文昌 天貴 八座 天刑 天哭 病符 亡神 小耗 歲驛 吊客　34-43　絕 戊申 子女 9 21 33 45 57 69
疾厄 天傷 封誥 陰煞 天破 天虛 天梁 天機 天煞 將 喜神 月煞 大耗　74-83　沐浴 甲辰 僕役 1 13 25 37 49 61	《星僑》《星僑易學》 武左紫天天 曲輔微梁機 化化化 忌科權祿 柱四盤排 時日月年 壬癸壬戌 寅巳丑戌 國曆 女 陽 命主：文昌 身主：天相 斗君：卯 命局：木三局 大海水 姓名：□□□□		**命宮** 地空 天才 天廚 破軍 廉貞 貪 歲建 將星 青龍 息神 病符　24-33　墓 己酉 夫妻 8 20 32 44 56 68
遷移 火星 左輔 月德 截空 天魁 天相 科 大耗 災煞 伏兵 咸池 小耗　84-93　冠帶 癸卯 官祿·身宮 2 14 26 38 50 62			**父母** 恩光 天官 陀羅 晦氣 擎鞍 力士 華蓋 歲建　14-23　死 庚戌 兄弟 7 19 31 43 55 67
僕役 天月 巨門 天池 太陽 小耗 劫煞 大耗 指背 官符　94-103　臨官 壬寅 田宅 3 15 27 39 51 63	**官祿·身宮** 旬空 地劫 天壽 破碎 貪狼 武曲 官府 蜚廉 伏兵 天煞 貫索　104-113　帝旺 癸丑 福德 4 16 28 40 52 64	**田宅** 天姚 天年 蜚廉 鳳閣 擎羊 天陰 天同 解神 貫索 息神 官府 災煞 喪門　114-123　衰 壬子 父母 5 17 29 41 53 65	**命宮** 天巫 右弼 孤辰 天喜 天空 天馬 祿存 天府 囊門 驛 博士 劫煞 晦氣　4-13　病 辛亥 命宮 6 18 30 42 54 66

《大限》
星僑電腦軟體 版權所有·翻拷必究
作者：陳恩國　程式設計：陳明遠·陳慶鴻
地址：桃園縣龜山鄉復興二路6號(林口長庚附近)
電話：(03)328-8833　傳真：(03)328-6557
網址：http://www.ncc.com.tw

電話：
地址：
編號：　0000000147

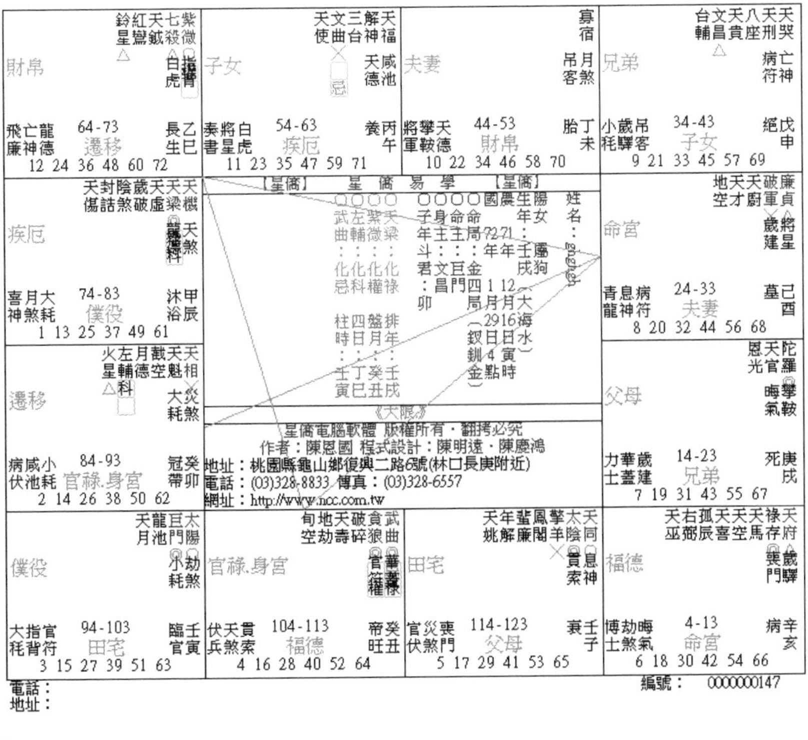

不出山人所料，此大限命宮逢地空地劫對拱，本有勞而無獲之意，而其財宮及官祿宮亦同時拱掉了。以此星曜組合，我想不論是在職場或是錢財獲取上，都難逃勞碌奔波，謀而不成的狀況。而雙主星坐命者，其事業心及企圖心都強，加上本命格局相當大，所以會有目前的感嘆，其實並不令人意外。這不也再度呼應了山人所言：舉凡格局強勢者，大都屬大雞晚啼型的人呢。

正所謂命好運好限好，到老榮昌。以大限行進而言，此盤相當有趣，不論順行或逆行都差不多，各位看官可自行推敲便知。因此建議命主趁此機會累積經驗，一時的不順心不算什麼的，就像民進黨前主席林義雄的名言：不要看我的一時，要看我的一生。想當初協助周武王打敗商紂王的軍師姜子牙，不也是到65歲才開始大運嗎?命裏有時終需有，只是早晚罷了。也希望命主此段時間能將吃苦當成吃補，時機到來，定然有所成就。

【96】老師您好，我想要問關於感情的問題

【提問時間】

【提問內容】

老師您好：

我想要問關於感情的問題，我和男友交往了一年又兩個月，感情好的時候很好，吵架的時候他的情緒起伏很大，而他非常在意我前男友，不斷的再和我的過去吃醋，交往至今仍沒有改善，生活細節也都會問及我的過去，我和他意見不合時也會牽扯到我的過去，我想要問我和他究竟是不適合走下去，他是不是我結婚的對象？

我的國曆生辰是74年4月29日早上07：42（女）

他的國曆生辰是67年6月17日中午12：30（男）

如果真的不適合，我之後有沒有機會可以遇到好的男人？

【回覆內容】

雙方適不適合這個問題，我想很難單純用命理角度給您分析，因爲感情是一種因果存續關係，以因果角度來看，這問題只有四種因緣組成：報恩，報仇，討債，還債。在因果不滅的情形下，縱使不適合，也還是要走下去，所以只有彼此容忍，彼此調整，互相包容，感情才能長久，不是嗎。如果兩個人都不肯包容諒解彼此，縱使在命理角度在合盤，也是沒有用的，不是嗎？先幫你看看你的因緣好了：

看來你應該是有屬於有氣質的女生，太陰坐命的女生通常有氣質，男生通常蠻帥的，本命宮六吉會照再會祿權，表示你的心地良善，仁慈，是個很nice的人。再由你的夫妻宮來論，由於逢雙煞來衝，會合孤辰寡宿，本來感情路會走的比較辛苦，以因果觀念來看，是以還債居多。這點可能你自己要多擔待。

況且你的男女關係相處模式，可以說爭執及冷戰通通都來，一般這種情形，山人都建議晚婚，因爲年紀漸長，人的性情會比較成熟，也比較懂得包容與尊重。在這個前提下，感情才能夠長長久久。

以大限（26－35）看來，本命宮見鑾喜對照，逢昌曲，照理來說應該有不錯的緣分會在這個大限出現，甚至成婚也不無可能，所以這段時間可以多看看，真的覺得無法相處，就應該及早結束，因為女生的青春有限，山人學生中有很多熟女（30歲以上），漂亮有氣質，但就是因為年輕時浪費在同一個不適合的男孩身上，到了年紀大了，才發現終是一場空，反倒是自己因為年紀問題，很難找到好對象，所以會更辛苦呢。

趁你還年輕，多走走看看，這個大限應該會遇到你的真命天子，至於是否是您身邊這位，就要靠你自己好好評估了，您的條件不差，好好把握因緣才是。

【發問者意見】

謝謝老師

【命盤解析及內容說明】

本命盤

命主太陰坐命，基本上屬於氣質型的漂亮女生，而太陰為女性象徵，因此有心思細膩，溫柔婉約的特質，魁星坐命，外表雍容華貴。而昌曲會命，故命主天資聰穎，相當有才華，又輔弼入命加會天魁，主心慈善良，整體而言，是個兼具外在與內涵的好女孩。

但官祿宮逢天機天梁擎羊會此孤剋格局，又此局直射夫妻宮，所以在感情上容易有生離死別的狀況發生。同時陀羅

天傷 龍池 天哭 七殺 紫微 △科	封誥 文昌 左輔 月德 截空 天廚 X	天使 地空 火星 天破 天虛	文曲 右弼 天喜 天福 天鉞 △
青龍 指背 官符　56-65 僕役 3 15 27 39 51 63　臨辛官 巳	小耗 小耗　66-75 遷移 2 14 26 38 50 62　帝壬旺 午	將軍 大耗　76-85 疾厄 1 13 25 37 49 61　賽癸 未	奏書 亡神 龍德　86-95 財帛.身宮 12 24 36 48 60 72　病甲 申
天貴 天月 擎羊 天梁 天機 ◎◎祿權	【星僑】　　　星僑易學　　　【星僑】		天年 藍 鳳 破 廉 壽 解 廉 閣 軍 貞 X△
力士 天煞 貫索　46-55 官祿 4 16 28 40 52 64　冠庚帶 辰	太紫 天天 子身命 國農生陰 陰微 機梁 年主主斗：年：女 ：：：：君：年乙屬牛 化化化化 ：：天食丑火 忌科權祿 狼六43（海 柱四盤排 局月月中 時日月年 ：2910金 ：：：： 日日7（霹 丙戊庚乙 辰辰辰點靂 辰戌辰丑 　　　火		飛廉 將星 白虎　96-105 子女 11 23 35 47 59 71　死乙 酉
地劫 三台 祿存 天相 ◎X	星僑電腦軟體　版權所有．翻拷必究		旬空 台輔 陰煞 解神 寡宿
博士 災煞 喪門　36-45 田宅 5 17 29 41 53 65　沐己浴 卯	作者：陳冠宇 程式設計：陳明遠．陳慶鴻 地址：桃園縣龜山鄉復興二路6號(林口長庚附近) 電話：(03)328-8833　傳真：(03)328-6557 網址：http://www.ncc.com.tw		喜神 攀鞍 天德　106-115 夫妻 10 22 34 46 58 70　墓丙 戌
鈴星 恩光 天巫 孤辰 紅鸞 天馬 陀羅 巨門 太陽 ◎X◎◎	天破 貪狼 武曲 天才 碎	天魁 太陰 天同 ◎◎忌	八座 天刑 天府
官符 劫煞 晦氣　26-35 福德 6 18 30 42 54 66　長戊生 寅	伏兵 華蓋 歲建　16-25 父母 7 19 31 43 55 67　義己 丑	大耗 息神 病符　6-15 命宮 8 20 32 44 56 68　胎戊 子	病藏 攀鞍 吊客　116-125 兄弟 9 21 33 45 57 69　絕丁 亥

電話：
地址：
編號：　0000000148

652

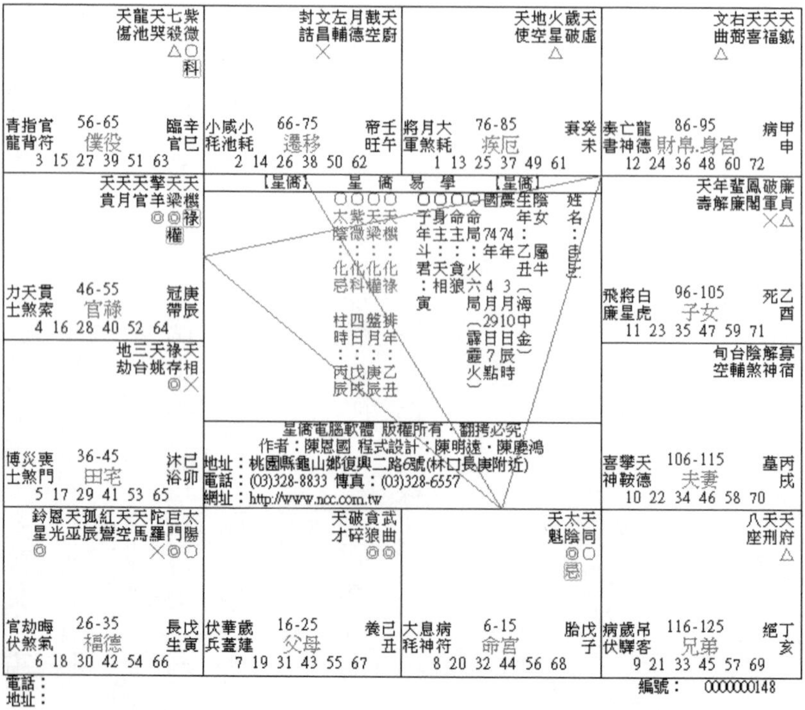

良，這也是情路波折的主因呀。

亦會照，主拖泥帶水，若即若離。又如以夫妻宮爲命宮，對宮就是夫妻宮的遷移宮，逢此孤剋格局，無怪乎與前男友分分合合，加上孤辰寡宿會照，此組合之人，經常是爲情所困呀。而又以命宮星曜組合而言，會有目前困境產生的主因是過於心軟善良，這也是情路波折的主因呀。

命會煞星雖然不佳，但至少具有果斷及敢愛敢恨的特性，命主三方吉星拱照，不會煞忌，缺乏激發，加上太陰本性就較爲柔弱，又夫妻宮煞星齊臨，以整體結構看來，山人實在相當擔心會因此發生不良的後果呢。所以建議命主，倘雙方真的無法相處，該斷就斷，否則必然禍害自己呀。

許多的同學都會擔心，倘與這個對象分手後，是否不容易在遇到好的對象。其實以命主的外型及內涵，真的是多慮了。加上以大限星盤看來，鑾喜會照入命加上夫妻宮逢六吉拱照，沒錯的話在此大限內必有因緣可成，又何需想那麼多呢？這也是山人奉勸命主多看看，多接觸其他對象的主因，畢竟年紀尚輕，又何苦如此執著呢？又命主問命當年爲民國99年，我們就來看看流年的結構如何吧。

大限流年盤

此流年命宮逢鑾喜對照，又逢流年化祿引動，故應有正緣出現才是，我想這應該也是命主困擾的主因，由於太過心軟善良，故與前男友藕斷絲連，但因流年夫妻宮逢天機天梁擎羊會照，又逢大限流年雙化忌引動，整體情況相當兇險，倘非六吉拱照，還真有可能鬧上社會新聞版面呢。故倘真要此斬斷感情糾纏，99年會是個很好的機會。只是此點決定權在自己，倘不願勇敢的向過去揮手告別，又怎能期待新生呢？

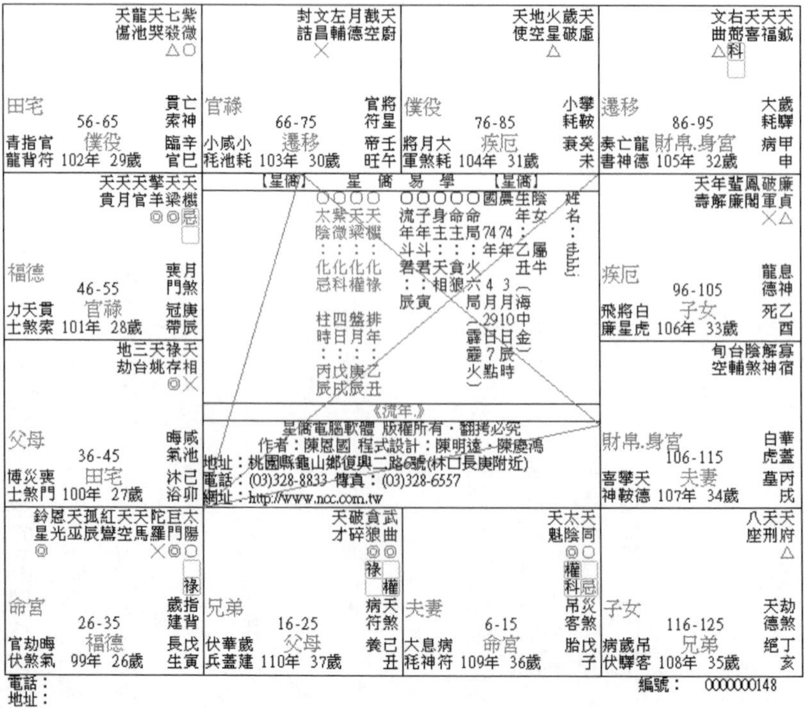

山人開業論命多年，有許多登門的熟女同學，年輕時就是與前男友如此拖延，分分合合數次，當有新對象出現，又捨不得舊情人或是遭其苦苦糾纏，不得不放棄新的緣分，與舊情人重修舊好，但除非男方願意改變，否則最後結果定然是再度分開，如此循環不已，因而蹉跎美好年輕歲月。當年華老去之時，好對象更難覓得，最後的結果通常都是孤單終老，這又何苦呢？

以命主的夫妻宮帶此孤剋格局觀之，此狀況確實相當有可能發生，到時候再來怨嘆『水人沒水命』，又有何用？這不也是自己一手造成的結果嗎？故在面對此問題，怎可不慎呢？正所謂，捨得就是有捨才有得，不捨焉能有得呢？也希望命主能聽進老夫的勸告，做出最好的決定。

【97】紫微可看出有無功名嗎？或者考運何時較佳呢？或者運勢合時會撥雲見朗

【提問時間】

【提問內容】

大師您好：

我24歲研究所畢業後，走了幾年好運，工作也沒很認真，但是長官都待我很好，財運也不錯。自民國97年起，就開始發生大小倒霉事，工作認真也沒起色，感情也不順遂，生活總覺得煩悶沒目標。一整個胸口鬱悶無法透氣。

現在我專心準備參加考試，今年前半年專心努力，卻逢考運不佳，總覺考題不難，考完也算有信心，結果卻是大失所望。我不知道問題出在哪？雖然不想歸咎於命運，更不願意以流年不佳解釋一切。但真心不明白，冥冥之中是否有些因緣已成定局？？？故想在此誠心誠意向您請教，紫微可看出有無功名嗎？或者考運何時較佳呢？或者運勢合時會撥雲見朗？若大師有空，勞煩您為我解惑。失禮之處，請您見諒。

生日：69／5／21 23：45（農）

【回覆內容】

整體而言您的格局還不差，三方四正不會煞忌，至少外在的環境不會對你產生太大的阻礙，只是身邊總是不缺小人就是了。

三方形成殺破狼格局，又會火鈴，整體而言此格局適合以武職顯貴，如專技人員等。沒錯的話你應該是屬於比較堅持己見，固執的人。但頗有擔當就是。

如果說是參加考試，以您的星盤看來，昌曲均落陷，古曰：昌曲弱鄉，林泉冷淡，基本上您的考運並不是很好，準備考試是必須要比人家更努力才有機會。不過考試就是這樣，給你天生好考運，但自己不讀書也是惘然，但請您稍微放寬心，因爲您的考運不是很好，尤其是要參加國家考試，基本上要比別人更認真。畢竟考試這東西，八分靠自己，二分才是靠運氣。好好加油。

以您目前的10年大限看來，昌曲拱命身，至少表示您的求學還蠻順利的，但因均為落陷情形，所以會辛苦點。至於大限夫妻宮，坐七殺，三方也形成殺破狼局，所以這段時間感情會走的辛苦波折點。所幸會煞不多，所以只是不太順遂，不至於多嚴重就是。這點算是蠻慶幸的。至於感情部份，建議你不用擔心太多，因為下個大限看來會有良緣出現，沒錯的話應該在34歲前後會成婚，所以感情部份，順其自然，對的人一定會出現，只是不是現在。

至於考試的話，山人是建議你好好努力讀書，因為以流年看來這幾年的考運真的不是很好，不過考試這東西是看自己，加油。

【發問者意見】

感謝老師指點

【命盤解析及內容說明】

本命盤

命主破軍坐命，而七殺與破軍必再三方相會，故此局定然爲殺破狼格局。而殺破狼並非不佳，倘會照煞星，相當適合以武職顯貴，如同此盤。而武職倘以現在觀念就是專技人員或是軍警等。且此局人天性愛冒險，處事積極，台灣有許多中小企業的老闆都是此格局的呢。只是殺破狼局的大起大落，也是因爲這種個性所致呀。

命主談到準備公職考試，首先看命局是否帶有公門格局，倘帶格局者，自然考運較佳。以命主格局而言，只見文昌貪狼會照入命，而文昌貪狼的組合，多爲眼高手低，

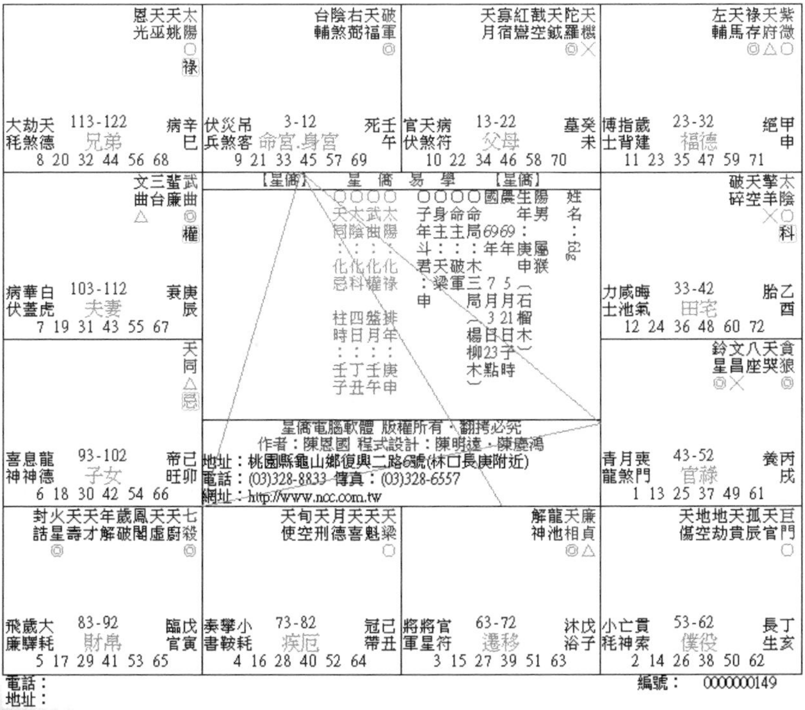

太陽 天姚 天巫 恩光 祿
大耗 劫煞 天德 113-122 病 辛巳 兄弟
8 20 32 44 56 68
破軍 天福 右弼 陰煞 台輔
伏兵 災煞 吊客 3-12 死 壬午 命宮.身宮
9 21 33 45 57 69
天機 陀羅 天鉞 截空 紅鸞 寡宿 天月
官府 天煞 病符 13-22 墓 癸未 父母
10 22 34 46 58 70
紫微 天府 祿存 天馬 左輔
博士 指背 歲建 23-32 絕 甲申 福德
11 23 35 47 59 71
武曲 蜚廉 三台 文曲 權
病符 華蓋 白虎 103-112 衰 庚辰 夫妻
7 19 31 43 55 67
太陰 擎羊 天空 破碎 科
力士 咸池 晦氣 33-42 胎 乙酉 田宅
12 24 36 48 60 72
天同 忌
喜神 息神 龍德 93-102 帝旺 己卯 子女
6 18 30 42 54 66
貪狼 天哭 八座 文昌 鈴星
青龍 月煞 喪門 43-52 養 丙戌 官祿
1 13 25 37 49 61
七殺 天廚 天虛 鳳閣 歲破 年解 天才 天壽 火星 封誥
飛廉 歲驛 大耗 83-92 臨官 戊寅 財帛
5 17 29 41 53 65
天梁 天魁 天喜 月德 天刑 旬空 天使
奏書 攀鞍 小耗 73-82 冠帶 己丑 疾厄
4 16 28 40 52 64
廉貞 天相 龍池 解神
將軍 將星 官符 63-72 沐浴 戊子 遷移
3 15 27 39 51 63
巨門 天官 孤辰 天貴 地劫 地空 天傷
小耗 亡神 貫索 53-62 長生 丁亥 僕役
2 14 26 38 50 62
【星僑】 星僑易學 【星僑】
姓名：
陽男
太陽：化祿 武曲：化權 太陰：化科 天同：化忌
命主：破軍 身主：天梁
命局：木三局
排年：庚申 盤月：壬午 四日：丁丑 柱時：壬子
星僑電腦軟體 版權所有・翻拷必究
作者：陳恩國 程式設計：陳明遠・陳慶鴻
地址：桃園縣龜山鄉復興二路6號(林口長庚附近)
電話：(03)328-8833 傳真：(03)328-6557
網址：http://www.ncc.com.tw

電話：
地址：
編號： 0000000149

文過飾非，加上盤中文昌文曲均於落陷宮位，我想倘真要參加公職考試，只怕是要比別人更努力了。雖然說考試靠的是實力，但考運好的人，自然上榜機率會比較高。這就像打麻將一樣，技術好不一定贏錢，但運氣差，定然輸個精光。所以考運好壞，其實也有影響呢。而考試上榜與否，除了觀察本命盤之外，由於是流年偶遇，依據強盤理論，倘流年運勢利於己之時，確實上榜的機會比較高呢，現在我們就轉進流年盤看看吧。

大限流年盤

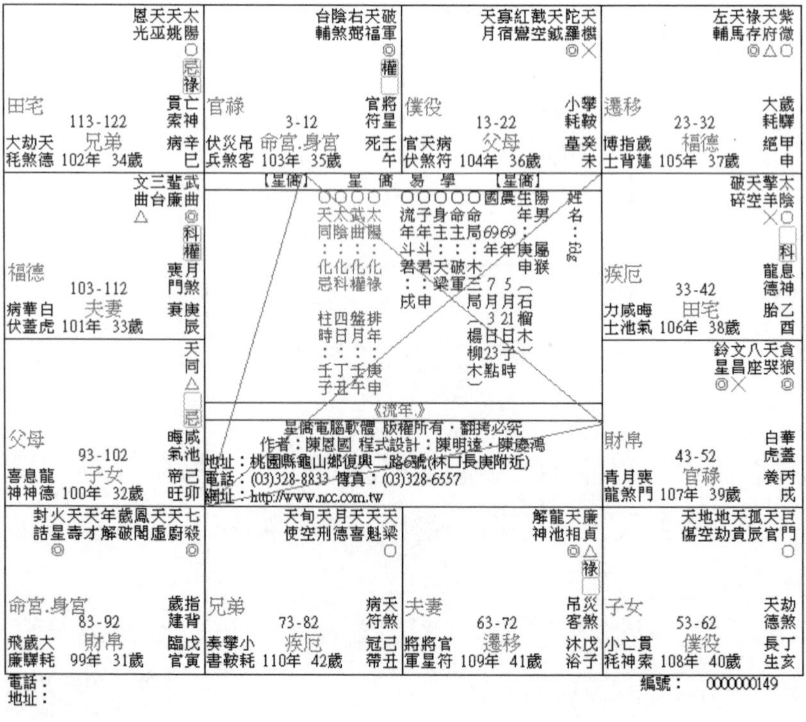

命主問命時為民國99年（庚寅年）流年命宮在寅，三方僅會照文昌星，略顯無力，故考運並不是太好，以流年看來，於101年時流年命宮逢昌曲拱照，流年官祿宮逢流年化科，考運會比較好，因此建議命主這幾年保持平常心應試，就當成累積經驗。但考試畢竟是以實力取勝，縱使命中無功名，但肯立志寒窗苦讀，誰說她會考不上的呢，此分析僅提供命主參考，並非絕對值。但考試除了努力，考運也相當重要，倘能在考運較佳之時應考，我想努力後應該會更容易金榜題名的呢。

【98】我的正緣會出現在何時？對方大概會是怎樣的人呢？

【提問時間】

【提問內容】

山人您好……

有幸從奇摩知識＋連結到您的部落格，不曉得是否能煩請老師解惑一下呢？

我出生於國曆 73年7月29日 戌時，目前是幼教老師。這幾年來，感情路上一直不是很順遂，總容易不小心成為第三者，或是被劈腿。其實期間也有許多追求者，但我就是無法動心。因為心裡頭就是有一個很在意很在意的人（我們倆對彼此的心意應該是相互喜歡的），曖昧好多年，但總是缺少那臨門一腳。他是國曆70．11．01出生的（可能是辰時出生），他目前是職業軍人。想問問看，我和他有沒有機會有一段良緣呢（我其實很希望是他）？不知道為什麼，這麼多年下來，我還是堅持執著於他。好幾次，快要放棄了，想要把他當普通朋友了，他又讓我燃起希望，然後一次又一次的失望。如果不是他，那我的正緣會出現在何時？對方大概會是怎樣的人呢？

另外，我有報考年底的地方政府公職考試，不曉得今年考運如何……是否能夠有好的成績呢……謝謝！！

【回覆內容】

就你夫妻宮來看，這種曖昧的情愫是相當難以避免的，感覺上對方的個性難以捉摸，加上可能也是抱持不婚主義的人，所以雙方相處意見不容易合諧。而且破軍坐夫妻，所以容易遇到結過婚的男性，也就是山人暱稱的「二手貨」。加上又見右弼單入，所以很容易出現你目前的問題，第三者或者是被劈腿，加上你的本命宮看來桃花並不算很旺，所以大概都是被背叛的情況居多。

而且沒錯的話你非常有可能是火速結婚一族，不過以此局來看，基本上建議以晚婚爲宜，比較穩定。況且你還算年輕，所以可以在多等等。

如果就大限走勢來看，你的因緣動的應該還蠻早的，沒錯的話這個對象應該是在22．23歲左右認識的，但對你而言，早婚並不是一件好事，所以錯過也是一件好事，不要想太多。

至於考運，由於本命盤文昌文曲均落陷，且本命並不具備公門格局，所以要考公職可能要多幾次，而且要比人家更認真。但考運好，不讀書也是沒有用，肯認真努力的人，縱使考運不好，也還是有機會的。這一點對於準備考試的你要有深切的體認，畢竟考試是講實力的，並不是像賭博一樣，運氣佔大部分。雖說整體考運不是很好，但今年流年逢魁鉞拱照，考運應該還不錯，只要認真努力一點，還是有希望的。加油。

【發問者意見】

謝謝老師，我會努力準備考試。

【命盤解析及內容說明】

本命盤

以本命盤看來，命主格局不小，雙主星會照同時又逢輔弼來拱，形成君臣慶會大局，而雙祿會命，三方無煞有吉，昌曲夾田宅，想來家境及背景應該很不錯，身居財宮又會雙祿，主財來容易，而龍池鳳閣會命，主心思細膩，手工藝能力強，具有藝術氣息，加上本命宮又逢府相朝，其賢慧程度不在話下，而府相會雙祿又在命宮三合會命，天生就是理財高手。此種命局當個幼教老師，

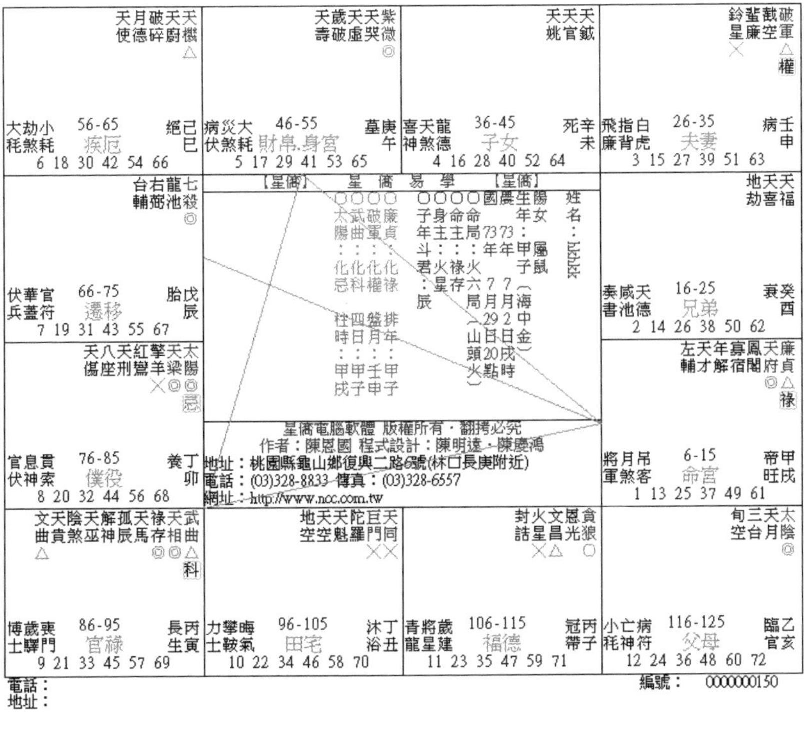

我想會是有點屈就，不過女孩子嘛，不一定每個人事業心都是很重的呢。也有許多是以家庭爲重的，此局倘落男命，則應能開創一番大事業才是。但落女命也不差，縱使不追求事業成就，其賢慧及理財專長，也是能幫夫旺夫的呢。只能說誰能娶到她，真的是好福氣呀。

從命主自述看來，對於感情的重視程度應遠大於事業，我們就來看看，這位女孩的夫妻宮到底發生什麼事了吧。破軍正坐，基本上對象以『二手貨』居多，就如同命主自述的，經常莫名奇妙成了小三，而火鈴同會夫妻宮，有閃婚的可能，而閃婚由於雙方了解及認識度不足，所以相處之間多是口不言而內心痛苦的狀況，天馬會照，故應是聚少離多。而右弼單入命宮，表感情上易有第三者出現，以命主本命不見桃宿的狀況推斷，應是遇到負心漢居多，整體夫妻宮結構看來，相當符合命主自述的狀況。所幸三方不會煞忌，所以縱使受傷也不致於發生社會事件。又依據命主自述，目前有個對象，但因雙方總缺那臨門一腳，山人推論，也許是因爲雙方都沒有同時單身的時候，加上當時正值求學時期，雙方家長應該也並不是很贊成，所以才會有這種狀況發生。

而以本命盤看來，命主的因緣動的很早，在16～25這個大限，就應該已經有成婚的跡象，以流年走勢推估，此男孩應在22歲前後認識，但因當時大限夫妻宮會照雙煞又逢空，因此縱有緣分蠢動，也難有結果，也因此拖延到現在吧。其實以命主的夫妻宮結構看來，仍然是以晚婚爲宜，因對於感情的態度與想法會比較成熟。

另有關準備公職考試的事情，首先命宮不具備公門格局，倒是文曲單入，適合所謂的異路功名，就是循著非正統的方式任公職，例如戰國時代的蘇秦，靠著口才佩掛六國相印。

而盤中昌曲皆位於落陷宮位，古曰：昌曲在弱鄉，林泉冷淡，是故倘要金榜題名，可能要比別人更認真準備，也要有多考幾次的心理準備了。畢竟參加考試屬正途功名，對命主適合以異路功名取勝的命局而言，會是比較辛苦的。不過考試畢竟是靠實力的，只要認真努力，其實不管有沒有格局，都會有希望的。而命主問命當年是民國98年，流年命宮逢魁鉞拱照，考運還算不錯，努力點應該會有機會的。

【99】能否幫我算一下工作呢？

【提問時間】

【提問內容】

您好，最近為工作的方向很迷惑及煩惱，剛好在網路上尋找有關算命的文章就找到您這來了，不曉得您能否幫我算一下工作呢？我是國曆71年8月12日 辰時出生，若可以則非常感謝您，不方便也沒關係，謝謝！

【回覆內容】

沒錯的話你應該是蠻有想像力的女生吧，想法頗爲特別，有時讓人難以接受，做事情總感到東做西成，個性的話應該是蠻開朗大方，有點大姊頭的樣子。但陽剛中又不失女生的溫柔，但平時應該屬於陽剛型的女生才是。

看來你應該也是屬於比較愛打抱不平，有正義感的人。心直口快，常常會得罪人，所以這些都是你個性上的缺失，要記得改進，這樣對自己未來都比較好，女生還是比較溫柔點，有原則是好事，但也要聽聽人家怎說。

就你個命宮星宿組合來說，比較適合創作、研發、公關及企劃或其他可以發揮你想像力特長的工作會比較適合，而且你應該外型屬於俏麗型的女生，異性緣應該也不差，加上你的個性，應該好哥們很多吧。

至於工作的話，以大限來看，呈現祿馬交流的狀況，表越動越有財。只是錢財部分應該還是守不太住，總是因爲意外而支出，常感到有過路財神的感覺吧。不過在這10年至少辛勤奔波會有點收穫與成就感的。

幫你用流年看看，我想去年對你應該是還蠻順利的一年，但今年工作上應該蠻辛苦的，對宮大限化忌衝入，雖坐紫微但無輔，因此更感到單打獨鬥，而且做任何事都感到有點卡卡的，看似簡單順利的工作卻一拖再拖，而且外在的競爭壓力很大。確實來說，今年在工作運應該很辛苦，而且貪狼化忌坐夫妻宮，相信在男女之間的關係上也會有不小的影響。總之今年多忍忍，明年應該會順利多，能讓你有表現的機會，雖說還是有點空虛感，但應該比起今年會好很多，如果有工作的話，堅持下去，明年有可能會受到重用。雖說很辛苦，但多少會有點小回報。

人生就是這樣，起起伏伏，不會有永遠好，也不會有永遠壞，看開點，遇到逆境多忍忍，自然就雨過天晴，不要想太多。至少你的工作運沒有連續走壞好幾年呢。

【發問者意見】

謝謝

【命盤解析及內容說明】

本命盤

命主太陽坐命，此曜女命相當不宜，因太陽為男性的象徵，女命得之，其個性因過於陽剛，心直口快加上脾氣通常頗為急躁，大部分男孩子都比較會退避三舍，此點由其提問內容語氣可見一班。由於女生仍然是以因緣為重，女生個性太像男生，與男孩子較難發展男女情愫，感情路上不易有發展，故此曜坐女命，大都以大姊頭居多。所幸命主三方仍然會照太陰，是故仍保有女性溫柔婉約的特質，整體給人感覺是個外剛內柔的女孩。又其身宮坐天喜，故應屬俏麗型女生，而鑾喜拱身，更是

火天右紅天天天 星貴弼鸞馬鉞機 △ 飛亡龍　104-113　長乙 廉神德　　福德　　生巳 12 24 36 48 60 72	封文天天紫 詰昌姚福微 ◎ 權 奏將白　94-103　義丙 書星虎　　田宅　　午 11 23 35 47 59 71	地鈴八三寡 空星座台宿 △ 將攀天　84-93　胎丁 軍鞍德　　官祿　　未 10 22 34 46 58 70	天文天天破 傷曲巫哭軍 △　　　△ 小歲吊　74-83　絕戊 耗驛客　　僕役　　申 9 21 33 45 57 69
陰截天七 煞破虛殺 喜月大　114-123　沐甲 神煞耗　　父母　　浴辰 1 13 25 37 49 61	【星僑】　星僑易學　【星僑】 ○○○○　　○○○○　國農生陽 武左紫天　　子身命命　女 曲輔微梁　　年主主局　年壬屬 ：：：：　　斗：：：　壬戌狗 化化化　　　君昌曲四　戌（大海水） 忌科權祿　　：文文金　６ ８ ６ 柱四盤排　　亥　　　　月月月（ 時日月年　　　　　　　12 23 辰 甲丁丁壬　　　　　　　金日日 8 點時 辰卯未戌　　　　　　　箔　點時 　　　　　　　　　　　金 星僑電腦軟體 版權所有‧翻拷必究 作者：陳恩國 程式設計：陳明遠‧陳慶鴻 地址：桃園縣龜山鄉復興二路6號(林口長庚附近) 電話：(03)328-8833 傳真：(03)328-6557 網址：http://www.ncc.com.tw 姓名：fddfd		左天天 輔壽廚 科 青息病　64-73　墓己 龍神符　　遷移　　酉 8 20 32 44 56 68
地恩天月截天天太 劫光月德空魁梁陽 　　　　　　◎祿 病咸小　4-13　冠癸 伏池耗　命宮　帶卯 2 14 26 38 50 62			天台天陀天廉 使輔官羅府貞 　　　　◎◎△ 力華歲　54-63　死庚 士蓋建　　疾厄　　戌 7 19 31 43 55 67
天龍天武 刑池相曲 　　◎△ 　　　忌 大指官　14-23　臨壬 耗背符　兄弟　官寅 3 15 27 39 51 63	旬天破耳天 空才碎門同 　　　×× 伏天貫　24-33　帝癸 兵煞索　夫妻　旺丑 4 16 28 40 52 64	解年蜚鳳擎貪 神解廉閣羊狼 　　　　×× 官災喪　34-43　衰壬 伏煞門　子女　　子 5 17 29 41 53 65	孤天天祿太 辰喜空存陰 　　　◎◎ 博劫晦　44-53　病辛 士煞氣　財帛‧身宮　亥 6 18 30 42 54 66

電話：
地址：

編號：0000000151

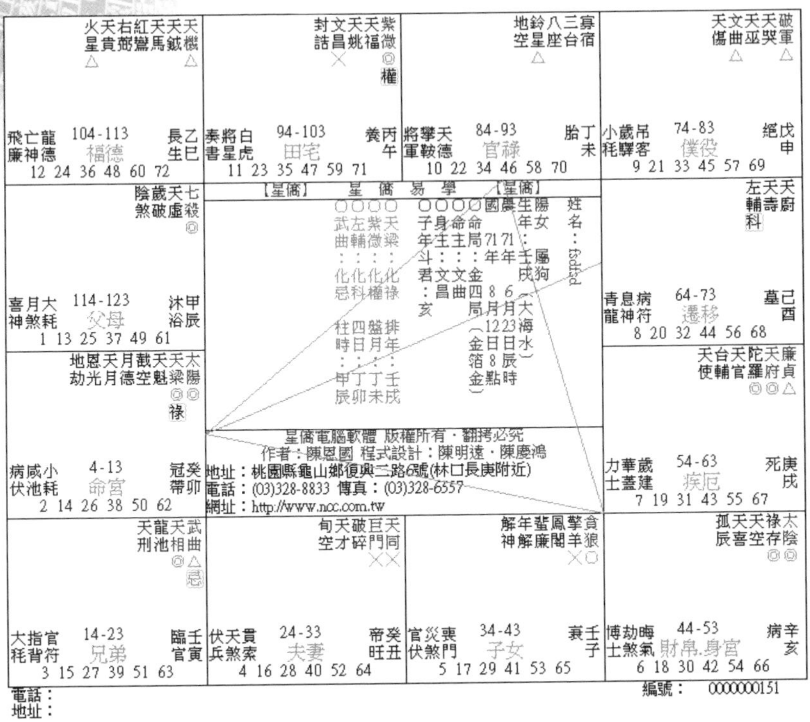

表示其異性緣絕佳。又火鈴拱照夫妻宮，相當有閃婚的可能，且與配偶相處之間，大概也是口不言而內心痛苦折磨。

此局有兩個可惜之處，其一是少了文昌星，其命宮倘再會照此曜，便形成『陽梁昌祿』奇局。其二是命宮逢地空地劫拱照，為浪裡行舟，因此而增添了人生的波折與不順心。而此兩曜帶來的影響經常是因想法過於偏執且聽不下他人勸告，故經常遭到失敗的苦果。山人常說，倘命逢空劫，應勤加修心，想辦法把此兩曜的影響減少，畢竟此兩曜帶來的影響，是可以靠自己的努力改變的。但羊陀火鈴此四煞的影響，就是難以靠自己改變。因此空劫入命者，尚有可為也。且此曜的想像力及創新能力是超越正常人的，所以適合從事研發、創作、規劃、企劃等，善用其天馬行空的想像力及勇於創新的優點，我想激發出來的成果，會相當不錯的呢。

至於工作部份，基於三才理論，我們就轉進大限盤看看吧。

本命大限盤

官祿 火天右紅天天天 星貴弼鸞馬鉞樞 △ 官祿 官指符背 飛亡龍 104-113 長乙 廉神德 福德 生巳 12 24 36 48 60 72	僕役 封文天天紫 詰昌姚福微 × 僕役 小耗 奏將白 94-103 養丙 書星虎 田宅 午 11 23 35 47 59 71	遷移 地鈴八三寡 空星座台宿 △ 遷移 大月耗煞 將擎天 84-93 胎丁 軍鞍德 官祿 未 10 22 34 46 58 70	疾厄 天文天天破 傷曲巫哭軍 △ 疾厄 龍德 小歲吊 74-83 絕戊 耗驛客 僕役 申 9 21 33 45 57 69
田宅 陰蔵天七 煞破虛殺 天煞 田宅 貫索 喜月大 114-123 沐甲 神煞耗 父母 浴辰 1 13 25 37 49 61	【星僑】 星僑易學 【星僑】 姓名： 左天天廚		財帛.身宮 左天天廚 輔壽星 科 財帛.身宮 白將虎星 青息病 64-73 墓己 龍神符 遷移 酉 8 20 32 44 56 68
福德 地恩天天截天太 劫光月德空魁梁陽 福德 貫門災煞 病歲小 4-13 冠癸 伏池耗 命宮 帶卯 2 14 26 38 50 62	《大限》 星僑電腦歡迎 版權所有·翻拷必究 作者：陳恩國 程式設計：陳明達·陳慶鴻 地址：桃園縣龜山鄉復興二路6號(林口長庚附近) 電話：(03)328-8833 傳真：(03)328-6557 網址：http://www.ncc.com.tw		子女 天台天陀天廉 使輔官羅府貞 ◎天 子女 攀德鞍 力華歲 54-63 死庚 士蓋建 疾厄 戌 7 19 31 43 55 67
父母 天龍天武 刑池相曲 晦氣 父母 命宮 大指官 14-23 臨壬 耗背符 兄弟 官寅 3 15 27 39 51 63	命宮 旬天破巨天 空才碎門同 歲華 命宮 祿權 伏貫 24-33 帝癸 兵索 夫妻 旺丑 4 16 28 40 52 64	兄弟 解年蜚鳳擎貪 神解廉閣羊狼 兄弟 病息神 官災喪 34-43 衰壬 伏煞門 子女 子 5 17 29 41 53 65	夫妻 孤天天祿太 辰喜空陰 昌歲 吊客 夫妻 博劫晦 44-53 病辛 士煞氣 財帛.身宮 亥 6 18 30 42 54 66

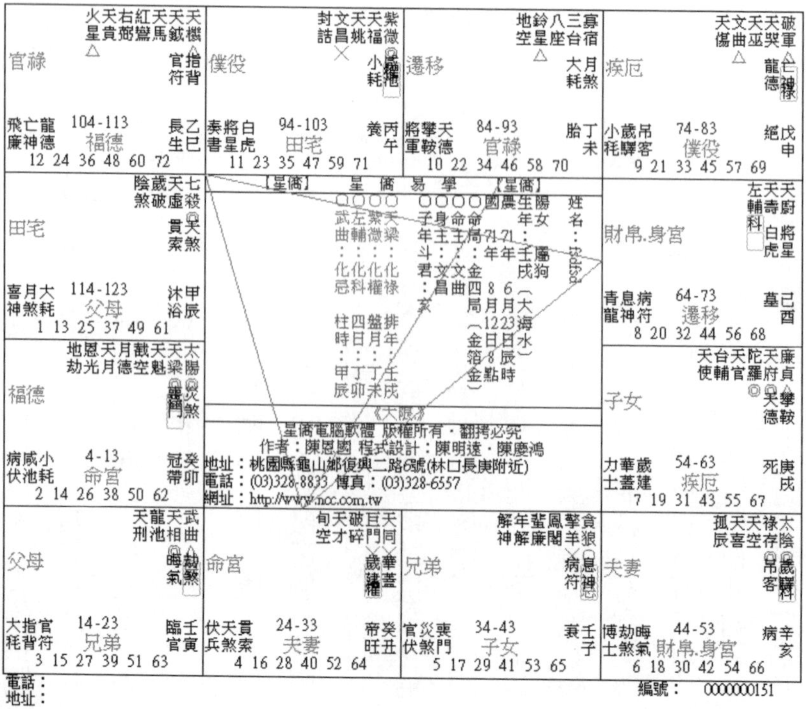

此大限命宮逢火鈴同襲，雖見輔弼拱照，但煞星帶來的不順遂本質仍然存在，不可能因見吉星而抵銷，這是同學必須深切認知的地方。而此大限官祿宮天馬正坐，此曜主動中求財，對宮會照本命祿，形成祿馬交馳之勢，對創業者而言，是相當好的時機，對職場工作者而言，則有異動或是外地工作求財之意，且能有不錯的收穫呢。

而官祿宮也逢輔弼拱照，三方無煞有吉，因此在工作發展上應是相當順心如意的大限呢。但爲何會有目前的困境呢？因大限畢竟是10年總和，總是會有那麼幾年是困頓的，畢竟人生不可能永遠順風，也不會永遠逆風，所以問題應該是出在流年上，我們就轉進流年盤看看吧。

大限流年盤

命主問命當年爲民國99年，流年命宮會照陀羅，本有拖延遲滯的意味，也表示了今年整體運勢會有感覺卡卡的狀況，但因整體格局上稱穩定，故並不算太差。但其流年官祿宮雖逢紫微正坐，但對照對宮大限貪狼化忌及羊陀會照，貪狼化忌主情緒問題，而羊陀雙煞使得工作上除了面臨極大的壓力外，更需要面對好事多磨的情

火天右紅天天天　　　　　封文天天紫　　　　　地鈴八三寡　　　　　天文天天破
星貴弼鸞馬鉞樾　　　　　詰昌姚福微◎　　　　　空星座台宿　　　　　傷曲巫哭軍
　△　　　　　　　　　　　　　　　×　　　　　　　　　△　　　　　　　　　　△　祿

田宅　　　　貫亡　　官祿　　　　官將星　　僕役　　　　小攣　　邊移　　　　大歲
　　104-113　索神　　　　94-103　符星　　　　84-93　耗鞍　　　　74-83　耗驛
飛亡龍　　　長乙　秦將白　田宅　　義丙申　將攣天　官祿　　胎丁　小歲吊　僕役　　絕戊
廉神德 102年 32歲　生巳　書星虎 103年 33歲　　　軍鞍德 104年 34歲　未　耗驛客 105年 35歲　申

陰蔵天七　　　　【星僑】　星　僑　易　學　【星僑】　姓　　　　　左天天
煞破盧殺◎　　　○○○○○國農生陽　名　　　　　輔壽廚
　　　　　武左幾天　流子身命命　年女　　　　　　　　　
福德　　　　喪月　曲輔微梁　年年主主局　71　71　　疾厄　　　　龍息
　　114-123　門煞　　　　斗斗　　年年　　　64-73　德神
喜月大　父母　　沐甲　化化化化　君君文金　戌狗　　青息病　邊移　　臺己
神煞耗 101年 31歲　浴辰　忌科權祿　：：昌曲四　8 6　　龍神符 106年 36歲　酉

地恩天月截天太　　　柱四盤排　丑亥　局月日水　　　天台天陀天廉
劫光月德空魁陽◎◎　　　時日月年　　　金日日（大　　　使輔官羅府貞
　　　　　　　　　　　　：：：：　箔8辰金　　　◎◎△
父母　　　晦咸　　甲丁丁壬　金點時　　財帛.身宮　　白華
　　4-13　氣池　　辰卯丑戌　　　　　54-63　虎蓋
病咸小　命宮　　冠癸　　　　　力華蔵　疾厄　　死庚
伏池耗 100年 30歲　帶卯　　《流年》　　　士蓋建 107年 37歲　戌

天龍天武　　　旬天破巨天　　　　解羊鳳擎貪　　　孤天祿太
刑池相曲　　　空才碎門同　　　　神解廉閣羊狼　　辰喜存陰◎◎
　　　權　　　　　　權　　　　　　×忌　　　　　科科
命宮　　　歲指　兄弟　　病天　夫妻　　　吊災　子女　　　天劫
　　14-23　建背　　24-33　符煞　　34-43　客煞　　44-53　德煞
大指官　兄弟　臨壬　伏天貫　夫妻　帝癸　官災喪　子女　衰乙　博劫晦　財帛.身宮　病辛
耗背符 99年 29歲　官寅　兵煞索 110年 40歲　旺丑　伏煞門 109年 39歲　子　士煞氣 108年 38歲　亥

編號：　0000000151

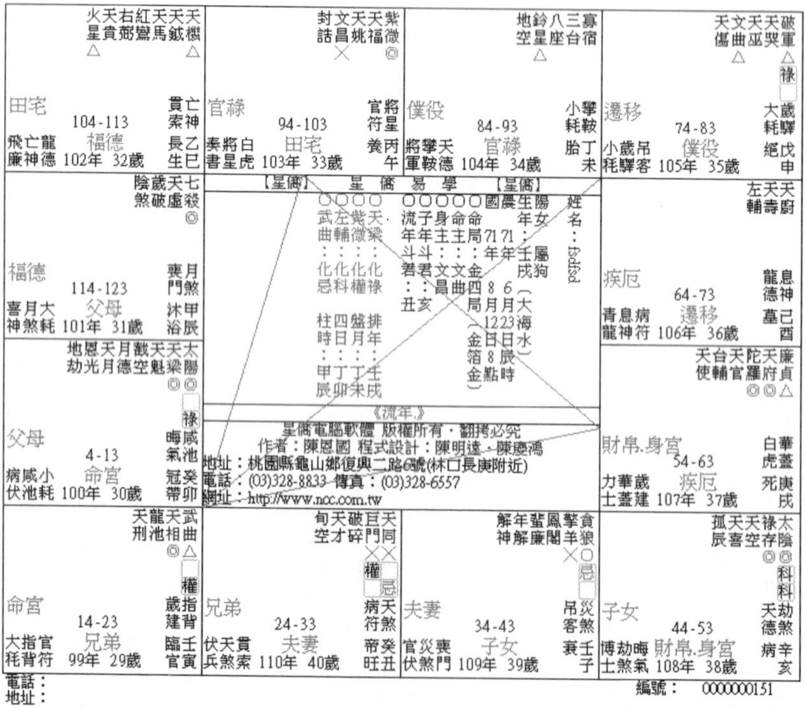

況。在此兩煞影響下，無怪乎命主會感到相當的挫折，不過流年畢竟僅是當年之運，過了就好，畢竟這10年官祿宮相當不錯，以流年看來，運勢真正轉好可能要到102年，但過了98年，會逐漸好轉的呢。

【100】我想請教是否適合外出創業？

【提問時間】

【提問內容】

了然山人你好：

我國曆71／05／10晚上六點生，我想請教是否適合外出創業，因本身家中經營小工廠，收入勉強可以過活，但我已29歲，希望能外出創業，但受到家裡反對，產生家庭革命．不知是否還要堅持已見？能給我一個建議嗎？

【回覆內容】

你的命立四馬地，我想你應該也是屬於那種坐不太住的人，此局人本來就適宜在奔波中求財。而對宮雙主星會照，表示你本性不喜歡寄人籬下，加上本命盤呈現殺破狼格局，整體看來比較勇於接受挑戰及追求成就，所以你會有這種想法不讓山人訝異。

而你本命宮見地劫入命，地劫本來就是反傳統、反潮流，所以你應該對家裡的經營模式有許多的意見，也因此想要自行出外創業吧。而雙祿馬交馳於田宅，整體而言，頗適合創業求財，但因命身空劫各一，古曰：浪裡行舟，如要自行創業的話，可能會很辛苦，也不太容易有很大的斬獲。倘真的要出去闖一闖，建議創業規模不可過大，且最好以獨資為宜，這點是山人必須先跟你說清楚的事情。

從你的田宅宮及父母宮來看，家境應該還不錯。而且你的田宅宮頗為漂亮，如果以田宅宮為財庫的話，算是十分穩健的。沒錯的話父母親應該也有打算把公司工廠交給你，因你的田宅宮見天巫星，天巫星主長上贈與之財，如果有自己的想法，可以多磨練經驗與視野，等待機會讓老屋翻新，這不也算是光宗耀祖嗎？

以山人的觀點，建議你克紹其裘。在家裡的工廠內打拚，因為看起來早晚會是你的，同時改改你自己那有點過於新潮的想法，多與父母親溝通經營模式與方法。地劫入命的人雖然反傳統、反潮流，但其創新及豐富想像力的優點卻是不可忽略。許多從事企劃或研發工作的人命宮都見地劫星，就是因為這特點。所以也許父母的觀念過於老舊，試著溝通與了解。你現在應該的方向是，如何使父母親創建的事業逐步擴大，以你的田宅宮看來，確實應該如此做。

【發問者意見】

謝謝老師指點

【命盤解析及內容說明】

本命盤

此盤命立四生地，故命主喜動不喜靜。而地劫坐命，表示想法頗為前衛、新潮，但也

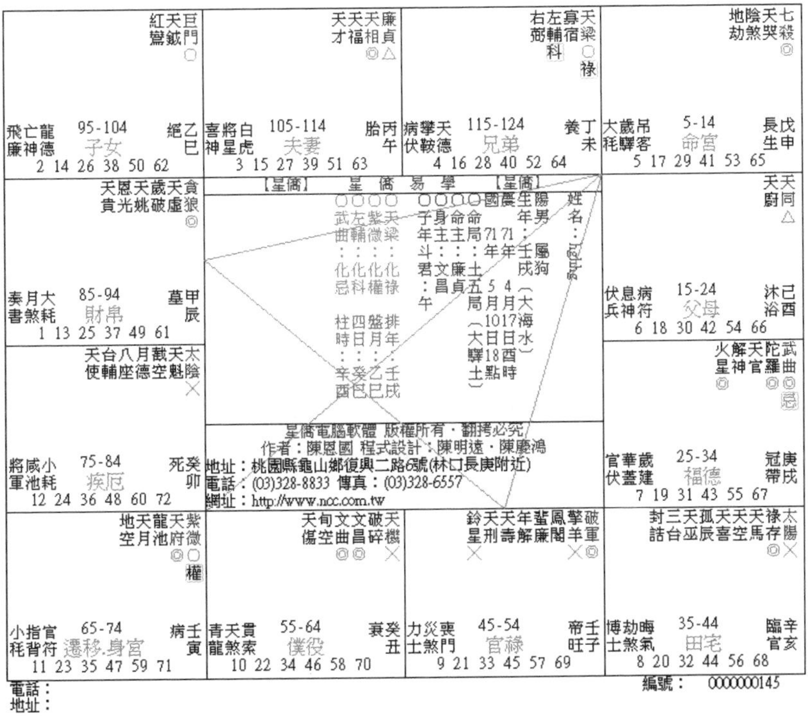

有反傳統及潮流的缺點，想法經常不被人所了解與接受，因此古人評此曜為疏狂。我想這應該也是命主打算自行創業的原因。畢竟父母親創建事業的觀念與想法，定然與命主有相當差異，老一輩的人總希望沿用舊模式，拒絕新思潮及改變，固然是穩健經營是件好事，但當社會大環境產生改變之時，倘繼續固步自封，則後果堪慮。就像是網路購物狂潮席捲而來之時，消費型態跟著改變，許多老店因為跟不上潮流變化而黯然退場。因此命主應該做的，是與父母多加溝通協調，以其創新及研發能力，為家族事業再創顛峰才是。

此局亦為七殺朝斗格局，古曰：爵祿昌榮，且此局由於雙主星會照，七殺化權，因此工作能力相當的強，應可開創一番新局才是。但可惜朝了個大空斗，因與地空地劫同度，反倒變成盲目衝刺，而難有所獲。加上空劫命身各一，增添了人生的勞碌與波折。加上福德宮化忌又逢陀羅正坐，而福德宮亦可表示一個人的思考模式，因此命主的想法經常是相當跳躍與混亂，且容易鑽牛角尖。加上地劫正坐，因此倘過於年輕就接下家族事業，由於社會經驗不足，加上年少輕狂的個性，只怕是會犯了許多第二代企業家過度擴張導致敗亡的通病呀。

雖說本命盤雙祿馬交馳，且不會煞忌，頗適合創業求財。但因空劫命身各一，故創業只宜獨資且規模切不可過大，否則仍難逃敗亡之運。但以其雙主星會命的人而言，規模不夠大，也無法滿足其成就感，這也是相當矛盾的事情呀。田宅宮逢雙祿交流，加上輔弼會照，三方不會煞忌，相當漂亮與穩健，同時也表示家庭環境背景相當的不錯，但商場如戰場，一個判斷失誤，可能一夕之間多年奮鬥結果化為烏有，尤其是地劫坐命者，以山人經驗，一生至少會被騙一次以上，長此以來，則在多的祖產都不夠賠呀。

所以建議命主能夠克紹其裘，好好接下家族事業，不要輕言創業，同時趁此時間磨練心性，讓空劫雙煞對自身的影響減至最低。以其雙祿馬交馳及雙主星坐命的格局看來，定能將家族事業給經營的有聲有色的呢。這不也是光宗耀祖的一種方式嗎？創業雖然辛苦，但守成更是不容易呢，這也是山人對命主的期待呀。

國家圖書館出版品預行編目資料

紫微斗數大師不傳的論命技巧：一百個解盤祕法大公開／了然山人著.
－－第一版－－臺北市：知青頻道出版；
紅螞蟻圖書發行，2024.1
面　；　公分－－(Easy Quick；205)
ISBN 978-986-488-250-2（平裝）

1. CST：紫微斗數

293.11　　112020886

Easy Quick 205

紫微斗數大師不傳的論命技巧：
一百個解盤祕法大公開

作　　者／了然山人
發 行 人／賴秀珍
總 編 輯／何南輝
校　　對／周英嬌、了然山人
美術構成／沙海潛行
封面設計／引子設計
出　　版／知青頻道出版有限公司
發　　行／紅螞蟻圖書有限公司
地　　址／台北市內湖區舊宗路二段121巷19號（紅螞蟻資訊大樓）
網　　站／www.e-redant.com
郵撥帳號／1604621-1　紅螞蟻圖書有限公司
電　　話／(02)2795-3656（代表號）
傳　　真／(02)2795-4100
登 記 證／局版北市業字第796號
法律顧問／許晏賓律師
印 刷 廠／卡樂彩色製版印刷有限公司
出版日期／2024年 1 月　第一版第一刷

定價 500 元　港幣 167 元

ISBN 978-986-488-250-2　　Printed in Taiwan